刑事诉讼法学

主　编：罗许生

撰稿人：罗许生　宋莉娜　刘　斌
　　　　李　立　洪秀丽　丁小琼
　　　　易　瑜　涂大钊

CRIMINAL PROCEDURAL LAW

中国政法大学出版社

2022·北京

图书在版编目（CIP）数据

刑事诉讼法学/罗许生主编. —北京：中国政法大学出版社，2022.8
ISBN 978-7-5764-0602-3

Ⅰ.①刑…　Ⅱ.①罗…　Ⅲ.①刑事诉讼法－法的理论－中国　Ⅳ.①D925.201

中国版本图书馆CIP数据核字(2022)第132456号

书　　名	刑事诉讼法学 XING SHI SU SONG FA XUE
出 版 者	中国政法大学出版社
地　　址	北京市海淀区西土城路 25 号
邮　　箱	fadapress@163.com
网　　址	http://www.cuplpress.com (网络实名：中国政法大学出版社)
电　　话	010-58908435(第一编辑部) 58908334(邮购部)
承　　印	固安华明印业有限公司
开　　本	787mm×1092mm　1/16
印　　张	24.5
字　　数	627 千字
版　　次	2022 年 8 月第 1 版
印　　次	2022 年 8 月第 1 次印刷
定　　价	69.00 元

作者简介

  罗许生，法学博士，宜春学院政法学院副教授。在各类期刊发表论文 30 多篇，多篇论文被人大复印资料全文转载，主持国家社科基金、教育部人文社科项目与中国法学会部级课题等各类课题多项。兼任江西省宪法学会理事、江西省犯罪学会理事、宜春市人大常委会立法顾问、宜春市政法委涉诉涉访纠纷解决第三方法律专家、宜春市人民检察院专家咨询委员。

  宋莉娜，法学硕士，宜春学院政法学院讲师。

  刘斌，法学硕士，宜春学院政法学院讲师。

  李立，法学硕士，宜春学院政法学院讲师。

  洪秀丽，法学硕士，宜春学院政法学院副教授。

  丁小琼，法学硕士，宜春学院政法学院讲师。

  易瑜，法学硕士，宜春学院政法学院讲师。

  涂大钊，法学学士，江西利元律师事务所律师。

内容简介

刑事诉讼法是我国的基本法之一，刑事诉讼法学是法学专业本科阶段的核心课程，是六大主干课程之一，更是国家统一法律职业资格考试的重头戏之一。学好刑事诉讼法既是培养学生理论分析能力与提升学生专业素养的当然要求，也是锻炼学生实践能力的必然要求。

本书是按照本科教学体系与教材大纲进行编写的，注重与法律职业资格考试知识点的融合，每一章节中均有历年真题分析。本书充分吸收了《中华人民共和国刑事诉讼法》《最高人民法院关于适用〈中华人民共和国刑事诉讼法〉的解释》《人民检察院刑事诉讼规则》《公安机关办理刑事案件程序规定》等规定的内容。

本书在编写过程中，既最大限度地吸收了已有教材的优点，又力求做到有所创新。全书共分为三编，共二十九章内容。第一编刑事诉讼基本原理，主要阐述刑事诉讼法的基本概念、基本原则、刑事诉讼主体、刑事诉讼职能、刑事诉讼模式等内容；第二编刑事诉讼基本制度，主要阐述刑事诉讼管辖、回避、辩护、证据等内容；第三编刑事诉讼基本程序，主要包括立案、侦查、起诉、审判、执行、特别程序及涉外程序等。

本教材在编写过程中力求做到：其一，理论性。我们力求以马列主义、毛泽东思想、邓小平理论、"三个代表"重要思想、科学发展观、习近平新时代中国特色社会主义思想为指导，以我国现行法律法规为依据，阐述刑事诉讼法学的基本原理。对刑事诉讼的基本原则、基本模式、诉讼结构等结合刑事诉讼法律进行阐释。其二，应用性。本教材的编写人员均为"双师型教师"，多数教师既是一线教学人员，也是律师事务所兼职律师，具有丰富的实践经验。教材编写紧扣应用型本科教学的要求，突出实用性。在教材编写过程中，侧重与法律职业资格考试相结合，内容与法律职业资格考试相衔接。在体例设计上，要求每章都有内容导读、重点难点、相关案例、考试真题。其三，体系性与简明性。注重在整体上对我国刑事诉讼制度内容进行概括与归纳，体现刑事诉讼法学科的完整性。同时，力求将基本理论、概念与制度的阐述做到简明扼要，易于学生理解与掌握。

目　录

第一编　刑事诉讼基本原理

第二编　刑事诉讼基本制度

第三编　刑事诉讼基本程序

第一编　刑事诉讼基本原理

绪　论

一、刑事诉讼法的重要性

1. 刑事诉讼法是法学主干课程。刑事诉讼法是我国法律体系中的重要组成部分，作为我国三大诉讼法之一，也是我国的基本法律之一，它是规定刑事诉讼程序的部门法。刑事诉讼法学是法学专业本科阶段的专业基础课，是六大主干课程之一。教育部发布的《普通高等学校本科专业目录和专业介绍（2012 年）》规定法学专业核心课程为 16 门：法理学、中国法制史、宪法、行政法与行政诉讼法、刑法、刑事诉讼法、民法、民事诉讼法、经济法、商法、知识产权法、国际法、国际私法、国际经济法、环境资源法、劳动与社会保障法。《法学类专业教学质量国家标准（2021 年版）》规定法学专业核心课程采取"1+10+X"分类设置模式。"1"指习近平法治思想概论课程。"10"指法学专业学生必须完成的 10 门专业必修课，包括：法理学、宪法学、中国法律史、刑法、民法、刑事诉讼法、民事诉讼法、行政法与行政诉讼法、国际法和法律职业伦理。"X"指各院校根据办学特色开设的其他专业必修课，包括：经济法、知识产权法、商法、国际私法、国际经济法、环境资源法、劳动与社会保障法、证据法和财税法，"X"选择设置门数原则上不低于 5 门。刑事诉讼法始终是法学与知识产权专业的核心课程。

2. 刑事诉讼法在法考分值中所占比例高。我国的法律职业资格考试大致经历了三个阶段：1986 年~2001 年律师资格全国统一考试；2002 年~2017 年统一国家司法考试；2018 年至今国家统一法律职业资格考试。统一国家司法考试阶段，考试分为四卷，每卷 150 分，总分 600 分。试卷二与试卷四均涉及刑事诉讼法，近十年分值占比：2008 年 72 分（卷四 20分），占 12%；2009 年 71 分（卷四 21 分），占 11.8%；2010 年 75 分（卷四 21 分），占 12.5%；2011 年 74 分（卷四 22 分），占 12.3%；2012 年 83 分（卷四 28 分），占 13.8%；2013 年 77 分（卷四 22 分），占 12.8%；2014 年 77 分（卷四 22 分），占 12.8%；2015 年 81分（卷四 26 分），占 13.5%；2016 年 77 分（卷四 22 分），占 12.8%；2017 年 76 分（卷四 21 分），占 12.6%。国家统一法律职业资格考试阶段，分为客观题考试与主观题考试，客观题考试分为试卷一与试卷二，每卷 150 分，总分 300 分；主观题总分 180 分。试卷一与主观题均涉及刑事诉讼法。因 2018 年后司法部不公布试题与标准答案，以下统计来源于网络上法考辅导机构的统计：2018 年 65 分（客观题 30 分，主观题 20 分），占 13.5%；2019 年 59分（客观题 27 分，主观题 32 分），占 12.3%；2020 年 63 分（客观题 30 分，主观题 33 分），占 13.1%。由此可见，从司法考试到法律职业资格考试，刑事诉讼法所占分值均较高，与民法、民事诉讼法、刑法并称法考的"四大天王"。

3. 刑事诉讼法是一门实践性强、应用性强的学科。刑事诉讼法既涉及公权力的分配，也涉及公民个人权利的限制与剥夺，它的具体内容与公民个人权利息息相关。刑事诉讼法的范围涉及从侦查、审查起诉、提起公诉（或自诉）、一审（包括简易程序）、二审、再审、死刑复核到执行程序的各个阶段。每个阶段，国家专门机关与诉讼参与人享有什么权利，承担什么义务，法律法规、相关司法解释是如何规定的？这些都需要结合具体实践进行理解，不能仅从理论进行推理。

二、为什么要编写本教材

1. 刑事诉讼法修改与刑事诉讼法学研究的体现。1979 年制定的《中华人民共和国刑事诉讼法》，自 1980 年 1 月 1 日起实施。经过 1996 年修正，2012 年修正，2018 年修正。通过不断总结实践经验，吸收实践改革的最新成果，遵循刑事诉讼规律，处理好刑事诉讼法与监察法、律师法、刑法等其他部门法的关系，刑事诉讼制度日趋完善、程序越来越合理、制度越来越公正。同时，刑事诉讼法学研究也日益繁荣。截至 2020 年，拥有法学一级博士点的高校增加至 56 所，理论上讲这些高校均有招收刑事诉讼法方向的博士研究生的资质；建有诉讼法专业硕士点的高校近百所。刑事诉讼法学的研究队伍不断壮大，在设有法学本科专业的 600 多所高校中，至少有 1~2 名刑事诉讼法专业教师，有的学校多达 20~30 人，按平均每所高校 2 人算，全国有一千多人从事刑事诉讼法学的教学与研究工作。这些研究人员在近 30 年的研究中取得了大量的研究成果，有必要将这些成果反映至教学中。

2. 刑事诉讼法实践教学经验的总结。刑事诉讼法学被宜春学院评为校级重点建设课程，同时，也是校级精品在线开放课程。利用精品课程建设的机会，我们对刑事诉讼法的教学讲义进行了系统性修改，并强化了课堂教学改革。我们改变了"教师引导—学生自学—集体讨论"的传统教学方式，将刑事诉讼法课程内容分为理论教学与实践教学两大块，理论教学引入对话式教学、专题式教学等方式，实践教学利用奥派模拟诉讼软件进行教学，同时，组织学生开展模拟法庭活动与辩论赛活动。由满堂灌、填鸭式教学变为教师与学生双向互动式教学，充分调动了学生学习的积极性。本教材既是刑事诉讼法精品课程建设的成果，也是课堂教学经验的总结。

三、如何学好刑事诉讼法

1. 要重视对刑事诉讼法学科体系与刑事诉讼法条的掌握。本学科的理论体系主要分为三大部分：第一部分刑事诉讼基本原理，主要阐述刑事诉讼法的基本概念、基本原则、刑事诉讼主体、刑事诉讼职能、刑事诉讼模式等内容；第二部分刑事诉讼基本制度，主要阐述刑事诉讼管辖、回避、辩护、证据等内容；第三部分刑事诉讼基本程序，主要包括立案、侦查、起诉、审判、执行、特别程序及涉外程序等内容。

刑事诉讼法是程序法，操作性较强，学习中不仅要掌握刑事诉讼法还要掌握相关司法解释的内容。尤其是 2020 年 12 月 7 日由最高人民法院审判委员会第 1820 次会议通过的《最高人民法院关于适用〈中华人民共和国刑事诉讼法〉的解释》、2019 年 12 月 2 日最高人民检察院第十三届检察委员会第二十八次会议通过的《人民检察院刑事诉讼规则》、2020 年 7 月 20 日公安部令第 159 号修正发布的《公安机关办理刑事案件程序规定》、2012 年 12 月 26 日发布的《最高人民法院、最高人民检察院、公安部、国家安全部、司法部、全国人大常委会法制工作委员会关于实施刑事诉讼法若干问题的规定》。

2. 与刑法学结合起来，与民事诉讼法、行政诉讼法进行对比学习。刑事诉讼法是程序法，是保障法，其目的是保障刑法的正确实施。刑事诉讼法与刑法联系紧密，刑事诉讼法的学习应当与刑法学习结合起来。刑法中有不少规范属于刑事诉讼法规范，同时刑事诉讼法中的不少制度与刑法制度紧密相连，如刑事诉讼管辖涉及刑法中的很多罪名规定，刑事诉讼法关于责任追究时效的规定、刑事诉讼起诉制度必然要结合刑法中关于犯罪追诉时效的规定，刑事诉讼证明、刑事诉讼自诉案件的种类等内容均涉及刑法的相关规定。刑事诉讼的很多规定源于民事诉讼，刑事诉讼法的学习要与民事诉讼法、行政诉讼法结合起来，比较三大诉讼法的共同点与不同点。

3. 理论联系实际。刑事诉讼法学是个应用性、实践性和理论性都很强的学科。学习刑事诉讼法学应该以我国现行的刑事诉讼法规为主，要正确理解我国现行刑事诉讼法规各个条文的基本含义和精神实质，准确地掌握所有刑事诉讼法规的基本内容。我们可以借助一些图表来帮助记忆，如有关侦查阶段的立案问题，我们就可以画几个流程图：正常的立案侦查，移送起诉是一个流程；公安机关不立案，检察机关如何监督，程序如何进行又可以画一个流程图；公安机关不接受检察机关的立案监督，被害人如何救济，如何将公诉案件转为自诉案件又可以再画一个流程图，如此等等。根据流程图梳理每一个阶段的知识点，形成一个完整的体系。学习刑事诉讼法不仅要运用相关理论理解刑事诉讼法条文，同时，还要锻炼自己运用基本原理分析问题、解决问题的能力。学习过程中可以通过案例分析、专题讨论、模拟法庭等活动，加深对刑事诉讼法与刑事司法实践的理解。

四、学习刑事诉讼法的重要资料

1. 新近出版的刑事诉讼法学教科书。陈光中主编：《刑事诉讼法》，北京大学出版社、高等教育出版社 2016 年版；陈卫东主编：《刑事诉讼法学》，高等教育出版社 2021 年版；程荣斌、王新清主编：《刑事诉讼法》，中国人民大学出版社 2021 年版；宋英辉主编：《刑事诉讼法学》，中国人民大学出版社 2021 年版；樊崇义主编：《刑事诉讼法学》，法律出版社 2021 年版；叶青主编：《刑事诉讼法学》，中国人民大学出版社 2020 年版；孙长永：《刑事诉讼法学》，法律出版社 2019 年版。

2. 刑事诉讼法学译著。国内学者翻译的外国刑事诉讼法学者撰写的著作是了解主要发达国家刑事诉讼制度的重要途径。这类著作主要有：

［英］麦高伟、杰弗里·威尔逊主编：《英国刑事司法程序》，姚永吉等译，法律出版社 2003 年版。

［美］伟恩·R·拉费弗等：《刑事诉讼法》，卞建林、沙丽金等译，中国政法大学出版社 2003 年版。

［美］爱伦·豪切斯泰勒·斯泰丽、南希·弗兰克：《美国刑事法院诉讼程序》，陈卫东、徐美君译，中国人民大学出版社 2002 年版。

［法］卡斯东·斯特法尼等：《法国刑事诉讼法精义》，罗结珍译，中国政法大学出版社 1999 年版。

［德］克劳斯·罗科信：《刑事诉讼法》，吴丽琪译，法律出版社 2003 年版。

［美］米尔伊安·R·达玛什卡：《司法和国家权力的多种面孔——比较视野中的法律程序》，郑戈译，中国政法大学出版社 2004 年版。

［德］托马斯·魏根特：《德国刑事诉讼程序》，岳礼玲、温小洁译，中国政法大学出版

社 2004 年版。

[日] 谷口安平：《程序的正义与诉讼》，王亚新、刘荣军译，中国政法大学出版社 1996 年版。

[日] 棚濑孝雄：《纠纷的解决与审判制度》，王亚新译，中国政法大学出版社 2004 年版。

[日] 土本武司：《日本刑事诉讼法要义》，董璠舆、宋英辉译，台湾五南图书出版公司 1997 年版。

[日] 田口守一：《刑事诉讼法》，刘迪等译，法律出版社 2000 年版。

[美] 德雷斯勒、迈克尔斯：《美国刑事诉讼法精解（第 1 卷）：刑事侦查》，吴宏耀译，北京大学出版社 2009 年版。

[美] 德雷斯勒、迈克尔斯：《美国刑事诉讼法精解（第 2 卷）：刑事审判》，魏晓娜译，北京大学出版社 2009 年版。

[美] 斯黛丽、弗兰克：《美国刑事法院诉讼程序》，陈卫东、徐美君译，中国人民大学出版社 2002 年版。

[美] 罗纳尔多·V. 戴尔卡门：《美国刑事诉讼——法律与实践》，张鸿巍等译，武汉大学出版社 2006 年版。

[英] 约翰·斯普莱克：《英国刑事诉讼程序》，徐美君、杨立涛译，中国人民大学出版社 2009 年版。

[法] 贝尔纳·布洛克：《法国刑事诉讼法》，罗结珍译，中国政法大学出版社 2009 年版。

[日] 田口守一：《刑事诉讼法》，张凌、于秀峰译，法律出版社 2019 年版。

[日] 松尾浩也：《日本刑事诉讼法》（上下册），张凌译，中国人民大学出版社 2005 年版。

[美] 卡罗尔·S. 斯泰克编：《刑事程序故事》，吴宏耀等译，中国人民大学出版社 2012 年版。

[美] 迈克尔·E. 泰戈、安杰拉·J. 戴维斯编：《审判故事》，陈虎等译，中国人民大学出版社 2012 年版。

[英] 萨达卡特·卡德里：《审判的历史——从苏格拉底到辛普森》，杨雄译，当代中国出版社 2009 年版。

3. 国内学者撰写的刑事诉讼法专著。刑事诉讼法专著是深入学习、研究刑事诉讼法的重要资料，它们通常是针对某一问题所作的深入研究，与一般只是框架式、考虑体系完整的教科书有很大区别。目前主要专著有：

胡铭：《审判中心与刑事诉讼》，中国法制出版社 2018 年版。

陈瑞华：《刑事审判原理论》，北京大学出版社 1997 年版。

龙宗智：《刑事庭审制度研究》，中国政法大学出版社 2001 年版。

张建伟：《司法竞技主义——英美诉讼传统与中国庭审方式》，北京大学出版社 2005 年版。

谢进杰：《刑事审判对象理论》，中国政法大学出版社 2011 年版。

岳礼玲：《刑事审判与人权保障》，法律出版社 2010 年版。

姚莉：《反思与重构：中国法制现代化进程中的审判组织改革研究》，中国政法大学出版社 2005 年版。

施鹏鹏：《陪审制研究》，中国人民大学出版社 2008 年版。

陈瑞华：《量刑程序中的理论问题》，北京大学出版社 2011 年版。

熊秋红：《刑事辩护论》，法律出版社 1998 年版。

顾永忠等：《刑事诉讼法治化与律师的权利及其保障》，中国人民公安大学出版社 2010 年版。

黄士元：《刑事再审制度的价值与构造》，中国政法大学出版社 2009 年版。

谢佑平、万毅：《刑事诉讼法原则——程序正义的基石》，法律出版社 2002 年版。

锁正杰：《刑事程序的法哲学原理》，中国人民公安大学出版社 2002 年版。

李奋飞：《程序合法性研究——以刑事诉讼法为范例》，法律出版社 2011 年版。

陈瑞华：《程序性制裁理论》，中国法制出版社 2017 年版。

印波：《刑事诉讼行为瑕疵的程序性后果：一项统一、科学的理论》，中国人民公安大学出版社 2012 年版。

宋英辉：《刑事诉讼目的论》，中国人民公安大学出版社 1995 年版。

郭云忠：《刑事诉讼谦抑论》，北京大学出版社 2008 年版。

龙宗智：《相对合理主义》，中国政法大学出版社 1999 年版。

陈卫东：《中国刑事诉讼权能的变革与发展》，中国人民大学出版社 2018 年版。

汪海燕：《刑事诉讼模式的演进》，中国人民公安大学出版社 2004 年版。

李心鉴：《刑事诉讼构造论》，中国政法大学出版社 1992 年版。

左卫民：《价值与结构：刑事程序的双重分析》，法律出版社 2003 年版。

王禄生：《刑事诉讼的案件过滤机制——基于中美两国实证材料的考察》，北京大学出版社 2014 年版。

孙长永：《侦查程序与人权：比较法考察》，中国方正出版社 2000 年版。

孙长永：《侦查程序与人权保障——中国侦查程序的改革和完善》，中国法制出版社 2009 年版。

孙长永：《沉默权制度研究》，法律出版社 2001 年版。

兰跃军：《侦查程序被害人权利保护》，社会科学文献出版社 2016 年版。

牟军：《权力与结构：刑事侦讯本体论的分析进路》，法律出版社 2011 年版。

郑曦：《侦查讯问程序研究》，北京大学出版社 2015 年版。

4. 期刊论文、会议综述、论文集等。教科书、专著等的出版周期较长，要及时掌握刑事诉讼法的研究动态，还需注意核心期刊上发表的与刑事诉讼法相关的论文。目前比较有影响力的 16 种法学类核心期刊分别为：《中国法学》《法学研究》《中外法学》《政法论坛》《清华法学》《环球法律评论》《法学》《法学家》《现代法学》《法律科学》《法学评论》《法制与社会发展》《法商研究》《比较法研究》《中国社会科学》《政治与法律》。同时，中国人民大学主办的《诉讼法学、司法制度》、每年的刑事诉讼法学年会会议综述、相关集刊如《诉讼法论丛》《诉讼法研究》《司法改革论评》《证据法学论丛》等均是寻找刑事诉讼法研究论文的重要指南。

5. 最高人民法院发布的指导性案例、《司法文件选编》、《刑事审判参考》。这些是研习刑事诉讼案例的重要资料来源。

第一章　刑事诉讼法概述

　　内容导读　诉讼是国家解决冲突的最终的、最权威的手段。根据诉讼所解决的实体问题和诉讼形式的差异，当今世界各国一般将诉讼分为刑事诉讼、民事诉讼和行政诉讼三大类型。我国刑事诉讼是指人民法院、人民检察院和公安机关（含国家安全机关，下同）在当事人及其他诉讼参与人的参加下，依照法律规定的程序，解决被追诉者刑事责任问题的活动。刑事诉讼法是国家基本法律之一，是程序法、保障法，属于公法范畴。它具体规定了刑事诉讼的目的、任务、基本原则、司法机关在刑事诉讼中的职权和分工、当事人及诉讼参与人的诉讼权利和义务、证据制度及进行刑事诉讼的具体程序等内容。

本章重点：

　　1. 刑事诉讼的概念与特征

　　2. 刑事诉讼法与刑法的关系

　　3. 刑事诉讼法的立法目的与任务

本章难点：

　　1. 刑事诉讼的概念与特征

　　2. 刑事诉讼法与刑法的关系

第一节　刑事诉讼与刑事诉讼法

一、刑事诉讼的概念与特征

（一）刑事诉讼的概念

　　刑事诉讼是诉讼的一种。"诉讼"一词是由"诉"与"讼"两个字组成的，"诉"的意思是告诉、告发、控告，"讼"的意思是争辩，即争辩曲直为讼。诉讼就是原告对被告提出告诉，由裁判者解决双方争议的活动。"诉讼"一词，在外国有多种词语表达方式，如拉丁文的 processus，英文的 process、procedure、proceedings、suit、lawsuit，德文的 prozess 等（其最初是发展和向前推进的意思，用在法律上，也就是指一个案件的发展过程）。诉讼又特指法院主持下按照法定程序审理案件的过程。中国近代"诉讼"是清末由日本直接引进的。根据所要解决纠纷的性质不同，现代诉讼又分为刑事诉讼、民事诉讼和行政诉讼。

　　我国刑事诉讼是指人民法院、人民检察院和公安机关在当事人及其他诉讼参与人的参加下，依照法律规定的程序，解决被追诉者刑事责任问题的活动。

（二）刑事诉讼的特征

刑事诉讼具有如下特征：

　　1. 刑事诉讼是人民法院、人民检察院和公安机关所进行的一种国家专门活动。因为刑事诉讼中的侦查权、检察权和审判权是国家权力的具体体现，刑事诉讼是依照体现国家意志的法律进行的，进行刑事诉讼必须以国家强制力作为后盾。

2. 刑事诉讼是人民法院、人民检察院和公安机关行使国家刑罚权的活动。依法追究行为人的刑事责任，是进行刑事诉讼的基本依据。刑事诉讼所要解决的主要问题，就是犯罪嫌疑人、被告人的刑事责任问题，决定其是否犯罪、犯什么罪，应否判刑、判什么刑等问题。

3. 刑事诉讼必须有当事人和其他诉讼参与人的参加。当事人是刑事诉讼中不可缺少的诉讼主体，为了查明案件事实、惩罚犯罪、保障公民的合法权益，除了当事人需要参加诉讼，证人、鉴定人、辩护人、诉讼代理人等其他诉讼参与人也应参加诉讼。

4. 刑事诉讼必须严格依照刑事诉讼法所规定的程序进行，公、检、法机关和所有参加诉讼的人都必须根据刑事诉讼法规定的程序要求进行活动。

二、刑事诉讼法的概念与性质

（一）刑事诉讼法的概念

1. 刑事诉讼法是指国家制定或认可的调整刑事诉讼活动的法律规范的总称。它调整的对象是公、检、法机关在当事人和其他诉讼参与人的参加下，揭露、证实、惩罚犯罪的活动。它的内容主要包括刑事诉讼的任务、基本原则与制度，公、检、法机关在刑事诉讼中的职权和相互关系，当事人及其他诉讼参与人的权利、义务，以及进行刑事诉讼的具体程序，等等。

2. 刑事诉讼法有狭义和广义之分：

（1）狭义的刑事诉讼法单指由国家立法机关制定的成文的刑事诉讼法典。在我国是指1979 年 7 月 1 日第五届全国人民代表大会第二次会议通过，2018 年 10 月 26 日第十三届全国人民代表大会常务委员会第六次会议修正的《刑事诉讼法》。[1]

（2）广义的刑事诉讼法是指一切与刑事诉讼有关的法律规范。刑事诉讼法的渊源是指刑事诉讼法的表现形式，是刑事诉讼法律规范的存在形式或载体。

（二）刑事诉讼法的性质

1. 公法。公法与私法的划分，最早是由古罗马法学家乌尔比安提出来的，"公法是关于罗马国家的法律，私法是关于个人利益的法律"。刑事诉讼法，是调整国家与诉讼当事人及其他诉讼参与人关系的法律，属于公法范畴。

2. 基本法律。按法律的效力、内容和制定程序等的不同，法可以分为根本法、基本法和一般法。在我国，根本法指的是在国家中占据最高法律地位的宪法；基本法指的是必须由全国人民代表大会通过的除宪法以外的重要法律；一般法是由全国人民代表大会常务委员会通过的法律。《刑事诉讼法》是 1979 年 7 月 1 日第五届全国人民代表大会第二次会议通过的，因此是国家重要的基本法律之一。

3. 程序法。按照法规定的具体内容的不同，法可以分为实体法与程序法。实体法主要是指规定权利和义务的法律；程序法是指为保证权利、义务的实现所必须遵循的程序规则。刑事诉讼法是保障国家实现刑罚权的程序法。

---

〔1〕即《中华人民共和国刑事诉讼法》，为表述方便，本书涉及我国法律均省去"中华人民共和国"字样，全书统一，不再赘述。

三、刑事诉讼法的渊源

我国刑事诉讼法的法律渊源有以下几种：

1. 宪法。宪法作为根本法，是其他法律、法规赖以产生、存在、发展和变更的基础和前提条件，是一个国家法律制度的基石，是公民权利的保障书，是依法治国的前提和基础。同样，刑事诉讼法的制定和修改，也必须以宪法为根据。通过制定刑事诉讼法，将宪法中有关刑事诉讼程序的抽象的法律规范变为可操作的、具体的刑事诉讼法的法律条文，使宪法精神得以具体化。我国《刑事诉讼法》第1条明确规定，根据宪法，制定本法。宪法中规定的如国家维护社会秩序，镇压叛国和其他危害国家安全的犯罪活动，制裁危害社会治安、破坏社会主义经济和其他犯罪活动，惩办和改造犯罪分子（第28条）、被告人有权获得辩护（第130条）等内容，都在刑事诉讼法中得到了体现。

2. 刑事诉讼法典。指1979年7月1日通过的，1996年3月17日修正的《刑事诉讼法》，这是我国刑事诉讼法主要的法律渊源。

3. 有关法律规定。是指全国人大及其常委会制定的法律中有关刑事诉讼法的规定；其中，比较重要的有《刑法》《人民检察院组织法》《人民法院组织法》《国家赔偿法》《监狱法》《律师法》等。

4. 有关法律解释。主要是指：

（1）2012年12月26日公布的《最高人民法院、最高人民检察院、公安部、国家安全部、司法部、全国人大常委会法制工作委员会关于实施刑事诉讼法若干问题的规定》（以下简称六机关《规定》）；

（2）2021年1月26日公布的《最高人民法院关于适用〈中华人民共和国刑事诉讼法〉的解释》（以下简称最高人民法院《解释》）；

（3）2019年12月30日公布的《人民检察院刑事诉讼规则》（以下简称最高人民检察院《规则》）；

（4）2020年7月20日修正的《公安机关办理刑事案件程序规定》（以下简称公安部《规定》）。

5. 地方性法规。指地方人民代表大会及其常委会颁布的地方性法规中关于刑事诉讼程序的规定。

6. 国际公约、条约。我国政府在1990年对联合国禁止酷刑委员会明确表示："条约一旦对中国有效，在中国便有法律效力，中国便有义务去施行该条约。"我国目前加入的与刑事诉讼有关的国际公约有《禁止酷刑和其他残忍、不人道或有辱人格的待遇或处罚公约》《联合国少年司法最低限度标准规则》（《北京规则》），以及我国政府已签署尚待批准的《公民权利和政治权利国际公约》《禁止并惩治种族隔离罪行国际公约》《防止及惩治灭绝种族罪公约》等。据统计，我国已与81个国家缔结引渡条约、司法协助条约等共169项，这些国际公约、条约均是我国刑事诉讼法的重要渊源。

四、刑事诉讼法与宪法、相邻部门法的关系

（一）刑事诉讼法与宪法的关系

1. 刑事诉讼法与宪法的关系是"子法"和"母法"的关系。宪法直接决定和影响着刑事诉讼法的基本方向，刑事诉讼法的内容必须符合宪法的基本原则及其所规定的刑事司法制

度、组织和原则。

宪法是国家的根本大法，规定了国家的根本制度和基本政策，是工人阶级和广大人民根本意志的集中体现，反映了国家和广大人民群众的根本利益，具有最高的法律效力和最高的权威性。一切国家机关、各企事业组织、各政党社会团体，都必须以宪法作为行动的根本准则。同时，宪法亦是国家立法机关进行立法活动的基础和制定其他各项法律的依据，其他各项法律不得与宪法相抵触、相违背。

刑事诉讼法作为国家的基本法律之一，其性质、任务、基本原则和各项诉讼制度，也必须根据宪法规定的基本原则和精神来规定。我国宪法对刑事诉讼法的一些基本制度和原则作了明确规定。如《宪法》第 37 条规定："中华人民共和国公民的人身自由不受侵犯。任何公民，非经人民检察院批准或者决定或者人民法院决定，并由公安机关执行，不受逮捕。禁止非法拘禁和以其他方法非法剥夺或者限制公民的人身自由，禁止非法搜查公民的身体。"

在现代法治国家，刑事诉讼法被称之"宪法的适用法""应用宪法""国家基本法之测震器"，刑事诉讼中的人权保障被提升到宪法的高度。在我国，这方面的研究比较薄弱，应当从宪法、宪制的角度来加强对刑事诉讼、刑事司法的关注。

2. 刑事诉讼法是"动态的宪法"。在法律体系里，相比其他法律，刑事诉讼法与宪法有着最直接、最近距离的关系，因为宪法首要的是规定公民权利和国家权力，而这在刑事诉讼法里也是一个重要领域。在尊重和保障公民基本权利方面，各国刑事诉讼法律规范中有关强制措施、羁押期限、辩护、侦查、审判的原则和程序等规定，都直接体现了宪法或宪法性文件关于公民人身、住宅、财产不受非法逮捕、搜查、扣押以及犯罪嫌疑人、被告人有权获得辩护等规定的精神。

另一方面体现为关于刑事诉讼的程序性条款在宪法中的重要地位。宪法关于程序性条款的规定成为法治国家的基本标志。体现法治主义的有关刑事诉讼的程序性条款，构成了各国宪法或宪法性文件中关于人权保障条款的核心。以至于有这种说法：宪法是静态的刑事诉讼法，刑事诉讼法是动态的宪法。

【经典例题】关于"宪法是静态的刑事诉讼法、刑事诉讼法是动态的宪法"，下列哪些选项是正确的？（　　　）[1]

A. 有关刑事诉讼的程序性条款，构成各国宪法中关于人权保障条款的核心

B. 刑事诉讼法关于强制措施的适用权限、条件、程序与辩护等规定，都直接体现了宪法关于公民人身、住宅、财产不受非法逮捕、搜查、扣押以及被告人有权获得辩护等规定的精神

C. 刑事诉讼法规范和限制了国家权力，保障了公民享有宪法规定的基本人权和自由

D. 宪法关于人权保障的条款，都要通过刑事诉讼法保证刑法的实施来实现

（二）刑事诉讼法与刑法的关系

1. 刑事诉讼法是保障法。刑事诉讼法具有保障刑法正确适用的作用，也有自己独特的作用。

2. 刑法是实体法。刑法规定了犯罪与刑罚的问题，是刑事实体法。

3. 刑事诉讼法是程序法。刑事诉讼法则是规定追诉犯罪的程序、追诉机关、审判机关的

---

[1]　答案：ABC

权力范围、当事人以及诉讼参与人的诉讼权利以及相互的法律关系，是刑事程序法。

4. 程序法是为实体法的实现而存在的，而程序法本身具有独立的品格。刑事诉讼法规范涉及国家权力与个人权利的分配关系，直接关系到公民的自由、财产等各项权利的实现程度。伴随着诉讼民主化的发展历程，刑事诉讼程序发生的变化更大，承担不同诉讼职能的国家机关之间也存在职责分配的变化。刑事诉讼法所规定的程序内容是在不断的变化中走向程序正义，引导刑事程序法治的实现。我国刑事诉讼法的内容在科学化、民主化方面仍有待发展，以适应不断提升的人权保障的需要。

5. 刑法与刑事诉讼法都以惩罚犯罪、保护人权、维护社会秩序、限制国家公权力为目的，刑法是在静态上对国家刑罚权的限制，而刑事诉讼法则是从动态的角度为国家实现刑罚权施加了一系列程序方面的限制，二者相辅相成、相得益彰，构成了刑事法的整体内容。

（三）刑事诉讼法与行政诉讼法、民事诉讼法的关系

刑事诉讼法、民事诉讼法、行政诉讼法都是程序法，共同构成一国司法程序法的基本体系。由于均为法院审判案件须遵循的程序，三者在原则、制度、审判程序安排方面有许多共同点，如：以事实为根据、以法律为准绳原则，回避和辩护制度，两审终审等。

但基于各自特定的任务不同，它们之间在所解决的实体问题、遵循的基本原则、起诉和应诉主体、举证责任等方面又存在诸多不同。其一，它们所保障解决的实体问题性质不同从而调整的对象也不同，刑事诉讼法保障解决的实体问题是犯罪嫌疑人或被告人的犯罪认定、刑事责任构成和刑罚科处的问题，适用的实体法是刑法，调整的是侦查机关、控诉机关和审判机关与犯罪嫌疑人、被告人、被害人及其他诉讼参与人在诉讼中形成的关系；民事诉讼法要保障解决的实体问题是平等主体间的有关人身和财产的权利、义务问题，适用的实体法主要是民商法、经济法，调整的是地位平等的当事人及其他诉讼参与人在诉讼中形成的关系；行政诉讼法要保障解决的是由行政机关的行政行为影响行政相对人权利而引起的争议，适用的实体法主要是行政法，调整的是地位不平等的行政主体和行政相对人之间在诉讼中的权利义务关系。其二，它们有着各自独特的指导原则和制度安排，如刑事诉讼法中的三机关分工负责、互相配合、互相制约的原则，侦查权、检察权和审判权分别由专门机关依法行使的原则、死刑复核制度和上诉不加刑制度；民事诉讼法有调解原则，财产保全和先予执行制度；行政诉讼法有行政行为合法性审查原则，证据保全制度等。其三，在起诉和应诉主体和法律规定上，刑事诉讼法实行国家追诉为主、个人自诉为辅的原则，民事诉讼法贯彻"不告不理"原则，行政诉讼法则将应诉主体资格限定为行政机关。其四，在举证责任上，刑事诉讼法实行控方举证，民事诉讼法实行"谁主张，谁举证"，即原被告均有举证责任，行政诉讼法则实行被告举证。

三部诉讼法既相区别又相联系，彼此不能相互代替和混淆，但在所解决的实体问题密切关联时，有时会出现在一种诉讼中适用两种不同形式的原则和程序的情况，如在刑事诉讼中，在追究被告人刑事责任的同时，被害人因被告人的犯罪行为遭受物质损失要求赔偿时，就会在程序上采用刑事附带民事诉讼来解决。

（四）刑事诉讼法与监察法的关系

监察法是反腐败国家立法。制定监察法是推进国家治理体系和治理能力现代化的重大举措，是总结反腐败斗争经验、巩固反腐败成果的制度保障。监察法是国家从打击腐败活动角度制定的法律，其赋予了监察机构职责，刑事诉讼法与监察法的关系是并列的，互相独

立的。

监察法不属于刑事诉讼法的范畴，监察委员会的调查不是侦查，监察委员会的调查不受检察机关的监督，监察委员会的调查阶段律师不得介入，监察法意义上的调查受监察法的规范和调整，监察法是基本法，非行政法、刑事法，更非刑事诉讼法。监察机构对犯罪活动行使的是调查权，监察的案件未进入刑事司法程序，监察委员会调查结束后，才移交检察机关审查起诉，这时才适用刑事诉讼法。虽然两法在范围、内容上均有不同之处，但两法都是国家基本法，法律位阶相同。

监察法更侧重对权力行使的全过程监管，包括教育、管理、监督，刑事诉讼法的重点是惩罚和打击犯罪。具体而言，监察机关的调查对象是行使公权力的公职人员，而不是普通的刑事犯罪嫌疑人；调查内容是职务违法和职务犯罪行为，而不是一般刑事犯罪行为；行使的权力是调查权，而不是刑事侦查权，调查权的行使主体是与纪委合署办公的监察委员会，在行使权限时，重要事项由同级党委批准。监察委员会既要负责日常监督，调查违纪违法犯罪行为，更要开展严肃的思想政治工作，剖析思想根源，把干部拉回到正确的轨道上来，惩前毖后、治病救人。

监察法和刑事诉讼法最本质上的区别是前者监察对象的特殊性，国家的公职人员主要适用的是监察法。但是两者也有着紧密的联系，在依据监察法对公职人员作出处理后，刑事诉讼机关是可以依据刑事诉讼法作出相应处罚的。

（五）刑事诉讼法与其他相邻部门法的关系

1. 刑事诉讼法与法院组织法、检察院组织法、监狱法的关系。《人民法院组织法》《人民检察院组织法》是规定法院、检察院的职权任务、组织设置、活动程序和人员编制的法律。法院和检察院是追究、审判犯罪的国家专职司法机关，因而其组织法的规定必然会涉及部分的刑事诉讼问题。相对地，刑事诉讼法在规定刑事诉讼原则、制度和程序时，也必然要对法院和检察院在刑事诉讼中的具体地位、职责活动、相互关系等作出详细规定，因此它们之间有交叉重叠、互为补充和解释的部分。但它们有各自特定的调整对象和调整方法，既不能相互代替，也不能相互抵触，只能相互协调，共同设定和规范相关司法机关的职责及其行使。

《刑事诉讼法》与《监狱法》同属国家制定的刑事法律规范，与《刑法》一起共同组成国家刑事法律体系的框架，成为刑事法律体系不可缺少的组成部分。

《刑事诉讼法》与《监狱法》是两个相互独立的部门法，各有其不同的调整对象。《刑事诉讼法》是调整刑事诉讼活动的法律规范，属于程序法的范畴。《监狱法》是调整刑罚执行机关与罪犯之间法律关系的法律规范。它从程序法和实体法两个角度对刑罚的执行问题作了全面、集中、系统的规定。《刑事诉讼法》通常以刑事裁判交付执行作为刑事诉讼活动的终结，而在这里，监狱执行刑罚行将开始，这就必然导致两法在执行处交汇聚合，形成一个重叠点。

2. 《刑事诉讼法》与《法官法》《检察官法》《警察法》《律师法》的关系。在内容上，《刑事诉讼法》与《法官法》《检察官法》《律师法》《人民警察法》有交叉和重合，关系十分紧密。但各自又有特定的调整对象和范围，构成独立的体系，彼此之间互相配合、互相影响而不相互抵触。《法官法》《检察官法》《律师法》《人民警察法》分别规定了法官、检察官、律师、警察四种刑事诉讼的重要角色的资格、权利和义务。

《法官法》《检察官法》是规范审判权和检察权运行主体，构建我国法官、检察官制度的专门法律。法官、检察官的职责当中，新修订的《法官法》《检察官法》规定，法官在职权范围内对所办理的案件、检察官对其在职权范围内就案件所作出的决定负责，从而明确了司法责任制界限。《法官法》《检察官法》明确了法官、检察官惩戒制度，并对法官、检察官惩戒委员会进行了专门规定，由其负责从专业角度审查认定是否存在办理案件违反职责的行为。

《人民警察法》中，规范主体主要为"公安机关的人民警察"，但在多处条文中出现了以"公安机关"为规范主体的表述，甚至还出现了"人民警察机关"的表述。《刑事诉讼法》与《人民警察法》一样，也规定了双重主体——公安机关和侦查人员，不同之处在于，《刑事诉讼法》所涉条文更多时候规范的主体为"公安机关"，少数条文规范的主体为"侦查人员"。从内容上看，《人民警察法》与《刑事诉讼法》之间形成了交叉和互补关系。公安机关（警察）承担着行政执法和刑事侦查的双重职责，在刑事侦查方面，《人民警察法》与《刑事诉讼法》均规定了公安机关的侦查权及其具体内涵、行使原则等，只是详略不一，规范重点有别。

《律师法》是保障律师依法执业、规范律师行为、设定律师制度的法律，既有律师执业条件、律师事务所和律师协会等资格、组织性的规定，也有包括刑事诉讼在内的律师诉讼业务活动程序的整体性规定，后者必然指导律师在刑事诉讼代理中的具体活动。而律师作为刑事诉讼中的诉讼代理人、辩护人，《刑事诉讼法》必然要对律师在刑事诉讼中的地位、权利义务、办案程序作出规定，这是对律师法相关整体性规定的具体化和扩展。两者既相互交叠，又彼此独立、相互区别。

第二节　刑事诉讼法的制定目的、根据和任务

一、刑事诉讼法的制定目的

《刑事诉讼法》第 1 条规定了其制定目的：保证刑法的正确实施，惩罚犯罪，保护人民，保障国家安全和社会公共安全，维护社会主义社会秩序。

二、刑事诉讼法的立法根据

刑事诉讼法的立法依据是宪法。宪法是国家的根本大法，是其他一切法律的母法，宪法为其他法律的制定、实施确定了原则，对其他法律的主要内容作了规定。刑事诉讼法是宪法的具体化。根据《刑事诉讼法》第 1 条的规定，为了保证刑法的正确实施，惩罚犯罪，保护人民，保障国家安全和社会公共安全，维护社会主义社会秩序，根据宪法，制定本法。

三、刑事诉讼法的任务

《刑事诉讼法》第 2 条规定："中华人民共和国刑事诉讼法的任务，是保证准确、及时地查明犯罪事实，正确应用法律，惩罚犯罪分子，保障无罪的人不受刑事追究，教育公民自觉遵守法律，积极同犯罪行为作斗争，维护社会主义法制，尊重和保障人权，保护公民的人身权利、财产权利、民主权利和其他权利，保障社会主义建设事业的顺利进行。"对于刑事诉讼法的任务，可从三方面理解：

1. 直接任务——保证准确、及时地查明犯罪事实，正确应用法律，惩罚犯罪分子，保障

无罪的人不受刑事追究。这是刑事诉讼法的直接任务。

查明犯罪事实，是整个刑事诉讼的基础。在查明犯罪事实的基础上，还必须正确应用法律。"法律"包括《刑法》《刑事诉讼法》，以及办理案件中需要适用的其他法律。

准确查明犯罪事实，正确应用法律，是指对案件事实的认定和对犯罪人行为的定性准确，并根据犯罪的具体情况适用《刑法》。具体说来，包括以下两方面：

（1）对象的适用不能发生错误，也就是说不能对无罪的人适用刑罚。对有罪证据不足而不能认定有罪的人，当然不能适用刑罚处罚。此外，对虽然构成犯罪，但具有依法不予追究刑事责任的情形的，也不得适用刑罚。

（2）刑法适用的确定性或者必定性。查明犯罪事实不仅要准确，还要及时。及时性是刑事司法效率价值的具体体现，通过保证刑事程序的迅速运作，一方面尽快解脱无辜的以及依法不应追究的犯罪嫌疑人、被告人，另一方面可以为达到适用刑罚的预期效果提供基本的保障。

2. 重要任务——教育公民自觉遵守法律，积极同犯罪行为作斗争。这是刑事诉讼法的重要任务。

3. 根本任务——维护社会主义法制，尊重和保障人权，保护公民人身权利、财产权利、民主权利和其他权利，保障社会主义建设事业的顺利进行。这是刑事诉讼法的根本任务。维护社会主义法制就是维护社会主义法制的尊严，做到"有法必依，执法必严，违法必究"。

刑事诉讼法通过保证刑罚权的行使，惩罚破坏社会法律秩序的犯罪行为，以及规范刑事诉讼活动，使社会主义法制得到维护，从而实现保护公民人身权利、财产权利、民主权利和其他权利，保障社会主义建设事业的顺利进行。

第三节　刑事诉讼法的研究对象、研究方法、学科体系

一、刑事诉讼法的研究对象

刑事诉讼法学，是研究刑事诉讼现象和刑事诉讼客观规律的一门法学学科。它的主要研究对象是刑事诉讼的法律制度和司法实践。对某一国家、某一时期的刑事诉讼法学而言，有关这一学科的各种理论流派也是其研究对象。

（一）刑事诉讼法律规范

这种研究大致可分为实有研究和应有研究。实有研究，着重于法律规范的结构功能与应用分析。包括论述指导思想，归纳法律规范的结构功能，归纳法律原则，阐释法律条文和立法精神等。例如关于逮捕的法律规范，应分析逮捕条文的实际含义（比如我国《刑事诉讼法》第81条规定逮捕的首要条件是"有证据证明有犯罪事实"，这一规范如何理解），应研究如何准确掌握逮捕的条件和严格遵循逮捕的程序以及法律条文在司法实践中如何合理运用等。研究实有规范，对于指导司法实践，发挥刑事诉讼法律规范的功效，具有重要意义。应有研究，是基于社会生活和司法实践的丰富性和不断发展，根据刑事诉讼的任务和目的以及司法现实和社会发展的要求，同时根据对于法律规范的逻辑分析，提出现行规范存在的问题及改革的方案。

（二）刑事诉讼实践

"法律条款是灰色的，司法实践之树常青。"无限生动和丰富的诉讼实践，是诉讼法学应着力关注的对象。尤其是考虑到诉讼法学属于应用型学科，是实践性较强的部门法学。司法实践是检验法律是否科学、是否完善的标准。研究司法实践，可以提出改进立法的意见。因此，刑事诉讼实践，应当是我们研究的出发点和落脚点，也是诉讼法学理论的生长点。刑事诉讼法学研究要深入研究刑事诉讼法律规范在适用和实施中出现的新情况、新问题、新认识和解决现实问题的新方法，不断总结刑事诉讼实务中的经验和教训。只有这样，刑事诉讼法学的研究才能真正适合中国的实际情况，解决实际问题，避免法学研究与司法实践的脱节。

（三）刑事诉讼基本理论

刑事诉讼理论，是分析诉讼法律规范和进行实证研究的思维工具，只有切实掌握刑事诉讼法学理论，才能在具体问题的分析中具有深刻明晰的眼光和高屋建瓴的气魄。刑事诉讼理论研究的重心是如何改造和完善这一系统结构，因此必须加强对刑事诉讼法学基本理论的研究和创新。例如，关于刑事诉讼程序产生的基础以及程序公正的基本要求，刑事诉讼基本规则与原则，刑事诉讼的结构（包括整体结构和阶段性结构），刑事诉讼的目的与价值，刑事诉讼主体、职能与法律关系等。而对于刑事诉讼法学基本理论研究不足和缺乏创新的问题，也是刑事诉讼研究难以深入的基本原因。

（四）外国和历史上的刑事诉讼制度、司法实践和刑事诉讼理论

刑事诉讼程序和制度既有阶级性，又有技术性。就后者而言，它反映了人类社会在维持正常秩序，调整社会越轨方面的一般性规律。因此，外国的、历史上的诉讼制度和诉讼实践，对我们具有一定的借鉴和参考的作用。有些社会的制度文明程度较高，其诉讼制度和诉讼理论比较发达，这就更值得我们认真研究和学习。对其中一些符合我国实际的内容，也应大胆引进。

二、研究方法

辩证唯物主义和历史唯物主义，是我国社会科学研究的一般方法，也是刑事诉讼法学学习和研究的基本方法。但结合刑事诉讼法学研究的特点和实际情况，在唯物辩证的指导下，应注意以下几种学习、研究方法的运用：

（一）理论联系实际的方法

刑事诉讼法是从实际中产生，随着实际的发展而发展，并为实际服务，受实际检验的。只有联系实际，特别是联系刑事诉讼立法和司法的实际来思考问题，才能真正理解刑事诉讼产生的社会条件和实际意义，才能不断地研究和解决司法实践中出现的新情况和新问题。运用理论联系实际的方法应注意以下几点：①理论研究应当在实践中寻找课题。应当注重对实践中影响刑事诉讼效能的突出问题进行分析。这种实践性课题有直接和间接的两种，其中对基本理论的研究，虽然不直接解决实际问题，但它为正确回答实际问题奠定了基础，提供了方法，因而是不可忽视的一个重要方面。②理论研究应当充分考虑实际作用的因素和条件，注意规范的实际效应。不能脱离这些实际因素考虑制度问题。例如，有的制度本身从规范分析上有其合理性，但脱离当时的实际情况，缺乏实际执行条件，实践中难以贯彻，因此在理论研究中应有实在的分析。③充分运用实证分析和个案分析方法。实证分析，尤其是个案分

析，应当是学习、研究刑事诉讼理论的基本途径。否则既不能真正理解法律规范的实际意义和效用，又难以做到学以致用。

（二）比较与借鉴的方法

比较研究既是为了借鉴和改造，又是为了使我们开阔眼界，在刑事诉讼的立法和操作中更明智、更合理、更有效地运用法律工具，避免那些应该并且可以避免的失误。刑事诉讼法的产生与发展，已经有了数千年的历史。当今世界各国，尤其是一些法律制度比较发达的国家，在刑事程序法制的建设上已经有了比较成熟的经验和比较丰富的理论。但是这些法律制度有着时空和阶级的局限性，即使在当时当地适用，照搬过来也可能发生"水土不服"的效应。但就这些制度的技术方面而言，有相当一部分是具有普遍性的法律规则。那些依据大量诉讼经验及反复、深入的思考而产生的诉讼理论，也完全可以"为我所用"。实际上我国刑事司法采用的现代诉讼方式，我国刑诉理论中成为通说的基本原理，有相当一部分是比较研究、学习借鉴的结果。如1996年全国人大修正《刑事诉讼法》，在一些重要方面，也是由于考虑到法制建设现代化的发展，考虑了国际上的通例。如有的学者指出："在改革开放的形势下，应考虑国际上的通例问题，法律还是有一个共同的规律的。对于国际上的通例，有符合中国国情的地方，而我们又能做得到，为什么不这样做呢？此次《刑事诉讼法》的修正，实际上已经这样做了。庭审方式的改革是一个例子，律师提前介入也是一个例子。"因此，我们应当注意采用比较研究的方法，对历史上和外国的刑事诉讼立法、刑事诉讼实践和刑事诉讼理论进行研究，通过比较研究，提高我们的刑事诉讼法学的理论水平。

（三）辩证思维的方法

辩证思维方法又称辩证分析方法，也就是辩证法的方法，是根据客观事物自身的辩证本质进行思维与分析的科学方法。辩证法把客观世界的各种事物和现象，看作是普遍联系和永恒变化着的，并把世界的发展变化看成是自身所固有的各种矛盾发展变化的结果。辩证思维方法包括：归纳与演绎，分析与综合，抽象与具体，逻辑与历史相统一。

（四）价值分析方法

在刑事诉讼法学中，运用价值分析法，是通过分析刑事诉讼的利益、价值和目的，来研究刑事诉讼程序及程序模式。马克思说："人们奋斗所争取的一切，都与他们的利益有关。"刑事司法作为一项社会控制工程，其目的是保障特定的社会利益。由于利益价值需要产生目标体系并最终决定行为方式，社会的利益要求（即价值取向）不同，其保护手段——刑事司法制度的模式也就不同。因此，分析特定的利益关系，把握驱动刑事司法运行并决定运行方式的利益价值机制，就能由枯燥的程序规范与技术性措施中感触丰富的社会政治文化底蕴，并从根本上把握刑事司法的设计与操作思想，从而高屋建瓴地考虑诉讼手段与模式的选择及诉讼制度的发展完善。运用价值分析方法，应注意分析以下问题：刑事司法活动中的主要利益及其界定；互动过程中的利益关系；不同诉讼价值模式及其分析；刑事司法的当代价值取向；我国既成价值模式的构成、效能和成因分析；我国刑事诉讼价值模式选择的指导观念、设计与操作原则；在合理的诉讼价值观的指导下，对制度层面的调整与改革；等等。在具体的分析研究中，还要注意运用利益、价值和权衡方法。由于刑事诉讼中涉及的利益是多元的，而且彼此间既是统一的，又是矛盾的，这种相互间的矛盾和冲突，要求我们善于权衡利弊，构筑刑事诉讼的价值模式，力求以有限的资源投入获得更大、更符合社会需要、适应社会发展的司法效益。

（五）结构分析方法

刑事诉讼法的功能是为国家的刑事诉讼活动设立框架，在这个意义上，诉讼程序法即为诉讼结构法，结构决定功能，诉讼结构是整个刑事诉讼活动的基础，它决定刑事诉讼的基本原则和主要程度制度。诉讼结构（又称诉讼构造）是刑事诉讼中各种要素的组合，因此结构分析是一种对刑事诉讼中各要素集合与结构方式的系统研究。应用结构功能分析方法还需要关注诉讼的主体、诉讼法律关系，并且剖析诉讼中影响诉讼关系产生、发展和变化的各要素的性质和作用，从而确定刑事诉讼结构的功能，正确衡量特定刑事诉讼结构的合理性。结构功能分析，是对诉讼制度的整体性分析。近年来我国有的学者提出刑事诉讼的两重结构——三角结构与线形结构，也是运用这种分析方法的结果。同时，结构功能分析既可能是全方位的研究，也包括微观性研究，如对侦查结构、起诉结构、审判结构的分析等。再如对刑事审判结构的研究，则涉及面相当宽广，对法官、公诉人、辩护人、刑事被告人与被害人等不同诉讼要素都要加以研究，因为，这些要素被赋予不同性质和不同作用并以特定方式组合于审判程序中，从而形成特定的诉讼结构，决定了审判程序的功能。我国刑事诉讼法对审判结构的深入分析，为1996年全国人大修正《刑事诉讼法》提供了重要参考。

（六）综合研究方法

综合研究方法要求对刑事诉讼法学的学习和研究，不应当仅仅局限于本部门法学的较狭窄领域，而应当拓宽视野，涉猎有关部门法学以及其他有关学科，综合地利用各学科的知识和研究方法，从而使刑事诉讼法的学习与研究向广度拓宽，向纵深掘进，取得更为丰富的成果。刑事诉讼法学作为一个部门法学，与其他一些部门法学关系密切。例如，刑事司法涉及司法机关的组织和活动方式以及对公民权利的限制，其根据必须是宪法；刑事诉讼法的主体首先是司法机关，司法机关的组织与活动原则须在组织法中体现；刑事诉讼法属于程序法一类，与民事诉讼法、行政诉讼法有着一些共同的基础和密切的关系，需要把握它们的区别联系；就其使命和性质而言，刑事诉讼法属于刑事法律的一部分，在实际的司法运用过程中，刑事诉讼法与刑法是相应的实体法与程序法的关系，即人们常说的形式和实质的关系，因此，二者之间联系尤为密切。刑事诉讼法规范侦查、起诉、审判和执行活动，与侦查学、检察学、律师学以及监狱法学相互交叉、相互联系。因此，我们要学习宪法学、组织法学、民事诉讼法学、行政诉讼法学、刑法学、侦查学、监狱法学等法学学科，以吸收这些学科知识和研究方法。例如有的学者提出在诉讼法学研究中应当研究诉讼文化，即研究有关诉讼的社会观念、历史习惯以及用诉讼方式解决社会冲突的社会生活，研究关于诉讼的器物设施、典章制度及思想学说。通过对诉讼做文化上的观察分析，有助于把握诉讼模式的内在生命及变革原因，有助于把握刑事诉讼的运行环境的功能效应。例如，在对审判方式采用控辩式的改革研究中，有的同志着重于文化分析，提出在我国这样一个具有注重和谐的历史文化传统的社会，要注意解决诉讼的对抗性和传统社会文化之间的矛盾，就是在刑事诉讼研究中利用文化分析方法的例子。

三、学科体系

在一定意义上，体系即系统。根据系统相对性的原则，对刑事诉讼法学的体系可以按不同的原则和要求进行划分，如就知识范围而言，刑事诉讼法学由中国刑事诉讼法学、外国刑事诉讼法学和古代刑事诉讼法学构成；就刑事诉讼理论本体而言，刑事诉讼法学可分为基本理论和应用理论两个大部分。基本理论系刑事诉讼的一般原理，应用理论立足于刑事诉讼立法和司法的实际，包含解释刑事诉讼法的规定，分析刑事诉讼中的实际问题等。

思考题：

1. 根据刑事诉讼的含义说明刑事诉讼的基本特征。
2. 刑事诉讼法的主要法律渊源有哪些？国际条约成为刑事诉讼法律渊源的条件是什么？
3. 我国《刑事诉讼法》的立法根据是什么？
4. 简答我国《刑事诉讼法》的立法目的。
5. 试论我国《刑事诉讼法》的任务。

第二章　刑事诉讼法的历史沿革

　　内容导读　中国古代刑事诉讼最早可追溯至虞舜时期。当代世界各国所奉行的刑事诉讼法律制度是对历史上各种刑事诉讼法律制度的扬弃。英美法系的当事人主义偏重人权保障，以法、德两国为代表的大陆法系国家的职权主义则强调惩罚犯罪。随着当今世界政治、经济和文化交流的日益频繁，两大法系的刑事诉讼制度呈现出相互影响、相互渗透、逐渐融合的趋势。

本章重点：

　　刑事诉讼法的历史沿革

本章难点：

　　1. 资本主义社会刑事诉讼法律制度的特点
　　2. 两大法系国家的刑事诉讼法律的主要特点

第一节　中国刑事诉讼法的历史沿革

一、中国古代刑事诉讼法律制度概述

　　中国古代是指公元前 2600 年左右中国出现早期奴隶制国家时起，直到 1840 年清王朝走向灭亡这一漫长的历史时期，经过了奴隶制、封建制两个发展阶段。中国古代法制，包括刑事诉讼法制是随着奴隶制国家的建立而逐步形成和发展起来的。

　　1. 中国古代刑事诉讼制度的起源。中国古代刑事诉讼制度究竟起源于何时，无法确定。在我国虞舜时代，《尚书》中记载了虞舜时期就有"皋陶"作为刑官，可见当时已有了刑事诉讼。《舜典》中有关于五中肉刑的记载，《舜典》记载舜时执法严明，并收到"四罪而天下咸服"的良好社会效果。如果没有完备的刑事诉讼制度，是不可能取得如此良好的社会效果的，据此可以推断在舜帝时期就有刑事诉讼制度的存在。从西周的《吕刑》记载看，周穆王时制定的新法不仅确立了明法慎刑和宽猛相济的刑法指导思想，还确立了"祥刑"的诉讼指导思想，严格要求司法官员审理案件要依法定程序和抓住关键问题，以保证审判结果达于"中"的要求。

　　至于编纂法典，则始于公元前 536 年郑国的子产将刑法铸在铁鼎上，史称"铸刑书"。战国时魏国的李悝编纂了《法经》，这是我国古代第一部比较系统的刑事法典，该法分为六篇，其中的囚法、捕法两篇属于刑事诉讼的规定。商鞅对李悝的《法经》加以完善形成《秦律》。

　　汉承秦制，制定了《九章律》。《九章律》，也称《汉律九章》，是汉高祖统一中国以后颁行的法典。相国萧何依照秦法，适应新形势，制订盗律、贼律、囚律、捕律、杂律、具

律、户律、兴律、厩律九篇。前六篇大体同于秦律，源于李悝《法经》。后三篇是新增的有关户口、赋役、兴造、畜产、仓库等方面的规定，又称《事律》。魏律是在汉《九章律》的基础上，改兴律为擅兴律，删除厩律，改具律为刑名并列于全律之首，增加劫掠、诈伪、告劾、毁亡、系讯、断狱、请赇、惊事、偿赃和免坐等十篇，共计十八篇。

唐朝刑事立法的成就，集中反映在《唐律疏议》上，狭义上的唐律，便指《唐律疏义》这部唐代具有代表性的法典。《唐律疏议》共十二篇，500 条，其篇目依次为：名例、卫禁、职制、户婚、厩库、擅兴、贼盗、斗讼、诈伪、杂律、捕亡、断狱。篇目的排列有其内在的规律，体现了立法者对各项内容及其关系的认识。贞观律以开皇律为基础，参照隋朝开皇律，对武德律作了较大修改，如增设加役流作为死罪的减刑，区分两类反逆罪，缩小缘坐处死的范围，确定了五刑、十恶、八议、请、减、赎，以及类推、断罪失出入、死刑三复奏、死刑五复奏等断罪量刑的主要原则。贞观律仍然延续"德主刑辅"的立法思想，并且采纳了魏征"专尚仁义，慎刑恤典"的建议。贞观律确定了唐律的主要风格、内容，深刻影响其后的永徽律及其他法典的制定。

五代、宋、金都在唐律的基础上进行增减，与唐律大同小异。元代纂定新律与唐宋有了一定的差异，称《至元新格》，共二十篇，其第十三篇为诉讼（与前代告劾律相同），第十八篇为捕亡，第二十篇为平反（与前代断狱律相同），并改"斗讼"为"斗殴"，后又修订为《大元通制》。诉讼篇着重规定如何控诉犯罪，但其篇名"诉讼"后来演变为近现代的诉讼法典的名称。

《大明律》是明朝的主要法令条例，由明太祖朱元璋总结历代法律施行的经验和教训详细制定而成。

《大明律》在中国古代法典编纂史上具有革故鼎新的意义。它不仅继承了明代以前的中国古代法律制定的优良传统，也是中国明代以前各个朝代法典文献编纂的历史总结，而且还开启了清代乃至近代中国立法活动的发展。它虽然以《唐律》为蓝本，但在形式和内容上都有发展。在形式上，结构更为合理，文字更为简明；在内容上，经济、军事、行政、诉讼方面的立法更为充实；在定罪判刑上，体现了"世轻世重""轻其轻罪，重其重罪"的原则，事关典礼及风俗教化等事，定罪较轻；贼盗及有关帑项钱粮等事，定罪较重。其律文结构和量刑原则对《大清律》有较大影响。

《大清律例》是我国最后一个大一统的君主专制王朝清王朝的国家法典。清朝入关后，即从顺治元年开始，"详译明律，参以国制"，着手法典的制定，经顺治、康熙和雍正三朝的努力，法典逐渐趋于成熟。《大清律例》颁布以后，完成了清代最为系统、最具代表性的成文法典。清代律文经历了入关以来近百年的不断修改，到了乾隆朝已经趋于稳定。清廷不仅多次重申其稳定性，并严厉斥责要求改律的条奏，规定律文为"祖宗成宪"，不可变动。之后一直到清末法制改革之前，清代律例的律文不再有所变化，而对于清代法律制度的调整则主要通过增改例文的形式来进行。

2. 中国古代刑事诉讼制度的基本特征可以归纳为：

（1）司法和行政不分，行政机关兼理司法职能，皇帝拥有至高无上的权力，包括最高的司法权。在奴隶制社会初期，国家立法权、行政权和司法权不分。历史资料表明，专门司法机构的出现，最早在夏、商、周时期。夏朝中央司法机构的司法行政长官称作"大理"，地方司法机构、司法官员称作"理"或"士"。商朝称中央司法机构长官为"司寇"，地方司法官员称作"正"或"史"。周朝称中央司法机构官员为"大司寇""小司寇""士师""司刑"。春秋战国各诸侯国称法不一，有的称"司寇"，有的称"大理""廷理""廷尉"等，但是他们都要服从"王"或者皇帝的命令。在奴隶制社会确立王权至上的专制政体，国王是国家的最高统治者也是最高的司法审判官，掌握决定诉讼胜败的大权，重大案件由他最后裁决。

（2）刑事诉讼和民事诉讼差别不大，实体法和程序法不分。中国古代的律令没有实体法与程序法之分，有关诉讼程序的规范一般都与实体法律规范一并规定在法律之中。首先，从实体法上说，中国古代的立法，是以刑为主，刑民结合的。大量的财产、家庭、婚姻问题采用刑事手段加以解决。其次，从诉讼法来看，中国古代立法，历来是"诉讼断狱，附件刑律"，诉讼法没有专门法典，只是作为刑律中的一部分内容加以规定。

（3）控审职能不分，诉讼采取纠问式诉讼制度。控审分离，即控诉职能和审判职能必须分别由专门的诉讼主体来承担，而不能把两种职能集中由一个诉讼主体来承担，如果没有法定的控诉主体提起诉讼，承担审判职能的法院就不能主动审判任何案件，是现代刑事诉讼基本原则之一。中国古代的司法没有设立专门的控诉机关，在起诉方式上也不像现代诉讼那样只有公诉和自诉两种，古代的起诉实际上是指司法机关开始审理案件的缘由或依据。古代的起诉方式以被害人告诉为主，还包括被害人或其亲属以外的一般人告诉官吏举发、审判机关纠问等。

（4）刑讯逼供盛行。我国历代封建王朝的刑事诉讼法对刑讯逼供都有明文规定。根据《云梦秦简》的记载，秦王朝的律令中即有笞掠的规定："凡讯狱，必先尽听其言而书之，各展其辞。虽知其言也，勿庸辄诘。其辞已尽书而无解，乃以诘者诘之。诘之又尽听书其解辞，又视其无解者以复诘之。诘之极而数池，更言不服，其律当笞掠者，乃笞掠。"汉律规定："会狱，吏因责如章告劾，不服，以掠笞定之。"唐律中也有拷掠的规定。正如马克思所说："中国法里面一定有笞杖，和中世纪刑律的内容连在一起的诉讼形式一定是拷问"。封建制刑事诉讼实行刑讯逼供制度与被告口供中心主义的证据制度密切相关，封建法律规定"断案必取输服供词""无供不录案"，因此口供是定案必不可少的证据，刑讯成了获取口供的必要手段。"捶楚之下，何求而不得？"我国自秦朝开始就有刑讯制度，到了魏晋南北朝时期刑讯已经合法化，自唐朝后法律上虽然出现了限制非法刑讯的规定，但实际上这些规定并没有起到阻止刑讯的作用，相反在某些方面非法刑讯还有所发展和泛滥，刑讯逼供是封建制刑事诉讼的本质特征。

二、中国近代刑事诉讼法律制度

1840 年起，中国进入了半封建半殖民地的近代社会。期间，中国政治舞台变乱频繁，刑事诉讼法制也出现了复杂情况。这里仅就这一阶段刑事诉讼法制的主要发展线索进行简要介绍。

（一）清朝末年的刑事诉讼法制度

1840 年鸦片战争以后，中国逐步沦为半殖民地半封建社会，外国资本主义的侵入使中国的经济结构和阶级结构发生了显著变化，侵略者们确立的领事裁判权攫取了清帝国的一部分司法权。在这种情势下，清朝政府在进入 20 世纪后为顺应新的形势和收回治外法权，模仿西方资本主义国家的法制，开始了中国法制的改革和发展。1902 年清政府下诏宣布立法的宗旨云："参酌各国法例"，"务期中外通行"，"与各国无大悬绝"。并设立法律修订馆，委派沈家本、伍廷芳等人为修律大臣负责修订现行律例。1906 年，在沈家本的主持下编成《大清刑事民事诉讼法草案》及相辅而行的《法院编制法草案》。《大清刑事民事诉讼法草案》分五章共 260 条，采行公开审判制度、陪审制度和律师制度，是中国第一部具有近代精神的诉讼法典草案。1906 年清政府颁布了《大理院审判编制法》，1907 年颁行《各级审判厅试办章程》，该法参照《法院编制法草案》等拟订，分总纲、审判通则、诉讼、各级检察厅通则、附则等五章，共 120 条，概括规定了《法院编制法草案》和《大清刑事民事诉讼法草案》的主要内容，包括：采四级三审制，确立预审制度、回避制度，设立检察厅，并对起诉、上诉、管收、保释等作出了规定。1908 年，清廷将刑部改为法部；将大理寺改为大理院，专司审判，大理院旋即改组成立，并规定了大理院审判责任。1909 年清政府将沈家本主持草拟的《法院编制法》交宪政编查馆逐条考核，后经修改与宪政编查馆拟订的《初级暨地方审判厅管辖案件暂行章程》《司法区域分划暂行章程》同时施行。

（二）南京临时政府与北洋军阀政府时期的刑事诉讼法制

1911 年 10 月 10 日，辛亥革命爆发，推翻了满清政府，结束了长达两千年的君主专制统治，成立了孙中山领导的南京临时政府。1911 年 12 月各省都督的代表制定了《临时政府组织大纲》，以美国国家制度为蓝本，确立了三权分立原则，规定临时中央审判所行使司法权。1912 年 3 月 11 日孙中山在南京公布了《中华民国临时约法》，确认了三权分立的制度，规定法院是行使司法权的机关，实行司法独立和审判公开的原则，并规定了人民的诉讼权利。南京临时政府提倡人权，指出"天赋人权，胥属平等"，实行法律面前人人平等的原则。南京临时政府还颁布大总统令，废除了刑讯制度，规定："不论行政司法官署，及何种案件，一概不准刑讯，鞫狱当视证据之充实与否，不当偏废口供。"同时命令各级官府，焚毁不法刑具。

此外，南京临时政府还草拟了《中央裁判所官职令草案》《律师法草案》，规定慎选法官，建立律师制度、陪审制度和辩护制度，要求诉讼采取文明办法，尊重法律并公开进行。南京临时政府虽然只存续了 3 个月，却在司法领域进行了多项重大改革。这些改革，借鉴了欧美国家的法律制度，否定了旧时代的苛政酷刑，将近代的法律思想和人道主义精神融入刑事诉讼制度中，尽管存在着一定的局限性并且未能完全付诸实施，但其历史功绩是不能抹杀的。

北洋政府时期，军阀专权，局势动荡。1912 年袁世凯就任民国大总统之职，因民国法律还没有制定颁布，于是下令准许暂时援用清朝颁布和草拟的法律。1921 年北洋政府将前清的《刑事诉讼律》修改为《刑事诉讼条例》，颁布后于 1922 年 1 月全面施行。北洋政府还于 1914 年颁布了《地方审判厅刑事简易庭暂行规则》《审检厅处理简易案件暂行细则》和《私诉暂行规则》，于 1920 年颁布《处刑命令暂行条例》、1922 年颁布《刑事简易程序暂行条例》等单行法规。此外，北洋政府还颁布了一系列刑事特别法规，如 1912 年的《戒严法》、1913 年的《惩治盗匪法》、1914 年的《治安警察法》、1915 年的《陆军审判条例》和 1918 年的《海军审判法》。

（三）国民党政府时期的刑事诉讼法制

国民政府期间立法院于 1931 年 10 月 28 日颁布了《法院组织法》，1928 年 7 月立法院颁布了《中华民国刑事诉讼法》和《中华民国刑事诉讼法施行法》，1934 年这两部法律得到修正并于次年颁布施行。此外，还制定了一系列单行法规，如 1927 年 11 月 18 日颁布施行《惩治盗匪暂行条例》，1931 年 1 月 31 日颁布《危害民国紧急治罪法》，1948 年 4 月 2 日颁布《特种刑事法庭审判条例》，等等。国民政府的《刑事诉讼法》是在继承北洋政府《刑事诉讼条例》并进一步取法、德、日本等大陆法系的刑事诉讼的基础上制定的，该法采职权主义的诉讼模式，规定了起诉便宜原则、直接审理原则、自由心证原则、审判公开原则等。1949年以后原国民政府的法律只在我国台湾地区得以继续实施，该法经过多次修改沿用至今。

三、中华人民共和国刑事诉讼法律制度

中华人民共和国刑事诉讼法发端于中国新民主主义革命时期。其产生和发展经历了一个漫长曲折的过程。

（一）新民主主义革命时期刑事诉讼法制的产生

1919 年的"五四"运动，揭开了中国新民主主义革命的序幕。1924 年 1 月，中国国民党在中国共产党的帮助和参加下召开了第一次全国代表大会。1925 年 7 月 1 日，在中国共产党的帮助的推动下，孙中山成立了广州国民政府。当时的广州、武汉国民政府是"国共合作"的联合政府，是带有不同程度的新民主主义色彩的革命政权。

广州国民政府在成立的当天就公布了《中华民国国民政府组织法》，1926 年又公布了《国民政府司法部组织法》，1927 年还制定了《参审陪审条例》，等等。这些立法在一定程度上保护了广大劳苦大众的利益，保障了当时的北伐战争的顺利进行。

与此同时，在 1925 年的省港工人大罢工运动中，罢工委员会也设置了会审处、特别法庭、军法处和监狱等司法组织。当时的农民协会也设立了自己的司法组织——仲裁部或审判土豪劣绅特别法庭。这些活动，为我国后来建立刑事诉讼法制积累了经验。

1931 年 11 月中华苏维埃共和国中央工农民主政府在江西瑞金成立后，于 1931 年 12 月发布了《处理反革命案件和建立司法程序的训令（第六号）》，又于 1932 年 6 月发布了《裁判部暂行组织及裁判条例》，随后，又于 1934 年 4 月发布了《中华苏维埃共和国司法程序》，1934 年 5 月发布了《中华苏维埃共和国人民委员会训令》，等等，从而建立起了各级司法机关并具体规定了司法机关审判案件的主要程序和制度。

1939 年 1 月，陕甘宁边区政府公布了《陕甘宁边区高等法院组织条例》。此后，它又分别于 1942 年 2 月公布了《陕甘宁边区保障人权财权条例》；于 1942 年 8 月公布了《陕甘宁边区政府审判委员会组织条例》；于 1943 年 1 月公布了《陕甘宁边区军民诉讼暂行条例》；于 1943 年 3 月颁布了《陕甘宁边区高等法院分庭组织条例草案》和《陕甘宁边区县司法处组织条例草案》。通过上述一系列的法律文件，确立了抗日战争时期陕甘宁边区的刑事诉讼原则和制度。

1945 年，抗日战争结束以后，各解放区除沿用抗日战争时期各根据地的刑事诉讼法规外，还制定了一些新的刑事诉讼法规，如 1947 年的《关东各级司法机关暂行组织条例草案》，1949 年初的《华东人民政府为清理已决犯及未决犯的训令》，1949 年 2 月的中共中央《关于废除国民党六法全书与确定解放区司法原则的指示》，以及同年 4 月华北人民政府发布的《废除国民党的六法全书及一切反动法律的训令》等。其中，《关于废除国民党六法全书与确立解放区司法原则的指示》总结了我国新民主主义革命时期人民司法建设的丰富经验，为中华人民共和国成立后的社会主义刑事诉讼法制建设奠定了基础。

（二）社会主义革命时期刑事诉讼法制的确立

1949 年 10 月 1 日，中华人民共和国宣告成立。从此，我国进入了社会主义法制建设的新时期。

1950 年 7 月，我国公布了《中华人民共和国人民法庭组织通则》。1951 年 9 月，《中华人民共和国人民法院暂行组织条例》《中央人民政府最高人民检察署暂行组织条例》和《各级地方人民检察署组织通则》也由中央人民政府委员会第十二次会议通过公布。1954 年 9 月，我国颁布了《中华人民共和国人民法院组织法》和《中华人民共和国人民检察院组织法》。同年 12 月，全国人大常委会通过了《中华人民共和国逮捕拘留条例》。与此同时，我国于 1954 年拟出了《中华人民共和国刑事诉讼条例（草案）》。1957 年 5 月，由最高人民法院主持起草的《中华人民共和国刑事诉讼法草案（草稿）》完成，共七编，325 条。1963 年 4 月，由中央政法小组主持完成了《中华人民共和国刑事诉讼法草案（初稿）》，共 200 条，但一直没能成为法律。

1979 年 2 月，全国人大常委会法制委员会重新组织力量对 1963 年起草的草案进行修改，并于 1979 年 6 月完成"修正二稿"，提请全国人大审议。1979 年 7 月 1 日第五届全国人民代表大会第二次会议通过了我国第一部社会主义性质的刑事诉讼法典，即《中华人民共和国刑事诉讼法》。这部刑事诉讼法分为总则和分则两大部分，共四编、十七章、164 条。它是我国从新民主主义革命时期以来刑事诉讼实践经验和刑事诉讼立法经验的科学总结，是我国刑事诉讼法逐步走向完善的重要里程碑。

1979 年 5 月，在党的十一届三中全会召开之后，全国人大常委会法制委员会开始了制定刑事诉讼法的准备工作。这次立法以 1963 年形成的《中华人民共和国刑事诉讼法（草案）》为基础，经过反复修改和补充，于 1979 年提请第五届全国人大第二次会议审议通过，并予以公布，该法于 1980 年 1 月 1 日起施行。至此，新中国历史上第一部刑事诉讼法典诞生了。

四、《刑事诉讼法》的修正

（一）刑事诉讼法的第一次修正

1996 年 3 月，全国人大常委会经过广泛征求意见和反复补充、修改，最终完成了《中华人民共和国刑事诉讼法修正案（草案）》和《中华人民共和国刑事诉讼法（修改草案）》的起草工作，并提交第八届全国人大第四次会议审议。同年 3 月 17 日，《全国人民代表大会关于修改〈中华人民共和国刑事诉讼法〉的决定》正式通过，并于 1997 年 1 月 1 日起施行。修正后的《刑事诉讼法》共四编、十七章、225 条。1996 年 3 月对《刑事诉讼法》的修正，是中国刑事诉讼法制的重大改革，意义重大，影响深远。概括起来，这次修正的内容主要有以下几方面：

1. 确立了未经人民法院依法判决，对任何人都不得确定有罪的原则。与此相适应，取消了免予起诉制度，完善了不起诉制度，并在审查起诉与一审判决中确立了疑罪从无的原则。

2. 确立了人民检察院依法对刑事诉讼实行法律监督的原则，增加了立案监督程序和执行监督程序，加强了对刑事诉讼法的法律监督机制。

3. 改善了辩护制度。该法将辩护人参加刑事诉讼的时间，由审判阶段提前到审查起诉阶段，并规定在侦查阶段，律师可以为犯罪嫌疑人提供法律帮助，可以会见在押的犯罪嫌疑人。

4. 改革了庭审方式，增加了合议庭的职责。该法取消了开庭前的实体审查，改革了法庭调查程序，实行控辩制衡对抗、法官居中裁判的方式。

5. 废除了重罪从快的特别程序，增设了轻罪从快的简易程序。《全国人民代表大会关于修改〈中华人民共和国刑事诉讼法〉的决定》中明确规定，《全国人民代表大会常务委员会关于迅速审判严重危害社会治安的犯罪分子的程序的决定》自 1997 年 1 月 1 日起废止，而同时增设了仅对部分简单轻微的一审案件适用的简易程序。

6. 取消了收容审查，完善了强制措施。该法在取消收容审查的同时，放宽了逮捕条件，增加了拘留对象，延长了拘留时间，明确了拘传、取保候审和监视居住等措施的条件与要求。

7. 明确了诉讼主体的权利义务，加强了对诉讼参与人，尤其是被害人的法律保护。该法调整了公安司法机关的职能管辖范围，同时赋予被害人当事人的诉讼地位，增设了被害人将公诉案件转为自诉案件的诉讼程序。此外，还增设了诉讼代理人制度。

（二）刑事诉讼法的第二次修正

2012 年 3 月 14 日，《中华人民共和国刑事诉讼法修正案》获得全国人大通过。这部施行了 16 年的《刑事诉讼法》，完成了第二次"大修"，于 2013 年 1 月 1 日起施行。2012 年《刑事诉讼法》修正幅度很大，修正内容涉及 100 多处，修正比例超过总条文的 50%，修正后的条文总数已达 290 条，并且增加了新的编、章、节，可以说是一次名副其实的"大修"。这次修正内容很多，主要有以下九个方面：

1. 犯罪嫌疑人在侦查阶段的诉讼权利得到有效保障。辩护制度是刑事诉讼程序中保障犯罪嫌疑人、被告人依法行使辩护权的重要制度。2012 年《刑事诉讼法》修正重点完善了辩护人在刑事诉讼中法律地位和作用的规定。

修正后的《刑事诉讼法》规定，犯罪嫌疑人、被告人在审查起诉、审判阶段可以委托辩护人，在侦查阶段只能聘请律师提供法律帮助。考虑到犯罪嫌疑人、被告人在整个诉讼过程中均享有辩护权，《刑事诉讼法》增加规定：犯罪嫌疑人在被侦查机关第一次讯问或者采取强制措施之日起，有权委托辩护人。在侦查期间，只能委托律师作为辩护人。侦查机关在第一次讯问犯罪嫌疑人或者对犯罪嫌疑人采取强制措施时，应当告知犯罪嫌疑人有权委托辩护人。同时增加一条规定：辩护律师在侦查期间可以为犯罪嫌疑人提供法律帮助；代理申诉、控告；申请变更强制措施；向侦查机关了解犯罪嫌疑人涉嫌的罪名和案件有关情况，提出意见。

这样修正，进一步明确了律师在侦查阶段的法律地位，有利于更好地发挥律师的作用。

2. 修改完善了律师会见阅卷程序。2012 年《刑事诉讼法》修正充分吸收了《律师法》的相关规定，完善了辩护律师会见在押的犯罪嫌疑人、被告人的规定，加强了对律师依法履行职责的保障。

修正后的《刑事诉讼法》规定，在侦查阶段，对于涉及国家秘密的案件，犯罪嫌疑人聘请律师和律师会见在押的犯罪嫌疑人，均需经侦查机关批准。2007 年修订后的《律师法》作了不同的规定，规定律师凭律师执业证书、律师事务所证明和委托书或者法律援助公函，有权会见犯罪嫌疑人、被告人。律师会见犯罪嫌疑人、被告人，不被监听。《刑事诉讼法》吸收《律师法》的有关内容，并规定危害国家安全犯罪、恐怖活动犯罪、特别重大贿赂犯罪案件，在侦查期间辩护律师会见在押的犯罪嫌疑人，应当经侦查机关许可。这就解决了刑诉法与律师法的衔接问题，保证了法律和司法的统一，同时，也解决了侦查工作中实际存在的问题。

修改后的《刑事诉讼法》规定，辩护律师在审查起诉阶段可以查阅、摘抄、复制本案的诉讼文书、技术性鉴定材料，在审判阶段可以查阅、摘抄、复制本案所指控的犯罪事实的材料。2007 年修订后的《律师法》扩大了辩护律师在审查起诉阶段阅卷的范围。《刑事诉讼法》吸收《律师法》的有关内容，规定辩护律师在审查起诉和审判阶段，均可以查阅、摘抄、复制本案所指控的犯罪事实的材料。

3. 强化了对侦查措施的法律监督。为了进一步发挥法律监督机关的监督职能，保障公民的合法权益，2012 年《刑事诉讼法》强化了对侦查措施的监督。

2012 年《刑事诉讼法》增加规定，当事人和辩护人、诉讼代理人、利害关系人对于司法机关及其工作人员有下列行为之一的，有权向该机关申诉或者控告：①采取强制措施法定期限届满，不予以释放、解除或者变更的；②应当退还取保候审保证金不退还的；③对与案件无关的财物采取查封、扣押、冻结措施的；④应当解除查封、扣押、冻结不解除的；⑤贪污、挪用、私分、调换、违反规定使用查封、扣押、冻结的财物的。受理申诉或者控告的机关应当及时处理。对处理不服的，可以向同级或者上一级人民检察院申诉。人民检察院直接受理的案件，可以向上一级人民检察院申诉。人民检察院对申诉应当及时进行审查，情况属实的，通知有关机关予以纠正。

4. 补充完善了非法证据排除制度。1996 年《刑事诉讼法》对严禁刑讯逼供和以其他非法的方法收集证据作了规定。为从制度上进一步遏制刑讯逼供和其他非法收集证据的行为，维护司法公正和刑事诉讼参与人的合法权利，这次《刑事诉讼法》修正，在严禁刑讯逼供的规定后，增加不得强迫任何人证实自己有罪的规定。同时规定，采用刑讯逼供等非法方法收集的犯罪嫌疑人、被告人供述和采用暴力、威胁等非法方法收集的证人证言、被害人陈述，应当予以排除。违反法律规定收集物证、书证，可能严重影响司法公正的，应当予以补正或者作出合理解释；不能补正或者作出合理解释的，对该证据应当予以排除。

2012 年《刑事诉讼法》规定人民法院、人民检察院和公安机关都有排除非法证据的义务，并规定法庭审理过程中对非法证据排除的调查程序。在对证据收集的合法性进行法庭调查的过程中，人民检察院应当对证据收集的合法性加以证明。人民法院可以通知有关侦查人员或者其他人员出庭说明情况。有关侦查人员或者其他人员也可以要求出庭说明情况。经人民法院通知，有关人员应当出庭。

5. 规范了证人出庭作证制度。2012 年《刑事诉讼法》明确证人出庭作证的范围。该法规定，公诉人、当事人或者辩护人、诉讼代理人对证人证言有异议的，且该证人证言对案件定罪量刑有重大影响，人民法院认为证人有必要出庭作证的，证人应当出庭作证。公诉人、当事人或者辩护人、诉讼代理人对鉴定意见有异议，人民法院认为鉴定人有必要出庭的，鉴定人应当出庭作证。经人民法院通知，鉴定人拒不出庭作证的，鉴定意见不得作为定案的根据。同时，规定强制出庭制度，经人民法院通知，证人没有正当理由不出庭作证的，人民法院可以强制其到庭。证人没有正当理由逃避出庭或者出庭后拒绝作证，情节严重的，经院长批准，处以 10 日以下的拘留。考虑到强制配偶、父母、子女在法庭上对被告人进行指证，不利于家庭关系的维系，因此，规定被告人的配偶、父母、子女除外。

2012 年《刑事诉讼法》还规定，对证人因履行作证义务而支出的交通、住宿、就餐等费用，应当给予补助。证人作证的补助列入司法机关业务经费，由同级政府财政予以保障。有工作单位的证人作证，所在单位不得克扣或者变相克扣其工资、奖金及其他福利待遇。

1996 年《刑事诉讼法》规定，司法机关应当保障证人及其近亲属的安全。在实践中，对证人、鉴定人的保护，一方面可以通过对打击报复行为追究责任来实现，另一方面也需要有针对性地加强对一些严重犯罪案件中证人、鉴定人的保护力度。为此，2012 年《刑事诉讼法》增加规定，对于危害国家安全犯罪、恐怖活动犯罪、黑社会性质的组织犯罪、毒品犯罪等案件，证人、鉴定人、被害人因在诉讼中作证，本人或者其近亲属的人身安全面临危险的，人民法院、人民检察院和公安机关应当采取以下一项或者多项保护措施：不公开真实姓名、住址和工作单位等个人信息；采取不暴露外貌、真实声音等出庭作证措施；禁止特定的人员接触证人、鉴定人、被害人及其近亲属；对人身和住宅采取专门性保护措施；其他必要的保护措施。

2012 年《刑事诉讼法》规定，证人、鉴定人、被害人认为因在诉讼中作证，本人或者其近亲属的人身安全面临危险的，可以向人民法院、人民检察院、公安机关请求予以保护。增加规定，侦查人员询问证人，可以在现场进行，也可以到证人所在单位、住所或者证人提出的地点进行。

上述规定有针对性地加强对一些严重犯罪案件中证人、鉴定人、被害人的保护力度，不仅是保护公民权利的需要，对于打击犯罪也具有重要意义。

6. 扩大了法律援助的适用范围。为进一步保障犯罪嫌疑人、被告人的辩护权，2012 年《刑事诉讼法》扩大了法律援助在刑事诉讼中的适用范围。

按照 1996 年《刑事诉讼法》第 34 条第 2 款的规定，被告人是盲、聋、哑或者未成年人而没有委托辩护人的，人民法院应当指定承担法律援助义务的律师为其提供辩护。而修正后的《刑事诉讼法》扩大了法律援助的范围，规定，犯罪嫌疑人、被告人可能被判处无期徒刑、死刑，没有委托辩护人的，人民法院、人民检察院和公安机关应当通知法律援助机构指派律师为其提供辩护。这项规定将更好地保障犯罪嫌疑人、被告人的权益。这些修正为进一步保障犯罪嫌疑人、被告人的辩护权和其他权利，发挥律师在刑事诉讼中的作用提供了法律根据。

7. 适当调整了简易程序的适用范围。为更好地配置司法资源，提高诉讼效率，实行案件的繁简分流，在保证司法公正的前提下，区别案件的不同情况，适当调整简易程序的适用范围，有利于提高诉讼效率。

1996 年修正的《刑事诉讼法》规定了对可能判处三年有期徒刑以下刑罚的公诉案件和对自诉案件的简易程序。根据司法实践的需要，2012 年《刑事诉讼法》将简易程序审判的案件范围修改为：基层人民法院管辖的案件，符合下列条件的，可以适用简易程序审判：案件事实清楚、证据充分的；被告人承认自己所犯罪行，对指控的犯罪事实没有异议的；被告人对适用简易程序没有异议的。人民检察院在提起公诉时候，可以建议人民法院适用简易程序。

2012 年《刑事诉讼法》还明确规定，有下列情形之一的，不适用简易程序：被告人是盲、聋、哑人，或者尚未完全丧失辨认或者控制自己行为能力的精神病人的；有重大社会影响的；共同犯罪案件中部分被告人不认罪或者对适用简易程序有异议的；其他不宜适用简易程序审理的。

8. 修改完善了二审程序。2012 年《刑事诉讼法》明确规定了二审应当开庭审理的案件范围，同时，对发回重审作出限制性规定。

对于第二审程序，为保证案件的公正处理，2012 年《刑事诉讼法》明确了二审开庭的案件范围，增加规定，第二审人民法院对于下列案件，应当组成合议庭，开庭审理：被告人、自诉人及其法定代理人对第一审认定的事实、证据提出异议，可能影响定罪量刑的上诉案件；被告人被判处死刑的上诉案件；人民检察院抗诉的案件；其他应当开庭审理的案件。同时规定，第二审人民法院决定不开庭审理的，应当讯问被告人，听取其他当事人、辩护人、诉讼代理人的意见。

为避免反复发回重审，2012 年《刑事诉讼法》完善发回重审制度，增加规定，原审人民法院对于原判决事实不清楚或者证据不足发回重新审判的案件作出判决后，被告人提出上诉或者人民检察院提出抗诉的，第二审人民法院应当依法作出判决或者裁定。

1996 年《刑事诉讼法》规定的上诉不加刑是刑事诉讼的一项重要原则。但实践中存在通过第二审人民法院发回重审，由下级人民法院在重审中加刑，规避上诉不加刑原则的情况，为此，2012 年《刑事诉讼法》对发回重审不得加重刑罚作出规定：第二审人民法院发回原审人民法院重新审判的案件，除有新的犯罪事实，人民检察院补充起诉的以外，原审人民法院也不得加重被告人的刑罚。

9. 完善了刑罚执行程序。刑罚执行程序是惩罚和改造罪犯的重要规范。2012 年《刑事诉讼法》重点完善了暂予监外执行规定，强化人民检察院对减刑、假释、暂予监外执行的监督。

严格规范暂予监外执行的适用。暂予监外执行，是对符合法定条件的罪犯在监狱外执行刑罚的制度。2012 年《刑事诉讼法》进一步严格规范了暂予监外执行的决定、批准和及时收监的程序，为防止罪犯利用这一制度逃避刑罚，并增加规定：不符合暂予监外执行条件的罪犯通过贿赂等非法手段被暂予监外执行的，在监外执行的期间不计入执行刑期；罪犯在暂予监外执行期间脱逃的，脱逃的期间不计入执行刑期。

强化人民检察院对减刑、假释、暂予监外执行的监督。2012 年《刑事诉讼法》增加第 255 条规定：监狱、看守所提出暂予监外执行的书面意见的，应当将书面意见的副本抄送人民检察院。人民检察院可以向决定或者批准机关提出书面意见。

（三）刑事诉讼法的第三次修正

2018 年 10 月 26 日，十三届全国人民代表大会常务委员会第六次会议表决通过《关于修改〈中华人民共和国刑事诉讼法〉的决定》。

1. 完善与监察法的衔接机制，调整人民检察院侦查职权。

（1）删去人民检察院对贪污贿赂等案件行使侦查权的规定，保留人民检察院在诉讼活动法律监督中发现司法工作人员利用职权实施的非法拘禁、刑讯逼供、非法搜查等侵犯公民权利、损害司法公正的犯罪的侦查权。

（2）相应修改有关程序规定，在刑事诉讼法关于侦查期间辩护律师会见经许可、指定居所监视居住、采取技术侦查措施的规定中，删去有关贪污贿赂犯罪的内容，并完善刑事诉讼法关于"侦查"定义的表述。

（3）对人民检察院审查起诉监察机关移送的案件、留置措施与刑事强制措施之间的衔接机制作出规定。明确人民检察院对于监察机关移送起诉的案件，依照《刑事诉讼法》和《监察法》的有关规定进行审查；认为需要补充核实的，应当退回监察机关补充调查，必要时可以自行补充侦查；对于监察机关采取留置措施的案件，人民检察院应当对犯罪嫌疑人先行拘留，留置措施自动解除，人民检察院应当在 10 日以内作出是否逮捕、取保候审或者监视居住的决定。在特殊情况下，决定的时间可以延长。

2. 建立刑事缺席审判制度。党中央高度重视反腐败和国际追逃追赃工作及相关法律制度建设。党的十八大以来，国际追逃追赃工作取得重大进展，得到人民群众的广泛拥护。根据中央统一部署，2016 年 7 月，全国人大常委会法制工作委员会提出了关于建立刑事缺席审判制度的研究报告。

（1）建立犯罪嫌疑人、被告人潜逃境外的缺席审判程序，规定对于贪污贿赂等犯罪案件，犯罪嫌疑人、被告人潜逃境外，监察机关移送起诉，人民检察院认为犯罪事实已经查清，证据确实、充分，依法应当追究刑事责任的，可以向人民法院提起公诉。

（2）规定犯罪嫌疑人、被告人潜逃境外的缺席审判的具体程序。一是明确由犯罪地或者被告人离境前居住地的中级人民法院组成合议庭进行审理（必要时仍可以依照刑事诉讼法的规定指定管辖）。二是规定人民法院通过司法协助方式或者受送达人所在地法律允许的其他方式，将传票和起诉书副本送达被告人。三是规定被告人未按要求归案的，人民法院应当开庭审理，依法作出判决，并对违法所得及其他涉案财产作出处理。

（3）充分保障被告人的诉讼权利。一是对委托辩护和提供法律援助作出规定。二是赋予被告人的近亲属上诉权。三是规定人民法院应当告知罪犯有权对判决、裁定提出异议。罪犯提出异议的，人民法院应当重新审理。这样规定，不违反刑事诉讼的公正审判和程序参与原则，也符合国际上通行的司法准则的要求。

（4）根据司法实践情况和需求，增加对被告人患有严重疾病中止审理和被告人死亡案件可以缺席审判的规定。

3. 完善刑事案件认罪认罚从宽制度和增加速裁程序。党的十八届四中全会提出，完善刑事诉讼中认罪认罚从宽制度。2016 年 9 月，全国人大常委会授权最高人民法院、最高人民检察院在部分地区开展刑事案件认罪认罚从宽制度试点工作。2018 年修正的《刑事诉讼法》吸纳了十八大以来我国司法体制改革的重要成果，将刑事案件认罪认罚可以从宽处理作为基本原则固定下来，还完善了刑事案件认罪认罚从宽的程序规定，同时呼应了《监察法》第31、32 条有关"涉嫌职务犯罪的被调查人主动认罪认罚……自动投案……""提供重要线索……可以在移送人民检察院时提出从宽处罚的建议"等规定。《刑事诉讼法》规定的认罪认罚从宽制度，针对的是各类刑事案件，《监察法》的规定针对的是职务犯罪案件。关于认罪认罚从宽制度的两法衔接体现了我们党惩前毖后、治病救人的一贯方针。增加速裁程序，适用于基层人民法院管辖的可能判处三年有期徒刑以下刑罚、被告人认罪认罚、民事赔偿问题已经解决的案件。规定速裁程序不受刑事诉讼法规定的送达期限的限制，不进行法庭调查、法庭辩论，但应当听取被告人的最后陈述意见；并应当当庭宣判。同时，对办案期限和不宜适用速裁的程序转化作出规定。

第二节 外国刑事诉讼法的历史发展

一、外国奴隶社会的刑事诉讼法律制度

奴隶制刑事诉讼法，是人类历史上最早的刑事诉讼法。它是随着人类社会出现的三次社会大分工，原始公社的解体，社会分裂为阶级出现了奴隶制国家而产生的。奴隶制国家最初是将已渗透了阶级内容的民族习惯和新确立的行为规则认可为法，形成了不成文的习惯法，以后又逐渐形成成文法，在当时表现为诸法合体的成文法中，刑事诉讼这种国家活动就有了较统一的形式和程序制度。从迄今发现的奴隶制的成文法典中，最著名和具代表性的有古巴比伦的《汉穆拉比法典》、古罗马的《十二铜表法》。《汉穆拉比法典》是在公元前 18 世纪左右，由古巴比伦王国第六代国王汉穆拉比在位时颁布。该法典原文刻在黑色玄武岩的大椭圆形古柱上，故又称石柱法，它是人类历史上保存得比较完整的古老成文法典。

继罗马法之后，公元 5 世纪~9 世纪的欧洲又形成了日耳曼法。日耳曼法是在日耳曼国

家中适用于日耳曼人的一系列法典的总称。尽管日耳曼法是在日耳曼部族原有习惯的基础上发展而成的，却在西欧法律发展史上占有重要地位。日耳曼法确立了神明裁判制度和公开审判原则，对后世影响久远，如今审判公开原则已成为现代诉讼的一项重要原则。此外，属于日耳曼法的《萨克森法典》规定，法院从黎明到日落进行审判，日落后法院不能再行使权力，如今一些国家将此类限制扩展到了逮捕和讯问等侦查程序。现代英美国家的陪审制度据说也与那些实行日耳曼法的法兰克王国的类似制度有关。

公元 4 世纪~15 世纪，罗马天主教的法规从罗马法和日耳曼法借鉴了许多法律原则和制度，成为欧洲中世纪的重要法律。教会法与罗马法、日耳曼法并称为欧洲三大法律传统。

奴隶制刑事诉讼法，反映了奴隶制的阶级本质，反映了奴隶制社会初期即从氏族制度过渡到奴隶制国家时期司法权与行政权的合一。而在奴隶制社会的强盛期，司法权则不同程度从行政权中被分离。这反映了刑事诉讼基本上实行弹劾式诉讼的特点，也反映了神判色彩较浓重的特点。

二、外国封建社会的刑事诉讼法律制度

自公元 5 世纪日耳曼人入侵罗马帝国建立法兰克王国开始，欧洲进入了封建制的中世纪时代。法兰克王国是领主农奴制封建国家，其成文法主要有《蛮族法典》和《撒里克法典》，其法律在确保地主阶级私有权时，仍带有奴隶制法律的特征，且诉讼制度有较浓厚的宗教色彩：法官由国王任命，人判神判并用。公元 9 世纪中叶法兰克王国分裂为法兰西、德意志、意大利三个封建王国。这些封建王国的刑事诉讼法既有《撒里克法典》内容的沿袭，又随公元 12 世纪后罗马法的复兴，将古罗马的诉讼制度赋予封建王权的新内容。至封建社会末期即君主专制时期，资本主义生产关系开始萌芽，封建制的法律也不得不适应这一变化而调整自己的规范内容。此时最具代表性的是 1532 年的《加洛林纳法典》、1853 年的《奥地利刑事诉讼法》和 1857 年的《俄罗斯帝国法规全书》等。

封建制刑事诉讼法，反映了封建制的阶级本质，反映了封建领主行使司法权到国王统一行使司法权的过程，反映了纠问式诉讼的特点和实行形式证据制度的特点，反映了刑事诉讼程序的专横性与等级色彩、口供主义、刑讯逼供的特点。

三、外国资本主义社会的刑事法律制度

一般可以分为两种模式，即职权主义诉讼制度和当事人主义诉讼制度。在诉讼理论上，称大陆法系国家的诉讼模式为"职权主义诉讼"，又称"审问制"，其主要特点是注重发挥侦查机关、检察机关、法院在刑事诉讼中的职权作用，特别是法官在审判中的主动指挥作用；称英美法系国家的诉讼模式为"当事人主义诉讼"，又称"对抗制"，主要强调双方当事人在诉讼中的主体地位，当事人在诉讼中积极主动、互相争辩对抗，审判机关相对消极，只是居中裁判。

（一）大陆法系职权主义诉讼制度

法国、德国等大陆法系的职权主义诉讼，又称非对抗式或审问式诉讼。其基本特征是注重发挥国家专门机关在诉讼中的主导作用，特别是法官在审判中的主动指挥作用。法官不问当事人是否声明陈述，可依职权收集调查证据，讯问被告和询问证人，采取足以证明一切案件事实真相的证据和决定采取必要的证明方法，当事人则处于受指挥的相对被动的地位。这种诉讼比较注重发挥司法机关在刑事诉讼中的职权作用，特别强调法官在庭审中的主导地

位，用一句话来概括就是"主动的法官，消极的当事人"。这是大陆法系国家特别强调国家本位的必然结果。

（二）英美法系当事人主义诉讼制度

当事人主义诉讼又称为对抗诉讼，是以弹劾式诉讼为主、纠问式诉讼为辅加以改造后创制的一种刑事诉讼构造，主要实施于近现代的英国、美国等英美法系国家。当事人主义诉讼程序采取双方当事人对抗方式，以当事人为主，法官只起公断人的作用。英美法系国家刑事诉讼的形式，与大陆法系国家职权进行主义相对。其特点是法官主持法庭调查，负责接受和判断双方提供的证据。

决定案件如何进行是双方当事人的权利，而非法官的职责。对证据真实性的审查和对证人的查问，由双方当事人的律师进行。法官只在一方当事人对他方当事人提出的证据有异议时，才出面干预。辩论结束后，法官以第三者的姿态作出裁判。当事人主义诉讼相信一个在法庭审判中消极、被动而且在庭审之前严格制约着侦查、检控人员的法官角色更有利于查明案件的真相，确保被告人的基本权利，因而比较强调控辩双方当事人在诉讼进行中的主体地位。

（三）混合式诉讼制度

第二次世界大战后，随着世界政治、经济形势的变化，两大法系刑事诉讼制度呈现相互融合、吸收的趋向，有的国家兼采当事人主义诉讼和职权主义诉讼两种制度的因素，形成混合式诉讼，又称"折衷主义"诉讼。主要代表国家是日本和意大利。其基本特征有：

1. 吸收了当事人主义的对抗制诉讼的特点，在诉讼中注重发挥控辩双方的积极性，注重控辩双方的平等对抗。在法庭审判中，实行交叉询问等制度。

2. 保留了职权主义的某些特点，肯定了法官主动依职权进行调查证据的权力，注重发挥法官在调查案件事实方面的主观能动性。

混合式诉讼是在原有的职权主义诉讼制度的基础上大力吸收当事人主义的积极因素之后形成的一种诉讼制度。这一诉讼制度结合了两种诉讼制度的长处和优点，尽力避免缺点，既强调了对人权的保障，又不忽视发现案件的事实真相，提高效率，为许多国家刑事诉讼制度的发展提供了很好的典范。

思考题：

1. 中国古代刑事诉讼法的主要特征是什么？
2. 修正后的《刑事诉讼法》对原《刑事诉讼法》作了哪些修改？
3. 外国奴隶社会、封建社会的刑事诉讼法律制度各有哪些主要特征？
4. 资本主义社会刑事诉讼法律制度有哪些特点？两大法系国家的刑事诉讼法律各有哪些主要特点？

第三章　刑事诉讼基本范畴

> **内容导读**　刑事诉讼的基本范畴在刑事诉讼理论体系中有突出的地位和作用，它是制定刑事诉讼法律，确定和设计刑事诉讼基本原则、基本制度和基本程序的理论前提，也会直接指导和影响司法实践。刑事诉讼价值、刑事诉讼目的和刑事诉讼的结构等是刑事诉讼理论的重要范畴，它们之间相互区别、相互影响，相辅相成，存在着密切的内在联系。

本章重点：

1. 刑事诉讼价值
2. 刑事诉讼目的
3. 刑事诉讼的结构

本章难点：

刑事诉讼价值的冲突与平衡

第一节　刑事诉讼目的

一、刑事诉讼目的的内涵

刑事诉讼目的是指国家制定刑事诉讼法和进行刑事诉讼活动所期望达到的结果。刑事诉讼目的理论在 20 世纪 80 年代末才逐渐被学者引入我国的诉讼法领域，研究刑事诉讼目的首先要解决的问题便是对其内涵作出正确的解释和界定。

刑事诉讼目的与刑事诉讼价值是一对有着密切联系但又有所区别的范畴。首先，刑事诉讼目的一般被确立或体现在法典之中，是比较具体的，它是设计刑事诉讼程序的直接根据。而刑事诉讼价值则是抽象的，居于更高的层次上，它是刑事诉讼目的赖以形成的根据。立法机关确立刑事诉讼目的时必须考虑刑事诉讼的价值要求，并在冲突的诸种价值中做出选择与平衡。其次，刑事诉讼价值是评价和判断已经在立法中确立的某一刑事诉讼目的的设计是否合理和科学的标准，价值标准不同，评价结果也会不同，国家通常根据不同时期不同的主流价值标准的需要来适当修正刑事诉讼目的的内容，因此刑事诉讼价值比刑事诉讼目的更具灵活性。最后，刑事诉讼目的对于刑事诉讼价值具有反向作用，即刑事诉讼目的并不是仅仅单纯地受制于刑事诉讼价值，相反，前者在司法实践中能否实现以及实现的程度如何都直接关系到后者的实现。

刑事诉讼的根本目的与法律的一般目的是一致的。任何国家进行刑事诉讼，均期望达到维护社会秩序的目的。刑事诉讼的直接目的表现为两方面：

一方面，国家通过刑事诉讼活动，要在准确、及时地查明案件事实真相的基础上对构成犯罪的被告人正确适用刑法，惩罚犯罪，实现国家刑罚权。

另一方面，国家在进行刑事诉讼过程中保障诉讼参与人的合法权益不受侵犯，特别是保障与案件结果有直接利害关系的犯罪嫌疑人、被告人和被害人的诉讼权利得到充分行使。刑事诉讼根本目的的实现有赖于直接目的的实现。

二、我国刑事诉讼的目的

我国诉讼法理论一般认为，惩罚犯罪与保障人权两个方面应当并重。因为只强调追究犯罪，忽视保障人权，势必导致蔑视法制、违反程序、刑讯逼供、滥捕滥判，造成较高的错案率，最终既不能保障人权，也不能准确有效地惩罚犯罪；反之，只强调保障人权，忽视追究犯罪，势必放纵犯罪，社会秩序的稳定难以实现，社会成员的人权也得不到保障，同样不利于实现刑事诉讼的根本目的。只有将两者结合起来，才符合刑事诉讼的内在规律，才能使刑事诉讼真正符合国家、社会及一般社会成员的需要，也才能正确指导司法工作人员进行刑事诉讼活动，维护国家的长治久安。坚持惩罚犯罪与保障人权并重，符合我国刑事诉讼法的要求。

值得注意的是，看刑事诉讼目的，不能仅看法律条文表面上有几层含义，还要看这些内容是否同一，即是否构成独立的互不隶属的几个方面。我国《刑事诉讼法》第 1 条中规定的刑事诉讼法的目的，一般认为可以从以下三个方面进行理解：①保证刑法的正确实施；②惩罚犯罪，保护人民；③保障国家安全和社会公共安全，维护社会主义社会秩序。看起来似乎是多元目的，其实，这三项内容是同一目的的递进表述而不是三项不同目的。

第二节　刑事诉讼价值

一、刑事诉讼价值的含义

价值是经济学和伦理学中的基础概念，当它是指"值得追求的或者美好的事物的概念，或者值得追求的或者美好的事物本身"时，可以用"value"一词表达。这里的价值反映的是每个人所追求的东西：目标、爱好、追求的最终地位，或者反映的是人们心中关于美好的和正确事物的观念，以及人们"应当"做什么而不是"想要"做什么的观念。价值是内在的、主观的概念，它所提出的是道德的、伦理的、美学的和个人喜好的标准。一个人所持的或者一个团体所持的一组相关价值，称为价值系统。任何价值判断都是将价值运用于一定的事物或者状态。价值为人们的行为或不行为提供了某种动机。

法的价值是指"法这个客体对满足个人、集团、社会、国家的需要所产生的积极作用。这种需要的满足可能是物质的，也可能是精神的；可能是工具性的，也可能是本身所固有的"。因此，可以将刑事诉讼价值概括为，"刑事诉讼立法及其实施能够满足国家、社会及其一般成员的特定需要而对国家、社会及其一般成员所具有的效用和意义"。必须明确，程序价值是一个关系范畴，而非属性范畴。程序价值不等同于程序主体的属性或程序的属性等概念，它既不是程序主体的诉讼目的和需要，也不是程序的性质和功能，而是程序主客体的相互作用。在作用过程中，程序主体把自己的诉讼需求外化为客观存在的东西，程序则把自己的属性和功能内化为程序主体享用的东西，从而形成一种特定的需要与满足的关系。

二、刑事诉讼价值的内容

刑事诉讼价值包括秩序、公正、效益诸项内容，其中每项内容又包含着非常丰富的内涵。

1. 刑事诉讼秩序价值。包括两方面含义：

（1）通过惩治犯罪，维护社会秩序，即恢复被犯罪破坏的社会秩序以及预防社会秩序被犯罪所破坏。

（2）追究犯罪的活动是有序的。消除犯罪引起的社会混乱，保持社会秩序稳定并使社会在有序中发展，是国家及一般社会成员所追求的刑事程序的基本价值。对刑事诉讼秩序价值的追求，意味着对抑制犯罪行为、保持社会的和平与稳定的期望。维护社会秩序的需要还表现为对社会及其成员的安全的追求。这不仅需要控制社会暴力冲突，还需要防止政府及其官员滥用权力而使社会成员没有安全保障。所以，国家刑事司法权的行使，必须受到刑事程序的规范。在实现秩序方面，刑事诉讼由控诉、辩护、裁判构成的基本结构，决定了它更有利于充分展露事实，明确案件真相和正确确定刑事责任；构成刑事诉讼的三方的活动被法律规范的程序所约束，且彼此相互牵制，可以在最大限度上避免因刑事司法权行使本身所导致的新的社会冲突和社会秩序的破坏；刑事诉讼通过适用体现特定社会价值观的刑事法律，可以惩治并抑制犯罪，解脱无辜，排除冲突，弘扬国家所倡导的行为标准乃至伦理道德观，从而为社会的长久秩序提供了条件。

2. 公正在刑事诉讼价值中居于核心的地位。刑事诉讼的公正价值包括实体公正和程序公正两个方面：实体公正既包括通过惩治犯罪实现社会正义，也包括对犯罪惩罚本身的公正性；程序公正是指程序本身符合特定的公正标准，如近、现代刑事诉讼理论所主张的裁判者中立，诉讼参与人尤其是当事人权利的充分保障，在法律关系上最大限度地实现权利、义务的平等及在诉讼中各方当事人机会对等，有关措施的适用应当适度，等等。在实现公正价值方面，刑事诉讼由相对中立的第三者——法院在听取控诉、辩护双方所提出的材料和意见的基础上进行审理并作出裁判，可以体现出解决冲突的方式的公正性，这是国家行政方式所不具备的。同时，一定时期的立法常被作为公正的社会准则，刑事诉讼以此作为是非曲直的评价依据，就为案件的处理结果设定了公正的基础，从而易被社会公众接受。

3. 刑事诉讼的效益价值既包括效率，也包括其在保证社会生产方面所产生的效益，即刑事诉讼对推动社会经济发展方面的效益。

刑事诉讼的秩序、公正、效益诸项价值相互依存、相互作用、相互制约，不可偏废。如果不适当地追求高效率处罚，而忽视程序的有序性和公正性，其结果会因造成大量冤狱或处罚不公而积怨甚多，导致更深刻的社会矛盾和更多新的犯罪，为此又要投入大量资源，非但损害了秩序和公正，而且也没有真正实现效益。反之，同样会造成恶果。

刑事诉讼秩序、公正、效益价值是通过刑事诉讼法的制定和实施来实现的。一方面，刑事诉讼法保证刑法的正确实施，实现秩序、公正、效益价值，这被称为刑事诉讼法的工具价值；另一方面，刑事诉讼法的制定和适用本身也在实现着秩序、公正、效益价值，这称为刑事诉讼法的独立价值。因此，只有严格执行刑事诉讼法，才能实现刑事诉讼价值。

三、刑事诉讼多元价值的平衡

理想的司法状态是程序正义与实体正义同时获得实现，在大多数情况下，确是如此。一般地说，程序正义是实体正义的保障，但程序正义并不是实现实体正义的充分条件，即通过它不能必然实现实体正义的结果。不过，如果离开程序正义，往往使程序正义和实体正义两败俱伤。因此，在两者存在冲突时需要司法人员根据法律的强制性规范进行取舍，或者根据法律授予的自由裁量权并综合两方面因素进行权衡然后决定取舍。在刑事诉讼领域，为达目的不择手段的马基雅维里式的信条已遭摈弃，正当程序的理念产生了前所未有的影响力，手段的正当性得到极大尊重。

在刑事诉讼中，多数案件能够通过正当程序达到发现实质真实的目的，从而实现正当程序与发现实质真实的统一，使刑事诉讼本身几近理想状态；但也有不少案件正当程序与发现实质真实之间存在矛盾，形成鱼与熊掌不可兼得的局面，这就需要在两者间进行权衡和作出选择。

对于存在冲突的价值必须有所取舍时，应当在进行权衡的基础上取舍。注重自由的选择则更倾向于维护法律的正当程序。结果与程序之间的关系就是目的与手段的关系，它常常表现为目的使手段正当化。在刑事诉讼中，目的是正在处理的案件的正确结果——包括使无辜者自由，使有罪者受罚；手段是取得这一结果的程序。刑事诉讼法抬高了按照公平程序实施法律的价值，换句话说，在刑事诉讼法中，目的并不能总是使手段正当化。实际上，当被迫进行选择时，宪法制度要求公平程序的手段必须优先于取得正确结果这一目的。易言之，人人得享公平程序比不公平程序给一个即使是有罪的人定罪更为重要。

第三节 刑事诉讼主体

一、刑事诉讼主体的概念

刑事诉讼主体是所有参与刑事诉讼活动，在刑事诉讼中享有一定权利、承担一定义务的国家专门机关和诉讼参与人。其中承担基本诉讼职能的专门机关和当事人是主要的诉讼主体，其他诉讼参与人是一般诉讼主体。这些主体都具有独立的诉讼地位和与其职能相适应的权利和义务；他们的诉讼活动决定着刑事诉讼的进程；各刑事诉讼主体职能的行使，从不同的角度推动诉讼活动的进行，并最终达到解决诉讼任务的目的。

刑事诉讼主体与刑事诉讼法律关系的主体是两个不同的概念。刑事诉讼法律关系的主体是指在刑事诉讼过程中通过实施有目的的诉讼行为而享有一定诉讼权利、承担一定诉讼义务的人。刑事诉讼主体的范围要小于刑事诉讼法律关系的主体的范围。

二、我国的刑事诉讼主体

根据刑事诉讼法的规定，我国刑事诉讼主体包括三大类：

1. 代表国家行使侦查权、起诉权、审判权、刑罚执行权的国家专门机关，即公安机关、国家安全机关、军队保卫部门，监狱，人民检察院，人民法院。

2. 直接影响诉讼的进程并且与诉讼结果有直接利害关系的诉讼当事人，包括：

（1）犯罪嫌疑人；

（2）被告人；

（3）被害人；

（4）自诉人；

（5）附带民事诉讼的原告人和被告人。

3. 协助国家专门机关和诉讼当事人进行诉讼活动的其他诉讼参与人，包括：

（1）法定代理人；

（2）诉讼代理人；

（3）辩护人；

（4）证人；

（5）鉴定人；

（6）翻译人员。

上述是进行刑事诉讼所必不可少的主体。各国家专门机关和诉讼当事人依法承担控诉、辩护、裁判三种基本诉讼职能，彼此制约，推动诉讼程序的进行，是主要诉讼主体；其他诉讼参与人协助国家专门机关和诉讼当事人进行诉讼活动，是一般诉讼主体。

第四节　刑事诉讼客体

一、刑事诉讼客体的含义

（一）概念

"所谓客体，指外界事物，是主体的认识对象和活动对象。"诉讼客体，就是诉讼活动主体的认识对象和活动对象。"刑事诉讼客体就是指刑事诉讼主体实施诉讼行为、进行刑事诉讼活动所指向的对象。"为了实现诉讼目的，刑事诉讼主体的诉讼活动总是围绕着特定对象进行的，诉讼主体的诉讼活动所共同指向的对象，即为诉讼客体。诉讼客体的存在，是刑事诉讼法律关系得以产生和发展的直接依据。离开了这一客体，诉讼活动就失去了应有的意义，刑事诉讼法律关系也就难以产生和发展。刑事诉讼的核心任务就是要正确地适用刑罚权。正确地适用刑罚权的前提是明确被告人的刑事责任。明确刑事责任，必须首先查清案件事实。刑事诉讼客体并不是刑事诉讼各个阶段中具体诉讼活动的内容，也不是被告人本身，而是整个诉讼活动中主体诉讼行为所共同指向的对象。

（二）特征

1. 内容多样性。刑事诉讼客体既包括事实又包括法律。既包括实体法事实和刑事实体法，又包括程序法事实和刑事程序法。

2. 范围可变性。每个刑事案件涉及的刑事诉讼客体都不是完全相同的，诉讼客体范围是随着案件的不同而不同的，而且随着诉讼的进程，同一案件不同诉讼阶段的客体范围也可以发生变化。这是不违背同一性原理的，因为尽管诉审事实同一，但客体范围可以因为诉因的变更、新证据的提交、不同阶段适用程序法的不同、证明标准的变化等而变化。

3. 提出主体和认定主体的分立性。虽然刑事诉讼客体是三方诉讼主体的诉讼行为共同指向的，但控辩双方通常会提出事实和适用法律的建议，而诉讼客体的认定和最终确定，则是由审判方单方行为决定的。这是和审判方被动居中裁断，而控、辩双方积极提出诉讼客体，进行争讼活动的三角形诉讼结构相吻合的。

4. 独立性与依赖性的统一。一方面，作为事实和法律的刑事诉讼客体处于诉讼主体之外，其存在是不以主体为转移的。但另一方面，事实和法律必须通过主体的诉讼行为与特定的诉讼主体相联系才能进入某一特定的诉讼程序成为诉讼客体。

5. 对诉讼主体活动的制约性。诉讼客体对诉讼主体不是毫无作用的，主体的诉讼行为必须依据相应的事实，符合相应的法律。诉讼主体违背事实和违反法律所进行的活动是不能成立的。

二、刑事诉讼客体的界定

对于诉讼客体具体内容的概括,理论上主要存在以下几种观点:

第一,主张将刑事诉讼客体概括为"刑事案件"。

持这种观点的学者主张,"刑事诉讼客体即指刑事案件,具体包括刑事诉讼中所要查明的实体法事实和对该事实的法律评价,以及诉讼过程中应当解决的程序法问题。刑事诉讼始终围绕犯罪嫌疑人、被告人刑事责任的确定而进行,因此,犯罪事实是否存在,该事实是否为犯罪嫌疑人、被告人所实施及情节轻重,亦即犯罪嫌疑人、被告人刑事责任的有无及其大小,是刑事诉讼的客体。同时,在确定犯罪嫌疑人、被告人刑事责任的有无及大小的过程中,必须解决某些程序法问题,诉讼程序本身也有是否公正以及诉讼参与人诉讼权利是否得到有效保障的问题,这些也是刑事诉讼的客体"。

第二,主张刑事诉讼的客体就是"案件事实及被告人的刑事责任"。

刑事诉讼客体包括刑事诉讼中所要查明的案件事实及通过刑事诉讼活动所要确定的犯罪嫌疑人、被告人的刑事责任。刑事诉讼本身是一种主观见之于客观的活动,这里,认识主体也是诉讼主体,认识客体也是诉讼客体。刑事诉讼始终围绕查明案件事实而进行,案件事实是诉讼主体认识活动所指向的对象,是刑事诉讼客体,这是没有什么疑问的;之所以要将犯罪嫌疑人、被告人的刑事责任问题作为刑事诉讼客体,是因为刑事诉讼主体进行刑事诉讼活动所指向的目标不仅仅包括案件事实本身,还必然涉及对案件事实的法律评价,其中最主要的是根据案件事实确定被告人刑事责任的有无及其大小。

三、界定刑事诉讼客体应注意的问题

在如何界定刑事诉讼客体的问题上,应当考虑以下几个问题:

第一,从表面上看,将刑事诉讼客体界定为刑事案件似乎是恰当的,因为在整个诉讼过程中,无论是侦查、检察机关还是法院,都是围绕某一具体的刑事案件来展开工作的,从查获犯罪嫌疑人和犯罪事实,到将其交付审判这一过程符合认识论的基本规律,是诉讼主体对诉讼客体的认识过程。但倘若我们将刑事案件加以分解,便如学者所主张的案件应包括被告人和犯罪事实这两个构成要素,可以发现被告人已经在无形中被纳入刑事诉讼客体的范畴。尽管作为涉嫌犯罪的人,被告人势必与刑事案件发生联系并成为被调查的对象,但这并不意味着被告人丧失了诉讼主体的地位。可见,这一界定已经与刑事诉讼主体理论形成了冲突。尤其值得强调的是,作为诉讼主体之一的被告人当然有权通过参与整个诉讼活动来影响最终判决的作出,也就是说解决诉讼客体的问题时,被告人应当以主体的身份参加而不是被当作客体来处置。

第二,一般认为,刑事诉讼客体是刑事诉讼主体认识活动所针对的对象。然而应当如何界定这一对象反过来又影响诉讼客体理论的科学性。传统理论将刑事案件作为诉讼客体的主张是值得商榷的。其缺陷在于对于问题的认识不够彻底。就案件的处理而言,尽管查获犯罪嫌疑人、查明犯罪事实是进行诉讼所不可或缺的前提与基础,然而被告人刑事责任问题的解决意味着诉讼的真正终结。无论是控诉机关,还是被告人本人,他们所关注的不仅仅是案件事实的本身,更在于案件的处理结果,即被告人最终是否承担刑事责任的问题。而这一结果则是以正确认识案件事实,并以控辩双方尤其是被告人能够有效参与、平等对抗为保障的,只有这样对于案件的最终处理才具有正当性。刑事案件的构成要素固然是我们需要认知的对象，并且它对于案件的最终处理往往起到决定作用，但就其本身而言并不能作为诉讼客体。简单来说，就是被告人本人并不是诉讼客体，被告人的刑事责任问题才是诉讼客体。

第三，尽管将刑事案件当作诉讼客体的观点欠缺妥当，但是将案件的单一性和案件的同一性作为诉讼客体理论的理论基础却是可行的。案件的单一性表现为被告的单一和犯罪事实的单一。遇有共同犯罪或存在数个独立犯罪事实的情形，都应视为数个案件。案件单一性的功能在于单一案件确定单一的刑事责任，亦即一案一责任。只有这样，共同犯罪中给予不同的被告人分别作出判决确定各自的刑事责任才能得到合理解释。同理，对于一人犯数罪的案件，法院会依据各个不同的罪行作出判决再进行数罪并罚从而确定被告人的刑事责任，这也是对"一案一责任"原则的承认，不承认之，则数罪并罚也无从谈起。

第五节　刑事诉讼职能

刑事诉讼职能是指根据法律规定，国家专门机关和诉讼参与人在刑事诉讼中所承担的职责、具有的作用和功能。刑事诉讼参与者所承担的职能，与其在诉讼中的法律地位和参与诉讼的目的密切相关。为了使诉讼的参与者履行或实现法律规定的诉讼职能，法律相应赋予其一定的权限和诉讼权利。

在刑事诉讼理论上，对于诉讼职能的划分存在较大争议。有三职能说（控诉职能、辩护职能、审判职能）、四职能说（侦查职能、监督职能、辩护职能、审判职能）、五职能说（控诉职能、辩护职能、审判职能、刑事诉讼监督职能、协助司法职能）、七职能说（侦查职能、控诉职能、辩护职能、审判职能、执行职能、协助诉讼职能、刑事诉讼监督职能），造成这种差异的原因主要在于划分诉讼职能的标准不一和各国诉讼制度的现状差距甚大。

本书赞成三职能说，即刑事诉讼有三种基本职能：控诉、辩护和审判。

1. 控诉职能。指向法院起诉并出庭支持控诉，要求追究被告人因其犯罪行为所应承担的刑事责任，此职能由国家追诉机关和被害人行使。

在我国，行使控诉职能的主体是控诉机关和被害人。也就是说，我国实行的不是单一的国家追诉权，也不是单一的当事人追诉主义，而是采用混合起诉主义。其中，国家公诉机关是主要的追诉主体，被害人提起的自诉则处于辅助地位。因此，起诉在我国又分为公诉和自诉。

根据有关法律的规定，人民检察院是我国的专门行使公诉权的机关，提起公诉和出庭支持公诉是其行使公诉权的专门方式。一般来说，刑事案件经公安机关侦查终结或检察机关自行侦查终结后移送检察机关审查起诉，对于那些符合起诉条件的案件，检察机关应当依法向人民法院提起公诉，开庭时还应依法出庭支持公诉。同时，由于侦查活动是提起公诉的前提条件和必要准备，两者均以揭露、证实并惩罚犯罪为诉讼目的，故侦查机关和起诉机关都是控诉职能的承担者。

2. 辩护职能。相对于控诉职能，指提出对被控诉人有利的事实和理由，维护被控诉人的合法权益，此职能由犯罪嫌疑人、被告人行使，辩护人协助其行使。

在刑事诉讼中，犯罪嫌疑人、被告人是公诉机关和自诉人所指控的对象，因而辩护职能的主体便是犯罪嫌疑人与被告人，并且他们在整个刑事诉讼的过程中都有权行使辩护权以维护自身的合法权利。完整的辩护权，应当既包含犯罪嫌疑人、被告人的辩护权，也包括辩护人的辩护权。同时，考虑到犯罪嫌疑人、被告人在诉讼中往往难以凭借自身的力量来展开有效的辩护，所以辩护人的帮助辩护提前至侦查阶段就显得颇为重要。对此，《律师法》于2007 年修订时首先作出了相应的规范。2007 年《律师法》第 28 条第 3 项规定，（律师）"接受刑事案件犯罪嫌疑人的委托，为其提供法律咨询，代理申诉、控告，为被逮捕的犯罪嫌疑人申请取保候审，接受犯罪嫌疑人、被告人的委托或者人民法院的指定，担任辩护人"。同时，该法第 33 条规定："犯罪嫌疑人被侦查机关第一次讯问或者采取强制措施之日起，受委托的律师凭律师执业证书、律师事务所证明和委托书或者法律援助公函，有权会见犯罪嫌疑人、被告人并了解有关案件情况。律师会见犯罪嫌疑人、被告人，不被监听。"可见，根据《律师法》的精神，律师在侦查阶段就可以展开辩护工作。随后，2012 年修正《刑事诉讼法》时也明确了律师在侦查阶段的辩护权。现行《刑事诉讼法》第 34 条规定，"犯罪嫌疑人自被侦查机关第一次讯问或者采取强制措施之日起，有权委托辩护人；在侦查期间，只能委托律师作为辩护人。被告人有权随时委托辩护人。侦查机关在第一次讯问犯罪嫌疑人或者对犯罪嫌疑人采取强制措施的时候，应当告知犯罪嫌疑人有权委托辩护人。"该法第 38 条规定，"辩护律师在侦查期间可以为犯罪嫌疑人提供法律帮助；代理申诉、控告；申请变更强制措施；向侦查机关了解犯罪嫌疑人涉嫌的罪名和案件有关情况，提出意见"。第 39 条第 4 款规定，"辩护律师会见在押的犯罪嫌疑人、被告人，可以了解案件有关情况，提供法律咨询等；自案件移送审查起诉之日起，可以向犯罪嫌疑人、被告人核实有关证据。辩护律师会见犯罪嫌疑人、被告人时不被监听"。可以说，修正后的《刑事诉讼法》与《律师法》基本形成衔接，使得辩护人的辩护权得以提前至侦查阶段，这为刑事辩护的有效运行提供了立法保障。

辩护职能是诉讼民主、文明的主要标志，辩护职能是对控诉职能的制约，是实现诉讼公正的必要条件，因此，保障辩护职能正确、充分的行使是体现社会进步，贯彻社会主义民主和法制的重要内容，其意义重大。

3. 审判职能。指通过审理确定被告人是否犯有被指控的罪行和应否处以刑罚以及处以何种刑罚，此职能由法院行使。由于侦查是公诉的必要准备，是追诉活动的组成部分，因而从广义上可以将侦查视为行使控诉职能。

在刑事诉讼程序中，审判阶段是整个诉讼活动的重心，前期的诸项诉讼活动的意义和效果，都将在审判阶段得以总结和体现，这阶段包括第一审程序、第二审程序、死刑复核程序和审判监督程序等。虽然各个程序的具体任务和内容不尽相同，但总的目的都是全面审查核实各种证据，查清案件事实真相，并根据事实和法律，正确地解决被告人的刑事责任，从而实现刑事诉讼法所确定的"惩罚犯罪，保障无辜"的目的。

审判职能建立在控诉职能和辩护职能的基础上，使控辩两种职能在"以事实为根据，以法律为准绳"原则的基础上获得统一，从而使社会利益冲突通过诉讼最终得以解决。审判职能的合法和正确的行使，对于完成刑事诉讼法的任务，维护现存的社会制度，具有极其重要的作用。对抗的、相对均衡的控诉职能和辩护职能与中立的、公正的审判职能之间的相互作用，构成现代刑事诉讼的基本格局。

<h2 style="text-align:center">第六节　刑事诉讼结构</h2>

一、刑事诉讼结构的概念与意义

（一）刑事诉讼结构的概念

刑事诉讼结构是指刑事诉讼法所确立的进行刑事诉讼的基本方式以及专门机关、诉讼参与人在刑事诉讼中形成的法律关系的基本格局，它集中体现为控诉、辩护、裁判三方在刑事诉讼中的地位及其相互间的法律关系。

这个定义包含的内容较广，分为两个部分：

1. 刑事诉讼法确立的进行刑事诉讼的基本方式。这个含义的刑事诉讼结构包含了诉讼模式，如犯罪控制模式与正当程序模式，弹劾制、纠问制、混合制，职权主义与当事人主义，等等，皆属于刑事诉讼结构的范畴。

2. 控诉、辩护、裁判三方在刑事诉讼中形成的法律关系的基本格局。这个概念近似于控辩审三方的地位及其相互关系构成的三角形结构的概念，但其实质含义比后者范围要广，包括控诉、辩护、裁判三方所发挥作用大小构成的不同诉讼模式、法官积极型模式与法官消极型模式等。

立法者总是基于实现一定刑事诉讼目的的需要，设计适合于该目的实现的诉讼结构。但另一方面，刑事诉讼目的的提出与实现，也必须以刑事诉讼结构本身所具有的功能为前提。很显然，不能靠行政程序的结构来实现刑事诉讼目的，也不能基于不具备人权保障功能或人权保障功能极为弱化的刑事程序来提出并实现保障人权的诉讼目的。一个国家特定时期的刑事诉讼目的与结构有其内在的一致性，它们都受到当时占主导地位的关于刑事诉讼的法律价值观的深刻影响。

（二）刑事诉讼结构的意义

研究刑事诉讼结构的意义主要在于：

1. 有助于完善、改进我国刑事诉讼法学的理论体系，为诉讼法学的长远发展，奠定深厚的理论基础。

2. 有助于开拓研究者的视野，借鉴有关有益的经验。比较是研究的重要方法，把外国的诉讼制度、诉讼理论与我国的诉讼制度及其理论进行对比，可以引发出一些新方法和新思路来。

3. 可以正确反映刑事诉讼主体的范围和地位，体现诉讼主体与诉讼职能的关系。确定一个国家刑事诉讼程序类型的归属，为科学地进行比较，提供科学的方法。

4. 有利于为进一步完善我国刑事诉讼法，提出有益的建议。

二、当代刑事诉讼结构的基本类型

我国学者对于刑事诉讼结构的理论研究始于 20 世纪 80 年代末、90 年代初。围绕如何认识和解释刑事诉讼的结构，学者们似乎尚未达成统一的意见。先后出现了"三角结构""线形结构"与"复合结构"等理论学说。

（一）三角结构

三角结构是刑事诉讼基本结构中的一种，是在现代的刑事诉讼中，以控诉、辩护和审判三种基本功能为基本支点形成的结构。在三角结构的三方组合中，控、辩对抗，但地位平等，审判居中在上，控辩、审三方形成等腰三角形的结构，故称为"三角结构"。这种结构的特点是：

1. 实行控、审分离原则。贯彻控、审分离，首先要实行不告不理。起诉是审判的前提，如果没有合法者提起公诉或者自诉，审判活动就不能启动。其次，要实行起诉和审判对象的同一性原则。在一般情况下，审判的对象只能是起诉的对象，不能对未起诉的事实进行审理，也不能对未经起诉的被告人作出裁判。但是，可以在一定的范围例外，也就是审判方，对审理和裁判的对象，在遵守和起诉对象同一前提下，其内容可在一定范围内扩张。如某一犯罪的牵连罪行、连续实施的同一罪行等，即使其中有一部分未被起诉，法官也可以进行审判，这是控审分离原则的相对性和灵活性的体现。

2. 实行控、辩对抗原则。诉讼的前提是原被告双方存在的"讼争"，这在刑事诉讼中表现为"控、辩对抗"。在这里首先要求把被告人视为诉讼主体，否则，就谈不到控、辩的对抗。其次，要肯定被告人及其辩护人在刑事诉讼中的作用，就是对控诉方的制约作用。最后，控、辩双方，在这个审判阶段，至少在形式上是平等的。如果没有这些内容，实行控、辩对抗就是一句空话。如果没有控、辩的对抗，就不存在三角结构。

3. 确定"司法至上""审判中心论"。在控、辩和审的三角结构中，审方不仅是居中，而且是居上，居于三角结构的顶端，它享有最终决定控、辩双方的"命运"的权力。

（二）线形结构

线形结构也是刑事诉讼基本结构中的一种形式。刑事诉讼活动主要是国家为维护其统治秩序而发动的追究犯罪行为的活动。国家设置公、检、法机关，分别授予一定的诉讼职能，刑事诉讼的程序，是由侦查起诉到审判的递传。在公检法三机关之间实际上存在着一种"工序关系"，即线形关系。线形结构，是区别于民事、行政诉讼的特征。公检法三机关的分工负责，互相配合和互相制约，就是对线形结构关系的一种注释。线形结构的特点有：

1. 强调三机关的配合以维护法律秩序的作用，它主张职能不同、目标一致，单纯的线形结构是与"司法至上"相冲突的。

2. 在线形结构中起主体作用的主要是国家司法机关。相互配合、相互制约，都是在司法机关之间发生的，而犯罪嫌疑人，被告人主要是作为诉讼的客体而存在，司法机关可以对犯罪嫌疑人、被告人实行强制手段，不会因此而产生与法理不协调的问题。

（三）复合结构

三角结构与线形结构由于基本构造的不同，产生了结构和功能冲突。但是，以这两种结构各自非极端化为条件，是可以进行组合形成一种复合的刑事诉讼结构形态的。现代世界各国大多是兼用三角、线形两种结构，但各国采纳的方式是不一样的。职权主义实行审问制，当事人主义实行辩论制。前者主要体现了线形结构，而后者主要体现了三角结构，但是，在当事人主义的辩论制诉讼中，在侦查阶段，经法官批准，侦查机关可以对被告人采取搜查、逮捕等强制手段，这个阶段国家司法机关的权力和能力绝非辩方可比，在某种程序上肯定国家司法机关在社会控制犯罪目标上的一致性，因而不同程度地体现了线形结构的特征。实行职权主义的审问制诉讼，尽管在刑事诉讼的侦查、起诉阶段充分体现线形结构形式，但在审判阶段，又体现为控、辩对抗，审居中裁判，显示出三角结构。由此可见，无论是职权主义还是当事人主义诉讼并非纯粹的线形结构或者三角结构。

第七节　刑事诉讼阶段

一、刑事诉讼阶段的含义

在刑事诉讼中，要进行报案、控告等材料的审查、询问、讯问、勘验检查、搜查，审查批准逮捕，审查起诉，开庭前的准备，法庭证据调查，法庭辩论，被告人最后陈述、评议和宣判等活动。这些按照一定顺序进行的相互连接的一系列行为过程，可以划分为若干相对独立的单元，这称为刑事诉讼阶段（通常有立案、侦查、起诉、审判和执行等）。

二、划分刑事诉讼阶段的依据

刑事诉讼阶段的特点，是每一个诉讼阶段都是一个完整的独立程序，有其自身的直接任务和形式。划分刑事诉讼阶段的标准是：

1. 直接任务。例如，侦查程序的直接任务是收集证据、查明犯罪事实，确定并在必要时逮捕犯罪嫌疑人；而起诉程序的直接任务，就公诉案件来说，是对侦查机关侦查终结后移送起诉的案件，从认定事实到适用法律进行全面审查并依法作出提起公诉和不起诉的决定。

2. 参加诉讼的机关和个人的构成。侦查阶段参加诉讼的机关主要是侦查机关或部门，而审判阶段主要是法院。

3. 诉讼行为的方式。侦查阶段的诉讼方式与审判阶段有明显的不同。侦查阶段依法进行专门调查工作和采取有关的强制性措施，并不向社会公众公开，而审判活动的诉讼方式则是在法庭上由法官主持、在公诉人（在公诉案件中）、当事人及其他诉讼参与人的参加下进行开庭审理和宣判。

4. 诉讼法律关系。刑事诉讼法律关系是指进行或参加刑事诉讼的机关或参与人基于刑事诉讼法的规定而产生的相互间的权利义务关系，不同诉讼阶段法律关系也有所不同。审查起诉阶段体现为犯罪嫌疑人和检察官的双方关系，没有独立的第三方的介入，而在审判阶段，则体现为法官居中裁判，控辩双方平等对抗的三方关系。

5. 诉讼的总结性文书。例如，审查起诉阶段的总结性文书为起诉书、不起诉决定书，而审判活动的总结性文书为判决书、裁定书等。

三、我国刑事诉讼阶段的含义划分

按照上述标准，可以将我国的刑事诉讼划分为立案、侦查、审查起诉、审判和执行等阶段。

立案指公安机关、人民检察院、人民法院对报案、控告、举报、自首以及自诉人起诉等方面的材料，按照各自的职能管辖范围进行审查后，判明是否有犯罪事实并需要追究刑事责任，依法决定是否作为刑事案件交付侦查或审判的诉讼活动。立案是刑事诉讼活动开始的标志。社会生活中出现纠纷或者事件后，只有经过公安、司法机关立案，才能进入刑事诉讼轨道，才能进入后面的侦查或者审判阶段。

侦查指公安机关、人民检察院在办理案件过程中，为收集证据、查明及证实犯罪和缉获犯罪人而依法采取的专门调查工作和有关的强制性措施。对公诉案件而言，立案之后就进入了侦查阶段，通过侦查活动，收集确实、充分的证据，查明犯罪事实，查获犯罪嫌疑人，为以后检察机关的提起公诉打下基础；通过侦查，如果发现不应当对犯罪嫌疑人追究刑事责任，应该撤销案件，犯罪嫌疑人已经被逮捕的，应立即释放。"专门调查工作"具体包括讯问犯罪嫌疑人，询问证人、被害人，勘验、检查，侦查实验，搜查，扣押物证、书证，查询、冻结存款、汇款，鉴定，通缉，辨认等诉讼活动。"有关的强制性措施"具体包括对犯罪嫌疑人适用的拘传、取保候审、监视居住、拘留、逮捕等强制措施，还包括必要时采用的其他强制性方法，如强制检查、强行搜查、强制扣押等。

审查起诉是指人民检察院对侦查机关侦查终结移送起诉的案件和自行侦查终结的案件进行审查，依法决定是否对犯罪嫌疑人提起公诉、不起诉或者撤销案件的诉讼活动。其主要内容是：对移送审查的案件进行全面审查并依法作出提起公诉或者不起诉的决定；对侦查机关的侦查活动进行监督，纠正违法情况；复查被害人、犯罪嫌疑人的申诉；对侦查机关认为不起诉的决定有错误而要求复议、提请复核的进行复议、复核。审查起诉是实现人民检察院公诉职能的一项最基本的准备工作，也是人民检察院对侦查活动实行法律监督的一项重要手段。因此，它对保证人民检察院正确地提起公诉，发现和纠正侦查活动中的违法行为，具有重要意义。

审判是指人民法院在控、辩双方及其他诉讼参与人参加下，依照法定的权限和程序，对于依法向其提出诉讼请求的刑事案件进行审理和裁判的诉讼活动。

执行则指刑事执行机关为了实施已经发生法律效力的判决和裁定所确定的内容而进行的活动，在我国，刑事执行的主体主要是人民法院、公安机关和监狱等。

刑事诉讼流程图：

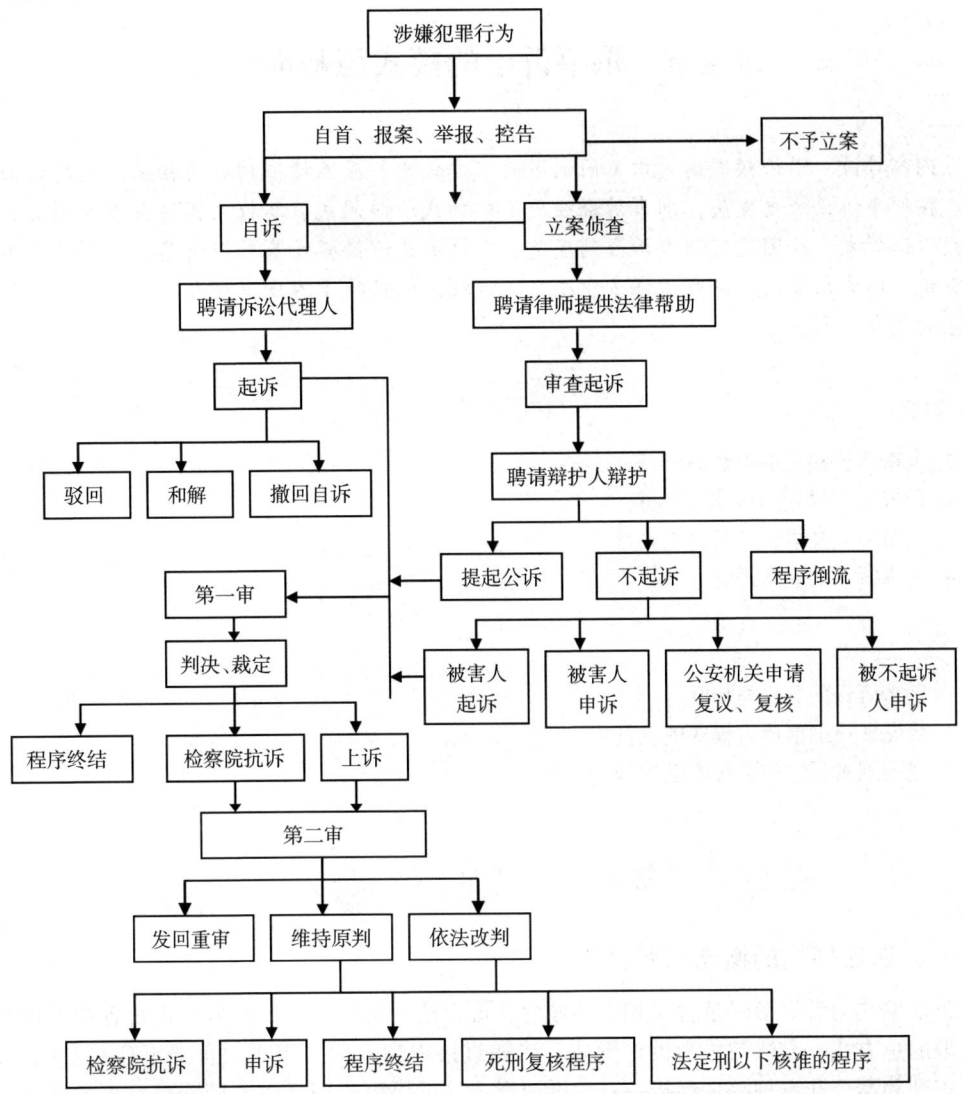

思考题：

1. 简述刑事诉讼价值。

2. 什么是刑事诉讼的目的？刑事诉讼的目的的两个方面有着怎样的关系？

3. 什么是刑事诉讼结构？近代以来有哪些刑事诉讼结构？当今世界，刑事诉讼结构的发展趋势是什么？

第四章　刑事诉讼的模式与基本理念

内容导读　诉讼模式则是由不同刑事庭审方式的本质性特征构成的相互区别的诉讼类型。按刑事诉讼历史发展，刑事诉讼经历了弹劾式、纠问式、职权主义、当事人主义和混合式诉讼模式。我国现行刑事诉讼制度是在职权主义诉讼模式基础上借鉴、吸收了当事人主义诉讼因素形成的，保留了许多职权主义特征，也吸收了不少当事人主义的因素，带有明显的混合色彩。

本章重点：

　　1. 刑事诉讼模式的概念与特征
　　2. 职权主义模式的概念与特征
　　3. 当事人主义模式的概念与特征
　　4. 刑事诉讼的基本理念

本章难点：

　　1. 刑事诉讼的概念与特征
　　2. 我国现行刑事诉讼模式的特征
　　3. 我国刑事诉讼应遵循的基本理念

第一节　刑事诉讼模式

一、诉讼模式的概念与特征

诉讼模式与诉讼形式是含义相近的概念，诉讼活动都有一定的形式。进行各种诉讼行为所采取的总方式、方法被称为诉讼形式，诸如直接审理和间接审理、言辞审理和书面审理、公开审理和不公开审理等，都指一定的诉讼形式。诉讼模式则是由不同刑事庭审方式的本质性特征构成的相互区别的诉讼类型。将一些国家或者地区诉讼中若干本质性特征加以概括，而以其具有的共同特征加以归类，可以归纳出不同的诉讼模式。按刑事诉讼历史发展，刑事诉讼经历了弹劾式、纠问式、职权主义、当事人主义和混合式诉讼模式。

二、诉讼模式的历史沿革

（一）弹劾式诉讼模式

弹劾式诉讼模式主要在奴隶制和封建制早期的国家实行。较典型地体现在古罗马共和国时期、法兰克王国前期及英国的封建时期。

弹劾式诉讼的主要特征体现为：

1. 私人告诉，实行"不告不理"原则。在这期间，国家没有专门负责追诉犯罪的机关。对犯罪的控诉通常由被害人或其代理人作为原告直接提起，只有当原告起诉到法院或其他裁判机构后，诉讼才会被启动。没有原告，法官不主动追究。按古罗马时期的表述，即"无原告即无法官"，也就是实行"不告不理"原则。

2. 原告与被告的诉讼地位平等。双方享有同等权利，承担同等义务。审判以言词辩论的方式进行。审理中注重发挥争讼双方的作用，可以互相对质和辩论。

3. 法官处于消极仲裁者的地位。法官不在开庭前审查案件事实和核对证据，没有收集、调查证据的义务，只负责在法庭上听取当事人的陈述和辩论，审查当事人提供的证据，认定案件事实并作出裁决。

弹劾式刑事诉讼制度是人类文明的一大进步。它已具备了现代诉讼的基本结构。首先，它明确区分了控诉与审判职能，有利于防止法官集控诉和审判职权于一身，独断专行，滥用职权。其次，原告和被告诉讼地位平等，双方在法庭上进行平等的对抗和辩论，有利于法官听取双方的意见，居中进行裁判，公正处理案件。当然，在弹劾式诉讼下，由于缺乏专门的国家侦查和追诉机关，也必然影响对犯罪的有效追究和及时惩罚，而且法官在法庭审理中过于消极的态度也不利于准确查明案情。

（二）纠问式诉讼模式

纠问式诉讼模式是继弹劾式之后出现并盛行于欧洲中世纪中后期的诉讼制度，是封建社会的主要刑事诉讼形式。

纠问式诉讼的主要特征体现为：

1. 司法机关主动追究犯罪，控诉与审判职能不分。由于没有设立专门的侦查、起诉机关，侦查权、控诉权、审判权统一由司法官员行使，拥有司法权力的官员一旦发现犯罪，无论被害人是否提出控告，都可以依职权主动追究犯罪，即"不告也理"，将控告权、审判权集于官吏一身是这种诉讼形式的最显著特点。

2. 实行有罪推定。在纠问式诉讼中，一旦被指控犯罪，在没有确定证据证明犯罪之前，先假定其有罪。在有罪推定的情形下，被告人处于被追究的客体地位，不享有任何诉讼权利。口供是定罪的主要依据。

3. 庭审前的调查活动是秘密进行的，审判一般也不公开；纠问式诉讼的审理不允许当事人在法庭上辩论，审讯通常不公开进行，判决主要以审讯被告人的书面记录为根据，因此，这种诉讼模式往往采用书面审理的方式。

4. 刑讯逼供盛行甚至合法化。纠问式诉讼通常与野蛮的刑讯紧密结合在一起。由于口供是定罪的主要依据，为了获取口供，对被告人广泛采用刑讯的方式逼供，刑讯在当时具有公开性甚至合法性。

纠问式诉讼是封建专制集权在诉讼中的表现，与弹劾式诉讼相比，在诉讼的民主性方面无疑是倒退了，但它确立了追究犯罪的职权应由国家机关承担的原则，用法定证据制度代替神明裁判制度，这些都是诉讼制度上的进步。

（三）职权主义诉讼模式

职权主义诉讼是对纠问式诉讼加以改造后，创制的一种以纠问式诉讼为主、弹劾式诉讼为辅的刑事诉讼构造，主要实行于法国、德国等大陆法系国家。职权主义诉讼比较注重发挥警察机关、检察机关和审判机关在刑事诉讼中的职权作用，以更加高效地发现真相，控制犯罪，保障人权。其主要特点如下：

第一，侦查机关主导着侦查活动的开展，负责收集证据，犯罪嫌疑人一方面几乎不进行事实调查，而且这些国家的法律制度也不鼓励律师与证人进行接触。侦查机关享有广泛的权力，不仅有权采取讯问被告人、询问证人、勘验、鉴定、侦查实验、对峙和辨认等一般性侦查手段调查犯罪事实，而且可以实施逮捕、羁押、搜查、扣押、窃听、电子监控、邮检等一系列强制性或者秘密性的侦查措施，且较少受到外来的限制，自由度很大，如一般侦查手段基本上实行的是侦查机关系统内的自律性控制，只有那些对公民的基本权利造成重大限制的强制性或秘密性侦查措施才需要由法官批准。

相较于强大的侦查机关，犯罪嫌疑人处于比较弱势的状态。主要表现在：律师一般只能在侦查阶段的后期介入，且大都不能在警察讯问犯罪嫌疑人的时候在场；缺乏从事辩护性调查活动的空间，对于能够证明犯罪嫌疑人无罪或者罪轻的证据材料，犯罪嫌疑人通常只能请求负责侦查的国家机关代为收集；犯罪嫌疑人尽管享有沉默权，但往往被科以忍受侦查人员讯问和调查的义务；羁押率较高，犯罪嫌疑人的保释权行使相对不够充分。

第二，提起公诉遵循较为严格的起诉法定主义原则，在案件证据足以证明事实成立的基础上，原则上检察机关就必须提起公诉，只有在犯罪情节轻微等少数的例外情况下，才可以基于公共利益的考虑对于是否提出公诉进行自由裁量。此外，提起公诉实施案卷递送主义，检察机关向法院提交起诉书的同时，必须把侦查起诉时所制作的卷宗材料以及获取的新的证据材料一并移送到法院。

第三，法官始终扮演着法庭审理过程中的主角。职权主义诉讼奉行"职权调查"和"实体真实"的审判理念，法官负有查明案件客观真相的责任，为此可以依职权积极主动收集、调查一切有助于查明案情的证据，而不受控、辩双方所提供的证据材料的限制。

（四）当事人主义诉讼模式

当事人主义诉讼又称为对抗诉讼，是对弹劾式诉讼加以改造后，创制的一种以弹劾式诉讼为主、纠问式诉讼为辅的刑事诉讼构造，主要实施于近现代的英国、美国等英美法系国家。

当事人主义诉讼相信一个在法庭审判中消极、被动而且在庭审之前严格制约着侦、控人员的法官角色更有利于查明案件的真相，确保被告人的基本权利，因而比较强调控辩双方当事人在诉讼进行中的主体地位。其特点如下：

第一，在侦查程序中，侦查机关与犯罪嫌疑人一方都是地位平等的当事人，各自都能为法庭审判而开展调查活动，侦查机关的罪案调查活动与犯罪嫌疑人一方辩护性调查活动同时展开，并且相互制约。

不仅如此，侦查权力被严格控制，警、检人员为侦查和追诉犯罪而采取诸如羁押、搜查、扣押、窃听、电子监控、邮检等强制性或者秘密性的侦查措施时，原则上都必须事先申请，征得治安法官的许可。而且，法律对于这些诉讼行为通常规定了非常严格的批准条件，审批法官需要遵照执行。除此之外，必须重视犯罪嫌疑人诉讼权利的保障，犯罪嫌疑人不负有忍受侦查人员讯问的义务。因此，侦查机关不能强制犯罪嫌疑人接受讯问，也不能基于犯罪嫌疑人的沉默而对其作出不利的评价；在侦查的整个过程中，犯罪嫌疑人都有权获得律师的协助，只要犯罪嫌疑人要求，律师一般都可以在侦查人员讯问犯罪嫌疑人时在场；犯罪嫌疑人享有较为充分的保释权。

第二，提起公诉遵循起诉便宜主义原则，即便是在案件证据足以证明犯罪事实成立的情况下，也允许检察机关基于公共利益或者刑事政策的考虑而斟酌是否起诉以及如何起诉。

此外，提起公诉实行起诉状一本主义，即检察机关在决定起诉后，只能向法院提供一份记载一定事实的起诉书，表明起诉主张的内容，并不得在起诉书中记载可能使审判法官产生不利于被告人的偏见的材料，更不能随卷移送任何证据材料。

第三，控辩双方是庭审活动的主角。当事人主义诉讼奉行"相对哲学"和"公平竞争"的理念，强调案件真相应当由与案件结局有着切身利害关系的控辩双方从有利于自身的角度通过对抗进行揭示。由此，法庭审判以控辩双方的对抗性活动为主线进行，控方负有证明被告人有罪的举证责任，辩方可反驳控方的证据和主张，双方地位平等的基础上按照交叉询问的方式对证人进行质证、争辩，然后作出最终性结论。法官消极居中，其作用主要是确保控辩双方在提出证据、交叉讯问和法庭辩论时遵守作为"游戏规则"的程序规则，并在陪审团作出定罪裁决后决定量刑问题。

（五）混合式诉讼模式

混合式诉讼，又称"折衷主义"诉讼。这一诉讼模式兼采当事人主义诉讼模式和职权主义诉讼模式的因素而形成，主要代表国家是日本和意大利。

混合式诉讼的特征是：

1. 保留了法官主动依职权调查证据的权力，注重发挥法官在调查案件事实方面的能动性，表现了对职权主义诉讼模式优势的客观态度。

2. 大力借鉴对抗制诉讼的因素，在诉讼中注重发挥控辩双方的积极性，注重控辩双方平等对抗。混合式诉讼是在原有的职权主义诉讼模式的基础上大力吸收对抗制诉讼的积极因素的结果，既强化对人权的保障，又注重发现案件真相和提高效率，这种结合为许多国家刑事诉讼的发展提供了新的可供借鉴的典范。

三、当代中国诉讼模式归属与转型

1. 我国刑事诉讼模式沿革。我国现行刑事诉讼制度是在职权主义诉讼模式基础上借鉴、吸收了当事人主义诉讼因素形成的，保留了许多职权主义特征，也吸收了不少当事人主义的因素，带有明显的混合色彩。尤其是在修正《刑事诉讼法》时，对庭审方式进行了改革，强化了控辩双方的职能与对抗，有利于在庭审中调动双方的积极性。

与此同时，在 2012 年与 2018 年修正《刑事诉讼法》时，更进一步推动了我国刑事辩护制度的发展与完善：一是辩护律师参与刑事诉讼的时间不断提前，从 1979 年的审判阶段到 1996 年案件移送审查起诉之时起，再到 2012 年的第一次讯问或采用强制措施之时起。二是律师辩护阶段逐步实现全覆盖，从 1979 年覆盖审判阶段到 1996 年覆盖审查起诉和审判两个阶段，再到 2012 年后覆盖侦查、起诉、审判并涵盖其后的死刑复核和申诉代理。三是参与刑事诉讼的律师主体地位的进步和变化，从 1979 年的指派式法律援助到 2018 年的申请式法律援助和值班律师，律师在以审判为中心的诉讼制度改革和认罪认罚从宽制度中具有了不可或缺的主体地位。四是辩护律师的执业权利不断丰富、扩大、完善、进步。五是法律援助范围、案件的数量、经费等不断扩大、增多和增长。

从刑事诉讼法的立法演进过程可以看出，我国刑事诉讼中的定罪量刑权以及诉讼结构的模式，已经从强职权主义走向职权主义和当事人主义相融合的诉讼模式，尤其是辩护律师的主体地位、权利和参与的程序在不断提升和发展。现在已经基本上具备了从对抗模式向协商合意模式转化的条件，定罪量刑不再是公、检、法机关一方说了算，刑事诉讼模式的转型是客观所需，势在必行。

2. 我国刑事诉讼模式转型。

（1）不同刑事诉讼模式之间的转型。我国的刑事诉讼模式正在经历着从对抗式诉讼到合作式诉讼的重大转型。毋庸置疑，对抗式诉讼长期支配和统治着我国的刑事诉讼制度，侦查程序、审查起诉程序和审判程序均以控诉方与辩护方的对抗为基础，证据制度、辩护制度与强制措施等为此提供重要的制度保障。

随着对抗式诉讼的弊端逐渐为人们所认知和省思，法学理论界和司法实务界开始探索填补对抗式诉讼模式漏洞的新型诉讼模式，由此生成发展出更具实践理性的合作式诉讼。刑事和解制度的法律化过程实际上是矫正对抗式诉讼而发展合作式诉讼的结果。刑事和解是一种以协商合作形式恢复原有秩序的案件解决方式。作为司法实务部门的智慧结晶，刑事和解制度高度倡扬犯罪嫌疑人或被告人与被害人及其近亲属之间的程序合作，将民事诉讼中的合作理念导入到刑事诉讼之中，进而从根本上改变了刑事诉讼中的主体关系和利益格局。就实践样态来说，既有被害人与犯罪嫌疑人或被告人之间的和解，也有侦查机关与犯罪嫌疑人之间的和解，更有检察机关与被告人之间的和解。多样化的合作形式提升了刑事和解制度的利用率和认可度，产生了良好的实践效果。

当前，我国也面临案多人少的矛盾，需要进行诉讼分流，简化审判程序，对被追诉人认罪认罚案件，适用控辩双方协商程序，不仅符合人类诉讼历史的发展规律，而且是正当其时。2018 年《刑事诉讼法》与《最高人民法院、最高人民检察院、公安部、国家安全部、司法部关于适用认罪认罚从宽制度的指导意见》（以下简称《指导意见》）的相继出台具有现实的时代意义，已经明确指出了认罪认罚从宽案件诉讼模式的转型。2018 年《刑事诉讼法》第 36 条、第 173 条所规定的人民检察院、人民法院和看守所为值班律师提供的"两便利一听取"程序，就是认罪认罚从宽案件采用协商模式的重要体现。在此基础上，《指导意见》又详细地规定了协商程序的保障措施，为协商诉讼搭建了平台。其中，《指导意见》第 10 条规定，犯罪嫌疑人、被告人获得法律帮助权，要求为其约见值班律师提供便利。同时，《指导意见》第 15 条、第 27 条、第 29 条、第 31 条、第 33 条还规定了控辩双方就认罪认罚的自愿性、合法性、证据开示、签署具结书、量刑建议等必须进行"沟通""协商"，特别多次强调公、检、法机关要听取辩方的意见，最终"尽量协商一致"。

从对抗式诉讼到合作式诉讼的转型意味着合作式诉讼得到确立和重视，但是不能绝对否定或者忽视对抗式诉讼，对抗式诉讼与合作式诉讼仍共存于我国的刑事诉讼之中。随着刑事和解、认罪认罚制度适用范围在司法实践中的不断扩大，可以预见合作式诉讼在我国有逐渐充实和兴盛的趋势。

（2）刑事诉讼模式内部的子模式之间的转型。刑事诉讼模式的现代化转型有着多样化的形态，既有不同诉讼模式之间发生的转型，也有同一诉讼模式内部子模式之间进行的转型。

在对抗式诉讼之中，正在发生着职权主义向当事人主义的现代化转型；在合作式诉讼之中，私力性合作模式、公力性合作模式和社会性合作模式呈现出相互融合的趋势。职权主义深深镌刻于我国的刑事诉讼之中，公检法三机关在流水线作业中控制着事实发现、证据调取、法律适用和程序展开的进程，追诉者和被追诉者处于地位不对等和信息不对称的状态。为矫正职权主义可能出现权力恣意侵犯被追诉者的弊端，《刑事诉讼法》适当吸收了当事人主义的某些精髓。

我国刑事诉讼正处于现代化转型过程中，职权主义和当事人主义在一段时间内还将同时影响着刑事诉讼制度的建构和变革，认真梳理《刑事诉讼法》所确认的刑事和解制度，可以发现其仅仅指称被害方与被告方之间进行的私力合作，公安机关、检察机关以及中立的社会组织均未纳入到合作的主体范围。这也就意味着现行刑事和解制度所展现的程序合作是非常有限的，不仅排斥公安机关、检察机关与犯罪嫌疑人、被告人之间在和解过程中呈现的公力性合作，而且漠视人民调解委员会等社会组织主持或协助被害方与被告方形成和解协议所彰显出来的社会性合作。

其实，无论是私力性合作模式，还是公力性合作模式，抑或社会性合作模式，均是制度利用者在适应司法实践的客观需求的前提下，基于实用主义和理性主义创造而成的法律事物。他们各具优势，应当依据不同的案情在不同的场景下采用不同的合作范式，那种将刑事和解制度单一地框定于私力性合作模式的做法不仅背离了制度建构的初衷，而且无法合理解释多样化的刑事和解制度，因而是不可取的。

因此，在推动刑事诉讼模式的现代化转型过程中，既要逐步确立合作式诉讼并不断加以扩大，也要充分发挥公力性合作模式、私力性合作模式和社会性合作模式的各自优势，促使三者相互配合、共生共长。

第二节　刑事诉讼的基本理念

一、惩罚犯罪与保障人权相统一

1. 所谓惩罚犯罪是指通过刑事诉讼活动，在准确、及时地查明案件事实真相的基础上，对构成犯罪的被告人公正适用刑法以及通过刑事程序本身的作用来抑制犯罪。惩罚犯罪，自古以来就是刑事诉讼法的直接目的之一。主要体现在：一是通过一系列的刑事诉讼活动环节准确、及时地查明案件事实真相，对犯罪人正确适用刑罚权来抑制犯罪。二是通过刑事诉讼程序本身对犯罪进行控制，拘留、逮捕等强制措施的适用，起诉、审判等诉讼程序的运用，抑制犯罪人再犯罪的欲望及对其进行心理上的震慑。

2. 所谓保障人权是指在通过刑事诉讼惩罚犯罪的过程中，保障公民合法权益不受非法侵犯。刑事诉讼中的人权保障内涵丰富，大体包括以下几个方面：①保护一般公民的合法权益，这是指通过打击犯罪来防止广大人民群众的利益受到犯罪的侵犯。②保障无罪的人不受刑事追究，即在打击犯罪的同时不能冤枉好人。③保障所有诉讼参与人，特别是被告人和被害人的诉讼权利得到充分行使。④使有罪的人受到公正的惩罚，即做到程序合法、事实可靠、量刑适当。

我国《宪法》第 33 条第 3 款庄严规定：国家尊重和保障人权。保护人权是宪法中非常重要的法律理念，《刑事诉讼法》修正充分体现了这一重要理念，在惩治犯罪和保护人权的关系方面处理得很好。将"尊重和保障人权"写入《刑事诉讼法》总则第 2 条，突出保障基本人权在刑事诉讼过程中的重要性，并在多项具体规定中贯彻这一原则。我国《刑事诉讼法》不仅规定了保障无罪的人不受刑事追究的任务，而且还规定了一系列保障人权的原则、制度和程序。

惩罚犯罪与保障人权既统一又对立。一方面，正确惩罚犯罪与保障无罪的人不受刑事追究是统一的。同时，正确惩罚犯罪也不能脱离程序性权利的保障。如果在刑事诉讼中违反《宪法》《刑事诉讼法》有关权利保障的规范，滥用司法权力，甚至刑讯逼供、诱供等，往往造成冤假错案。因此，惩罚犯罪不能忽视保障人权。另一方面，保障人权也不能脱离惩罚犯罪。如果不去查明案件真实、惩罚犯罪，不仅被害人的实体权利得不到维护，犯罪嫌疑人、被告人的实体权利也更容易受到侵犯，也使诉讼参与人的程序性权利保障失去了原本的价值。因此，惩罚犯罪与保障人权是具有密切联系、同等重要的两个方面。

二、实体公正与程序公正并重

公正是人类社会所追求的首要价值目标。诉讼公正则是维护社会正义的最后一道屏障，是体现社会正义的窗口，是诉讼的灵魂和生命。

马克思曾经指出，"审判程序和法的关系如此密切，就像植物的外形和植物的联系，动物的外形和血肉的联系一样。因为审判程序只是法律的生命形成，因而也是法律的内部生命的表现"，由此可见程序和实体是绝对不可分开的，实体的正义只有通过公正的程序才能实现。

诉讼公正，包括实体公正和程序公正两个方面：

（一）实体公正

1. 实体公正的概念。实体公正，即结果公正，指案件实体的结局处理所体现的公正。

从概念上来看，实体公正是指司法审判过程和结果体现公平与公正，符合当事人的司法权利与义务。关于实体公正，我们通常可以从一般公正和个别公正两个层面来理解，立法体现的是人们对于权利和义务的公平分配需求，即一般公正；通过自由裁量权达成的裁判结果，属于个别公正。从特点上来看，一方面实体公正强调司法结果公平，要求符合大多数人的利益，以当代社会主流价值观念作为衡量标准，因而具有公平性特征；另一方面，实体公平需要依照现有的法律框架来实践，由于在司法过程中还存在许多不确定性因素或是偏差，因而也具有不确定性特征。

2. 实体公正的要求。刑事案件的实体公正，具体要求是：

（1）据以定罪量刑的犯罪事实认定，应当做到证据确实充分。

（2）正确适用刑法，准确认定犯罪嫌疑人、被告人是否有罪及其罪名。

（3）按照罪刑相适应原则，依法适度判定刑罚。

（4）对于错误处理的案件，采取救济方法及时纠正、及时补偿。

（二）程序公正

1. 程序公正的概念。程序公正是指诉讼程序方面体现的公正。程序，《现代汉语词典》解释说，事情进行的先后次序。正义，《现代汉语词典》解释说：①公正的，有利于人民的道理；②公正的，有利于人民的。

程序正义，从文字上我们可以理解为，事情进行的先后次序（即过程）是公正的，有利于人民的。当然从法理上来理解的话，这样的说法有点肤浅了。那么什么是程序正义呢？程序正义的两大基本理论渊源，一是英国的自然公正，二是美国的正当程序。

英国的自然公正包含以下内容：

（1）任何人都不能担任自己案件的法官：①任何法官与案件、案件的当事人没有任何利益牵连；②审判者无偏见原则；③不能对案件产生先入为主的预断；④表面的或者外观的中立。

（2）听取双方的陈述（不能单方面接触）。

（3）裁判者要给出一个理由，也就是说理。这是在 20 世纪以后，英国又增加的第三项自然正义标准，主要规定在行政法中，叫陈述理由。

美国的正当法律程序主要有两个概念，一个是实体性正当法律程序，强调的是对立法过程的约束；第二个是程序性的正当法律程序，程序性正当程序是对裁判过程的一种约束。

"正义理论集大成者"约翰·罗尔斯在对正义进行分类时就认为，程序正义必定要求规则在制定和适用过程中具有正当性。罗尔斯的程序性正义理论认为有三种程序正义。其一，纯粹的程序正义：不存在关于结果正当与否的任何标准，一切取决于程序要件的满足，只要游戏规则公正，且被严格遵守，无论结果如何，都被认为是公正的，如赌博。其二，完全的程序正义：存在结果正当与否的独立标准，并且合理的程序总是导致正当的结果，如分蛋糕理论。其三，不完全的程序正义：无论程序怎样设计，都可能出现不公正的结果，如刑事诉讼。我们的任务是设计合理的程序，一方面使案件事实通过该程序能尽可能地查明；另一方面即使事实难以查明，只要该程序本身公正且被严格遵守，控辩双方仍都可以接受。案件事实查明（实体真实实现）之艰难，要求严格遵循合理之程序以消解败诉者的不满，同时使判决得到公众的接受，使法院获得信赖和权威。

我国学者陈瑞华也认为，正当程序实际表达的价值就是程序公正。所谓正当程序，系指"按照法律规定，对受指控者的合法权利加以保护的一种法律程序"。程序就具有了两方面的价值，一是外在价值，即功利价值，作为手段、工具的价值。表现为通过程序惩罚犯罪、释放无辜。二是内在价值，即程序本身是不是善的、理性的，是不是尊重了个体的基本人格尊严。程序正义主要指的就是程序的内在价值。

一旦确立程序规则，就应当遵守，否则应负不利后果（程序法也是法，应当遵守）。"诉讼法乃实体法发展之母体"。早期英国采取"诉讼方式"的程序，罗马法中的"诉权"理论，现代法官实际上的解释法律、创制法律都说明程序法具有实体法形成之功能。英国谚语有云，迟来的正义非正义。原因有二：其一，一个判决过于迟延地产生，必然导致利害各方长期处于利益不确定待判定的状态，换句话来说，人的利益长期不被解决，长期处于待判定不确定的状态。其二，为什么说"迟来的正义非正义"还有一个因素就是，正义的迟延实现会使有关当事人在诉讼过程中受到二次伤害。

2. 程序正义的意义。

第一，公正的程序通过确保诉讼各方对裁判作出过程的参与以及对裁判结果的积极影响，使他们的人格尊严和自主意志得到保障。

第二，公正的程序通过使参与者各方得到平等的对待，确保其人格尊严和主体地位得到尊重。

第三，公正的审判过程可以使各方参与者成为理性的、负责任的主体。

第四，公正的程序通过确保裁判结论直接在刑事审判过程中产生，保证程序参与者人格尊严受到尊重。

第五，公正的审判程序通过及时地形成裁判结果并使刑事审判过程得到及时的终结，使程序参与者各方的利益受到关注，其人的尊严和权利主体地位得到尊重。

在国家司法机构作出对其利益有利或者不利的裁判时，个人应当至少能够处于一种可与裁判者就如何对待他的问题进行理性的协商的地位，即强调尊重程序参与者作为自主、负责和理性主体的地位，要求裁判机构与他一起参与裁判结果的形成过程，向他论证裁判结果的合理性和正当性，从而使他成为裁判作出过程中的协商者、对话者、辩论者和被说服者，使其作为人的尊严和价值得到充分的尊重。

3. 程序公正的具体要求。刑事案件的程序公正，其具体要求是：

（1）严格遵守刑事诉讼法的规定。

（2）认真保障当事人和其他诉讼参与人，特别是犯罪嫌疑人、被告人和被害人的诉讼权利。

（3）严禁刑讯逼供和以其他非法手段取证。

（4）司法机关依法独立行使职权。

（5）保障诉讼程序的公开性和透明度。

（6）按法定期限办案、结案。

（三）实体公正与程序公正的关系

在我国，长期存在着"重实体、轻程序"的做法，应当着重予以纠正。因此，在执法方面，要严格执法，既遵守实体法，也遵守程序法。

实体公正与程序公正相辅相成。首先，二者具有内在的一致性。二者的共同目标是维护司法公正，帮助人民解决纠纷，保障社会公平正义实现。当然，由于司法实践受多方面因素的影响，司法公正的维护过程具有一些不确定性，因而，实体公正和程序公正都不是绝对的，而是无限度地接近公平。其次，二者分别是结果公正和过程公正的体现。司法公正的实现，要求有公开、全面、细致的过程，这也是保障司法结果公正的前提。司法实践中能够获得公正的结果，说明其过程亦是公正的，但反过来不一定成立，过程的公正并不一定决定结果的公正，其中还会受到许多不确定性因素的影响。最后，程序公正有助于促进人们接受实体结果。程序公正是必要条件，也是能够被人们感知的，且程序公正的作用不仅仅体现在执法层面，其对于人们情感也会产生一定的积极影响，促使人们更好地接受实体结果。相反，如果在程序上让当事人感受到不能被公正对待，他们也不会理解或接受司法审判结果，反而会通过上诉、申诉等程序来表达诉求。

实体公正与程序公正具有一定差异性。首先，二者的价值观念追求存在差异。如前所述，实体公正更关注结果，程序公正更关注过程。其次，实体公正更强调立法层面的公正，程序公正则偏重司法和执法层面。最后，实体公正要求审判结果符合社会主流道德观念，但程序公正则对这方面的要求并不强烈。

综上可以看出，实体公正与程序公正共同构成司法公正，二者是相辅相成、辩证统一的关系。其中，实体公正是目的，程序公正是必要条件。也就是说，只有兼具实体公正和程序公正，才能有效保证司法达到平衡状态。进一步而言，要平衡好实体公正和程序公正的关系，不仅要在立法领域体现公正，而且要在司法和执法领域体现公正，在实践过程中保持好实体公正和程序公正的有效平衡。

三、公正优先，追求效率

（一）诉讼效率

诉讼效率是指诉讼中所投入的司法资源（包括人力、财力、设备等）与案件处理数量的比例。讲求诉讼效率要求投入一定司法资源处理尽可能多的案件。追求诉讼效率，意味着应当降低诉讼成本，加速诉讼运作，减少案件拖延和积压。《刑事诉讼法》规定了"准确、及时地查明犯罪事实"的内容，而且还从诉讼期限、轻罪不起诉和简易程序等多方面体现了诉讼效率的理念。

（二）诉讼效率与诉讼公正的关系

在刑事诉讼中，效率是在公正得以实现的基础上才有意义的。如果公正不存在，也就无所谓效率。因此，在刑事诉讼中，公正与效率的关系，应当是公正第一，效率第二。在刑事司法中，应当是在保证司法公正的前提下追求效率，而不能草率办案而损害实体公正和程序公正。如果只讲"从快"而违背诉讼规律，虽然结案率很高，但错案往往也会增多，冤枉了无辜，放纵了犯罪，不仅做不到公正，也难以真正实现效率。

总的来看，原则上"公正优先"，有的程序则体现了"效率优先"。

（三）《刑事诉讼法》修正对诉讼效率与诉讼公正的体现

《刑事诉讼法》的修正势必影响到司法资源的配置。在当前大量纠纷进入司法程序的现实情况下，如何更好配置司法资源，在保证司法公正和当事人合法权益的前提下，提高诉讼效率，完善审判程序，关系到《刑事诉讼法》修正的价值权衡。

为更好地配置司法资源，提高诉讼效率，2012年《刑事诉讼法》修正在保证司法公正的前提下，区分案件的不同情况，进一步完善审判程序中的重要环节。择其要者，简述如下：

第一，调整简易程序适用范围，完善第一审程序。2012年《刑事诉讼法》修正将简易程序审判的案件范围，修改为基层人民法院管辖的可能判处有期徒刑以下刑罚、被告人承认自己所犯罪行的案件。同时，根据实际审判工作，对第一审普通程序中的案卷移送制度、开庭前的准备程序、与量刑有关的程序、中止审理程序等都作了补充完善。此外，在证据制度部分，为保证证人、鉴定人出庭作证采取了一系列措施，实际上是与庭审程序改革相关的重要内容。同时，还根据审判实践需要，对审判期限作了适当调整。

第二，明确第二审应当开庭审理的案件范围，对发回重审作出限制性规定。一是为保证案件的公正审理，2012年《刑事诉讼法》修正明确了第二审应当开庭审理的案件范围，增加规定：上诉人对第一审认定的案件事实、证据提出异议，可能影响定罪量刑的；被告人可能被判处死刑的上述案件等，第二审人民法院应当开庭审理。二是为避免案件反复发回重审，久拖不决，增加规定：对于因事实不清或者证据不足，第二审人民法院发回原审人民法院重新审判的案件，原审人民法院再次作出判决后，被告人提出上诉或者检察院提出抗诉的，第二审人民法院应当依法作出判决或者裁定。三是为落实上诉不加刑原则，避免发生在上诉案件中第二审人民法院发回重审，下级人民法院在重审中加刑的情况，增加规定：第二审人民法院发回重新审判的案件，除有新的犯罪事实、人民检察院补充起诉的以外，原审人民法院也不得加重被告人的刑罚。此外，2012年《刑事诉讼法》修正还完善了查封、扣押、冻结的财物及其孳息的处理程序。

第三，完善附带民事诉讼程序。2012年《刑事诉讼法》修正对附带民事诉讼程序作了补充修改，主要是增加规定：被害人死亡或者丧失行为能力的，被害人的法定代理人、近亲属有权提起附带民事诉讼；附带民事诉讼的原告人或者人民检察院可以申请人民法院采取保全措施；人民法院审理附带民事诉讼案件，可以进行调解，或者根据物质损失情况作出判决或裁定。

为适应国家治理现代化的需要，2018年《刑事诉讼法》修正一方面强调要加强人权保障，促进诉讼公正的实现，另一方面又增加了速裁程序、缺席审判程序、认罪认罚从宽等规定，体现了诉讼效率的理念。

第一，增加速裁程序，保证公正效率。2018年《刑事诉讼法》修正，一大亮点是增加了速裁程序，规定基层人民法院管辖的可能判处三年有期徒刑以下刑罚的案件，案件事实清楚，证据确实、充分，被告人认罪认罚并同意适用速裁程序的，可以适用速裁程序，由审判员一人独任审判。2018 年修正的《刑事诉讼法》同时规定了不适用速裁程序的情形,例如被告人是未成年人的。

第二,增加缺席审判,配合国家反腐。2018 年修正的《刑事诉讼法》还增加了缺席审判程序。规定对于贪污贿赂犯罪案件,以及需要及时进行审判,经最高人民检察院核准的严重危害国家安全犯罪、恐怖活动犯罪案件,犯罪嫌疑人、被告人在境外,犯罪事实已经查清,证据确实、充分,符合缺席审判程序适用条件的,法院应当开庭审判。修正后的《刑事诉讼法》同时规定,法院应通过有关国际条约中规定的或外交途径提供的司法协助方式,或被告人所在地法律允许的其他方式,将传票和检察院的起诉书副本送达被告人。

第三,嫌犯认罪认罚,依法从宽处理。2014 年 6 月 27 日,全国人大常委会表决通过《关于授权最高人民法院、最高人民检察院在部分地区开展刑事案件速裁程序试点工作的决定》,授权"两高"(最高人民法院、最高人民检察院,下同)在北京、天津、福州、厦门等 18 个城市开展速裁程序试点工作。速裁程序施行至今,在实践中取得了良好的效果,其在简易程序的基础上简上加简,使得普通程序、简易程序和速裁程序的体系在法律层面更加完备。在刑事速裁程序试点的基础上,中央又进一步部署了认罪认罚从宽试点改革。2014 年10 月 23 日,党的十八届四中全会通过《中共中央关于全面推进依法治国若干重大问题的决定》,首次提出"完善刑事诉讼中认罪认罚从宽制度"。2016 年 7 月 22 日,十八届中央全面深化改革领导小组第二十六次会议审议通过了《关于认罪认罚从宽制度改革试点方案》;2016 年 9 月 3 日,全国人大常委会表决通过《关于授权最高人民法院、最高人民检察院在部分地区开展刑事案件认罪认罚从宽制度试点工作的决定》,授权"两高"在北京、天津、福州、厦门等 18 个城市开展刑事案件认罪认罚从宽制度试点工作,其中刑事速裁程序被纳入到认罪认罚试点工作中,其适用范围扩大到三年有期徒刑以下刑罚的案件。2016 年 11 月 11日,最高人民法院、最高人民检察院、公安部、国家安全部、司法部联合出台《关于在部分地区开展刑事案件认罪认罚从宽制度试点工作的办法》。

2018 年修正的《刑事诉讼法》还明确了犯罪嫌疑人、被告人认罪认罚可以依法从宽处理的原则,同时规定了不适用的情形,如被告人违背意愿认罪认罚的、被告人的行为不构成犯罪的等。

四、实体真实和法律真实相结合

(一) 概念辨析

实体真实,又称客观真实,要求裁判者只有在正确反映犯罪事实真相时,才能裁判被告人有罪,即通常所说的客观真实论。法律真实则主张以法律所确立的标准作为裁判的尺度,裁判者对案件事实的认识只要达到了法定的裁判尺度,即视为真实,并可以据此作出有罪裁判。客观真实主义可分为积极实体真实主义和消极实体真实主义。积极实体真实主义认为凡是出现了犯罪,就应当毫无遗漏地加以发现、认定并予以处罚;为不使一个犯罪人逃脱,刑事程序以发现真相为要。消极实体真实主义是将发现真实与保障无辜相联系的目的观,认为刑事诉讼目的在于发现实体真实,本身应包含力求避免处罚无辜者的意思,而不单纯是无遗漏地处罚任何一个犯罪者。

(二) 二者关系

法律真实与客观真实并不矛盾,而是辩证统一的关系。客观真实是司法证明活动所应追求的终极目标，法律真实必须在最大限度内反映案件事实的客观实际，这是法律真实的基础和前提。由于时空的不可逆转性，人民法院在审理案件时，只能根据证据规则判断事实，这种经过适用法律得到的事实，就是法律真实，同时也就推定它为客观真实。由于法律真实的主要功能是作为裁判依据，所以它更多是要解决事实认定的效率问题。由于诉讼是个持续的过程，所以随着时间的推移，法律真实也有可能发生变化，导致变化后的事实更接近于客观真实。在这个问题上，既不能以牺牲效率追求客观真实，也不能背离诚信原则滥用法律真实。应当在程序公正、公平的前提下，正确适用证据规则，努力追求法律真实与客观真实相一致。

（三）适用要求

审判实践中要做到法律真实与客观真实并重，就必须在证据规则的适用上注意以下几点：

第一，要区分同样的证据形式在不同性质案件中的证明力。比如证人证言在合同案件中一般不作为认定合同成立的依据，但在人身损害案件中却被大量地作为构成侵权的主要证据。

第二，要区分不同当事人的诉讼能力。对诉讼能力较强的当事人，应当严格适用证据规则，对于诉讼能力较弱的当事人，在举证时限、释明权、申请调查等方面可以适当放宽。

第三，要结合实体法，全面理解证据规则。特别是在举证责任的分配上，应当由谁负举证责任，举证的范围与内容有哪些，都与实体法的准确把握密切相关。

第四，要正确行使释明权。在直接导致当事人的权利丧失或取得的事实出现时，如鉴定、拟制自认等，法官原则上都要行使释明权，法官行使释明权的过程要做好详细记录。行使释明权时，要保持中立客观、居中裁判，避免释明不当导致当事人的合理怀疑。

第五，不能机械理解"新的证据"。除当事人恶意或故意不举证、妨碍诉讼正常进行的情形之外，凡能导致案情发生变化，或是有可能使案件的处理结果发生变化的证据均应视为"新的证据"。

第六，要采取以案说法、公开咨询等多种方式，加大对新证据规则的宣传力度，并通过证据规则的具体适用，引导和促进当事人以及社会公众尽快了解证据规则的新规定。

五、控审分离、控辩平等对抗和审判中立

（一）控审分离

控审分离就是指控诉职能和审判职能必须分别由行使控诉权的机关或者个人以及专门行使审判权的机关来承担，而不能把两种职能集中由一个机关或者一个人来承担，如果没有法定控诉机关或者个人的起诉，法院就不能主动审判任何案件，被动性是审判的一个重要特点。这就是所谓不告不理原则。控审分离使国家司法机关内部有明确具体的分工，有利于强化国家追诉犯罪的能力，提高公诉的质量；更主要的在于使审判机关中立化，从而保证审判机关客观公正地审理和裁判案件。

（二）控辩平等对抗

在现代诉讼中，控诉与辩护应当平等地对抗，国家制定刑事诉讼法时必须刻意构建控辩双方诉讼地位平等的程序。当然，控辩平等对抗集中体现于审判程序。审判中立是对审判的基本要求，也是审判职能的基本特征。

1. 控辩平等对抗的含义。控辩平等对抗，是指控诉方和辩护方在刑事诉讼中享有平等的法律地位，为此法律应当赋予双方相应的权利，规定相应的义务，以保证诉讼双方实力上的平等，从而形成平等对抗的情势。

对控辩平等对抗应当从以下方面来理解：

（1）"控"和"辩"。"控"，是指控诉方。在公诉案件中，从广义上说，控诉方除了检察官之外，还包括侦查人员、被害人，因为侦查人员为检察官进行控诉提供条件，确定犯罪嫌疑人，收集证据；在中国，被害人作为刑事案件的当事人，也行使一定的控诉职能。

（2）控辩平等对抗存在的诉讼阶段。控辩平等对抗集中体现在法庭审判阶段。在法庭上，控辩双方同时在场，通过举证、质证进行法庭辩论，这是一种形式上的平等对抗。

（3）控辩固有的不平等。控诉方是代表国家对被告人进行追诉的，辩护方是针对控诉进行防御的，由于双方的角色和任务不同，决定了控辩双方注定存在一些固有的不平等，主要体现在以下方面：

第一，进攻与防御的地位不平等。这种进攻与防御的地位，就决定二者不是一种平等协商的关系。进攻掌握着诉讼的主动权，防御处于被动地位。

第二，双方可以利用的资源不平等。控诉方有专门的侦查机关为其调查、收集证据，检察机关自己也可以进行侦查，而且还可以使用强制性措施，如搜查、扣押、拘传、拘留、逮捕、取保候审、监视居住等。而辩护方只能自行收集证据，而且手段有限，不能使用强制性措施。

（4）控辩平等对抗的内容。由于上述两点不平等是绝对的、不可改变的，所以控辩的平等对抗只能是法律地位的平等、机会和手段的对等、竞赛（诉讼）规则的公平。在一定意义上说控辩平等是一种"均衡感"，即在打击与保护、在国家利益与被告人个体利益之间的一种取决于社会理性的"均衡性感觉"。

2. 控辩平等对抗的要求。

第一，要求确立犯罪嫌疑人、被告人的主体地位。确认犯罪嫌疑人、被告人在诉讼法律关系中的主体地位，不仅要明确犯罪嫌疑人、被告人为自己进行无罪或轻罪、减轻等辩解的权利，而且要为其权利的行使提供保障机制。其中重要的是确立司法权保障机制与任何人不受强迫自证其罪原则，建立有效辩护机制。而《刑事诉讼法》明确要求犯罪嫌疑人、被告人对侦查人员的讯问承担"如实回答"的义务，这必然包含着要求犯罪嫌疑人、被告人"如实供述犯罪事实"或者"如实提供有罪事实"的含义，而与其当事人地位和辩护方角色背道而驰；侦查人员的预审讯问几乎没有任何保障犯罪嫌疑人、被告人自愿陈述的制度设计，诸如辩护律师的在场权等都没有在法律中确立下来；《刑事诉讼法》尽管明确禁止刑讯逼供以及其他强迫被告人提供有罪供述的方法，但对于侦查人员采取这些强迫被告人自证其罪的手段所获得的证据，却并不排除其证据效力和可采性；而在法庭审判中，被告人在侦查阶段拒作有罪供述的行为通常会被视为"认罪态度不好"的标志，法院竟然以此为根据对有罪被告人作出从重刑之判决……这些程序规定，显示出"不得强迫任何人自证其罪"的原则尚未在我国刑事诉讼法中确立。另外，现行《刑事诉讼法》没有建立证据展示制度，使得被告人及其辩护人无论在审判前还是审判过程中都无法获得查阅检控方证据的机会，从而无法进行及时、有效的防御准备。因此，赋予犯罪嫌疑人、被告人防御追诉机关非法侵害所必需的手段和保障辩护人在各诉讼阶段的诉讼权利，是坚持辩护与控诉对抗的基本保障。

第二，要求辩护与控诉在形式上的平等性。所谓形式上平等，即从实质上讲，控诉职能处于主动地位，有国家强制力保障；犯罪嫌疑人、被告人则处于消极防御的被动地位，即使有辩护人帮助，其实际力量也不可能与追诉方对等。但是，从形式上看，控、辩、裁三种基本诉讼职能中，相对于裁判职能而言，控、辩双方诉讼权利在形式上平等，是维护诉讼构造平衡、保证诉讼公正所必需的。控、辩双方诉讼权利在形式上平等，并不意味着控诉方享有的权利辩护方也得享有，而是说辩护方应有防御因控诉方行使权利造成侵害自己合法权益的手段。为保证控、辩双方诉讼权利形式上的平等性，除赋予犯罪嫌疑人、被告人以防御和救济手段和保障辩护人的诉讼权利外，还应结合确立审判职能的中立性，考虑辩护与控诉双方形式上的平等性，以便保持诉讼整体构造的平衡。

（三）审判中立

审判中立是指审判者不仅不能由控辩双方的主体或者与案件有直接、间接利害关系的人来担任；而且审判者应当对控辩双方不偏不倚，保持等距离的地位。审判只有中立才能公正，无中立则无公正可言。为了保证审判中立，控审必须分离，而且控辩双方主体在审判中的诉讼地位必须平等。

1. 审判中立的概念。审判中立，是指审判人员在那些利益处于冲突状态的各方参与者之间保持一种超然和不偏不倚的态度和地位，不对任何一方存有偏见和歧视。审判中立处理的是整个诉讼过程中审判人员与案件本身、双方当事人、其他利害关系人之间的关系，其意义在于确保各方参与者受到平等的对待。如果审判人员不能保持中立或者不能使各方平等地参与诉讼，就可能在认定事实和评定证据方面产生预断，形成偏执，以致最终作出错误的裁判。

2. 审判中立的要求。

第一，审判中立要求审判者在控诉方与辩护方之间处于不偏不倚的立场，对双方的主张、证据和意见要给予同等的关注，要为双方创造同等的诉讼机遇，保证诉讼中双方享有对等的诉讼权利。审判中立并不等于审判者消极地无所作为，从抑制权力恣意的角度，审判中立体现为对公诉权的制约；而从保障诉讼权利的角度，审判中立则表现为对当事人适度的诉讼关照，以此实现强大国家权力与个人权利之间实质的平等对抗。

第二，审判中立要求审判者与控辩双方、案件结果应没有任何利害关系。任何人不能做自己的法官，这是一条古老的自然正义法则。审判者只有在利益与情感上都远离诉讼的争议，才能真正作为超然于事外的第三者，秉承中立的立场对案件公正处理。世界各国诉讼中的回避制度均旨在防止与案件有利害关系的人员参与审判。我国刑事诉讼中的回避制度，将参与案件的侦查人员、检察人员一并列为当事人申请回避的对象，而控诉方的检察人员没有申请回避的诉讼权利。在这种立法的语境中，国家机关成了一方主体，当事人成了另一方主体，本来用来维护审判中立的制度，却呈现出控审一体状态，反而有损于制度设立的初衷，这一缺陷有待于立法上的进一步完善。

第三，审判中立要求审判者在审判之前对案件事实不能存在任何先见，包括来自于控方的不当影响，审判者对案件事实的认识只能来源于审判过程。在专业素质方面，法官要具备冷静客观的分析判断能力和抗拒外界干扰、误导的能力。但关键是要为审判者创造避免控方先入为主的制度环境，这集中体现在公诉方式的设计上。我国《刑事诉讼法》规定：人民法院对提起公诉的案件进行审查后，对于起诉书中有明确的指控犯罪事实的，应当决定开庭审判。我国的公诉方式可称为"卷宗移送主义"，审判人员仍然在开庭前单方面接触控方的证据，被告人的前科仍然是起诉书中的内容，这些都不可避免地会对审判人员产生倾向性的影响。与我国不同，日本的起诉书一本主义要求起诉书中只能表明控诉主张，而不能附加任何可能使法官产生偏见的证据和文书，起诉书中也不能记载被告人的前科、学历、个人经历、性格等内容。

3. 审判中立的意义和价值。

第一，审判中立是实现司法公正的前提、基础和保证。众所周知，司法公正包括程序公正和实体公正两个方面。程序公正首先要求审判人员处于中立地位。有学者指出，"法官中立常常与程序公正乃至诉讼公正画上等号，其原因在于法官是诉讼主宰者，法官中立是程序公正乃至诉讼公正实现过程中最基本的也是最重要的因素"。审判中立不仅仅是一种审判人员的姿态，它还是实现公正的保证和前提，尤其是社会公众在感受、评价和确认裁判公正时，审判人员的中立形象往往是作为一种感性认识的情感因素，起着潜移默化的重要作用。

第二，审判中立有助于树立审判的权威。审判权威意味着审判人员相对于控诉方具有优势地位。一方面，审判权威与司法在现代社会中的功能相适应。司法是社会正义的最后一道防线，司法具有定分止争的功能，司法最终裁决使社会关系处于稳定的状态，这种依法形成的良好秩序正是法治的理想之所在。与此不同，控诉方只是代表国家向法院提出追诉犯罪的要求，最终如何恢复被犯罪所破坏的社会秩序则要由司法进行裁决。司法对案件有最终的处分权，这是司法的"至上性"。另一方面，在诉讼过程中，审判人员是诉讼的指挥者、程序的控制者，控诉方只是诉讼请求的提出者，最终的决定权掌握在审判人员手中。

第三，审判中立是保障公民基本人权的要求。有权获得中立的审判是公民的基本人权之一。中立是对审判人员最基本的要求，当今世界有诸多国际条约等国际法律文件都将有权获得中立的审判规定为公民的基本人权，并且将审判是否中立作为判断审判是否公正的前提和基础。由一个中立的、自身利益无涉的法官来审理，这是一项保障根本平等的基本人权。公正审判观念的根本要求就是法官应当中立地适用法律，免受任何个人偏见的影响。

思考题：

1. 我国刑事诉讼的模式有哪些基本特征？
2. 什么是惩罚犯罪？什么是保障人权？二者是什么关系？
3. 什么是实体公正？什么是程序公正？二者是什么关系？
4. 诉讼效率与诉讼公正之间是什么关系？
5. 什么是客观真实？什么是法律真实？二者是什么关系？

第五章　刑事诉讼中专门机关和诉讼参与人

　　内容导读　*刑事诉讼离不开相应的司法机关和诉讼参与人。没有司法机关和诉讼参与人就没有刑事诉讼。本章主要介绍了刑事诉讼中的司法机关及其性质、职能和组织体系，以及诉讼参与人的种类及其诉讼权利、义务。*

本章重点：

　　1. 刑事诉讼中的司法机关及其性质、职能和组织体系
　　2. 诉讼参与人的种类及其诉讼权利、义务

本章难点：

　　1. 检察院的组织体系
　　2. 当事人与诉讼参与人的区别

第一节　刑事诉讼中的专门机关

　　刑事诉讼中的专门机关，是指依照法定职权进行刑事诉讼活动，并在诉讼中承担一定职能的国家机关。刑事诉讼中的专门机关主要是指人民法院、人民检察院和公安机关，另外，还包括国家安全机关、军队保卫部门、监狱、海关走私犯罪侦查部门等。

一、公安机关的性质、组织体系与职权

　　1. 公安机关的性质。公安机关是国家的治安保卫机关，是各级人民政府的组成部分。公安机关是武装性质的国家治安行政力量和刑事司法力量，是掌管社会治安和国内安全保卫工作的专门机关。从性质上来看，公安机关与人民检察院和人民法院是不同的。根据《宪法》的规定，人民检察院和人民法院由同级人大及其常委会产生并对其负责，因而属司法机关。公安机关属同级人民政府的一个职能部门，在性质上属行政机关。

　　2. 公安机关的组织体系。

　　（1）我国公安机关实行统一领导、分级管理、条块结合和以块为主的管理体制。

　　1）在中央一级，国务院设立中华人民共和国公安部，负责领导和指挥全国的公安工作，并根据协议与国际刑警组织和国外、境外的警察机构合作，共同打击跨国、跨境的犯罪活动。地方各级公安机关按照行政区划设立。

　　2）在省、自治区、直辖市一级设公安厅（局），领导和管理全省、自治区、直辖市范围内的公安工作。

　　3）在地区、自治州和省辖市设公安处（局）。

　　4）在县、县级市、自治县设公安局。

　　5）在直辖市和中等城市的市辖区设公安分局。

　　6）根据需要，在大中城市各街道办事处和县属的乡、镇设立公安派出所，它们是基层

公安机关的派出工作机构，履行基层公安机关的部分职责，但不是一级公安机关。

（2）公安部和地方公安机关根据工作需要，经国务院批准，可以在一些特殊的部门或单位设立专门公安机关。我国设立的专门公安机关，主要有：

1）在中华人民共和国海关总署设立的海关总署缉私局。

2）在各直属海关设立的缉私局。

3）在铁路、交通、林业、民航等系统设立的公安机关。

3. 公安机关的职权。在刑事诉讼中，公安机关行使的是侦查权，是最主要的侦查机关。除人民法院直接受理的案件和人民检察院、国家安全机关、监狱、军队保卫部门立案侦查的案件以外，绝大部分刑事案件由公安机关进行侦查。在刑事诉讼中，公安机关的主要职权有：

（1）立案权。对于属自己管辖的案件，在认为有犯罪事实发生并且需要追究刑事责任时，公安机关有权决定立案。

（2）侦查权。公安机关是刑事诉讼中的主要侦查机关。在侦查过程中，公安机关有权依法：

1）讯问犯罪嫌疑人。

2）询问证人。

3）有权进行勘验、检查、搜查。

4）有权扣押物证、书证，冻结存款、汇款。

5）组织鉴定和侦查实验、实施通缉。

6）有权对犯罪嫌疑人采取拘传、取保候审、监视居住等强制措施。

7）对现行犯或重大嫌疑分子有权先行拘留。

8）对符合逮捕条件的犯罪嫌疑人有权申请检察机关批准逮捕。

9）对经人民检察院批准逮捕或人民检察院、人民法院决定逮捕的犯罪嫌疑人，有权执行逮捕。

10）对符合法定条件的案件，有权作出侦查终结的决定。

（3）执行权。包括：

1）被判处管制、拘役、剥夺政治权利的罪犯的执行。

2）对于被判处有期徒刑缓刑以及被假释、暂予监外执行的罪犯，执行期间也由公安机关监督。

二、其他侦查机关的职权

其他侦查机关，主要指：国家安全机关、军队保卫部门、监狱和走私犯罪侦查机关。这些侦查机关在各自所参与的刑事诉讼活动中，同人民检察院和人民法院之间分工负责、互相配合、互相制约。国家安全机关、军队保卫部门、监狱、走私犯罪侦查机关在刑事案件的侦查中需要逮捕犯罪嫌疑人时，由相应的检察机关批准；侦查终结后，对犯罪嫌疑人需要提起公诉的，写出起诉意见书连同案卷材料、证据一并移送检察机关审查决定。

1. 国家安全机关。国家安全机关是国家的安全保卫机关，是各级人民政府的组成部分。《刑事诉讼法》第4条规定："国家安全机关依照法律规定，办理危害国家安全的刑事案件，行使与公安机关相同的职权。"

2. 军队保卫部门。军队保卫部门是中国人民解放军的政治安全保卫机关，不是公安机的组成部分，在行政、业务上自成体系，不受公安机关的领导。军队保卫部门的重要任务之一，是负责侦查军队内部发生的刑事案件。军队保卫部门在刑事诉讼中，可以行使宪法和法律规定的公安机关的侦查、拘留、预审和执行逮捕的职权。

3. 监狱。监狱是国家的刑罚执行机关，是实现人民法院的生效裁判，对罪犯进行劳动改造的主要场所。监狱的职权主要有：

（1）刑罚执行权。依据法律有关规定，被判处死刑缓期二年执行、无期徒刑、有期徒刑的罪犯，在监狱内执行刑罚。

（2）监狱内犯罪的侦查权。《刑事诉讼法》第308条第3款规定，对罪犯在监狱内犯罪的案件，由监狱进行侦查。监狱办理刑事案件，也适用《刑事诉讼法》的有关规定。在刑事诉讼过程中，监狱享有公安机关侦查案件的职权，如讯问犯罪嫌疑人、询问证人、勘验、检查、搜查、扣押、鉴定等。侦查终结后，监狱认为应当追究犯罪嫌疑人刑事责任的，写出起诉意见书，连同案卷材料、证据一并移送人民检察院审查起诉。

（3）在罪犯服刑期间，发现在判决时所没有发现的新的罪行，有权移送人民检察院处理。

（4）对罪犯应予监外执行的，有权提出书面意见，报省、自治区、直辖市监狱管理机关批准。

（5）对被判处死缓的罪犯，如果在执行期间没有故意犯罪的，两年后有权提出减刑建议，报省、自治区、直辖市监狱管理机关审核后，报请相应的高级人民法院裁定。

（6）对罪犯在执行期间具备法定的减刑、假释条件的，有权提出减刑或假释建议，报人民法院审核裁定。

（7）在刑罚执行过程中，如果认为判决确有错误或罪犯提出申诉的，有权转交人民检察院或人民法院处理。

4. 走私犯罪侦查机关。为严厉打击走私犯罪活动，1999年1月，经国务院批准，组建了走私犯罪侦查局（公安部24局），设在海关总署，受海关总署和公安部双重领导，以海关总署领导为主。走私犯罪侦查局在广东分署、各直属海关及其分支机构设立了42个走私犯罪侦查分局和116个走私犯罪侦查支局。

2001年，经国务院批准，海关总署广东分署、部分直属海关走私犯罪侦查分局列入所在省、自治区、直辖市公安厅（局）序列。

2002年12月，经国务院办公厅批准，海关总署走私犯罪侦查局更名为海关总署缉私局，各海关走私犯罪侦查分局更名为海关缉私局，各海关走私犯罪侦查支局更名为海关缉私分局。

缉私部门在刑事诉讼中具有以下职权：

（1）在中华人民共和国海关关境内，依法查缉走私犯罪案件。

（2）对走私犯罪案件和走私犯罪嫌疑人依法进行侦查、拘留、执行逮捕和预审工作，对侦查终结的走私犯罪案件移送检察机关审查起诉。

（3）接受和办理地方公安、工商行政管理和烟草专卖等行政执法机关查获移交的走私犯罪案件。

三、人民检察院的性质、组织体系与职权

(一) 主要西方国家的检察制度设置

1. 机构设置。世界各国检察机关的设置主要表现为审检合署制和审检分署制两种形式。所谓"审检合署",是指审判机关和检察机关设置于同一公署之内,一般是检察机关附设于审判机关内。以法、德为代表的大陆法系国家,在检察机关的设置上采取"审检合署"形式。以英、美为代表的英美法系在检察机关的设置上则一般采用"审检分立"形式,检察机关的机构设置与检察职能的行使一样,与审判权实行彻底的分离。

2. 性质界定。检察机关本身不具有司法性(司法性的特点是中立、被动、独立、终局)。检察机关隶属于行政部门,属司法部。多数认为检察官性质上是行政人员,部分认为有双重身份(德国有"站着的法官"之说),部分认为是司法官员。

3. 领导体制。多数检察机关虽隶属行政部门,但业务独立,内部垂直领导。其中联邦制国家区分联邦和地方两套系统,互不隶属。

4. 业务执行。英美法系可聘请私人律师事务所律师(如英国的大律师)代为起诉。大陆法系多可以指挥警察侦查。

英美法系检察制度的发展模式是以个人权利优先保护、以公民权利制约司法权力的价值趋向为轴心。其基本特点有三:其一,检察机关在行使职权时的法律地位与公民权利对等,其诉讼地位受当事人主义的平等原则所支配;其二,检察机关提起公诉的职权受到很大限制,而不起诉的自由裁量权却很大,使检察官有充分的权力实现与当事人的"认罪交易";其三,检察机关的组织体系和职业化建设比较松散,英国直到1986年才建立起统一的检察机构。原因是英国自古以来实行的是弹劾制,没有纠问传统,警察国家不曾出现。

(二) 人民检察院的性质

我国宪法和法律规定,中华人民共和国人民检察院是国家的法律监督机关,是代表国家行使检察权的专门机关。

(三) 人民检察院的组织体系

人民检察院从机构设置上来看,分为最高人民检察院、地方各级人民检察院和各专门人民检察院。

1. 最高人民检察院。最高人民检察院是我国的最高检察机关。其主要职责是:

(1) 领导地方各级人民检察院和专门人民检察院的工作;

(2) 对全国的重大刑事案件行使检察权;

(3) 对各级人民法院已经发生效力的判决和裁定,如果发现确有错误,按照审判监督程序提出抗诉;

(4) 依法对监狱、看守所的活动进行监督;

(5) 依法对刑事诉讼、民事诉讼和行政诉讼实行法律监督;

(6) 对具体应用法律、法令的问题进行解释;

(7) 制定检察工作条例、细则和办法;

(8) 规定各级人民检察院的人员编制。

2. 地方各级人民检察院。

(1) 地方各级人民检察院分为:

1）省、自治区、直辖市人民检察院；

2）省、自治区、直辖市人民检察院分院，自治州和省辖市人民检察院；

3）县、市、自治县和市辖区人民检察院。

其中，省一级人民检察院和县一级人民检察院，根据工作需要，提请本级人民代表大会常务委员会批准，可以在工矿区、农垦区、林区等区域设置人民检察院，作为派出机构。

此外，为适应检察工作的需要，地方各级人民检察院还先后在监狱、劳教所、看守所设立了驻监、驻所检察室，在税务机关设立了税务检察室。

（2）地方各级人民检察院的主要职责是：

1）对本辖区内的重大刑事案件行使检察权；

2）对需要提起公诉的案件进行审查，决定是否提起公诉；

3）依法对刑事诉讼、民事诉讼、行政诉讼实行法律监督。

3. 专门人民检察院。

（1）我国的专门人民检察院包括：

1）铁路运输检察院。铁路检察院包括铁路运输检察院分院和基层铁路运输检察院。

2）中国人民解放军军事检察院。军事检察院是设立在中国人民解放军中的专门法律监督机关，对现役军人实施的违反职责罪和其他刑事案件依法行使检察权。

（2）在领导体制上，我国检察机关实行双重领导体制：

1）各级人民检察院由同级人民代表大会产生，对它负责，受它监督。

2）最高人民检察院领导地方各级人民检察院和专门人民检察院的工作，上级人民检察院领导下级人民检察院的工作，并可以直接参与指挥下级检察院的办案活动。

3）各个人民检察院由检察长统一领导日常工作。

4）各级人民检察院均设立检察委员会，在检察长主持下讨论决定重大疑难案件和其他重大问题。

5）检察委员会的成员由同级人民代表大会常务委员会任免，检察长、副检察长、各职能部门负责人一般都是检察委员会成员。

6）检察委员会实行民主集中制，在讨论决定问题时实行少数服从多数原则；如果检察长不同意多数人的意见，可以报请同级人民代表大会常务委员会决定。

（四）人民检察院的职权

在刑事诉讼中，人民检察院的职权主要有：

1. 立案、侦查权。

（1）人民检察院在对诉讼活动实行法律监督中发现的司法工作人员利用职权实施的非法拘禁、刑讯逼供、非法搜查等侵犯公民权利、损害司法公正的犯罪，可以由人民检察院立案侦查。

（2）对于公安机关管辖的国家机关工作人员利用职权实施的重大犯罪案件，需要由人民检察院直接受理的时候，经省级以上人民检察院决定，可以由人民检察院立案侦查。

（3）在侦查过程中，检察机关享有以下职权：讯问犯罪嫌疑人，询问证人或被害人，进行勘验、检查、搜查，扣押物证和书证，组织鉴定，向有关单位和个人收集和调取物证、书证、视听资料，对犯罪嫌疑人采取拘传、取保候审、监视居住、拘留、逮捕等强制措施，对侦查终结移送起诉的案件进行补充侦查。

2. 公诉权。检察机关是国家唯一的公诉机关，代表国家行使公诉案件的控诉权。在审查起诉阶段，检察机关依法享有以下职权：有权对侦查终结移送起诉的案件进行审查，决定提起公诉或不起诉；对国家财产、集体财产遭受损失的，有权在提起公诉的同时提起附带民事诉讼；在审查起诉时，对于需要补充侦查的案件，有权决定自行侦查或退回补充侦查。

在审判阶段，检察机关依法享有以下权利：派员出席法庭支持公诉，讯问被告人，向证人、鉴定人发问，宣读未到庭证人的证言笔录、鉴定人的鉴定意见、勘验笔录和其他作为证据的文书，向法庭出示物证，参加法庭辩论。

3. 诉讼监督权。

（1）对公安机关不立案的决定认为有错误的，有权监督公安机关立案。

（2）对公安机关、国家安全机关、军队保卫部门、监狱、海关走私犯罪侦查机关要求逮捕犯罪嫌疑人的申请进行审查，决定是否批准逮捕。

（3）有权对侦查机关的侦查活动是否合法实行监督，如果发现有违法情况，有权通知予以纠正。

（4）对审判过程中的违法情形提出纠正意见。

（5）对人民法院确有错误的裁判，依照法定程序提出抗诉；在执行阶段，有权对判决、裁定的执行活动实行监督。

（五）检警关系的两大模式

纵览当今世界各国的检警关系，主要存在两种具有影响力的模式：英美法系的"检警分立"模式和大陆法系的"检警一体"模式。

1. 检警分立模式。检警分立模式，是指检察机关行使起诉权，而警察机关则主要负责案件的侦查工作，两机关相互独立、各司其职，但对提起控诉的案件也进行着必要的配合，来一同完成诉讼工作。英美法系检警分立模式的基础是将检察机关视为公众的代表，而不是国家或者政府的代表。所以，在英美等国家，侦查权与起诉（控诉）权是相对独立的，两机关在具体工作中也是相互分立的。对犯罪侦查工作一般是由警察机关负责，检察机关虽有特殊的侦查权，但一般也不会直接行使。

英国作为检警分立模式的典型，其检察机关——英国皇家检控署的产生就是为了摆脱警察机关对控诉权的占有，其并不直接参与侦查工作。在一般的情况下，英国的警察机关会独立地完成大部分的侦查工作，检控署也不会随意地进行干涉。而美国的检警关系则是检警分离与起诉垄断主义模式的结合体，其大部分案件的侦查活动，由联邦调查局和州警察来完成。但与英国明显不同的是，美国的刑事诉讼法赋予了检察机关特殊的侦查权、侦查建议和引导权等权利。在大多数案件中，美国的检察官并不亲自去侦查，而是对警察的侦查工作担负着一种监督和建议，而且在某种范围内，还赋有一定的强制力。随着两大法系的不断发展和交流，采用检警分立模式的国家，为了达到打击追诉犯罪的共同目标，在其检警之间业务工作方面也逐渐形成了一种建议与合作的关系。检察机关会在侦查方向、证据收集等方面给予警察必要的法律解析与指导。

2. 检警一体模式。检警一体，是指检察官在侦查和起诉环节居于主导地位，其有权直接侦查犯罪或者领导指挥警察进行侦查活动。在侦查环节中，检察机关对于刑事案件，可以命令、指挥警察进行侦查，也可以自己侦查，是整个侦查活动中的主宰，因此，检察机关在诉讼中也就当然地拥有侦查指挥权。另外，大陆法系国家在检警关系权力配置方面，还对检察机关的权力行使规定了相应的强制性保障，以便其更好地实施侦查和起诉的权力。

德国的刑事诉讼法典中明确规定检警之间"检主警辅"的关系，检察机关掌控着整个侦查环节，警察机关只是侦查程序中的附属机关，其法律中规定的侦查机关是检察院，它的侦查权力受检察机关的限制，检察机关在侦查环节中处于指挥的位置。德国的刑事诉讼法赋予了检察机关自行侦查权，没有赋予警察机关独立的侦查权力，且其侦查的权力也是有限的。但在实践中，两者也存在着法律规定和实际运用的冲突与矛盾，警察在很多时候可以自己决定侦查，并将侦查结果报送检察机关。

在法国的刑事侦查活动中，其检警一体的原则贯通于整个刑事诉讼程序，检察官和警察共同承担着从立案、侦查、起诉直到审判的控诉职能。检察官在侦控程序中处于主宰的地位，立案、侦查和审查起诉三个诉讼程序紧密地连接在一起，融合成为一个整体。审前的三个诉讼环节，都在为法庭审理阶段的指控职能做着充分的准备。检察官和警察在审前诉讼程序中，肩负着共同的目标任务——追求控诉的完整和成功。因此，两者之间的利益紧密结合，在共同职责和目标的驱使下，权力与责任就这样无形地统一起来。

3. 我国检警关系的结构特点。我国的政治制度不同于西方，宏观上，我国采用的是人民代表大会制度，不同于西方的选举和议会政治，检察院的地位要优于西方的检察机关。检察院与法院相互独立，并都向人大负责。根据宪法和刑事诉讼法的相关法律规定，我国的检察机关是法律监督机关，因此，我国检警关系是一种监督与被监督的关系且相互制约，这是我国检警关系的特色与核心。微观上，分工合作、相互制约，兼具当事人主义和职权主义的双重特点。中华人民共和国成立之初，我国借鉴了苏联的刑事司法体制，由此具备了大陆法系模式的一些基本框架。在之后改革开放的三十多年里，我国司法制度的改革又着重吸收和借鉴了英美法系的相关制度设置。因此，我国现行的检警关系不同于其他任何一个国家，具有"兼容性"与"混合性"的特点。

四、人民法院的性质、组织体系与职权

（一）人民法院的性质

人民法院是国家的审判机关。《刑事诉讼法》第 3 条规定，审判由人民法院负责。第 12 条规定，未经人民法院依法判决，对任何人都不得确定有罪。可见，人民法院是刑事诉讼中唯一有权审理和判决有罪的专门机关。

（二）人民法院的职权

人民法院的职权可以分为审判权以及为保障审判权的实施而享有的其他职权两类。人民法院的审判权主要包括：

1. 直接受理自诉案件，并根据案件的具体情况作出处理，或者决定开庭审判，或者说服自诉人撤回自诉，或者裁定驳回自诉。

2. 有权对人民检察院提起公诉的案件进行审查，对符合起诉条件的案件开庭审判。

3. 有权根据事实和法律对被告人作出有罪或者无罪、罪重或者罪轻、处罚或者免刑的判决。

4. 有权对诉讼程序问题和部分实体问题作出裁定或者决定。

5. 人民法院为保障审判权的实施而享有的其他职权主要包括：

（1）对被告人决定逮捕和采取拘传、取保候审、监视居住等强制措施。

（2）在法庭审理过程中，对证据进行调查核实，必要时可以进行勘验、检查、扣押、鉴定和查询、冻结。

（3）对违反法庭秩序的诉讼参与人和旁听人员进行必要的处罚。

（4）收缴和处理赃款赃物及其孳息，执行某些判决和裁定，并对执行中的某些问题进行审核、裁决。

（5）向有关单位提出司法建议。

（三）人民法院的组织体系

根据《人民法院组织法》的规定，我国人民法院由最高人民法院、地方各级人民法院和专门人民法院构成。

1. 最高人民法院。最高人民法院是国家的最高审判机关。

（1）最高人民法院监督地方各级人民法院和专门人民法院的审判工作。

（2）审判法律、法令规定由它管辖的和它认为应由自己审判的第一审案件。

（3）对高级人民法院、专门人民法院判决和裁定的上诉案件和抗诉案件、最高人民检察院按照审判监督程序提起再审的案件进行审判。

（4）对于在审判过程中如何具体适用法律、法规的问题，进行解释。

2. 地方各级人民法院。地方各级人民法院分为省、自治区、直辖市高级人民法院，中级人民法院和基层人民法院。

（1）省、自治区、直辖市高级人民法院，高级人民法院审判下列案件：法律、法令规定由它管辖的第一审案件，下级人民法院移送审判的第一审案件，对下级人民法院判决和裁定的上诉案件和抗诉案件以及按照审判监督程序提起的再审案件。

（2）中级人民法院，包括在省、自治区内按地区设立的中级人民法院，在直辖市内设立的中级人民法院，省、自治区所辖市的中级人民法院，以及自治州中级人民法院。中级人民法院审判法律、法规规定由它管辖的第一审案件、基层人民法院移送审判的第一审案件、对基层人民法院判决和裁定的上诉案件和抗诉案件，以及按照审判监督程序提起的再审案件。

（3）基层人民法院，包括县人民法院和市人民法院、自治县人民法院、市辖区人民法院。基层人民法院审判第一审案件，但是法律、法规另有规定的除外。

3. 专门人民法院。我国目前建立的专门法院有军事法院、铁路运输法院和海事法院。其中海事法院没有刑事案件审判权。

（四）上、下级人民法院之间的关系

上、下级人民法院之间是监督与被监督的关系。上级人民法院监督下级人民法院的审判工作，最高人民法院监督地方各级人民法院和专门人民法院的审判工作。人民法院的监督不是通过对具体案件的指导而实现的，各级人民法院依照职权独立地进行审判，上级人民法院不应对下级人民法院正在审理的案件作出决定，指令下级人民法院执行。下级人民法院也不应将案件在判决之前报送上级人民法院，请求审查批示。上级人民法院应当通过二审程序、审判监督程序、死刑复核程序来实现对下级人民法院审判工作的具体监督。这种审判监督表现在以下方面：

（1）通过第二审程序审查下级人民法院未发生法律效力的一审裁判认定事实是否清楚，适用法律是否正确，诉讼程序是否合法，如有错误则按法定程序予以纠正。

（2）通过审判监督程序纠正下级人民法院已发生法律效力的确有错误的裁判。

（3）最高人民法院和高级人民法院通过死刑复核程序对下级人民法院审判的死刑案件实行监督。

（4）最高人民法院通过依法解释法律、法规等方法，指导、监督各级人民法院的审判工作。

（5）通过检查工作、总结经验，发现问题，对下级人民法院的审判工作实施监督和指导。

【经典例题】国家机关工作人员高某与某军事部门有业务往来。一日，高某到该部门洽谈工作，趁有关人员临时离开将一部照相机窃走。该照相机中有涉及军事机密的照片。关于本案，负责立案侦查的是下列哪一机关？（　　　　）[1]

A. 公安机关

B. 检察机关

C. 国家安全机关

D. 军队保卫部门

（五）人民法院的审判组织

审判组织是指人民法院审判案件的具体组织形式。我国的刑事审判组织包括独任庭、合议庭和审判委员会三种。

1. 独任庭。独任庭是指由审判员一人独任审判案件的审判组织。独任制仅适用于基层人民法院采用简易程序、速裁程序审理的刑事案件。

2. 合议庭。

（1）基层和中级人民法院审理第一审案件，审判员3人或者由审判员和人民陪审员共3人。

（2）高级和最高人民法院审理第一审案件，审判员3人至7人或者由审判员和人民陪审员共3人至7人。

（3）人民法院审理上诉和抗诉案件，审判员3人至5人。

（4）最高人民法院复核死刑案件，高级人民法院复核死刑缓期执行的案件，审判员3人。

（5）按照审判监督程序重新审判的案件的审判组织，根据具体情形，依第一审或第二审程序的有关规定另行组成相应的合议庭。

3. 审判委员会。对于疑难、复杂、重大的案件，合议庭认为难以作出决定的，由合议庭提请院长决定提交审判委员会讨论决定。

根据《人民法院组织法》第43、42条的规定，地方各级人民法院审判委员会委员，由院长提请本级人民代表大会常务委员会任免；最高人民法院审判委员会委员，由最高人民法院院长提请全国人民代表大会常务委员会任免。根据《人民法院组织法》第37条的规定，审判委员会的职能在于总结审判工作经验，讨论决定重大、疑难、复杂案件的法律适用，实践中后者成为审判委员会的主要职能。根据2018年《刑事诉讼法》第185条的规定，对于疑难、复杂、重大的案件，合议庭认为难以作出决定的，由合议庭提请院长决定提交审判委员会讨论决定。据此，审判委员会不能主动干预合议庭对个案的审判，而只能由合议庭自行提请院长提交审判委员会讨论后，方得对个案作出决定，但审判委员会一旦作出决定，则合议庭必须执行。这表明，审判委员会与合议庭之间是一种类行政化的上下级关系，对于审判

---

[1]　答案：D

委员会作出的决定，合议庭不得再有异议，唯有不折不扣执行一途。审判委员会评议案件采用会议的方式，各级人民法院审判委员会会议由院长主持，本级人民检察院检察长可以列席（可发表意见但不得参与表决）。审判委员会讨论案件的情况和决定应当记入笔录，并由参加讨论的审判委员会委员签名。

（1）缺陷。其一，造成审和判的分离，审者不判，判者不审，使庭审流于形式。而审判委员会的决定也未必比合议庭更准确。一些委员的水平不够。其二，暗箱操作的讨论形式，剥夺了当事人参与裁判制作过程的机会，使审判公开原则、直接言词原则、辩论原则、回避原则等名存实亡。其三，成为某些审判人员推卸责任的途径。错案追究制度。其四，审判委员会的集体负责制，不利于职权和责任的统一，某种程度上造成集体不负责任。其五，给外界干预提供了便利通道。

（2）存在价值。从审判工作现实需求看，审判委员会在疑难重大案件讨论、审判管理等方面，发挥着不可替代的作用。试想，面对当前法院涌现的重大、疑难、复杂案件和信访管理、责任追究等机制，承办法官、合议庭乃至庭长、分管副院长考虑到个人知识、素养、能力、技巧等方面的发展，甚至说裁判风险，不可能个人决断，都希望有一个支持平台，审判委员会讨论案件，恰恰满足了这一需求。

与此同时，总结审判经验、讨论其他审判工作问题也是审判委员会的基本职能，总结审判经验、讨论审判问题应当立足于案件审判。从法院审判委员会组成现状来看，审判委员会委员一般不直接参与案件的审理，如果取消裁判案件功能，则相当于截断了审判委员会委员了解审判、参与审判的基本渠道。审判委员会委员没有了汲取案件审判"营养"的渠道，其总结审判经验、讨论审判工作职能，形同无本之木。

（六）人民陪审员制度

很多国家都建立了吸收普通公民参加刑事审判的制度。具体说来，主要有两种模式。一种是英美法系的陪审制，其特点是，由随机挑选的一定数量的公民（一般为12人）组成陪审团，根据法庭出示的证据对被告人是否有罪这一事实问题作出裁决，另由一名职业法官主持法庭审判，对证据的可采性问题作出认定决定，向陪审团解释有关的法律；如果陪审团认定被告人有罪，法官应独立地决定被告人应被判处的刑罚。另一种是大陆法系的"参审制"，专业法官和普通公民一起参与审判，除不得担任审判长外，普通公民同法官有同等权利，共同决定案件的事实和法律问题，不存在陪审制中陪审团负责事实认定问题、法官负责法律适用问题的分工。

吸收普通公民参与刑事审判具有重要的意义。首先，这有利于实现司法民主，实现对国家权力的制约。刑罚权的实施关系到公民的财产、自由，甚至生命的剥夺。在和平时期，没有什么国家权力比这一权力更具有暴力性，更可能对公民权利造成严重侵害，以至于不能让国家公职人员单独行使。其次，长期司法实践的经验，使职业法官往往形成很多难以克服的职业偏见和思维定势，这有时会对准确认定事实构成障碍。另外，在社会背景、职业、教育程度、生活经历、种族、道德观念、个人观点等方面，陪审团也比法官更接近于普通人。这使得他们与法官相比，更容易理解和判断证人的可信性，更能正确判断诸如过失或者重大过失等问题。最后，普通公民参与刑事审判，还有利于将公众良知灌注于司法活动，以普通人的见解对专业人员形成一种制约，使司法能够有效地反映社会的价值倾向，不至于脱离社会普遍认可的价值准则和行为标准，从而防止司法出现背离社会需求的偏颇和执拗，增强司法的公众认同，提高司法的权威。

　　根据我国《刑事诉讼法》第 183 条的规定，基层人民法院、中级人民法院审判第一审案件，应当由审判员 3 人或者由审判员和人民陪审员共 3 人或者 7 人组成合议庭进行，但是基层人民法院适用简易程序、速裁程序的案件可以由审判员一人独任审判。高级人民法院审判第一审案件，应当由审判员 3 人至 7 人或者由审判员和人民陪审员共 3 人或者 7 人组成合议庭进行。最高人民法院审判第一审案件，应当由审判员 3 人至 7 人组成合议庭进行。人民陪审员在人民法院执行职务，同审判员有同等的权利。这一在我国被称为"人民陪审员制度"的制度，就其性质而言，显然是"参审制"。

　　为了完善人民陪审员制度，保障公民依法参加审判活动，促进司法公正，2018 年 4 月 27 日第十三届全国人民代表大会常务委员会第二次会议通过了《中华人民共和国人民陪审员法》。该法对人民陪审员的任职条件、任免程序、审理案件的范围、权利和义务、任职保障等各方面都作出了比较明确的规定。下面我们简要介绍一下该法的内容：

　　1. 任职条件。公民担任人民陪审员，应当具备下列条件：①拥护中华人民共和国宪法；②年满 28 周岁；③遵纪守法、品行良好、公道正派；④具有正常履行职责的身体条件。担任人民陪审员，一般应当具有大学专科以上文化程度。人民代表大会常务委员会的组成人员，人民法院、人民检察院、公安机关、国家安全机关、司法行政机关的工作人员、执业律师等人员，因犯罪受过刑事处罚的人员和被开除公职的人员不得担任人民陪审员。

　　2. 任免程序。人民陪审员的名额，由基层人民法院根据审判案件的需要，提请同级人民代表大会常务委员会确定。符合担任人民陪审员条件的公民，可以由其所在单位或者户籍所在地的基层组织向基层人民法院推荐，或者本人提出申请，由基层人民法院会同同级人民政府司法行政机关进行审查，并由基层人民法院院长提出人民陪审员人选，提请同级人民代表大会常务委员会任命。人民陪审员的任期为 5 年。

　　人民陪审员有下列情形之一，经所在基层人民法院会同同级人民政府司法行政机关查证属实的，应当由基层人民法院院长提请同级人民代表大会常务委员会免除其人民陪审员职务：①本人因正当理由申请辞去人民陪审员职务的；②无正当理由，拒绝参加审判活动，影响审判工作正常进行的；③经查证是下列人员之一的：人民代表大会常务委员会的组成人员，监察委员会、人民法院、人民检察院、公安机关、国家安全机关、司法行政机关的工作人员，执业律师、公证员、仲裁员、甚至法律服务工作者，因犯罪受过刑事处罚的人员，被开除公职的人员，被吊销律师、公证员执业证书的人员，被纳入失信被执行人名单的人员，因受惩戒被免除人民陪审员职务的人员；④违反与审判工作有关的法律及相关规定，徇私舞弊，造成错误裁判或者其他严重后果的。

　　3. 审理案件的范围。人民法院审判下列第一审案件，由人民陪审员和法官组成三人合议庭进行，也可以由法官三人与人民陪审员四人组成七人合议庭进行。

　　由人民陪审员与法官组成合议庭进行审判的一审案件包括：涉及群体利益、公共利益的；人民群众广泛关注或者其他社会影响较大的；案情复杂或者有其他情形，需要由人民陪审员参加审判的。

　　由人民陪审员和法官组成七人合议庭进行审判的一审案件包括：可能判处十年以上有期徒刑、无期徒刑、死刑、社会影响重大的刑事案件；根据民事诉讼法、行政诉讼法提起的公益诉讼案件；涉及土地拆迁、生态环境保护、食品药品安全、社会影响较大的案件；其他社会影响较大的案件。

　　4. 权利和义务。基层人民法院审判案件依法应当由人民陪审员参加合议庭审判的，应当在人民陪审员名单中随机抽取确定。中级人民法院、高级人民法院审判案件依法应当由人民陪审员参加合议庭审判的，在其所在城市的基层人民法院的人民陪审员名单中随机抽取确定。

人民陪审员依法参加人民法院的审判活动，除不得担任审判长外，同法官有同等权利，对事实认定、法律适用独立行使表决权。合议庭评议案件时，实行少数服从多数的原则。人民陪审员同合议庭其他组成人员意见分歧的，应当将其意见写入笔录，必要时，人民陪审员可以要求合议庭将案件提请院长决定是否提交审判委员会讨论决定。

人民陪审员参加审判活动，应当遵守法官履行职责的规定，保守审判秘密、注重司法礼仪、维护司法形象。

5. 任职保障。人民法院应当依法保障人民陪审员参加审判活动。人民陪审员所在单位或者户籍所在地的基层组织应当保障人民陪审员依法参加审判活动。

人民陪审员因参加审判活动而支出的交通、就餐等费用，由人民法院给予补助。有工作单位的人民陪审员参加审判活动期间，所在单位不得克扣或者变相克扣其工资、奖金及其他福利待遇。无固定收入的人民陪审员参加审判活动期间，由人民法院参照当地职工上年度平均货币工资水平，按实际工作日给予补助。人民陪审员因参加审判活动应当享受的补助，人民法院和司法行政机关为实施陪审制度所必需的开支，列入人民法院和司法行政机关业务经费，由同级政府财政予以保障。

第二节　诉讼参与人

一、诉讼参与人概述

（一）诉讼参与人的概念与种类

1. 概念。诉讼参与人是指在刑事诉讼过程中享有一定诉讼权利，承担一定诉讼义务的除国家专门机关工作人员以外的人。诉讼参与人通过行使诉讼权利、承担诉讼义务，对刑事诉讼的进程和结局发挥着不同程度的作用，保证刑事诉讼活动得以顺利地进行。

2. 诉讼参与人的种类，共有七种：

（1）当事人；

（2）法定代理人；

（3）诉讼代理人；

（4）辩护人；

（5）证人；

（6）鉴定人；

（7）翻译人员。

（二）诉讼参与人的分类

诉讼参与人一般可分为两大类：当事人和其他诉讼参与人。

1. 当事人。

（1）当事人是指与案件的结局有着直接利害关系，对刑事诉讼进程发挥着较大影响作用的诉讼参与人。根据刑事诉讼法的规定，"当事人"是指被害人、自诉人、犯罪嫌疑人、被告人、附带民事诉讼的原告人和被告人。

（2）诉讼参与人要成为当事人必须同时具备两项条件：

第一，与案件的最终结局有直接的利害关系。这是实体条件。当事人的合法权益可能会受到刑事诉讼活动过程和结局的直接影响。这种影响既可以是有利影响，也可以是不利影响；这种合法权益可以是人的自由、财产、隐私，也可以是人的生命。

第二，当事人必须在诉讼中拥有较广泛的诉讼权利，并能对诉讼过程和诉讼结局发挥比其他诉讼参与人更大的影响。这是程序条件。

需要注意的是，在公诉案件中，公诉人虽然处于控诉地位，承担控诉职能，但公诉人不是当事人。公诉人参加刑事诉讼，不仅在于追究犯罪，而且还在于监督司法，执行法律监督职能。一般而言，当事人的诉讼活动对诉讼的启动、进展和终结起着关键的推动作用。

（3）当事人享有的诉讼权利。通常而言，当事人享有广泛的诉讼权利，如用本民族语言文字进行诉讼；在具有法定理由时申请侦查人员、检察人员、审判人员或者书记员、鉴定人、翻译人员回避，对于驳回申请回避的决定，有权申请复议一次；对于侦查人员、检察人员、审判人员侵犯其诉讼权利或者对其人身进行侮辱的行为，有权提出控告；有权参加法庭调查和法庭辩论，向证人发问并质证，辨认物证和其他证据，并就证据发表意见，申请通知新的证人到庭和调取新的物证，申请重新勘验或者鉴定，互相辩论等；对已经发生法律效力的判决、裁定不服的，向人民法院或者人民检察院提出申诉。

2. 其他诉讼参与人。是指除公安司法人员以及当事人之外，参与诉讼活动并在诉讼中享有一定的诉讼权利、承担一定的诉讼义务的人。根据《刑事诉讼法》第108条的规定，其他诉讼参与人是指：

（1）法定代理人；

（2）诉讼代理人；

（3）辩护人；

（4）证人；

（5）鉴定人；

（6）翻译人员。

其他诉讼参与人与诉讼结局并无直接利害关系，其参加刑事诉讼不是为了保护自己的实体权利，而是在某一环节或者某一方面协助刑事诉讼的进行。其他诉讼参与人的诉讼行为并不能启动诉讼程序或者对诉讼进程产生直接影响。

二、被害人

（一）被害人的概念与特点

1. 广义的被害人是指人身、财产或者其他权益遭受犯罪行为直接侵害的人。广义的被害人包括以下两种：

（1）在自诉案件中提起刑事诉讼的被害人，被称为自诉人。

（2）在刑事诉讼中，由于被告人的犯罪行为而遭受物质损失的被害人，有权提起附带民事诉讼，称为附带民事诉讼原告人。

2. 作为当事人之一的被害人，即本节所讨论的被害人，是指在人民检察院代表国家提起公诉的刑事案件中，以个人身份参与诉讼，并与人民检察院共同行使控诉职能的人。作为当事人之一的被害人，具有以下特点：

（1）被害人作为遭受犯罪行为侵害的人，与案件结局有着直接的利害关系。他不仅具有获得经济赔偿或补偿的愿望，而且更有着使对其实施侵害的犯罪人受到法律上的谴责、惩罚的要求。

（2）被害人通常是了解案件情况的人，其陈述本身是法定的证据来源之一。被害人有义务接受侦查人员、检察人员、审判人员的传唤，到场或出庭提供有关案件事实的陈述，并接受各方的询问和质证。

（3）被害人既有权要求公安司法机关追究犯罪和惩罚犯罪，也有权要求经济赔偿，全面维护其人身、财产和民主权利。

（4）被害人作为诉讼当事人，与犯罪嫌疑人、被告人居于大致相同的诉讼地位，享有与犯罪嫌疑人、被告人大致相同的诉讼权利。但是，由于公诉案件的起诉权和抗诉权由检察机关行使，被害人不享有公诉案件的起诉权和抗诉权。

（二）被害人的诉讼权利、诉讼义务

1. 被害人在刑事诉讼中除享有诉讼参与人共有的诉讼权利以外，还享有以下诉讼权利：

（1）对侵犯其合法权利的犯罪嫌疑人、被告人，有权向公安机关、人民检察院或者人民法院报案或者控告，要求公安司法机关依法追究犯罪、查获犯罪、惩罚犯罪，保护其合法权利。

（2）对公安机关应当立案而不立案的，有权向人民检察院提出意见，请求人民检察院责令公安机关向检察机关说明不立案的理由。人民检察院应当要求公安机关说明不立案的理由。人民检察院认为其理由不能成立的，应当通知公安机关立案，公安机关则应当立案。

（3）自刑事案件移送审查起诉之日起，有权委托诉讼代理人。

（4）对人民检察院作出的不起诉决定不服的，有权向上一级人民检察院提出申诉。

（5）如有证据证明公安机关、人民检察院对于侵犯其人身权利、财产权利的行为应当追究刑事责任而不予追究的，有权直接向人民法院起诉。

（6）不服地方各级人民法院的第一审判决的，有权请求人民检察院抗诉。

（7）不服地方各级人民法院的生效裁判的，有权提出申诉。

2. 在刑事诉讼中，被害人的诉讼义务主要有：

（1）如实向公安机关、人民检察院、人民法院及其工作人员作出陈述，如果故意捏造事实，提供虚假陈述，情节严重的，应当承担法律责任。

（2）接受公安司法机关的传唤，按时出席法庭参加审判。

（3）遵守法庭纪律，回答提问并接受询问和调查。

【经典例题】1. 高某系一抢劫案的被害人。关于高某的诉讼权利，下列哪些选项是正确的？（　　）[1]

A. 有权要求不公开自己的姓名和报案行为

B. 如公安机关不立案，有权要求告知不立案的原因

C. 作为证据使用的鉴定意见，经申请可以补充或者重新鉴定

D. 如检察院作出不起诉决定，也可以直接向法院提起自诉

---

[1] 答案：ABCD

2. 关于被害人在法庭审理中的诉讼权利，下列哪一选项是错误的？（　　）〔1〕

A. 有权委托诉讼代理人

B. 有权申请回避

C. 无权参与刑事部分的法庭调查和辩论，只能参加附带民事诉讼部分的审理活动

D. 对刑事判决部分不能提起上诉

3. 甲涉嫌过失致人重伤。在审查起诉阶段，检察院认为证据不足，遂作出不起诉决定。如果被害人对不起诉决定不服，依法可以采取下列哪些诉讼行为？（　　）〔2〕

A. 可以向上一级检察院提起申诉

B. 可以直接向法院起诉

C. 向法院起诉后，可以与被告人自行和解

D. 向法院起诉后，可以请求法院调解

三、自诉人

（一）自诉人的概念和特点

1. 自诉人的概念。自诉人是指在自诉案件中，以自己的名义直接向人民法院提起诉讼的人。自诉人相当于自诉案件的原告，通常是该案件的被害人。

2. 自诉人的特点。自诉人主要具有以下特点：

（1）启动自诉程序。没有自诉人的告诉，就没有刑事自诉案件的审判。

（2）只有在自诉案件中，才存在自诉人。公诉案件中向公安司法机关控告和报案的被害人不属自诉人，无权直接启动审判程序。

（3）自诉人在诉讼中承担控诉职能，其诉讼地位相当于原告。如果自诉案件中的被告人提出反诉的，则具有双重身份。在其自行提起的自诉中是自诉人，行使控诉职能，在反诉中是被告人，行使辩护职能。

（二）自诉人的诉讼权利、诉讼义务

1. 自诉人在刑事自诉案件中的主要诉讼权利有：

（1）提起自诉权。自诉人有权直接向人民法院提起自诉。

（2）委托诉讼代理权。自诉人有权随时委托诉讼代理人。

（3）和解、撤诉、调解权。在告诉才处理的案件和被害人有证据证明的轻微刑事案件中，在人民法院宣告判决前，自诉人有权同被告人自行和解或者撤回自诉，并有权在人民法院的主持下与被告人达成调解协议。

（4）程序参与权。自诉人有权参加法庭调查和法庭辩论，申请审判人员以及书记员、鉴定人、翻译人员回避。

（5）申请法院调查取证权。人民法院受理自诉案件后，对于因为客观原因不能取得并提供的有关证据，自诉人有权申请人民法院调查取证。人民法院认为必要的，可以依法调取。

（6）上诉权。自诉人有权对第一审人民法院尚未发生法律效力的判决、裁定提出上诉。

（7）申诉权。自诉人有权对人民法院已经发生法律效力的判决、裁定提出申诉。

---

〔1〕 答案：C

〔2〕 答案：ABC

2. 自诉人的主要诉讼义务是：

（1）承担举证责任。自诉人对自己的主张和请求应当提供证据证明，这是自诉人最主要的诉讼义务。人民法院已经立案的自诉案件，经审查缺乏证据的，自诉人应当补充证据。如果自诉人提不出补充证据，人民法院将说服自诉人撤回自诉，经说服不予撤诉的，人民法院将裁定驳回自诉。自诉人经说服撤回自诉或者人民法院裁定驳回起诉后，如果能够提出新的足以证明被告人有罪的证据，则可以再次提起自诉。

（2）不得捏造事实诬告陷害他人或者伪造证据，否则应当承担法律责任。

（3）按时出席法庭审判。自诉人经两次依法传唤，无正当理由拒不到庭的，或者未经法庭许可中途退庭的，人民法院将按照撤诉处理。

（4）遵守法庭纪律，听从审判人员的指挥。

【经典例题】 王某与张某发生口角，王某一怒之下顺手将李某放在桌子上的手机打向张某，致张某轻伤。请回答以下问题：

1. 对由王某造成的伤害，张某依法享有的诉讼权利是（ ）。[1]

A. 向法院提起自诉

B. 向公安机关控告

C. 向检察院控告

D. 提起附带民事诉讼

2. 李某享有的诉讼权利是（ ）。[2]

A. 就王某给自己造成的损失提起民事诉讼

B. 就王某给自己造成的损失提起附带民事诉讼

C. 就王某的犯罪行为向公安机关举报

D. 就王某的犯罪行为向法院提出自诉

3. 如张某提起自诉，对本案刑事部分判决有权上诉的是（ ）。[3]

A. 王某

B. 张某

C. 李某

D. 提起公诉的检察院

四、犯罪嫌疑人、被告人

（一）犯罪嫌疑人、被告人的概念

"犯罪嫌疑人"和"被告人"是对因涉嫌犯罪而受到刑事追诉的人的两种称谓。公诉案件中，被追诉者在检察机关向法院提起公诉以前，称为"犯罪嫌疑人"，在检察机关向法院提起公诉以后，则称为"被告人"。自诉案件中，自诉人向法院提起自诉后，被追诉人称为"被告人"。

---

〔1〕 答案：ABCD

〔2〕 答案：BC

〔3〕 答案：AB

（二）犯罪嫌疑人、被告人的诉讼地位

1. 犯罪嫌疑人、被告人是辩护权主体，居于当事人的地位。也就是说，犯罪嫌疑人、被告人不是被动地接受传讯、追诉和审判，消极地等待国家专门机关处理的客体，而是可通过积极主动的防御活动与追诉一方展开对抗，并对裁判活动施加积极影响的诉讼主体。

2. 犯罪嫌疑人、被告人与案件结局有着直接利害关系，是刑事诉讼的被追诉者。国家追诉机关发动刑事诉讼的直接目的是通过对犯罪嫌疑人、被告人实施追诉，使那些在法律上构成犯罪的人被定罪、判刑。作为被追诉者，犯罪嫌疑人、被告人在一定程度上负有接受公、检、法机关的强制性措施、协助国家专门机关顺利进行刑事诉讼的义务。例如承受逮捕、拘留、拘传等强制措施，接受讯问、搜查、扣押等调查措施，接受传唤，按时出庭接受审判，等等。

3. 犯罪嫌疑人、被告人还是重要的证据来源，犯罪嫌疑人、被告人供述和辩解是法定的证据种类。法律严禁以刑讯逼供和以威胁、引诱、欺骗以及其他非法方法收集证据，以确保犯罪嫌疑人、被告人的供述出于自愿。

（三）犯罪嫌疑人、被告人的诉讼权利、诉讼义务

1. 刑事诉讼中犯罪嫌疑人、被告人享有广泛的诉讼权利。这些诉讼权利按其性质和作用的不同，可分为防御性权利和救济性权利两种。

（1）犯罪嫌疑人、被告人享有许多防御性权利。所谓防御性权利，是指犯罪嫌疑人、被告人为对抗追诉方的指控、抵消其控诉效果所享有的诉讼权利。主要有：

1）有权使用本民族语言文字进行诉讼。

2）辩护权。犯罪嫌疑人、被告人有权自行或在辩护人协助下获得辩护。在公诉案件中，自案件移送审查起诉之日起，有权委托辩护人；在自诉案件中，有权随时委托辩护人；自侦查机关第一次讯问或者采取强制措施之日起，有权聘请律师提供法律咨询、代理申诉和控告，代为申请取保候审等；有权在法定条件下获得法院为其指定的辩护人的法律帮助；有权拒绝辩护人继续为其辩护，也有权另行委托辩护人辩护。

3）拒绝回答权。犯罪嫌疑人有权拒绝回答侦查人员提出的与本案无关的问题。

4）被告人有权在开庭前 10 日内收到起诉书副本。

5）参加法庭调查权。被告人有权参加法庭调查，就检察机关指控的犯罪事实发表陈述，向证人、鉴定人发问，辨认、鉴别物证，质证未到庭的证人的证言笔录、鉴定人的鉴定意见、勘验检查笔录和其他证据文书，并就上述书面证据发表意见；有权申请通知新的证人到庭，调取新的物证，申请重新鉴定或者勘验。

6）参加法庭辩论权。被告人有权参加法庭辩论，对事实的认定和法律的适用发表意见，并且可以与控诉方展开辩论。

7）最后陈述权。被告人有权向法庭作最后陈述。

8）反诉权。自诉案件的被告人有权对自诉人提出反诉。

（2）犯罪嫌疑人、被告人还享有很多的救济性权利。所谓救济性权利，是指犯罪嫌疑人、被告人对国家专门机关所作的对其不利的行为、决定或裁判，要求另一专门机关予以审查并作出改变或撤销的诉讼权利。主要包括：

1）申请复议权。犯罪嫌疑人、被告人有权申请侦查人员、检察人员、审判人员、书记员、鉴定人、翻译人员回避，对驳回申请回避的决定不服的，有权申请复议。

2）控告权。犯罪嫌疑人、被告人对审判人员、检察人员和侦查人员侵犯公民诉讼权利和有人身侮辱的行为，有权提出控告。

3）申请变更强制措施权。犯罪嫌疑人、被告人被羁押的，有权申请取保候审；对于人民法院、人民检察院和公安机关采取强制措施超过法定期限的，有权要求解除强制措施。

4）申诉权。对于人民检察院依照《刑事诉讼法》第177条第2款的规定作出的不起诉决定，有权向人民检察院申诉；对各级人民法院已经发生法律效力的判决、裁定，有权向人民法院、人民检察院提出申诉，申诉符合法定条件的，人民法院应当重新审判。

5）上诉权。对地方各级人民法院的第一审的判决、裁定，有权用书状或者口头向上一级人民法院上诉，从而引起第二审程序的开始。

（3）除了以上诉讼权利以外，犯罪嫌疑人、被告人还享有一系列程序保障权。这些程序保障权对维护犯罪嫌疑人、被告人的诉讼主体地位具有非常重要的意义。

这些程序保障权主要有：

1）在未经人民法院依法判决的情况下，不得被确定有罪。

2）获得人民法院的公开、独立、公正的审判。

3）在刑事诉讼过程中，不受审判人员、检察人员、侦查人员以刑讯逼供、威胁、引诱、欺骗及其他非法方法进行的讯问。

4）不受侦查人员实施的非法逮捕、拘留、取保候审、监视居住等强制措施。

5）不受侦查人员的非法搜查、扣押等侦查行为。

6）在只有被告人一方提出上诉时不得被加重刑罚等。

2. 根据《刑事诉讼法》的规定，犯罪嫌疑人、被告人必须承担以下诉讼义务：

（1）在符合法定条件的情况下承受逮捕、拘留、监视居住、取保候审、拘传等强制措施。

（2）接受侦查人员的讯问、搜查、扣押等侦查行为。

（3）对于侦查人员的讯问，应当如实回答。

（4）依法按时出席法庭并接受法庭审判。

（5）遵守法庭纪律，听从审判人员的指挥。

（6）对于生效的判决和裁定，有义务履行或协助执行。

五、附带民事诉讼的当事人

附带民事诉讼的当事人包括附带民事诉讼原告人和附带民事诉讼被告人。

（一）附带民事诉讼原告人

附带民事诉讼原告人是指在刑事诉讼中，因被告人的犯罪行为遭受物质损失并在刑事诉讼过程中提出赔偿请求的人。

1. 提起附带民事诉讼的主体。有权提起附带民事诉讼的主体包括以下几种情况：

（1）遭受犯罪行为直接侵害的被害人本人，包括公民、企业、事业单位、机关、团体等组织。

（2）已经死亡的被害人的近亲属。

（3）无行为能力或者限制行为能力被害人的法定代理人。

（4）如果是国家财产、集体财产遭受损失的，人民检察院在提起公诉的时候，可以提起附带民事诉讼。

2. 附带民事诉讼原告人依法享有以下诉讼权利。在刑事诉讼中，附带民事诉讼原告人依法享有以下诉讼权利：

（1）提起附带民事诉讼，要求赔偿物质损失。

（2）申请回避权。

（3）委托诉讼代理人。

（4）要求公安司法机关采取保全措施。

（5）申请先予执行。

（6）参加法庭调查，对于附带民事诉讼部分的事实和证据作出陈述和发表意见，参加法庭辩论。

（7）请求人民法院主持调解或者与附带民事诉讼被告人自行和解。

（8）对地方各级人民法院第一审尚未发生法律效力的判决和裁定的附带民事诉讼部分提出上诉。

（9）对地方各级人民法院发生法律效力的判决和裁定的附带民事诉讼部分提出申诉。

3. 附带民事诉讼原告人的诉讼义务。附带民事诉讼原告人的诉讼义务主要有：

（1）提供证据证明附带民事诉讼请求。

（2）如实陈述案情。

（3）按时出席法庭，参加审判活动。

（4）遵守法庭纪律，听从审判人员的指挥。

【经典例题】下列哪些人是承担控诉职能的诉讼参与人？（　　　）[1]

A. 公诉人

B. 自诉人

C. 被害人

D. 控方证人

（二）附带民事诉讼被告人

附带民事诉讼被告人是指在刑事诉讼中，对犯罪行为所造成的物质损失负有赔偿责任的人。

1. 附带民事诉讼被告人主体。附带民事诉讼中依法负有赔偿责任的人包括：

（1）刑事诉讼被告人（包括公民、法人和其他组织），没有被追究刑事责任的其他共同被害人。

（2）已被执行死刑的罪犯的遗产继承人。

（3）未成年刑事被告人的监护人。

（4）共同犯罪案件中，案件审结前已经死亡的被告人的遗产继承人。

（5）其他对刑事被告人的犯罪行为依法应当承担民事赔偿责任的单位和个人。

此外，附带民事诉讼的成年被告人，应当承担赔偿责任的，如果其亲属自愿代为承担，依据有关规定，应当准许。

2. 附带民事诉讼被告人的诉讼权利。附带民事诉讼被告人的诉讼权利主要有：

（1）委托诉讼代理人。

（2）有权提起反诉。

---

[1] 答案：BC

（3）有权申请回避。

（4）有权参加附带民事诉讼部分的法庭调查和法庭辩论。

（5）有权要求人民法院主持调解或者与附带民事诉讼原告人自行和解。

（6）对于地方各级人民法院第一审尚未发生法律效力的判决、裁定的附带民事诉讼部分不服的，有权提出上诉。

（7）对于地方各级人民法院已经发生法律效力的判决、裁定的附带民事诉讼部分不服的，有权提出申诉。

3. 附带民事诉讼被告人的诉讼义务。附带民事诉讼被告人的主要诉讼义务有：

（1）如实陈述案情。

（2）按时出席法庭审判，接受调查。

（3）提供证据证明自己的主张。

（4）遵守法庭纪律，听从审判人员的指挥。

（5）执行生效判决、裁定的附带民事诉讼部分。

六、单位当事人

（一）单位犯罪嫌疑人、被告人

1. 在单位犯罪的情况下，单位可以独立成为犯罪嫌疑人、被告人，与作为自然人的直接负责的主管人员和其他直接责任人员一起参与刑事诉讼。代表涉嫌犯罪的单位参加刑事诉讼的诉讼代表人，应当是单位的法定代表人或者主要负责人；法定代表人或者主要负责人被指控为对单位犯罪直接负责的主管人员的，应当由单位的其他负责人作为被告单位的诉讼代表人出庭。在审判阶段，被告单位的诉讼代表人与被指控为对单位犯罪直接负责的主管人员是同一人的，人民法院应当要求人民检察院另行确定被告单位的诉讼代表人出庭。

2. 单位犯罪嫌疑人、被告人的诉讼权利和诉讼义务。单位犯罪嫌疑人、被告人的诉讼权利和诉讼义务，与自然人犯罪嫌疑人、被告人大致相同。最高人民法院《解释》作出了以下特殊规定：

（1）单位被告人有权委托辩护人。

（2）诉讼代表人有出庭的义务。人民法院决定开庭审理单位犯罪案件，应当通知被告单位的诉讼代表人出庭。开庭时，诉讼代表人席位置于审判台前左侧。

（3）人民法院对诉讼代表人有权进行拘传。接到出庭通知的被告单位的诉讼代表人应当出庭。诉讼代表人是单位法定代表人、实际控制人或者主要负责人，无正当理由拒不出庭的，人民法院在必要的时候，可以拘传到庭。

（4）专门机关有权对单位财产采取强制性措施。最高人民法院《解释》第342条规定，为保证判决的执行，人民法院可以先行查封、扣押、冻结被告单位的财产，或者由被告单位提出担保。

（二）单位被害人

被害人一般是指自然人，但单位也可以成为被害人。单位被害人参与刑事诉讼时，应由其法定代表人作为代表参加刑事诉讼。根据刑事诉讼法的规定，法定代表人也可以委托诉讼代理人参加刑事诉讼。单位被害人在刑事诉讼中的诉讼权利和诉讼义务，与自然人作为被害人时大体相同。

七、法定代理人

（一）法定代理人的概念、范围

法定代理人是由法律规定的对被代理人负有专门保护义务并代其进行诉讼的人。《刑事诉讼法》第 108 条、《民法典》第 27 条、第 28 条、第 31 条、第 32 条规定：

（1）"法定代理人"是指被代理人的父母、养父母、监护人和负有保护责任的机关、团体的代表。

（2）父母是未成年子女的监护人。未成年人的父母已经死亡或者没有监护能力的，由下列有监护能力的人按顺序担任监护人：祖父母、外祖父母；兄、姐；其他愿意担任监护人的个人或者组织，但是须经未成年人住所地的居民委员会、村民委员会或者民政部门同意。

（3）无民事行为能力或者限制民事行为能力的成年人，由下列有监护能力的人按顺序担任监护人：配偶；父母、子女；其他近亲属；其他愿意担任监护人的个人或者组织，但是须经被监护人住所地的居民委员会、村民委员会或者民政部门同意。

对监护人的确定有争议的，由被监护人住所地的居民委员会、村民委员会或者民政部门指定监护人，有关当事人对指定不服的，可以向人民法院申请指定监护人；有关当事人也可以直接向人民法院申请指定监护人。指定监护人前，被监护人的人身权利、财产权利以及其他合法权益处于无人保护状态的，由被监护人住所地的居民委员会、村民委员会、法律规定的有关组织或者民政部门担任临时监护人。没有依法具有监护资格的人的，监护人由民政部门担任，也可以由具备履行监护职责条件的被监护人住所地的居民委员会、村民委员会担任。

（二）法定代理人的职责、诉讼权利

法定代理人参加刑事诉讼是依据法律的规定，而不是基于委托关系。因此，在刑事诉讼中，法定代理人具有独立的法律地位，不受被代理人意志的约束，在行使代理权限时无须经过被代理人同意。

1. 法定代理人参与刑事诉讼的职责是依法保护无行为能力人或者限制行为能力人的人身权利、财产权利、诉讼权利以及其他一切合法权利；同时，法定代理人负有监督被代理人行为的责任。

2. 法定代理人享有广泛的与被代理人相同的诉讼权利。但法定代理人不能代替被代理人作陈述，也不能代替被代理人承担与人身自由相关联的义务，例如服刑等。同时，除被害人的法定代理人外，其他当事人的法定代理人还享有独立的上诉权：

（1）被告、自诉人的法定代理人，不服地方各级人民法院第一审的判决、裁定的，有权向上级人民法院上诉；

（2）附带民事诉讼当事人的法定代理人，有权对地方各级人民法院第一审的判决、裁定中的附带民事诉讼部分提出上诉，但无权对刑事部分提起上诉。而被害人的法定代理人对第一审的判决不服的，只能请求人民检察院抗诉，无权独立地提起上诉。

【经典例题】关于法定代理人对法院一审判决、裁定的上诉权，下列哪一说法是错误的？（　　）〔1〕

---

〔1〕　答案：C

A. 自诉人高某的法定代理人有独立上诉权

B. 被告人李某的法定代理人有独立上诉权

C. 被害人方某的法定代理人有独立上诉权

D. 附带民事诉讼当事人吴某的法定代理人对附带民事部分有独立上诉权

八、诉讼代理人

1. 诉讼代理人的概念。诉讼代理人是基于被代理人的委托而代表被代理人参与刑事诉讼的人。依据《刑事诉讼法》第108条的规定,公诉案件的被害人及其法定代理人或者近亲属有权委托诉讼代理人;自诉案件的自诉人及其法定代理人有权委托诉讼代理人;附带民事诉讼原告人、被告人及其法定代理人有权委托诉讼代理人。

所谓近亲属,是指夫、妻、父、母、子、女、同胞兄弟姊妹。

2. 诉讼代理人的权限。与法定代理人不同,诉讼代理人参与刑事诉讼是基于被代理人的委托,在双方签订的委托协议授权范围内进行代理,而不是依据法律的规定。诉讼代理人的职责是帮助被其代理的公诉案件被害人及其法定代理人或者近亲属、自诉案件自诉人及其法定代理人、附带民事诉讼案件当事人及其法定代理人等行使诉讼权利。诉讼代理人只能在被代理人授权范围内进行诉讼活动,既不得超越代理范围,也不能违背被代理人的意志。如果没有被代理人的授权,诉讼代理人代替被代理人进行的诉讼活动就不具有法律效力。

【经典例题】关于刑事诉讼法定代理人与诉讼代理人的区别,下列哪些选项是正确的?(　　)[1]

A. 法定代理人基于法律规定或法定程序产生,诉讼代理人基于被代理人委托产生

B. 法定代理人的权利源于法律授权,诉讼代理人的权利源于委托协议授权

C. 法定代理人可以违背被代理人的意志进行诉讼活动,诉讼代理人的代理活动不得违背被代理人的意志

D. 法定代理人可以代替被代理人陈述案情,诉讼代理人不能代替被代理人陈述案情

九、辩护人

1. 辩护人的概念。辩护人是指在刑事诉讼中接受犯罪嫌疑人、被告人及其法定代理人的委托,或者接受人民法院的指定,依法为犯罪嫌疑人、被告人辩护,以维护其合法权益的人。

在我国刑事诉讼中,可以依法接受委托担任犯罪嫌疑人、被告人的辩护人的人包括:

(1) 律师。

(2) 人民团体或者犯罪嫌疑人、被告人所在单位推荐的人。

(3) 犯罪嫌疑人、被告人的监护人、亲友。

在刑事案件的审判阶段,可以依法接受人民法院指定担任被告人的辩护人的只能是承担法律援助义务的律师。

2. 关于辩护人的诉讼地位、职责(详见本书第九章"辩护与代理"的相关内容)。

3. 刑事代理与辩护的区别。在刑事诉讼中,刑事代理与辩护存在以下区别:

(1) 产生不同。

---

[1] 答案:ABC

1）有权委托辩护人的是犯罪嫌疑人、被告人。

2）有权委托诉讼代理人的是公诉案件的被害人、法定代理人及其近亲属、自诉案件的自诉人及其法定代理人以及附带民事诉讼当事人及其法定代理人。

（2）表现形式不同。

1）刑事辩护人包括犯罪嫌疑人、被告人委托辩护和法律援助机构指派辩护两种方式。

2）刑事诉讼代理只有被代理人委托这一种方式。

（3）诉讼地位不同。

1）辩护人在刑事诉讼中具有独立的诉讼地位，不受犯罪嫌疑人、被告人意志的约束，有权独立地按照自己对事实的认识和对法律的理解来发表意见，以保护犯罪嫌疑人、被告人的合法权益。

2）刑事诉讼代理人只能在被代理人授权范围内进行诉讼活动，受到被代理人意志的限制。

（4）承担的诉讼职能不同。

1）公诉案件被害人的代理人、自诉案件自诉人的代理人以及附带民事诉讼原告人的代理人在刑事诉讼中都是承担控诉职能。

2）刑事辩护人承担的是辩护职能。

十、证人

（一）证人的概念与特点

1. 在刑事诉讼中，证人是指在诉讼外了解案件情况的当事人以外的人。

2. 证人具有以下特点：

（1）证人必须是了解案件情况的人。这是证人最基本的特征。

（2）证人必须是在诉讼之外了解案件情况的人。参与案件办理的侦查、审查起诉、审判人员以及辩护人、诉讼代理人、鉴定人等在诉讼过程中也了解了案件情况，但其对案件情况的了解是在诉讼开始后的诉讼过程中形成的，因而不属于证人。这些人员如果在诉讼开始之前就了解了案件情况，就应当优先作证人，一般不得参与案件的办理。

（3）证人必须是当事人以外的人。被告人、被害人等虽然通常也了解案件情况，但由于其与案件裁判结果存在切身利害关系，因而只能作为当事人，而不能作为证人。

3. 证人的条件及不能作证人的情况。在我国刑事诉讼中，凡是知道案件情况的人，都有作证的义务。但生理上、精神上有缺陷或者年幼，不能辨别是非、不能正确表达的人不得作为证人。证人只能是自然人。国家机关、企业、事业单位或者人民团体，不能成为证人，因为它们不能像自然人一样感知案件事实，无法享有证人的诉讼权利或者承担证人的诉讼义务。

（二）证人的诉讼权利、诉讼义务

1. 依据法律规定，刑事诉讼中的证人享有以下诉讼权利：

（1）用本民族语言文字进行诉讼。

（2）查阅证言笔录，并在发现笔录的内容与作证的内容不符时要求予以补充或者修改。

（3）对于公安司法机关工作人员侵犯其诉讼权利或者人身侮辱的行为提出控告。

（4）对于其因作证而产生的误工费等经济损失，有权要求补偿。

（5）有权要求公安司法机关保证其本人以及其近亲属的安全。

2. 证人依法应当承担以下诉讼义务：

（1）如实提供证言，如果有意作伪证或者隐匿罪证，应当承担法律责任。

（2）回答公安司法人员的询问。

（3）出席法庭审判并接受控辩双方的询问和质证。

（4）遵守法庭纪律，听从审判人员的指挥。

（5）对于公安司法人员询问的内容予以保密。

【经典例题】 1. 王红目睹了三个盗窃犯实施盗窃及当场被公安机关抓获的过程。事后，侦查人员找到王红取证。对此，下列哪些说法是正确的？（　　　）[1]

A. 王红有义务作证

B. 王红有权要求对自己的姓名在整个刑事诉讼过程中保密

C. 王红有权要求公安司法机关保障自己的人身安全

D. 王红有权要求公安司法机关保障自己近亲属的安全

2. 秦某带着 8 岁的儿子买肉时，与摊主发生争执，继而互殴。秦某被摊主用刀背打击造成面部骨折，脑体受损。如该案进入刑事诉讼程序，秦某的儿子属于哪类诉讼参与人？（　　　）[2]

A. 被害人

B. 证人

C. 见证人

D. 既是被害人，又是证人

十一、鉴定人

（一）鉴定人的概念与特点

1. 概念。刑事诉讼中的鉴定人是指接受公安司法机关的指派或者聘请，运用自己的专门知识或者技能对刑事案件中的专门性问题进行分析判断并提出书面鉴定意见的人。鉴定人的书面分析判断意见称为鉴定意见，是《刑事诉讼法》规定的证据种类之一。

2. 鉴定人具有以下特点：

（1）鉴定人必须是无利害关系的人。如果鉴定人与案件或者案件当事人有利害关系时应当适用回避的规定。

（2）鉴定人通过参加刑事诉讼的途径了解案件的真实情况。

（3）鉴定人通过聘请或者指定产生，并且在诉讼过程中可以更换。

（4）鉴定人必须具备鉴定某项专门性问题的知识或技能。在不具备解决案件中的某种专门知识或在公安司法机关提供的鉴定材料不充分的情况下有权拒绝鉴定。

3. 鉴定人应当符合以下条件：

（1）应当具有专门知识或者技能，即具有分析判断案件中专门性问题的能力。这里所指专门性问题，不是法律问题。

---

[1] 答案：ACD

[2] 答案：B

（2）鉴定人应当受到公安司法机关的指派或者聘请，这是必不可少的形式要件，也是刑事诉讼中的鉴定人与一般具有专门知识或者技能的专业人员的区别所在。

（3）鉴定人应当与案件当事人或者案件无利害关系。鉴定人如果具有应当回避的情形的，应当自行回避，不得参与该案件的诉讼活动。当事人及其法定代理人也有权要求他们回避。

（二）鉴定人的诉讼权利、诉讼义务

1. 刑事诉讼中的鉴定人依法享有以下诉讼权利：

（1）了解与鉴定有关的案件情况。

（2）有权要求指派或者聘请的机关提供足够的鉴定材料，在提供的鉴定材料不充分、不具备作出鉴定意见的条件时，有权要求有关机关补充材料，否则有权拒绝鉴定。

（3）要求为鉴定提供必要的条件。

（4）收取鉴定费用。

2. 鉴定人依法承担以下诉讼义务：

（1）如实作出鉴定，不得故意作出虚假鉴定。如果故意作出虚假鉴定要承担相应的法律责任。

（2）对于在鉴定过程中了解的案件情况和有关人员的隐私，应当保密。

（3）在接到人民法院通知时，应当亲自出庭作证，说明作出鉴定意见的根据和理由，并接受公诉人、当事人和辩护人、诉讼代理人以及审判人员的发问、询问。

（4）遵守法庭纪律，听从审判人员的指挥。

【经典例题】 1. 某公安机关法医鉴定室的法医王某一天下班途中，目睹了李某故意伤害案的经过。下列说法哪些是正确的？（　　　）[1]

A. 王某既不能作鉴定人，又不能作证人

B. 王某既可以作鉴定人，又可以作证人

C. 王某应当作证人，但不能作鉴定人

D. 王某是本案的诉讼参与人

2. 关于证人与鉴定人的共同特征，下列哪些选项是正确的？（　　　）[2]

A. 是当事人以外的人

B. 与案件或案件当事人没有利害关系

C. 具有不可替代性

D. 有义务出席法庭接受控辩双方询问

十二、翻译人员

（一）翻译人员的概念、条件

1. 翻译人员是指在刑事诉讼过程中接受公安司法机关的指派或者聘请，为参与诉讼的外国人或无国籍人、少数民族人员、盲人、聋人、哑人等进行语言、文字或者手势翻译的人员。

---

[1] 答案：CD

[2] 答案：AD

2. 翻译人员应当具备一定的条件：

（1）能够胜任语言文字翻译工作，有为当事人及其他诉讼参与人提供翻译的能力。

（2）应当与案件或者案件当事人无利害关系，否则应当回避。

（二）翻译人员的诉讼权利、诉讼义务

1. 翻译人员在刑事诉讼中享有以下诉讼权利：

（1）了解与翻译有关的案件情况。

（2）要求公安司法机关提供与翻译内容有关的材料。

（3）查阅记载其翻译内容的笔录，如果笔录同实际翻译内容不符，有权要求修正或补充。

（4）获得相应的报酬和经济补偿。

2. 翻译人员在刑事诉讼中应当承担以下义务：

（1）实事求是，如实进行翻译，力求准确无误，不得隐瞒、歪曲或伪造，如果有意弄虚作假，要承担法律责任。

（2）对于提供翻译活动所获知的案件情况和他人的隐私，应当保密。

思考题：

1. 如何理解诉讼主体和诉讼职能的概念？

2. 简述检察院的组织体系。

3. 当事人与诉讼参与人的区别何在？

第六章　刑事诉讼的基本原则

> **内容导读**　本章主要介绍刑事诉讼基本原则的概念，再分别介绍外国刑事诉讼通行的基本原则和我国刑事诉讼法规定的刑事诉讼的基本原则。

本章重点：

我国刑事诉讼法规定的刑事诉讼的基本原则

本章难点：

1. 外国刑事诉讼通行的基本原则
2. 我国刑事诉讼法规定的刑事诉讼的基本原则

第一节　基本原则概述

一、刑事诉讼基本原则的概念和特征

刑事诉讼的基本原则，是指反映刑事诉讼理念和目的的要求，贯穿于刑事诉讼的全过程或者主要诉讼阶段，对刑事诉讼过程具有普遍或者重大指导意义和规范作用，为国家专门机关和诉讼参与人参与刑事诉讼必须遵循的基本行为准则。刑事诉讼基本原则，一般具有以下特点：

1. 体现刑事诉讼活动的基本规律。这些基本法律准则有着深厚的法律理论基础和丰富的思想内涵。例如，未经人民法院依法判决，对任何人都不得确定有罪原则，要求确定被告人有罪的权力由人民法院统一行使，其他任何机关、团体和个人都无权行使。这是世界各国的立法通例，也体现了刑事审判活动的基本规律。

2. 是由刑事诉讼法明确规定的法律原则。刑事诉讼基本原则必须由法律作出明确规定。刑事诉讼法规定的基本原则包括两大类：

（1）一般原则，即刑事诉讼和其他性质的诉讼必须共同遵守的原则，如以事实为根据，以法律为准绳原则；公民在法律面前一律平等原则；各民族公民有权使用本民族语言文字进行诉讼原则；审判公开原则；保障诉讼参与人的诉讼权利原则；等等。

（2）刑事诉讼所独有的基本原则，如侦查权、检察权、审判权由专门机关依法行使原则；人民法院、人民检察院依法独立行使职权原则；分工负责、互相配合、互相制约原则；犯罪嫌疑人、被告人有权获得辩护原则；等等。

3. 一般贯穿于刑事诉讼全过程，具有普遍的指导意义。刑事诉讼基本原则是规范和调整整个刑事诉讼程序的原则，适用于刑事诉讼的各个阶段，国家专门机关及其工作人员以及各诉讼参与人都应当遵守。

4. 具有法律约束力。基本原则虽然较为抽象和概括，但各项具体的诉讼制度和程序都必须与之相符合。而且，在具体诉讼制度没有作出详细规定时，可以直接适用刑事诉讼基本原则。

二、国际通行的刑事诉讼基本原则

与我国刑事诉讼基本原则有很大区别的是，国外大多数国家在刑事诉讼法中并没有明确规定刑事诉讼基本原则，但这些基本原则却体现在有关刑事诉讼程序规定的字里行间，有一部分则体现在宪法、人权法或其他有关法规中。因此，对于国际通行的刑事诉讼基本原则而言，目前并没有明确统一的规定。其中，被当今世界大多数国家刑事诉讼立法和司法所奉行，同时被国际法律文件所确认的刑事诉讼原则中，最具代表性的便是联合国刑事司法准则。在国际刑事诉讼中普遍适用的基本原则主要有：程序法定原则、司法独立原则、无罪推定原则、有效辩护原则、平等对抗原则、诉讼及时原则、禁止重复追究原则、国家追诉原则等。

（一）司法独立原则

司法独立是法治的必备要素，是一项宪法性基本原则。司法独立原则的确立和实现是一国民主法治建设的应有之义。

1. 司法独立原则的意义。司法独立是实现司法正义的首要条件，司法权作为一种独立的国家权力而被分离出来，相应地司法独立成为民主社会的一个重要法治原则。同时，从司法在政治国家的地位和功能看，司法即在于法律的适用，是将书本的法转化为现实的法的必然过程；在此过程中，法官只能服从于非人格化的法律，如果法院被其他机构或个人控制或影响，势必不能严格按照法律的意志裁判，法治国家法律至上的原则将被侵犯。

2. 司法独立原则的内容。司法的独立性应当具备以下三个方面的规定性：其一，在司法体制上，实现司法与行政、立法分立。这是实现司法独立和司法程序理性化的基本前提。三权分立学说的倡导者孟德斯鸠指出："如果司法权不同立法权和行政权分立，自由也就不存在了。如果司法权同立法权合而为一，则将对公民的生命和自由施行专断的权力，因为法官就是立法者。如果司法权同行政权合而为一，法官便将握有压迫者的力量。"其二，法院独立行使职权，不受行政机关、社会团体和个人的干涉。司法独立的最基本的意义在于它创造了司法公正的前提。在诉讼过程中，司法机关的决定可能受到某些方面出于不同目的的干预，只有坚持法官独立，才能使诉讼中保证司法公正的全部程序设置发挥效用，否则，法官不受其理性的支配而服从于外来的干涉和压力，庭审程序即被"虚置"，公正将无法实现，最终损害和破坏社会的法治根基。丹宁勋爵在论述"蔑视法庭罪"时指出："在所有必须维护法律和秩序的地方，法院是最需要法律秩序的。司法过程必须不受干扰或干涉。冲击司法正常进行就是冲击我们社会的基础。为了维持法律和秩序，法官有权并且必须有权立即处置那些破坏司法正常进行的人。"其三，法官的个人独立。司法人员在司法活动中只服从非人格化的法律。正如马克思所说："法官除了法律就没有别的上司。"听命于人便会破坏司法的独立性和司法程序的合理性。美国法学家亨利·卢米斯认为："在法官作出判决的瞬间，被别的观点，或者被任何形式的外部权势或压力所控制或影响，法官也就不复存在了。宣布决定的法官，其作出的决定哪怕是受到其他意志的微小影响，他也不是法官……法院必须摆脱胁迫，不受任何控制和影响，否则它们便不再是法院了。"

3. 司法独立原则的功能。司法独立可以确保程序的参与性、法官的中立性、程序的合理性和审判的统一性等程序公正内容的实现。没有司法独立，也就无程序公正可言，要实现程序公正则必须靠司法独立作保障。同时也应当看到，程序公正的这些内容本身相互之间也是紧密联系，共同构成程序公正的统一整体。程序的参与性确保程序各方参与者积极、主动、自愿、充分而富有意义地参与裁判过程，并对裁判结果发挥有效的影响；法官的中立性确保法官在各方参与者之间保持超然、不偏不倚的地位；程序的参与性和法官的中立性为程序的合理性提供必要的前提，为法官对案件事实的了解创造了感性认识的条件，程序的合理性则要求法官把这一感性认识上升为理性认识，这感性认识和理性认识的统一，则构成了裁判的基础，从而使得审理与裁判的统一成为必然。

（二）程序法定原则

刑事程序法定原则是现代法治的正当程序精神在刑事诉讼方面的表现。其基本含义包括两个方面：一是将所有的刑事诉讼活动纳入法制的轨道，从立法层面规定各种刑事诉讼主体的权利义务关系。国家应当通过宪法、法律和其他有效的法律文件确立刑事程序的具体规则，特别是对限制个人基本权利的刑事诉讼强制措施的适用条件、期限、手段和救济规则等作出明确的规定。二是从刑事诉讼实施层面规定，司法机关采取各种限制人身自由的强制性措施、追诉方式和刑罚时，必须遵守法定程序。

刑事程序法定原则不仅为现代法治国家广泛认可，而且已经成为国际人权法中的通用性准则。如联合国《公民权利和政治权利国际公约》第9条第1款规定："人人有权享有人身自由和安全。任何人不得加以任意逮捕或拘禁。除非依照法律所确定的根据和程序，任何人不得被剥夺自由。"《欧洲人权公约》第5条第1款也有类似的规定。程序法定原则的内容包括：

1. 程序法的规定必须是明确的，对刑事程序的基本问题如参与刑事诉讼的国家专门机关及其职权和职责、诉讼参与人的权利和义务、具体诉讼行为的程序要件等，作出严密的规定，不应当因为过于粗疏而生歧义或者留有过大的随意处置的余地，更不应当存在未受法律调整的"死角"；程序法的规定必须是公开的，而不能是秘密的"内部规定"；程序法的规定必须是民主的产物，其立法程序必须符合民主的要求，充分体现民众的意志，其内容也必须充分体现宪法所保障的基本人权以及对本国有约束力的国际法准则；程序法的规定必须是协调的，与相关的法律如《人民法院组织法》《人民检察院组织法》《律师法》《民事诉讼法》《行政诉讼法》《监狱法》等相一致；程序法的规定必须是权威的，一切立法解释、司法解释、部门规章、行政法规和地方性法规，必须服从宪法和法律的规定，否则无效。

2. 刑事诉讼中司法机关享有的各种职权只能由宪法和法律授予。宪法和法律没有明确授予的权力，任何国家机关不得自行代表国家行使，否则就是越权；即使是行使宪法和法律授予的职权，也必须严格遵循法定条件和程序才能行使，否则就是违法。

对于国家专门机关超越法定职权或者违法行使职权的行为，一切利害关系人有权加以抵制，并获得公正的法律救济。历史和现实的经验证明，刑事程序法能否得到有效执行，刑事诉讼中能否贯彻法治原则，关键在于以国家专门机关为代表的政府在职务活动中是否遵守法律。

3. 刑事程序法定原则的贯彻也必须以违法制裁为后盾。对于国家专门机关及其官员违反程序法的行为，除从实体法上给予有关人员以必要的处罚以外，法治国家还广泛采用程序上的措施予以"制裁"，这主要包括：①通过必要的司法程序排除政府官员以违法方法收集的证据；②经过具有中立地位的司法官员批准，立即释放被违法拘捕或者羁押的犯罪嫌疑人、被告人；③应利害关系人申请，由中立的司法官员宣布违法程序无效；④根据法定的上诉程序，由上诉法院裁定撤销因违反法定程序而导致的有罪判决。具体在何种情形下采取何种制裁方法，不同国家基于自己的价值取向和司法传统等因素可能会有不同的选择，通常情况下还会赋予法官一定的裁量权。

刑事程序法定原则在大陆法系国家与罪刑法定原则有着密切关联。罪刑法定原则要求在决定被告人的刑事责任时，"法无规定不为罪""法无规定不处罚"；与刑事实体法相适应，刑事程序法定原则要求追究犯罪、行使国家刑罚权的程序性活动也必须事先加以明确规定，参与刑事诉讼的国家机关只能在法律授权范围内、依照法定的程序行使各项职权，未经法定程序，不得对任何人实施指控、逮捕、审判和处刑等措施。大陆法系国家都以法典化的方式对刑事程序的各个方面作出了系统、周密的规定，这正是刑事程序法定原则的具体表现。

（三）无罪推定原则

无罪推定原则的含义。无罪推定是西方资本主义国家在废除中世纪纠问式诉讼制度的基础上形成的一项刑事诉讼原则，已经成为西方国家刑事诉讼法律的基础性理念。从起源上看，18世纪意大利刑法学家贝卡利亚（1738～1794年）首先提出了"无罪推定"的思想，此后，无罪推定原则逐渐得到世界各国的普遍承认，无罪推定在法律中的确立始于法国1789年颁布的《人权宣言》。《人权宣言》第9条规定："任何人在被宣判为犯罪者之前，均应假定为无罪。"此后，这一原则又在许多国家宪法或法律中得到确立。无罪推定原则已逐渐成为一项重要的刑事诉讼国际标准，在联合国《世界人权宣言》和《公民权利和政治权利国际公约》等国际公约中得到确认和体现。

尽管各国宪法、法律及联合国有关法律文件对无罪推定原则的表述各不相同，但这一原则的基本内涵和意义却是举世公认的。所谓无罪推定，并不是对被告人作出的无罪判定或终结性结论，而是对他在刑事诉讼中所处地位的保护性假定。基于无罪推定原则，形成了两个诉讼准则：其一，被告人、犯罪嫌疑人不得自证其罪，举证责任由控方承担。控诉方必须以对被告人无罪这一推定作出反证的方式承担证明其有罪的责任，并要求这种证明达到最高的证明程度，内心确信或排除合理存疑。其二，疑点利益归于犯罪嫌疑人、被告人。当控方举证后，无法使法官或其他事实审理者形成内心确信时，法官、审理者必须作出对犯罪嫌疑人、被告人有利的裁决。无罪推定原则为保护犯罪嫌疑人、被告人诉讼权利奠定了坚定的法律基础，并成为公民抵御无根据或不公正的追诉或定罪的主要防线。

（四）控辩平等原则

控辩平等原则，是指法院应当给予刑事追诉机关和被告人平等的对待和平等的法律地位，使控辩双方拥有平等的诉讼权利并履行平等的诉讼义务，从而形成平等对抗的情势。

对于控辩平等原则可以从以下三个方面理解。首先，控辩平等的主体分别是承担控诉职能的国家检察机关以及承担辩护职能的被告人及其辩护人。从广义上说，控诉方还包括公安侦查人员以及被害人。侦查人员在侦查活动中所收集的证据是检察机关得以提起控诉的前提条件，在我国被害人作为刑事案件的当事人，也承担一定的控诉职能。其次，控辩平等原则主要适用于审判阶段，审判前的侦查阶段是否适用该原则，我国与国外刑事诉讼制度的区别较大。在法庭上，控辩双方同时在场，通过举证、质证进行法庭辩论，实现法庭上的平等对抗。最后，控辩平等意味着控辩双方的法律地位是平等的，与法官距离同等，法官不得偏向检察机关。控方与辩方间不存在一方地位高于另一方的关系。

控辩平等原则必须放置于现代刑事诉讼模式背景下才得以成立和适用。现代刑事诉讼在本质上是国家与个人之间的一种纷争。因为被告人的特定行为侵犯了社会秩序和利益，国家则通过其代表机关——检察机关，对被告人向法院提起公诉，追究其刑事责任。而控辩平等就是强调在刑事诉讼中作为控诉者的检察机关与作为辩护者的被告人及其辩护人之间在法律地位上的平等性。

控辩平等原则具有显著的价值。首先，是人权保障和无罪推定原则的必然要求。基于无罪推定原则，被告人在刑事诉讼过程中不能被视为罪犯而任意剥夺其人权，面对检察机关的控诉，被告人必须具有相应的抗衡能力，其诉讼地位不能居于检察机关之下。其次，控辩平等也是程序独立价值，即程序正义的必然要求。只有赋予被告人充分的诉讼权利，在控辩双方经过了充分的质证、辩论之后，被告人已经尽到最大努力，得到充分平等尊重的情况下被定罪，这有利于被告人接受判决，缓和对司法机关的对立和不满情绪。最后，控辩平等有利于调动被告人一方积极性，给予其更多证明其清白的机会，从而有利于更好地发现事实。被告人是最了解案件经过的人，他的努力将极大充实法官裁判的证据基础，最大限度地防止侦查机关和检察机关的工作失误导致的错判。

尽管我们可以把控辩平等视为一项原则，但不得不承认，在刑事诉讼司法实践中，作为控诉方的国家公诉机关与作为辩护方的被告人之间客观上存在实力的不平等性。作为国家公诉机关的检察院是代表国家追诉犯罪，在诉讼资源的配置方面有整个国家的人力、物力、财力作后盾；在技术层面，它还可以获得拥有强大犯罪侦查能力的警察机关的辅助，这些都是作为个体的被告人所不可比拟的。控辩双方之间在诉讼资源上的差距直接影响到控辩双方调查取证的能力，进而在一定程度上决定着诉讼的最终结局。处于弱势地位的被告人则很可能会因为这种力量上的差距而承担败诉的后果，从而导致承担不当的刑事责任。控辩双方之间这种力量上的不平等，如果不通过某种平衡机制加以调整，刑事诉讼的结局将可能为诉讼资源所左右。

如何避免控辩双方在诉讼资源、力量上的不平等引发不当诉讼后果？依照控辩平等原则，应当通过调整刑事诉讼活动的基本法律规范——《刑事诉讼法》，来对控辩双方的权利和义务进行合理分配，即赋予被告人沉默权，强化公诉方的证明责任，使代表国家追诉的检察机关与作为个人应诉的被告人之间在法律上即权利、义务的配置上实现实质上的平等。

三、我国刑事诉讼基本原则的体系

我国宪法和法律规定的刑事诉讼基本原则，其来源主要有两个：一是在总结我国刑事诉讼实践经验基础上产生的，这部分原则突出反映了我国刑事诉讼的特点，具有鲜明的中国特色。比如，依靠群众原则，公、检、法三机关分工负责、互相配合、互相制约原则。二是通过吸收国外成功的诉讼法律和实践经验，结合我国的司法实际情况，对国外已有的刑事诉讼基本原则赋予新的内容而产生的。

我国刑事诉讼的基本原则有以下几类：

（1）侦查权、检察权和审判权由专门机关依法行使的原则；

（2）严格遵守法律程序的原则；

（3）人民法院、人民检察院依法独立行使职权的原则；

（4）专门机关与群众相结合的原则；

（5）以事实为根据，以法律为准绳的原则；

（6）公民在适用法律上一律平等的原则；

（7）分工负责、互相配合、互相制约的原则；

（8）人民检察院依法对刑事诉讼实行法律监督的原则；

（9）犯罪嫌疑人、被告人有权获得辩护的原则；

（10）未经人民法院依法判决对任何人都不得确定有罪的原则；

（11）具有法定情形不予追究刑事责任的原则；

（12）各民族公民有权使用本民族语言文字进行诉讼的原则；

（13）追究外国人刑事责任适用我国刑事诉讼法的原则；

（14）保障诉讼参与人的诉讼权利的原则；

（15）刑事司法协助的原则。

第二节　侦查权、检察权和审判权由专门机关依法行使

《刑事诉讼法》第 3 条第 1 款规定："对刑事案件的侦查、拘留、执行逮捕、预审，由公安机关负责。检察、批准逮捕、检察机关直接受理的案件的侦查、提起公诉，由人民检察院负责。审判由人民法院负责。除法律特别规定的以外，其他任何机关、团体和个人都无权行使这些权力。"除此之外，以下法律条文也体现了该原则的精神和内容：①国家安全机关的侦查权。《刑事诉讼法》第 4 条规定，国家安全机关依照法律规定，办理危害国家安全的刑事案件，行使与公安机关相同的职权。②军队保卫部门、海警局、监狱的侦查权。《刑事诉讼法》第 308 条规定："军队保卫部门对军队内部发生的刑事案件行使侦查权。中国海警局履行海上维权执法职责，对海上发生的刑事案件行使侦查权。对罪犯在监狱内犯罪的案件由监狱进行侦查。军队保卫部门、中国海警局、监狱办理刑事案件，适用本法的有关规定。"

侦查权、检察权、审判权由专门机关行使原则的含义主要有三个方面：

1. 办理刑事案件的职权具有专属性和排他性。侦查权、检察权、审判权只能由公安机关、检察机关、人民法院等专门机关行使，其他任何机关、团体和个人都不能行使。

2. 各专门机关在办理刑事案件时有明确的职权分工。审判权只能由人民法院行使；检察权只能由人民检察院行使；侦查权只能由各法定的专门机关依照其立案管辖范围行使。具体而言，各侦查主体的侦查权限是：

（1）检察机关对自侦案件享有侦查权；

（2）国家安全机关对危害国家安全的刑事案件行使与公安机关相同的侦查权限；

（3）军队保卫部门对军队内部发生的刑事案件行使侦查权；

（4）监狱负责对罪犯在监狱内犯罪的案件进行侦查；

（5）其他案件由公安机关负责侦查。

3. 专门机关必须依法行使侦查权、检察权、审判权。所谓"依法"，包括依据刑事实体法与刑事程序法两个方面。

第三节　严格遵守法律程序

《刑事诉讼法》第 3 条第 2 款规定："人民法院、人民检察院和公安机关进行刑事诉讼，必须严格遵守本法和其他法律的有关规定。"该原则的基本含义是：

1. 人民法院、人民检察院和公安机关在进行刑事诉讼活动时，必须严格遵守《刑事诉讼法》和其他有关法律的规定，不得违反法律规定的程序和规则，更不得侵害各方当事人和其他诉讼参与人的合法权益。这里所说的"其他法律"，是指所有与刑事诉讼程序有关的法

律，如《刑法》《法院组织法》《法官法》《检察院组织法》《检察官法》《律师法》《人民警察法》等。

2. 违反法律程序严重的，应当依法承担相应的法律后果。例如，第一审人民法院严重违反法律规定的程序的，将会导致撤销原判、发回重审的法律后果。《刑事诉讼法》第238条规定："第二审人民法院发现第一审人民法院的审理有下列违反法律规定的诉讼程序的情形之一的，应当裁定撤销原判，发回原审人民法院重新审判：（一）违反本法有关公开审判的规定的；（二）违反回避制度的；（三）剥夺或者限制了当事人的法定诉讼权利，可能影响公正审判的；（四）审判组织的组成不合法的；（五）其他违反法律规定的诉讼程序，可能影响公正审判的。"再如，非法收集的某些证据不得作为定案的根据。根据《刑事诉讼法》第56条第1款的规定："采用刑讯逼供等非法方法收集的犯罪嫌疑人、被告人供述和采用暴力、威胁等非法方法收集的证人证言、被害人陈述，应当予以排除。收集物证、书证不符合法定程序，可能严重影响司法公正的，应当予以补正或者作出合理解释；不能补正或者作出合理解释的，对该证据应当予以排除。"

第四节 人民法院、人民检察院依法独立行使职权

《刑事诉讼法》第5条规定："人民法院依照法律规定独立行使审判权，人民检察院依照法律规定独立行使检察权，不受行政机关、社会团体和个人的干涉。"该原则主要具有以下含义：

1. 人民法院行使审判权，人民检察院行使检察权，在法律规定的职责范围内都是独立的，不受行政机关、社会团体和个人的干涉。但是，需要注意的是，人民法院、人民检察院依法独立行使职权，仍然需要接受党的领导，接受各级人民代表大会的监督，并应当自觉接受人民群众、社会舆论的监督。

2. 人民法院行使审判权和人民检察院行使检察权，必须严格遵守宪法和法律的各项规定。人民法院、人民检察院必须严格遵守法律的规定，既要遵守实体法，也要遵守程序法，按法定程序和规则行事。

3. 人民法院、人民检察院作为一个组织整体，集体对审判权、检察权的行使负责。在我国，独立行使审判权、检察权的主体是人民法院、人民检察院，而不是某个审判员或检察员个人独立行使审判权或检察权。

但是，人民法院和人民检察院在上下级关系上有所不同。人民检察院上下级之间是领导与被领导的关系，上级人民检察院有权就具体案件对下级人民检察院作出命令、指示。独立行使检察权实质上是指整个检察系统作为一个整体独立行使检察权。与检察系统不同，人民法院上下级之间是监督与被监督的关系，各具体法院在具体案件的审判过程中独立行使审判权，包括上级人民法院在内的其他人民法院无权干涉。上级人民法院对下级人民法院的监督必须通过法定的程序进行，如改变管辖、在第二审程序中撤销错误的判决等。

【经典例题】某大学教授在讲授刑事诉讼法课时，让学生回答如何理解"人民法院依法独立行使审判权"原则，下列四个同学的回答中，正确的理解是（ ）。[1]

A. 甲同学认为是指法官个人独立审判案件，不受任何他人影响

---

[1] 答案：CD

B. 乙同学认为是指合议庭独立审判案件，不受任何组织或个人的影响

C. 丙同学认为是指法院独立审判案件，不受行政机关、社会团体和个人的干涉

D. 丁同学认为是指法院依法独立审判案件，上级法院不能对下级法院正在审理的具体案件如何处理发布指示或命令

第五节　专门机关与群众相结合

一、专门机关与群众相结合的含义和意义

《刑事诉讼法》第6条规定："人民法院、人民检察院和公安机关进行刑事诉讼，必须依靠群众……"这是专门机关与群众相结合原则的法律依据。

专门机关，是指在刑事诉讼中依法行使侦查权、检察权和审判权的机关，主要是公安机关、人民检察院、人民法院。专门机关与群众相结合就是指公、检、法等机关在刑事诉讼中必须坚持走群众路线，充分发挥人民群众的智慧和力量，把专门机关的业务工作与广大群众很好地结合起来。《刑事诉讼法》对贯彻专门机关与群众相结合原则作了明确规定，主要体现在以下几个方面：

1. 依靠群众，查明案情。如《刑事诉讼法》第52条规定："……必须保证一切与案件有关或者了解案情的公民，有客观地充分地提供证据的条件，除特殊情况外，还可以吸收他们协助调查。"

2. 便利群众与犯罪行为作斗争。如我国《刑事诉讼法》有关条款规定，任何公民都可以扭送现行犯和控告、举报犯罪，公安机关，人民检察院或者人民法院对于报案、控告、举报都应当接受。办案人员询问证人可以到证人的所在单位或住处进行等。

3. 通过多种形式接受群众监督。如《刑事诉讼法》有关条款规定，允许群众旁听公开审判的案件。人民法院审判案件实行人民陪审员制度，公民控告、举报犯罪后，司法机关通知不立案可以申请复议，等等。

专门机关与群众相结合的原则是我国同犯罪作斗争的优良传统，也是一条成功的经验，坚持该原则具有重要的意义：首先，它体现了我国人民民主专政的社会主义国家性质。犯罪分子所进行的犯罪活动，都会直接或间接地危害国家和社会秩序，损害人民群众的利益。司法机关打击犯罪符合人民群众的利益和要求，因而他们能够积极协助司法机关同犯罪作斗争，积极主动地向司法机关举报自己所知道的有关犯罪嫌疑人和事件，协助司法机关查明案件事实。其次，专门机关与群众相结合是实现刑事诉讼任务的需要。只有依靠群众、深入群众调查研究，才能获得揭露犯罪、证实犯罪所需要的证据，才能实现打击犯罪。同时坚持依靠群众，接受群众监督，有利于克服片面性，发现案件的客观真实情况，保护无罪的人不受刑事追究。对广大群众来说，也可以使他们受到教育和锻炼，自觉遵守法律，提高同犯罪作斗争的积极性和能力。

二、贯彻专门机关与群众相结合原则的要求

1. 司法人员必须牢固地坚持相信群众、依靠群众的观点。过去我们在侦查技术比较落后的情况下，由于依靠群众，弥补了许多技术不足，取得了同犯罪斗争的重大胜利。如今科学技术发展了，现代化了，仍然要坚持依靠群众。依靠群众是任何科学技术所不能替代的，从

根本上讲这是唯物主义历史观的要求。

2. 必须学会做群众工作的方法，善于深入实际、深入群众，善于分析研究来自群众的各种材料和意见，并依法保障报案人、举报人和其他一切证人的权利以解除他们的后顾之忧，以保障鼓励他们积极参与作证而不是强迫他们行使作证义务。

3. 要正确处理好专门机关与群众的关系，在依靠群众的基础上严格依法办案。在刑事诉讼中，专门机关居于主导地位，诉讼的整个过程，都由专门机关来主持；法律赋予专门机关的职权，不能够交给群众行使；群众的意见和材料，要由专门机关去收集，分析研究，鉴别真伪。对于需要采用科学技术方法进行鉴定和检验的证据材料必须依法进行鉴定和检验，不能仅凭群众的意见便加以认定。只有做到既相信群众，接受群众监督，又重视专门机关的工作，充分发挥专业技术的作用，及时查明犯罪事实，特别对那些运用科学技术手段进行的犯罪，才能准确迅速地予以打击。

第六节　以事实为根据，以法律为准绳

一、以事实为根据，以法律为准绳原则的含义

《刑事诉讼法》第6条规定："人民法院、人民检察院和公安机关进行刑事诉讼……必须以事实为根据，以法律为准绳……"这一规定确立了以事实为根据，以法律为准绳的原则，同时该原则也被我国宪法确定为进行诉讼的原则。该原则体现了我国实事求是的思想路线和依法办案的诉讼法制精神，在刑事诉讼基本原则体系中处于核心地位。

以事实为根据，是指在刑事诉讼中，司法机关及其工作人员对于刑事案件中的实体问题和程序问题作决定时，必须以查证属实的证据和依据这些证据所认定的案件事实为基础，而不能以主观臆断或者推测想象等作为根据。"以事实为根据"的"事实"，具体指查证属实的证据及依据这些证据认定的事实，包括实体法上的事实和程序法上的事实。实体法上的事实是指构成犯罪的事实以及证明犯罪情节轻重的事实，如犯罪的时间、地点、目的、手段、过程和危害结果等。程序法上的事实，指在刑事诉讼过程中，处理程序问题的事实，如羁押期限、回避、强制措施等适用的事实。

以法律为准绳，即要求司法机关在办理刑事案件过程中，所作出的案件实体问题和程序问题方面的决定，必须以刑事实体法和刑事程序法和其他法律的有关规定为标准。也就是说，刑事实体问题，要坚持罪刑法定原则；刑事诉讼问题，要严格遵守法律程序。

以事实为根据，以法律为准绳，是正确处理刑事案件不可分割的两个方面。两者互相联系，缺一不可。事实是前提，是基础和根据，法律是处理案件的标准尺度，离开了正确认定案件的事实，就缺乏定案的根据，更谈不上适用法律；反之，离开了正确适用法律，也就谈不上对正确认定的事实作出正确的处理。所以，以事实为根据，以法律为准绳，是一个有机的整体，只有将两者有机结合起来，才能保证刑事诉讼的正确进行。

二、以事实为根据，以法律为准绳原则的意义

贯彻该原则具有重要意义：①坚持党的实事求是的思想路线，在刑事诉讼中，要求办案人员深入实际，调查研究，以客观存在的事实作为处理案件的根据；②有利于维护法律的权威，保护国家利益和公民的合法权益；③有助于保障刑事诉讼任务的实现。由于以事实为根

据，以法律为准绳原则在刑事诉讼基本原则中处于核心地位，它的贯彻执行，将能够带动其他原则的实现，从而实现诉讼任务。

三、以事实为根据，以法律为准绳原则的要求

正确贯彻该原则，首先，司法机关及其工作人员应当遵循唯物主义认识论的要求，客观全面地收集证据和认定案件事实，善于查明事实真相。其次，必须坚持重证据，重调查研究，不轻信口供，严禁刑讯逼供和以威胁、引诱、欺骗以及其他非法方法收集证据。只有被告人口供，没有其他证据，不能对被告人定罪量刑。最后，司法人员应当不徇私、不枉法，坚持有法必依，执法必严，忠于事实，忠于法律。

第七节　公民在适用法律上一律平等

一、公民在适用法律上一律平等原则的含义

《刑事诉讼法》第6条规定："人民法院、人民检察院和公安机关进行刑事诉讼……对于一切公民，在适用法律上一律平等，在法律面前，不允许有任何特权。"

公民在适用法律上一律平等原则，是指司法机关在办理刑事案件时，不受民族、种族、性别、职业、社会出身、宗教信仰、教育程度、财产状况、居住期限等因素的影响，对一切公民的合法权益都应依法给予保护，对一切公民的违法犯罪行为，都应依法予以追究，在法律面前，不允许有任何特权。对一切公民在适用法律上一律平等，符合我国法律的社会主义性质，它对于正确进行刑事诉讼具有极其重要的意义。首先，在刑事诉讼中贯彻实行这项原则，有利于反对和防止封建特权。其次，实行这项原则，有利于广泛调动群众建设社会主义民主、法制的积极性。一方面会提高司法机关的威信，维护社会主义法制的尊严；另一方面，还会密切党群关系，使党内、政府内特权思想、特权行为大大减少。

二、贯彻公民在适用法律上一律平等原则的要求

在司法实践中，实施犯罪行为的人是多种多样的，有党和国家的高级干部，也有平民百姓。不论行为人是谁，只要其行为构成犯罪，都应依法追究其刑事责任。不能因为他地位高、功劳大而不予追究或重罪轻判，也不能因为他是平民百姓而重判严惩；不能因为他地位高、功劳大而享有更多的诉讼权利，也不能因为他地位低而限制他依法享有诉讼权利。同样，受犯罪行为侵害的公民也是多种多样的。有国家的高级干部，也有一般的公民。不论受害人是谁，法律都应当对侵害他的犯罪者予以惩办。不能因为受害人地位高而对犯罪案件重惩快办，也不能因为受害人地位低而对犯罪者轻惩慢办。

对一切公民在适用法律上一律平等，同在法律规定的范围内区别对待并不矛盾。在法律范围内区别对待，是依照犯罪事实等情况，根据法律的规定进行的。例如，把主犯同从犯、胁从犯区别对待；把自首和认罪态度好与顽固不化、拒不交代罪行的被告人区别对待；等等。这种区别对待所依据的事实，主要是犯罪的情况以及犯罪分子犯罪前后的表现，它们属于刑法规定的影响量刑的情节，区别对待的标准是法律，区别对待的目的是更好地实现刑罚的目的。所以，在法律范围内区别对待，正是实现了在适用法律上一律平等的原则，它与因特权、地位不同而区别对待，有着原则性的区别。

第八节　分工负责、互相配合、互相制约

一、分工负责、互相配合、互相制约的含义

《刑事诉讼法》第7条规定，人民法院、人民检察院和公安机关进行刑事诉讼，应当分工负责，互相配合，互相制约，以保证准确有效地执行法律。

1. "分工负责"是指人民法院、人民检察院和公安机关在刑事诉讼中根据法律有明确的职权分工，应当在法定范围内行使职权，各司其职，各负其责，既不能相互替代，也不能相互推诿。

2. "互相配合"是指人民法院、人民检察院和公安机关进行刑事诉讼，应当在分工负责的基础上，相互支持，通力合作，使案件的处理能够上下衔接，协调一致，共同完成查明案件事实，追究、惩罚犯罪的任务。

3. "互相制约"是指人民法院、人民检察院和公安机关进行刑事诉讼，应当按照诉讼职能的分工和程序上的设置，相互约束，相互制衡，以防止发生错误或及时纠正错误，保证准确执行法律，做到不错不漏，不枉不纵。

分工负责、互相配合、互相制约，是密切相关、缺一不可的。其中，分工负责是前提，配合和制约是三机关依法行使职权，顺利进行刑事诉讼的保证。分工负责、相互配合、相互制约原则贯穿于刑事诉讼始终，其最终目的是保证准确有效地执行法律。

二、分工负责、互相配合、互相制约的要求

分工负责、互相配合、互相制约是保证准确有效执行法律的三个相互联系的必要条件。明确分工负责可以充分发挥司法人员的积极性、主动性提高办案效率。它是相互配合相互制约的前提条件。相互配合有助于共同完成诉讼任务，体现出三机关根本目标的一致性，是准确有效地执行法律的重要保障。互相制约则有利于各机关诉讼职能的充分发挥，使刑事诉讼程序建立在科学的结构之上，因而它是三个相互关系的核心。贯彻分工负责、互相配合、互相制约原则有以下具体要求：

1. 各专门机关在办案过程中，都要严格依照法律规定并积极主动地去完成法律赋予自己的职责，把好关口，保证办案质量。搞好本职工作是最好的配合和制约。

2 互相配合，要在以事实为根据、以法律为准绳的原则基础上进行，严格遵循诉讼规律，反对无原则的配合。配合的目的既要保障查明事实真相，打击犯罪，提高司法效率，又要维护犯罪嫌疑人和被告人的合法利益，做到客观公正，而不能因此扭曲诉讼结构。

3. 在刑事诉讼中坚持互相制约的同时，要强化检察机关的法律监督职能。诉讼活动违反法定程序也是违法，违法的诉讼也会产生相应的法律后果，若没有必要的严格的诉讼法律监督，不仅将使诉讼活动不能依法进行，甚至会使包括刑法在内的整个社会主义法制遭到破坏和践踏。坚持互相制约还应加强审判职能，肯定审判在刑事诉讼中的中心地位，保障法院审判权的有效行使。法院不仅对实体问题有裁决权，对于诉讼中的程序问题，包括侦查、起诉阶段的问题，只要对案件正常裁决有影响就应有一定的决定权。

三、分工负责、互相配合、互相制约之审视

作为一项政策性原则，配合制约原则并不一定完全反映了刑事诉讼发展的客观规律，这就使得配合制约原则虽然具备某种现实合理性，但却可能缺乏法理合理性。考察当前我国警、检、法三机关的关系，不难发现，在配合制约原则的指导下，我国警、检、法关系出现了错位、扭曲、缺位等不良现象，现象说明本质，我们因此而有理由质疑配合制约原则的法理合理性。

1. 配合制约原则下的检、警关系。我国在配合制约原则下塑造的检警关系与国外通行的检警关系大相径庭。从国外的做法来看，检警关系的实质是检警一体化。即检察机关主导警察机关进行侦查。在检警一体化体制下，检察机关不仅有权自行侦查，而且有权指挥、命令警察机关进行侦查。在大陆法系国家，检察机关集侦查权和控诉权于一身，检察机关是法定的侦查权主体、形式上的侦查机关；而警察机关作为实质的侦查机关，仅仅是为帮助检察机关行使侦查权而设的"辅助机关"，警察机关的任务就是协助检察机关侦查犯罪或受检察机关的指挥、命令侦查犯罪。在侦查程序中，承担控诉职能的检察机关是主导和中心，检察机关不仅可以自行侦查，而且可以命令、指挥警察机关侦查犯罪。在英美法系国家，虽然不将警察机关视为检察机关的辅助机关，但检察机关与警察机关的关系同样非常密切，检察官不仅有权亲自进行侦查，而且有权对警察机关的侦查发表意见、进行指导。可见，检警一体化实际上是一种检察机关对警察机关的单向制约机制。

检警一体化的法理基础在于侦、控职能的同质性和隶属性。从法理上说，侦查的最终目的是为控诉服务，侦查阶段查明案件事实、查获证据的目的都是在庭审阶段支持控诉，因此，侦查职能本身并不具有独立性，侦查职能往往被视为是控诉职能的一部分。在定位侦查职能和控诉职能的关系时，控诉职能无疑应当处于主导地位，而侦查职能仅仅是对控诉职能起辅助作用的诉讼职能，侦控关系本质上是一种主从关系。既然侦控关系本质上是一种主从关系，那么行使控诉职能的检察机关当然就可以监督、制约行使侦查职能的警察机关；而警察机关却不能反向制约检察机关，否则就将导致诉讼关系错位、诉讼机制冲突。

从实践效果来看，我国现行的检警关系已经在司法实践中引发了严重的机制冲突即"检警冲突"，造成了诉讼关系的不顺、侦查机制的不畅。这突出表现在：由于检察院对公安机关的监督、控制能力不足，不能主导公安机关的侦查活动，导致检控力量的减损、诉讼效率的降低。我国检警关系的特征是强调检、警地位的平等性和制约的双向性，这就将公安机关抬升至同检察院分庭抗礼的地步，导致公安机关地位强势、难以制约；公安机关往往脱离检控的要求自行其是，造成刑事侦查不能按照检控的要求实施，甚至双方"扯皮""内耗"，减损了检控的能力。比如就检察院的立案监督权而言，根据我国《刑事诉讼法》的规定，公安机关不立案，检察院通知公安机关立案的，公安机关就应当立案，但在司法实践中，公安机关却用在立案后撤销案件的方法来消极应付，使检察院的这一权力虚置或落空。再如，根据《刑事诉讼法》的有关规定，检察院有权向公安机关调阅案件材料，但司法实践中公安机关往往借种种理由予以拒绝；检察院要求公安机关协助侦查，公安机关也以各种借口推诿甚至干脆拒绝；等等。这些现象必然导致检控能力的受损、下降。但是，面对这种窘境，检察院却受制于配合制约原则而束手无策。

2. 配合制约原则下的检法关系。在现代刑事诉讼法中，控审分离原则是调整检、法关系的基本准则，它强调控诉职能和审判职能之间的分权制衡，一方面，控诉职能要受到审判职

能的制约。由于控诉职能本身并不具有实体裁判性和终局性，控诉职能对犯罪的纠举，必须经过法院的审查，才能最终加以认定。如果法官经过审判，发现检察院的控诉不能成立时，可以判决否定检察院的指控；另一方面，审判职能也在一定程度上受制于控诉职能。首先，在审判程序的启动上，奉行不告不理的原则，没有检察院提起控诉，法院不能展开审判，即所谓"没有公诉人，就没有法官"；其次，审判职能的活动范围也受制于控诉职能，遵行诉审同一原则，法院的审判对象必须同检察院起诉指控的对象保持同一，法院不能超出检察院起诉指控的被告人和罪行而作出裁判。可见，检、法关系本质上应当是一种制约关系而非配合关系。

控审分离原则的确立充分体现了现代刑事诉讼的精神和实质——以程序制约权力，即通过程序机制的设置来确保国家追究犯罪的活动按公正的轨道进行，防止国家滥用刑事司法权、侵犯公民人权。现代法治国家之所以在刑事诉讼中实行控审分离原则，就是基于应当由两个相互独立的司法机构审查是否判决有罪的分权制衡思想。国家在法院之外设立检察院来行使控诉权，就是为了防止作为裁判者的法院集审判与控诉职能于一身，重演封建纠问式模式下，法官自诉自审，严重侵犯被告人人权的历史；而另一方面，国家之所以在设立了警察机关和检察院追究犯罪的情况下，还要设立法院来对警察机关和检察院的追究活动进行审查，其目的正是通过相对中立的司法审查机构的设置，来对警察机关和检察院前一阶段工作效果进行审核，防止警察机关和检察院进行不公正的追诉。可见，控审关系或者说检法关系本质上应当是一种制约关系，单方面强调检法之间的互相配合将破坏这一关系的基础。

第九节 人民检察院依法对刑事诉讼实行法律监督

《刑事诉讼法》第8条规定，人民检察院依法对刑事诉讼实行法律监督。人民检察院是国家的法律监督机关，在刑事诉讼活动中，有权对公安机关的立案侦查、法院的审判和执行机关的执行活动是否合法进行监督。这种监督贯穿于刑事诉讼活动的始终。

1. 立案监督。在立案阶段，人民检察院认为公安机关对应当立案侦查的案件而不立案侦查的，或者被害人认为公安机关对应当立案侦查的案件而不立案侦查，向人民检察院提出的，应当要求公安机关说明不立案的理由。人民检察院认为公安机关不立案理由不能成立的，应当通知公安机关立案，公安机关接到通知后应当立案。

2. 审查批捕过程中的监督。

（1）对侦查活动的监督。人民检察院在审查批准逮捕工作中，如果发现公安机关的侦查活动有违法情况，应当通知公安机关予以纠正，公安机关应当将纠正情况通知人民检察院。

（2）对提请批捕的监督。人民检察院办理审查逮捕案件，发现应当逮捕而公安机关未提请批准逮捕的犯罪嫌疑人的，应当建议公安机关提请批准逮捕。如果公安机关不提请批准逮捕的理由不能成立的，人民检察院也可以直接作出逮捕决定，送达公安机关执行。

3. 审查起诉阶段的监督。

（1）对侦查活动的监督。在审查起诉过程中，人民检察院可以要求公安机关提供法庭审判所必需的证据材料。对于需要补充侦查的，可以退回公安机关补充侦查，也可以自行补充侦查。对于补充侦查的案件，人民检察院仍然认为证据不足，不符合起诉条件的，可以作出不起诉的决定。

（2）对移送起诉的监督。人民检察院在办理公安机关移送起诉的案件中，发现遗漏依法应当移送审查起诉同案犯罪嫌疑人的，应当建议公安机关补充移送审查起诉；对于犯罪事实清楚，证据确实充分的，人民检察院也可以直接提起公诉。

4. 审判阶段的监督。

（1）对法庭审理活动的监督。在审判阶段，人民检察院在代表国家提起公诉的同时，监督法庭审理活动。人民检察院发现人民法院审理案件违反法律规定的诉讼程序，有权向人民法院提出纠正意见。

（2）对一审裁判的监督。地方各级人民检察院认为本级人民法院第一审的判决、裁定确有错误的时候，应当向上一级人民法院提出抗诉。

（3）对生效裁判的监督。对于已经发生法律效力的判决和裁定，人民检察院如果发现确有错误，有权按照审判监督程序提出抗诉。

5. 执行阶段的监督。

（1）死刑执行的临场监督。人民法院在交付执行死刑前，应当通知同级人民检察院派员临场监督。

（2）对暂予监外执行的监督。批准暂予监外执行的机关应当将批准的决定抄送人民检察院。人民检察院认为暂予监外执行不当的，应当自接到通知之日起1个月以内将书面意见送交批准暂予监外执行的机关，批准暂予监外执行的机关接到人民检察院的书面意见后，应当立即对该决定进行重新核查。

（3）对减刑、假释的监督。人民检察院认为人民法院减刑与假释的裁定不当，有权在收到裁定书副本后20日以内，向人民法院提出书面纠正意见。人民法院应当在收到纠正意见后1个月内重新组成合议庭进行审理，作出最终裁定。

（4）对执行机关执行刑罚的活动是否合法实行监督。如果发现有违法的情况，应当通知执行机关纠正。

第十节　犯罪嫌疑人、被告人有权获得辩护

辩护是犯罪嫌疑人、被告人及其辩护人为反驳控诉，根据事实和法律提出有利于被告人的证据和理由，说明被告人无罪罪轻或应当减轻、免除处罚的诉讼活动。辩护基于法定的辩护权而产生，是针对控诉而提出并同控诉相对立的一种基本的诉讼职能。我国宪法和法律规定，犯罪嫌疑人、被告人有权获得辩护，公检法三机关有义务保证被告人获得辩护，不得以任何借口限制和剥夺其辩护权。犯罪嫌疑人、被告人从开始参加刑事诉讼起，就有权提出有利于自己的材料和意见，反驳对他的控诉，为自己进行辩护。犯罪嫌疑人、被告人除了可以自行进行辩护外，还可以委托律师或者其他辩护人为自己辩护。在法律有明确规定的案件中，如果被告人没有委托辩护人，人民法院应当为他指定辩护人，并应当认真听取和研究被告人及其辩护人在依法辩护时所提出的材料和意见。

《刑事诉讼法》第11条规定，人民法院审判案件，被告人有权获得辩护，人民法院有义务保证被告人获得辩护。这一原则的基本含义是：

1. 犯罪嫌疑人、被告人享有辩护的权利。辩护权是犯罪嫌疑人、被告人最基本的诉讼权利，我国法律赋予犯罪嫌疑人、被告人辩护权，并在制度和程序上充分保障犯罪嫌疑人、被告人行使辩护权。在任何情况下，对任何犯罪嫌疑人、被告人都不得以任何理由限制或剥夺其辩护权。

2. 公、检、法机关有义务保障被追诉人享有辩护权。在刑事诉讼中，公、检、法机关为保障被追诉人享有辩护权应负有以下义务：

（1）告知义务。在追诉活动中，应当及时告知被追诉人享有辩护权以及法律赋予的其他诉讼权利，如聘请辩护人的权利、委托辩护人的权利、申请回避的权利、上诉权等。

（2）为被追诉人提供进行辩护的条件，如为符合法定情形的被告人指定承担法律援助义务的律师、认真听取被告人及其辩护人的意见等。

第十一节　未经人民法院依法判决对任何人都不得确定有罪

一、未经人民法院依法判决对任何人都不得确定有罪的含义

《刑事诉讼法》第 12 条规定，未经人民法院依法判决，对任何人都不得确定有罪。这是1996 年《刑事诉讼法》确立的一项基本原则。该原则吸收了无罪推定原则的精神，明确规定只有人民法院享有定罪权。这一原则包括以下基本含义：

1. 明确规定了确定被告人有罪的权力由人民法院统一行使，其他任何机关、团体和个人都无权行使。定罪权是刑事审判权的核心，人民法院作为我国唯一的审判机关，代表国家统一独立行使刑事审判权。

2. 人民法院判决被告人有罪，必须严格依照法定程序，在保障被告人享有充分的辩护权的基础上，组成合格的独立的法庭进行公正、公开的审理。

二、未经人民法院依法判决对任何人都不得确定有罪在刑事诉讼法中的体现

1. 该原则在我国《刑事诉讼法》中的体现如下：

（1）被追诉者在刑事诉讼过程中一律称为犯罪嫌疑人、被告人，而不能称为犯人或人犯。

（2）不存在免予起诉的决定，人民检察院只能作出提起公诉的决定或者不起诉的决定，而不能作出免予起诉的决定。

（3）在刑事诉讼中，证明责任一般要由公诉人或自诉人承担，被告人没有证明自己无罪的义务。

（4）对于补充侦查的案件，人民检察院仍然认为证据不足，不符合起诉条件的，可以作出不起诉的决定。

（5）法院开庭审理案件，不以被告人的行为构成犯罪为前提条件。

（6）对于证据不足指控罪名不能成立的案件，人民法院应当作出证据不足指控犯罪不能成立的无罪判决。

2. 第二审法院对于原判决事实不清楚或者证据不足的，可以在查清事实后改判；也可以裁定撤销原判，发回原审人民法院重新审判。原审人民法院对于以事实不清、证据不足为由发回重新审判的案件作出判决后，被告人提出上诉或者人民检察院提出抗诉的，第二审人民法院应当依法作出判决或者裁定，不得再发回原审人民法院重新审判。

3. 再审的审理法院对于原判决、裁定事实不清或者证据不足的案件，接受抗诉的人民法院进行重新审理后，应当按照下列情形分别处理：①经审理能够查清事实的，应当在查清事实后依法裁判；②经审理仍无法查清事实，证据不足，不能认定原审被告人有罪的，应当判

决宣告原审被告人无罪；③经审理发现有新证据且超过刑事诉讼法规定的指令再审期限的，可以裁定撤销原判，发回原审人民法院重新审判。

4. 为贯彻这一原则，刑事诉讼法从以下几个方面作出了相应规定：

（1）区分犯罪嫌疑人与刑事被告人。公诉案件在提起公诉前将被追究者称为犯罪嫌疑人，提起公诉后始称为刑事被告人。

（2）控诉方承担举证责任，被告人不负证明自己无罪的义务，不得因被告人不能证明自己无罪便推定其有罪。

（3）疑案作无罪处理。明确规定在审判阶段，对于证据不足、不能认定被告人有罪的，人民法院应当作出证据不足、指控罪名不能成立的无罪判决。

三、《刑事诉讼法》第 12 条存在的问题

《刑事诉讼法》第 12 条"未经人民法院依法判决，对任何人都不得确定有罪"的规定，无论从语法角度，还是从逻辑学角度，也还是从法律角度来分析，都只是表达"确定有罪权由人民法院依法行使"的含义。这一含义无论是与贝卡利亚的无罪推定的最初含义，还是与几种有代表性的无罪推定的立法表述，或是与无罪推定的基本精神及其包含的具体内容，都相去甚远。

贝卡利亚，意大利经济学家、法理学家和刑罚改革。他的著作《论犯罪与刑罚》（1764年）在整个欧洲有相当的影响力。他呼吁以更人道的方式对待囚犯，呼吁改革法律并改善监狱环境。近代欧美刑法学鼻祖贝卡里亚在《论犯罪与刑罚》的"刑讯"一节中明确指出："在法官判决之前，一个人是不能被称为罪犯的。""只要还不能断定他已经侵犯了给予他公共保护的契约，那么社会就不能取消对他的公共保护。"这就是著名的"无罪推定"原则。

无罪推定原则的核心含义：其一，不能像对待罪犯那样对待犯罪嫌疑人和刑事被告人。其二，应当把被追诉的人作为诉讼的主体来看待，他应当享有一系列的诉讼权利。刑事被告人不是诉讼的客体。其三，证明被追诉人为罪犯的责任在控方，被指控的人没有责任没有义务证明自己无罪。如果控方不能证明，那就应当做无罪处理。无罪推定是世界人权宣言人权公约确认和维护的一项基本人权，也是联合国在刑事司法领域制定和推行的正当程序最低限度标准之一。

同时，本条也存在逻辑问题问题：经人民法院依法判决，对任何人都可以确定有罪？判决是否需要生效？建议改为：未经人民法院依法判决，对任何人都应当推定无罪。

第十二节　具有法定情形不予追究刑事责任

《刑事诉讼法》第 16 条规定，有下列情形之一的，不追究刑事责任，已经追究的，应当撤销案件，或者不起诉，或者终止审理，或者宣告无罪：

（1）情节显著轻微、危害不大，不认为是犯罪的；

（2）犯罪已过追诉时效期限的；

（3）经特赦令免除刑罚的；

（4）依照刑法告诉才处理的犯罪，没有告诉或者撤回告诉的；

（5）犯罪嫌疑人、被告人死亡的；

（6）其他法律规定免予追究刑事责任的。

一、法定不追究刑事责任的情形

1. 情节显著轻微、危害不大，根据《刑法》不认为是犯罪的。需要注意的是，这里规定的是情节"显著轻微"，与《刑事诉讼法》第 177 条第 2 款中作出酌定不起诉的条件，即犯罪情节"轻微"不同。在审查起诉环节，检察机关认为情节"显著轻微"，危害不大，根据《刑法》不认为是犯罪的，应当作出法定不起诉的处理；而如果检察机关认为犯罪情节"轻微"，依照《刑法》规定不需要判处刑罚或者免除刑罚的，可以作出酌定不起诉的处理。要注意二者在适用条件上的区别。

2. 犯罪已过追诉时效期限的。《刑法》规定了对于刑事犯罪的追诉期限：

（1）法定最高刑为不满 5 年有期徒刑的，经过 5 年；

（2）法定最高刑为 5 年以上不满 10 年有期徒刑的，经过 10 年；

（3）法定最高刑为 10 年以上有期徒刑的，经过 15 年；

（4）法定最高刑为无期徒刑、死刑的，经过 20 年；

（5）超过上述法定追诉时效的，一般不再追究刑事责任。

3. 经特赦令免除刑罚的。在我国，全国人民代表大会常务委员会有权决定特赦。这种特赦命令具有终止刑事追究的法律效力。

4. 依照刑法告诉才处理的犯罪，没有告诉或者撤回告诉的。告诉才处理的案件以被害人提出告诉为前提。被害人没有提出告诉或者撤回告诉的，对这类案件的追究就失去了法律基础。《刑法》分则规定告诉才处理的案件有四类：侮辱诽谤案，但危害社会秩序和国家利益的除外；暴力干涉婚姻自由案，但致人死亡的除外；虐待案，但致人重伤或死亡的除外；侵占案。

5. 犯罪嫌疑人、被告人死亡的。如果犯罪嫌疑人、被告人死亡的，追究刑事责任已经没有意义，因此不予追究。

6. 其他法律规定免予追究刑事责任的。

二、遇有法定情形时的处理

根据该原则，对于具有不应追究刑事责任法定情形的案件，应根据案件的不同情况及所处的诉讼阶段作出不同处理。

1. 立案阶段的处理。在立案阶段，如果存在上述六种情形之一，应作出不立案的决定。

2. 侦查阶段的处理。在侦查阶段，如果存在上述六种情形之一，侦查机关应当决定撤销案件。

3. 审查起诉阶段的处理。在审查起诉阶段，如果存在上述六种情形之一，检察机关应当作出不起诉处理。

需要注意的是，对于公安机关移送审查起诉的案件：

（1）发现犯罪嫌疑人没有违法犯罪行为的，应当书面说明理由将案卷退回公安机关处理。

（2）发现犯罪事实并非犯罪嫌疑人所为的，应当书面说明理由将案卷退回公安机关并建议公安机关重新侦查。如果犯罪嫌疑人已经被逮捕，应当撤销逮捕决定，通知公安机关立即释放。

4. 审判阶段的处理。对于符合《刑事诉讼法》第 16 条规定的第一种情形的，应判决宣告无罪；对于符合其他五种情形的，应裁定终止审理或决定不予受理。

需要注意的是在被告人死亡的情形下如何处理：

（1）对于被告人死亡的，应当裁定终止审理；对于根据已查明的案件事实和认定的证据材料，能够确认被告人无罪的，应当判决宣告被告人无罪。

（2）在第二审程序中，如果共同犯罪案件中提出上诉的被告人死亡，其他被告人没有提出上诉，第二审人民法院仍应当对全案进行审查，死亡的被告人不构成犯罪的，应当宣告无罪；审查后认为构成犯罪的，应当宣布终止审理，对其他同案被告人仍应当作出判决或者裁定。

【经典例题】 1. 检察院以涉嫌诈骗罪对某甲提起公诉。经法庭审理，法院认定，某甲的行为属于《刑法》规定的"将代为保管的他人财物非法占为己有并拒不退还"的侵占行为。对于本案，检察院拒不撤回起诉时，法院的哪种处理方法是正确的？（　　）[1]

A. 裁定驳回起诉

B. 裁定终止审理

C. 迳行作出无罪判决

D. 以侵占罪作出有罪判决

2. 某法院决定开庭审理张某贪污案，被告人张某在开庭前突发心脏病死亡。该法院应当如何处理？（　　）[2]

A. 裁定撤销案件

B. 宣告被告人张某无罪

C. 裁定终止审理

D. 退回起诉的人民检察院处理

3. 某人民检察院渎职犯罪侦查部门接到群众的举报，对某单位领导在一起责任事故中的失职行为立案侦查，经侦查认为该领导虽然有过失，但其行为尚不构成犯罪，该检察院应当作出何种处理决定？（　　）[3]

A. 免予起诉

B. 撤销案件

C. 不起诉

D. 终止侦查

4. 关于依法不追究刑事责任的情形，下列哪些选项是正确的？（　　）[4]

A. 犯罪嫌疑人甲和被害人乙在审查起诉阶段就赔偿达成协议，被害人乙要求不追究甲刑事责任

B. 甲侵占案，被害人乙没有起诉

C. 高某犯罪情节轻微，对社会危害不大

D. 犯罪嫌疑人白某在被抓获前自杀身亡

5. 某县公安机关收到孙某控告何某对其强奸的材料，经审查后认为何某没有强奸的犯罪

---

〔1〕答案：B

〔2〕答案：C

〔3〕答案：B

〔4〕答案：BD

事实。县公安机关应当如何处理？（　　　）〔1〕

A. 不予立案

B. 要求孙某撤回控告

C. 撤销案件

D. 侦查终结后移送检察院作不起诉决定

6. 某市检察院审理市公安局移送审查起诉的下列案件中，具有何种情形时应当作出不起诉决定？（　　　）〔2〕

A. 犯罪嫌疑人甲，犯罪已过追诉时效期限

B. 犯罪嫌疑人乙，为犯罪准备工具、制造条件

C. 犯罪嫌疑人丙已死亡

D. 犯罪嫌疑人丁是聋哑人

第十三节　追究外国人刑事责任适用我国刑事诉讼法

《刑事诉讼法》第17条规定，对于外国人犯罪应当追究刑事责任的，适用本法的规定。对于享有外交特权和豁免权的外国人犯罪应当追究刑事责任的，通过外交途径解决。该原则是国家主权原则在刑事诉讼中的具体体现。该原则的具体含义包括以下两个方面：

1. 外国人、无国籍人犯罪，一般应当按照刑事诉讼法规定的诉讼程序进行追诉。外国人、无国籍人以及国籍不明的人犯罪的第一审刑事案件，2012年修正后的《刑事诉讼法》不再要求必须由中级人民法院管辖。

2. 享有外交特权和豁免权的外国人犯罪应当追究刑事责任的，通过外交途径解决。

（1）根据1986年我国通过的《外交特权和豁免条例》，享有外交特权和豁免权的外国人包括：

1）外国驻中国使馆的外交代表不受逮捕或拘留，享有刑事管辖豁免权。

2）与外交代表共同生活的配偶及未成年子女，如果不是中国公民，享有与外交代表相同的特权和豁免权。

3）来中国访问的外国国家元首、政府首脑、外交部长及其他具有同等身份的官员。

4）途经中国的外国驻第三国的外交代表和与其共同生活的配偶及未成年子女。

5）持有中国外交签证或者持有外交护照来中国的外交官员。

6）经中国政府同意给予外交特权和豁免的其他来中国访问的外国人士。

（2）所谓"通过外交途径处理"，一般是指：

1）建议派遣国依法处理。

2）宣布为不受欢迎的人。

3）责令限期出境。

4）宣布驱逐出境等。

---

〔1〕答案：A

〔2〕答案：AC

第十四节　各民族公民有权使用本民族语言文字进行诉讼

《刑事诉讼法》第 9 条规定，各民族公民都有用本民族语言文字进行诉讼的权利。人民法院、人民检察院和公安机关对于不通晓当地通用的语言文字的诉讼参与人，应当为他们翻译。在少数民族聚居或者多民族杂居的地区，应当用当地通用的语言进行审讯，用当地通用的文字发布判决书、布告和其他文件。这一原则包括以下内容：

（1）各民族公民，无论当事人，还是辩护人、证人、鉴定人，都有权使用本民族的语言进行陈述、辩论，有权使用本民族文字书写有关诉讼文书。

（2）公、检、法机关在少数民族聚居或多民族杂居的地区，要用当地通用的语言进行侦查、起诉和审判，用当地通用的文字发布判决书、公告、布告和其他文件。

（3）如果诉讼参与人不通晓当地的语言文字，公、检、法机关有义务为其指派或聘请翻译人员进行翻译。

贯彻本原则要求：①司法人员必须牢固树立民族团结的思想，克服大汉族主义和狭隘民族主义思想，在刑事诉讼中，坚决反对任何妨碍民族团结的行为。②必须大力加强对少数民族地区本民族司法干部的培养。这是实现民族平等的需要，也是保证刑事诉讼顺利进行，保证案件质量的需要。③在少数民族地区的司法机关中，应当设立或聘请适当的翻译人员，以保证诉讼的需要，保证司法机关和当地群众联系的需要。

第十五节　保障诉讼参与人的诉讼权利

《刑事诉讼法》第 14 条规定，人民法院、人民检察院和公安机关应当保障犯罪嫌疑人、被告人和其他诉讼参与人依法享有的辩护权和其他诉讼权利。诉讼参与人对于审判人员、检察人员和侦查人员侵犯公民诉讼权利和人身侮辱的行为，有权提出控告。

《刑事诉讼法》第 281 条第 1~3 款专门规定了对未成年犯罪嫌疑人、被告人的诉讼权利保障："对于未成年人刑事案件，在讯问和审判的时候，应当通知未成年犯罪嫌疑人、被告人的法定代理人到场。无法通知、法定代理人不能到场或者法定代理人是共犯的，也可以通知未成年犯罪嫌疑人、被告人的其他成年亲属，所在学校、单位、居住地基层组织或者未成年人保护组织的代表到场，并将有关情况记录在案。到场的法定代理人可以代为行使未成年犯罪嫌疑人、被告人的诉讼权利。到场的法定代理人或者其他人员认为办案人员在讯问、审判中侵犯未成年人合法权益的，可以提出意见。讯问笔录、法庭笔录应当交给到场的法定代理人或者其他人员阅读或者向他宣读。讯问女性未成年犯罪嫌疑人，应当有女工作人员在场。"

这项原则的基本含义是：

1. 诉讼权利是诉讼参与人享有的法定权利，法律予以保护，公安司法机关不得以任何方式加以剥夺。诉讼参与人在其诉讼权利受到侵害时，有权采用法律手段依法保护自己的诉讼权利，如控告或请求公安司法机关予以制止，有关机关对于侵犯公民诉讼权利的行为应当认真查处。

2. 公安司法机关有义务保障诉讼参与人充分行使诉讼权利，对于刑事诉讼中妨碍诉讼参与人行使诉讼权利的各种行为，公安司法机关有义务采取措施予以制止。

3. 诉讼参与人在享有诉讼权利的同时，还应当承担法律规定的诉讼义务。公安司法机关有义务保障诉讼参与人的诉讼权利，也有权力要求诉讼参与人履行相应的诉讼义务。

第十六节　刑事司法协助

《刑事诉讼法》第 18 条规定，根据中华人民共和国缔结或者参加的国际条约，或者按照互惠原则，我国司法机关和外国司法机关可以相互请求刑事司法协助。这一规定确立了刑事司法协助原则。

1. 刑事司法协助的条件。根据法律规定，进行刑事司法协助的前提条件是：有我国参加或者缔结的国际条约规定的，适用该条约规定，但是，我国声明保留的条款除外；无相应条约规定的，按照互惠原则通过外交途径办理。

2. 刑事司法协助的主体。刑事司法协助的主体是我国司法机关和外国司法机关。这里的司法机关是广义的，包括法院和检察机关。我国已于 1984 年加入了国际刑警组织，因此我国公安机关与外国警察机关的协作通常通过国际刑警组织进行。司法部司法协助局作为我国对外进行司法协助的中央机关负责对外联系。

3. 刑事司法协助的内容。根据相关司法解释的规定，国际刑事司法协助的内容包括：代为送达文书；代为调查取证；互相委托进行鉴定、勘验、检查、搜查和扣押；互相代为通知证人、鉴定人出庭；互相移交物证、书证等证据，以及法律和国际条约规定的其他司法协助事宜。司法机关对外进行司法协助，应当根据我国有关法律规定决定是否向外国提供司法协助和办理司法协助事务。依照国际条约的规定，在不违背我国法律规定的前提下，也可以按照请求方的要求适用请求书中所示的程序；外国有关机关请求的事项有损中华人民共和国的主权、安全或者社会公共利益以及违反中国法律的，应当予以驳回；不属于我国人民法院和人民检察院职权范围的，应当予以退回或移送有关机关，并说明理由。另外，广义的刑事司法协助，还包括引渡。所谓引渡，是指一国将当时在其境内而被他国指控犯有罪行或者判过刑的人，根据他国的请求，移送该国进行审判或者处罚的制度。我国与外国的引渡以与外国签订的引渡条约为依据。

思考题：

1. 我国刑事诉讼基本原则的概念和体系是什么？
2. 如何理解我国的公检法三机关在刑事诉讼中的关系？
3. 人民检察院如何对刑事诉讼实行监督？
4. 外国刑事诉讼基本原则与我国刑事诉讼原则相比，有哪些异同？

第二编　刑事诉讼基本制度

第七章　管　　辖

> **内容导读**　《刑事诉讼法》上的管辖制度，从根本上来说是权力分配与约束的一种机制，是公、检、法和其他国家机关受理刑事案件的权限和分工，同时也是四级别法院之间以及同级别法院之间受理一审刑事案件的权限和分工。《刑事诉讼法》对管辖权作出明确规定，使之恒定，从而排除其他干预因素，确保程序的公正。

本章重点：

1. 人民检察院直接受理的案件范围
2. 级别管辖的变通
3. 人民法院直接受理的自诉案件

本章难点：

1. 中级人民法院管辖的第一审案件
2. 监察机关、公安机关、人民检察院和人民法院管辖权竞合的处理

第一节　管　辖　制　度

一、管辖的概念

我国刑事诉讼的管辖，是指根据《刑事诉讼法》的规定，公安机关、人民检察院、人民法院和其他国家专门机关立案受理刑事案件的权限和分工，以及在各级人民法院之间、同级人民法院之间受理第一审刑事案件的权限和分工。在我国，管辖包括立案管辖和审判管辖两种。此外，在司法实践中，还存在并案管辖。

二、管辖制度的意义

《刑事诉讼法》上的管辖制度，本质上是一种权力分配与约束机制。一方面，《刑事诉讼法》授予公安机关、人民检察院和人民法院立案权，授予人民法院审判权，但公、检、法三机关之间具体如何行使立案权，以及各级人民法院和同级人民法院之间具体如何分配审判权，都需要事先作出科学、合理的制度安排。因此，立案管辖制度旨在解决公安机关、人民检察院和人民法院之间的立案权分配问题。审判管辖由纵向的级别管辖以及横向的地域管辖组成。制度目的在于解决纵向的各级人民法院之间、横向的同级人民法院之间关于第一审刑

事案件的审判权分配问题。与此同时，管辖制度也是一项权力约束机制。不论是立案管辖，还是审判管辖，公、检、法三机关应严格依照《刑事诉讼法》规定各司其职、各尽其责，在刑事案件的侦查、起诉、审判过程中，三机关既不能互相推诿管辖权，也不能为了利益争抢管辖权。《刑事诉讼法》在管辖权立法方法事先作出规定，使得管辖恒定，尤其是审判管辖权恒定，还具有维护审判独立的法治意义。因为，具体负责审理案件的法院和法官是依据法律事先确定的，而非临时设立或特别指定，这有利于防止其他机关或个人通过为案件指定法院和法官的方式干预审判独立，也有利于诉讼参与人按照管辖范围进行控告、检举、揭发犯罪，减少因为管辖权不明朗引起的中间移送环节。

第二节　管 辖 类 型

一、立案管辖

立案管辖是指公安机关包括国家安全机关、人民检察院、监察机关和人民法院在直接受理刑事案件上的权限分工。

（一）人民法院直接受理的案件

我国《刑事诉讼法》第 19 条第 3 款规定：“自诉案件，由人民法院直接受理。”这里的所谓“自诉案件”，即依法应由被害人本人或者其近亲属自行向人民法院起诉的案件。这类案件的特点在于不需要经过公安机关或者人民检察院的立案侦查，也无需由人民检察院提起公诉，而由被害人本人或者其近亲属自行向人民法院起诉，由人民法院直接予以立案并进行审判。根据我国《刑事诉讼法》第 210 条的规定，自诉案件包括下列案件：①告诉才处理的案件；②被害人有证据证明的轻微刑事案件；③被害人有证据证明对被告人侵犯自己人身、财产权利的行为应当依法追究刑事责任，而公安机关或者人民检察院不予追究被告人刑事责任的案件。

1. 告诉才处理的案件。我国《刑法》第 98 条规定，本法所称告诉才处理，是指被害人告诉才处理。如果被害人因受强制、威吓无法告诉的，人民检察院和被害人的近亲属也可以告诉。告诉才处理的案件包括：侮辱、诽谤案，暴力干涉婚姻自由案，虐待案，侵占案。但是，严重危害社会秩序和国家利益的侮辱、诽谤案除外，对于暴力干涉婚姻自由的案件最终导致被害人死亡的也不在其列。在虐待案件中，如果最终致使被害人重伤或者死亡，或被害人没有能力告诉的，或被害人受到强制、威胁无法告诉的也不在其列。

2. 被害人有证据证明的轻微刑事案件。根据《刑事诉讼法》的规定，这类案件要由人民法院直接受理，必须具备两个条件：一是案件轻微，二是有证据证明。这意味着该类案件的举证责任在被害方。具体包括：①故意伤害案（轻伤）；②非法侵入住宅案；③侵犯通信自由案；④重婚案；⑤遗弃案；⑥生产、销售伪劣商品案（严重危害社会秩序和国家利益的除外）；⑦侵犯知识产权案（严重危害社会秩序和国家利益的除外）；⑧属于《刑法》分则第四章、第五章规定的，对被告人可以判处三年有期徒刑以下刑罚的其他轻微刑事案件。上述八类案件案情简单，情节轻微，事实清楚，被告人明确，一般不需要进行专门的侦查。因此，最高人民法院的司法解释将其规定为自诉案件。对于这八类案件，被害人直接向人民法院起诉的，人民法院应当依法受理，对其中证据不足、可以由公安机关受理的，或者认为对被告人可能判处三年有期徒刑以上刑罚的，应当告知被害人向公安机关报案，或者移送公安机关立案侦查。公安部《规定》第 14 条第 3 项规定，对于人民法院直接受理的被害人有证据证明的轻微刑事案件，因证据不足驳回起诉，人民法院移送公安机关或者被害人向公安机关控告的，公安机关应当受理；被害人直接向公安机关控告的，公安机关应当受理。据此，对于轻微刑事案件，被害人有权选择是以自诉还是以公诉的方式起诉。

3. 被害人有证据证明对被告人侵犯自己人身、财产权利的行为应当依法追究刑事责任，而公安机关或者人民检察院不予追究被告人刑事责任的案件。原本这类案件属于公诉案件的范围，但由于公安机关或者人民检察院不予追究被告人刑事责任，为救济被害人的诉权，遂成为自诉案件，所以该类案件习惯上又被称为"公诉转自诉"案件。该类案件由被害人向人民法院起诉的，人民法院应当重点审查是否具备四个条件：一是被害人遭受的侵害限定于人身权利或财产权利方面的侵害。对被害人其他权利的侵害，则不在该类案件的范围之列。二是被告人的行为已经构成犯罪，依法应当追究刑事责任。三是被害人有证据证明被告人的行为构成犯罪。四是公安机关或者人民检察院作出了不予追究被告人刑事责任的书面决定，应当立案却作出不予立案决定，或者应当起诉却作出不起诉决定，或者不应当撤销案件而作出撤销案件决定。

（二）公安机关直接受理的刑事案件

根据我国《刑事诉讼法》第 19 条第 1 款的规定，刑事案件的侦查由公安机关进行，法律另有规定的除外。这里所规定的除外情况，主要是指：①人民法院直接受理的刑事案件；②军人违反职责的犯罪和军队内部发生的刑事案件；③罪犯在监狱内犯罪的刑事案件；④检察机关直接立案侦查的案件；⑤国家安全机关侦查的危害国家安全的案件；⑥中国海警局立案侦查的海上发生的刑事案件。

（三）人民检察院受理的刑事案件

人民检察院直接受理的案件又被称为自侦案件。人民检察院对两类刑事案件刑事侦查权：①在对诉讼活动实行法律监督中发现的司法工作人员利用职权实施的非法拘禁、刑讯逼供、非法搜查等侵犯公民权利、损害司法公正的犯罪；②对于公安机关管辖的国家机关工作人员利用职权实施的重大犯罪案件，需要由人民检察院直接受理的时候，经省级以上人民检察院决定，可以由人民检察院立案侦查。因此可以总结出检察院自侦的案件有以下几个特点：①犯罪主体为司法工作人员；②实施的犯罪行为发生在司法工作中；③发现的途径为检察机关在对诉讼活动的监督过程；④此类案件可以由人民检察院自行侦查，也可以由监督委员会调查。人民检察院在对诉讼活动实行法律监督中，发现司法工作人员涉嫌利用职权实施的下列侵犯公民权利、损害司法公正的犯罪案件，可以立案侦查：非法拘禁罪（非司法工作人员除外）；非法搜查罪（非司法工作人员除外）；刑讯逼供罪；暴力取证罪；虐待被监管人罪；滥用职权罪（非司法工作人员滥用职权侵犯公民权利、损害司法公正的情形除外）；玩忽职守罪（非司法工作人员玩忽职守侵犯公民权利、损害司法公正的情形除外）；徇私枉法罪；民事、行政枉法裁判罪；执行判决、裁定失职罪；执行判决、裁定滥用职权罪；私放在押人员罪；失职致使在押人员脱逃罪；徇私舞弊减刑、假释、暂予监外执行罪。

对于上述涉及 14 个罪名的犯罪案件，由设区的市级人民检察院立案侦查。基层人民检察院发现犯罪线索的，应当报设区的市级人民检察院决定立案侦查。设区的市级人民检察院也可以将案件交由基层人民检察院立案侦查，或者由基层人民检察院协助侦查。最高人民检察院、省级人民检察院发现犯罪线索的，可以自行决定立案侦查，也可以将案件线索交由指定的省级人民检察院、设区的市级人民检察院立案侦查。

（四）公安机关、人民检察院、人民法院、监察机关立案管辖的交叉及其处理原则

实践中，公安机关、人民检察院、人民法院、监察机关立案管辖的案件范围可能出现交叉。公安机关或及其他专门机关在立案后的侦查过程中，发现被告人还犯有属于其他罪行，属于应当由人民法院直接受理时，应分别情况进行处理：对于被害人告诉才处理的案件，应告知直接向法院起诉；对于被害人有证据证明的轻微刑事案件，公安机关应当受理并立案进行侦查，然后由人民检察院提起公诉时，连同公诉案件一并移送人民法院，由人民法院合并审理。

人民法院在审理自诉案件过程中，如果发现被告人还犯有必须由人民检察院提起公诉的罪行，应将新发现的罪行另案移送有管辖权的公安机关处理。

此外，人民检察院、监察委员会立案管辖的案件范围也可能出现交叉。人民检察院立案侦查上述规定所列犯罪时，发现犯罪嫌疑人同时涉嫌监察委员会管辖的职务犯罪线索的，应当及时联系监察委员会，告知相关情况。以监察委员会为主调查，人民检察院予以协助。经沟通，结合具体案情，如由监察委员会管辖更为适宜的，人民检察院应当撤销案件，将案件和材料移送监察委员会；认为由监察委员会和人民检察院分别管辖更为适宜的，人民检察院应当将监察委员会管辖的相应职务犯罪线索移送监察委员会，对依法由人民检察院管辖的犯罪案件继续侦查。人民检察院应当及时将沟通情况报告上一级人民检察院并不得停止对案件的侦查。监察委员会和人民检察院分别管辖的案件，调查（侦查）终结前，人民检察院应当就移送审查起诉有关事宜与监察委员会协商协调，最终由人民检察院依法对全案起诉。

根据《监察法》第34条的规定，人民法院、人民检察院、公安机关、审计机关等国家机关在工作中发现公职人员涉嫌贪污贿赂、失职渎职等职务违法或者职务犯罪的问题线索，应当移送监察机关，由监察机关依法调查处置。被调查人既涉嫌严重职务违法或者职务犯罪，又涉嫌其他违法犯罪的，一般应当由监察机关为主调查，其他机关予以协助。

二、审判管辖

首先应当明确的是：审判管辖规范的是不同级别之间的人民法院、同一级别但不同地域的人民法院以及普通人民法院与专门人民法院之间关于审判第一审刑事案件的权限和分工问题。审判管辖可以分为级别管辖、地域管辖、指定管辖和专门管辖。

（一）级别管辖

级别管辖只针对一审，不针对其他审级，是指上下级人民法院之间关于审判第一审刑事案件的权限分工，即第一审刑事案件具体应当由哪一级人民法院进行审判的问题。我国实行四级两审终审制，级别管辖旨在明确基层人民法院、中级人民法院、高级人民法院和最高人民法院四级人民法院各自管辖的案件范围。根据《刑事诉讼法》我国关于级别管辖的规定如下：

（1）基层人民法院管辖第一审普通刑事案件，但依照《刑事诉讼法》应当由上级人民法院管辖的除外。

（2）中级人民法院管辖下列第一审刑事案件：危害国家安全、恐怖活动案件；可能判处无期徒刑、死刑的案件；适用缺席审判程序审理的案件。

（3）高级人民法院管辖的第一审刑事案件，是全省（自治区、直辖市）性的重大刑事案件。

（4）最高人民法院管辖的第一审刑事案件，是全国性的重大刑事案件。但是，级别管辖的上述规定并非绝对。级别管辖也可以变通，但是管辖权只能上收，不能下放。根据我国《刑事诉讼法》第24条的规定，上级人民法院在必要的时候，可以审判下级人民法院管辖的第一审刑事案件；下级人民法院认为案情重大、复杂需要由上级人民法院审判的第一审刑事案件，可以请求移送上一级人民法院审判。基层人民法院对可能判处无期徒刑、死刑的一审案件，应当移送中级人民法院审判，中级人民法院受理后，认为不需要判处无期、死刑的，应当依法审判，不再交基层人民法院审判。但是下级人民法院不能审判上级人民法院管辖的刑事案件。这就是移送管辖制度，移送管辖制度可以突破级别管辖的规定，但必须严格依法进行。

（二）地域管辖

所谓地域管辖又称为地区管辖，是指同一级人民法院之间在审判第一审刑事案件的权限和分工。地域管辖，是在级别管辖已经确定的基础上，进一步解决案件应当由哪个地方人民法院管辖的问题。

我国《刑事诉讼法》对地域管辖作了明确的规定：刑事案件由犯罪地的人民法院管辖。如果由被告人居住地的人民法院审判更为适宜的，可以由被告人居住地的人民法院管辖。据此，我国的地域管辖实行"犯罪地"管辖为主、被告人"居住地"管辖为辅的原则。

1. 犯罪地法院管辖。《刑事诉讼法》规定的"犯罪地"，包括犯罪的行为发生地和犯罪结果发生地。其中根据相关解释，犯罪行为发生地，包括犯罪行为的实施地、预备地、开始地、途经地、结束地等与犯罪行为有关的地点；犯罪行为有连续、持续或者继续状态的，犯罪行为连续、持续或者继续实施的地方都属于犯罪行为发生地。犯罪结果发生地，包括犯罪对象被侵害地、犯罪所得的实际取得地、藏匿地、转移地、使用地、销售地。

《刑事诉讼法》之所以规定"犯罪地"管辖原则，是因为：其一，犯罪证据较为集中，由犯罪地法院管辖案件，便于犯罪地的侦查部门收集证据，也便于犯罪地人民法院调查、核实证据。其二，犯罪地形成的案件民众关注度高，由犯罪地的人民法院审判，便于当地群众去旁听审判，对审判活动进行监督，更好地彰显法律的权威，树立法律在人民心中的地位，起到教育的目的。

实践中几类特殊犯罪案件犯罪地的认定：①针对或者利用计算机网络实施的犯罪案件的地域管辖问题。最高人民法院《解释》第2条第2款规定："针对或者主要利用计算机网络实施的犯罪，犯罪地包括用于实施犯罪行为的网络服务使用的服务器所在地，网络服务提供者所在地，被侵害的信息网络系统及其管理者所在地，犯罪过程中被告人、被害人使用的信息网络系统所在地，以及被害人被侵害时所在地和被害人财产遭受损失地等。"②毒品犯罪案件的地域管辖问题。根据《刑事诉讼法》的规定，对于对人民生命健康危害极大的毒品类犯罪，我国采取以犯罪地管辖为主、被告人居住地管辖为辅的原则。毒品类犯罪的"犯罪地"包括预谋地，毒资筹集地，毒品交易进行地，毒品生产地，毒资、毒赃和毒品的藏匿、转移地，走私或者贩运毒品的目的地以及犯罪嫌疑人被抓获地等。"被告人居住地"包括被告人常住地、户籍地及其临时居住地。对于特殊人群，如怀孕、哺乳期妇女进行毒品走私、运输、贩卖的案件，移交其居住地管辖更有利于采取强制措施和查清犯罪事实的，查获地公安机关可以报请共同的上级公安机关批准，移送犯罪嫌疑人居住地公安机关进行侦查，查获地公安机关应继续配合。如查获地公安机关和"被告人居住地"公安机关对侦办跨区域毒品犯罪案件的管辖权有争议的，报共同的上级公安机关指定管辖。对跨省跨区域作案的重大毒品犯罪案件在侦查阶段即将侦查终结的，必要时可由公安部商请最高人民法院和最高人民检察院指定管辖。为保证及时结案，避免超期羁押，人民检察院对于公安机关移送审查起诉的案件，人民法院对于已进入审判程序的案件，被告人及其辩护人提出管辖异议或者办案单位发现没有管辖权的，受案人民检察院、人民法院经审查可以依法报请上级人民检察院、人民法院指定管辖，不得再自行移送有管辖权的人民检察院、人民法院。

行驶中的交通工具上发生的刑事案件的地域管辖。对此，公安部《规定》第18条规定："行驶中的交通工具上发生的刑事案件，由交通工具最初停靠地公安机关管辖；必要时，交通工具始发地、途经地、目的地公安机关也可以管辖。"

2. 被告人居住地法院管辖。刑事诉讼审判阶段，由被告人居住地的人民法院审判更为适宜的，可以由被告人居住地的人民法院管辖。此处的"居住地"，包括户籍所在地或经常居住地。户籍地为其居住地，经常居住地与户籍地不一致的，经常居住地为其居住地。经常居住地被认定的条件是：被告人被追诉前已连续居住1年以上，排除住院就医的特殊情况，外地就医即使年满1年也不能认定了经常居住地。被告人是单位的，以单位登记的住所地为主，主要营业地或者主要办事机构所在地为辅。

3. 特殊情况的管辖。

（1）服刑期间发现漏罪、新罪的情况：

第一，发现漏罪的情况。正在服刑的罪犯在判决宣告前还有其他罪没有判决的，由原审地人民法院管辖；由罪犯服刑地或者犯罪地的人民法院审判更为适宜的，可以由罪犯服刑地或者犯罪地的人民法院管辖。

第二，发现新罪情况。罪犯在服刑期间又犯罪的，由服刑地人民法院管辖。罪犯在脱逃期间又犯罪的，由服刑地人民法院管辖，如果是在犯罪地捕获并发现的，由犯罪地的人民法院管辖，但是在犯罪地抓获罪犯，并发现其在脱逃期间犯罪的，由犯罪地人民法院管辖。

（2）对于我国缔结或者参加的国际条约所规定的罪行，中华人民共和国在所承担条约义务的范围内，行使刑事管辖权。涉及地域管辖的有：①在中华人民共和国领域外的中国船舶内的犯罪，由该船舶最初停泊的中国口岸所在地的人民法院管辖。②在中华人民共和国领域外的中国航空器内的犯罪，由该航空器在中国最初降落地的人民法院管辖。③在国际列车上的犯罪，根据我国与相关国家签订的协定确定管辖；没有协定的，由该列车始发站或者前方停靠站的中国车站所在地的铁路运输法院管辖。④中国公民在中国驻外使、领馆内的犯罪，由其主管单位所在地或者原户籍地的人民法院管辖。⑤中国公民在中华人民共和国领域外的犯罪，由其登陆地、入境地、离境前居住地或现居住地的人民法院管辖，被害人是中国公民的，也可由被害人离境前居住地或现居住地的人民法院管辖。⑥外国人在中华人民共和国领域外对中华人民共和国国家或者公民犯罪，根据我国《刑法》应当受处罚的，由该外国人登陆地、入境地、入境后居住地或者由被害人离境前居住地的人民法院管辖。

（三）专门管辖

专门管辖，是指普通人民法院与专门人民法院之间、各专门人民法院之间在审理第一审刑事案件方面的权限分工。这里的"专门人民法院"，是指根据法律设立的、有权审理刑事案件的专门法院。在我国军事法院就是专门法院，军人和非军人共同犯罪的，分别由军事法院和地方法院管辖，涉及国家军事秘密的除外。再如铁路运输法院，审理同级铁路运输检察院提起公诉的案件，如车站、货场、针对铁路线路、通讯电力等铁路设备设施的犯罪等，这两类法院分别管辖本系统范围内涉及部门业务领域的刑事犯罪案件。海事法院由于不办理刑事案件，不在此列。

军事法院管辖的案件为现役军人和军内在编职工的刑事犯罪案件，包括危害国家主权与安全、破坏国防力量和战备设施等违反军人职务、危害国家军事利益的犯罪案件。

在下列情况下，应由地方人民法院或其他专门法院管辖，包括：非军人、随军家属在部队营区犯罪的；军人在办理退役手续后犯罪的；现役军人入伍前犯罪的；退役军人在服役期内犯罪的（犯军人违反职责罪的除外），武装警察部队中的边防、消防、警卫部队人员犯罪的。

铁路运输法院于2012年6月全部划归地方，目前铁路运输法院逐步改造为跨行政区划法院，主要审理跨行政区划案件、重大行政案件、环境资源保护、企业破产、食品药品安全等易受地方因素影响的案件、跨行政区划人民检察院提起公诉的案件和原铁路运输法院受理的刑事、民事案件。

（四）指定管辖

指定管辖，是指遇有管辖不明，或有管辖权的法院不宜行使管辖权时，由上级人民法院指定下级人民法院管辖某一具体刑事案件，以指定的方式确定案件的管辖，指定管辖有三种情形：

（1）管辖不明。对一个刑事案件的管辖权有争议的，应当在审限内协商解决，协商不成，分层上报共同的上级法院指定管辖。同时对于管辖不明的案件，上级法院可指定由哪个下级法院审判。

（2）管辖不宜。有管辖权的法院因案件涉及本院院长回避等其他原因的，则不宜审理案件的，可以请求上级法院管辖，并移送相关案件材料。上级人民法院可以自己审理，也可以指定与请求法院同级的其他法院审理。

（3）规避管辖。二审法院发回重审的案件，检察院撤回起诉后，又向原一审法院的下级法院重新提起公诉的，下级法院应当将有关情况层报二审法院。原二审法院根据情况，可以将案件移送原一审法院或其他法院审判。

三、并案管辖

所谓"并案管辖"，是指原本应由不同机关管辖的数个案件，合并由同一个机关管辖。六机关《规定》第3条规定："具有下列情形之一的，人民法院、人民检察院、公安机关可以在其职责范围内并案处理：（一）一人犯数罪的；（二）共同犯罪的；（三）共同犯罪的犯罪嫌疑人、被告人还实施其他犯罪的；（四）多个犯罪嫌疑人、被告人实施的犯罪存在关联，并案处理有利于查明案件事实的。"

并案管辖有如下特点：①并案管辖的法律效果是使得公、检、法三机关有权对案件"并案处理"；②并案管辖在性质上属于管辖权的合并，将原本应由不同机关管辖的数个案件，在程序上合并处理（立案、侦查、起诉和审判）。

1. 并案对不同司法部门有着不同的意义：①对于侦查机关而言，并案管辖更有利于对原本的管辖的数个案件进行并案侦查，从而更多角度、更全面地发现线索及证据；②对于检察院而言，并案管辖意味着检察院可以对公安机关移送审查起诉的数个案件并案起诉；③对于法院而言，并案管辖意味着法院可以对原本应由其他法院管辖的案件合并立案、合并审判。

此外，并案管辖，还意味着法院可以对由同一被告人实施的但分别由检察院提起公诉和自诉人提起自诉的数个案件合并审判。并案管辖只能由公、检、法三机关在"职责范围"对案件进行并案处理。并案管辖的结果不能超越《刑事诉讼法》对公、检、法机关的法定授权范围。例如，对于公安机关而言，在侦查刑事案件时，不得对属于人民法院直接受理的自诉案件进行并案侦查。此外，并案管辖也不能突破专门管辖制度的规定。例如，现役军人和非军人共同犯罪的，地方公安司法机关不能并案管辖，原则上应分别管辖，即现役军人由军队保卫部门立案、侦查，并由军事法院审判，非军人则由地方公安机关立案、侦查，并由地方法院或其他专门法院审判。所以说，并案管辖虽然可以突破法定的地域管辖和级别管辖制度，但不能突破职能管辖即立案管辖和专门管辖制度的规定。

2. 并案管辖的案件限于关联案件。可以并案处理的案件限于"关联案件"，包括：一人犯数罪的；共同犯罪的；共同犯罪的犯罪嫌疑人、被告人还实施其他犯罪的；多个犯罪嫌疑人、被告人实施的犯罪存在关联，并案处理有利于查明案件事实的。所谓"一人犯数罪"，指的是一人犯实质的数罪，而不包括实质的一罪、法定的一罪和处断的一罪。所谓"共同犯罪"，包括数人共犯一罪和数人共犯数罪。所谓"共同犯罪的犯罪嫌疑人、被告人还实施其他犯罪的"，是指共犯中有人还单独犯有他罪。所谓"多个犯罪嫌疑人、被告人实施的犯罪存在关联，并案处理有利于查明案件事实的"，是指犯罪之间虽然不构成刑法意义上的共同犯罪，但这些案件之间在案情上存在一定的关联性，并案处理有利于查明案件事实。

3. 对"可以并案处理"的理解。这里的"可以"一词，应作两个层面的解读。首先，对于关联案件并非一律必须并案处理，只有能够并案处理的关联案件才作并案处理。例如，一人犯的数罪在同一诉讼阶段，则可以并案处理，如已经不在同一诉讼阶段，并案处理可能造成审判过分延迟的，则不宜并案处理。而只能对发现的新罪按照漏罪处理，由公安机关另行立案侦查，再由检察院追加起诉或者补充起诉，之后法院才能并案审理。其次，"可以"并不意味着公、检、法机关享有并案处理的裁量权。从法理上讲，"可以"在公法上表示对公权力机关授权时，原则上不能轻易地将其解释为裁量权，因为对于公权力机关而言，法律的授权既是职权也是职责，而职责是不能任意放弃的。因此，当出现上述并案管辖的情形时，原则上公、检、法机关就应当作出并案管辖的决定。

四、缺席审判程序的管辖

有关贪污贿赂犯罪的案件，经最高人民检察院核准的严重危害国家安全犯罪、恐怖活动犯罪案件，犯罪嫌疑人、被告人在境外而采用缺席审判的，由犯罪地、被告人离境前居住地或者最高人民法院指定的中级人民法院组成合议庭审理。

思考题：

1. 人民法院直接受理的刑事案件有哪几类？分别是什么？
2. 简述刑事案件地区管辖争议的解决方法。
3. 简述外国人在中国领域内犯罪的审判管辖。

第八章 回 避

内容导读 马克思曾经说过:"人们为之奋斗的一切,都与他们的利益相关。"法官不是圣人,同样有着自己的利益追求,但作为案件的裁判者,当审判结果和自身利益相关联时,就很难保证判决结果的公平公正,因此"任何人不得作为自己案件的法官""利益牵连应当回避"为刑事诉讼公正审判的基本要求。我国刑事诉讼法设立回避制度,确保裁判者与案件利益无涉,保证结果的公正。同时我国刑事诉讼法将回避制度扩大到刑事诉讼的各个阶段,包括侦查阶段的侦查人员的回避,和审查起诉阶段的检察人员的回避,以此保障犯罪嫌疑人在刑事诉讼各个阶段的合法权益,确保裁判的公正。

本章重点:

1. 回避的概念和适用人员
2. 回避的理由和种类
3. 回避的程序

本章难点:

1. 回避的审查和决定
2. 刑事诉讼的回避制度与民事诉讼、行政诉讼的不同之处

第一节 回 避 制 度

一、回避的概念和意义

刑事诉讼中的回避,是指侦查、检察、审判人员等因与案件或案件的当事人具有某种利害关系或可能影响公正处理的其他关系,而不得参与办理案件或参与该案的其他诉讼活动的行为。

刑事诉讼法设立回避制度,目的在于确保裁判的公正性。1948 年《世界人权宣言》第10 条规定:"人人完全平等地有权由一个独立而无偏倚的法庭进行公正和公开的审判,以确定他的权利和义务并判定对他提出的任何刑事指控。"1966 年联合国《公民权利和政治权利国际公约》第 14 条第 1 项也规定:"在判定对任何人提出的任何刑事指控或确定他在一件诉讼案中的权利和义务时,人人有资格由一个依法设立的合格的、独立的和无偏倚的法庭进行公正的和公开的审讯。"为此,我国《刑事诉讼法》专门设立回避制度,以确保裁判者与案件利益无涉,防止裁判者在审判中因为利益牵连而丧失立场的中立性和结果的公正性。

我国《刑事诉讼法》中,侦查程序中的公安机关、起诉程序中的检察机关,都拥有一定的程序处分权,这些程序处分权如果因为相关人员与案件结果有利益牵连而遭到不当行使,同样可能造成案件处理的不公。因此,我国《刑事诉讼法》将回避制度的适用范围扩大到侦查人员与检察人员。

二、回避的种类

根据我国《刑事诉讼法》的相关规定，回避的方式分为自行回避、申请回避和指令回避三种。

（1）自行回避，是指审判人员、检察人员、侦查人员等在诉讼过程中遇有法定回避情形时，自行、主动要求退出刑事诉讼活动。自行回避的特征在于回避的主动性，基于职业自律性而主动避嫌、自行申请退出诉讼活动。

（2）申请回避，是指当事人及其法定代理人、辩护人、诉讼代理人认为审判人员、检察人员、侦查人员等具有应当回避的法定情形，而向其所在机关提出申请，要求其退出诉讼活动。申请回避是当事人及其法定代理人等的一项基本诉讼权利。

（3）指令回避，也称为职权回避或决定回避，是指审判人员、检察人员、侦查人员等有法定的回避情形，本人应当回避但没有申请回避，当事人及其法定代理人、辩护人、诉讼代理人也没有申请其回避，当由同级人民检察院检委会或县处以上公安机关负责人决定他们回避。指令回避是自行回避和申请回避的重要补充。

第二节 回避的适用

一、回避的人员

适用回避的人员，包括侦查人员、检察人员、审判人员等。具体而言，包括：①侦查人员，包括所有侦查机关的工作人员如公安机关的侦查人员、检察院的侦查人员，以及对侦查工作进行组织指挥的部门负责人。②检察人员，包括各级人民检察院的助理检察员、检察员、检察委员会委员、副检察长和检察长。③审判人员，包括各级人民法院的助理审判员、审判员、副庭长、庭长、审判委员会委员、副院长、院长。④书记员，包括在公安机关、人民检察院、人民法院从事诉讼活动记录工作的书记员。⑤翻译人员，包括公安机关、人民检察院、人民法院各自指派或聘请的，在侦查、起诉、审判各个阶段从事翻译工作的人员。⑥鉴定人，包括公安机关、人民检察院、人民法院各自指派或聘请的，在侦查、起诉、审判各个阶段就案件中的某些专门性问题进行鉴定并提供鉴定意见的人员。

同时，根据《最高人民法院关于审判人员在诉讼活动中执行回避制度若干问题的规定》，人民陪审员、书记员和执行员适用审判人员回避的有关规定。另据最高人民检察院《规则》第37条的规定，关于回避的规定，还适用于司法警察。依据上述司法解释，回避的适用人员扩大到人民陪审员、执行员和司法警察。

二、回避的理由

回避的理由，也称法定回避情形，是指适用回避所应当具备的事实根据，它以法律和有关司法解释明文规定为前提。

在国外，回避制度往往分为有因回避和无因回避。所谓无因回避，主要适用于陪审团审理的案件，是被告方在挑选、成立陪审团时所享有的一项权利。顾名思义，在无因回避中，只要被告人及其辩护人提出回避申请，陪审团成员即应当回避，无须附具任何理由。

我国《刑事诉讼法》并没有规定无因回避制度，所有的回避都必须是有因回避。因此，当事人及其法定代理人、辩护人、诉讼代理人提出回避申请，都必须附具理由，同时还需要提供能够证明回避人员具有法定回避理由的相关证据材料。否则，回避申请将不会得到决定机关的支持。同时，除了诉讼回避外，我国还存在关于任职回避的规定。因此，我国的回避制度可在理论上分为诉讼回避与任职回避两种。

（一）诉讼回避

根据我国《刑事诉讼法》第 29 条、第 30 条的规定和相关司法解释，回避的法定事由包括以下几种情形：

第一，是本案的当事人或者是当事人的近亲属的。根据《刑事诉讼法》第 108 条的立法解释，这里的"当事人"是指本案的"被害人、自诉人、犯罪嫌疑人、被告人、附带民事诉讼的原告人和被告人"；这里的"近亲属"是指"夫、妻、父、母、子、女、同胞兄弟姊妹"。需要注意的是，有关司法解释对"近亲属"的概念作了扩大解释，即审判人员是本案的当事人或者与当事人有直系血亲、三代以内旁系血亲及近姻亲关系的，都应当回避。审判人员与本案的诉讼代理人、辩护人有夫妻、父母、子女或者同胞兄弟姐妹关系的，也应当回避。虽然上述扩大解释仅系最高人民法院针对审判人员而作出，但我们认为其内容既然具有合理性，那么当然地就应当类推适用于检察人员和侦查人员。

第二，本人或者其近亲属和本案有利害关系的。本人或者他的近亲属虽非本案当事人，但如果与本案有某种利害关系，也可能产生利益牵连，进而影响案件的公正处理。因此，具备这一情形的司法工作人员也应当回避。

第三，担任过本案证人、鉴定人、辩护人或者诉讼代理人的。证人、鉴定人、辩护人、诉讼代理人等诉讼角色具有唯一性和排他性，曾担任过本案的鉴定人、辩护人或者诉讼代理人、证人的，也属于回避的法定理由。

第四，与本案当事人有其他关系，可能影响案件公正处理的。该项规定属于兜底条款，即审判人员、检察人员、侦查人员等如果与本案当事人存在着上述三种情形之外的"其他关系"，如曾经的同学、师生、恋人关系等，"可能影响案件公正处理的"，也应当回避。但要注意的是，从法律解释的角度讲，该项规定的"其他关系"与"可能影响案件公正处理"之间是并列关系。具体是否回避则由公安司法机关根据具体情况决定，司法实践中对于这种关系的衡量，只有当这种关系的存在会影响公正处理时才应当回避。

第五，审判人员、检察人员、侦查人员等违反规定会见当事人及其委托代理人或者接受其请客送礼的，当事人及其法定代理人有权要求回避。最高人民法院《解释》第 28 条规定，审判人员具有下列情形之一的，当事人及其法定代理人即有权要求其回避：①违反规定会见本案当事人、辩护人，诉讼代理人的；②为本案当事人推荐、介绍辩护人、诉讼代理人，或者为律师、其他人员介绍办理本案的；③索取、接受本案当事人及其委托人的财物或其他利益的；④接受本案当事人及其委托人的宴请，或者参加由其支付费用的活动的；⑤向本案当事人及其委托人借用款物的；⑥有其他不正当行为，可能影响公正审判的。

第六，凡在一个审判程序中参与过本案审判工作的合议庭组成人员或者独任审判员，不得再参与本案其他程序的审判；参与过本案侦查、审查起诉工作的侦查、检察人员，调至人民法院工作的，不得担任本案的审判人员；参加过本案侦查的侦查人员，不得承办本案的审查逮捕、起诉和诉讼监督工作。

《刑事诉讼法》规定，对于第二审法院经过第二审程序裁定发回重审的案件，原审法院负责审理此案的原合议庭组成人员应当回避，不得再参与对案件的审理；对于人民法院按照审判监督程序重新审判的案件，原来负责审判此案的合议庭组成人员也应当回避，不得再参与对该案的审理。在此基础上，最高人民法院《解释》第29条第2款对此又作了扩大解释，即"在一个审判程序中参与过本案审判工作的合议庭组成人员或者独任审判员，不得再参与本案其他程序的审判"。但是，发回重新审判的案件，在第一审人民法院作出裁判后又进入第二审程序在法定刑以下判处刑罚的复核程序或者死刑复核程序的，原第二审程序或者死刑复核程序中的合议庭组成人员不受本款规定的限制。据此，该项回避事由的适用扩大到整个审判程序（包括不同审级的审判程序），因此，在一个审判程序中参与过本案审判工作的审判人员，便不得再参与该案其他任何程序的审判工作。最高人民检察院《规则》第35条也规定："参加过同一案件侦查的人员，不得承办该案的审查逮捕、审查起诉、出庭支持公诉和诉讼监督工作，但在审查起诉阶段参加自行补充侦查的人员除外。"此外，最高人民法院《解释》第29条第1款还规定："参与过本案调查、侦查、审查起诉工作的监察、侦查、检察人员，调至人民法院工作的，不得担任本案的审判人员。"

（二）任职回避

如果说诉讼回避制度的目的旨在从个案处理上排除司法工作人员的利益牵涉，那么任职回避制度则旨在从司法工作的源头即职务上切断潜在的、可能的利益牵连。任职回避包括离任后的任职回避和现任内的任职回避。

离任后的任职回避，是对曾经担任过审判人员和检察人员的人员，在其离任后从事律师（刑事辩护人或诉讼代理人）业务时设定的限制性规定。《法官法》第36条第1、2款规定："法官从人民法院离任后两年内，不得以律师身份担任诉讼代理人或者辩护人。法官从人民法院离任后，不得担任原任职法院办理案件的诉讼代理人或者辩护人，但是作为当事人的监护人或者近亲属代理诉讼或者进行辩护的除外。"《检察官法》第37条第1、2款规定："检察官从人民检察院离任后两年内，不得以律师身份担任诉讼代理人或者辩护人。检察官从人民检察院离任后，不得担任原任职检察院办理案件的诉讼代理人或者辩护人，但是作为当事人的监护人或者近亲属代理诉讼或者进行辩护的除外。"《最高人民法院关于审判人员在诉讼活动中执行回避制度若干问题的规定》第8条进一步规定，审判人员及法院其他工作人员从人民法院离任后二年内，不得以律师身份担任诉讼代理人或者辩护人。审判人员及法院其他工作人员从人民法院离任后，不得担任原任职法院所审理案件的诉讼代理人或者辩护人，但是作为当事人的监护人或者近亲属代理诉讼或者进行辩护的除外。本条所规定的离任，包括退休、调离、解聘、辞职、辞退、开除等离开法院工作岗位的情形。本条所规定的原任职法院，包括审判人员及法院其他工作人员曾任职的所有法院。

现任内的任职回避，是对现任内的法官、检察官的配偶、子女或父母，在其从事律师（刑事辩护人或诉讼代理人）业务时设定的限制性规定。《最高人民法院关于审判人员在诉讼活动中执行回避制度若干问题的规定》第9条规定，审判人员及法院其他工作人员的配偶、子女或者父母不得担任其所任职法院审理案件的诉讼代理人或者辩护人。该司法解释将现任内任职回避的适用范围扩大到法官的"父母"，并将"法官"的概念扩大解释为审判人员及法院其他工作人员。其中，所谓法院其他工作人员，是指法院中占行政编制的工作人员。根据《法官法》第24条和《检察官法》第25条的规定，法官的配偶、父母、子女不得以律师身份担任该法官所任职法院办理案件的诉讼代理人或者辩护人，也不得为其任职法院辖区内诉讼案件当事人提供其他有偿法律服务；检察官的配偶、父母、子女不得担任该检察官所任职检察院办理案件的诉讼代理人或者辩护人，也不得为其任职检察院辖区内诉讼案件当事人提供其他有偿法律服务。

三、回避的程序

(一) 回避申请的提出

刑事诉讼中，当事人及其法定代理人的基本诉讼权利包括申请回避。回避适用于从侦查、起诉、审判到执行的整个刑事诉讼流程，当事人、法定代理人、辩护人、诉讼代理人均可依照《刑事诉讼法》第三章的规定要求回避。作为当事人及其法定代理人所享有的一项基本权利，公安机关、人民检察院、人民法院有义务予以保障，审判人员、检察人员和侦查人员在相关程序环节，均应当告知当事人及其法定代理人享有申请回避的权利。对此，《刑事诉讼法》第190条规定，开庭时，审判长应告知当事人有权对合议庭组成人员、书记员、公诉人、鉴定人和翻译人员申请回避。这一规定应当类推适用于侦查和起诉程序，在侦查和审查起诉阶段，侦查人员、检察人员也应当及时告知当事人及其法定代理人有权申请回避。

自行回避或申请回避，均可以通过书面或口头的方式提出，以口头方式提出回避申请的，应当记录在案。但不论哪一种方式，都必须说明理由。如果当事人及其法定代理人、辩护人、诉讼代理人是根据《刑事诉讼法》第30条的规定（即办案人员违反规定会见当事人及其委托代理人或接受当事人及其委托代理人请客送礼）提出回避申请的，还应当向申请机关提供有关证明材料。

回避申请提出以后，在回避决定作出前，正在进行的刑事诉讼程序如审查起诉、审判活动应予暂停，以等待审查决定的作出，在侦查阶段，对相关侦查人员提出回避申请，是否决定回避还没确定前，侦查人员不能停止对案件的侦查。这是因为，刑事侦查工作具有特殊的时效性，暂停侦查工作将可能延误侦查时机，对查获、抓捕犯罪嫌疑人以及收集、调查证据工作造成妨碍，侦查人员不得停止对案件的侦查。对于回避决定作出以前已进行的诉讼行为是否有效的问题，例如，已经收集调查的证据，是否具有证据能力，或者已经进行的庭审是否合法、有效？对此，我国《刑事诉讼法》并没有作出明文规定。根据有关司法解释和司法实务中的做法，被决定回避的侦查人员，在回避决定作出以前所进行的诉讼活动是否有效，由作出决定的机关根据案件情况决定；因符合《刑事诉讼法》第29条或者第30条规定的情形之一而回避的检察人员，在回避决定作出以前所取得的证据和进行的诉讼行为是否有效，由检察委员会或者检察长根据案件具体情况决定。然而，上述做法似乎并不能完全类推适用于审判人员，这是因为，审判程序奉行直接言词原则，法官必须亲自听取被告人的答辩、陈述，并亲自主持庭审质证。如果审判人员因为回避而退出了审判，更换了审判人员，那么，整个审判程序必须更新、重启，之前进行的审判活动应当归于无效。

(二) 回避的审查和决定

根据被申请回避的人员的不同，回避的决定主体也不同。具体而言分为以下几种情况：

第一，审判人员、法庭书记员、翻译人员和鉴定人的回避，由人民法院院长决定；法院院长被申请回避的，由本院的审判委员会决定。审判委员会讨论院长回避的，由副院长主持，院长不能列席。

第二，人民检察院检察长的回避，由副检察长主持本院检察委员会讨论决定，检察长不得参加；检察人员、书记员、司法警察以及人民检察院聘请或者指派的翻译人员、鉴定人员的回避，由本院检察长决定；当事人及其法定代理人，辩护人、诉讼代理人申请出庭的检察人员回避的，人民法院应当决定休庭，并通知人民检察院。

第三，公安机关侦查人员以及公安机关聘请或者指派的记录人、翻译人员和鉴定人的回避，由公安机关负责人决定；县级以上公安机关负责人的回避，由同级人民检察院检察委员会决定；当事人及其法定代理人、辩护人、诉讼代理人要求公安机关负责人回避的，应当向公安机关同级的人民检察院提出，由检察长提交检察委员会讨论决定。

对于当事人及其法定代理人、辩护人、诉讼代理人所提出的回避申请，符合法定回避情形的，应当决定回避；对于不符合法定回避情形的申请，应当驳回申请。对于驳回回避申请的复议有以下几种情况：

1. 人民法院驳回回避申请的复议。被驳回回避申请的当事人、法定代理人、辩护人、诉讼代理人对决定有异议的，可以在接到决定时申请复议一次。对于不属于法定回避理由的，由法庭当庭驳回，并不得申请复议。

2. 人民检察院驳回回避申请的复议。对人民检察院作出驳回申请回避的决定，当事人及其法定代理人不服的，有权在收到驳回申请回避的决定书后 5 日以内向原决定机关申请复议一次。当事人及其法定代理人对驳回申请回避的决定不服申请复议的，决定机关应当在 3 日以内作出复议决定并书面通知申请人。

3. 公安机关驳回回避申请的复议。当事人及其法定代理人、辩护人、诉讼代理人对驳回申请回避的决定不服的，可以在收到驳回申请决定书后 5 日以内向作出决定的公安机关申请复议。公安机关应当在收到复议申请后 5 日以内作出复议决定并书面通知申请人。

思考题：

1. 简述回避的申请、审查与决定以及对驳回回避申请的复议。
2. 简述公安机关、检察机关、法院适用回避的对象有哪些。
3. 回避的法定理由有哪些？

第九章　辩护与代理

> **内容导读**　律师辩护制度起源于奴隶制古罗马时期，随着当时经济的发展，法律也日趋复杂，当事人在诉讼中急需法律人的帮助，尤其是处于弱势群体的平民阶层，因此辩护制度是奴隶民主制度的遗留。公元 17、18 世纪，资产阶级启蒙思想家如英国的洛克、法国的伏尔泰、狄德罗等人倡导"天赋人权""人人平等"的民主思想，在此思潮之下，1679 年的《英国人身保护法》、1808 年的《法国刑事诉讼法》均规定了辩论原则和律师辩护制度。二战后随着人权的发展，国际公约确立了辩护制度的国际准则，各国普遍建立了法律援助制度，国民政府也制定了《律师章程》。中华人民共和国成立后，1954 年《宪法》将"被告人有权获得辩护"确定为一项宪法原则。辩护制度成为我国刑事诉讼中的重要制度。

本章重点：

1. 辩护人的诉讼地位
2. 辩护人的范围
3. 辩护人的诉讼权利

本章难点：

1. 诉讼代理人与辩护人的区别
2. 律师及其他辩护人诉讼权利的区别和相关义务

第一节　刑事辩护

一、刑事辩护的概念与特征

刑事诉讼中的辩护，是指犯罪嫌疑人、被告人及其辩护人在针对控方，即公诉机关或自诉人，根据事实和法律，从实体上和程序上提出有利于犯罪嫌疑人、被告人的事实和理由，维护犯罪嫌疑人、被告人的合法权益，使其免受不公正对待和处理的一系列诉讼活动。与其他诉讼行为相比具有以下特征：

第一，对抗性。刑事辩护是针对追诉行为进行的对抗性诉讼活动。所谓对抗性诉讼活动，是指它是由追诉活动包括侦查、起诉活动引起，而又针对侦查、起诉活动进行的质疑、反驳性的诉讼活动。没有追诉活动就没有辩护活动。追诉与辩护是一对具有对抗性的基本矛盾，存在于刑事诉讼的过程中，也解决于刑事诉讼的过程中。

第二，民间性。刑事辩护的主体是被追诉的犯罪嫌疑人、被告人及其辩护人，他们在刑事诉讼中不具有官方身份，而是民间或个人身份，这使他们在刑事诉讼中处于弱势甚至劣势的地位。为此，现代诉讼制度通过赋予他们广泛的诉讼权利并且适度限制国家专门机关及其工作人员的诉讼权力的措施，来平衡双方的力量，彰显程序正义，实现实体公正。

第三，权利性。与侦查、公诉、审判等国家专门机关及其工作人员在刑事诉讼活动中行使的是具有强制性的国家权力不同，犯罪嫌疑人、被告人及其辩护人在刑事诉讼中实施的辩护行为或辩护活动都属于权利性的活动，一方面不具有强制力，另一方面对于侦查、公诉、审判等活动具有重要的制约力和监督性。在现代民主、法治社会，公民权利是国家产生的基础，也是国家存在的目的。国家对公民负有保护的责任和义务，这种保护体现在刑事诉讼领域，一方面表现为运用国家权力维护公民的人身权利、财产权利等合法权益不受非法侵犯，打击、惩罚犯罪；另一方面也要依法维护刑事诉讼中处于被追诉地位的犯罪嫌疑人、被告人的合法权益，包括辩护权利，使无罪的人不受追究，有罪的人受到公正的惩罚。

第四，诉讼职能性。控诉、辩护、审判是三种基本诉讼职能。该三项基本诉讼职能三位一体，缺一不可，互相作用，彼此依存，共同维系、支撑着司法公正的大厦。在现代刑事诉讼制度下，刑事辩护不只是犯罪嫌疑人、被告人及其辩护人所行使的民间性、权利性的诉讼活动，而且是在维护、实现辩护的基本诉讼职能。如果辩护职能得不到真正的确立和充分的行使，不能与控诉职能平等对抗，相互制约，在刑事诉讼中就难以实现司法公正。

在刑事诉讼中，为什么要赋予犯罪嫌疑人、被告人及其辩护人辩护权利，以期与侦查、起诉活动相对抗？又为什么将刑事辩护确立为刑事诉讼的三项基本诉讼职能之一？这些问题都涉及刑事辩护的理论根据。

第一，这是人类认识活动的客观规律，特别是刑事诉讼活动客观规律的内在要求。自从人类产生了阶级、国家和法律，犯罪就成为一种普遍存在的社会现象。刑事诉讼正是为了应对、解决这一社会现象而产生的法律制度。但是，不论应对还是解决，都要以对刑事案件的正确认识为前提，而刑事案件又表现为具体的个案，当把它们纳入刑事诉讼活动时，往往都是已经发生过的事实。刑事诉讼的过程首先表现为对已经发生过的事实进行认识，并且力求使这种主观认识最大限度地与案件的客观事实相一致。为此，就要求在刑事诉讼中不仅要重视收集、听取受到犯罪侵害、控诉犯罪一方的当事人及有关国家机关、办案人员对被追诉对象的指控和意见，也要关注被追诉犯罪并被要求承担刑事责任的犯罪嫌疑人、被告人及其辩护人对于追诉的立场和态度，听取他们的主张和意见。只有认真听取对立双方的意见，"兼听则明"，才有可能对案件形成正确、客观的认识。反之，只听取追诉方的意见，排斥被追诉方的意见，造成"偏听则暗"，对案件形成片面的认识。辩护权乃至辩护职能的确立能保障犯罪嫌疑人、被告人在刑事诉讼中充分表达自己的意见，反映案件的事实，对于正确、客观认识案件事实有非常重要的意义。

第二，这是人类人权意识觉醒、人权观念加强、人权保障要求的客观需要。而在人类发展史上相当漫长的一段时期里，人人之间的不平等不仅是公开的，而且是合法的。在刑事诉讼中更是如此，被追诉的犯罪嫌疑人、被告人根本不是诉讼主体，他们无权对追诉活动进行反驳，提出辩护，而完全被当作追究的客体，承受刑讯逼供，任凭有罪推定。现代刑事诉讼制度，确立了无罪推定原则，赋予被追诉人广泛的辩护权，使其与追诉方形成平等对抗，以确保无罪的人不受刑事追究，有罪的人受到公正的惩罚。

第三，这是维护和实现司法公正的基本保障。刑事诉讼本质上是国家追究犯罪、惩罚犯罪的一种专门活动，是由国家专门机关发起并主导的一种强制性活动。在此过程中，不可避免地会发生权力的滥用或误用，进而导致冤、假、错案的发生。为此，需要对国家专门机关在刑事诉讼中的权力予以制约和抗衡，辩护权乃至辩护职能的确立和保障对此将发挥不可或缺的重要作用。

二、刑事辩护的历史发展

辩护概念是一个历史的范畴,不同历史时期的辩护有着各自时代的烙印和不同的含义。同时,辩护概念又是一个不断丰富、发展的概念,从历史到现代,存在着内在的继承和发展关系。回顾辩护概念的历史发展,对于加深对辩护权的理解、完善辩护制度、强化辩护职能都有重要的意义。

(一) 从自行辩护向辩护人辩护的发展

从现象意义上讲,自从有了诉讼,就有了辩护,辩护是伴随诉讼而产生的。在人类最初的弹劾式诉讼中,诉讼没有刑民之分,原、被告双方在诉讼中地位平等,原告有起诉被告的权利,被告相应地也有为自己申辩、反驳原告起诉的权利。被告这种针对起诉为自己进行的申辩和反驳实质上就是辩护。但是,这种辩护与其说是一种权利,不如说是种本能。正因为如此,这种辩护仅限于被告自行辩护,尚没有他人包括职业辩护人为他辩护。

就刑事诉讼而言,被告自行辩护,从其最清楚自己是否实施以及如何实施所追诉的犯罪事实这一点来看,他最有发言权。但是由于出身、背景、社会地位、受教育程度等各方面的不同,被告自行辩护的能力和所能发挥的作用是有限的。为了弥补这一不足,在诉讼制度发展过程中并非为自己而是为他人进行辩护的专业辩护人应运而生。一般认为,在公元前 6 世纪~公元前 1 世纪的古罗马共和时期,商品经济的发展和古罗马法的繁荣,使得一般人在诉讼中难以有效地维护自己的权利,能言善辩的"代理人""代言人"应运而生,帮助原、被告进行诉讼。随着法律的演进,职业法学家兴起,辩护逐渐为法律所确认。《十二铜表法》中就有关于辩护人进行辩护的专门条文,这是人类历史上关于辩护人辩护最早的法律记载。

当今世界辩护制度已相当发达,其中一个重要的标志就是辩护人辩护制度的成熟和完善。而辩护人辩护实质上又集中体现为律师辩护。律师作为职业法律工作者,不仅精通法律,而且富有诉讼经验和技巧;不仅享有人身自由,可以在法律允许的范围内进行辩护所需要的一切活动,而且地位独立,可以提出任何有利于犯罪嫌疑人、被告人的辩护意见和诉讼主张。因此,其所进行的辩护较之犯罪嫌疑人、被告人的自行辩护,更加有理、有力、有利,从而更加有效。正因如此,联合国确立的国际刑事司法准则要求保障犯罪嫌疑人、被告人获得律师帮助的权利。我国《刑事诉讼法》第 11 条也规定了被告人有权获得辩护,人民法院有义务保证被告人获得辩护。

(二) 从委托辩护向法律援助辩护的发展

委托辩护是与辩护人辩护相伴而生的。在刑事辩护制度发展史上,很长一段时期,除被追诉人自行辩护外,主要是委托辩护,即由被追诉人委托他人为自己辩护。20 世纪以来,随着工业化进程引起资本主义市场经济的高速发展和人权运动在世界范围的兴起,在刑事司法领域中加强人权保障的呼声也越来越高,刑事法律援助制度应运而生。但在很长一段时期,人们对于宪法所规定的被告人享有律师帮助的权利,只是理解为被告人可以聘请律师在法院为他们辩护,并不包括被告人如果因为贫困无钱聘请律师则由政府为其提供律师。19 世纪末 20 世纪初,人们对于被告人享有律师帮助的宪法权利赋予新的含义——贫困被告人享有政府为其提供律师的权利,但当时只限于死刑案件。1938 年,美国联邦最高法院认为,宪法第六修正案的规定包含了联邦刑事审判中为贫困被告人提供辩护律师的要求。20 世纪 60 年代以后,贫困被告人享有政府为其提供辩护律师的权利逐渐被扩大到重罪案件和非重罪案件。

联合国《公民权利和政治权利国际公约》第 14 条第 3 款不仅将受刑事控告者"出席受审并亲自替自己辩护或经由他自己所选择的法律援助进行辩护"作为"人人完全平等地有资格享受"的"最低限度的保证",而且将获得政府的法律援助也看作"最低限度的保证"。如今,各国政府应当为符合一定条件的贫困被告人无偿提供法律援助已成为国际社会公认的国际刑事司法准则通用的最低要求之一。

（三）从主要是审判中的实体辩护向审前阶段的程序辩护发展

传统上的辩护,无论是自行辩护还是辩护人辩护,主要是在审判阶段围绕被告人是否构成犯罪、应否承担刑事责任以及如何承担刑事责任展开的。在诉讼理论上将这种辩护称为实体辩护。

在审前程序中,绝大多数案件尚不具备进行实体辩护的条件。在此过程特别是侦查程序中,侦讯机关的权力不断扩大,伸展到社会生活的各个方面。人们切身感受到侦查机关可能滥用或者已经滥用权力的威胁不时发生,于是从程序上保护被追诉者的权利和其他公民的合法权利就成为审前程序中刑事辩护的重要方面。

审前程序辩护,特别是侦查中的程序辩护,主要表现为赋予犯罪嫌疑人在侦查程序中获得律师帮助的权利和赋予辩护律师通过参与侦查程序对侦查机关、侦查人员进行制约和监督的权利。具体包括:①律师在侦查人员对犯罪嫌疑人进行讯问时有权在场并向犯罪嫌疑人提供法律咨询的权利;②犯罪嫌疑人与辩护律师在侦查程序中秘密或单独会见的权利;③辩护律师在侦查程序中从侦查人员处获悉犯罪嫌疑人涉嫌的罪名及有关案件事实、证据材料的权利以及进行必要的调查取证的权利;④辩护律师在侦查程序中参加或见证某些侦查活动的权利;⑤辩护律师就审前程序的有关诉讼行为提出意见的权利;等等。除各国法律的规定外,在联合国《保护所有遭受任何形式拘留或监禁的人的原则》《禁止酷刑和其他残忍、不人道或有辱人格的待遇或处罚公约》《公民权利和政治权利国际公约》等一系列国际司法文件中,都从不同方面确立了犯罪嫌疑人在审前程序中获得律师帮助的权利和律师在审前程序中维护犯罪嫌疑人合法权益的相关权利。

我国刑事辩护也经历了从自行辩护向辩护人辩护、从委托辩护向法律援助辩护、从主要是审判中的实体辩护向审前阶段的程序辩护不断发展、完善的过程,未来还将继续发展、完善。

三、我国刑事辩护制度的基本内容

中国的刑事辩护制度最初是列强在行使其领事裁判权过程中直接从外国搬到中国的。清朝末年,沈家本受命主持修订大清律例,在 1906 年制定的《大清刑事民事诉讼法（草案）》及 1910 年制定的《大清刑事诉讼律（草案）》中,都规定了刑事被告人不仅自己可以辩护而且可以委托律师为其辩护。1912 年 9 月,"中华民国"政府颁布了《律师暂行章程》,不仅创立了中国近代的律师制度,也创立了中国近代的刑事辩护制度。

中华人民共和国成立后,一方面推翻旧法制,另一方面着手建立社会主义新法制。在刑事辩护制度方面,1950 年 7 月,中央人民政府政务院公布的《人民法庭组织通则》（已失效）第 6 条规定:"县（市）人民法庭及其分庭审判时,应保障被告有辩护及请人辩护的权利……"1954 年中华人民共和国第一部《宪法》发布,其中第 76 条明确规定了"被告人有权获得辩护"。同期公布的《人民法院组织法》也规定,被告人除自己行使辩护权外,可以委托律师为他辩护,可以由人民团体介绍的或者经人民法院许可的公民为他辩护,可以由被告人的近亲属、监护人为他辩护。人民法院认为必要的时候，也可以指定辩护人为他辩护。这些规定，为社会主义刑事辩护制度奠定了宪法和法律基础，其后我国刑事辩护制度特别是律师辩护制度得以蓬勃发展。但是，好景不长，20 世纪 50 年代后期，刚刚建立起来的刑事辩护制度受到打击。

1979 年 7 月中华人民共和国第一部《刑事诉讼法》诞生，强调被告人在刑事诉讼中享有辩护权，不仅其本人有权自行辩护，而且有权委托辩护人为他辩护，还要求人民法院有义务保证被告人获得辩护。1980 年 8 月《律师暂行条例》颁布实施，律师制度得以恢复，特别是律师辩护制度得以重建。1996 年 3 月，立法机关对《刑事诉讼法》进行了系统修正，对刑事辩护制度作了重大修改和完善。同年 5 月又审议通过了《律师法》，以法律的形式确立了社会主义律师制度的基本框架，对律师辩护制度进行了丰富和完善。这两部法律中关于刑事辩护的相关规定体现了我国律师辩护制度建设所取得的重大成就。2012 年 3 月 14 日，第十一届全国人民代表大会第五次会议对 1996 年《刑事诉讼法》进行了重大修正，在刑事辩护制度方面发生了诸多重要变化，包括确立了律师在侦查阶段的辩护人地位，解决了困扰律师辩护的会见难、阅卷难等突出问题，扩大了法律援助的范围并将之提前至审前程序等的重要内容，使我国刑事辩护制度发展到一个新的阶段。2018 年 10 月 26 日，第十三届全国人民代表大会常务委员会第六次会议又对 2012 年《刑事诉讼法》进行了修正，其中明确提出并建立了旨在为犯罪嫌疑人、被告人提供法律帮助的值班律师制度，丰富和发展了我国的刑事辩护制度。

（一）刑事辩护的种类

我国刑事诉讼中的辩护可分为自行辩护、委托辩护和指派辩护三种：

1. 自行辩护。自行辩护是指犯罪嫌疑人、被告人针对侦控机关对其涉嫌犯罪的怀疑、指控及所采取的相关强制措施或其他强制性措施，依法进行的反驳、申辩、解释以及要求予以解除、纠正等一系列行为的总和。

犯罪嫌疑人、被告人是被侦查机关、检察机关怀疑涉嫌犯罪或指控实施犯罪的人，他们对于自己是否涉嫌、实施了犯罪以及如何实施犯罪最为清楚，因此，就针对案件事实和有关证据方面进行辩护而言，由他们自行辩护一般比其他人进行辩护具有更有利的条件。同时，在刑事诉讼中任何公民一旦被确定为犯罪嫌疑人、被告人，就成为被侦查、指控的对象，随时处于侦查措施、强制措施的监控之下。在此过程中，他对于自己人身权利和其他权利是否受到非法侵犯的了解和感受也最直接，因而也最能及时进行自行辩护，依法维护自己的合法权益，而其他辩护人是做不到这一点的。正因为如此，犯罪嫌疑人、被告人自行辩护可以贯穿于刑事辩护的全过程，包括在侦查、审查起诉和审判全过程为自己辩护。

但是，自行辩护在充分有效地维护犯罪嫌疑人、被告人合法权益方面，有很大的局限性。首先，一般而言犯罪嫌疑人、被告人不熟悉、精通法律，不具有诉讼经验，不掌握诉讼技巧；其次，犯罪嫌疑人、被告人在刑事诉讼中通常都被采取某种强制措施，人身自由受到限制甚至剥夺，无法进行必要的调查取证工作；最后，由于犯罪嫌疑人、被告人与案件有着密切的关系，特别是与诉讼结果有着直接的利害关系，从而使他们自身难以在诉讼中如实、客观地陈述事实，同时其他人包括办案人员往往也对他们不信任，进而可能导致自行辩护不受重视。

2. 委托辩护。委托辩护是指犯罪嫌疑人、被告人依法委托律师或其他公民担任辩护人为其进行辩护。由于委托辩护是由犯罪嫌疑人、被告人以外的人进行辩护，其身份、立场通常是独立的，并且委托辩护人主要是由律师担任，他们精通法律知识，富有诉讼经验，熟悉辩护技巧，因而委托辩护较之自行辩护有着明显的优势。

从委托关系的发生来讲，委托辩护有两种情形：其一，犯罪嫌疑人、被告人自己直接委托辩护人。《刑事诉讼法》第 34 条第 1 款规定："犯罪嫌疑人自被侦查机关第一次讯问或者采取强制措施之日起，有权委托辩护人；在侦查期间，只能委托律师作为辩护人。被告人有权随时委托辩护人。"为了保障犯罪嫌疑人、被告人知悉自己的辩护权并及时委托辩护人，《刑事诉讼法》第 34 条第 2 款还明确要求"侦查机关在第一次讯问犯罪嫌疑人或者对犯罪嫌疑人采取强制措施的时候，应当告知犯罪嫌疑人有权委托辩护人。人民检察院自收到移送审查起诉的案件材料之日起三日以内，应当告知犯罪嫌疑人有权委托辩护人。人民法院自受理案件之日起三日以内，应当告知被告人有权委托辩护人。犯罪嫌疑人、被告人在押期间要求委托辩护人的，人民法院、人民检察院和公安机关应当及时转达其要求"。其二，犯罪嫌疑人、被告人的监护人、近亲属可以代为委托辩护人。根据《刑事诉讼法》第 34 条第 3 款的规定，犯罪嫌疑人、被告人在押的，也可以由其监护人、近亲属代为委托辩护人。

应当指出，以上两种情形是从何时可以开始委托辩护人的角度来讲的，并不意味着在此之后就不得再委托辩护人或者委托之后就不得变更委托。委托辩护既然是犯罪嫌疑人、被告人的一项诉讼权利，那么在诉讼的不同阶段、不同时间都可以委托。为此，鉴于审判阶段的特殊性，《刑事诉讼法》第 45 条还规定："在审判过程中，被告人可以拒绝辩护人继续为他辩护，也可以另行委托辩护人辩护。"

在保障犯罪嫌疑人、被告人享有委托辩护人权利的同时，为了保证诉讼活动的正常进行，提高诉讼效率，《刑事诉讼法》对委托对象和委托人数也做了必要的限制。在委托对象方面，只能在法律规定的可以充当辩护人的人员范围内进行选择；在委托的人数上，可以委托 1~2 人作为辩护人。

3. 指派辩护。指派辩护是指人民法院、人民检察院、公安机关在法律规定的范围内，对于没有委托辩护人的犯罪嫌疑人、被告人，依法通知法律援助机构指派律师为其提供辩护，或者法律援助机构根据本人及其亲属的申请，对符合法律援助条件的，指派律师为其提供辩护。这项制度也称为刑事法律援助制度。在我国，指派辩护包括强制指派辩护和申请指派辩护两种情形：

（1）强制指派辩护。根据《刑事诉讼法》第 35 条、第 278 条的有关规定，强制指派辩护是指人民法院、人民检察院、公安机关对于下列五类犯罪嫌疑人、被告人，如果他们没有委托辩护人，应当通知法律援助机构指派律师为其辩护：其一，犯罪嫌疑人、被告人是盲、聋、哑人的；其二，犯罪嫌疑人、被告人是未成年人的；其三，犯罪嫌疑人、被告人是尚未完全丧失辨认或者控制自己行为能力的人的；其四，犯罪嫌疑人、被告人可能被判处无期徒刑的；其五，犯罪嫌疑人、被告人可能被判处死刑的。这五类犯罪嫌疑人、被告人有的因为生理缺陷或尚未成年而不能有效地为自己进行辩护，有的因为涉嫌或被指控的罪行特别严重可能被判处无期徒刑或者死刑，在他们没有委托辩护的情形下，为了充分保障他们的合法权益，提高办案质量，维护司法公正，法律规定应当为他们指派律师担任辩护人。在这里法律提出的要求是"应当通知法律援助机构为其提供辩护"，表明具有强制指派辩护之意。

此外，《刑事诉讼法》第 293 条规定，人民法院缺席审判案件，被告人有权委托辩护人，被告人的近亲属可以代为委托辩护人。被告人及其近亲属没有委托辩护人的，人民法院应当通知法律援助机构指派律师为其提供辩护。

（2）申请指派辩护。根据《刑事诉讼法》第35条的规定，申请指派辩护是指不符合以上强制指派辩护的条件，但犯罪嫌疑人、被告人因经济困难或者其他原因没有委托辩护人，本人及其近亲属可以向法律援助机构提出申请。由于我国现阶段经济发展水平还不高，能够办理刑事辩护案件的律师人数也有限，如果为所有犯罪嫌疑人、被告人均指派律师辩护，恐怕难以做到。因此，对于不符合强制指派辩护条件的犯罪嫌疑人、被告人，《刑事诉讼法》第35条第1款规定，需经犯罪嫌疑人、被告人本人或近亲属提出申请，并符合法律援助条件的，才指派律师为犯罪嫌疑人、被告人提供辩护。无论强制指派辩护还是申请指派辩护，都属于刑事法律援助制度的范畴。刑事法律援助是法律援助制度重要的组成部分，体现了国家对因经济困难或其他原因没有委托辩护人的犯罪嫌疑人、被告人的一种人文关怀，也是保障人权、维护司法公正和实现社会公平正义的客观要求。法律援助制度起源于西方国家，目前，世界上已经有140多个国家建立了法律援助制度。2015年6月，中共中央办公厅和国务院办公厅印发《关于完善法律援助制度的意见》，提出"加强刑事法律援助工作"，包括：开展试点，逐步开展为不服生效刑事裁判的申诉人提供法律援助的工作；建立法律援助机构，在法院、看守所派驻法律援助值班律师制度；建立法律援助参与刑事和解、死刑复核案件办理工作机制等。我们相信，随着"国家尊重和保障人权"在宪法上的确立及国家实力的不断增强，刑事法律援助制度还将不断完善、发展。

（二）辩护人的范围

如前所述，辩护制度的历史沿革，经历了一个由犯罪嫌疑人、被告人自行辩护向辩护人辩护的发展过程。委托辩护、指派辩护都是以辩护人辩护的存在为前提的。辩护人的范围，是指哪些人可以接受犯罪嫌疑人、被告人的委托，或者接受法律援助机构的指派，在刑事诉讼中担任辩护人。在我国，委托辩护的辩护人范围与指派辩护的辩护人范围有所不同，后者仅限于律师，前者则范围较广。根据《刑事诉讼法》《律师法》及最高人民法院《解释》的有关规定，委托辩护的辩护人范围包括下列人员：

1. 律师。律师是指依法取得律师执业证书，为社会提供法律服务的执业人员。与其他人相比，律师一般都受过系统的法学教育，经过严格的司法职业资格考试，又受过专门的执业技能培训，是职业法律工作者。特别是一些执业多年的律师，往往具有丰富的办案经验、娴熟的辩护技巧。此外，律师由政府主管部门和行业协会管理，有着严格的职业道德和执业纪律要求。这些方面决定了律师担任刑事案件的辩护人较之其他人担任辩护人有着明显的优势。首先，由于律师在业务能力上的优势，他们更能切实有效地履行辩护职责，维护犯罪嫌疑人、被告人的合法权益。其次，由于组织管理和职业道德、执业纪律上的优势，法律赋予律师较其他辩护人更广泛的诉讼权利，从而使律师担任辩护人有更大的空间，并得以发挥更大的作用。例如，根据《刑事诉讼法》第39条、第40条的规定，在刑事诉讼中，律师担任辩护人的，自人民检察院对案件审查起诉之日起，可以查阅、摘抄、复制本案的案卷材料，可以同在押的犯罪嫌疑人、被告人会见和通信；而其他人担任辩护人的，须经人民法院、人民检察院许可，才可以查阅、摘抄、复制上述材料及同在押的犯罪嫌疑人、被告人会见和通信。

2. 人民团体或者犯罪嫌疑人、被告人所在单位推荐的人。这里的人民团体是指工会、妇联、共青团等群众性团体。这些团体或者单位与犯罪嫌疑人、被告人往往有一定的关系，或是犯罪嫌疑人、被告人参加的组织，或是犯罪嫌疑人、被告人工作的单位，相互间有一定的了解和信任基础。此外，由于我国的律师数量整体上还有限，难以完全满足社会法律服务的需求。在此情况下，由人民团体或者犯罪嫌疑人、被告人所在单位推荐的人担任辩护人，可以一定程度上弥补现阶段律师人数的不足。

3. 犯罪嫌疑人、被告人的监护人、亲友。在刑事诉讼中，一些未成年人、无行为能力或者限制行为能力的精神病人可能会成为犯罪嫌疑人、被告人。为了切实、有效地维护他们的合法权益，根据《民法典》的有关规定，由他们的监护人或对他们的人身、财产和其他合法权益承担保护责任的人或单位，包括他们的亲属或有关的机关、团体或单位担任辩护人是比较适宜的。由于存在这种监护与被监护的关系，监护人在担任辩护人时一般更具责任心。此外，犯罪嫌疑人、被告人的亲戚、朋友与犯罪嫌疑人、被告人有着特殊的关系，相互间比较了解、比较信任，由他们担任辩护人，也有利于维护犯罪嫌疑人、被告人的合法律权益。但是并不是所有人都有资格担任辩护人，对此最高人民法院《解释》第 40 条作出了相关规定，对不得担任辩护人分为绝对禁止和相对禁止的情形。绝对禁止担任辩护人的情形包括：①正在被执行刑罚或者处于缓刑、假释考验期间的人；②依法被剥夺、限制人身自由的人；③无行为能力或者限制行为能力的人。具有这三种情形之一的人绝对禁止，都不能担任被告人的辩护人。相对禁止担任辩护人的情形包括：①人民法院、人民检察院、监察机关、公安机关、国家安全机关、监狱的现职人员；②人民陪审员；③与本案审理有利害关系的人；④外国人或者无国籍人；⑤被开除公职和被吊销律师、公证员执业证书的人。以上五种类型的人，如果是被告人的监护人、近亲属，由被告人委托担任辩护人的，可以准许。

另外还对法官、检察官离任后担任辩护人的作出了限制性规定。《法官法》第 24 条、第 36 条及《检察官法》第 25 条对此作出了明确规定：①离任后 2 年限制。法官、检察官从法院、检察院离任后 2 年内，不得以律师身份担任诉讼代理人或者辩护人。②离任或开除后终身限制。法官、检察官离任后，不得担任原任职法院、检察院办理案件的诉讼代理人或者辩护人，但是作为当事人的监护人或近亲属代理或者辩护除外。法官、检察官被开除后，不得担任诉讼代理人或者辩护人，但是作为当事人的监护人或者近亲属代理或辩护除外。③任职回避的限制。法官、检察官的配偶、父母、子女有下列情形之一的，法官、检察官应当回避：一是担任该法官、检察官所任职机关管辖区内律师事务所的合伙人或者设立人的。二是在该法官、检察官所任职机关管辖区内以律师身份担任诉讼代理人、辩护人，或者为诉讼案件当事人提供其他有偿法律服务的。

最高人民法院《解释》第 40 条对于人民法院审判案件过程中不得被委托担任辩护人的人员也作了规定：①正在被执行刑罚或者处于缓刑、假释考验期间的人；②依法被剥夺、限制人身自由的人；③被开除公职或者吊销律师、公证员执业证书的人；④人民法院、人民检察院、公安机关、国家安全机关、监狱的现职人员；⑤人民陪审员；⑥与本案审理结果有利害关系的人；⑦外国人或无国籍人；⑧无行为能力或者限制行为能力的人。但是，以上第 3~7 项规定的人员，如果是被告人的监护人、近亲属，由被告人委托担任辩护人的，人民法院可以准许。

可以看出，尽管有一定的限制，我国辩护人的范围还是比较广泛的，不像有的国家辩护人只能由律师担任。这是符合我国现阶段实际情况的。一方面，我国的整体经济发展水平和人均国民收入还不高，既不能由国家拿出足够的资金为所有犯罪嫌疑人、被告人免费提供辩护律师，也不能由犯罪嫌疑人、被告人拿出足够的资金为自己委托辩护律师；另一方面，我国的律师人数总体上还不多，不足以满足刑事辩护的社会需求。这就需要在加强律师队伍发展、建设的同时，允许其他非律师人员担任辩护人。这样，既有利于维护、保障犯罪嫌疑人、被告人的合法权益，也可以减轻犯罪嫌疑人、被告人的经济负担。

（三）辩护人的责任

辩护人参加到刑事诉讼中只有一个目标，就是依法为犯罪嫌疑人、被告人进行辩护，维护犯罪嫌疑人、被告人的合法权益。因此，无论是由当事人委托的辩护人，还是由办案机关指派的辩护人，也无论是由律师担任的辩护人，还是由非律师人员担任的辩护人，他们在刑事诉讼中都承担着共同的责任。为此《刑事诉讼法》第37条规定："辩护人的责任是根据事实和法律，提出犯罪嫌疑人、被告人无罪、罪轻或者减轻、免除其刑事责任的材料和意见，维护犯罪嫌疑人、被告人的诉讼权利和其他合法权益。"根据这一规定，辩护人的责任具体表现在以下三个方面：

1. 从实体上为犯罪嫌疑人、被告人进行辩护，维护犯罪嫌疑人、被告人的合法权益。从实体上进行辩护，是指围绕犯罪嫌疑人、被告人的行为在实体法上是否构成犯罪、构成什么犯罪、是否应当处罚、如何进行处罚。从维护犯罪嫌疑人、被告人合法权益的角度提出有利于犯罪嫌疑人、被告人的材料和意见。具体又包括两个方面：一方面，根据事实和法律，提出犯罪嫌疑人、被告人无罪、罪轻或者减轻、免除其刑事责任的证据材料。这是指通过提供证据，从事实上质疑、推翻指控证据或控方起诉认定的事实，维护犯罪嫌疑人、被告人的合法权益。另一方面，根据事实和法律，提出并论证犯罪嫌疑人、被告人无罪、罪轻或者减轻、免除其刑事责任的意见。这是指通过发表意见，从事实认定和法律适用上分析、论证犯罪嫌疑人、被告人无罪、罪轻或者应当减轻、免除其刑事责任，维护犯罪嫌疑人、被告人的合法权益。

2. 从程序上为犯罪嫌疑人、被告人进行辩护，维护犯罪嫌疑人、被告人的合法权益。刑事诉讼不仅要解决犯罪嫌疑人、被告人是否有罪以及相关的刑事责任问题，而且刑事诉讼本身必然涉及对犯罪嫌疑人、被告人在刑事诉讼过程中的人身权利、财产权利以及其他合法权益的限制或剥夺，涉及犯罪嫌疑人、被告人的诉讼权利能否依法得到保障。因此，辩护人不仅要从实体上为犯罪嫌疑人、被告人进行辩护，而且也要从程序上为犯罪嫌疑人、被告人进行辩护，即"维护犯罪嫌疑人、被告人的诉讼权利和其他合法权益"，具体包括：当犯罪嫌疑人、被告人的诉讼权利受到侵犯或者剥夺时，依法向公安机关、人民检察院、人民法院提出意见，要求纠正或改变，保障犯罪嫌疑人、被告人依法充分行使诉讼权利。

对于犯罪嫌疑人、被告人在诉讼中人身权利、财产权利和其他合法权益受到不合法、不适当的限制、剥夺的，提出相关证据材料和意见，要求办案机关和办案人员依法纠正或改变，并对其中侵犯犯罪嫌疑人、被告人合法权益的违法犯罪行为代理控告。

3. 为犯罪嫌疑人、被告人提供其他法律帮助。犯罪嫌疑人、被告人一般都不熟悉、精通法律或不具有诉讼经验和诉讼技巧，作为辩护人除了要从实体上和程序上为犯罪嫌疑人、被告人进行辩护外，还要为他们提供法律咨询、代写诉讼文书、提出诉讼方案或建议等，增强他们的自我辩护能力，在诉讼中随时随地维护自己的合法权益。

对于辩护人的"责任"二字，可以从不同角度来理解。首先，这是法律赋予辩护人的一种责任。它要求辩护人在刑事诉讼中应当尽职尽责，通过维护犯罪嫌疑人、被告人的合法权益，维护司法公正，实现社会公平正义。其次，这是辩护人接受犯罪嫌疑人、被告人的委托或接受法援机构的指派充当辩护人而对犯罪嫌疑人、被告人应当承担的一种责任。最后，提出并强调辩护人的责任还在于确定犯罪嫌疑人、被告人在刑事诉讼中的基本诉讼立场，即一切诉讼行为都应当在法律允许的范围内以有利于维护犯罪嫌疑人、被告人的合法权益为出发点和追求目标，不得违背犯罪嫌疑人、被告人的意愿，从事不利于犯罪嫌疑人、被告人的行为。这是由辩护人的身份所决定的，也是由辩护制度的本质属性所决定的。它要求辩护人在刑事诉讼中应当尽心尽力依法充分维护犯罪嫌疑人、被告人的合法权益，使无罪的人不受追究，使有罪的人免受不公正的追究。

相对于控方来说，辩护人的责任应当说是一种权利，行使与否，怎样行使，一切以有利于维护犯罪嫌疑人、被告人的合法权益为目的。譬如在诉讼中辩护人提出证明犯罪嫌疑人、被告人无罪、罪轻或者减轻、免除其刑事责任的证据材料，它是辩护人的一项权利，而不是一项义务。不能把控方应当承担的证明犯罪嫌疑人、被告人有罪的举证责任转嫁给辩护人，使其承担证明犯罪嫌疑人、被告人无罪、罪轻或者减轻、免除其刑事责任的举证责任。2012年修正的《刑事诉讼法》第35条（即2018年《刑事诉讼法》第37条）规定："辩护人的责任是根据事实和法律，提出犯罪嫌疑人、被告人无罪、罪轻或者减轻、免除其刑事责任的材料和意见，维护犯罪嫌疑人、被告人的诉讼权利和其他合法权益。"这条规定修正了1996年《刑事诉讼法》第35条中关于辩护人责任的有关表述，删除了原条文中"提出证明犯罪嫌疑人、被告人无罪、罪轻……材料和意见"中的"证明"二字，淡化了辩护人应当承担举证责任的意味，这是一项重要的修正。此外，该条还将原条文最后一句"维护犯罪嫌疑人、被告人的合法权益"修改为"维护犯罪嫌疑人、被告人的诉讼权利和其他合法权益"，由此突显出刑事辩护不仅要从实体上进行辩护，而且还要从程序上进行辩护。

（四）辩护人的诉讼地位

辩护人的责任虽然是为犯罪嫌疑人、被告人进行辩护，维护他们的诉讼权利和其他合法权益，但辩护人不同于犯罪嫌疑人、被告人，在刑事诉讼中是一种完全独立的诉讼参与人。这种独立的诉讼地位可以从以下三个方面来认识：

1. 辩护人是完全独立并对立于控诉方的一种诉讼参与人。刑事诉讼是由控诉方发动的，没有控诉就没有刑事诉讼。由此，控诉成为一项重要的诉讼职能，在发动控诉的同时，也产生了辩方及辩护职能。辩方除了犯罪嫌疑人、被告人之外还有辩护人，而且辩护人是为了加强犯罪嫌疑人、被告人的抗辩能力才产生并加入诉讼的。这就决定了辩护人天生就是独立于控诉方并对立于控诉方的。所谓独立于控诉方，是指辩护人的产生及诉讼行为都不受制于或取决于控诉方的意志。所谓对立于控诉方，是指辩护人的产生及诉讼行为是针对控诉方的指控，以维护犯罪嫌疑人、被告人的诉讼权利和其他合法权益为出发点和追求目标，这就与控诉方形成了天然的对立关系。由此，决定了辩护人在诉讼中必须以维护犯罪嫌疑人、被告人的合法权益为天职，而不能充当第二控诉人，或从事不利于犯罪嫌疑人、被告人的行为，除非法律有特殊的例外规定。当然，辩护人与控诉方的对立是诉讼立场的对立，并不是诉讼目标的对立。从诉讼目标上来讲，控辩双方的目标应当是一致的，都是为了维护司法公正，实现社会公平正义。

2. 辩护人是独立于犯罪嫌疑人、被告人的一种诉讼参与人。虽然，从总体上来说，辩护人与犯罪嫌疑人、被告人在诉讼中同属于辩方，并且辩护人能够参加到诉讼中来主要是来源于犯罪嫌疑人、被告人的委托，但这并不等于辩护人与犯罪嫌疑人、被告人成了不分彼此的一家人，或者辩护人在诉讼中应当听命于犯罪嫌疑人、被告人。相反，辩护人在诉讼中仍然是独立于犯罪嫌疑人、被告人的一种诉讼参与人。他在诉讼中是以自己的名义，根据对案件事实的了解、掌握和对有关法律规定的理解，独立提出辩护意见，独立进行辩护的，而不是在诉讼中完全服从于犯罪嫌疑人、被告人的主观意志。但是辩护人的这种独立是在有利于维护犯罪嫌疑人、被告人的合法权益的大目标下的独立，是在犯罪嫌疑人、被告人同意、认可或者至少不反对前提下的独立。如果辩护人拟提出的辩护意见、拟进行的辩护行为，犯罪嫌疑人、被告人不同意，他们则有权解除与辩护人的委托关系，有权拒绝辩护人为其辩护。因此，辩护人与犯罪嫌疑人、被告人的关系应当是独立但不对立的关系，而辩护人与控诉方的关系是独立加对立的关系。

3. 辩护人也是独立于审判人员的一种诉讼参与人。从诉讼结构上讲，审判人员是属于控辩对立双方之间的中立的第三方，辩护人不可能、也不应该站在审判人员一方，而应是独立的一方。即使是由人民法院依法通知法援机构指派参加诉讼的辩护人，也不能因此而失去独立性，按照审判人员的意愿或者自己对审判人员主观意愿的分析判断进行辩护，而仍然应当根据案件事实和法律规定独立地提出辩护意见，进行辩护活动。但是，辩护人与审判人员的独立关系，是指一种独立加协助、加制约的关系，而不是独立加对立的关系。所谓独立加协助，是指辩护人的辩护是为了协助审判人员全面、客观地了解、查明案件事实，兼听控辩双方的不同意见，从而对案件作出公正、合法的裁判；所谓独立加制约，是指通过辩护人的辩护，防止审判人员偏听偏信控方的一面之词，或者主观臆断，对案件作出不公正甚至枉法的裁判。

（五）辩护人的诉讼权利和诉讼义务

辩护人既然是一种独立的诉讼参与人，必然享有独立的诉讼权利，承担独立的诉讼义务，否则就无以体现、保障其独立的诉讼地位。了解、掌握辩护人的诉讼权利和诉讼义务，对于辩护人独立开展辩护活动，履行辩护职责是非常重要的。

1. 辩护人享有的诉讼权利。根据《刑事诉讼法》《律师法》及其他有关法律的规定，辩护人在刑事诉讼中享有以下诉讼权利：

（1）阅卷权。根据《刑事诉讼法》第40条的规定，辩护律师自人民检察院对案件审查起诉之日起，可以查阅、摘抄、复制本案的案卷材料。其他辩护人经人民法院、人民检察院许可，也可以查阅、摘抄、复制上述材料。而非律师需要经法院、检察院许可。律师的阅卷时间自人民检察院对案件审查起诉之日起。侦查阶段律师无阅卷权。阅卷通过查阅、复印、拍照、扫描、数据拷贝方式。阅卷的范围，包括诉讼文书和证据材料。

（2）会见、通信权。根据《刑事诉讼法》第39条第1款的规定，辩护律师可以同在押的犯罪嫌疑人、被告人会见和通信。其他辩护人经人民法院、人民检察院许可，也可以同在押的犯罪嫌疑人、被告人会见和通信。辩护律师无需许可有权同在押的或者监视居住的犯罪嫌疑人、被告人会见和通信。律师持执业证书、律师事务所证明和委托书或法律援助公函即有权要求会见在押的犯罪嫌疑人、被告人。但是，考虑到侦查活动的特殊性，危害国家安全犯罪、恐怖活动犯罪案件，在侦查期间辩护律师会见在押的犯罪嫌疑人，应当经侦查机关许可。可见，除该两类案件在侦查期间辩护律师会见在押的犯罪嫌疑人需经侦查机关许可外，其他所有案件，无论在侦查阶段还是在审查起诉及审判阶段，辩护律师有权直接到看守所会见在押的犯罪嫌疑人、被告人，看守所应当及时安排，至迟不得超过48小时。看守所安排会见不得附加任何其他条件或者要求律师提供法律规定以外的其他文件材料，不得以未预约为由拒绝安排律师会见。辩护律师会见犯罪嫌疑人、被告人时不被监听。

（3）调查取证权。根据《刑事诉讼法》第43条的规定，辩护律师经证人或者其他有关单位和个人同意，可以向他们收集与本案有关的材料，也可以申请人民法院通知证人出庭作证。辩护律师经人民检察院或者人民法院许可，并且经被害人或者其近亲属、被害人提供的证人同意，可以向他们收集与本案有关的材料。对于辩方证人，经证人或有关单位和个人同意，即可向他们收集证据资料。对于控方证人则需要检察院或者法院的同意，并且经被害人或者近亲属、被害人提供的证人本人同意才可以收集资料。辩护律师也可以申请法院或者检察院代为取证。

（4）提出辩护意见权。在以下几种情况下，司法机关应当主动听取辩护律师的意见：人民检察院审查批准逮捕和人民法院决定逮捕未成年犯罪嫌疑人、被告人时应当听取辩护律师意见；人民检察院审查案件，应当讯问犯罪嫌疑人，应当听取辩护人、被害人及其诉讼代理人的意见，并且记录在案；第二审法院决定不开庭审理的，应当讯问被告人，听取其他当事人、辩护人、诉讼代理人的意见；死刑上诉、抗诉案件，应当听取辩护人意见。检察院批准逮捕时律师提出要求的，应当听取辩护律师意见；在案件侦查终结前，辩护律师提出要求的，应当听取律师意见；最高院复核死刑案件，律师提出要求的，应当听取辩护律师意见。

（5）申请解除超期的强制措施的权利。根据《刑事诉讼法》第97条、第99条的规定，犯罪嫌疑人、被告人的辩护人对于人民法院、人民检察院或者公安机关采取强制措施法定期限届满的，有权要求解除强制措施；人民法院、人民检察院或者公安机关对被采取强制措施超过法定期限的犯罪嫌疑人、被告人应当予以释放、解除取保候审、监视居住或者依法变更强制措施。人民法院、人民检察院和公安机关收到申请书后，应当在3日内作出决定。

（6）出庭通知权。根据《刑事诉讼法》第187条的规定，人民法院决定开庭审判后，应当确定合议庭的组成人员，将人民检察院的起诉书副本至迟在开庭10日以前送达被告人及其辩护人。人民法院应当至迟在开庭3日以前将开庭时间、地点通知辩护人。这意味着辩护人有权在开庭3日之前获得开庭通知。公安侦查终结的案件，要将案件移送情况告知犯罪嫌疑人及其辩护律师。

（7）出庭辩护权。在法庭调查阶段辩护人经审判长许可，可以向被告人发问，可以对证人、鉴定人发问；可以对控方提供的其他证据进行质证，可以向法庭提供、出示、宣读证据；有权申请通知新的证人到庭、调取新的物证、重新鉴定或者勘验。在法庭辩论阶段辩护人可以就案件事实、证据和法律适用等问题发表意见并且可以与对方展开互相辩论。

（8）拒绝辩护权。《律师法》第32条第2款规定："律师接受委托后，无正当理由的，不得拒绝辩护或者代理。但是，委托事项违法、委托人利用律师提供的服务从事违法活动或者委托人故意隐瞒与案件有关的重要事实的，律师有权拒绝辩护或者代理。"

（9）申诉、控告权。根据《刑事诉讼法》第117条的规定，辩护人有权对司法机关及其工作人员违法办案，侵犯当事人人身权利、财产权利的行为依法提出申诉、控告。如认为公安机关、人民检察院、人民法院及其工作人员阻碍其依法行使诉讼权利的，有权向同级或者上一级检察院申诉或者控告。

（10）保密权。根据《刑事诉讼法》第48条的规定，辩护律师对在执业活动中知悉的委托人的有关情况和信息，有权予以保密。但是，辩护律师在执业活动中知悉委托人或其他人，准备或者正在实施危害国家安全、公共安全以及严重危害他人人身安全的犯罪的，应当及时告知司法机关。

（11）拒绝辩护权。当遇到当事人或者委托人利用律师提供的服务从事违法活动或者委托人隐瞒事实真相的，律师有权拒绝辩护。

（12）其他诉讼权利。根据《刑事诉讼法》的有关规定，辩护人在刑事诉讼中还享有以下诉讼权利：申请有关办案人员回避的权利；申请排除非法证据的权利；申请证人、鉴定人出庭作证的权利；申请具有专业知识的人协助对控方鉴定意见进行质证的权利；征得被告人同意后，可以对第一审判决、裁定提出上诉的权利；获得有关诉讼文书的权利，包括起诉书、抗诉书副本，判决书、裁定书副本；等等。

2. 辩护人承担的诉讼义务。辩护人在刑事诉讼中，主要承担以下诉讼义务：

（1）及时告知接受委托的义务。辩护人接受犯罪嫌疑人、被告人委托后，应当及时告知办理案件的机关，审判期间接受委托的，应当在接受委托其 3 日内将委托手续提交人民法院。

（2）辩护人收集的有关犯罪嫌疑人不在犯罪现场、未达到刑事责任年龄、属于依法不负刑事责任的精神病人的证据，应当及时告知公安机关、人民检察院。

（3）律师在接受委托或被指派担任辩护人以后，有义务为犯罪嫌疑人、被告人进行辩护，无正当理由，不得拒绝辩护。

（4）辩护人不得帮助犯罪嫌疑人、被告人隐匿、毁灭、伪造证据或者串供，不得威胁、引诱证人作伪证以及进行其他干扰司法机关诉讼活动的行为。

（5）辩护人应当保守其在执业活动中知悉的国家秘密和当事人的商业秘密，不得泄露当事人的隐私。

（6）辩护人应当遵守诉讼纪律。如按时出庭，在法庭上服从审判长的指挥，会见在押的犯罪嫌疑人、被告人应当遵守羁押场所的规定等。

（7）辩护律师不得私自接受委托，私自向委托人收取费用，收受委托人的财物。

（8）辩护律师不得违反规定会见法官、检察官。

（9）辩护律师不得向法官、检察官及其他工作人员请客送礼或行贿，或者指使、诱使当事人行贿。

（六）值班律师

值班律师制度是在中共十八大以后推行的新一轮司法改革中，伴随着刑事速裁程序试点、完善认罪认罚从宽制度试点应运而生的。在此期间，最高人民法院、最高人民检察院、公安部、国家安全部、司法部于 2017 年 8 月 8 日共同制定发布的《关于开展法律援助值班律师工作的意见》，对值班律师的来源、性质、具体职责等作了比较系统的规定。在总结以往试点经验的基础上，2018 年《刑事诉讼法》修正时正式确立了值班律师制度。《刑事诉讼法》第 36 条规定："法律援助机构可以在人民法院、看守所等场所派驻值班律师。犯罪嫌疑人、被告人没有委托辩护人，法律援助机构没有指派律师为其提供辩护的，由值班律师为犯罪嫌疑人、被告人提供法律咨询、程序选择建议、申请变更强制措施、对案件处理提出意见等法律帮助。人民法院、人民检察院、看守所应当告知犯罪嫌疑人、被告人有权约见值班律师，并为犯罪嫌疑人、被告人约见值班律师提供便利。"此外，《刑事诉讼法》第 173 条、第 174 条也对值班律师参与刑事诉讼的有关活动作了规定。根据以上规定，对目前我国的值班律师制度应当把握以下几点：

1. 值班律师的来源与性质。根据《刑事诉讼法》的规定，值班律师是由法律援助机构派驻到人民法院、看守所等场所的，从性质上讲也属于法律援助的范畴，但有别于一般的法律援助律师。

2. 值班律师的职责。根据《刑事诉讼法》的规定，值班律师的职责，总体上讲，是为犯罪嫌疑人、被告人提供法律帮助而不是辩护。具体包括为犯罪嫌疑人、被告人提供法律咨询、程序选择建议、申请变更强制措施、对案件处理提出意见等法律帮助。此外，还包括在检察机关审查认罪认罚案件时对犯罪嫌疑人认罪认罚的有关事项提出意见，在场见证自愿认罪，以及在场见证同意量刑建议和程序适用的犯罪嫌疑人签署认罪认罚具结书。

3. 值班律师的诉讼权利。根据《刑事诉讼法》的规定，办案机关应当为犯罪嫌疑人、被告人约见值班律师提供便利，为值班律师向检察机关就具体案件提出意见提供了解案件有关情况的必要便利。

4. 确立值班律师制度的意义。根据《刑事诉讼法》的规定，值班律师的工作已经超出了司法改革过程中只限于认罪认罚从宽制度的范围，即在刑事诉讼中，凡没有委托辩护人、法律援助机构也没有指派律师为其提供辩护的犯罪嫌疑人、被告人，都由值班律师为其提供法律帮助。这一规定，在我国刑事诉讼尚未实现刑事案件律师辩护全覆盖的情况下，至少可以实现刑事案件律师辩护与值班律师法律帮助的全覆盖，其意义重大而深远。

第二节 刑事代理

一、刑事代理的概念与特征

刑事诉讼中的代理，是指代理人接受公诉案件被害人及其法定代理人或者近亲属的委托，自诉案件的自诉人及其法定代理人、附带民事诉讼案件的当事人及其法定代理人的委托，以被代理人名义参加诉讼，由被代理人承担代理行为的法律后果的一项诉讼活动。

刑事代理从代理关系的产生上看，分为委托代理和法定代理两种。委托代理是基于被代理人的委托授权行为而产生的代理。法定代理则是基于法律规定而产生的代理。法定代理不论是代理人一方还是被代理人一方都必须符合法律规定的条件，任何一方不符合法律规定的条件，法定代理关系就不能产生和存在。就法定代理人而言，一般由被代理人的父母、养父母、监护人和负有保护责任的机关、团体的代表担任。委托代理与法定代理，由于代理关系产生的根据不同，代理人的范围、代理人的权限、代理人在刑事诉讼中的权利和义务等都有所不同。在合法权限范围内进行的代理活动，无论是委托代理还是法定代理，都是合法有效的代理，其法律后果都由被代理人承担。

代理人必须在法律允许的权限范围内进行代理活动，法定代理的权限往往就是被代理人作为诉讼当事人的诉讼权利范围，因此本节主要围绕委托代理展开分析论述。

根据《刑事诉讼法》第46条的规定，刑事诉讼中的委托代理包括公诉案件中被害人的代理、自诉案件中自诉人的代理和刑事附带民事诉讼中原告人和被告人的代理。这三种诉讼代理虽然在委托人即被代理人一方的身份上有所不同，但在委托对象即代理人的身份上则是一致的。根据《刑事诉讼法》第33条、第47条的规定，下列人员可以被委托为诉讼代理人：①律师；②人民团体或者被代理人所在单位推荐的人；③被代理人的监护人、亲友。但正在被执行刑罚或者依法被剥夺、限制人身自由的人，不得担任诉讼代理人。每一名被代理人可以委托1~2人作为诉讼代理人。最高人民法院《解释》第40条、第63条对于不得担任委托诉讼代理人的情形作了进一步的规定：①正在被执行刑罚或者处于缓刑、假释考验期间的人；②依法被剥夺、限制人身自由的人；③被开除公职或者被吊销律师、公证员执业证书的人；④人民法院、人民检察院、监察机关、公安机关、国家安全机关、监狱的现职人员；⑤人民陪审员；⑥与本案审理结果具有利害关系的人；⑦外国人或者无国籍人；⑧无行为能力或者限制行为能力的人。

委托代理基于被代理人对代理人的委托关系而产生，代理人在诉讼中的一切代理活动必须得到被代理人的授权，即代理人只能在委托人的授权范围内进行诉讼代理活动。代理权限分为一般代理和特别代理两种。在一般代理授权下，代理人只能代理委托人进行一般诉讼行为，无权在诉讼中处分委托人的实体权利。在特别代理授权下，代理人除代理委托人参加诉讼外，还可以在委托人的特别授权范围内，代为处分其相关的实体权利。

根据《刑事诉讼法》第 14 条的规定，人民法院、人民检察院和公安机关应当保障诉讼代理人依法享有的诉讼权利。诉讼参与人对于审判人员、检察人员和侦查人员侵犯其诉讼权利和人身侮辱的行为，有权提出控告。根据《律师法》的有关规定，律师参加诉讼活动，依照诉讼法律的规定，可以收集、查阅与本案有关的材料，出席法庭、参与诉讼以及享有诉讼法律规定的其他权利。律师担任诉讼代理人，其辩论的权利应当依法保障，其在执业活动中的人身权利不受侵犯。《律师法》及有关律师执业行为的规定对于律师担任诉讼代理人提出了一些具体的要求：①律师担任诉讼代理人，应当在受委托的权限内，维护委托人的合法权益；委托人可以拒绝律师为其代理，也可以另行委托代理人。②律师接受委托后，无正当理由的，不得拒绝代理；但委托事项违法，委托人利用律师提供的服务从事违法活动或者委托人隐瞒事实的，律师有权拒绝代理。③曾担任法官、检察官的律师，从人民法院、人民检察院离任后 2 年内，不得担任诉讼代理人。④律师担任诉讼代理人，应当保守在执业活动中知悉的国家秘密和当事人的商业秘密，不得泄露当事人的隐私。⑤律师不得在同一案件中，为双方当事人担任代理人，不得代理与本人或者其近亲属有利益冲突的法律事务。⑥律师不得私自接受委托，私自向委托人收取费用，收受委托人的财物。⑦律师不得利用提供法律服务的便利，牟取当事人争议的权益，或者接受对方当事人的财物。⑧律师不得违反规定会见法官、检察官，不得向法官、检察官以及其他有关工作人员请客送礼或者行贿，或者指使、诱使当事人行贿。⑨律师不得提供虚假证据，隐瞒事实或者威胁、利诱他人提供虚假证据，隐瞒事实以及妨碍对方当事人合法取得证据。⑩律师不得煽动、唆使当事人采取扰乱公共秩序、危害公共安全等非法手段解决争议。⑪律师不得扰乱法庭秩序，干扰诉讼活动的正常进行。

与刑事辩护相比较，刑事代理具有以下特征：

第一，诉讼权利的受限性。刑事代理中代理人的诉讼权限须受制于委托人的授权范围或法律规定的权限范围。特别是委托诉讼代理人的诉讼权利来源于并受限于委托人的授权，代理人只能在授权范围内从事诉讼活动。刑事辩护中辩护人则是在法律允许的范围内充分行使辩护权利，以维护犯罪嫌疑人、被告人的合法权益。

第二，诉讼领域的多元性。刑事辩护所涉及的诉讼领域只有刑事诉讼活动，而刑事代理所涉及的诉讼领域则是多元的，不仅有刑事诉讼也有刑事附带民事诉讼。

第三，诉讼职能的多重性。就诉讼职能来看，刑事辩护比较单一，就是依法维护犯罪嫌疑人、被告人的合法权益，属于辩护职能；刑事代理则不然，在诉讼职能上具有多重性：①在刑事公诉案件中，被害人的诉讼代理人行使的是控诉职能，并且相较于公诉机关的控诉职能而言，是辅助性的控诉职能；②在自诉案件中，自诉人的诉讼代理人行使的是控诉职能，但其权限大小取决于自诉人的授权；③在刑事附带民事诉讼案件中，诉讼代理人的诉讼职能取决于其委托人的诉讼地位，原告人的诉讼代理人行使的是起诉职能，被告人的诉讼代理人行使的是应诉职能。

二、刑事代理的种类

（一）公诉案件的代理

公诉案件的代理，是指公诉案件的被害人及其法定代理人或者近亲属，依法委托诉讼代理人代理被害人参加诉讼活动，维护被害人的合法权益。

根据《刑事诉讼法》第 46 条的规定，公诉案件自案件移送审查起诉之日起，被害人及其法定代理人或者近亲属有权委托诉讼代理人。为了保障被害人及时获知并行使这一诉讼权利，法律要求人民检察院自收到移送审查起诉的案件材料之日起 3 日以内，应当告知被害人及其法定代理人或者其近亲属有权委托诉讼代理人。

对于审查起诉阶段被害人委托诉讼代理人的事宜，最高人民检察院《规则》第 55 条第 2~4 款对人民检察院向被害人一方告知有权委托诉讼代理人提出了具体的要求："当面口头告知的，应当记入笔录，由被告知人签名；电话告知的，应当记录在案；书面告知的，应当将送达回执入卷。被害人众多或者不确定，无法以上述方式逐一告知的，可以公告告知。无法告知的，应当记录在案。被害人有法定代理人的，应当告知其法定代理人；没有法定代理人的，应当告知其近亲属。法定代理人或者近亲属为二人以上的，可以告知其中一人，告知时应当按照刑事诉讼法第一百零八条第三、六项列举的顺序择先进行。"

根据《刑事诉讼法》和最高人民检察院《规则》的有关规定，被害人的诉讼代理人在审查起诉阶段享有以下诉讼权利：①律师担任诉讼代理人的，可以查阅、摘抄、复制本案的案卷材料。②律师担任诉讼代理人，需要收集、调取与本案有关的材料的，可以申请人民检察院收集、调取，也可以依法直接收集。③在人民检察院审查案件期间，诉讼代理人有权向审查人员提出对案件的意见，提出意见可以采用口头方式，也可以采用书面方式。④在人民检察院对案件作出不起诉决定时，诉讼代理人有权要求人民检察院向其送达不起诉决定书。⑤被害人对于人民检察院的不起诉决定不服的，诉讼代理人可以在 7 日以内代理其向上一级人民检察院申诉，请求提起公诉；对于人民检察院维持不起诉决定的，可以代理被害人向人民法院起诉；也可以不经申诉，代理被害人直接向人民法院起诉。

公诉案件中被害人的代理不限于审查起诉阶段，还包括审判阶段。最高人民法院《解释》第 63 条规定，当事人委托诉讼代理人的，参照适用《刑事诉讼法》第 33 条和本解释的有关规定。根据《刑事诉讼法》和最高人民法院《解释》的有关规定，被害人的诉讼代理人在审判阶段享有以下诉讼权利：①律师担任诉讼代理人，可以查阅、摘抄、复制本案的案卷材料。其他诉讼代理人经人民法院准许，也可以查阅、摘抄、复制本案的案卷材料。②诉讼代理人需要收集、调取与本案有关的材料，因证人或者其他有关单位或个人不同意，可以申请人民法院收集、调取。③诉讼代理人至迟在开庭 3 日以前获得人民法院送达的出庭通知书。④诉讼代理人有权出庭，参加法庭调查和法庭辩论，维护被害人的合法权益。具体内容包括：其一，经审判长许可，可以向被告人、证人、鉴定人发问；其二，对公诉人、辩护人当庭出示、宣读的证据，发表意见；其三，可以申请法庭通知有专门知识的人出庭，就鉴定人作出的鉴定意见发表意见；其四，可以向法庭举证；其五，在法庭审理过程中，有权申请通知新的证人到庭、调取新的物证，申请重新鉴定或者勘验；其六，经审判长许可，在法庭辩论中可以对证据和案件事实以及定罪量刑问题发表意见并且可以与他方互相辩论。

公诉案件中被害人的诉讼代理人参加诉讼，总体上属于在刑事诉讼中履行控诉职能，与公诉人的总目标是一致的，但其与公诉人的诉讼地位又不完全相同。公诉人出庭支持公诉，一方面代表国家行使指控犯罪、追究犯罪的职能，另一方面还负有法律监督的职能；被害人的诉讼代理人出庭参加诉讼，是协助公诉人行使控诉职能，维护被害人个人的合法权益。因此，诉讼代理人所提出的诉讼意见或主张可能与公诉人相同，也可能与公诉人不同，甚至还会与公诉人冲突。此外，被害人的诉讼代理人与被害人虽然是代理人与被代理人的关系，但在诉讼活动中，代理人仍然具有一定的相对独立的诉讼权利。例如，在审查起诉阶段，人民检察院既应听取被害人的意见，也应听取被害人委托的诉讼代理人的意见；在法庭审判中，被害人和其委托的诉讼代理人都有权参加法庭调查和法庭辩论。

（二）自诉案件的代理

自诉案件的代理，是指自诉人及其法定代理人依法委托诉讼代理人代理自诉人参加诉讼活动，维护自诉人的合法权益。

根据《刑事诉讼法》第46条的规定，自诉案件的自诉人及其法定代理人，有权随时委托诉讼代理人。人民法院自受理自诉案件之日起3日以内，应当告知自诉人及其法定代理人有权委托诉讼代理人。

自诉案件中自诉人的代理人主要是协助自诉人行使控诉职能，对被告人提起诉讼，要求人民法院追究其刑事责任。因此，自诉人的代理人享有的诉讼权利来源于自诉人的委托授权，包括一般授权和特别授权。在一般授权范围内，诉讼代理人有权参加诉讼活动，维护自诉人的合法权益。诉讼代理人行使以下权利须取得自诉人的特别授权：撤回起诉的权利、与被告人和解的权利、接受法院调解的权利以及承认被告人提出的反诉的权利等。未经自诉人特别授权，诉讼代理人不得行使这些权利。

（三）附带民事诉讼案件的代理

附带民事诉讼案件的代理，是指附带民事诉讼的当事人及其法定代理人依法委托代理人参加诉讼，维护当事人的合法权益。

根据《刑事诉讼法》第46条的规定，附带民事诉讼案件的代理可分为两种：①附带在刑事公诉案件中的民事诉讼的当事人及其法定代理人，自公诉案件移送审查起诉之日起，有权委托诉讼代理人；人民检察院自收到移送审查起诉的案件材料之日起3日以内，应当告知附带民事诉讼的当事人及其法定代理人有权委托诉讼代理人。②附带在自诉案件中的当事人及其法定代理人，有权随时委托诉讼代理人；人民法院自受理自诉案件之日起3日以内，应当告知附带民事诉讼的当事人及其法定代理人有权委托诉讼代理人。

附带民事诉讼是在刑事诉讼中一并解决因犯罪行为对被害人造成的物质损失而给予赔偿的诉讼，本质上仍然是民事诉讼，因而在审判阶段，附带民事诉讼的当事人及其法定代理人委托的诉讼代理人，与普通民事诉讼中当事人委托的诉讼代理人在诉讼地位、诉讼权利和诉讼义务上没有什么不同。但是，附带民事诉讼的诉讼代理关系在刑事诉讼案件进入人民检察院审查起诉时就可以建立。在此阶段，虽然人民检察院不能对附带民事诉讼部分作出处理，但附带民事诉讼的双方当事人之间可以就损害赔偿问题进行协商、交涉，自行解决。在此过程中，双方当事人可以委托诉讼代理人协助他们进行协商、交涉，争取获得解决。如果达成一致，则不再进入审判阶段；如果协商、交涉未能解决，则只能进入审判阶段，通过法庭审判加以解决。

根据《刑事诉讼法》及最高人民法院《解释》的有关规定，附带民事诉讼中当事人的诉讼代理人享有以下诉讼权利：

第一，律师担任诉讼代理人的，可以查阅、摘抄、复制与本案有关的案件材料。其他诉讼代理人经人民法院准许，也可以查阅、摘抄、复制本案的案卷材料。

第二，诉讼代理人需要收集、调取与本案有关的材料，证人、有关单位和个人不同意的，可以申请人民法院收集、调取；也可以直接申请人民法院收集、调取。

第三，在法庭调查中，附带民事诉讼的原告人的诉讼代理人可以代理原告人宣读附带民事诉状，附带民事诉讼的被告人的诉讼代理人则可以代理被告人宣读答辩状。

第四，在法庭调查中，附带民事诉讼的原告人的诉讼代理人经审判长准许，可以就附带民事诉讼部分的事实向被告人发问。

第五，在法庭调查中，附带民事诉讼的原告人的诉讼代理人经审判长准许，可以提请传唤尚未出庭作证的证人、鉴定人和勘验、检查笔录制作人出庭作证，或者出示公诉人未出示的证据，宣读未宣读的书面证人证言、鉴定意见及勘验、检查笔录。

第六，在法庭进行附带民事诉讼部分的辩论时，附带民事诉讼的原告人的诉讼代理人有权先发言，其后附带民事诉讼的被告人的代理人有权答辩，双方有权进行辩论。

附带民事诉讼的当事人的诉讼代理人在诉讼中应当向法庭提供委托人的授权委托书。授权范围包括一般代理和特别代理。和解权、撤诉权、反诉权、调解权、上诉权等权利只有经过当事人特别授权，诉讼代理人才可以行使。

思考题：

1. 简述辩护人的阅卷权、会见通信权、调查取证权、提出意见权、申诉控告权和人身保障权的具体内容与行使方式。

2. 简述法律援助辩护的主体、时间、对象和方式。

3. 简述诉讼代理人的权利。

第十章　刑事诉讼证据制度的一般理论

内容导读　证据是证明犯罪的唯一手段，是刑事诉讼的核心和灵魂，刑事诉讼的过程，就是司法机关不断收集证据、判断证据、用证据证明案情的过程。随着经济的发展，证据的形式日益丰富，截至目前我国刑事诉讼法规定了八种不同形式的证据。学理上依据不同标准将证据做了具体划分，在学习本章内容时，也要注意学习相关司法解释中证据的概念、种类、行政执法证据向刑事证据转化等要点。

本章重点：

1. 刑事证据的基本特征
2. 刑事证据的种类
3. 刑事证据的分类

本章难点：

1. 刑事证据制度的基本原则
2. 犯罪嫌疑人、被告人供述和辩解
3. 非法证据排除规则

第一节　证据制度概述

一、证据的概念与要求

（一）证据的概念

我国《刑事诉讼法》第 50 条规定："可以用于证明案件事实的材料，都是证据。证据包括：（一）物证；（二）书证；（三）证人证言；（四）被害人陈述；（五）犯罪嫌疑人、被告人供述和辩解；（六）鉴定意见；（七）勘验、检查、辨认、侦查实验等笔录；（八）视听资料、电子数据。证据必须经过查证属实，才能作为定案的根据。"由此可见，刑事诉讼证据是指用于证明案件事实的材料。

从刑事证据的概念来看，所指的证据为材料。主要从以下三点把握：

（1）刑事证据本身是客观存在的材料。

（2）刑事证据是证明案件真实情况的根据和认定案件事实的手段。

（3）刑事证据必须符合法律规定的八种表现形式。

（二）证据的要求：证据能力和证明力

在刑事诉讼中由控辩双方负责收集和提供各自认为能成为定案依据的材料，目的是最终通过法定调查程序成为定案依据。刑事诉讼过程中，控辩双方提供的证据范围较广，并不是双方提供的任何一样材料都能成为定案依据。如何实现证据向定案依据的转化，使证据更符合要求，是法庭通过证据调查必须解决的关键问题，也是审前程序中控辩双方收集证据需要达到的目标。为此，在证据法学理论上出现了不同的理论概括和学说，在相关立法及司法实践中也呈现出不同特点。英美法系国家强调证据的关联性和可采性，所有的证据都必须具备关联性，同时又用可采性限制证据的法庭准入资格，以确定证据的取舍和范围。如美国《联邦证据规则》围绕相关性及可采性规定了一系列证据规则，用来对陪审团据以认定事实的证据进行过滤和筛选。大陆法系国家则采用证据能力和证明力两个重要概念对证据进行规制。基于证据裁判原则的要求，作为裁判根据的证据必须具备证据能力和证明力。证据能力是对证据的法律要求，而证明力则是对证据的事实要求。基于自由心证原则，证据的证明力主要由法官依良心、理性自由判断。作为裁判根据的证据应同时具备证据能力和证明力，两者缺一不可。我国传统证据学理论一直强调证据的"三性"，即客观性、关联性及合法性，并将其定位为证据的基本属性。但从我国的审判组织及审判程序的现状出发，结合近年来我国刑事证据立法的发展情况，采用证据能力和证明力作为定案根据的基本要求更加符合我国实际，也有助于我国证据立法的进一步发展。

证据能力也称证据资格，是对证据的法律要求，解决的是证据的法律资格和容许性问题。证据要成为法庭认定事实的根据，必须具有证据能力。证据能力的否定通常针对的是证据立法中特定的禁止性规定；同时，对证据能力的否定需要通过法定程序来完成，如非法证据排除需要由法律规定的程序去实现，包括程序的启动、证明程序和排除程序等，体现了立法者的审慎安排。我国《刑事诉讼法》第56条规定的"非法证据排除规则"即以证据能力为基点确立的证据规则，旨在从证据能力的角度排除侦查机关通过严重违反程序取得的证据，发挥该规则制裁、预防程序违法的效力。

证明力也称证明价值，是对证据的事实要求，即围绕真实性与相关性解决证据对待证事实证明程度的强弱。一项证据要成为法庭认定事实的根据，必须以具有证明力为基本要求。与证据能力属于法律判断不同，证明力主要是依据经验和逻辑的事实判断。依据自由心证的原则，它较少为法律所规定，主要由审判者根据自己的良心和理性自由判断。出于对法官自由裁量权的限制，最高人民法院、最高人民检察院、公安部、国家安全部、司法部联合发布的《关于办理死刑案件审查判断证据若干问题的规定》（以下简称（《办理死刑案件证据规定》）中有较多涉及"不能作为定案的根据"的表述。该规定主要从证明力对各种证据进行判断，以防止出现证据真实性及相关性方面的偏差。如规定对于侦查人员询问证人没有个别进行的或者没有经证人核对确认并签名的书面证言，不得作为定案的依据；对于鉴定机构、鉴定人不具备法定资格和条件、鉴定事项超出其鉴定项目范围或鉴定能力的鉴定意见，不得作为定案的依据等。上述规定情形之所以不能用作定案的依据，是因为相关情形的出现可能导致该证据的真实性和相关性遭到质疑，不将其作为定案的依据，主要是从证明力的角度考量，解决的是证据的真实性、可靠性的问题。

在证据能力与证明力的关系问题上，"证据必须先有证据能力，即须先为适格之证据，或可受容许之证据，而后始生证据力之问题"。[1]应当先判断证据能力的问题，再审查证明力的有无和大小。对于不具备证据能力的证据，不必进行下一步的证明力审查，更不能作为定案的根据。证据能力和证明力既是证据转化为定案根据的条件，也是审判程序中证据收集和审查判断所应达到的基本要求，两者应同时具备，缺一不可。

---

〔1〕　李学灯：《证据法比较研究》，五南图书出版公司1992年版，第464页。

证据能力和证明力两项要求贯穿刑事诉讼证据收集及运用的全过程，尤其对证据的收集与审查判断具有指引和规范作用。根据《刑事诉讼法》第43条、第52条的规定，收集证据的主体包括审判人员、检察人员、侦查人员及辩护律师。同时，《刑事诉讼法》第54条第2款规定："行政机关在行政执法和查办案件过程中收集的物证、书证、视听资料、电子数据等证据材料，在刑事诉讼中可以作为证据使用。"此外，《监察法》第33条第1款规定，监察机关依照本法规定收集的物证、书证、证人证言、被调查人供述和辩解、视听资料、电子数据等证据材料，在刑事诉讼中可以作为证据使用。即以上证据无论是刑事诉讼证据还是行政诉讼证据抑或是监察证据，在刑事诉讼中都需要按照证据能力和证明力的要求成为定案的依据。

二、刑事证据的基本特征

第一，客观性。证据是客观事实的存在，不以人的意志为转移，任何主观的想象、猜测、推断、假设以及没能确认真实性的道听途说都不能作为刑事诉讼中的证据。

第二，关联性。证据必须与案件事实有客观联系，对证明案件事实有实际意义，与本案无关的事实和材料都不能成为刑事证据。关联性主要要理解以下几点：①关联性是证据的一种客观属性，是根源于证据事实与案件事实之间的客观联系。②证据与案件事实相关联的形式是多样且复杂的。最常见的是因果联系，即证据事实是犯罪的原因或结果的事实。其次是关于犯罪时间、空间、条件、方法、手段的事实。它们或反映犯罪动机，或反映犯罪手段，或反映犯罪过程和实施犯罪的环境、条件，或反映犯罪的后果。有时也会反映犯罪事实不存在或非犯罪嫌疑人所为。③证据的关联性是证据证明力的原因。证据对案件事实有无证明力以及证明力大小，取决于证据本身与案件事实有无联系以及联系的紧密、强弱程度。

第三，合法性。合法性要求以下几点：①证据的收集程序合法；②必须符合既定的八种刑事证据的法定形式；③经过法庭质证的证据才能作为定案的依据。

三、证据制度的基本原则

政治制度的基本原则包括证据裁判原则、自由心证原则、直接言辞原则。

第一，证据裁判原则。又称证据裁判主义，是指对于刑事诉讼中事实的认定，应依据有关的证据作出；没有证据，不得认定事实。主要从以下几点把握证据裁判原则：①对事实问题的裁判必须依靠证据；②认定案件的事实证据必须具有证据能力；③裁判所依据的证据必须经过法庭质证；④综合全案证据必须达到法定的证明标准才能认定案件事实。我国《刑事诉讼法》也规定：判处案件要注重证据、重调查，不轻信口供。只有被告人供述，没有其他证据证明被告人有罪的，不能认定其有罪。即使没有被告人供述，但是证据确实充分的，依然可以认定被告人有罪。最高人民法院《关于建立健全防范刑事冤假错案工作机制的意见》第5条规定：坚持证据裁判原则。认定案件事实，必须以证据为依据，应当依照法定程序审查、认定证据。认定被告人有罪，应当适用证据确实、充分的证明标准。这表明我国已经确立了证据裁判原则。证据裁判原则终结了历史上的神判制度，确立了证据法的理性价值；否定了刑讯逼供下的依口供结案的证据制度，彰显了证据法的程序价值；克服了自由心证可能带来的恣意与任性，弘扬了证据法的法治价值。

第二，自由心证原则。是指证据的取舍，证明力大小以及对案件的认定规则等，在法律没有明文规定的情况下，裁判主体依照自己的理性思维及良心形成内心确认，作出对案件事实认定的一项证据原则。自由心证原则包括两个方面：①自由判断。是指除法律另有规定以外，证据及其证明力由法官自由判断，法律不作预先规定。法官判断证据证明力时，不受外部影响或法律上关于证据证明力的约束。②内心确信。指法官通过对证据的判断形成内心信念，并且深信不疑并由此判定事实。

第三，直接言辞原则。也称口证原则，指法官亲自听取双方当事人、证人以及其他诉讼参与人的当庭口头陈述和法庭辩论，从而形成案件事实真实性的内心确认，以此为根据作出裁判。

第二节　证据的种类和分类

一、证据的种类

证据的种类，也称为证据的法定形式，指法律规定的证据的不同表现形式。我国《刑事诉讼法》第50条第2款通过列举方式规定了刑事证据的八个种类，分别为：①物证；②书证；③证人证言；④被害人陈述；⑤犯罪嫌疑人、被告人供述和辩解；⑥鉴定意见；⑦勘验、检查、辨认、侦查实验等笔录；⑧视听资料、电子数据。

（一）物证

物证是指以其外部特征、存在状态、物质属性等证明案件事实的物品和痕迹。物证的证明功能是通过其外部或自身固有特征实现的，它是刑事诉讼中最为重要的证据。从理论上说，任何案件中都存在物证，因为任何案件都发生在特定的物质环境之中，当事人的行为会对周围物质环境产生不同的影响而留下物品或者痕迹。我国《刑事诉讼法》第50条第2款在证据种类中将物证列为首位，就足以显示其重要性。物证虽然普遍存在，但是受制于技术手段、取证能力等因素，在少数案件中也可能无法发现或者提取到物证。刑事诉讼中常见的物证有：①犯罪工具。如杀人使用的凶器、毒药，盗窃时使用的撬压工具等。②犯罪行为侵犯的对象。如杀害的尸体，伤害所致的伤痕，盗窃的赃款、赃物等。③犯罪现场遗留下的物品或痕迹。如犯罪分子留在犯罪现场的衣服、烟头、纽扣、票证，以及为实施犯罪遗留在现场的指纹、足迹、血迹、毛发、痕迹等。④犯罪行为产生的物品。如非法制造的枪支、弹药，非法出版的出版物，伪造的货币等。物证具有以下特征：

第一，物证以其外部特征、存在状态、物质属性等证明案件事实。物证的证明功能是通过其外部或自身固有特征实现的。物证的特征表现为多方面：外部特征、存在状态、物质属性等。在刑事诉讼中，有些物证只依据其某一方面的特征来证明案件事实，有些物证则可以依据多方面的特征来证明案件事实。

第二，物证客观性较强。物证是客观存在的物品或者痕迹，以其物质存在的形式等特征来证明案件事实。物证一旦形成，便会独立、客观存在，伪造难度较大。即使伪造或者毁损，也会产生新的物品或者痕迹，形成新的物证。因此，与其他证据相比，物证具有较强的客观性。

第三，多数物证需依赖科学技术发挥证明价值。物证被称为"哑巴证据"，它不会自己证明案件事实，其证明价值需要借助科学技术手段来实现。许多物证的提取和发现，比如指纹的提取、血迹的分析等，以及对物证中存储的案件事实信息的解读，都需要借助科学技术手段实现。

第四，物证通常是间接证据。物证通常只能证明案件事实的某一部分，而不能独立地、全面地反映案件事实。由于物证是"哑巴证据"，它虽不会说谎，但也不会说话。物证不能单独向法庭直接证明案件事实，须与其他证明手段结合，并借助逻辑推理。因此，物证通常属于间接证据。

对于物证的审查、认定，既要关注物证的收集、保管等程序问题，也要关注物证的关联性、证明价值等实体问题。根据最高人民法院《解释》第82条的规定，对于物证应当着重审查以下内容：①物证是否为原物，物证的照片、录像、复制品与原物是否相符。物证的照片、录像或者复制品，不能反映原物的外形和特征的，不能作为定案的根据。②物证的收集程序、方式是否符合法律、有关规定。③物证在收集、保管、鉴定过程中是否受损或者改变。④物证与案件事实有无关联。⑤与案件事实有关联的物证是否全面收集。物证的来源非常重要，经勘验、检查、搜查提取、扣押的物证，未附有勘验、检查笔录，搜查笔录，提取笔录，扣押清单，不能证明其来源的，不能作为定案的根据。

（二）书证

书证是指以文字、符号、图画等所表达的思想内容来证明案件事实的书面材料或者物品。具有书面形式的材料，有可能是书证，也可能是物证。如果以其记载或反映的思想内容来证明案件事实，则是书证。如果某一书面材料不是以其记载的内容来证明案件事实，而是以其物质载体的内在属性、外部形态等特征来证明案件事实，则属于物证。故在某些情形下，一份书面材料可以同时是物证和书证。在刑事诉讼中，书证的存在方式也较广泛，如证明案件事实的出生证、身份证、护照、工作证、营业执照、账册、账单、票据、合同、书信、日记等。书证具有以下特征：

第一，书证以其表达的思想内容来证明案件事实。书证的证明功能是通过其记载或反映的思想内容来实现的。物证与书证虽都具有物质载体，但书证以其表达的思想内容来证明案件事实，这是其与物证的根本区别。

第二，书证具有较强的稳定性。书证的内容经由文字、符号、图画等固定作为书证载体的物质材料，便具有较强的稳定性。物质材料的客观性，决定了书证的稳定性。书证一经形成，不易变化，即使内容被涂改，也可从另外的角度证明相应案件事实。

书证以其表达的思想内容来证明案件事实，其内容往往比较明确，可以较为全面、详细地证明相关的案件事实。所以，一些情况下，可以把书证作为直接证据，根据其内容直接证明案件事实，而无须经由其他媒介或者中间环节，如犯罪嫌疑人的日记、书信等书证。

书证与物证同属实物证据，二者在审查、认定方面存在许多共同之处。对于书证，主要需审查书证是不是原件，复印件是否与原件相符，书证的来源，书证的收集、保管，以及书证是否全面收集，等等。依据最高人民法院《解释》第84条、第86条的规定，以下两种情形的书证不得作为定案的根据：一是书证有更改或者更改迹象不能作出合理解释，或者书证的副本、复制件不能反映原件及其内容的；二是在勘验、检查、搜查过程中提取、扣押的书证，未附笔录或者清单，不能证明书证来源的。

（三）证人证言

证人证言是指当事人以外了解案件事实的人，就其感知的案件事实向公安司法机关所作的陈述。对于案件事实的陈述，可以是就自己所感知的案件事实所作的陈述，也可以是依据自己的专业知识就案件的专门性问题所提出的意见。我国《刑事诉讼法》中的证人证言不包括专家证人的陈述。凡是知道案件情况的人，都有作证的义务。证人应当亲自向司法机关作证，不能由他人代为作证，也不能对自己不知道的案件事实作证。

具有证人资格是证人作证的前提条件。成为刑事诉讼中的证人，须具备以下条件：①了解案件事实。这里的"了解"是亲眼所见、亲耳所闻、亲身感知了犯罪行为的发生，或者亲耳听到犯罪嫌疑人、被告人、被害人对案情的叙述等，如果是从新闻媒体或者道听途说知道案件情况，或是推测案件情况的人，则不能作为证人。②生理上、精神上有缺陷或者年幼，不能辨别是非、不能正确表达的人，不能作为证人。能够辨别是非、正确表达是证人资格的关键。对于生理上、精神上有缺陷或者年幼的人，法律并非禁止他们作证，只有在他们不能辨别是非、不能正确表达时，才不具有证人资格。③证人应为自然人，且具有不可替代性。这是因为只有自然人才有对案件事实的感知、记忆和表达的能力，单位则不具有上述能力，故单位不具有作证资格，同时，我国《刑法》规定，故意作伪证、隐匿罪证，应负相应的刑事责任，单位亦不能成为伪证罪的主体。由于证人伴随案件事实而产生，是非常宝贵的诉讼资源，故刑事诉讼中应坚持"证人优先"原则，如一名检察官恰好目睹了一起犯罪事实，他应成为本案的证人而不是公诉人。

《刑事诉讼法》第 61 条规定："证人证言必须在法庭上经过公诉人、被害人和被告人、辩护人双方质证并且查实以后，才能作为定案的根据。法庭查明证人有意作伪证或者隐匿罪证的时候，应当依法处理。"为了确保审判公正，辨别证言真伪，充分保障当事人对证人证言的质证权，证人有出庭接受质证的义务。《刑事诉讼法》第 192 条第 1 款规定："公诉人、当事人或者辩护人、诉讼代理人对证人证言有异议，且该证人证言对案件定罪量刑有重大影响，人民法院认为证人有必要出庭作证的，证人应当出庭作证。"第 193 条规定："经人民法院通知，证人没有正当理由不出庭作证的，人民法院可以强制其到庭，但是被告人的配偶、父母、子女除外。证人没有正当理由拒绝出庭或者出庭后拒绝作证的，予以训诫，情节严重的，经院长批准，处以十日以下的拘留。被处罚人对拘留决定不服的，可以向上一级人民法院申请复议。复议期间不停止执行。"上述规定强化了证人出庭制度的刚性。

证人在承担出庭、如实陈述等诉讼义务时，也享有相应的诉讼权利，主要包括安全保障权和经济补助权。《刑事诉讼法》第 63 条规定："人民法院、人民检察院和公安机关应当保障证人及其近亲属的安全。对证人及其近亲属进行威胁、侮辱、殴打或者打击报复，构成犯罪的，依法追究刑事责任；尚不够刑事处罚的，依法给予治安管理处罚。"第 64 条规定："对于危害国家安全犯罪、恐怖活动犯罪、黑社会性质的组织犯罪、毒品犯罪等案件，证人、鉴定人、被害人因在诉讼中作证，本人或者其近亲属的人身安全面临危险的，人民法院、人民检察院和公安机关应当采取以下一项或者多项保护措施：（一）不公开真实姓名、住址和工作单位等个人信息；（二）采取不暴露外貌、真实声音等出庭作证措施；（三）禁止特定的人员接触证人、鉴定人、被害人及其近亲属；（四）对人身和住宅采取专门性保护措施；（五）其他必要的保护措施。证人、鉴定人、被害人认为因在诉讼中作证，本人或者其近亲属的人身安全面临危险的，可以向人民法院、人民检察院、公安机关请求予以保护。人民法院、人民检察院、公安机关依法采取保护措施，有关单位和个人应当配合。"第 65 条规定："证人因履行作证义务而支出的交通、住宿、就餐等费用，应当给予补助。证人作证的补助列入司法机关业务经费，由同级政府财政予以保障。有工作单位的证人作证，所在单位不得克扣或者变相克扣其工资、奖金及其他福利待遇。"

证人证言具有主观性较强的特征。证人证言的形成过程包括感知、记忆、表达三个阶段，在每一阶段，证人在案件中的主观倾向和自身能力都可能会影响证言内容。根据最高人民法院《解释》第87条的规定，对于证人证言应当着重审查以下内容：①证言的内容是否为证人直接感知；②证人作证时的年龄，认知、记忆和表达能力，生理和精神状态是否影响作证；③证人与案件当事人、案件处理结果有无利害关系；④询问证人是否个别进行；⑤询问笔录的制作、修改是否符合法律、有关规定，是否注明询问的起止时间和地点，首次询问时是否告知证人有关权利义务和法律责任，证人对询问笔录是否核对确认；⑥询问未成年证人时，是否通知其法定代理人或者《刑事诉讼法》第281条第1款规定的合适成年人到场，有关人员是否到场；⑦有无以暴力、威胁等非法方法收集证人证言的情形；⑧证言之间以及与其他证据之间能否相互印证，有无矛盾；存在矛盾的，能否得到合理解释。

最高人民法院《解释》第88条规定，处于明显醉酒、中毒或者麻醉等状态，不能正常感知或者正确表达的证人所提供的证言，不得作为证据使用；证人的猜测性、评论性、推断性的证言，不得作为证据使用，但根据一般生活经验判断符合事实的除外。上述证人提供的证言，缺少最基本的相关性及真实性保障，故应否定其证明力，不得作为证据使用。与上述规定相对应，最高人民法院《解释》第89条规定，证人证言具有下列情形之一的，不得作为定案的根据：①询问证人没有个别进行的；②书面证言没有经证人核对确认的；③询问聋、哑人，应当提供通晓聋、哑手势的人员而未提供的；④询问不通晓当地通用语言、文字的证人，应当提供翻译人员而未提供的。以上行为均属于取证程序违法，且严重影响到证据的真实性，由此产生的证据不得作为定案的根据。

（四）被害人陈述

被害人陈述，是指刑事案件中的被害人就其受害情况和其他与案件有关的情况向公安司法机关所作的陈述。被害人陈述在内容、形式等方面与证人证言具有相似性。但是，由于被害人是刑事诉讼中的当事人，具有特殊的地位和身份，在某些方面与证人存在差异，比如证人只能是自然人，而被害人既可以是自然人，也可以是单位，因此，有必要将被害人陈述作为证据种类之一。被害人是合法权益直接遭受犯罪行为侵害的人。被害人通常与犯罪行为人有近距离接触，对犯罪人的体貌特征、犯罪手段、行为方式和现场环境等有较为清楚的认识。因此，被害人陈述具有重要证明价值。在刑事诉讼活动中，被害人陈述涵盖的范围较广，既可能有对案件事实的陈述，也可能有对自己遭受损害主张赔偿的陈述。不过，只有对案件事实所作的陈述，才属于证据范畴的被害人陈述。被害人陈述具有以下特点：

第一，被害人陈述主观性较强。被害人陈述作为言词证据，比较容易受到人的主观因素影响。被害人是直接遭受犯罪行为侵害的人，与案件诉讼过程和诉讼结果具有直接利害关系，其陈述易受情感、情绪等主观因素影响。

第二，被害人陈述具有一定程度的夸张性。出于对犯罪行为的愤怒及自身被害的痛苦，被害人往往会夸大犯罪事实，一些被害人则隐瞒自己在犯罪过程中的过错，有的被害人甚至会诬告陷害犯罪嫌疑人。

被害人陈述的特点表明，被害人陈述对于证实犯罪具有重要的作用，但被害人陈述也很有可能不准确甚至虚假。因此，公安司法人员一定要依法定程序询问被害人，应当了解被害人与犯罪嫌疑人、被告人之间的关系，认真分析被害人所陈述的案件事实细节以及被害人在犯罪过程中有无过错。由于被害人陈述与证人证言在内容、形式等方面具有相似性，因此，对于被害人陈述的审查、认定方法与证人证言基本相同。

（五）犯罪嫌疑人、被告人供述和辩解

犯罪嫌疑人、被告人供述和辩解，也称为"口供""自白"，是指犯罪嫌疑人、被告人就其涉嫌的犯罪事实向公安司法机关所作的陈述。从内容上看，它通常包括三种情形：①供述，即犯罪嫌疑人、被告人承认自己所犯罪行或者犯罪事实的陈述；②辩解，即犯罪嫌疑人、被告人否认自己实施了犯罪行为或者自己应予从宽处罚的陈述；③攀供，即犯罪嫌疑人、被告人检举揭发同案共犯的犯罪事实的陈述。但是揭发共同犯罪人另外实施的其他犯罪行为，则不属于口供，应为证人证言。犯罪嫌疑人、被告人供述和辩解具有以下特点：

第一，犯罪嫌疑人、被告人供述和辩解对于全面查明案件事实十分重要。犯罪嫌疑人、被告人是最了解案件情况的人，对自己是否实施犯罪、如何实施犯罪、犯罪时的主观心态等事实最为清楚。无论是辩解，还是供述，如果内容是真实的，都具有非常强的证明力。

第二，犯罪嫌疑人、被告人供述和辩解具有较大的虚假性。犯罪嫌疑人、被告人与诉讼过程和处理结果具有最为直接的利害关系。面对定罪量刑的不利后果，犯罪嫌疑人、被告人可能会虚假陈述、选择性陈述或者拒绝陈述，以逃避法律制裁。还有些人会替他人受过，承认自己没有实施的犯罪。

第三，犯罪嫌疑人、被告人供述和辩解具有不稳定性，容易出现翻供。刑事案件的处理直接关系犯罪嫌疑人、被告人的重大权益，出于趋利避害的本能，其在诉讼过程中会反复权衡各种利益，其供述和辩解极易出现反复，随时可能翻供，即推翻原有供述或辩解。对待翻供需要冷静，需认真分析翻供原因，辨明口供的真伪。

《刑事诉讼法》第52条规定：审判人员、检察人员、侦查人员必须依照法定程序，收集能够证实犯罪嫌疑人、被告人有罪或者无罪、犯罪情节轻重的各种证据。严禁刑讯逼供和以威胁、引诱、欺骗以及其他非法方法收集证据，不得强迫任何人证实自己有罪。必须保证一切与案件有关或者了解案情的公民，有客观地充分地提供证据的条件，除特殊情况外，可以吸收他们协助调查。第55条第1款规定：对一切案件的判处都要重证据，重调查研究，不轻信口供。只有被告人供述，没有其他证据的，不能认定被告人有罪和处以刑罚；没有被告人供述，证据确实、充分的，可以认定被告人有罪和处以刑罚。根据上述规定，公安司法机关在刑事诉讼过程中对待犯罪嫌疑人、被告人供述和辩解，必须坚持以下原则：①反对强迫自证其罪原则。即在讯问犯罪嫌疑人、被告人时，严禁刑讯逼供和以威胁、引诱、欺骗以及其他非法方法收集证据，不得强迫其自证其罪。②供述自愿性原则。即尊重犯罪嫌疑人、被告人的诉讼主体地位，在其知晓其所犯罪名及刑罚的情况下，自愿供述其犯罪事实，并依法获得从轻处罚的后果。③重证据、重调查研究，不轻信口供原则。公安司法机关必须调查研究，收集口供之外的其他证据，特别是客观证据。

根据最高人民法院《解释》第93条的规定，对被告人供述和辩解应当着重审查以下内容：①讯问的时间、地点，讯问人的身份、人数以及讯问方式等是否符合法律、有关规定；②讯问笔录的制作、修改是否符合法律、有关规定，是否注明讯问的具体起止时间和地点，首次讯问时是否告知被告人有关权利和法律规定，被告人是否核对确认；③讯问未成年被告人时，是否通知其法定代理人或者合适成年人到场，有关人员是否到场；④讯问女性未成年被告人时，是否有女性工作人员在场；⑤有无以刑讯逼供等非法方法收集被告人供述的情形；⑥被告人的供述是否前后一致，有无反复以及出现反复的原因；⑦被告人的供述和辩解是否全部随案移送；⑧被告人的辩解内容是否符合案情和常理，有无矛盾；⑨被告人的供述和辩解与同案被告人的供述和辩解以及其他证据能否相互印证，有无矛盾；存在矛盾的，能

否得到合理解释。必要时，可以结合现场执法音视频记录、讯问录音录像、被告人进出看守所的健康检查记录、笔录等，对被告人的供述和辩解进行审查。

根据最高人民法院《解释》第 94 条的规定，被告人供述具有下列情形之一的，不得作为定案的根据：①讯问笔录没有经被告人核对确认的；②讯问聋、哑人，应当提供通晓聋、哑手势的人员而未提供的；③讯问不通晓当地通用语言、文字的被告人，应当提供翻译人员而未提供的；④讯问未成年人，其法定代理人或者合适成年人不在场的。上述口供的证据能力和证明力存在较大欠缺，故不能作为定案的根据。

（六）鉴定意见

鉴定意见，是指公安司法机关为了解决刑事案件中的专门性问题，指派或者聘请在此领域具有专门知识和技能的人进行鉴定后出具的判断性意见。在我国，鉴定意见是对案件中的专门性问题经过检验、分析等科学技术活动出具的意见，而不是对案件事实的一般性描述。鉴定意见可以弥补事实裁判者专门知识或者经验的不足，有助于事实裁判者准确认定案件事实。鉴定意见作为证据种类之一，所要解决的只能是事实争议问题，而不是法律争议问题。全国人大常委会于 2005 年 2 月 28 日通过并于 2015 年修正的《全国人民代表大会常务委员会关于司法鉴定管理问题的决定》，对我国司法鉴定管理体制作出改革的同时，也对鉴定意见的运用进行了规范。鉴定意见具有以下特点：

第一，鉴定意见是针对案件中的专门性问题进行鉴定后作出的，属于科学证据。鉴定是专业人士根据自己专业知识、经验或者技能并借助科学仪器或者设备进行检验分析后得出的意见。鉴定意见要解决的是案件中的专门性事实问题，而不是仅凭常识就能解决的事实问题。鉴定意见需要以一定的科学技术为基础，它属于科学证据的范畴。由于仪器操作、意见出具等最终是由人完成的，因此，鉴定意见不可避免地会受到鉴定人业务水平、专业经验、职业道德等主观因素的影响，也需要认真进行审查判断。

第二，鉴定意见应符合法定的形式要求。鉴定意见的形式必须是书面的鉴定文书，由鉴定人本人签名并加盖单位公章，两者须同时具备。只有单位公章，没有鉴定人本人签名的，不具有证据资格。多人参加的鉴定，对鉴定意见有不同意见的，应当注明。在诉讼过程中，当事人对鉴定意见有异议的，经人民法院依法通知，鉴定人应当出庭作证。

根据最高人民法院《解释》第 97 条的规定，对鉴定意见应当着重审查以下内容：①鉴定机构和鉴定人是否具有法定资质；②鉴定人是否存在应当回避的情形；③检材的来源、取得、保管、送检是否符合法律、有关规定，与相关提取笔录、扣押清单等记载的内容是否相符，检材是否可靠；④鉴定意见的形式要件是否完备，是否注明提起鉴定的事由、鉴定委托人、鉴定机构、鉴定要求、鉴定过程、鉴定方法、鉴定日期等相关内容，是否由鉴定机构盖章并由鉴定人签名；⑤鉴定程序是否符合法律、有关规定；⑥鉴定的过程和方法是否符合相关专业的规范要求；⑦鉴定意见是否明确；⑧鉴定意见与案件事实有无关联；⑨鉴定意见与勘验、检查笔录及相关照片等其他证据是否矛盾；存在矛盾的，能否得到合理解释；⑩鉴定意见是否依法及时告知相关人员，当事人对鉴定意见有无异议。

根据最高人民法院《解释》第 98 条的规定，鉴定意见具有下列情形之一的，不得作为定案的根据：①鉴定机构不具备法定资质，或者鉴定事项超出该鉴定机构业务范围、技术条件的；②鉴定人不具备法定资质，不具有相关专业技术或者职称，或者违反回避规定的；③送检材料、样本来源不明，或者因污染不具备鉴定条件的；④鉴定对象与送检材料、样本不一致的；⑤鉴定程序违反规定的；⑥鉴定过程和方法不符合相关专业的规范要求的；⑦鉴定文书缺少签名、盖章的；⑧鉴定意见与案件事实没有关联的；⑨违反有关规定的其他情形。同时，第99条第1款规定，经人民法院通知，鉴定人拒不出庭作证的，鉴定意见不得作为定案的根据。

（七）勘验、检查、辨认、侦查实验等笔录

笔录是公安司法人员在刑事诉讼过程中制作的各种记录。刑事诉讼中的笔录种类较多，我国《刑事诉讼法》重点规定了勘验、检查、辨认、侦查实验等笔录。此外，在司法实践中，搜查、扣押笔录及审判笔录也可以作为证据使用，用来证明物证、书证的来源，搜查、扣押程序是否合法及审判活动是否规范。笔录的主要形式是文字记录，但也包括绘图、照片等形式。

勘验、检查笔录是办案人员对与犯罪有关的物品、人身、场所、尸体进行勘验、检查时所作的记录。勘验针对与犯罪有关的场所、物品和尸体进行，所形成的笔录是勘验笔录；勘验目的在于收集和发现物证、书证等证据材料。检查针对活体的人身进行，其形成的笔录是检查笔录；检查目的在于确定犯罪嫌疑人、被害人的生理特征或者伤害情况。勘验、检查笔录是一种证据保全方法，其证明作用在于其内容与案件事实的关联性。

辨认笔录是客观、全面记录辨认过程和辨认结果，并由有关在场人员签名的记录。辨认笔录，是指对辨认的时间、地点、过程、结果等所作的记录。

侦查实验笔录，是侦查机关对侦查实验的时间、地点、实验条件、实验经过、实验结果等所作的记录。

勘验、检查、辨认、侦查实验等笔录具有以下特点：

第一，勘验、检查、辨认、侦查实验等笔录的制作主体具有特定性。勘验、检查笔录可以由侦查人员、检察人员、审判人员制作，而辨认笔录、侦查实验笔录只能由侦查人员制作。上述主体都是公安司法机关工作人员，其他机关和个人无权制作勘验、检查、辨认、侦查实验等笔录。

第二，勘验、检查、辨认、侦查实验等笔录属于对侦查活动的客观记录。这些笔录作为固定和保全证据的方法和手段，是对勘验、检查、辨认、侦查实验等活动的客观记载，内容都是客观存在的案件事实的有关情况，不应当包括记录人员的主观意见。

第三，勘验、检查、辨认、侦查实验等笔录多属于间接证据。勘验、检查、辨认、侦查实验等笔录是对某些侦查活动中有关人、物、场所、行为等的记录，这些记录本身不能直接证明曾经发生的案件的主要事实，但它们可以与其他证据相结合，比如物证、鉴定意见等，来共同证明案件事实。因此，勘验、检查、辨认、侦查实验等笔录通常属于间接证据。

根据最高人民法院《解释》第102条的规定，对勘验、检查笔录应当着重审查以下内容：①勘验、检查是否依法进行，笔录制作是否符合法律、有关规定，勘验、检查人员和见证人是否签名或者盖章；②勘验、检查笔录是否记录了提起勘验、检查的事由，勘验、检查的时间、地点，在场人员、现场方位、周围环境等，现场的物品、人身、尸体等的位置、特征等情况，以及勘验、检查的过程；文字记录与实物或者绘图、照片、录像是否相符；现场、物品、痕迹等是否伪造、有无破坏；人身特征、伤害情况、生理状态有无伪装或者变化等；③补充进行勘验、检查的，是否说明了再次勘验、检查的原因，前后勘验、检查的情况是否矛盾。第103条规定：勘验、检查笔录存在明显不符合法律、有关规定的情形，不能作出合理解释的，不得作为定案的根据。

根据最高人民法院《解释》第104条、第105条的规定，对辨认笔录应当着重审查辨认

的过程、方法，以及辨认笔录的制作是否符合有关规定。辨认笔录具有下列情形之一的，不得作为定案的根据：①辨认不是在调查人员、侦查人员主持下进行的；②辨认前使辨认人见到辨认对象的；③辨认活动没有个别进行的；④辨认对象没有混杂在具有类似特征的其他对象中，或者供辨认的对象数量不符合规定的；⑤辨认中给辨认人明显暗示或者明显有指认嫌疑的；⑥违反有关规定、不能确定辨认笔录真实性的其他情形。

根据最高人民法院《解释》第 106 条、第 107 条的规定，对侦查实验笔录应当着重审查实验的过程、方法，以及笔录的制作是否符合有关规定。侦查实验的条件与事件发生时的条件有明显差异，或者存在影响实验结论科学性的其他情形的，侦查实验笔录不得作为定案的根据。

（八）视听资料、电子数据

视听资料，是指以录音、录像、计算机磁盘等记载的音像信息来证明案件事实的资料。在案件发生过程中形成的，以数字化形式存储、处理、传输的，能够证明案件事实的数据称为电子数据。随着信息技术的广泛应用，电子数据在刑事诉讼中也广泛出现，比如电子邮件、网上聊天记录、电子签名、访问记录、微信、微博、短信等。电子数据虽然与物证、书证存在一些共性，但又有自己的特性，很难将其归入传统证据种类，故它与视听资料被作为独立的证据种类。最高人民法院、最高人民检察院和公安部于 2016 年 9 月联合发布了《关于办理刑事案件收集提取和审查判断电子数据若干问题的规定》。该规定对于刑事诉讼中电子数据的内涵与外延、收集提取、审查判断等进行了较为详细的规定。视听资料、电子数据具有以下特征：

第一，视听资料、电子数据具有直观性、连贯性。视听资料、电子数据运用影像、视频、音频、动画等技术手段生动、形象地展示案件的相关信息，可以让人产生身临其境的感觉，且较为连贯地反映案件事实情况。视听资料、电子数据有以下特点：①成为视听资料、电子数据的录音、录像内容必须与案件有关。否则可能是物证而非视听资料、电子数据；②该内容以数字化方式存储、传输；③作为视听资料、电子数据的录音、录像一般产生于诉讼开始之前，犯罪实施过程之中。如果是刑事诉讼程序启动后，公安司法机关为了收集固定证据进行的录音录像应分别属于证人证言、被害人陈述、犯罪嫌疑人、被告人供述；勘验、检查过程中形成的录音录像应当是勘验、检查笔录。但是该资料如果用于证明有无刑讯逼供和程序是否合法时则属于视听资料、电子数据。

第二，视听资料、电子数据具有物质依赖性。视听资料、电子数据的信息，均储存于有形的物质载体中，只有借助一定的电子设备才能将其信息展示出来，否则将无法发挥其证明作用。

第三，视听资料、电子数据易被毁损、篡改，导致失真。在科技日渐发展的今天，利用科技手段对视听资料、电子数据进行破坏的情况也较常见，如视听资料被消磁、剪接、篡改，电子数据被截取、窃取、删除、篡改，等等。这些情况都要求在视听资料、电子数据的审查判断中予以特别注意。

根据最高人民法院《解释》第 108 条的规定，对于视听资料应当着重审查以下内容：①是否附有提取过程的说明，来源是否合法；②是否为原件，有无复制及复制份数；是复制件的，是否附有无法调取原件的原因、复制件制作过程和原件存放地点的说明，制作人、原视听资料持有人是否签名；③制作过程中是否存在威胁、引诱当事人等违反法律、有关规定的情形；④是否写明制作人、持有人的身份，制作的时间、地点、条件和方法；⑤内容和制作过程是否真实，有无剪辑、增加、删改等情形；⑥内容与案件事实有无关联。对视听资料有疑问的，应当进行鉴定。

根据最高人民法院《解释》第110条的规定，对电子数据是否真实，应当着重审查以下内容：①是否移送原始存储介质；在原始存储介质无法封存、不便移动时，有无说明原因，并注明收集、提取过程及原始存储介质的存放地点或者电子数据的来源等情况；②是否具有数字签名、数字证书等特殊标识；③收集、提取的过程是否可以重现；④如有增加、删除、修改等情形的，是否附有说明；⑤完整性是否可以保证。第111条规定，对电子数据是否完整，应当根据保护电子数据完整性的相应方法进行审查、验证：①审查原始存储介质的扣押、封存状态；②审查电子数据的收集、提取过程，查看录像；③比对电子数据完整性校验值；④与备份的电子数据进行比较；⑤审查冻结后的访问操作日志；⑥其他方法。第112条规定，对收集、提取电子数据是否合法，应当着重审查以下内容：①收集、提取电子数据是否由二名以上调查人员、侦查人员进行，取证方法是否符合相关技术标准；②收集、提取电子数据，是否附有笔录、清单，并经调查人员、侦查人员、电子数据持有人、提供人、见证人签名或者盖章；没有签名或者盖章的，是否注明原因；对电子数据的类别、文件格式等是否注明清楚；③是否依照有关规定由符合条件的人员担任见证人，是否对相关活动进行录像；④采用技术调查、侦查措施收集、提取电子数据的，是否依法经过严格的批准手续；⑤进行电子数据检查的，检查程序是否符合有关规定。

二、刑事证据的理论分类

刑事证据的分类，是指根据证据本身的不同特点，按照不同标准在理论上将证据划分为不同的类别。证据分类与证据种类不同：证据分类是从理论上对证据种类进行的划分，是研究中的一种归类；证据种类是法律明确规定的证据的表现形式，具有法律约束力。刑事证据的理论分类分为以下几种：

（一）原始证据与传来证据

根据证据来源的不同，可以将证据分为原始证据和传来证据。原始证据，是直接来源于案件事实且未经复制或者转述的证据，就是通常所说的一手材料。如侦查人员在犯罪现场发现并提取的各种物证、犯罪现场目击证人所作的陈述等，都属于原始证据。原始证据直接来源于案件事实。传来证据，不是直接来源于案件事实，而是间接来源于案件事实，是指从原始出处以外的来源获取的证据，俗称为二手材料。比如书证的复印件，转述他人感知事实的证言等，都属于传来证据。

区分原始证据与传来证据的主要意义在于揭示两类证据在证明力上的差异。一般而言，原始证据可靠性要大于传来证据。因此，在能够获取原始证据的情况下，应尽量收集和取得原始证据，不要轻易使用传来证据，但这并不意味着传来证据不重要。传来证据的作用主要体现在以下方面：①可以作为发现原始证据的依据和线索。②可以印证原始证据，增强原始证据的可靠性。③在无法收集原始或者收集原始证据确有困难时，可以用传来证据替代原始证据，经查证属实的传来证据，可以作为定案的依据。

（二）言词证据与实物证据

按照证据表现形式的不同，可以将证据分为言词证据与实物证据。言词证据是以人的陈述作为存在和表现形式的证据。在刑事诉讼中，证人证言，被害人陈述，犯罪嫌疑人、被告人的供述与辩解，鉴定意见都属于言词证据。辨认笔录和侦查实验笔录一般也被认为是言词证据。言词证据的本质是人的语言陈述。语言陈述主要通过口头形式表达，也可通过书面形式、录音录像的形式来表现。

实物证据表现为物品、痕迹和以其内容具有证据价值的书面文件，即以实物作为表现形式的证据。在刑事诉讼中，物证、书证、勘验检查等笔录、视听资料等都属于实物证据。区分言词证据与实物证据，主要具有以下意义：

第一，收集方式的差异。言词证据的收集，一般通过讯问和询问的方式取得。实物证据的收集，则主要通过勘验、搜查、扣押、查封、冻结等方式取得。

第二，审查判断方式的差异。言词证据是人对案件事实的陈述，虽然能生动、形象地反映案件事实，但是主观性较强，存在虚假、错误陈述的可能，因此，言词证据需要重点审查其内容的真实性、可靠性。实物证据具有较强的客观性和稳定性，但不能自己表明其与案件事实之间的联系，因此，对于实物证据，除审查其来源、出处的真实性外，还需重点审查其与案件事实的关联性。

第三，运用方式的差异。言词证据主观性较强、争议较大，故通常需要由言词证据的提供者出庭作证，如证人出庭、鉴定人出庭等；实物证据则主要通过辨认、鉴定等方式确定其证明力。

（三）有罪证据和无罪证据

根据证据的内容和证明作用的不同，可以将证据分为有罪证据和无罪证据。有罪证据，是指能够证明犯罪事实发生、犯罪行为是犯罪嫌疑人或者被告人所为的证据。无罪证据，是指能够证明案件事实没有发生，或者犯罪行为不是犯罪嫌疑人、被告人所为的证据。

有罪证据主要由控诉方提出，无罪证据则主要由辩护方提出。但是，有罪证据与无罪证据主要是以证据的内容和证明作用为划分标准，而不是以由诉讼中的哪一方提供为标准。《刑事诉讼法》第52条规定，审判人员、检察人员、侦查人员必须依照法定程序，收集能够证实犯罪嫌疑人、被告人有罪或者无罪、犯罪情节轻重的各种证据。这赋予了公安司法机关人员客观、全面收集证据的职责。不仅要收集有罪证据，也要收集无罪证据，防止主观臆断和认识的片面性。

有罪证据与无罪证据在内容和证明作用上的差异，决定了其使用中的要求亦不尽相同。有罪证据以实现对犯罪嫌疑人、被告人定罪为目的，要求定案基于的证据必须具有证据能力和证明力，要求证据之间能够形成证据链。对案件事实的证明需要能够排除合理怀疑，得出的结论具有唯一性，不能排除合理怀疑时则不能对被告人定罪。无罪证据的运用大不相同。在刑事诉讼中，只要有一个无罪证据经过查证属实或对其不能进行合理解释，就不能对被告人定罪，它无须形成证据链，对证据数量也没有要求。认真对待无罪证据，对于防范冤错案件具有重要意义。

（四）直接证据与间接证据

根据证据与案件主要事实的证明关系不同，可以将证据分为直接证据和间接证据。刑事案件中的主要事实，是指犯罪嫌疑人、被告人是否实施了被指控的犯罪的事实。直接证据，是指能够独立、直接证明案件主要事实的证据。直接证据不必经过推理过程即可证明案件主要事实。需要注意的是，这里仅仅要求直接证据能够证明案件主要事实，而不需要用其单独证明案件的所有事实。直接证据可以分为肯定性直接证据和否定性直接证据。刑事诉讼中的直接证据主要包括：犯罪嫌疑人、被告人的供述和辩解，能够证明犯罪嫌疑人、被告人是否实施犯罪的被害人陈述和证人证言，能够证明犯罪嫌疑人、被告人是否实施犯罪的书证、视听资料、电子数据等。

间接证据，是指不能独立、直接地证明案件主要事实，而需要通过推理并与其他证据结合起来才能证明案件主要事实的证据。单个间接证据，不能证明案件主要事实，它只能证明与案件主要事实有关的某一事实或者情节。但是，多个间接证据可以相互关联，形成一个具有内在联系的证据链，通过推理判断来证明案件主要事实。

区分直接证据和间接证据的主要意义，在于两类证据在运用中的差异。直接证据与案件事实的证明关系直接，无须借助其他证据。因此，直接证据运用起来比较简单、便捷。但是，直接证据多表现为言词证据，主观性较强、危险性较大。对于直接证据必须查证属实后才能作为定案的证据。比如，我国《刑事诉讼法》第55条第1款规定，对一切案件的判处都要重证据，重调查研究，不轻信口供。只有被告人供述，没有其他证据的，不能认定被告人有罪和处以刑罚；没有被告人供述，证据确实、充分的，可以认定被告人有罪和处以刑罚。单个间接证据不能证明案件主要事实，只能证明主要事实的某一个片段或情节。但是，多个间接证据可以相互结合，形成一个完整的证据链来证明案件主要事实。没有直接证据，但间接证据同时符合下列条件的，可以认定被告人有罪：①证据已经查证属实；②证据之间相互印证，不存在无法排除的矛盾和无法解释的疑问；③全案证据已经形成完整的证明体系；④根据证据认定案件事实足以排除合理怀疑，结论具有唯一性；⑤运用证据进行的推理符合逻辑和经验。上述规定为运用间接证据证明案件事实提供了规则指引。

思考题：

1. 简述刑事证据的三大基本特征。
2. 简述刑事证据的八大种类及每个种类的证据的特点。

第十一章 刑事诉讼证明

> **内容导读** 刑事诉讼的证明是国家公诉机关和诉讼当事人在法庭审理中依照法律规定的程序及其相关要求向审判机关出示证据、阐明事实、论证诉讼主张的活动。刑事诉讼的证明是建立在证据的基础上的，严格意义上的刑事证明只存在于审判阶段，在侦查阶段、审查起诉阶段对证据的收集审查活动是"查明"而非"证明"。

本章重点：

1. 刑事诉讼的证明对象、证明责任
2. 刑事诉讼不同阶段的证明标准
3. 刑事诉讼证明责任的分担

本章难点：

1. 对"犯罪事实清楚，证据确实、充分"的理解与运用
2. 刑事诉讼中证据不足情况下疑罪的处理方式

第一节 证 明 概 述

一、证明的概念

证明作为刑事诉讼的核心内容，集中反映了现代刑事诉讼的理念和本质。刑事诉讼的证明是指国家公诉机关和诉讼当事人在法庭审理中依照法律规定的程序和要求向审判机关提出证据，运用证据阐明争议事实，论证诉讼主张的活动。

二、证明的特征

证明具有以下特征：

（一）证明活动贯穿于刑事诉讼全过程

从刑事诉讼的立法及司法实践考察，证明活动不仅发生在审判程序中，在审前程序中同样存在着证明活动，因为裁判活动不局限于审判阶段，而证明恰恰构成了裁判的基础。如在逮捕活动中，需要由公安机关向中立的检察机关提供证据进行证明，而辩护律师也有权提供证据并依法发表法律意见，这对于维护被追诉人的基本权利，实现诉讼公正意义重大；再如对捕后羁押必要性的审查，在犯罪嫌疑人、近亲属及其辩护人申请启动时，也应提供证据证明。

（二）证明对象主要是与案件事实有关的争议事实

证明对象并非诉讼中有关案件的一切事实，而只是对诉讼证明有意义的案件事实。在诉讼证明中，最常见的证明对象是与案件事实有关的争议事实，包括实体性争议事实和程序性

争议事实两个方面。实体性争议事实即关于被告人是否构成犯罪及罪责轻重的事实；程序性争议事实主要是涉及司法机关程序性违法的事实，如非法证据中的证明。但是，对于侦控机关提出的被告人有罪的事实或采取强制性措施的，即使被追诉人无异议，也应当进行证明，这是出于人权保障的要求，以防止国家公权力的滥用。

（三）证明活动应依照法定的原则和规则进行

刑事诉讼中的证明活动不仅涉及案件事实的认定，还包含法律价值的实现，故应依照符合其自身特点的原则和规则进行，而不是简单套用刑事诉讼的一般原则及规则。刑事诉讼中的证明原则包括证据裁判原则、直接言词原则、自由心证原则及疑罪从无原则等；证明规则主要包括关联性规则、非法证据排除规则、最佳证据规则及补强证据规则、自白任意规则、传闻证据规则等。

（四）证明程序包括由收集证据、审查判断证据和综合运用证据认定案件事实组成的一系列诉讼活动

在刑事诉讼中，收集证据通常是指司法工作人员和诉讼参与人按照法律规定获取与案件事实有关的证据材料的活动。根据《刑事诉讼法》的相关规定，有权收集证据材料的主体包括人民法院、人民检察院、侦查机关和辩护律师。审查判断证据，指的是司法工作人员对收集的证据进行评判，以确认其是否具有证据能力以及衡量其证明力的大小的活动。综合运用证据认定案件事实，是指侦查人员、检察人员和审判人员通过综合运用和分析证据对事实作出认定，并得出相应的结论。

上述分类是以诉讼证明全过程为视角的，而单从审判程序中的证明来看，证明程序则是由举证、质证、认证及定案组成的一系列诉讼活动。举证是指证明者为说明己方的诉讼主张提出证据进行论证，并在事实真伪不明时承担不利法律后果的诉讼活动，它是证明的首要环节；质证是控辩双方就已提出的证据在法庭上进行的对质、辩论活动，它围绕证据能力及证明力进行，是证明的关键环节；认证是法官在控辩双方举证、质证和辩论的基础上，对单个证据是否具有证据能力以及证明力的有无及大小进行审核、确认的活动，是诉讼证明的决定性环节；定案即运用证据认定案件事实，是指法官在单个证据认证的基础上，根据经验、逻辑与法律，综合全案证据确定案件事实的活动，它是证明活动的结果。

第二节 证明的要素

一、证明对象

刑事诉讼中的证明对象，是指在刑事诉讼中提出诉讼主张的一方需要用证据予以证明的案件事实。证明对象具有以下特点：①证明对象与诉讼主张紧密相连，它是由证明主体的诉讼主张决定的案件事实，与诉讼主张无关的其他事实被排除在证明对象之外。②作为证明对象的事实通常是由法律明确规定的事实，既包括实体法事实，也包括程序法事实。③证明对象是需要运用证据证明的案件事实，不需要运用证据证明的事实称为免证事实，不属于证明对象的范围。证明对象在刑事诉讼证明中具有重要意义。一方面，证明活动贯穿于刑事诉讼中的主要诉讼阶段，明确证明对象可以使各诉讼主体明确自己承担的诉讼任务，明确证明的目标和方向。另一方面，明确证明对象可以正确界定需要查明的案件事实范围，既可以避免

因扩大证明范围而浪费人力、物力，也可以避免因缩小证明范围而遗漏应当查明的案件事实，影响对案件的正确处理。

刑事诉讼中的证明对象主要包括实体法事实和程序法事实。实体法事实是对被告人正确定罪量刑的基础，因此，实体法事实是证明对象的核心内容。同时，通过正当程序实现权利保障是刑事诉讼的另一重要目的，程序法具有其自身的独立价值，因此，程序法事实亦是刑事诉讼证明对象的重要内容。

1. 实体法事实。实体法事实是刑事证明对象的核心，主要包括犯罪构成要件的事实、阻却违法性的事实、阻却有责性的事实、有关量刑情节的事实等。最高人民法院《解释》第72 条第 1 款规定："应当运用证据证明的案件事实包括：（一）被告人、被害人的身份；（二）被指控的犯罪是否存在；（三）被指控的犯罪是否为被告人所实施；（四）被告人有无刑事责任能力，有无罪过，实施犯罪的动机、目的；（五）实施犯罪的时间、地点、手段、后果以及案件起因等；（六）是否系共同犯罪或者犯罪事实存在关联，以及被告人在犯罪中的地位、作用；（七）被告人有无从重、从轻、减轻、免除处罚情节；（八）有关涉案财物处理的事实；（九）有关附带民事诉讼的事实；（十）有关管辖、回避、延期审理等的程序事实；（十一）与定罪量刑有关的其他事实。"上述规定中第 1~9、11 项都属于实体法事实，第 10 项属于程序法事实。

2. 程序法事实。程序法事实是对诉讼程序问题具有法律意义的事实。程序法事实与案件实体事实本身没有关系，却是解决诉讼程序问题的基础。最高人民法院《解释》第 72 条第 1 款第 10 项将有关管辖、回避、延期审理等的程序事实列为证明对象，凸显了程序法事实的重要性。在刑事诉讼中，需要运用证据证明的程序法事实主要包括：管辖权问题的相关事实、回避的相关事实、决定对犯罪嫌疑人是否采取强制措施的事实、诉讼期间的相关事实、证据收集合法性的事实以及违反法定程序的事实，等等。程序法事实在证明责任、证明标准、证明程序等方面与实体法事实具有明显差异。

应当注意，免证事实是不需要运用证据证明的事实。对此，裁判者可以直接确认其成立，控辩双方也不必举证证明。根据最高人民检察院《规则》第 401 条规定："在法庭审理中，下列事实不必提出证据进行证明：（一）为一般人共同知晓的常识性事实；（二）人民法院生效裁判所确认并且未依审判监督程序重新审理的事实；（三）法律、法规的内容以及适用等属于审判人员履行职务所应当知晓的事实；（四）在法庭审理中不存在异议的程序事实；（五）法律规定的推定事实；（六）自然规律或者定律。"通过对上述免证事实作出规定，可以缩小证明对象，减少证明环节，提高诉讼效率。

二、证明责任

（一）证明责任的概念和特点

证明责任主要解决由谁来证明的问题。它起源于古罗马法中"谁主张，谁举证"的著名原则，随着刑事诉讼证明理论的发展，具有了更加丰富的内涵。目前，两大法系的双层证明责任理论（即大陆法系的主观证明责任与客观证明责任及英美法系的提供证据责任与说服责任）对我国证据理论影响较大，使人们摆脱了对证明责任的局限性认识，对其从行为责任与结果责任两个方面进行考量，以全面理解证明责任的内涵。

证明责任，亦称举证责任，是指人民检察院或某些当事人应当承担的收集或者提供证据证明应予认定的案件事实或者有利于自己的主张的责任，否则将承担其主张不能成立的后果。证明责任包括两个层面的内容：一是行为责任，它是证明主体提出证据对自己的诉讼主张加以证明的责任；二是结果责任，它是证明主体因不提供证据或者提出的证据达不到法定证明标准时所需承担的不利后果，即案件事实真伪不明时所承担的责任。可见，证明责任具有以下特点：①证明责任与一定的诉讼主张相联系。这里的主张是指积极主张，消极主张一般不承担证明责任，否认者不负证明责任。②证明责任是提供证据责任和说服责任的统一。③证明责任与裁判结果紧密相连，证明主体若不能达到相应的证明要求，则要承担不利的法律后果。故证明责任是行为责任与结果责任的统一。

证明责任具有重要意义。一方面，证明责任的分配能够最大限度地促使各证明主体在证明活动中发挥作用，从而有助于案件事实的认定。另一方面，证明责任有助于法院在案件事实真伪不明时及时处理案件。法官在审判中不能因案件事实真伪不明而拒绝裁判，证明责任制度确立了案件事实真伪不明时的风险分配机制，从而有利于法官及时裁判。

（二）证明责任的分配

《刑事诉讼法》第51条规定："公诉案件中被告人有罪的举证责任由人民检察院承担，自诉案件中被告人有罪的举证责任由自诉人承担。"该条区分公诉案件与自诉案件，对刑事诉讼中的证明责任予以规定。

1. 公诉案件中证明责任由人民检察院承担。控诉方承担被告人有罪的证明责任，在刑事诉讼中，控方要提供证据予以证明并达到相应证明标准。因此，在刑事诉讼中以控诉方承担证明责任为原则，只有控诉方提出确实、充分的证据证明被告人有罪，才能对被告人定罪。在刑事诉讼中，由控诉方承担证明责任具有两层内涵：①控诉方需提供证据证明被告人有罪，被告人无须提供证据证明自己无罪。当然这并不排斥被告人及其辩护人提供证据证明自己无罪，但其提供证据的主要目的在于反驳对方的指控，这是其行使辩护权的表现，而不是履行证明责任的要求。②在被告人是否实施了犯罪行为的案件事实处于真伪不明状态时，即控诉方不提供证据或者提供的证据不足以排除合理怀疑时，法院应当作出宣告被告人无罪的判决。

2. 自诉案件中证明责任由自诉人承担。基于"谁主张，谁举证"的原则，自诉人应对指控的犯罪事实承担证明责任，否则会承担不利的法律后果。根据最高人民法院《解释》第321条的规定，对已经立案，经审查缺乏罪证的自诉案件，自诉人提不出补充证据的，人民法院应当说服其撤回起诉或者裁定驳回起诉。

3. 被告人不承担证明责任，法律另有规定的除外。基于诉讼公正的要求，在刑事诉讼中由控方承担证明责任是一般原则，被告人不承担证明自己无罪的证明责任。但是，作为控诉方承担证明责任的例外，在法律明文规定的情况下，被告人需承担一定的证明责任。

三、证明标准

（一）证明标准的内涵

证明标准是指法律规定的检察机关和当事人运用证据证明案件事实要求达到的程度。证明标准与证明责任紧密相连，解决的是对待证事实的证明程度的问题。证明标准不仅是证明责任得以卸载的标志，也决定着证明主体的诉讼主张能否得到确认，直接关系着案件的结局。在刑事诉讼的不同阶段，证明的标准也不同。我国证明标准的立法表述为"案件事实清楚，证据确实、充分"，根据《刑事诉讼法》第200条第1项的规定，案件事实清楚，证据确实、充分，依据法律认定被告人有罪的，应当作出有罪判决。

"案件事实清楚，证据确实、充分"这一证明标准，理论界及司法实务界都存在较大的争论。应重点把握以下几点：首先，对于"案件事实清楚"的理解。主要是指证明主体对待证事实完成了证明，使其达到了真实的程度。在司法实践中，应努力达到事实认定符合客观真相、办案结果符合实体公正、办案过程符合程序公正的严格司法的证明要求。其次，关于"证据确实、充分"的理解。为了使这一标准更加科学、具体，《刑事诉讼法》第55条第2款对"证据确实、充分"作出进一步明确的规定，指出证据确实、充分应当符合以下条件：①定罪量刑的事实都有证据证明；②据以定案的证据均经法定程序查证属实；③综合全案证据，对所认定事实已排除合理怀疑。毕竟，对事实的认定是一种主观活动，它虽依赖于客观存在的证据及证据链，最终还需要裁判者在内心深处实现对事实的判断以完成对事实的认定。无论是大陆法系的"内心确信"还是英美法系的"排除合理怀疑"，都追求通过亲历审判而在内心深处产生一种"道德确实性"，即排除偏见地确信被告人实施了犯罪，而排除了其他可能性。"排除合理怀疑"要求裁判者不仅仅满足于法庭呈现的案卷证据表象，还必须结合庭审实际情况，在内心深处不断对自己进行追问，努力将疑点排除。

应当指出，刑事诉讼证明标准具有多层次的特点，即由于刑事案件所处诉讼阶段、证明主体、证明对象等方面的差异，证明标准的设定会有所不同。其中，有罪判决的证明标准在刑事诉讼中位于最高点。一旦法官依据证明标准认定了犯罪事实，作出了相应的有罪判决，就意味着被告人的人身自由、财产乃至生命将面临被限制或者被剥夺的危险，因此，法律为有罪判决的证明标准设计出最高的要求。与定罪证明标准相比，除了对被告人从重处罚适用与其相同的标准，通常情况下，量刑的证明标准会低于定罪标准。基于诉讼公正及效率的要求，辩方的证明标准会低于控方的证明标准，管辖、回避等程序法事实的证明标准应低于实体法事实的证明标准。

（二）事实不清、证据不足的处理

1. 疑罪从无。是指在刑事诉讼中，对案件主要事实的认定处于真伪不明状态，证据不够确实充分，不足以对所指控犯罪进行确凿的证明，不能认定被告人有罪，从而推定被告人无罪，对被告人作出无罪的处理决定。在现代刑事诉讼中，根据证明责任的规定，证明犯罪嫌疑人、被告人有罪的责任由控方承担，辩护方不承担证明被告人无罪的责任；如果控方不能证明犯罪嫌疑人、被告人有罪，则不应当起诉或者应宣告被告人无罪。疑罪从无是无罪推定精神的集中体现，有利于抑制并防止国家权力的滥用，为犯罪嫌疑人、被告人的人权保障提供了制度依托。

理解疑罪从无的关键是明确何谓疑罪（疑案），应重点把握以下内容：①疑罪是案件事实的存疑状态。主要是对犯罪嫌疑人、被告人是否实施了被指控的犯罪行为存在疑问。至于事实查清后，存在的应否定罪、构成此罪还是彼罪、一罪还是数罪等争议，则属于法律适用上的疑难，不在疑罪的范围之内。②疑罪受法定诉讼期限的限制。对犯罪嫌疑人被羁押的案件，侦查、起诉、审判各阶段均有法定的诉讼期限，疑罪指的是在法定诉讼期限内既无法证实也不能证伪的案件，而非那些客观上永远不可能查清的案件。明确这一点，可以避免案件久拖不决，公民的基本权利才能得到保障。③疑罪可能存在于刑事诉讼的侦查、起诉和审判阶段。如果缺乏相关证据，是否构成犯罪无法确定，那么在刑事诉讼的各主要阶段均可能存在疑罪处理问题，只不过在不同的诉讼阶段，对疑罪有着不同的处理方式。在侦查阶段，对被羁押的犯罪嫌疑人，如果存在犯罪事实不清、证据不足的，应及时变更或解除强制措施；

在审查起诉阶段，经过二次补充侦查，检察机关仍认为证据不足、不符合起诉条件的，应依法作出不起诉的决定；在审判阶段，人民法院认为指控证据不足，不能认定被告人有罪的，应作出证据不足、指控犯罪不能成立的无罪判决。

在我国，无罪推定原则的长期缺失，导致在实践中对待疑罪往往久拖不决，被告人遭受长期羁押，其人身自由受到严重侵犯。随着无罪推定理念的逐步确立，疑罪从无在1996年修正《刑事诉讼法》时得以正式确立。在刑事诉讼中确立疑罪从无是无罪推定精神的体现，对被告人的人权保障具有重要意义。疑罪从无的确立不仅可以强化司法人员的人权保障意识，还可以有效促进侦控机关侦查及证实犯罪能力的提高。

2. 疑案从轻。是指定罪证据确实、充分，但影响量刑的证据存疑的，应当在量刑时作出有利于被告人的处理。最高人民法院《关于建立健全防范刑事冤假错案工作机制的意见》第6条规定：定罪证据不足的案件，应当坚持疑罪从无原则，依法宣告被告人无罪，不得降格作出"留有余地"的判决。定罪证据确实、充分，但影响量刑的证据存疑的，应当在量刑时作出有利于被告人的处理。死刑案件，认定对被告人适用死刑的事实证据不足的，不得判处死刑。

四、证明程序

证明活动发生在刑事诉讼过程中，不同的诉讼程序为不同的证明主体所设置的证明环节必然具有一定的交互性。其中，法院审判阶段的证明程序最为典型和突出。审判阶段的证明程序是指控辩双方就争议的案件事实向法官进行证明时所遵循的步骤以及环节，包括举证、质证、认证以及定案等，集中体现控辩双方平等对抗、法院居中依法裁判的法治精神。该证明程序呈现出法律所规范的诉讼证明的基本样态。控辩双方的举证与质证，是法官认证与定案的基础；而法官的认证与定案，则在经过举证与质证的证据范围内完成。

1. 举证。举证是指证明责任的承担者为说明己方的诉讼主张而提出证据，并在事实真伪不明时承担不利法律后果的诉讼活动。控、辩双方的举证活动受到证明责任的支配，以证明对象为指向，以达到证明标准为目的，是证明的首要环节。在刑事诉讼中，控诉方承担证明被告人有罪的证明责任，大部分举证活动主要由控诉方来完成。只有在法定情形下，辩方才承担证明责任。最高人民法院《解释》第246条规定："公诉人可以提请法庭通知证人、鉴定人、有专门知识的人、调查人员、侦查人员或者其他人员出庭，或者出示证据。被害人及其法定代理人、诉讼代理人，附带民事诉讼原告人及其诉讼代理人也可以提出申请。在控诉方举证后，被告人及其法定代理人、辩护人可以提请法庭通知证人、鉴定人、有专门知识的人、调查人员、侦查人员或者其他人员出庭，或者出示证据。"该条对庭审中的举证活动的顺序予以明确，即首先由控诉方举证，然后由辩护方举证。

2. 质证。质证是控辩双方就已提出的证据在法庭上进行的对质、辩论活动。质证以举证为前提，它是对证据能力及证明力进行质辩的活动，是证明的关键环节。通过质证活动，控辩双方可以就对方提出证据的效力予以反驳或者质疑，从而影响法官对案件事实的认定。最高人民法院《解释》第267条规定："举证方当庭出示证据后，由对方发表质证意见。"第271条第2款规定："对公诉人、当事人及其法定代理人、辩护人、诉讼代理人补充的和审判人员庭外调查核实取得的证据，应当经过当庭质证才能作为定案的根据……"经过控辩双方质证是证据取得证据能力的前提条件之一，未经当庭质证，证据无法获得证据能力而不能作为定案的根据。

3. 认证。认证是法官在控辩双方举证、质证和辩论的基础上，对单个证据是否具有证据能力和证明力进行审核确认的活动。认证是诉讼证明的决定性环节。最高人民法院《解释》对物证，书证，证人证言，被害人陈述，犯罪嫌疑人、被害人供述和辩解，鉴定意见，勘验、检查、辨认、侦查实验等笔录，视听资料、电子数据这八种证据的审查认定作了详细规定。这些规定主要从证据能力和证明力两个方面对各种证据的审查认定予以明确。证据的证据能力体现了其法律属性，需要结合具体证据规则予以审查判断。因此，在对证据能力的审查判断上，法官发挥主观能动性的空间较为有限。证据的证明力体现的则是其事实属性，法律对于各种证据的证明力一般不作预设，而是将其留给法官依据内心信念进行自由判断。

4. 定案。定案即运用证据认定案件事实，它是法官在认证的基础上，根据经验、逻辑与法律，综合全案证据确定案件事实的活动。定案是证明活动的最终环节。定案与认证是两个不同概念。认证是对单个证据的证据能力和证明力予以审查后确定其能否作为定案依据的活动。它偏向于对单个证据或一组证据的审查，是定案的基础。而定案则是综合全案证据来确定案件事实的活动，它是对整个案件事实的裁断，是全部证明活动的终点。

思考题：

1. 简述刑事诉讼证明责任中免证的事实。
2. 简述刑事诉讼证明对象中的实体法事实。

第十二章　刑事诉讼证据规则

内容导读　基于证据裁判主义和自由心证原则的要求，在取证、举证、质证和认证等过程中，为保障发现案件事实、实现国家公权力和当事人私权利等多重价值的有效衡平，需要制定相应的规则来对这些行为进行调整和规范，这就是证据规则。证据规则根据规范的对象不同，可分为规范证据能力的规则和规范证明力的规则或者可采性规则和相关性规则。证据规则根据价值取向不同，可分为保障实体真实的规则和维护正当程序的规则。

本章重点：

1. 非法证据排除规则
2. 关联性证据规则
3. 补强证据规则

本章难点：

1. 非法证据排除规则的范围与适用
2. 关联性规则的含义
3. 自白任意规则的概念

第一节　证据规则概述

一、证据规则的概念和特征

（一）证据规则的概念

证据规则是用来规范证据资格，指导和约束证据的收集、审查判断及证明活动的基本准则。从内容上看，刑事诉讼证据规则包括限制证据能力的规则和限制证明力的规则，并以限制证据能力的规则为主，如关联性规则、非法证据排除规则、意见证据规则等；但也有限制证明力的规则，如补强证据规则。

证据规则对于限制裁判者的自由裁量权、规范控辩双方的庭审举证及质证活动意义重大；同时，证据规则的效力也辐射到审前程序中，对规范侦查人员收集及审查判断证据具有指导作用，以更好地发挥其防止错判、保障人权的功能。

（二）证据规则的特征

（1）具有强制的效力。

（2）具有明确的指导性。

（3）具有明显的程序性。

【经典例题】 下列哪一证据规则属于调整证据证明力的规则？（　　　）[1]

A. 传闻证据规则

B. 非法证据排除规则

C. 关联性规则

D. 意见证据规则

二、证据规则的发展史

英美法系和大陆法系的证据规则，受诉讼构造、裁判主体、文化传统等因素的影响，在繁简程度和具体内容上存在较大差异。英美法系国家实行陪审团制度，对案件事实的认定由陪审团承担。陪审员来自社会各界，他们不是法律专业人士，文化水平参差不齐。为防止一些证据误导陪审员，法律设置了较为复杂的证据规则，以规范证据的采纳及事实的认定。

英国现代证据学家特文宁指出：英国早在 16 世纪以前就出现了关于盖有当事人印章之文书的证明效力的证据规则。关于证人资格问题的证据规则也在 16 世纪问世。关于传闻证据规则的起源问题，人们一直众说纷纭，但是肯定在 16 世纪以后才开始形成。反对自我归罪特免权的证据规则大约确立于 17 世纪。[2]随后，被告人在接受审判时有权保持沉默成为刑事诉讼中的一项制度。文书证据规则的发展史是一个渐进的理性化过程。从原始文书的不可阙如到最佳证据规则；从文书见证人的不可或缺到证言作证规则；从契约不容反悔到口头补正规则。诸如：口头证据规则、传闻证据规则、证人资格规则、强制作证规则、证言特免权规则等证据规则继续建立。18 世纪，律师在法庭上对证人进行询问和交叉询问的规则也逐渐形成。

大陆法系国家则不同，其对案件事实的裁判由职业法官承担，对证据证明力的判断重视法官的自由心证，故证据规则相对简约。

随着我国审判方式的改革及证据立法的完善，在《刑事诉讼法》及相关司法解释中也逐步对证据规则进行了规定，初步形成了我国的刑事诉讼证据规则体系。

三、证据规则的功能

（1）有利于保证证据的真实性、可靠性，查明案件事实真相。

（2）有利于增强刑事诉讼程序的可操作性，约束裁判者的自由裁量权。

（3）有利于保障人权和保护特定的社会关系和社会利益。

第二节　非法证据排除规则

【案例导入】 美国当地时间 2018 年 5 月 24 日上午 10 点，周立波涉毒持枪案在纽约第 10 次开庭审理，纽约州拿骚县法院决定撤销周立波涉嫌藏毒持枪案，法官已采纳撤案动议，会在 6 月 4 日进行的第 11 次开庭中宣布周立波无罪。曾经在网上对周立波"一方有难，八方点赞"的人，怎么也想不明白，都人赃俱获了，怎么就无法认定犯罪，还不得不放人呢？有

---

[1]　答案：C

[2]　17 世纪，英国星座法院在审理约翰·李尔本案件时，以被告人拒绝宣誓为由，判定其犯有蔑视法庭罪。但两年后议会掌权，议会经审理认为星座法院的判决不合法，并决定禁止在刑事案件中让被告人宣誓。理由是：任何人都不得被强迫宣誓回答使他们的生命或自由处于危险之中的问题。

些人可能不理解，此案反转的原因是非法证据排除规则。

周立波的律师指出，警察虽然起获了毒品和车，但搜车行为违法。根据美国法律的规定，如果没有明显违法犯罪行为，警察没有经过当事人允许或拿到法院搜查令是不能搜查汽车的。而警察搜车时，基于周立波不懂英语，存在语言交流上的障碍，警方并未获得他的同意，那么，搜出来的毒品和无证手枪是警方拿到的非法证据。程序不合法，非法证据要排除。这就是在严格贯彻程序正义，对警察执法、取证严格要求下的一个必然结果。

一、非法证据排除规则概述

（一）非法证据排除规则的涵义

非法证据排除规则是指违反法定程序，以非法方法获取的证据，原则上不具有证据能力，不能为法庭采纳。它既包括非法言词证据的排除，也包括非法实物证据的排除。

何谓非法证据，目前通说认为，非法证据是指不符合法律规定的证据内容、证据形式、收集或提供证据的程序、方法的证据材料。在司法实践中，非法证据的范围一般包括：一是执法机关违反法定程序制作或调查收集的证据材料；二是执法机关在超越职权或滥用职权时制作或调查收集的证据材料；三是律师或当事人采取非法手段制作或收集的证据材料；四是执法机关以非法的证据材料为线索调查收集的其他证据。

非法证据排除规则最早产生于美国，但其发展也不是一蹴而就的，直到1914年的威金斯诉合众国案，[1]美国联邦最高法院才在一起非法搜查案件中第一次排除非法证据，其法律依据就是联邦宪法第四修正案关于非法搜查的人权保障条款。[2]但直到1961年的马普诉俄亥俄州案，[3]非法证据排除规则才得以在全美全面贯彻。

非法证据排除旨在遏制警察违法，用证据排除这种严厉的程序性后果宣告警察取证的无效，是一种釜底抽薪的制裁方式。这也是20世纪以来，程序公正、司法文明、人权保障等价值观在刑事程序上的体现。

（二）非法证据排除规则的价值

非法证据排除规则在刑事诉讼中的确立，是价值权衡的结果：如果允许将非法取得的证据作为定案根据，有时对查明案情、实现刑罚确有帮助，但它又是以侵犯宪法保障的公民基本权利、违反程序公正为代价；如果将非法取得的证据一律排除，又可能影响到对犯罪的查明和惩治。从近现代刑事诉讼制度的发展趋势来看，人权保障的价值目标日益受到重视，并

---

〔1〕1914年，一个速递公司的雇员威金斯被指控用邮寄方式寄送彩票，违反了美国刑法。在没有逮捕证的情况下，警察在其工作地点逮捕了被告人，又在没有搜查证的情况下到被告人家中进行搜查。被告人不同意开门，警察在邻居的指点下发现了被告人的钥匙，开门进入。地方警察，后来是联邦警察搜查了被告人的房间，发现了一些信件和装有彩票的信封。当这些被扣押的信件被作为证据提出时，被告人表示反对，理由是这些物品是非法搜查所得，违反了联邦宪法第四和第五修正案，法院没有同意。此案最后上诉到了美国联邦最高法院。

〔2〕该条款内容为：人民的人身、住宅、文件和财产不受无理搜查和扣押的权利，不得侵犯。除依照合理根据，以宣誓或代誓宣言保证，并具体说明搜查地点和扣押的人或物外，不得发出搜查和扣押状。

〔3〕1957年5月23日，俄亥俄州克利夫兰市警察局接到报告，说马普家里藏有炸弹和嫌疑人，警局当即派警官到了马普家。马普要求警官出示搜查证。一名警官拿出一张纸给她看，她夺过那张纸塞进怀里。最终警察抢回了那张纸（并非搜查证，也没有搜查证），马普被警察制服并被戴上手铐。警察随后强迫马普一起从上到下对她的房子进行了搜查，没有找到想要的证据，但却发现了另外一些"不体面"的违禁品。马普在俄亥俄州受到审判，法院以违禁品为证据判其有罪。联邦最高法院撤销原判发回重审。

成为一种优位的价值理念，当惩罚犯罪与保障人权发生冲突时，各国越来越倾向于优先保障人权，均在一定程度上确立了非法证据排除规则。

（三）非法证据排除规则的理论基础

关于非法证据排除规则的理论依据，概括起来主要有：其一，维护公民的宪法性权利。以美国为例，排除非法搜查和扣押所取得的证据，是保障宪法赋予公民的不受非法搜查、扣押权利的必然结论。其二，遏制警察的违法取证行为，督促其严格执法。这是确立非法证据排除规则的首要目标，因为宣告其非法取得的证据为无效，可以消除警察违法搜查和扣押的诱因，达到规范其取证行为的效果。其三，维护司法的纯洁性。非法证据排除规则维护了法律的尊严，恢复和提高了公民对于司法公正的信心，使得刑事司法程序免受污染。其四，保证证据的真实可靠性。非法证据排除规则有利于保证所收集的证据是自愿的、真实的，进而保证有罪判决的准确性。

（四）非法证据排除规则的例外

对被告人权利保障的不断加强，也招致一些人的担忧。他们认为，若因为警察的错误，导致证据被排除，犯罪分子逍遥法外，对被害人也是一种伤害（如 1994 年美国辛普森杀妻案）。因此，为了兼顾惩罚犯罪的客观需要，在 20 世纪 80 年代以后，美国非法证据排除规则通过一系列的例外，平衡着被告人人权保障的尺度。多数国家也确立了一些例外：

1. 不适用于大陪审团审理。在美国联邦诉讼中还保留了大陪审团制度，由于大陪审团审理的结果并不是对被告人的最终定罪，所以不适用非法证据排除规则。

2. 善意的例外。意指如果执行搜查、扣押的侦查机关基于善意相信自己执行的行为是合法的，纵然事后确认该搜查、扣押行为违法，因此得到的证据也不在排除之列，例外地可以被保留下来。

3. 反驳的例外。一些非法的证据不能直接作为认定被告人有罪的证据，但可以用来反驳被告人，证明其前后陈述的矛盾，降低其可被信任的程度。

二、我国非法证据排除规则的规定

在我国，为保证证据收集的合法性，刑事诉讼法及相关司法解释对于证据的收集、固定、保全、审查判断、查证核实等，逐渐形成了一套比较严格、系统的程序。

2010 年 6 月发布的《办理死刑案件证据规定》和《关于办理刑事案件排除非法证据若干问题的规定》中对我国的非法证据排除规则首次作了比较明确具体的规定，对非法证据排除的范围、程序等作出了初步规定。2012 年修正的《刑事诉讼法》第 50 条、2018 年修正的《刑事诉讼法》第 52 条规定了严禁司法工作人员刑讯逼供和以威胁、引诱、欺骗及其他非法方法收集证据，并在三个方面增加了关于非法证据排除规则的相关规定。

在随后修订的相关司法解释中，都明确、详细地增加了排除非法证据的内容。最高人民法院《解释》第 123～138 条专门规定了一节"非法证据排除"的内容，最高人民检察院《规则》（2019 年）第 66~76 条、公安部《规定》（2020 年修正）第 60～67 条也作了相应规定。这些规定都在一定程度上丰富了我国的非法证据排除规则。

最高人民法院《关于建立健全防范冤假错案工作机制的意见》《关于办理刑事案件排除非法证据若干问题的规定》《办理刑事案件排除非法证据规程（试行）》等则更严格、更全面、更详细地对非法证据排除作了规定。

此外，2018 年通过的《监察法》也规定了非法证据排除相关规定的内容。

（一）非法证据排除范围

《刑事诉讼法》第 56 条第 1 款规定，采用刑讯逼供等非法方法收集的犯罪嫌疑人、被告人供述和采用暴力、威胁等非法方法收集的证人证言、被害人陈述，应当予以排除。收集物证、书证不符合法定程序，可能严重影响司法公正的，应当予以补正或者作出合理解释；不能补正或者作出合理解释的，对该证据应当予以排除。根据上述规定，需要排除的非法证据包括非法言词证据和非法实物证据两类。

1. 非法言词证据。

（1）采用刑讯逼供等非法方法收集的犯罪嫌疑人、被告人供述。最高人民法院《解释》第 123 条第 1 项规定：采用殴打、违法使用戒具等暴力方法或者变相肉刑的恶劣手段，使被告人遭受难以忍受的痛苦而违背意愿作出的供述的，应当认定为刑事诉讼法规定的"刑讯逼供等非法方法"。那么，在司法实务中应该如何判断"使被告人遭受难以忍受的痛苦"？

第一，采取肉刑或者不让睡眠、长期保持特定姿势、饥渴、寒冷以及长时间浸泡在污秽物中等变相肉刑手段，使嫌疑人在精神和肉体上遭受难以忍受的痛苦，迫使其违背意愿供述的。这一点在解释上较为清楚，实务界理解上的分歧也不大，实践中的主要问题在于把握好"难以忍受的痛苦"的程度。

2013 年 10 月最高人民法院《关于建立健全防范刑事冤假错案工作机制的意见》第 2 条第 8 点规定："采用刑讯逼供或冻、饿、晒、烤、疲劳审讯等非法方法收集的被告人供述，应当排除。除情况紧急必须现场讯问以外，在规定的办案场所外讯问取得的供述，未依法对讯问进行全程录音录像取得的供述，以及不能排除以非法方法取得的供述，应当排除。"因此，在司法实践中不应过严把握，将一些主要属于精神压制而非肉体折磨的手段作为刑讯逼供。如偶尔采取的推搡，意在精神压制而并非使其疼痛、痛苦，一般不应当作为刑讯逼供；也不能把握标准过于宽松，如将某些因个人耐受力较弱，实已达到难以忍受的痛苦程度的非法取供行为不纳入排除范围。这里存在一个疼痛和痛苦的"剧烈性"判定标准问题。操作中，既要考虑一般人的耐受程度即一般标准，更要注重特定环境情形中因个体的不同耐受性而产生的特殊标准。个体差异性标准，应当是主要判定标准，同时可以适当参照普通人的一般耐受标准。例如，在一般情况下，女士的疼痛耐受力较差，而男士相对较强，但是也因人而异，应当注意这种个体差异。

第二，采取其他残忍、不人道、有辱人格的方法，使嫌疑人在肉体或精神上遭受难以忍受的痛苦，迫使其违背意愿供述的。这主要是指多种方法同时或者先后使用，产生叠加效应，使嫌疑人在肉体或精神上遭受难以忍受的痛苦，而被迫认罪并供述的。根据联合国 1975 年的《反酷刑公约》，使用任何方法达到使受刑人精神上和肉体上剧烈疼痛和痛苦的程度即为"酷刑"。酷刑是残忍、不人道、有辱人格的待遇或惩罚的一种"加重形式"。肉体折磨以及其他残忍、不人道、有辱人格的多种行为叠加，即可产生酷刑效果。

如某职务犯罪案件，辩护方称被告人受到"寒冷逼供""饥饿逼供""亲情逼供""传染病逼供"，以及"拳打脚踢""不让睡觉"等。虽然这些行为，每一种都没有达到刑讯逼供的程度，但全部违法行为叠加产生的累积性作用，即可产生与刑讯逼供同样的效果。如果这些非法行为查证属实或不能排除其可能性，那么由此获得的口供应当排除。

第三，采取威胁的方法，使嫌疑人精神上遭受难以忍受的痛苦，被迫作出供述的。《刑事诉讼法》第 56 条在非法口供排除中未列举威胁方法，在非法证言排除中则将其列出（"胁迫"），但将达到酷刑效果的威胁，作为非法口供排除的手段行为，有法律、学理和实践依据。其一，《刑事诉讼法》已将"威胁"作为取证方法禁止的内容，同时新增不得强迫自证其罪规定，而"威胁"是强迫的重要手段，因此可认为对于禁止威胁有进一步的规定。其二，联合国《反酷刑公约》的权威解释以及国际法庭的判例，将威胁包括模拟处死等，作为"酷刑"予以严禁。负责解释并监督执行《反酷刑公约》的联合国人权事务委员会认为，模拟处死等威胁性行为，一般认为达到了酷刑的"剧烈的疼痛或痛苦"的程度。而"两高"对《刑事诉讼法》所规定的非法证据的解释，是参照对我国具有国际法约束力的联合国《反酷刑公约》作出的，解释是顺理成章、符合逻辑的。其三，从法理上分析，威胁与暴力具有同质性与同效性。我国《刑法》中关于劫持航空器罪、劫持船只、汽车罪、强奸罪、抢劫罪等 7 个分则条款，都将胁迫规定为与暴力同等的犯罪手段。其四，从司法实践看，威胁完全可以达到刑讯的逼迫效果，有时甚至更甚。譬如以嫌疑人的家人、亲友的人身或者人格来威胁。

对于采用威胁方法获取的口供，也应作具体分析，只有构成严重的威胁，导致嫌疑人精神上遭受难以忍受的痛苦，被迫供述，才属于排除范围。刑事审讯，因为涉及嫌疑人及其亲属的重大权益，个别甚至事涉生死，嫌疑人通常不会自愿供述，审讯人员必须采取法律允许的各种方法促其开口。施加精神压力迫使被告人认罪，也是审讯的必要手段，只要保持在一个较为合理的限度内，不应当作为法律禁止的"威胁"。有些威胁虽然有欠妥当，但尚未达到前述严重程度，也不宜作为排除对象。

是否达到违法的严重威胁的标准，应当根据案件的具体情况判断。主要应参酌威胁的强度、威胁的方式、嫌疑人的耐受性，以及导致口供虚假的可能性等因素判定。如以嫌疑人及其亲属的重大利益相威胁，而且采取清晰、明确的威胁方式，并使嫌疑人感到有实现这种威胁的现实可能性，即可构成作为排除对象的非法威胁。反之，如系笼统地宣称某种不利后果，通常不构成非法威胁。

一般情况下，不应当以嫌疑人亲属的重大利益相威胁，而且这种威胁是直接的，嫌疑人认为是完全可能实现的。因为由此形成高强度的威逼作用，可能使一个没有犯罪的人为保护亲属而承认犯罪。但也有例外，例如，如果亲属确已构成从属性犯罪（如协助受贿），侦查机关与嫌疑人进行辩诉协商，以不追究其亲属为条件促使嫌疑人交代犯罪事实，并以嫌疑人不交代将依法追究其亲属相威胁，如被告人自愿接受条件而认罪并供述，此种方法不宜作为非法获取口供。

（2）采用暴力、威胁以及非法限制人身自由等非法方法收集的证人证言、被害人陈述，应当予以排除。需要特别说明的是对于重复性供述的排除。采用刑讯逼供方法使犯罪嫌疑人、被告人作出供述，之后犯罪嫌疑人、被告人受该刑讯逼供行为影响而作出的与该供述相同的重复性供述，应当一并排除，但下列情形除外：①侦查期间，根据控告、举报或者自己发现等，侦查机关确认或者不能排除以非法方法收集证据而更换侦查人员，其他侦查人员再次讯问时告知诉讼权利和认罪的法律后果，犯罪嫌疑人自愿供述的；②审查逮捕、审查起诉和审判期间，检察人员、审判人员讯问时告知诉讼权利和认罪的法律后果，犯罪嫌疑人、被告人自愿供述的。

【经典例题】 在法庭审理过程中，被告人屠某、沈某和证人朱某提出在侦查期间遭到非法取证，要求确认其审前供述或证言不具备证据能力。下列哪些情形下应当根据法律规定排

除上述证据？（   ）[1]

A. 将屠某"大"字形吊铐在窗户的铁栏杆上，双脚离地

B. 对沈某进行引诱，说"讲了就可以回去"

C. 对沈某进行威胁，说"不讲就把你老婆一起抓进来"

D. 对朱某进行威胁，说"不配合我们的工作就把你关进来"

2. 实物证据。最高人民检察院《规则》第70条规定，收集物证、书证不符合法定程序，可能严重影响司法公正的，人民检察院应当及时要求公安机关补正或者作出书面解释；不能补正或者无法作出合理解释的，对该证据应当予以排除。

实践中，对于采取非法搜查、扣押等方法收集的实物证据，应当综合考虑收集证据违反法定程序以及所造成后果的严重程度等情况，决定是否予以排除。在制止犯罪、实施抓捕、避免证据灭失等紧急情况下，未经依法批准，采用搜查、扣押等措施收集物证、书证，在作出补正或合理解释后，有关实物证据可以作为证据使用。

（二）非法证据排除规则的适用阶段与程序规定

《刑事诉讼法》第56条第2款规定："在侦查、审查起诉、审判时发现有应当排除的证据的，应当依法予以排除，不得作为起诉意见、起诉决定和判决的依据。"

非法证据排除程序的启动方式有两种：一是依职权启动，即由侦查人员、检察人员及审判人员依照法定程序提出并进入取证合法性调查程序；二是依申请启动，即根据当事人及其辩护人、诉讼代理人提出的排除申请而启动。当事人及其辩护人、诉讼代理人提出排除申请时，应当提供相关线索或者材料，但不承担刑讯逼供等非法取证的举证责任。即相关"线索"是指涉嫌非法取证的人员、时间、地点、方式等线索。相关"材料"是指能够反映非法取证的伤情照片、体检记录、医院病历、讯问笔录、讯问录音录像或者同监室人员的证言等材料。在审前程序中更加侧重职权启动及职权作用的发挥，这是由于在刑事诉讼中，辩护律师的力量较为薄弱，特别是审前程序中，律师的参与更少，权利亦受到较多的限制，在这一实然状态下，通过当事人及其律师的申请启动非法证据排除难度较大，故需要以职权部门的职权启动模式为主。

1. 侦查期间。

（1）启动方式。其一，依职权启动：侦查机关对审查认定的非法证据，应当予以排除，不得作为提请批准逮捕、移送审查起诉的根据。其二，依申请启动：犯罪嫌疑人及其辩护人在侦查期间可以向人民检察院申请排除非法证据。对犯罪嫌疑人及其辩护人提供相关线索或者材料的，人民检察院应当调查核实。调查结论应当书面告知犯罪嫌疑人及其辩护人。对确有以非法方法收集证据情形的，人民检察院应当向侦查机关提出纠正意见。

（2）侦查终结前核查询问。对重大案件，人民检察院驻看守所检察人员应当在侦查终结前询问犯罪嫌疑人，核查是否存在刑讯逼供、非法取证情形，并同步录音录像。经核查，确有刑讯逼供、非法取证情形的，侦查机关应当及时排除非法证据，不得作为提请批准逮捕、移送审查起诉的根据。

（3）后果。其一，对侦查终结的案件，侦查机关应当全面审查证明证据收集合法性的证据材料，依法排除非法证据。排除非法证据后，证据不足的，不得移送审查起诉。其二，排

---

[1] 答案：AD

除后可以换人重新调查取证；侦查机关发现办案人员非法取证的，应当依法作出处理，并可另行指派侦查人员重新调查取证。

2. 审查逮捕、审查起诉期间。

（1）权利告知。检察机关讯问犯罪嫌疑人，应当告知其有权申请排除非法证据，并告知诉讼权利和认罪的法律后果。

（2）启动方式。其一，依申请启动：犯罪嫌疑人及其辩护人申请排除非法证据，并提供相关线索或者材料的，人民检察院应当调查核实。调查结论应当书面告知犯罪嫌疑人及其辩护人。其二，依职权启动：人民检察院在审查起诉期间发现侦查人员以刑讯逼供等非法方法收集证据的，应当依法排除相关证据并提出纠正意见，必要时人民检察院可以自行调查取证。

（3）后果。其一，人民检察院对审查认定的非法证据，应当予以排除，不得作为批准或者决定逮捕、提起公诉的根据。被排除的非法证据应当随案移送，并写明为依法排除的非法证据。其二，人民检察院依法排除非法证据后，证据不足，不符合逮捕、起诉条件的，不得批准或者决定逮捕、提起公诉。其三，对于人民检察院排除有关证据导致对涉嫌的重要犯罪事实未予认定，从而作出不批准逮捕、不起诉决定，或者对涉嫌的部分重要犯罪事实决定不起诉的，公安机关、国家安全机关可要求复议、提请复核。

3. 检察机关对非法取证的法律监督。

《刑事诉讼法》第57条规定："人民检察院接到报案、控告、举报或者发现侦查人员以非法方法收集证据的，应当进行调查核实。对于确有以非法方法收集证据情形的，应当提出纠正意见；构成犯罪的，依法追究刑事责任。"可见，在非法证据排除规则的适用过程中，通过不同诉讼环节的活动，检察机关发挥着对非法证据的防范、监督、排除及证明的功能，有效发挥了其法律监督机关的作用。

4. 非法证据排除中的辩护和法律援助。

（1）犯罪嫌疑人、被告人申请排除非法证据，但没有辩护人的，人民法院应当通知法律援助机构指派律师为其提供辩护。

法律援助值班律师可以为犯罪嫌疑人、被告人提供法律帮助，对刑讯逼供、非法取证情形代理申诉、控告。

（2）犯罪嫌疑人、被告人及其辩护人申请排除非法证据，应当提供涉嫌非法取证的人员、时间、地点、方式、内容等相关线索或者材料。

（3）辩护律师自人民检察院对案件审查起诉之日起，可以查阅、摘抄、复制讯问笔录、提讯登记、采取强制措施或者侦查措施的法律文书等证据材料。其他辩护人经人民法院、人民检察院许可，也可以查阅、摘抄、复制上述证据材料。

（4）犯罪嫌疑人、被告人及其辩护人向人民法院、人民检察院申请调取公安机关、国家安全机关、人民检察院收集但未提交的讯问录音录像、体检记录等证据材料，人民法院、人民检察院经审查认为犯罪嫌疑人、被告人及其辩护人申请调取的证据材料与证明证据收集的合法性有联系的，应当予以调取；认为与证明证据收集的合法性没有联系的，应当决定不予调取并向犯罪嫌疑人、被告人及其辩护人说明理由。

5. 第一审审判程序。

（1）庭前会议中非法证据的排除程序如下：

根据《刑事诉讼法》第187条第2款和最高人民法院《解释》第130条的规定，开庭审理前，依当事人等诉讼参与人的申请或依法院的职权，法院可就非法证据问题召开庭前会议，针对证据的合法性问题进行调查。通常，庭前会议中的法院只对非法证据排除问题了解情况，听取意见，并不作出证据是否排除的决定，证据是否排除仍然要在正式的法庭调查之后作出。但是，司法实践中，对控辩双方争议不大的，能够达成合意的非法证据排除问题往往在庭前会议中予以解决，这种做法兼顾了公正与效率，使得非法证据问题解决在庭审程序之前，提前排除了非法证据对庭审活动的影响。庭前会议中非法证据排除的主要程序规定如下：

1）权利告知。人民法院向被告人及其辩护人送达起诉书副本时，应当告知其有权在开庭审理前申请排除非法证据并同时提供相关线索或者材料。上述情况应当记录在案。被告人申请排除非法证据，但没有辩护人的，人民法院应当通知法律援助机构指派律师为其提供辩护。

2）启动。

第一，依申请启动。申请排除的时间、方式、条件、后果。被告人及其辩护人申请排除非法证据，应当在开庭审理前提出，但在庭审期间发现相关线索或者材料等情形的除外。人民法院应当在开庭审理前将申请书和相关线索或者材料的复制件送交人民检察院。

被告人及其辩护人申请排除非法证据，应当向人民法院提交书面申请书。被告人没有辩护人且书写确有困难的，可以口头提出申请，上述情况应当记录在案，并由被告人签名或者捺印。

当事人及其辩护人、诉讼代理人申请排除非法证据，应当提供相关线索或者材料，但不承担刑讯逼供等非法取证的举证责任。

被告人及其辩护人申请排除非法证据，未提供相关线索或者材料，人民法院应当告知其补充提交。被告人及其辩护人未能补充的，人民法院对申请不予受理，并在开庭审理前告知被告人及其辩护人。上述情况应当记录在案。被告人及其辩护人申请排除非法证据，并提供相关线索或者材料的，人民法院应当召开庭前会议，并在召开庭前会议3日前将申请书和相关线索或者材料的复制件送交人民检察院。

第二，依职权启动。在开庭以前，审判人员可以召集公诉人、当事人和辩护人、诉讼代理人，就非法证据排除等与审判相关的问题，了解情况，听取意见。开庭审理前，承办法官应当阅卷，并对证据收集的合法性进行审查。审查内容如下：被告人在侦查、审查起诉阶段是否提出排除非法证据申请；提出申请的，是否提供相关线索或者材料；侦查机关、人民检察院是否对证据收集的合法性进行调查核实；调查核实的，是否作出调查结论；对于重大案件，人民检察院驻看守所检察人员在侦查终结前是否核查讯问的合法性，是否对核查过程同步录音录像；进行核查的，是否作出核查结论；对于人民检察院在审查逮捕、审查起诉阶段排除的非法证据，是否随案移送并写明为依法排除的非法证据。

人民法院对证据收集的合法性进行审查后，认为需要补充证据材料的，应当通知人民检察院在3日内补送。

3）在庭前会议中，人民法院对证据收集的合法性进行审查。在庭前会议中，人民法院对证据收集的合法性进行审查的，一般按照以下步骤进行：被告人及其辩护人说明排除非法证据的申请及相关线索或者材料；公诉人提供证明证据收集合法性的证据材料；控辩双方对证据收集的合法性发表意见；控辩双方对证据收集的合法性未达成一致意见的，审判人员归纳争议焦点。

在庭前会议中，人民检察院应当通过出示有关证据材料等方式，有针对性地对证据收集的合法性作出说明。人民法院可以听取意见、核实情况，经控辩双方申请，可以有针对性地播放讯问录音录像。

人民检察院可以决定撤回有关证据。撤回的证据，应当随案移送并写明为撤回的证据，没有新的理由，不得在庭审中出示。被告人及其辩护人可以撤回排除非法证据的申请，撤回申请后，没有新的线索或者材料，不得再次对有关证据提出排除申请。审判人员应当在庭前会议报告中说明证据收集合法性的审查情况，主要包括控辩双方的争议焦点以及就相关事项达成的一致意见等内容。

4）人民法院审查证据收集合法性后对有关证据的处理。公诉人、被告人及其辩护人在庭前会议中对证据收集是否合法未达成一致意见，人民法院对证据收集的合法性有疑问的，应当在庭审中进行调查；人民法院对证据收集的合法性没有疑问，且没有新的线索或者材料表明可能存在非法取证的，可以决定不再进行调查。

公诉人宣读起诉书后，法庭应当宣布开庭审理前对证据收集合法性的审查及处理情况。

（2）庭审中的非法证据排除程序如下：

1）启动与条件。其一，依职权。《刑事诉讼法》第58条第1款规定："法庭审理过程中，审判人员认为可能存在本法第五十六条规定的以非法方法收集证据情形的，应当对证据收集的合法性进行法庭调查。"其二，依申请。被告人及其辩护人在开庭审理前未申请排除非法证据，在法庭审理过程中提出申请的，应当说明理由。对前述情形，法庭经审查，对证据收集的合法性有疑问的，应当进行调查；没有疑问的，应当驳回申请。法庭驳回排除非法证据的申请后，被告人及其辩护人没有新的线索或者材料，以相同理由再次提出申请的，法庭不再审查。

2）人民法院对证据合法性的调查。庭审期间，法庭决定对证据收集的合法性进行调查的，应当先行当庭调查。但为防止庭审过分迟延，也可以在法庭调查结束前进行调查。对于被申请排除的证据和其他犯罪事实没有关联等情形，为防止庭审过分迟延，可以先调查其他犯罪事实，再对证据收集的合法性进行调查。在对证据收集合法性的法庭调查程序结束前，不得对有关证据进行宣读、质证。

法庭决定对证据收集的合法性进行调查的，一般按照以下步骤进行：召开庭前会议的案件，法庭应当在宣读起诉书后，宣布庭前会议中对证据收集合法性的审查情况，以及控辩双方的争议焦点；被告人及其辩护人说明排除非法证据的申请及相关线索或者材料；公诉人出示证明证据收集合法性的证据材料，被告人及其辩护人可以对相关证据进行质证，经审判长准许，公诉人、辩护人可以向出庭的侦查人员或者其他人员发问；控辩双方对证据收集的合法性进行辩论。

《刑事诉讼法》第59条规定："在对证据收集的合法性进行法庭调查的过程中，人民检察院应当对证据收集的合法性加以证明。现有证据材料不能证明证据收集的合法性的，人民检察院可以提请人民法院通知有关侦查人员或者其他人员出庭说明情况；人民法院可以通知有关侦查人员或者其他人员出庭说明情况。有关侦查人员或者其他人员也可以要求出庭说明情况。经人民法院通知，有关人员应当出庭。"2018年1月1日起实施的《人民法院办理刑事案件排除非法证据规程（试行）》第20条规定，公诉人对证据收集的合法性加以证明，可以出示讯问笔录、提讯登记、体检记录、采取强制措施或者侦查措施的法律文书、侦查终结前对讯问合法性的核查材料等证据材料，也可以针对被告人及其辩护人提出异议的讯问时段播放讯问录音录像，提请法庭通知侦查人员或者其他人员出庭说明情况。不得以侦查人员签名并加盖公章的说明材料替代侦查人员出庭。

被告人及其辩护人可以出示相关线索或者材料，并申请法庭播放特定讯问时段的讯问录音录像。被告人及其辩护人向人民法院申请调取侦查机关、人民检察院收集但未提交的讯问录音录像、体检记录等证据材料，人民法院经审查认为该证据材料与证据收集的合法性有关的，应当予以调取；认为与证据收集的合法性无关的，应当决定不予调取，并向被告人及其辩护人说明理由。被告人及其辩护人申请人民法院通知侦查人员或者其他人员出庭说明情况，人民法院认为确有必要的，可以通知上述人员出庭。

侦查人员或者其他人员出庭的，应当向法庭说明证据收集过程，并就相关情况接受发问。对发问方式不当或者内容与证据收集的合法性无关的，法庭应当制止。经人民法院通知，侦查人员不出庭说明情况，不能排除以非法方法收集证据情形的，对有关证据应当予以排除。

人民法院对控辩双方提供的证据来源、内容等有疑问的，可以告知控辩双方补充证据或者作出说明；必要时，可以宣布休庭，对证据进行调查核实。法庭调查核实证据，可以通知控辩双方到场，并将核实过程记录在案。对于控辩双方补充的和法庭庭外调查核实取得的证据，未经当庭出示、质证等法庭调查程序查证属实，不得作为证明证据收集合法性的根据。

公诉人、被告人及其辩护人可以对证据收集的合法性进行质证、辩论。

3）法庭在证据收集合法性调查后对有关证据的处理。法庭对证据收集的合法性进行调查后，应当当庭作出是否排除有关证据的决定。必要时，可以宣布休庭，由合议庭评议或者提交审判委员会讨论，再次开庭时宣布决定。在法庭作出是否排除有关证据的决定前，不得对有关证据进行宣读、质证。

经法庭审理，确认存在《关于办理刑事案件严格排除非法证据若干问题的规定》所规定的以非法方法收集证据情形的，对有关证据应当予以排除。法庭根据相关线索或者材料对证据收集的合法性有疑问，而人民检察院未提供证据或者提供的证据不能证明证据收集的合法性，不能排除存在上述规定所规定的以非法方法收集证据情形的，对有关证据应当予以排除。

4）非法证据排除程序中的证明标准。《刑事诉讼法》第60条规定："对于经过法庭审理，确认或者不能排除存在本法第五十六条规定的以非法方法收集证据情形的，对有关证据应当予以排除。"

《人民法院办理刑事案件排除非法证据规程（试行）》第26条规定，经法庭审理，具有下列情形之一的，对有关证据应当予以排除：①确认以非法方法收集证据的；②应当对讯问过程录音录像的案件没有提供讯问录音录像，或者讯问录音录像存在选择性录制、剪接、删改等情形，现有证据不能排除以非法方法收集证据的；③侦查机关除紧急情况外没有在规定的办案场所讯问，现有证据不能排除以非法方法收集证据的；④驻看守所检察人员在重大案件侦查终结前未对讯问合法性进行核查，或者未对核查过程同步录音录像，或者录音录像存在选择性录制、剪接、删改等情形，现有证据不能排除以非法方法收集证据的；⑤其他不能排除存在以非法方法收集证据的。

【经典例题】关于非法证据的排除，下列哪些说法是正确的？（   ）[1]

---

[1] 答案：ABC

A. 非法证据排除的程序，可以根据当事人等申请而启动，也可以由法庭依职权启动

B. 申请排除以非法方法收集的证据的，应当提供相关线索或者材料

C. 检察院应当对证据收集的合法性加以证明

D. 只有确认存在《刑事诉讼法》规定的以非法方法收集证据情形时，才可以对有关证据予以排除

5）排除非法证据后案件的处理结果。人民法院排除非法证据后，案件事实清楚，证据确实、充分，依据法律认定被告人有罪的，应当作出有罪判决；证据不足，不能认定被告人有罪的，应当作出证据不足、指控的犯罪不能成立的无罪判决；案件部分事实清楚，证据确实、充分的，依法认定该部分事实。

人民法院对证据收集合法性的审查、调查结论，应当在裁判文书中写明，并说明理由。

人民法院对证人证言、被害人陈述等证据收集合法性的审查、调查，参照上述规定。

6. 第二审中的证据合法性审查、调查及处理。人民检察院、被告人及其法定代理人提出抗诉、上诉，对第一审人民法院有关证据收集合法性的审查、调查结论提出异议的，第二审人民法院应当审查。

被告人及其辩护人在第一审程序中未提出排除非法证据的申请，在第二审程序中提出申请，有下列情形之一的，第二审人民法院应当审查：①第一审人民法院没有依法告知被告人申请排除非法证据的权利的；②被告人及其辩护人在第一审庭审后发现涉嫌非法取证的相关线索或者材料的。

人民检察院应当在第一审程序中全面出示证明证据收集合法性的证据材料。人民检察院在第一审程序中未出示证明证据收集合法性的证据，第一审人民法院依法排除有关证据的，人民检察院在第二审程序中不得出示之前未出示的证据，但在第一审程序后发现的除外。

第二审人民法院对证据收集合法性的调查，参照上述第一审程序的规定。

第一审人民法院对被告人及其辩护人排除非法证据的申请未予审查，并以有关证据作为定案根据，可能影响公正审判的，第二审人民法院可以裁定撤销原判，发回原审人民法院重新审判。

第一审人民法院对依法应当排除的非法证据未予排除的，第二审人民法院可以依法排除相关证据。排除非法证据后，应当按照下列情形分别作出处理：①原判决认定事实和适用法律正确、量刑适当的，应当裁定驳回上诉或者抗诉，维持原判。②原判决认定事实没有错误，但适用法律有错误，或者量刑不当的，应当改判。③原判决事实不清或者证据不足的，可以在查清事实后改判；也可以裁定撤销原判，发回原审人民法院重新审判。

7. 审判监督程序、死刑复核程序中对证据收集合法性的审查、调查，参照上述规定。

第三节　关联性证据规则

一、关联性证据规则概述

（一）关联性证据规则的概念

关联性证据规则又称相关性证据规则，它是指只有与本案有关的事实材料才能作为证据使用。

关联性是证据的基本属性，是证据适格的基础性条件。关联性不涉及证据的真假与证明价值，其侧重的是证据与待证事实之间的形式性关系，即证据相对于待证事实是否具有实质性，以及证据对于待证事实是否具有证明性。

必须明确的是，关联性的类型不能予以限定，而主要由法官依据法律的规定，遵循法官职业道德，运用逻辑推理和日常生活经验进行判断。

（二）证据关联性的判断

对关联性的判断并没有固定的标准，法官在判断证据的关联性时，主要依据一般的逻辑或者经验进行。关联性包括证明性和实质性两个基本构成要素，而所谓对证据关联性的判断也就是判断证据是否具有证明性和实质性。

1. 证明性。所谓证明性，是指所提出的证据支持待证事实主张成立的倾向性，是依据一般的逻辑或者经验而使得待证事实主张更为可能或者不可能的能力。换言之，能够影响当事人主张的关于事实存在可能性的证据，就具有证明性。证明性并不是法律问题，而存在于法律之外，由事物与事物之间的逻辑关系所决定，是一种客观存在。

2. 实质性。所谓实质性，是指所提出的证据欲证明的主张指向的是对案件裁判具有法律意义的待证事实。案件的待证事实主要由实体法规定，通过当事人的诉讼主张表现出来。

（三）关联性证据规则的法律性质

1. 关联性涉及证据的内容或实体，而不是证据的形式或方式。因而，关联性规则适用于所有证据形式，在适用范围上具有广泛性。

2. 关联性是证据被采纳的首要条件。虽然，具有关联性的证据未必都具有可采性，仍有可能出于利益考虑，或者由于某种特殊规则，而不具有可采性，但没有关联性的证据必然不具有可采性。按照关联性规则，侦查人员、审判人员在调查收集证据时，应当限于与本案有关的证据材料；在审查判断证据时，应当注意排除与本案无关的证据材料。

二、关联性证据规则的主要内容

关联性证据规则的主要内容是凡证据被采纳，证据必须与案件的时间、事件或者人物有关，如果证据与案件事实无关，则不能被采纳。这是关联性规则的一般性原则，同时它还存在两种例外：一是证据有关联性也可能被排除，意即并不是有关联性的证据都会被采纳；二是有的证据与案件的时间、事件或者人物没有直接关系，也可以作为证据被采纳。

在英美证据法中，下列几种证据不具关联性，不得作为认定案件事实的依据：

（一）品格证据

英美当事人诉讼中的案件当事人为了反驳对方，常常对被告人、被害人及证人的品格进行攻击，以使陪审团产生该人不可信的印象，从而作出有利于己的判断。所谓品格，美国麦考密克教授认为，"是指对某人性情总的描述，或者说是指对与某人一般特征有关的性情总的描述，如诚实、节酒或者温和"。[1] 在证据法上，"品格"一词至少包括三方面的含义：其一，它可以指一个人在社区里认识他的人群中的名声好坏；其二，它可以指一个人以特定方式处理事情的个性；其三，它可以指一个人的个人历史中特定的事件。

（1）品格证据是指用以证明一个人品德、品行好坏的证据。包括被告人的品格证据、被

---

〔1〕 ［美］约翰·W·斯特龙主编：《麦考密克论证据》，汤维建等译，中国政法大学出版社 2004 年版，第 379 页。

害人的品格证据以及证人的品格证据。

（2）品格证据规则（又称为品格证据排除规则）是规范用以证明被告人、被害人及证人品格的证据的规则，其基本法理是，某人曾经好与不好的品格与案件中该人的品格不具有相关性，因而不具有可采性。

品格证据规则的例外情形通常在两种情况下出现：

第一，品格本身是定罪、请求或辩护的一个因素，也称为"争议中的品格"。例如对于诱奸犯罪，法律规定了被害人的贞操是诱奸犯罪的一个因素。在这种情况下，一般不发生品格证据有无关联性的问题。

第二，为使陪审团更容易接受下述意图而适用品格证据，即提出"此人在与讨论有关的具体场合内曾按其品格行事"的一种推理。如为人具有暴力倾向的证据，用以证明此人在斗殴事件中是攻击者。

美国《联邦证据规则》第 404 条第 1 款第 1 项规定，"由被告人提供的关于其品格的某一项相关特征的证据，或者由起诉方提供的、用于对此进行反驳的证据"，具有可采性。

下述关于被告人品格的证据可以采纳：

第一，被告人提出能证明自己优良品格的证据。由于是被告人主动把"品格"提交庭审讨论，因此公诉方也可以提出反驳证据用以证明该被告人的不良品格。[1]

第二，当被告人的品格是所控犯罪的基本要素时。如被告人使用其罪恶名声作为敲诈勒索的手段，那么公诉方在庭审中自然可以使用相关证据证明其罪恶名声。

第三，被告人提出无罪证据而被交叉询问时，询问人在发问时可以涉及被告人过去的罪行及品格。

第四，在被告人被定罪后，法官在判刑前，可以查询和采纳有关其前科和品格的证据。

美国《联邦证据规则》第 607 条、第 608 条和第 609 条规定，任何一方当事人都可以对证人的可靠性提出质疑，证人的可靠性可以通过意见证据和名声证据来进行抨击和支持。但须受到下列限制：其一，证据只能针对证人可信或者不可信的品行；其二，关于可信品行的证据，只能在该证人的可信品行已受到意见证据、名声证据或者其他证据的攻击之后，才具有可采性。出于抨击证人的目的，有关证人曾被定罪的证据，如果该罪可判处死刑或 1 年以上监禁，可以采纳；如果该罪行涉及不正当行为或者提供虚伪陈述，只要时间相隔不远，也可以采纳。

（二）类似行为

是指被告人在其他场合的某一行为与他在当前场合的类似行为通常没有关联性。

按一般规则，某人的其他犯罪的证据或者特定恶劣行为的证据，如果用以表明某人在本案中的行为与该品格相一致，不能接受为确定某人品格的证据。如某人曾被判盗窃罪的证据对证实其犯有盗窃罪来讲不具有相关性。

然而，被告人其他犯罪或者特定恶劣行为的证据可以为许多其他目的而被采用。美国

---

[1] 见 1948 年米切尔森诉合众国案。该案中的被告人被指控贿赂一位联邦税收工作人员，他采用了一种迂回性辩护手段，他要求五名证人出庭证明他那正直和诚实的好名声。在对其中四名品格证人的交叉询问中，公诉律师问每个证人曾否听说过该被告人在近 30 年前因接受盗窃物品而被捕的事情。最高法院裁定这可以作为质疑该品格证人对被告人实际名声知晓程度的方法。不过，陪审团不能将该证据用作认定该被告人犯有其被指控之罪行的根据。

《联邦证据规则》第404条第2款规定，关于其他犯罪、错误或者行为的证据不能用来证明某人的品格以说明其行为的一贯性。但是，如果"出于其他目的，如证明动机、机会、意图、预备、计划、知识、身份、并非过失或者意外等"，可以采纳。

（三）特定的诉讼行为

如被告人曾经作过有罪答辩后来又撤回的相关证据，不得作为本案中不利于被告人的证据采纳。

（四）特定的事实行为

如关于事件发生后行为人实施补救性措施的事实，一般情况下不得作为行为人对该事实负有责任的证据加以采纳。

（五）被害人过去的行为

如在性犯罪案件中，有关受害人过去在性行为方面的名声或者评价的证据，一律不得作为本案中不利于被害人的证据采纳。

美国《联邦证据规则》第404条第1款第2项规定，"由被告人提供的、关于犯罪被害人品格的某一项相关特征的证据，或者由起诉方提供的、用于对此进行反驳的证据，或者是在杀人案件中由起诉方提供的、用于对证明被害人首先发动攻击的证据进行反驳的、关于被害人性格温和的证据"，具有可采性。

需要注意的是，得益于女权主义浪潮的推动，美国的妇女权益日益受到尊重，美国国会和几乎所有州的立法机关都已经颁布法律来努力限制在强奸和性侵害案件中使用受害人以前的性行为证据。例如禁止在交叉盘问中查问该被害人与被告人以外的人的性行为情况，其理由是：该被害人过去同意的与该被告人以外的人的性行为对所控侵害事件中是否同意的问题具有可争议的相关性，而被害人名声的证据和以前同意与其他人的性行为的具体证据则不具有相关性。

美国国会于1978年在《联邦证据规则》中增加了被称为"强奸盾牌条款"的第412条。该条规定，有关作出强奸指控的被害人以前的具体性行为的证据不可采纳，除非该证据属于下列情形：

（1）宪法规定应当采用的。

（2）发现该被告人不是该精液来源的证据或者该被告人并没有造成被害人所受伤害的证据。

（3）表明被告人自己过去与该被害人的性关系的证据。强奸案件被告人提出以上可采纳的证据时，应当遵守特别程序规则。

但是，上述证据不具有关联性也并非绝对。例如，在杀人案件中，为反驳辩护方提出的被害人先动手的证据，控诉方提出的证明被害人一贯性格平和的证据，具有可采性。

三、我国《刑事诉讼法》及其司法解释的规定

我国的《刑事诉讼法》没有直接对证据的关联性作出明确规定，但《刑事诉讼法》中规定的一些证据规则及其司法解释体现了关联性证据规则的精神，主要有如下规定：

1. 《刑事诉讼法》第50条第1款规定："可以用于证明案件事实的材料，都是证据。"此规定要求证据应当同案件事实有关联。第120条规定，侦查人员在讯问犯罪嫌疑人的时候，犯罪嫌疑人对与本案无关的问题，有拒绝回答的权利。

2. 最高人民法院《解释》第 262 条规定："控辩双方的讯问、发问方式不当或者内容与本案无关的，对方可以提出异议，申请审判长制止，审判长应当判明情况予以支持或者驳回；对方未提出异议的，审判长也可以根据情况予以制止。"该规定表明，对于与本案无关的证据，法官有权依职权不予调查，从而防止诉讼争点的混乱和证据调查范围的无限扩大，节约司法资源，提高诉讼效率。第 247 条规定："控辩双方申请证人出庭作证，出示证据，应当说明证据的名称、来源和拟证明的事实。法庭认为有必要的，应当准许；对方提出异议，认为有关证据与案件无关或者明显重复、不必要，法庭经审查异议成立的，可以不予准许。"该规定要求，当且仅当控辩双方提交的证据具有关联性时，法庭才允许其进入法庭调查，对无关或重复的证据，法庭可以不予采纳。第 139 条第 2 款规定："对证据的证明力，应当根据具体情况，从证据与案件事实的关联程度、证据之间的联系等方面进行审查判断。"在第 82 条、第 97 条、第 98 条、第 108 条、第 109 条，又分别对物证、书证、鉴定意见、视听资料、电子数据的关联性进行了规定，要求着重审查这些证据的内容与案件事实有无关联性。

3. 《办理死刑案件证据规定》第 32 条第 1 款规定，对证据的证明力应当结合案件的具体情况，从各证据与待证事实的关联程度、各证据之间的联系程度等方面进行审查判断。在第 6 条、第 23 条、第 24 条、第 27 条、第 29 条，又分别对物证、书证、鉴定意见、视听资料的关联性进行了规定，也要求着重审查这些证据的内容与案件事实有无关联性。

【经典例题】关于证据的关联性，下列哪一选项是正确的？（　　　）[1]

1. 关联性仅指证据事实与案件事实之间具有因果关系
2. 具有关联性的证据即具有可采性
3. 证据与待证事实的关联度决定了证据证明力的大小
4. 类似行为一般具有关联性

第四节　其他证据规则

一、传闻证据规则

（一）传闻证据规则概述

英国是最早确立传闻证据规则的国家。"传闻"在日常语义中是指"辗转流传的消息"，相当于"风闻，谣传，道听途说"，而作为法律用语的传闻一词来源于英国判例法。这和英国的陪审制度密切相关。英国最早的陪审团是一种"知情陪审团"，其作用大概相当于现在所说的证人。陪审员了解案情的途径并不重要，无论是他们直接得知还是道听途说的案情，都可以作为判决的依据，除非有人证明其来源不可靠。在判决作出之后，如果发现陪审员是在酒馆里或者其他地方听一个醉汉或者其他不值得信赖的人说的，则之前的判决就会被推翻。后来，法官意识到运用传闻证据定案的危险性，开始禁止传闻证据在诉讼中的使用。在 17 世纪后期（1675~1690 年），英国正式形成了传闻证据规则。

美国有学者统计过，在《联邦证据规则》颁布之前，关于传闻的定义多达上百种，但没

---

[1] 答案：C

有一种定义能为大家所公认。美国《联邦证据规则》第 801 条（c）项规定："'传闻'是指除陈述人在审理或者听证作证时所作陈述外的陈述，行为人提供它旨在用作证据来证明所主张事实的真实性。"第 802 条规定："传闻证据，除本法或者联邦最高法院依法定授权制定的其他规则或者国会立法另有规定外，不予采纳。"

《日本刑事诉讼法》第 320 条明确规定了"禁止使用传闻证据规则"的内容。澳大利亚《1995 年证据法典》第 59 条规定："不得采纳他人先前陈述的证据，以证明该人陈述所宣称的事实。"《德国刑事诉讼法》第 250 条规定："对事实的证明如果是建立在一个人的感觉之上的时候，要在审判中对他进行询问。询问不允许以宣读以前的询问笔录或者书面证言而代替。"

我国《刑事诉讼法》第 61 条规定，证人证言必须在法庭上经过公诉人、被害人和被告人、辩护人双方质证并且查实以后，才能作为定案的根据。这表明，原则上证人应该出庭作证，如果证人不出庭而只提交书面陈述的，应视为不具有证据能力。但是，《刑事诉讼法》第 192 条又规定，公诉人、当事人或者辩护人、诉讼代理人对证人证言有异议，且该证人证言对案件定罪量刑有重大影响，人民法院认为证人有必要出庭作证的，证人应当出庭作证。人民警察就其执行职务时目击的犯罪情况作为证人出庭作证，适用前款规定。公诉人、当事人或者辩护人、诉讼代理人对鉴定意见有异议，人民法院认为鉴定人有必要出庭的，鉴定人应当出庭作证。经人民法院通知，鉴定人拒不出庭作证的，鉴定意见不得作为定案的根据。第 195 条又"灵活性"地规定，对未到庭的证人的证言笔录、鉴定人的鉴定意见、勘验笔录和其他作为证据的文书，应当当庭宣读。上述规定表明，在特殊情况下立法似乎允许一部分证人可以不出庭作证。由此可见，我国现行立法并没有规定传闻证据排除规则，只是部分地体现了该规则的精神。

证人出庭作证，既是现代刑事诉讼庭审制度的基本要求，也是保证刑事司法公正的基本措施。但是，受诸多因素的影响和制约，在我国的刑事审判实践中，证人不出庭作证的现象却十分严重。在这种情况下如果严格适用传闻证据规则，可以说大多数证人证言将会被排除，造成无法认定案件事实，刑事审判也必将被严重迟滞。因此在立法正式规定传闻证据规则时，需要配套解决影响证人出庭作证的诸多问题，完善有关证人出庭作证制度的法律规范。如证人保护制度，强制证人出庭制度，特殊证人免证制度，证人费用补偿制度等。当然，同时也要作出例外规定，即证人因本身不能抗拒的原因不能出庭陈述的情况，如临终陈述、行动不便等理由，但要采取其他方法对其真实性作出验证。

（二）排除传闻证据的理由

（1）没有经过原供述人的宣誓，缺乏确实性或者可信性。

（2）实行直接审理的结果导致传闻证据被排除。

（3）传闻证据具有很大的误传的危险性，不足以采信。

（三）传闻证据规则的价值

（1）是对抗制审判制度得以实现的重要手段。

（2）有利于案件裁判的准确性。

（3）有利于诉讼公开、诉讼平等和诉讼民主等价值的实现。

（四）传闻证据规则的例外

（1）先前的证词。

（2）死者生前所作的陈述。

（3）对己不利的陈述。

（4）公共文件。

（5）视听资料。

（6）心理状态的例外。

【经典例题】下列哪一选项属于传闻证据？（   ）[1]

A. 甲作为专家辅助人在法庭上就一起伤害案的鉴定意见提出的意见

B. 乙了解案件情况但因重病无法出庭，法官自行前往调查核实的证人证言

C. 丙作为技术人员就"证明讯问过程合法性的同步录音录像是否经过剪辑"在法庭上所作的说明

D. 丁曾路过发生杀人案的院子，其开庭审理时所作的"当时看到一个人从那里走出来，好像喝了许多酒"的证言

二、最佳证据规则

（一）最佳证据规则概述

最佳证据规则，又称原始证据规则，是指除法律另有规定以外，证明文字、录音、照相的内容，要求提供原件。这一规则的采用主要是源于对证据客观真实性的保证，第二手的资料易被伪造，真实性、可靠性难以保证，除非在原始资料无法取得、难以出示或者不是很重要且可以替代，发生虚假的可能性较小，第二手资料的真实性有一定的程序条件来保证时，才可以采用第二手资料。

最佳证据规则的实质内涵是，某一特定的有关案件的事实，只能采用能够寻找到的最令人信服和最有说服力的最佳证据予以证明。

（1）提供原始文书的目的是证明案件事实（为了证明文书的内容）。

（2）当事人应当提供原始文书证明自己的诉讼主张。

（3）原始文书应优先于复制件提出，但不否定复制件的提供与证明。

（4）载体形式不仅限于书面文件，还包括录像、相片等其他呈现文字符号的载体形式。

（5）法官应当采纳原始文书内容作为认定案件事实的依据，法定情形下也可采用非原始文书的证据形式。

（二）最佳证据规则的适用

最佳证据规则的适用范围主要局限于书证领域，即有关文书的内容或者其他存在直接证据的情形时，应当以原始证据为佳。但是，英美法近年来的审判实践在认定书证证据力上，对是否一定要适用最佳证据规则出现了许多例外情形。

如美国《联邦证据规则》第 1004 条规定了不要求书证原件，有关书证的其他证据也可以予以采纳的几种情形：

（1）所有原件均已遗失或者毁坏，但提供人出于不良动机遗失或者毁坏的除外。

（2）原件不能通过适当的司法程序或者行为获得。

（3）原件处于该证据资料的出示对其不利的一方当事人的控制之下，已通过送达原告起

---

[1] 答案：B

诉状或者其他方式告知该当事人，在听证时该材料的内容属于证明对象，但该当事人在听证时不提供原件。

（4）有关书证内容与主要争议无紧密关联。最佳证据规则要求当事人提供的证据最好是原件，否则，除法律另有规定外，不得采纳。

（三）我国的相关规定

我国《刑事诉讼法》没有明确规定最佳证据规则。但最高人民法院《解释》中规定了相关内容，如第83条第1款规定，据以定案的物证应当是原物。原物不便搬运、不易保存、依法应当返还或者依法应当由有关部门保管、处理的，可以拍摄、制作足以反映原物外形和特征的照片、录像、复制品。必要时，审判人员可以前往保管场所查看原物。第84条规定，据以定案的书证应当是原件。取得原件确有困难的，可以使用副本、复制件。《办理死刑案件证据规定》第8条对此也作了类似规定。这些规定都体现了最佳证据规则的精神。

三、意见证据规则

意见证据规则是指证人在向司法机关作证时，只能陈述其所知道的案件本身，而不能对案件进行评价；鉴定人对于案件中的专门性问题，只能就案件事实作出结论性意见，而不能回答法律问题。这同样是证据客观真实性所要求的，因为判断案件事实和适用法律是法官的工作，而证人的意见不可避免地带有主观性，容易引发偏见，妨碍法官对证据真实性的认定。

意见证据规则的理论根据主要表现在：其一，证人发表意见侵犯了审理事实者的职权。其二，证人发表意见有可能对案件事实的认定产生误导。其三，普通证人缺乏发表意见所需要的专门性知识或者基本的技能训练与经验。其四，普通证人的意见证据对案件事实的认定没有价值。证人的职责只是把事实提供给法院，而不是发表对该事实的意见。

英美法国家将证人分为"专家证人"与"普通证人"，允许专家证人基于专业知识提供意见证据，而普通证人则只能陈述他们所知道的第一手资料，并且只能就事实提供证言，即他们不可以提供意见、推论或者结论，但也确定了一些允许普通证人提供意见证据的例外。

我国的《刑事诉讼法》并没有规定意见证据规则。我国将证人和鉴定人予以区分，鉴定意见是一种独立的证据种类，作为某一方面专家的鉴定人的意见可以作为诉讼中的证据。《刑事诉讼法》第197条第2款规定："公诉人、当事人和辩护人、诉讼代理人可以申请法庭通知有专门知识的人出庭，就鉴定人作出的鉴定意见提出意见。"最高人民法院《解释》第97、98、99、100条对专家证人的鉴定意见的审查，作了较为详细的规定；同时，关于普通证人的意见证据，第88条第2款也作了规定，即证人的猜测性、评论性、推断性的证言，不得作为证据使用，但根据一般生活经验判断符合事实的除外。《办理死刑案件证据规定》对此也有相同的详细规定。

【经典例题】 "证人猜测性、评论性、推断性的证言，不能作为证据使用"，系下列哪一证据规则的要求？（　　　）[1]

A. 传闻证据规则

B. 意见证据规则

---

[1] 答案：B

C. 补强证据规则

D. 最佳证据规则

四、补强证据规则

所谓"补强证据",是指用以增强另一证据证明力的证据。一开始收集到的对证实案情有重要意义的证据,称为"主证据",而用以印证该证据真实性的其他证据,就称为"补强证据"。补强证据规则,是指为了防止误认事实或发生其他危险性,而在运用某些证明力显然薄弱的证据认定案情时,必须有其他证据补强其证明力,才能被法庭采信为定案根据。一般来说,在刑事诉讼中需要补强的不仅包括被追诉人的供述,而且包括证人证言、被害人陈述等特定证据。

补强证据必须满足以下条件:

(1)补强证据必须具有证据能力。

(2)补强证据本身必须具有担保补强对象真实性的能力。设立补强证据的重要目的就在于确保特定证据的真实性,从而降低误认风险,如果补强证据没有证明价值,就不可能支持特定证据的证明力。当然,补强证据的作用仅仅在于担保特定补强对象的真实性,而非对整个待证事实或案件事实具有补强作用。

(3)补强证据必须具有独立的来源。补强证据与补强对象之间不能重叠,必须独立于补强对象,具有独立的来源,否则就无法担保补强对象的真实性。例如,被告人在审前程序中所作的供述就不能作为其当庭供述的补强证据。

最高人民法院《解释》第143条规定,下列证据应当慎重使用,有其他证据印证的,可以采信:①生理上、精神上有缺陷,对案件事实的认知和表达存在一定困难,但尚未丧失正确认知、表达能力的被害人、证人和被告人所作的陈述、证言和供述;②与被告人有亲属关系或者其他密切关系的证人所作的有利于被告人的证言,或者与被告人有利害冲突的证人所作的不利于被告人的证言。

这些单个证据之所以不能单独作为定案依据,主要是因为法官对其真实性心证的盖然性程度,还达不到认定案件事实的标准,证据的充分性还不足,还需要其他证据予以佐证,真实性才能得到保证,才能充分认定案件事实。然而法律还需对何种证据可以作为被佐证的证据资料的补强证据作出规定,补强必须要具备证据资格,与被补强的证据资料结合起来证明案件事实。

【经典例题】关于补强证据,下列哪一说法是正确的?( )[1]

A. 应当具有证据能力

B. 可以和被补强证据来源相同

C. 对整个待证事实有证明作用

D. 应当是物证或者书证

我国《刑事诉讼法》第55条规定,只有被告人供述,没有其他证据的,不能认定被告人有罪和处以刑罚;没有被告人供述,证据确实、充分的,可以认定被告人有罪和处以刑罚。这一规定,强调了不能把被告人的供述作为定罪和处罚的唯一证据,口供必须得到其他

---

[1] 答案:A

证据的补强才具有证明力。由此可见，我国刑事诉讼法确立了口供需要补强的法则。关于证人证言的补强，最高人民法院《解释》第 143 条进行了规定，《办理死刑案件证据规定》对此也有类似规定。

五、自白任意规则

自白任意规则，又称非任意自白排除规则，是指在刑事诉讼中，只有基于被追诉人自由意志而作出的自白（即承认有罪的供述），才具有可采性；违背当事人意愿或违反法定程序而强制作出的供述不是自白，而是逼供，不具有可采性，必须予以排除。根据自白规则，在法庭审判过程中，对于控方举出的违反自白任意性规则的犯罪嫌疑人、被告人供述，如果辩护方表示异议的，法官应当禁止控方向法庭提交该证据，并不得以该证据作为裁判的依据。

自白任意规则根据的确立是一个逐步发展的过程。在自白任意规则产生初期，主要是基于证明方面的考虑，目的主要在于排除虚假的陈述，因为被追诉者在受到威胁的情况下所作的供述往往是不真实的和不可靠的。后来，随着被告人人权保障问题日益受到重视，自白规则开始与不受强迫自证其罪原则以及无罪推定、人权保障、人格尊严等理念联系在一起。

我国《刑事诉讼法》第 52 条规定，严禁刑讯逼供和以威胁、引诱、欺骗以及其他非法方法收集证据，不得强迫任何人证实自己有罪。最高人民法院《解释》第 123~138 条和最高人民检察院《规则》第 65~75 条、公安部《规定》第 70~71 条都分别规定了非法言词证据的排除规则。《排除非法证据规定》也明确规定了排除非法取得的审判前供述及其具体程序。从法律规定来看，我国已经基本确立了自白任意规则。

【经典例题】下列哪一选项表明我国基本确立了自白任意性规则？（　　　）[1]
A. 侦查人员在讯问犯罪嫌疑人的时候，可以对讯问过程进行录音或者录像
B. 不得强迫任何人证实自己有罪
C. 逮捕后应当立即将被逮捕人送交看守所羁押
D. 不得以连续拘传的方式变相拘禁犯罪嫌疑人、被告人

六、拒证特权规则

一般来说，如实作证、协助司法机关准确认定案件事实，是公民应尽的义务。但在有些场合，在法律保护的其他权益高于个案中特定证人作证所获得的利益时，基于保护其他权益的需要，法律可以就证人作证问题作出一些特殊的规定。

属于此类情况的有：夫妻之间、律师与委托人之间、医生与病人之间、银行与储户之间，等等。因某种特殊身份、特殊关系或从事某种特殊职业的需要，法律可免除有关人员作证的义务或赋予其拒绝作证的特权。

美国《联邦证据规则》规定了律师—委托人的特免权、医生—病人的特免权、配偶特免权、宗教特免权、商业秘密特免权、政府特免权、反对自我归罪特免权等。作为一种权利，其拥有者当然可以放弃。只要他自愿披露或同意披露该事项的任何重要部分，即属于放弃特免权，特免权即终止。如果采用强迫的或不当的方式逼迫享有证言特免权的证人作证，该证

---

[1] 答案：B

言应该是不具有可采性的，法官对这种证据可以不予理会。

基于我国对实事求是、发现案件事实的诉讼价值目标的追求，长期以来，我国一直未规定拒证特权。

思考题：

1. 如何理解证据的关联性规则？

2. 非法证据排除规则中的"非法证据"如何界定？其在排除过程中证明责任如何分配？

3. 我国是否需要建立拒证特权规则？为什么？

第十三章 强 制 措 施

内容导读 刑事强制措施是一项重要的刑事诉讼制度，是指为了保证刑事诉讼的顺利进行，公、检、法依法对犯罪嫌疑人、被告人的人身自由进行限制或者剥夺时采取的强制性方法。我国刑事诉讼法规定了五种强制措施：拘传、取保候审、监视居住、拘留、逮捕。

本章重点：

1. 强制措施的概念、特征
2. 取保候审的适用对象、方式
3. 监视居住的适用对象、方式
4. 变更、解除或者撤销强制措施

本章难点：

1. 逮捕的适用条件、程序
2. 羁押必要性审查
3. 变更、解除或者撤销强制措施

第一节 强制措施概述

一、强制措施的概念与特征

（一）强制措施的概念与种类

1. 强制措施的概念。强制措施是指为了保证刑事诉讼的顺利进行，司法机关依法对犯罪嫌疑人、被告人的人身自由进行限制或者剥夺时采取的强制性方法。

2. 种类。我国《刑事诉讼法》规定的强制措施包括拘传、取保候审、监视居住、拘留、逮捕。

（二）强制措施的特征

1. 特定性。强制措施的适用主体是公安机关（包括其他侦查机关）、人民检察院、人民法院，适用对象是犯罪嫌疑人、被告人。

【经典例题】关于刑事诉讼强制措施的适用对象，下列哪一选项是正确的？（ ）[1]

A. 只适用于公诉案件的犯罪嫌疑人、被告人

B. 可以适用于单位犯罪案件的诉讼代表人

C. 可以适用于自诉人

---

[1] 答案：A

D. 可以适用于自诉案件的被告人

2. 人身性。强制措施的适用内容是对犯罪嫌疑人、被告人的人身自由的限制或者剥夺，不得对财物、隐私等进行强制性处分。

3. 保障性、预防性。强制措施适用的目的是保障刑事诉讼的顺利进行，防止犯罪嫌疑人、被告人逃避侦查、起诉和审判，进行毁灭、伪造证据，继续犯罪等妨害刑事诉讼的行为。

4. 临时性。强制措施具有明确具体的时间规定，一旦期限届满或者根据案件的实际情况会发生变更、解除或者撤销强制措施的情形。

5. 法定性。强制措施的适用主体、对象、条件、程序、时间等都必须严格适用《刑事诉讼法》的规定。

二、刑事强制措施与相关的处罚措施的区别

（一）与刑罚的区别

种类 / 区别	刑事强制措施	刑罚
法律性质、适用目的	具有程序上的保障性和预防性，无惩罚性	惩罚犯罪、改造犯罪分子和预防犯罪，具有实体性
适用主体	公、检、法机关	只有人民法院才有权判处
适用对象	犯罪嫌疑人和被告人	已决犯
法律依据	程序法的刑事诉讼法	实体法的刑法
适用时间	刑事立案后到判决生效前	人民法院的判决生效后
稳定性	相对不稳定，可以变更、解除或撤销	相对稳定，一经作出非经法定程序不得改变
种类	拘传、取保候审、监视居住、拘留、逮捕	主刑和附加刑

（二）与行政处罚的区别

种类 / 区别	刑事强制措施	行政处罚
法律性质、适用目的	具有程序上的保障性和预防性，无惩罚性	行政制裁，具有实体性
适用主体	公、检、法机关	行政机关
适用对象	犯罪嫌疑人或被告人，仅适用于自然人，不包括法人和其他组织	违反行政法规的公民、法人或其他组织
法律依据	程序法的刑事诉讼法	实体法的行政处罚法
稳定性	相对不稳定，可以变更、解除或撤销	相对稳定，一般不能变更
适用种类	拘传、取保候审、监视居住、拘留、逮捕	警告、罚款、没收财物、行政拘留、暂扣或吊销许可证或者执照、责令停产停业

（三）与民事诉讼、行政诉讼强制措施的区别

种类 区别	刑事强制措施	民事、行政强制措施
法律性质、适用目的	预防性、保证性，无制裁性	保证性与制裁性
适用主体	公、检、法机关	人民法院
适用对象	犯罪嫌疑人、被告人	有妨害诉讼行为的当事人、诉讼参与人及案外人
法律条件	可能实施妨害刑事诉讼的行为	已经实施了妨害诉讼的行为
适用阶段	侦查、起诉和审判阶段	审判、执行阶段
与判决的关系	判决作出前先行羁押的，可以折抵刑期	与判决不发生任何关系
种类	拘传、取保候审、监视居住、拘留、逮捕	前者有：拘传、训诫、责令退出法庭、罚款和拘留；后者有：训诫、责令具结悔过、罚款、拘留

三、扭送

（一）扭送的概念

扭送是指公民将具有法定情形的人立即送交司法机关处理的行为。

（二）扭送的成立条件

1. 扭送的主体：任何公民。

2. 扭送的对象：①正在实行犯罪或者犯罪后即时被发觉的；②通缉在案的；③越狱逃跑的；④正在被追捕的。

3. 送交的机关：公、检、法。

【**经典例题**】依照刑事诉讼法的规定，对于下列哪种情形的人，任何公民都可以立即将其扭送公安机关、人民检察院或者人民法院处理？（ ）[1]

A. 正在实行犯罪或者犯罪后即时被发觉的人

B. 有流窜作案嫌疑的人

C. 不讲真实姓名、住址，身份不明的人

D. 在身边或者住处发现犯罪证据的人

（三）扭送的性质

1. 扭送的性质。为了鼓励公民积极协助司法机关，帮助司法机关抓获犯罪嫌疑人、被告人和查明犯罪事实，扭送是法律赋予任何公民同犯罪分子作斗争的一项权利，而不是一种强制措施。

2. 扭送与刑事强制措施的区别。二者都涉及对犯罪嫌疑人的人身自由的短暂剥夺，具有

---

[1] 答案：**A**

强制性。但扭送不是刑事强制措施，二者区别主要如下：

种类 区别	刑事强制措施	扭送
法律性质	公安、司法机关的一种权力	法律赋予公民同犯罪作斗争的一种权利
适用主体	公、检、法机关	（任何）公民
立法目的	保障刑事诉讼的顺利进行	调动公民同犯罪行为作斗争的积极性

第二节 拘 传

一、拘传的概念与特征

（一）拘传的概念

拘传是指在刑事诉讼中，公、检、法依法强制未被羁押的犯罪嫌疑人、被告人到案接受讯问的一种强制措施。

（二）拘传的特征

1. 适用对象。拘传是对未被羁押的犯罪嫌疑人、被告人适用。

【经典例题】关于法院可以决定对什么人采取拘传这一刑事强制措施，下列哪些选项是错误的？（   ）[1]

    A. 某公司涉嫌生产、销售伪劣产品罪，作为该公司诉讼代表人而拒不出庭的高某

    B. 盗窃案中非在押的犯罪嫌疑人卢某

    C. 抢夺案中非在押的被告人陈某

    D. 贿赂案中拒不出庭的证人李某

2. 目的。拘传是强制犯罪嫌疑人、被告人到案接受讯问，讯问结束后，应当立即将被拘传人放回。

二、拘传与相关法律概念

（一）拘传与传唤的区别

种类 区别	拘传	传唤
强制力	可强制到案、抗拒到案可使用戒具	自动到案，不得使用戒具
适用对象	犯罪嫌疑人、被告人	所有的诉讼当事人

---

[1] 答案：ABD

种类 区别	拘传	传唤
适用时是否一定需要法律文书	必须出示《拘传证》或者《拘传票》	一般需要出示《传唤通知书》，例外：对在现场发现的犯罪嫌疑人，侦查人员经出示工作证，可以口头传唤，但应当在讯问笔录中注明

注意：采取拘传不一定要求先经过传唤程序，人民法院、人民检察院和公安机关可以直接拘传犯罪嫌疑人、被告人。

【**经典例题**】侦查措施是查明案件事实的手段，与公民的权利保障密切相关，关于讯问犯罪嫌疑人的地点，下列选项正确的是（　　　　）。[1]

A. 对不需要逮捕、拘留的犯罪嫌疑人，可以传唤到犯罪嫌疑人所在市、县的公安局进行讯问

B. 对不需要逮捕、拘留的犯罪嫌疑人，可以传唤到犯罪嫌疑人所在市、县的公司内进行讯问

C. 对于已经被逮捕羁押的犯罪嫌疑人，应当在看守所内进行讯问

D. 犯罪现场发现的犯罪嫌疑人，可以当场口头传唤，但须出示工作证并在讯问笔录中注明

（二）刑事诉讼中的拘传与民事诉讼中的拘传的区别

种类 区别	刑事诉讼中的拘传	民事诉讼中的拘传
适用对象	未被羁押的犯罪嫌疑人、被告人	必须到庭的被告人，或者是必须到庭的，造成损害的未成年人的法定代理人
适用主体	司法机关	人民法院
传唤是否拘传的必经程序	传唤并非拘传的必经程序，可直接适用拘传	必须是经过两次传票传唤，被传唤人无正当理由拒不到庭的，才可以适用拘传

三、拘传的适用主体

公安机关（包括其他侦查机关）、人民检察院、人民法院都有拘传的决定权和执行权，并且决定机关即是执行机关。其中，人民法院决定拘传的，由司法警察执行。

注意：根据最高人民检察院《规则》第142条、第143条、第146条的规定，对于监察机关移送起诉的案件，人民检察院不能适用拘传。

---

[1]　答案：ABCD

四、拘传的适用程序

(一) 决定机关签发拘传证或拘传票

由公安机关的公安局长、人民检察院的检察长签发《拘传证》，人民法院的院长签发《拘传票》。

(二) 拘传的地点

拘传未被羁押的犯罪嫌疑人、被告人必须在被拘传人所在的市、县内进行。其中，公安机关可以拘传到其所在市、县公安机关的执法办案场所进行讯问。

(三) 拘传的执行

执行拘传的公、检、法的工作人员最少2人；应当向被拘传人出示《拘传证》或者《拘传票》；对于抗拒拘传的，可以使用戒具，强制到案；拘传到案后应立即讯问。

(四) 拘传的时间及其相关注意事项

1. 一次拘传持续的时间至多12小时；案情特别重大、复杂，需要采取拘留、逮捕措施的，拘传持续的时间至多24小时。根据最高人民检察院《规则》第83条第2款的规定，两次拘传间隔的时间一般至少12小时。

2. 不得以连续拘传的形式变相拘禁犯罪嫌疑人、被告人，并且应当保证犯罪嫌疑人、被告人的饮食和必要的休息时间。

(五) 拘传的结果

讯问结束后，拘传期限届满，应当立即结束拘传，如果被拘传人符合其他强制措施的，应当依法采取其他强制措施。

【经典例题】关于拘传，下列哪些说法是错误的？（　　　）[1]

A. 案情特别重大、复杂，需要采取拘留、逮捕措施的，拘传持续的时间不得超过24小时

B. 对于被拘传的犯罪嫌疑人，可以连续讯问24小时

C. 对在现场发现的犯罪嫌疑人，经出示工作证件可以口头拘传，并在笔录中注明

D. 拘传持续的时间不得超过12小时

第三节　取保候审

一、取保候审的概念

取保候审是指在刑事诉讼中，为了防止未被羁押的犯罪嫌疑人、被告人逃避或者妨碍侦查、起诉和审判，并保证随传随到，公、检、法依法责令其提供保证人或者交纳保证金的一种强制措施。

---

[1]　答案：BC

二、取保候审的适用对象

1. 根据《刑事诉讼法》第 67 条的规定，具有下列情形之一的犯罪嫌疑人、被告人适用取保候审：

（1）可能判处管制、拘役或者独立适用附加刑的。

（2）可能判处有期徒刑以上刑罚，采取取保候审不致发生社会危险性的。

（3）患有严重疾病、生活不能自理，采取取保候审不致发生社会危险性的。

（4）怀孕或者正在哺乳自己婴儿的妇女，采取取保候审不致发生社会危险性的。

（5）羁押期限届满，案件尚未办结，需要采取取保候审的。

2. 根据公安部《规定》第 82 条及最高人民检察院《规则》第 87 条的规定，下列人员不适用取保候审：

（1）对犯罪集团的主犯、累犯，以自伤、自残方法逃避侦查的犯罪嫌疑人，严重暴力犯罪，以及其他严重犯罪的犯罪嫌疑人，公安机关不适用取保候审，但前述适用取保候审对象中的后三者除外。

（2）对严重危害社会治安的犯罪嫌疑人，以及其他犯罪性质恶劣、情节严重的犯罪嫌疑人，人民检察院不适用取保候审。

【经典例题】下列犯罪嫌疑人、被告人中，哪一选项适用取保候审？（　　　）[1]

A. 甲在取保候审期间故意实施新的犯罪行为

B. 丙刑满释放后第二年又涉嫌重婚

C. 丁是持刀抢劫的被告人

D. 乙涉嫌抢夺他人数额较大的财物被拘留，需逮捕而证据尚不符合逮捕条件

三、取保候审的适用主体

（一）取保候审的决定机关

公、检、法都有取保候审的决定权。

（二）取保候审的执行机关

公安机关、国家安全机关等侦查机关是取保候审的执行机关。其中，国家安全机关决定取保候审的，或者人民检察院、人民法院在办理国家安全机关移送的犯罪案件时决定取保候审的，由国家安全机关执行。

【经典例题】甲将潜艇的部署情况非法提供给一外国著名军事杂志。在审判过程中，法院决定对其取保候审。关于对甲取保候审的执行机关，下列哪些选项是错误的？（　　　）[2]

A. 国家安全机关

B. 法院

C. 公安机关

D. 军队保卫部门

---

[1]　答案：D

[2]　答案：BCD

四、取保候审的保证方式

我国取保候审有两种保证方式：其一，保证金保证；其二，保证人保证。其中，对于同一犯罪嫌疑人、被告人的同一犯罪事实，不能同时使用两种保证方式；公安机关办理刑事案件，对于未成年人决定取保候审的，优先适用保证人保证。

（一）保证人保证

1. 保证人保证的概念。保证人保证是指为了担保被取保人能够在取保候审期间不逃避和妨碍侦查、起诉和审判，并保证随传随到，公、检、法要求未被羁押的犯罪嫌疑人、被告人提供保证人。

2. 保证人保证的适用对象。①无力交纳保证金的；②未成年人或者已满75周岁的人；③其他不宜收取保证金的人。

3. 保证人的条件。①与本案无牵连；②享有政治权利，人身自由未受到限制；③有能力履行保证义务；④有固定的住处和收入。

保证人符合以上条件，由公、检、法对保证人是否符合法定条件进行审查，经其审查同意，确定保证人。

4. 保证人的数量。保证人可以是1人或2人。

5. 保证人的义务。

（1）监督被保证人遵守《刑事诉讼法》第71条的规定。

（2）发现被保证人可能发生或者已经发生违反《刑事诉讼法》第71条规定的行为的，应当及时向执行机关报告。

6. 保证人违反保证人义务的后果。人民检察院、人民法院发现保证人未履行保证义务，应当通知公安机关，公安机关有权对保证人处以罚款，构成犯罪的，依法追究其刑事责任。

（1）罚款。对保证人处1000元以上2万元以下的罚款。①对保证人是否履行了保证义务以及对保证人罚款的决定，由公安机关认定或者作出。②公安机关作出的罚款决定属于刑事司法行为，保证人对该罚款决定不服的，不能提起行政诉讼，但可以向公安机关申请复议、复核（注意：此规定也适用于没收取保候审保证金）。

（2）保证人协助被告人逃匿的或者保证人明知藏匿地点但拒绝向司法机关提供的，并且逃匿的被告人根据现有事实与法律规定认为已经构成犯罪的，对保证人应当追究责任。

【经典例题】未成年人郭某涉嫌犯罪被检察院批准逮捕。在审查起诉中，经羁押必要性审查，拟变更为取保候审并适用保证人保证。关于保证人，下列哪些选项是错误的？（　　）[1]

A. 可要求郭某的父亲和母亲同时担任保证人

B. 如果保证人协助郭某逃匿，应当依法追究保证人的刑事责任，并要求其承担相应的民事连带赔偿责任

C. 保证人未履行保证义务应处罚款的，由检察院决定

D. 可由郭某的父亲担任保证人，并由其交纳1000元保证金

---

[1]　答案：BCD

（二）保证金保证

1. 保证金保证的概念。保证金保证是指为担保被保证人能够在取保候审期间不逃避和妨碍侦查、起诉和审判，并保证随传随到，由公、检、法要求犯罪嫌疑人提交保证金并出具保证书。

2. 保证金的数额和收取管理。

（1）保证金的数额确定。《刑事诉讼法》第72条规定，取保候审的决定机关综合考虑以下情况，确定保证金的数额：①保证诉讼活动正常进行的需要；②被取保候审人的社会危险性；③案件的性质、情节；④可能判处刑罚的轻重；⑤被取保候审人的经济状况；等等

【经典例题】甲涉嫌盗窃罪被逮捕。甲父为其申请取保候审，公安机关要求甲父交纳10万元保证金。甲父请求减少保证金的数额。公安机关在确定保证金数额时应当考虑下列哪些情况？（　　）[1]

A. 甲和甲父靠种地为生且无其他收入，生活贫困

B. 甲只偷他人一头牛，可能判处的刑罚不重

C. 甲无前科，社会危险性小，妨碍诉讼可能性小

D. 当地经济水平落后

（2）保证金的数额起算点：保证金起点数额为1000元，对于未成年犯罪嫌疑人，公安机关、检察机关的保证金起算点为500元。

（3）保证金的收取、管理。①保证金由县级以上执行机关统一收取和管理，其中，保证金必须由执行机关的办案部门之外的部门管理。②县级以上执行机关应当在其指定的银行设立取保候审保证金专门账户，委托银行代为收取和保管保证金。③保证金数额确定后，提供保证金的人应当将保证金一次性存入执行机关指定银行的专门账户。④保证金以人民币交纳。⑤根据最高人民检察院《规则》第103条的规定，公安机关决定对犯罪嫌疑人取保候审，案件移送人民检察院审查起诉后，对继续采取保证金方式取保候审的，被取保候审人没有违反《刑事诉讼法》第71条规定的，不变更保证金数额，不再重新收取保证金。

3. 保证金的退还。

（1）退还保证金的决定，由县级以上执行机关作出。

（2）犯罪嫌疑人、被告人在取保候审期间未违反《刑事诉讼法》第71条规定，取保候审结束时，凭解除取保候审的通知或者有关法律文书到银行领取退还的保证金。

（3）根据最高人民法院《解释》第159条的规定，对被取保候审的被告人的判决、裁定生效后，如果保证金属于其个人财产，且需要用以退赔被害人、履行附带民事赔偿义务或者执行财产刑的，人民法院可以书面通知公安机关移交全部保证金，由人民法院作出处理，剩余部分退还被告人。

4. 保证金的暂扣。被取保候审人因为涉嫌重新犯罪而被司法机关立案侦查的，执行机关必须暂扣其交纳的保证金，一旦判决生效后，根据有关判决作出处理。

【经典例题】被取保候审人高某在取保候审期间涉嫌重新犯罪，被公安机关立案侦查。关于保证金的处理，下列哪一选项是正确的？（　　）[2]

A. 由正在审查起诉的检察院暂扣其交纳的保证金

---

[1] 答案：ABC

[2] 答案：B

B. 由取保候审的执行机关暂扣其交纳的保证金

C. 由正在审查起诉的检察院没收其交纳的保证金

D. 由取保候审的执行机关没收其交纳的保证金

五、被取保候审人的义务及违反义务的处理

(一) 被取保候审人的义务

1. 被取保候审人应当履行的义务。①未经执行机关批准不得离开所居住的市、县；②住址、工作单位和联系方式发生变动的，在 24 小时以内向执行机关报告；③在传讯的时候及时到案；④不得以任何形式干扰证人作证；⑤不得毁灭、伪造证据或者串供。

【经典例题】关于被法院决定取保候审的被告人在取保候审期间应当遵守的法定义务，下列哪些选项是错误的？（　　）[1]

A 在传讯的时候及时到案

B. 不得以任何形式干扰证人作证

C. 未经法院批准不得离开所居住的市、县

D. 未经公安机关批准不得会见他人

2. 公、检、法可以根据案件和被取保候审人的具体情况，令其履行以下一项或者多项义务：①不得进入特定的场所；②不得与特定的人员会见或者通信；③不得从事特定的活动；④将护照等出入境证件、驾驶证件交执行机关保存。

【经典例题】甲与邻居乙发生冲突致乙轻伤，甲被刑事拘留期间，甲的父亲代为与乙达成和解，公安机关决定对甲取保候审。关于甲在取保候审期间应遵守的义务，下列哪一选项是正确的？（　　）[2]

A. 将驾驶证件交执行机关保存

B. 不得与乙接触

C. 工作单位调动的，在 24 小时内报告执行机关

D. 未经公安机关批准，不得进入特定的娱乐场所

(二) 违反义务的处理

取保候审决定机关应当根据情节轻重，由执行机关没收保证金的部分或者全部，并且区别情况，责令被取保候审人具结悔过，重新交纳保证金、提供保证人。对于不宜再取保候审的，可以监视居住、予以逮捕。对需要予以逮捕的，可以对犯罪嫌疑人、被告人先行拘留。其中，对没收保证金，由公安部《规定》第 97 条、第 98 条、第 99 条、第 100 条规定。

六、取保候审的决定与执行

(一) 取保候审的决定机关与执行机关

公安机关（包括其他侦查机关）、人民检察院、人民法院都有取保候审的决定权，只

---

[1] 答案：CD

[2] 答案：C

有公安机关有权执行取保候审，具体负责执行的是被取保候审人所在地公安机关的派出所。

（二）取保候审的决定与执行程序

1. 决定机关应当制作取保候审决定书，向犯罪嫌疑人、被告人本人宣布，并由其本人在取保候审决定书上签名、捺指印。

2. 公安机关决定取保候审，及时通知被取保候审人居住地派出所执行，并同时送交有关法律文书和相关材料；人民法院、人民检察院决定取保候审的，由执行的公安机关在收到法律文书和有关材料后 24 小时后，交由被取保候审人居住地派出所核实后执行。

3. 具体执行机关应履行公安部《规定》第 93 条的职责，并且定期了解被取保候审人遵守取保候审规定的有关情况，制作笔录。

4. 被取保候审人离开所居住的市、县，须经具体负责的派出所负责人批准；如果是由人民检察院、人民法院决定取保候审的，执行机关应先征得决定取保候审的机关的同意。

七、取保候审的时间

1. 取保候审最长 12 个月。

2. 取保候审期限的特殊计算。

（1）被取保候审人违反义务，人民检察院或者人民法院仍决定对其取保候审的，取保候审的时间累计计算。

（2）公安机关已对犯罪嫌疑人采取取保候审的，案件移交到人民检察院或者案件起诉到人民法院后，人民检察院或者人民法院重新决定取保候审的，取保候审的时间重新计算。

第四节　监　视　居　住

一、监视居住的概念

监视居住是指在刑事诉讼中，犯罪嫌疑人、被告人符合逮捕条件但具有法律规定情形的，公安机关、人民检察院和人民法院令其在一定期限内不得离开住所或者指定的居所，并对其活动予以监视、控制的一种强制措施。

二、监视居住的适用对象

1. 根据《刑事诉讼法》第 74 条第 1 款的规定，人民法院、人民检察院和公安机关对符合逮捕条件，有下列情形之一的犯罪嫌疑人、被告人，可以监视居住：

（1）患有严重疾病、生活不能自理的。

（2）怀孕或者正在哺乳自己婴儿的妇女。

（3）系生活不能自理的人的唯一扶养人。

（4）因为案件的特殊情况或者办理案件的需要，采取监视居住措施更为适宜的。

（5）羁押期限届满，案件尚未办结，需要采取监视居住措施的。

【经典例题】在符合逮捕条件时，对下列哪些人员可以适用监视居住措施？（　　　　）[1]

---

[1]　答案：BCD

    A. 丁系聋哑人

    B. 甲患有严重疾病、生活不能自理

    C. 乙正在哺乳自己的婴儿

    D. 丙系生活不能自理的人的唯一扶养人

2. 对于符合取保候审条件，但是犯罪嫌疑人、被告人既不交纳保证金又不能提供保证人的，可以适用监视居住。

三、监视居住的方式

我国监视居住的方式分为住处监视居住与指定居所监视居住。

（一）住处监视居住

住处监视居住是在犯罪嫌疑人、被告人的固定住处执行的监视居住。一般情况下，适用监视居住应采用的方式是住所监视居住。

（二）指定居所监视居住

1. 指定居所监视居住的概念。指定居所监视居住是指在由公、检、法为犯罪嫌疑人、被告人在指定的居所执行的监视居住。

2. 指定居所的条件。①保证安全；②具备正常的生活、休息条件；③便于监视、管理。但是，不能在羁押场所、专门的办案场所监视居住。

3. 指定居所监视居住的条件。

（1）无固定住所的。其中，固定住所是指被监视居住的犯罪嫌疑人、被告人在办案机关所在的市、县内生活的合法住所。

（2）公安机关自侦案件，在侦查期间涉嫌危害国家安全犯罪、恐怖活动犯罪的嫌疑人，在住所执行监视居住可能有碍侦查，经上一级公安机关批准的。

只有符合两种条件之一，才能采取指定居所监视居住。

4. 被指定居所监视居住人无须支付任何费用。

5. 指定居所监视居住可以折抵刑期。被判处管制的，监视居住1日折抵刑期1日；被判处拘役、有期徒刑的，监视居住2日折抵刑期1日。

四、监视居住的适用机关

（一）监视居住的决定机关

公、检、法都有权决定监视居住。

（二）监视居住的执行机关

1. 公安机关、国家安全机关等侦查机关是监视居住的执行机关。其中，国家安全机关决定监视居住的，人民检察院、人民法院在办理国家安全机关移送的犯罪案件时决定监视居住的，由国家安全机关执行。

2. 负责具体执行监视居住的是监视居住人住处或者指定居所所在地的派出所或者决定机关的办案部门。

五、监视居住的程序

1. 监视居住的决定、执行。

（1）决定机关应当制作《监视居住决定书》与《监视居住通知书》，向犯罪嫌疑人、被告人本人宣布，并由其本人在监视居住决定书上签名、捺指印。

（2）监视居住的地点：犯罪嫌疑人、被告人的住处或者决定机关指定的居所。

（3）监视居住的监控措施：电子监控、不定期检查等监视方法监督；在侦查期间，可以对被监视居住人的通信进行监控。

（4）指定居所监视居住的通知。指定居所监视居住的，决定机关应当在执行监视居住24小时以内，通知被监视居住人的家属，无法通知的除外。

（5）对指定居所监视居住的监督。根据最高人民检察院《规则》第118条、第119条、第120条的规定，人民检察院有权对指定居所监视居住的决定和执行是否合法实行监督。

2. 监视居住期限的时间：监视居住最长6个月。

3. 监视居住的特殊计算。公安机关决定对犯罪嫌疑人采取监视居住的，移送到人民检察院、人民法院后，人民检察院、人民法院决定重新采取监视居住的，监视居住的期限重新计算。

六、被监视居住人的义务及违反义务的处理

（一）被监视居住人的义务

（1）未经执行机关批准不得离开执行监视居住的处所。

（2）未经执行机关批准不得会见他人或者通信。

（3）传讯时及时到案。

（4）不得以任何形式干扰证人作证。

（5）不得毁灭、伪造证据或者串供。

（6）将护照等出入境证件、身份证件、驾驶证件交执行机关保存。

（二）违反义务的处理

犯罪嫌疑人、被告人违反义务，情节严重的，可以逮捕；需要逮捕的，可以先行拘留。

第五节　拘　　留

一、拘留的概念和特征

（一）拘留的概念

拘留是指在刑事案件侦查过程中，公安机关、人民检察院对直接受理的案件，依法临时剥夺现行犯或者重大嫌疑分子的人身自由的一种强制措施。

（二）拘留的特征

1. 内容上是剥夺人身自由。拘传、取保候审、监视居住都是限制人身自由，拘留则是将被拘留的对象关押在一定场所内看管，不得与外界接触，因此，拘留是一种较为严厉的强制措施。

2. 有权采取拘留的机关具有特定性。有权决定拘留的机关是公安机关、人民检察院等对刑事案件具有侦查权的机关，人民法院无权决定拘留。

3. 时间上的短暂性。拘留是短暂剥夺现行犯、重大嫌疑分子的人身自由，一旦紧急情况消失，就应当解除拘留或者变更为其他强制措施，期限较短。

二、刑事拘留与行政拘留、司法拘留的区别

（一）刑事拘留与行政拘留

种类 / 区别	刑事拘留	行政拘留
法律性质	保障性措施，不具有惩罚性，其目的是保障刑事诉讼的顺利进行	行政制裁，目的是惩罚和教育有一般违法行为的人
法律根据	刑事诉讼法	行政处罚法、治安管理处罚法等行政法律、法规
适用对象	仅限于刑事案件中的现行犯或者重大嫌疑分子	尚未构成犯罪的一般违法行为人
适用机关	公安机关、人民检察院决定，并由公安机关执行	公安机关
羁押期限	一般不超过 10 日，最长 37 日	1 日~15 日

（二）刑事拘留与司法拘留

种类 / 区别	刑事拘留	司法拘留
法律性质	预防性措施，针对可能出现的妨碍刑事诉讼的行为	排除性措施，针对已经出现的妨碍诉讼活动的严重行为
法律根据	刑事诉讼法	刑事诉讼法、民事诉讼法和行政诉讼法
适用对象	仅限于刑事案件中的现行犯或者重大嫌疑分子	包括诉讼当事人、其他诉讼参与人，也包括案外人
适用机关	公安机关、人民检察院决定，公安机关执行	人民法院决定，人民法院司法警察执行
与判决的关系	期限可以折抵刑期	与判决结果无任何关系
羁押期限	最长 37 日	最长 15 日

【经典例题】下列关于司法拘留、行政拘留与刑事拘留的表述，哪些项是错误的？（   ）[1]

A. 司法拘留、行政拘留、刑事拘留都是一种处罚手段

B. 司法拘留是对妨害诉讼的强制措施，行政拘留是行政制裁方法，被司法拘留和行政拘留的人均羁押在行政拘留所；刑事拘留是一种强制措施，被刑事拘留的人羁押在看守所

---

[1] 答案：ACD

C. 司法拘留、行政拘留、刑事拘留都是一种强制措施

D. 司法拘留、行政拘留、刑事拘留均可由公安机关决定

三、拘留的适用对象

（一）公安机关立案侦查的案件

（1）正在预备犯罪、实行犯罪或者在犯罪后及时被发觉的。

（2）犯罪后企图自杀、逃跑或者在逃的。

（3）有毁灭、伪造证据或者串供可能的。

（4）被害人或在场亲眼看见的人指认其犯罪的。

（5）在其身边或者住处发现有犯罪证据的。

（6）不讲真实姓名、住址，身份不明的。

（7）有流窜作案、多次作案、结伙作案重大嫌疑的。其中，流窜作案是指跨市、县范围连续作案，或者在居住地作案后逃跑到外市、县继续作案；多次作案，是指3次以上作案；结伙作案，是指2人以上共同作案。

【经典例题】 对下列哪些重大犯罪嫌疑分子，公安机关可以执行先行拘留？（　　）[1]

A. 被举报挪用公款企图逃跑的丙

B. 不讲真实姓名、住址，身份不明的丁

C. 为投毒而买毒药的甲

D. 在其住处发现被盗金项链的乙

（二）人民检察院直接受理侦查的案件

（1）犯罪后企图自杀、逃跑或者在逃的。

（2）有毁灭、伪造证据或者串供可能的。

（三）先行拘留

（1）被取保候审、监视居住的犯罪嫌疑人、被告人违反取保候审、监视居住义务，需要予以逮捕的，可以先行拘留。

（2）对于监察机关移送起诉的已采取留置措施的案件，人民检察院应当对犯罪嫌疑人先行拘留，留置措施自动解除。

四、拘留的适用主体

人民检察院和公安机关等侦查机关有权决定拘留。公安机关是拘留的执行机关，其他司法机关没有拘留的执行权。对于监察机关移送起诉的已采取留置措施的案件，人民检察院作出拘留决定，交公安机关执行。

五、拘留的程序

（一）拘留的决定与执行

1. 公安机关作出拘留决定的，由公安机关负责人签发《拘留证》，由提请批准拘留的单

---

[1]　答案：ABCD

位负责执行。人民检察院作出拘留决定的，应当将有关材料送交同级公安机关执行。必要时，可以协助公安机关执行。

2. 执行拘留时，须出示拘留证，并要求被拘留人签名、捺指印。被拘留人如果抗拒拘留，执行人员有权使用强制方法，包括使用戒具。紧急情况下，对于符合先行拘留八种情形之一的，经出示人民警察证，可以将犯罪嫌疑人口头传唤至公安机关后立即审查，办理法律手续。

3. 公安机关在异地执行拘留时，应当通知被拘留人所在地的公安机关，被拘留人所在地的公安机关应当予以配合。

4. 拘留后的24小时内应当完成的行为有：①将被拘留人送看守所羁押；②通知被拘留人家属，但涉嫌危害国家安全犯罪、恐怖活动犯罪可能有碍侦查的或者无法通知的除外；③讯问被拘留人，在送交看守所前后均可讯问。

【经典例题】章某涉嫌故意伤害致人死亡，因犯罪后企图逃跑被公安机关先行拘留。关于本案程序，下列哪些选项是错误的？（　　）[1]

A. 拘留章某时，必须出示拘留证

B. 拘留章某后，应在12小时内将其送看守所羁押

C. 拘留后对章某的所有讯问都必须在看守所内进行

D. 因怀疑章某携带管制刀具，拘留时公安机关无需搜查证即可搜查其身体

（二）拘留的时间

1. 公安机关立案侦查的案件。公安机关认为需要逮捕的，拘留后的3日以内提请人民检察院审查批准。在特殊情况下，可以延长1日至4日。对于流窜作案、多次作案、结伙作案的重大嫌疑分子，可以延长至30日。人民检察院接到公安机关提请批准逮捕书后7日以内，作出批准逮捕或者不批准逮捕的决定。据此，公安机关立案侦查的案件，拘留期限为最多14日或者最多37日。

【经典例题】甲涉嫌黑社会性质组织犯罪，10月5日上午10时被刑事拘留。下列哪些处置是合法的？（　　）[2]

A. 甲于当月6日上午10时前被送至看守所羁押

B. 甲涉嫌黑社会性质组织犯罪，因考虑通知其家属有碍进一步侦查，决定暂不通知

C. 甲在当月6日被送至看守所之前，公安机关对其进行了讯问

D. 讯问后，发现甲依法需要逮捕，当月8日提请检察院审批

2. 人民检察院直接受理的案件：拘留犯罪嫌疑人的羁押期限为14日，特殊情况下可以延长1日至3日。

3. 人民检察院对于监察机关移送起诉的已采取留置措施的案件：人民检察院应当在拘留后的10日以内作出是否逮捕、取保候审或者监视居住的决定。特殊情况下，决定的时间可以延长1日至4日。

---

[1]　答案：ABC

[2]　答案：ACD

第六节 逮 捕

一、逮捕的概念

逮捕是指为了防止犯罪嫌疑人或者被告人实施妨碍刑事诉讼的行为，逃避侦查、起诉、审判或者发生社会危险性，公安机关、人民检察院和人民法院，依法对其予以羁押、暂时剥夺人身自由的一种强制措施。

二、逮捕的适用条件

逮捕可分为应当逮捕、可以逮捕和可以不逮捕。

（一）应当逮捕的条件

1. 对有证据证明有犯罪事实，可能判处徒刑以上刑罚的犯罪嫌疑人、被告人，采取取保候审尚不足以防止发生社会危险性的，应当予以逮捕。

（1）有证据证明有犯罪事实。是指同时具备三个条件：①有证据证明发生了犯罪事实；②有证据证明该犯罪事实是犯罪嫌疑人、被告人实施的；③证明犯罪嫌疑人、被告人实施犯罪行为的证据已经查证属实的。

【经典例题】逮捕条件中"有证据证明有犯罪事实"是指同时具备下列哪些情形？（   ）[1]

A. 有证据证明犯罪事实已经发生

B. 有证据证明的犯罪事实应当是主要犯罪事实

C. 有证据证明犯罪事实是犯罪嫌疑人实施的

D. 证明犯罪嫌疑人实施犯罪的证据已有查证属实的

（2）符合社会危险性的五种情形。①可能实施新的犯罪的；②有危害国家安全、公共安全或者社会秩序的现实危险的；③可能毁灭、伪造证据，干扰证人作证或者串供的；④可能对被害人、举报人、控告人实施打击报复的；⑤企图自杀或者逃跑的。

《刑事诉讼法》第81条第2款规定，批准或者决定逮捕，应当将犯罪嫌疑人、被告人涉嫌犯罪的性质、情节，认罪认罚等情况，作为是否可能发生社会危险性的考虑因素。

【经典例题】公安局局长王某涉嫌非法拘禁罪被立案侦查。在决定是否逮捕王某时，应当具备下列哪些条件？（   ）[2]

A. 有证据能够证明王某实施了非法拘禁犯罪

B. 王某可能被判处徒刑以上的刑罚

C. 王某具有很大的社会危险性

D. 王某在境外有住宅

2. 对有证据证明有犯罪事实，可能判处徒刑以上刑罚，曾经故意犯罪的；或者身份不

---

[1] 答案：ACD

[2] 答案：BC

明的。

3. 对有证据证明有犯罪事实，可能判处十年有期徒刑以上刑罚的。

（二）可以逮捕

对于被取保候审、监视居住的可能判处徒刑以下刑罚的犯罪嫌疑人、被告人，违反取保候审、监视居住的规定，严重影响诉讼活动正常进行的，可以逮捕。

【经典例题】 常某涉嫌投毒杀人被立案侦查，考虑到常某怀孕已近分娩，县公安机关决定对其取保候审，责令其交纳保证金 3000 元。婴儿出生 1 个月后，常某写下遗书，两次自杀未果，家人遂轮流看护常某及其婴儿，以防意外。在此情况下，对常某应当采取什么强制措施？（　　）[1]

A. 维持原取保候审决定

B. 将取保候审变更为监视居住

C. 增加取保候审保证金或者改为保证人担保

D. 依法提请人民检察院批准逮捕

（三）可以不逮捕

犯罪嫌疑人认罪认罚，涉嫌的罪行较轻，且没有其他重大犯罪嫌疑的，可以作出不批准逮捕或者不逮捕的决定。

三、逮捕适用的主体

逮捕适用的主体包括逮捕的批准机关、决定机关、执行机关。

1. 人民检察院批准或决定逮捕。对于公安机关移送要求审查批准逮捕的案件，人民检察院有批准权；对于人民检察院侦查和审查起诉的案件，人民检察院有决定逮捕权。

2. 人民法院决定逮捕。对于人民法院直接受理的自诉案件和人民检察院提起公诉的案件，人民法院有决定逮捕权。

3. 公安机关执行逮捕。人民检察院和人民法院决定或批准逮捕的都必须交付公安机关执行。

四、逮捕的批准和执行程序

（一）人民检察院对公安机关提请逮捕的批准程序

1. 执行机关将提请批准逮捕书及其相关材料，移送同级人民检察院审查批准。由检察长批准或者决定；重大案件须经检察委员会讨论决定。

2. 人民检察院审查批准。

（1）讯问犯罪嫌疑人。①可以讯问；具有最高人民检察院《规则》第 280 条的规定情形之一的，应当讯问。②对未被拘留的犯罪嫌疑人，讯问前应当听取公安机关的意见。③对被拘留的犯罪嫌疑人不讯问的，须送达听取犯罪嫌疑人意见书，经审查发现应当讯问犯罪嫌疑人的，及时讯问。

【经典例题】 检察院审查批准逮捕时，遇有下列哪一情形依法应当讯问犯罪嫌疑人？

---

[1] 答案：D

（ ）[1]

  A. 辩护律师提出要求的

  B. 犯罪嫌疑人要求向检察人员当面陈述的

  C. 犯罪嫌疑人要求会见律师的

  D. 共同犯罪的

（2）可以询问证人等诉讼参与人并听取辩护律师的意见。如果辩护律师提出要求的，犯罪嫌疑人、被告人是未成年人的，应当听取辩护律师的意见。

（3）对有重大影响的案件，可以采取当面听取犯罪嫌疑人及其辩护人、侦查人员等意见的方式，公开审查。

（4）排除非法证据。

（5）审查批准时间：已经被拘留的，收到提请批准逮捕书后 7 日内；未被拘留的，收到提请批准逮捕书后的 15 日以内；重大、复杂的案件，至多 20 日。

3. 检察机关的处理决定。

（1）作出批准逮捕的决定，送交公安机关执行。

（2）作出不批准逮捕的决定。

（二）人民检察院决定逮捕的程序

1. 《刑事诉讼法》第 167 条，最高人民检察院《规则》第 296 条、第 297 条、第 298 条、第 299 条、第 300 条规定了人民检察院决定逮捕的一般程序。

2. 最高人民检察院《规则》第 148 条、第 149 条规定了对人民代表大会代表决定逮捕的特殊程序。

【经典例题】甲乙丙三人实施信用证诈骗。侦查过程中，某地级市公安机关向该市检察院提请批准逮捕甲、乙、丙三人。其中，甲系省、市两级人民代表大会代表；乙系自由职业者；丙系无国籍人士。在审查批捕过程中，检察院查明：乙已怀有两个月身孕。在人民代表大会会闭会期间，检察机关决定对甲批准逮捕。下列选项正确的是？（   ）[2]

  A. 只需报请省人民代表大会常务委员会许可

  B. 应当在市人大常委会许可后，再报省人大常委会许可

  C. 应当分别报请省市两级人民代表大会常务委员会许可

  D. 等待人大常委会许可期间，应当先取保候审

（三）人民法院决定逮捕的程序

人民法院决定逮捕被告人分为两种情况：

1. 对于直接受理的自诉案件，认为需要逮捕被告人时，由院长决定；对于重大、疑难、复杂案件，提交审判委员会讨论决定。

2. 对于检察机关提起公诉时未予逮捕的被告人，人民法院也可以决定逮捕。由法院院长决定，通知公安机关执行。如果是公诉案件，还应当通知人民检察院。

---

[1] 答案：B

[2] 答案：C

五、逮捕的执行程序

1. 由县级以上公安机关的负责人签发逮捕证，由 2 名以上工作人员执行。

2. 执行逮捕时，须向被逮捕人出示逮捕证，并责令被逮捕人在逮捕证上签名（盖章）、捺指印。

3. 逮捕后，应当立即送看守所羁押。

4. 逮捕后 24 小时内应完成的行为：①通知家属。无法通知的除外；在无法通知的情形消除后，应立即通知被逮捕人家属。②讯问。在发现不应当逮捕的时候，必须立即释放被逮捕人，发给释放证明。

5. 异地执行逮捕的，公安机关应当通知被逮捕人所在地的公安机关，被逮捕人所在地的公安机关应当协助执行。

六、羁押必要性审查

（一）法律依据

《刑事诉讼法》、最高人民检察院《规则》、《人民检察院办理羁押必要性审查案件规定（试行）》等。

（二）羁押必要性审查的概念

羁押必要性审查是指犯罪嫌疑人、被告人被逮捕后，人民检察院应当对羁押的必要性进行审查。

（三）羁押必要性审查程序

1. 启动方式：①人民检察院依职权；②依犯罪嫌疑人、被告人及其法定代理人、近亲属或者辩护人的申请；③根据在押人员身体状况，依看守所的建议。

2. 羁押必要性审查的主体。人民检察院对羁押必要性进行审查，具体办理的主体是办案机关对应的同级检察院负责捕诉的部门。最高人民检察院《规则》第 575 条、第 576 条对此作了具体规定。

【经典例题】 王某涉嫌在多个市县连续组织淫秽表演，2014 年 9 月 15 日被刑事拘留，随即聘请律师担任辩护人，10 月 17 日被检察院批准逮捕，12 月 5 日被移送检察院审查起诉。关于律师提请检察院进行羁押必要性审查，下列哪一选项是正确的？（　　）[1]

A. 10 月 14 日提出申请，检察院应受理

B. 11 月 18 日提出申请，检察院应告知其先向侦查机关申请变更强制措施

C. 12 月 3 日提出申请，由检察院承担监所检察工作的部门负责审查

D. 12 月 10 日提出申请，由检察院公诉部门负责审查

3. 羁押必要性审查的客体：人民检察院、人民法院批准逮捕、决定逮捕的案件。

4. 羁押必要性审查的方式。①审查不需要继续羁押的理由和证明材料；调查核实犯罪嫌疑人、被告人的身体健康状况。②听取意见。听取犯罪嫌疑人、被告人及其法定代理人、辩护人和被害人及其法定代理人、诉讼代理人的意见，了解是否达成和解协议。③需要采取的

---

〔1〕 答案：D

其他方式。必要时，可以公开审查。

5. 羁押必要性审查的处理。

（1）根据犯罪嫌疑人、被告人涉嫌的犯罪事实、案件进展情况、主观恶性、悔罪表现、身体状况、可能判处的刑罚和有无再危害社会的危险等因素，综合评估有无必要继续羁押。

（2）根据最高人民检察院《规则》第579条、第580条的规定，人民检察院应当或者可以向办案机关提出释放犯罪嫌疑人、被告人或者变更强制措施的建议。

【经典例题】甲涉嫌盗窃罪被逮捕。在侦查阶段，甲父向检察院申请进行羁押必要性审查。关于羁押必要性审查的程序，下列哪一选项是正确的？（　　）[1]

A. 由检察院侦查监督部门负责

B. 审查应不公开进行

C. 检察院可向公安机关了解本案侦查取证的进展情况

D. 如对甲父的申请决定不予立案的，应由检察长批准

七、变更、撤销或者解除逮捕

（一）一般规定

1. 公、检、法依职权主动进行。

（1）发现对犯罪嫌疑人、被告人采取强制措施不当的，应当及时撤销或者变更。公安机关释放被逮捕的人或者变更逮捕措施的，应当通知原批准的人民检察院。

（2）强制措施法定期限届满的犯罪嫌疑人、被告人，应当予以释放、解除取保候审、监视居住或者依法变更强制措施。

2. 依犯罪嫌疑人、被告人及其法定代理人或者辩护人申请。

（1）申请变更强制措施：公、检、法收到申请后，应当在3日以内作出决定；不同意变更强制措施的，应当告知申请人，并说明理由。

（2）申请解除强制措施：强制措施期限届满，申请人有权要求解除强制措施。

3. 依人民检察院建议：犯罪嫌疑人、被告人逮捕后，对不需要继续羁押的，应当建议予以释放或者变更强制措施。有关机关应当在10日以内将处理情况通知人民检察院。

4. 被告人强制措施的自动解除。包括：①被判处管制、缓刑的，在社区矫正开始后；②被单处附加刑的，在判决、裁定发生法律效力后；③被判处监禁刑的，在刑罚开始执行后。

（二）具体规定

取保候审、监视居住变更为逮捕的情形包括：

（1）人民检察院变更。根据最高人民检察院《规则》第101条、第111条的规定，犯罪嫌疑人如果存在违反取保候审、监视居住规定的行为，人民检察院应当予以逮捕或者可以予以逮捕。

（2）人民法院变更。根据最高人民法院《解释》第164条、第165条、第166条的规定，被取保候审、监视居住的被告人，人民法院应当决定逮捕或者可以决定逮捕。

（3）人民法院与人民检察院变更。

---

[1]　答案：C

第一，被取保候审的犯罪嫌疑人、被告人违反《刑事诉讼法》第 71 条第 1 款、第 2 款的义务，区别情形，责令犯罪嫌疑人、被告人重新交纳保证金、提出保证人，或者监视居住、予以逮捕；对违反取保候审规定，需要予以逮捕的，可以对犯罪嫌疑人、被告人先行拘留。

第二，被监视居住的犯罪嫌疑人、被告人违反《刑事诉讼法》第 77 条第 1 款规定，情节严重的，可以予以逮捕；需要予以逮捕的，可以对犯罪嫌疑人、被告人先行拘留。

第三，在取保候审、监视居住期间，对于发现不应当追究刑事责任或者取保候审、监视居住期限届满的犯罪嫌疑人、被告人，应当及时解除取保候审、监视居住。解除取保候审、监视居住，应当及时通知被取保候审、监视居住人和有关单位。

第四，被取保候审、监视居住的犯罪嫌疑人、被告人违反取保候审、监视居住规定，情节严重的，可以予以逮捕。

（三）公安机关对拘留变更

1. 公安机关对被拘留的人，应当在拘留后的 24 小时以内进行讯问。在发现不应当拘留的时候，必须立即释放，发给释放证明。

2. 人民检察院不批准逮捕的，公安机关应当在接到通知后立即释放，并且将执行情况及时通知人民检察院。对于需要继续侦查，并且符合取保候审、监视居住条件的，依法取保候审或者监视居住。

（四）对逮捕变更强制措施

对已被逮捕的犯罪嫌疑人、被告人，按下列规定情形予以变更、撤销或者解除逮捕：

1. 公安机关或者检察院变更。犯罪嫌疑人已被逮捕的，如果发现犯罪嫌疑人没有犯罪事实或者不符合逮捕条件，又或者逮捕已超过办案期限的，应当释放犯罪嫌疑人或者变更强制措施。

2. 法院变更。根据最高人民法院《解释》第 169 条的规定，人民法院可以变更强制措施；根据最高人民法院《解释》第 170 条的规定，在特定情形下，人民法院应当立即释放被逮捕的被告人；必要时，可以变更强制措施。

3. 公安机关、法院、检察院变更。

（1）犯罪嫌疑人、被告人被羁押的案件，不能在法律规定的侦查羁押、审查起诉、一审、二审期限内办结的，对犯罪嫌疑人、被告人应当解除羁押、予以释放；需要继续查证、审理的，对犯罪嫌疑人、被告人可以取保候审或者监视居住。

（2）人民法院、人民检察院对于各自决定逮捕的人，公安机关对于经人民检察院批准逮捕的人，都必须在逮捕后的 24 小时以内进行讯问。在发现不应当逮捕的时候，必须立即释放被逮捕人，发给释放证明。

【经典例题】下列哪些情形，法院应当变更或解除强制措施？（　　　）[1]

A. 甲涉嫌绑架被逮捕，案件起诉至法院时发现怀有身孕

B. 乙涉嫌非法拘禁被逮捕，被法院判处有期徒刑二年，缓期二年执行，判决尚未发生法律效力

C. 丙涉嫌妨害公务被逮捕，在审理过程中突发严重疾病

---

[1] 答案：BD

D. 丁涉嫌故意伤害被逮捕，因对被害人伤情有异议而多次进行鉴定，致使该案无法在法律规定的一审期限内审结

思考题：

1. 简述我国五种刑事强制措施的适用对象、条件、程序。
2. 简述我国强制措施的变更、撤销或者解除。
3. 《监察法》的留置与《刑事诉讼法》的强制措施如何衔接？
4. 如何完善我国的羁押必要性审查制度？

第十四章　附带民事诉讼

> **内容导读**　附带民事诉讼是一项重要的刑事诉讼制度，其对于维护被害人的合法权益、正确处理民事赔偿纠纷、提高诉讼效率、节约司法资源，具有重要的意义。附带民事诉讼是在刑事诉讼过程中，司法机关在追究被告人刑事责任的同时，附带解决因被告人的犯罪行为所造成的物质损失的赔偿问题而进行的诉讼活动。附带民事诉讼本质上是一种民事诉讼，但其与刑事诉讼又密不可分，是一种依附于刑事诉讼的特殊类型的民事诉讼。

本章重点：

1. 附带民事诉讼的概念与特征
2. 附带民事诉讼的成立条件
3. 附带民事诉讼的赔偿范围

本章难点：

1. 附带民事诉讼的特征
2. 附带民事诉讼的赔偿范围

第一节　附带民事诉讼的概述

一、附带民事诉讼的概念与特征

（一）附带民事诉讼的概念

附带民事诉讼是指在刑事诉讼过程中，在追究被告人刑事责任的同时，附带解决因被告人的犯罪行为所造成的物质损失的赔偿问题而进行的特殊类型的民事诉讼活动。

（二）附带民事诉讼的特征

1. 附带民事诉讼是特殊类型的民事诉讼。

（1）附带民事诉讼解决的是被害人物质损失的赔偿问题，与民事诉讼中的损害赔偿一样，属于民事纠纷，因此，附带民事诉讼本质是民事诉讼。

（2）附带民事诉讼的赔偿由犯罪行为导致损失所引起，必须在刑事诉讼过程中提起，由同一个刑事审判组织在同一个刑事审判过程中审判，因而附带民事诉讼是一种特殊类型的民事诉讼。

2. 附带民事诉讼的依附性。附带民事诉讼以刑事案件的成立为前提，只能在刑事诉讼开始后提起，附带民事诉讼的判决不得同刑事部分的判决相抵触，附带民事诉讼的诉讼时效、上诉期限、管辖法院等都取决于刑事案件。因此，附带民事诉讼以刑事诉讼程序为依托。

3. 附带民事诉讼法律适用的复合性。由于附带民事诉讼所解决的是刑事犯罪行为引起的民事赔偿责任问题，因此，在附带民事诉讼过程中不仅要适用刑法、刑事诉讼法等刑事法律的规定，也要适用民法、民事诉讼法等民事法律的有关规定。

二、附带民事诉讼的成立条件

（一）成立的前提是刑事诉讼已经成立

附带民事诉讼的成立不是以被告人有罪为前提，而是以行为人被刑事追诉为前提。只要刑事诉讼立案，因被追诉人的行为遭受损失的人就可以提起附带民事诉讼。如果刑事诉讼不能成立，附带民事诉讼也不能成立，但遭受损失的人可以另行提起独立的民事诉讼。

最高人民法院《解释》第 197 条规定，人民法院认定公诉案件被告人的行为不构成犯罪，对已经提起的附带民事诉讼，经调解不能达成协议的，可以一并作出刑事附带民事判决，也可以告知附带民事原告人另行提起民事诉讼。人民法院准许人民检察院撤回起诉的公诉案件，对已经提起的附带民事诉讼，可以进行调解；不宜调解或者经调解不能达成协议的，应当裁定驳回起诉，并告知附带民事诉讼原告人可以另行提起民事诉讼。

（二）被害人遭受的必须是物质损失

最高人民法院《解释》第 175 条规定，被害人因人身权利受到犯罪侵犯或者财物被犯罪分子毁坏而遭受物质损失的，有权在刑事诉讼过程中提起附带民事诉讼。因受到犯罪侵犯，提起附带民事诉讼或者单独提起民事诉讼要求赔偿精神损失的，人民法院一般不予受理。

1. 被害人遭受的是物质损失，不包括精神损失。被害人由于被告人的犯罪行为而遭受精神损失提起附带民事诉讼的，或者在该刑事案件审结以后，被害人另行提起精神损害赔偿民事诉讼的，人民法院一般不予受理。

2. 物质损失有两种：一种是因人身权利受到犯罪侵犯而遭受的物质损失；另一种是因财物被犯罪分子毁坏而遭受的物质损失。

3. 根据最高人民法院《解释》第 176 条、第 177 条的规定，下列两种情况人民法院不予受理附带民事诉讼：

（1）被告人非法占有、处置被害人财产的。

（2）国家机关工作人员在行使职权时，侵犯他人人身、财产权利构成犯罪，被害人或者其法定代理人、近亲属提起附带民事诉讼的。

【经典例题】 法院可以受理被害人提起的下列哪一附带民事诉讼案件？（　　　）[1]

A. 抢夺案，要求被告人赔偿被夺走并变卖的手机

B. 寻衅滋事案，要求被告人赔偿所造成的物质损失

C. 虐待被监管人案，要求被告人赔偿因体罚虐待致身体损害所产生的医疗费

D. 非法搜查案，要求被告人赔偿因非法搜查所导致的物质损失

（三）被害人的物质损失是因被告人的犯罪行为直接引起的

1. "犯罪行为"是指被告人在刑事诉讼过程中被指控的犯罪行为，而不要求是人民法院以生效裁判确定构成犯罪的行为。

2. 被害人的物质损失与被告人的犯罪行为之间必须存在因果关系。

3. 被害人的物质损失包括被害人因犯罪行为已经遭受的实际损失和必然遭受的损失。

"实际损失"是指犯罪行为已经给被害人造成的损失。例如，因犯罪分子实施犯罪行为

---

[1] 答案：B

导致的物品损害、被害人的医疗费等，这种损失又称积极损失。

"必然损失"是指犯罪行为使被害人将来必然要遭受的物质损失。例如，因伤残减少的劳动收入、继续治疗的费用等，这种损失又称消极损失。

【经典例题】甲因遭受强奸住院治疗一个多月，出院后仍长期精神恍惚，后经多方医治才恢复正常。在诉讼过程中，甲提起附带民事诉讼。下列哪些赔偿要求具有法律依据？（　　　）[1]

A. 甲因住院支付的费用

B. 甲住院期间的陪护费用

C. 甲住院期间的误工费用

D. 甲医治精神恍惚支付的费用

第二节　附带民事诉讼当事人

附带民事诉讼当事人包括两类主体：附带民事诉讼原告人和附带民事诉讼被告人。

一、附带民事诉讼原告人

（一）附带民事诉讼原告人的概念

附带民事诉讼原告人是指以自己的名义向司法机关提起附带民事诉讼赔偿请求的人。

（二）附带民事诉讼原告人的范围

根据《刑事诉讼法》及其相关司法解释的规定，以下主体有权提起附带民事诉讼：

1. 因犯罪行为而遭受物质损失的公民、企业、事业单位、机关、团体等。

2. 被害人死亡或者丧失行为能力的，其法定代理人、近亲属有权提起附带民事诉讼。

3. 被害人是未成年人或者限制行为能力人的，其法定代理人可以代为提起附带民事诉讼。

4. 人民检察院可以提起附带民事诉讼。

根据最高人民法院《解释》第179条的规定，国家财产、集体财产遭受损失，受损失的单位未提起附带民事诉讼，人民检察院在提起公诉时提起附带民事诉讼的，人民法院应当受理。人民检察院提起附带民事诉讼的，应当列为附带民事诉讼原告人。

注意，根据最高人民法院《解释》第183条的规定，共同犯罪案件，同案犯在逃的，不应列为附带民事诉讼被告人。逃跑的同案犯到案后，被害人或者其法定代理人、近亲属可以对其提起附带民事诉讼，但已经从其他共同犯罪人处获得足额赔偿的除外。

【经典例题】韩某和苏某共同殴打他人，致被害人李某死亡、吴某轻伤，韩某还抢走吴某的手机。后韩某被抓获，苏某在逃。关于本案的附带民事诉讼，下列哪一选项是正确的？（　　　）[2]

A. 李某的父母和祖父母都有权提起附带民事诉讼

B. 韩某和苏某应一并列为附带民事诉讼的被告人

---

[1] 答案：ABCD

[2] 答案：D

C. 吴某可通过附带民事诉讼要求韩某赔偿手机

D. 吴某在侦查阶段与韩某就民事赔偿达成调解协议并全部履行后又提起附带民事诉讼，法院不予受理

二、附带民事诉讼被告人

（一）附带民事诉讼被告人的概念

附带民事诉讼被告人是指对犯罪行为造成的物质损失负有赔偿责任的人。

（二）附带民事诉讼被告人的范围

根据最高人民法院《解释》第180条的规定，以下主体负有附带民事诉讼的赔偿责任：

1. 刑事被告人及未被追究刑事责任的其他共同侵害人。

2. 刑事被告人的监护人。

3. 死刑罪犯的遗产继承人。

4. 共同犯罪案件中，审结前死亡的被告人的遗产继承人。

注意：以上3、4两种情况下，对被害人的赔偿应当看作是已经死亡的被告人生前所负的债务，遗产继承人应当在所承担遗产的范围内承担赔偿责任。

【经典例题】 张一、李二、王三因口角与赵四发生斗殴，赵四因伤势过重死亡。其中张一系未成年人，王三情节轻微未被起诉，李二在一审开庭前意外死亡。本案依法负有民事赔偿责任的人是（　　）。[1]

A. 张一、李二

B. 张一父母、李二父母

C. 张一父母、王三

D. 张一父母、李二父母、王三

5. 对被害人的物质损失依法应当承担赔偿责任的其他单位和个人。这实际上是一种兜底式的规定。

注意：最高人民法院《解释》第180条第2款规定，附带民事诉讼被告人的亲友自愿代为赔偿的，可以准许。最高人民法院《解释》第183条规定，共同犯罪案件，同案犯在逃的，不应列为附带民事诉讼被告人。

【经典例题】 甲、乙殴打丙，致丙长期昏迷，乙在案发后潜逃，检察院以故意伤害罪对甲提起公诉。关于本案，下列哪些选项是正确的？（　　）[2]

A. 丙的妻子、儿子和弟弟都可成为附带民事诉讼原告人

B. 甲、乙可作为附带民事诉讼共同被告人，对故意伤害丙造成的物质损失承担连带赔偿责任

C. 丙因昏迷无法继续履行与某公司签订的合同造成的财产损失不属于附带民事诉讼的赔偿范围

D. 如甲的朋友愿意代为赔偿，法院应准许并可作为酌定量刑情节考虑

---

〔1〕答案：D

〔2〕答案：AC

第三节 附带民事诉讼的提起

一、附带民事诉讼的提起期间

附带民事诉讼应当在刑事案件立案后提起。

(一) 公诉案件的侦查和审查起诉阶段

被害人或者其法定代理人、近亲属可以向侦查机关或者人民检察院对负有赔偿义务的人提出赔偿要求,但在刑事案件起诉后,向人民法院依法提起附带民事诉讼的,人民法院才按照附带民事诉讼案件受理。经公安机关、人民检察院调解,当事人双方已经达成协议并全部履行,起诉人又提起附带民事诉讼的,人民法院不予受理,但有证据证明调解违反自愿、合法原则的除外。

(二) 向人民法院提起附带民事诉讼

被害人或者其法定代理人、近亲属可以直接向人民法院提起附带民事诉讼;如果国家、集体财产遭受损失,但遭受损失的单位未提起附带民事诉讼的,人民检察院在提起公诉时,可以提起附带民事诉讼。

(三) 第一审期间人民法院准许人民检察院撤回起诉的公诉案件

对已经提起的附带民事诉讼,可以进行调解;不宜调解或者经调解不能达成协议的,应当裁定驳回起诉,并告知附带民事诉讼原告人可以另行提起民事诉讼。

(四) 第一审期间未提起附带民事诉讼,在第二审期间提起附带民事诉讼

第二审人民法院可以依法进行调解;调解不成的,告知当事人可以在刑事判决、裁定生效后另行提起民事诉讼。

【经典例题】 在罗某放火案中,钱某、孙某和吴某3家房屋均被烧毁。一审时,钱某和孙某提起要求罗某赔偿损失的附带民事诉讼,吴某未主张。一审判决宣告后,吴某欲让罗某赔偿财产损失。下列哪些说法是错误的?( )[1]

A. 吴某可另行提起附带民事诉讼

B. 吴某不得再提起附带民事诉讼,可在刑事判决生效后另行提起民事诉讼

C. 吴某可提出上诉,请求法院在二审程序中判令罗某予以赔偿

D. 吴某既可另行提起附带民事诉讼,也可单独提起民事诉讼

注意以下两种情况:

(1) 人民法院认定公诉案件被告人的行为不构成犯罪,对已经提起的附带民事诉讼经调解不能达成协议的,可以一并作出刑事附带民事判决,也可以告知附带民事原告人另行提起民事诉讼。

(2) 被害人或者其法定代理人、近亲属在刑事诉讼过程中未提起附带民事诉讼,另行提起民事诉讼的,人民法院可以进行调解,或者根据物质损失情况作出判决。

---

[1] 答案:ABCD

二、附带民事诉讼提起的方式

1. 提起附带民事诉讼应当提交附带民事起诉状，即提起附带民事诉讼应当采取书面方式。起诉人提交起诉状有困难的，也可以口头形式起诉，由附带民事诉讼原告人陈述诉讼请求、起诉的事由和理由，由办案人员将其提起的口头起诉如实记录在案，由陈述者阅读无误后签名。

人民检察院提起附带民事诉讼时必须在起诉书上写明，不能用口头的方式提起附带民事诉讼。

2. 人民法院受理刑事案件后，对符合附带民事诉讼成立条件的，可以告知被害人或者其法定代理人、近亲属有权提起附带民事诉讼。有权提起附带民事诉讼的人放弃诉讼权利的，应当准许，并记录在案。被害人或者其法定代理人、近亲属仅对部分共同侵害人提起附带民事诉讼的，人民法院应当告知其可以对其他共同侵害人，包括没有被追究刑事责任的共同侵害人，一并提起附带民事诉讼，但共同犯罪案件中同案犯在逃的除外。被害人或者其法定代理人、近亲属放弃对其他共同侵害人的诉讼权利的，人民法院应当告知其相应的法律后果，并在裁判文书中说明其放弃诉讼请求的情况。

三、附带民事诉讼的起诉条件

根据最高人民法院《解释》第 182 条的规定，附带民事诉讼的起诉应具备以下四个条件：

（1）起诉人符合法定条件。

（2）有明确的被告人。

（3）有请求赔偿的具体要求和事实、理由。

（4）属于人民法院受理附带民事诉讼的范围。

第四节　财产保全

一、附带民事诉讼财产保全的概念

附带民事诉讼的财产保全是指为了保证附带民事诉讼判决得以顺利执行，人民法院可以依据职权或者依据附带民事诉讼原告人（包括提起公诉的人民检察院）的申请，依法对附带民事诉讼被告人的财产采取查封、扣押、冻结措施。

二、附带民事诉讼财产保全的分类

附带民事诉讼的财产保全可分为诉中财产保全与诉前财产保全。

（一）诉中财产保全

人民法院对可能因被告人的行为或者其他原因，使附带民事判决难以执行的案件，根据附带民事诉讼原告人的申请，可以采取财产保全措施；附带民事诉讼原告人未提出申请的，必要时，人民法院也可以采取财产保全措施，即诉中财产保全。

人民法院采取诉中财产保全措施，可以责令申请人提供担保，申请人不提供担保的，裁定驳回申请。人民法院接受申请后，对情况紧急的，必须在 48 小时内作出裁定；裁定采取保全措施的，应当立即开始执行。

（二）诉前财产保全

有权提起附带民事诉讼的人因情况紧急，不立即申请财产保全将会使其日后附带民事诉讼判决难以执行，其合法权益受到难以弥补的损害的，可以在提起附带民事诉讼前，向被保全财产所在地、被申请人居住地或者对案件有管辖权的人民法院申请采取保全措施，即诉前财产保全。

申请人应当在人民法院受理刑事案件后 15 日内提起附带民事诉讼，否则人民法院应当解除保全措施。同时申请人应当提供担保，不提供担保的，裁定驳回申请。人民法院接受申请后，必须在 48 小时内作出裁定；裁定采取保全措施的，应当立即开始执行。

三、附带民事诉讼财产保全的措施

人民法院可以采取的财产保全措施：查封、扣押与冻结。

四、附带民事诉讼财产保全的法律适用

人民法院采取财产保全措施，适用民事诉讼法的有关规定。

五、附带民事诉讼财产保全的对象

财产保全的对象限于附带民事诉讼被告人的财产，非附带民事诉讼被告人的财产不得进行保全。

【经典例题】关于附带民事诉讼案件诉讼程序中的保全措施，下列哪一说法是正确的？
（　　）[1]

A. 法院应当采取保全措施

B. 附带民事诉讼原告人和检察院都可以申请法院采取保全措施

C. 采取保全措施，不受《民事诉讼法》规定的限制

D. 财产保全的范围不限于犯罪嫌疑人、被告人的财产或与本案有关的财产

第五节　附带民事诉讼的审判

一、附带民事诉讼的审判原则

附带民事诉讼本质上属于民事诉讼，因而《民事诉讼法》规定的审判民事案件的基本原则都适用于附带民事诉讼，例如便利当事人诉讼原则、调解原则、辩论原则、处分原则、检察监督原则等。但附带民事诉讼案件的审判还应当遵循特有的原则，即一并审判原则。

一并审判原则是指人民法院在审理刑事案件的同时，由同一审判组织审理附带民事诉讼，并对刑事案件和附带民事案件一并作出判决。即在开庭审理过程中，人民法院首先对刑事部分进行法庭调查，刑事部分调查完毕后再进行民事部分的调查；在法庭辩论阶段，刑事部分的辩论终结后再进行民事部分的辩论；附带民事诉讼部分辩论结束后，可以就民事赔偿

---

[1] 答案：B

问题进行当庭调解，调解不成的，与刑事部分一并进入评议和裁判程序，由合议庭分别对刑事案件的定罪量刑和附带民事诉讼的赔偿作出裁判。

但是为了防止刑事案件审判的过分迟延，可以在刑事案件审判后，继续审理附带民事部分。这种分开审判是一并审判原则的例外，在审判过程中要注意以下几点：

第一，只能先审刑事部分，后审附带民事部分。

第二，必须由审理刑事案件的同一审判组织继续审理附带民事部分，不得另行组成合议庭；但同一审判组织的成员确实不能继续参与审判的，可以更换。

第三，附带民事部分的判决对案件事实的认定不得同刑事判决相抵触。

第四，附带民事部分的延期审理，一般不影响刑事判决的生效。

二、附带民事诉讼的审理和裁判

（一）附带民事诉讼第一审程序

1. 立案与受理。被害人或者其法定代理人、近亲属提起附带民事诉讼的，人民法院应当在 7 日内决定是否立案。符合法定条件的，应当受理；不符合的，裁定不予受理。

2. 开庭前的准备。人民法院受理附带民事诉讼后，应当在 5 日内将附带民事起诉状副本送达附带民事诉讼被告人及其法定代理人，或者将口头起诉的内容通知附带民事诉讼被告人及其法定代理人，并制作笔录。人民法院送达附带民事起诉状副本时，应当根据刑事案件的审理期限，确定被告人及其法定代理人的答辩准备时间。

3. 举证责任。在附带民事诉讼中，举证责任的承担原则上实行"谁主张，谁举证"的原则。

4. 调解与审判。《刑事诉讼法》第 103 条规定，人民法院审理附带民事诉讼案件，可以进行调解，或者根据物质损失情况作出判决、裁定。

（1）附带民事诉讼的原告人经传唤，无正当理由拒不到庭，或者未经法庭许可中途退庭的，应当按撤诉处理。刑事被告人以外的附带民事诉讼被告人经传唤，无正当理由拒不到庭，或者未经法庭许可中途退庭的，附带民事部分可以缺席判决。

【经典例题】张一、李二、王三因口角与赵四发生斗殴，赵四因伤势过重死亡。其中张一系未成年人，王三情节轻微未被起诉，李二在一审开庭前意外死亡。在一审过程中，如果发生附带民事诉讼原、被告当事人不到庭的情形，法院的下列做法正确的是（　　）。[1]

A. 赵四父母经传唤，无正当理由不到庭，法庭应当择期审理

B. 赵四父母到庭后未经法庭许可中途退庭，法庭应当按撤诉处理

C. 王三经传唤，无正当理由不到庭，法庭应当采取强制手段强制其到庭

D. 李二父母未经法庭许可中途退庭，就附带民事诉讼部分，法庭应当缺席判决

（2）调解。①人民法院审理附带民事诉讼案件，可以根据自愿、合法的原则进行调解。经调解达成协议的，应当制作调解书。调解书经双方当事人签收后，即具有法律效力。②调解达成协议并即时履行完毕的，可以不制作调解书，但应当制作笔录，经双方当事人、审判人员、书记员签名后即发生法律效力。③调解未达成协议或者调解书签收前当事人反悔的，附带民事诉讼应当同刑事诉讼一并判决。

---

〔1〕答案：B

【经典例题】 关于附带民事诉讼，下列哪些选项是正确的？（　　　）[1]

A. 在侦查、审查起诉阶段，被害人提出赔偿要求经记录在案的，公安机关、检察院可以对民事赔偿部分进行调解

B. 在侦查、审查起诉阶段，经调解当事人达成协议并已给付，被害人又向法院提起附带民事诉讼的，法院不再受理

C. 法院审理刑事附带民事诉讼案件，可以进行调解

D. 附带民事诉讼经调解达成协议并当庭执行完毕的，无需制作调解书，也无需记入笔录

（3）对附带民事诉讼作出判决，应当根据犯罪行为造成的物质损失，结合案件具体情况，确定被告人应当赔偿的数额。

1）犯罪行为造成被害人人身损害的，应当赔偿医疗费、护理费、交通费等为治疗和康复支付的合理费用，以及因误工减少的收入。造成被害人残疾的，还应当赔偿残疾生活辅助器具费等费用；造成被害人死亡的，还应当赔偿丧葬费等费用。

2）驾驶机动车致人伤亡或者造成公私财产重大损失，构成犯罪的，依照《道路交通安全法》第76条的规定确定赔偿责任。

注意：附带民事诉讼当事人就民事赔偿问题达成调解、和解协议的，赔偿范围、数额不受以上规定的限制。

（4）检察机关提起附带民事诉讼时的赔偿。人民检察院提起附带民事诉讼的，人民法院经审理，认为附带民事诉讼被告人依法应当承担赔偿责任的，应当判令附带民事诉讼被告人直接向遭受损失的单位作出赔偿；遭受损失的单位已经终止，有权利义务继受人的，应当判令其向继受人作出赔偿；没有权利义务继受人的，应当判令其向人民检察院交付赔偿款，由人民检察院上缴国库。

（5）影响量刑的情形。审理刑事附带民事诉讼案件，人民法院应当结合被告人赔偿被害人物质损失的情况认定其悔罪表现，并在量刑时予以考虑。

犯罪分子非法占有、处置被害人财产而使其遭受物质损失的，人民法院应当依法予以追缴或者责令退赔。被追缴退赔的情况，人民法院可以作为量刑情节予以考虑。

（6）附带民事诉讼的裁判。人民法院认定公诉案件被告人的行为不构成犯罪的，对已经提起的附带民事诉讼，经调解不能达成协议的，应当一并作出刑事附带民事判决，也可以告知附带民事原告人另行提起民事诉讼。

人民法院准许人民检察院撤回起诉的公诉案件，对已经提起的附带民事诉讼，可以进行调解；不宜调解或者经调解不能达成协议的，应当裁定驳回起诉，并告知附带民事诉讼原告人可以另行提起民事诉讼。

（7）诉讼费。人民法院审理附带民事诉讼案件，不收取诉讼费。

（8）审理期限。人民法院在受理附带民事诉讼案件后3个月内无法审结的，经上一级人民法院批准，可以延长3个月。

（二）附带民事诉讼第二审程序与审判监督程序

1. 对附带民事判决、裁定的上诉、抗诉期限，应当按照刑事部分的上诉、抗诉期限确

---

[1] 答案：AC

定；附带民事部分另行审判的，上诉期限也应当按照刑事诉讼法规定的期限确定。

2. 附带民事诉讼案件，只有附带民事诉讼当事人及其法定代理人上诉的，第一审刑事部分的判决在上诉期满后即发生法律效力。应当送监执行的第一审刑事被告人是第二审附带民事诉讼被告人的，在第二审附带民事诉讼案件审结前，可以暂缓送监执行。

3. 附带民事诉讼案件，附带民事诉讼当事人及其法定代理人上诉的，第二审人民法院应当对全案进行审查。经审查，第一审判决的刑事部分并无不当的，第二审人民法院只需就附带民事部分作出处理，第一审判决的附带民事部分事实清楚，适用法律正确的，应当以附带民事裁定维持原判，驳回上诉。

4. 第二审人民法院审理对刑事部分提出上诉、抗诉，附带民事部分已经发生法律效力的案件，发现第一审判决、裁定中的附带民事部分确有错误的，应当按照审判监督程序对附带民事部分予以纠正。

5. 第二审人民法院审理对附带民事部分提出上诉，刑事部分已经发生法律效力的案件，发现第一审判决、裁定中的刑事部分确有错误的，应当依照审判监督程序对刑事部分进行再审，并将附带民事部分与刑事部分一并审理。

6. 第二审期间，第一审附带民事诉讼原告人增加诉讼请求或者第一审附带民事诉讼被告人提出反诉的，第二审人民法院可以根据自愿、合法的原则进行调解；调解不成的，告知当事人另行起诉。

思考题：

1. 试论附带民事诉讼与民事诉讼、刑事诉讼的关系。
2. 附带民事诉讼的成立条件有哪些？
3. 附带民事诉讼的赔偿范围如何界定？
4. 附带民事诉讼的主体范围如何确定？
5. 试论附带民事诉讼的审判程序。

第十五章　期间、送达

　　内容导读　本章包括期间与送达两项诉讼制度。期间是指公安司法机关、诉讼参与人分别进行某项刑事诉讼活动所必须遵守的时间期限。送达是指公安机关、人民检察院、人民法院按照法定的程序和方式将诉讼文件送交收件人的诉讼活动，包括直接送达、留置送达、委托送达、邮寄送达、转交送达等方式。

本章重点：

1. 期间与期日的区别
2. 期间的计算
3. 期间的恢复
4. 送达的方式

本章难点：

期间的计算

第一节　期　　间

一、期间的概念

（一）期间的概念与分类

　　1. 期间的概念。刑事诉讼中的期间是指公安司法机关、诉讼参与人各自完成某项刑事诉讼活动所必须遵守的时间期限。

　　2. 期间的分类。刑事诉讼期间分为法定期间和指定期间两种。法定期间是指由法律明确规定的期间；指定期间是指由公安司法机关指定的期间。

　　确定刑事诉讼期间的长短不是随意的，它需要考虑如下因素：其一，保证查明犯罪事实，正确处理案件；其二，能够及时惩罚犯罪；其三，保障公民依法行使诉讼权利；其四，督促公安司法机关提高办案效率，保障公民的合法权利。

（二）期间不同于期日

　　期日是指公安司法机关、诉讼参与人共同进行某项刑事诉讼活动的特定时间。刑事诉讼法对期日未作具体规定，在实践中，由公安机关、人民检察院、人民法院根据法律规定的期间和案件的具体情况予以指定。例如，法院通知公诉人、被告人、辩护人及其他诉讼参与人开庭审理案件的日期。

　　在刑事诉讼中期间不同于期日，二者主要区别如下：

期间	期日
一定期限内的时间段，即由一个期日起至另一个期日止的一段时间。	一个特定的时间点，如某日、某时。
公安司法机关和诉讼参与人各自进行某项刑事诉讼活动的时间。	共同进行某项刑事诉讼活动的时间。
原则上由法律规定，不得任意变更。	公安司法机关指定，遇有重大理由时，可以另行指定期日。
具体案件中一旦确定开始时间，终止的时间也随之确定。	只规定开始的时间，不规定终止的时间。
开始后不要求立即实施诉讼行为，只要在期间届满之前，任何时候实施都是有效的。	开始后必须立即实施某项诉讼行为或开始某项诉讼活动。

二、期间的计算

（一）计算单位和方法

1. 计算单位。《刑事诉讼法》第 105 条第 1 款规定，期间以时、日、月计算。

2. 计算方法。

（1）期间的计算涉及两个问题，即期间的起算和期间的届满。

1）以时计算的，期间的开始之时不计算在期间以内，应当以下一时起开始计算；期间的届满是到法定期间时数的最后一时结束为止。

2）以日计算的，期间的开始之当日不计算在期间以内，应当从第 2 日起开始计算；期间的届满是到法定期间日数的最后一日结束为止。

注意：由于开始的时和日都不算，因而这两种计量单位之间不能互相换算，例如，拘留后应当在 24 小时以内进行讯问，不可以用 1 日代替。

3）以月计算的期间，自本月某日至下月同日为 1 个月；期限起算日为本月最后 1 日的，至下月最后 1 日为 1 个月；下月同日不存在的，自本月某日至下月最后 1 日为 1 个月。半个月一律按 15 日计算。

注意：关于刑期的计算，根据最高人民法院《解释》第 202 条第 2 款的规定，以年计算的刑期，自本年本月某日至次年同月同日的前 1 日为 1 年；次年同月同日不存在的，自本年本月某日至次年同月最后一日的前 1 日为 1 年。以月计算的刑期，自本月某日至下月同日的前 1 日为 1 个月；刑期起算日为本月最后一日的，至下月最后一日的前 1 日为 1 个月；下月同日不存在的，自本月某日至下月最后一日的前 1 日为 1 个月；半个月一律按 15 日计算。

（2）特殊情形下期间的计算。

1）法定期间不包括路途上的时间。

注意：这里的路途上的时间是指诉讼文书的在途时间，比如有关诉讼文书材料在公检法之间传递的时间应当从法定期间内扣除，不是指人在路途的时间。

2）上诉状或者其他文件在期满前已经交邮的，不算过期。上诉状或者其他文件是否在法定期限内交邮以当地邮局所盖邮戳为准。

3）期间的最后一日为节假日的，以节假日后的第一日为期间届满日期。但犯罪嫌疑人、被告人或者罪犯的在押期间，应当至期间届满之日为止，不得因节假日而延长在押期限。

【经典例题】卢某妨害公务案于 2016 年 9 月 21 日一审宣判,并当庭送达判决书。卢某于 9 月 30 日将上诉书交给看守所监管人员黄某,但黄某因忙于个人事务直至 10 月 8 日上班时才寄出,上诉书于 10 月 10 日寄到法院。关于一审判决生效,下列哪一选项是正确的?( )[1]

A. 一审判决于 9 月 30 日生效

B. 因黄某耽误上诉期间,卢某将上诉书交予黄某时,上诉期间中止

C. 因黄某过失耽误上诉期间,卢某可申请期间恢复

D. 上诉书寄到法院时一审判决尚未生效

(二) 期间的重新计算

期间的重新计算,是指由于发生了法定的情况,原来已进行的期间归于无效,而从新发生情况之时起计算期间。重新计算期间仅适用于公安司法机关的办案期限,不适用于当事人行使诉讼权利的期限。

1. 在侦查期间,发现犯罪嫌疑人另有重要罪行的,自发现之日起,依《刑事诉讼法》第 156 条的规定,重新计算侦查羁押期限。"另有重要罪行",是指与逮捕时的罪行不同种的重大犯罪或者同种的影响罪名认定、量刑档次的重大犯罪。

2. 公安机关或者人民检察院补充侦查完毕后移送人民检察院或者人民法院的,人民检察院或者人民法院重新计算审查起诉或者审理期限。

3. 人民检察院和人民法院改变管辖的公诉案件,从改变后的办案机关收到案件之日起重新计算办案期限。

4. 简易程序决定转为普通程序审理的案件、速裁程序决定转为普通程序或者简易程序审理的案件,审理期限应当从作出决定之日起计算。

5. 第二审人民法院发回原审人民法院重新审判的案件,原审人民法院从收到发回的案件之日起,重新计算审理期限。

【经典例题】关于办案期限重新计算的说法,下列哪一选项是正确的?( )[2]

A. 甲盗窃汽车案,在侦查过程中发现其还涉嫌盗窃 1 辆普通自行车,重新计算侦查羁押期限

B. 乙受贿案,检察院审查起诉时发现一笔受贿款项证据不足,退回补充侦查后再次移送审查起诉时,重新计算审查起诉期限

C. 丙聚众斗殴案,在处理完丙提出的有关检察院书记员应当回避的申请后,重新计算一审审理期限

D. 丁贩卖毒品案,二审法院决定开庭审理并通知同级检察院阅卷,检察院阅卷结束后,重新计算二审审理期限

(三) 期间不计入的情形

1. 在侦查期间,犯罪嫌疑人不讲真实姓名、住址,身份不明的,侦查羁押期限自查清其身份之日起计算,但不得停止对其犯罪行为的侦查取证。

---

[1] 答案:D
[2] 答案:B

【经典例题】甲因抢劫被某县公安机关依法逮捕，在侦查期间，甲不讲真实姓名、住址，身份不明。对于该案件，公安机关应当如何处理？（　　　）[1]

A. 侦查羁押期间自查清甲真实身份之日起计算

B. 在查清甲真实身份以前，不允许其聘请律师为他提供法律帮助

C. 在查清甲真实身份以前，中止侦查活动

D. 如果犯罪事实清楚，证据确实、充分，可以按甲自报的姓名移送县人民检察院审查起诉

2. 犯罪嫌疑人、被告人在押的案件，对他们作精神病鉴定的期间，不计入办案期限。除此以外的其他鉴定时间都应当计入办案期限。

3. 第二审人民法院应当在决定开庭审理后及时通知人民检察院查阅案卷。人民检察院应当在 1 个月以内查阅完毕。人民检察院查阅案卷的时间不计入审理期限。

4. 对于监察机关移送起诉的已采取留置措施的案件，人民检察院应当对犯罪嫌疑人先行拘留，留置措施自动解除。人民检察院应当在拘留后的 10 日以内作出是否逮捕、取保候审或者监视居住的决定。在特殊情况下，决定的时间可以延长 1 日至 4 日。人民检察院决定采取强制措施的期间不计入审查起诉期限。

5. 不符合暂予监外执行条件的罪犯通过贿赂等非法手段被暂予监外执行的，在监外执行的期间不计入执行刑期。罪犯在暂予监外执行期间脱逃的，脱逃的期间不计入执行刑期。

6. 审理申请没收违法所得的案件，公告期间和请求刑事司法协助的时间不计入审理期限。

7. 中止审理的期限不计入审理期限。

8. 延期审理的期限不计入审理期限。

9. 附条件不起诉的考验期不计入案件的审查起诉期限。

【经典例题】关于期间的计算，下列哪一说法是正确的？（　　　）[2]

A. 因被告人脱逃而中止审理的期间，计入审理期限

B. 法院对提起公诉的案件进行审查的期限，不计入审理期限

C. 被告人要求法院另行指定辩护律师，自合议庭同意而宣布延期审理之日起至第 10 日止为准备辩护的时间，计入审理期限

D. 因当事人和辩护人申请调取新的证据而延期审理的期限，不计入审理期限

三、期间的耽误与恢复

《刑事诉讼法》第 106 条规定，当事人由于不能抗拒的原因或者有其他正当理由而耽误期限的，在障碍消除后 5 日以内，可以申请继续进行应当在期满以前完成的诉讼活动。前款申请是否准许，由人民法院裁定。这是对期间的耽误规定的补救措施，即期间的恢复。

（一）期间的耽误和期间的恢复的概念

期间的耽误是指公安司法机关或者诉讼参与人没有在法定期限内完成应当进行的诉讼行为。

---

[1]　答案：AD

[2]　答案：D

期间的恢复是指当事人由于不能抗拒的原因或者有其他正当理由而在法定期限内没有完成应当进行的诉讼行为的，在障碍消除后一定期限内，申请法院准许其继续进行应当在期满以前完成的诉讼行为的一种补救措施。

（二）期间恢复的条件

根据《刑事诉讼法》第106条规定，期间的恢复必须具备以下条件：

1. 申请主体。只有当事人才有权提出恢复期间的申请，其他任何人无权提出这一申请。

2. 期间耽误的理由。法定期间的耽误是由于不能抗拒的原因或有其他正当理由。

不能抗拒的原因是指不可预见、依靠自身力量又无法避免和无法克服的客观困难，例如，发生地震、洪水、台风、滑坡、泥石流、战争、大火等无法抗拒的自然和社会现象，或者是当事人发生车祸、突患严重疾病等情况。其他正当理由，指上述情况以外的来自当事人主观方面的障碍，例如，当事人家中发生了重大或意外变故使其不得分身等。

3. 期间恢复申请的提出时间。当事人的申请应当在障碍消除后的5日以内提出。

4. 申请的处理。期间恢复的申请是否准许，由人民法院裁定。具体而言，恢复期间的申请，必须向审判本案的人民法院提出，人民法院在接到当事人的申请后，经过审查，认为当事人所述情况确实属于不能抗拒的原因或者其他正当理由的，应当裁定准许其继续进行未完成的诉讼活动。

【经典例题】 何某不服一审人民法院以故意伤害罪判处其十二年有期徒刑的判决，但又因故耽误上诉期限。障碍消除后，何某申请继续进行应当在期满前完成的上诉活动，必须满足什么条件？（　　）[1]

A. 何某耽误期间是由于不能抗拒的原因或者有其他正当理由

B. 在障碍消除后5日内何某提出上诉

C. 继续应当在期满以前提出的上诉的申请，需要由辩护人为何某提出

D. 经人民法院查证属实，裁定允许

第二节　送　达

一、送达的概念与特征

（一）送达的概念

送达是指公安机关、人民检察院、人民法院按照法定的程序和方式将诉讼文件送交诉讼参与人、有关机关和单位的诉讼活动。

（二）送达的特征

1. 送达的主体只能是公安机关、人民检察院、人民法院。诉讼参与人向公安司法机关送交自诉状、上诉状、答辩状等诉讼文件的行为，不属于法定的送达。

2. 送达的内容是诉讼文件。公安司法机关制作的诉讼文件是送达的主要内容，如传票、通知书、不起诉决定书、起诉书、判决书、裁定书等。此外，诉讼参与人制作的自诉状副本、附带民事诉讼诉状及答辩状副本、上诉状副本等诉讼文件也可通过人民法院送达。

---

[1] 答案：ABD

3. 送达的方式和程序是法定的。实施送达行为必须依照法律规定办理，否则无法产生法律效力。

二、送达的方式和程序

送达的方式不同，送达的程序就有很大的差异。根据《刑事诉讼法》以及有关司法解释的规定，刑事诉讼中送达主要有以下方式：

（一）直接送达

直接送达是指公安司法机关派员将诉讼文件直接送交收件人的一种送达方式。

送达通常应当将诉讼文件交给收件人本人，由收件人本人在送达回证上记明收到的日期，并且签名或者盖章。如果收件人本人不在，由他的成年家属或者所在单位的负责人代收，代收人也应当在送达回证上记明收到的日期，并且签名或者盖章。

（二）留置送达

留置送达是指收件人或者代收人拒绝签收向其送达的诉讼文件时，送达人依法将诉讼文件留在收件人住处的送达方式。

在收件人本人或者代收人拒绝接收或者拒绝签名、盖章的情况下，送达人员邀请他的邻居或者其他见证人到场，说明情况，在送达回证上注明拒收的事由和日期，由送达人、见证人签名或者盖章，将诉讼文件留在收件人、代收人的住处或者单位；也可以把诉讼文件留在受送达人的住处，并采用拍照、录像等方式记录送达过程，即视为送达。

诉讼文件的留置送达与直接送达具有同样的法律效力。但是，并非所有的诉讼文件都可以适用留置送达，例如，调解书就不宜适用，必须交付本人才能发生法律效力。

【经典例题】被告人徐某为未成年人，法院书记员到其住处送达起诉书副本，徐某及其父母拒绝签收。关于该书记员处理这一问题的做法，下列哪些选项是正确的？（　　）[1]

A. 邀请见证人到场

B. 在起诉书副本上注明拒收的事由和日期，该书记员和见证人签名或盖章

C. 采取拍照、录像等方式记录送达过程

D. 将起诉书副本留在徐某住处

（三）委托送达

委托送达是指承办案件的公安司法机关直接送达诉讼文件有困难的，委托收件人所在地的公安司法机关代为送交收件人的送达方式。

委托送达的公安司法机关应当将委托函、送达的诉讼文件及送达回证，寄送收件人所在地的公安司法机关。受委托的公安司法机关收到委托送达的诉讼文件，应当登记，在 10 日以内送达收件人，并将送达回证寄送委托的公安司法机关；无法送达的，应当告知委托的公安司法机关，并将诉讼文件及送达回证退回。

（四）邮寄送达

邮寄送达是指公安司法机关在直接送达有困难的情况下，通过邮局将诉讼文件邮寄给收件人的送达方式。

---

[1]　答案：ACD

公安司法机关将诉讼文件、送达回证邮寄给收件人，收件人签收邮寄的诉讼文件后即认为已经送达。签收日期为送达日期。送达回证由收件人退回。

（五）转交送达

转交送达是指公安司法机关将诉讼文件交收件人所在机关、单位代收后再转交给收件人的送达方式。通常适用于军人、正在服刑的犯人、正在被采取强制性教育措施的人。

转交送达的程序是，诉讼文件的收件人是军人的，通过所在部队团以上单位的政治部门转交；收件人正在服刑的，通过所在监所或者其他执行机关转交。收件人正在接受专门矫治教育等的，可以通过相关机构转交。代为转交的部门、单位收到诉讼文件后，应当立即交收件人签收，并将送达回证及时退回送达的公安司法机关。

（六）公告送达

公告送达是指存在特定情况，采用以上送达方式无法将诉讼文件送达收件人的情况下，人民法院通过公告将诉讼文件有关内容告知收件人的一种特殊的送达方式。

根据《刑事诉讼法》第 299 条第 2 款的规定，在犯罪嫌疑人、被告人逃匿、死亡案件的违法所得没收程序中，人民法院受理没收违法所得的申请后，应当发出公告。公告期间为 6 个月。犯罪嫌疑人、被告人的近亲属和其他利害关系人有权申请参加诉讼，也可以委托诉讼代理人参加诉讼。

三、送达回证

送达回证是公安司法机关依法将诉讼文件送达收件人的凭证。根据有关司法解释的要求，送达诉讼文件必须有送达回证，并且将送达回证入卷归案。

在司法实践中，送达回证的印制有固定的格式。其内容包括：送达机关和送达文件的名称；受送达人的姓名（名称）、职务、住所地或者经常居住地；送达方式；送达人和受送达人的签名或者盖章；签收日期；等等。

思考题：

1. 如何区分期间与期日？
2. 试述我国期间的计算。
3. 期间恢复应具备哪些条件？
4. 简答送达的方式及其相应程序。
5. 如何理解与完善我国刑事诉讼的办案期间？

第十六章　刑事诉讼的中止和终止

内容导读　诉讼中止和终止是刑事诉讼中两种非正常的诉讼程序的停止。诉讼中止是司法机关决定暂时停止诉讼程序，待中止的事由消失后再恢复诉讼的制度。而诉讼终止是有关司法机关决定结束诉讼，不再恢复。诉讼中止和终止对于保障诉讼的严肃性、提高诉讼效率、节约司法资源具有非常重要的意义。

本章重点：

1. 诉讼中止的概念与特征
2. 诉讼中止的条件与程序
3. 诉讼终止的概念与特征
4. 中止审理的概念与特征

本章难点：

1. 诉讼中止与诉讼终止的差异
2. 诉讼中止与诉讼终止的条件

第一节　刑事诉讼的中止

一、刑事诉讼中止概述

（一）刑事诉讼中止的概念

刑事诉讼的中止，是指在刑事诉讼过程中，由于发生某种情况或出现某种障碍影响诉讼的正常进行而将诉讼暂时停止，待有关情况或障碍消失后，再恢复诉讼的制度。一般情况下，刑事诉讼从立案开始后，即可按照诉讼的正常程序进行下去，直到人民法院审理判决并交付执行。但是，刑事诉讼是一个牵扯很多机关、人员和因素的复杂的运作过程，在诉讼过程中有时会出现一些特殊的情况或者一时难以克服的客观障碍，致使诉讼活动无法进行下去，又不能终结诉讼。此时需要中断诉讼的正常进程，待引起诉讼中止的原因消失或者客观障碍排除后，再继续进行诉讼。此即刑事诉讼中止。

（二）刑事诉讼中止的特点

与其他诉讼程序中的中止比较，刑事诉讼中止有其自身的特点，表现在：

（1）诉讼中止后，既不能撤销案件，也不能终止诉讼，而是诉讼的暂时停止。

（2）诉讼中止前所进行的诉讼活动仍然有效。

（3）诉讼中止的期间不计入专门机关的办案期限。

（三）刑事诉讼中止的意义

法律上设立刑事诉讼中止的意义在于：

（1）促使司法机关采取措施消除障碍和原因，尽快恢复诉讼。刑事诉讼中止只是诉讼的暂时停止，不是诉讼的完全终结，因此司法机关为完成刑事诉讼法的任务，仍然有权力也有义务对有罪的犯罪嫌疑人、被告人进行追究。

（2）保证司法机关集中力量办理其他案件，提高诉讼效率。由于国情的原因，我国的司法资源依然十分有限，所以，将那些由于特殊原因暂时无法进行下去的刑事案件停下来，有利于司法机关集中力量办理其他案件，提高办案质量，充分利用司法资源，提高司法效率。

（3）有利于维护当事人的合法权益。我国刑事诉讼的目的是打击犯罪，保护人民。如果由于特殊的原因诉讼无法进行，但法律又不予以明确，这势必使当事人的权益长期处在一种不稳定的状态，不利于维护与案件结果有利害关系的犯罪嫌疑人、被告人一方以及被害人一方的合法权益。

二、刑事诉讼中止的条件和程序

根据我国现行《刑事诉讼法》的规定，刑事诉讼中止是指中止审理。中止审理是指人民法院在审判案件过程中，因发生某种情况影响了审判的正常进行，而决定暂停审理，待其消失后，再行开庭审理。

2018 年 10 月 26 日最新修正的《刑事诉讼法》第 206 条规定，在审判过程中，有下列情形之一，致使案件在较长时间内无法继续审理的，可以中止审理：①被告人患有严重疾病，无法出庭的；②被告人脱逃的；③自诉人患有严重疾病，无法出庭，未委托诉讼代理人出庭的；④由于不能抗拒的原因。中止审理的原因消失后，应当恢复审理。中止审理的期间不计入审理期限。

根据最高人民法院《解释》第 314 条的规定，有多名被告人的案件，部分被告人具有《刑事诉讼法》第 206 条第 1 款规定情形的，人民法院可以决定对全案中止审理；根据案件情况，也可以对该部分被告人中止审理，对其他被告人继续审理。对中止审理的部分被告人，可以根据案件情况另案处理。最高人民法院《解释》第 332 条规定，被告人在自诉案件审判期间下落不明的，人民法院可以裁定中止审理；符合条件的，可以对被告人依法决定逮捕。

中止审理与延期审理不同。二者的主要区别是：

（1）时间不同。延期审理仅适用于法庭审理过程中；而中止审理适用于人民法院受理案件后至作出判决前。

（2）原因不同。导致延期审理的原因是诉讼自身出现了障碍，其消失依赖于某种诉讼活动的完成，因此延期审理不能停止法庭审理以外的诉讼活动；而导致中止审理的原因是出现了不可抗拒的情况，其消除与诉讼本身无关，因此中止审理将暂停一切诉讼活动。

（3）再行开庭的可预见性不同。延期审理的案件，再行开庭的时间可以预见，甚至当庭即可决定；而中止审理的案件，再行开庭的时间往往无法预见。

第二节　刑事诉讼的终止

一、刑事诉讼终止概述

（一）刑事诉讼终止的概念

刑事诉讼终止，是指刑事诉讼过程中，因出现某种法定情形，致使诉讼活动不必要或者不应当继续进行，从而结束诉讼的制度。

诉讼终止实际上是诉讼的非正常结束，一旦作出诉讼终止的决定，所有诉讼活动都要立即停止进行，各种强制措施也因诉讼终止的决定而失效。在我国刑事诉讼中，在不同的诉讼阶段，诉讼终止的处理方式是不同的。如在侦查阶段，是撤销案件；在审查起诉阶段，是不起诉；在审判阶段，是终止审理。

刑事诉讼终止与刑事诉讼中止是有严格区别的，表现在：其一，条件不同。刑事诉讼终止是出现法定的使诉讼活动不必要或者不应当继续进行的情形，而诉讼中止则是发生使诉讼无法进行或不宜进行的特殊情况或者法定原因，虽然两者都是在诉讼过程中发生，但是对诉讼进程的影响是不一样的。其二，结果不同。刑事诉讼终止是该案刑事诉讼程序的完全结束，以后也不能恢复，而刑事诉讼中止则是该案刑事诉讼程序的暂时停止，在有关情形或原因消失后，诉讼还可以恢复。其三，程序不同。由于两者对诉讼的影响不同，因此程序也有很大的不同。

（二）刑事诉讼终止的意义

正常的刑事诉讼案件要经过一个比较复杂的过程才能够宣告结束。以刑事公诉案件为例，要经过立案、侦查、审查起诉、审判以及执行等程序。但是在刑事诉讼过程中有时会出现特殊的情况，使得刑事诉讼进行下去没有必要或不可能。如犯罪嫌疑人、被告人在诉讼过程中意外死亡，由于刑事诉讼要解决的中心问题就是犯罪嫌疑人、被告人的刑事责任问题，因而犯罪嫌疑人、被告人死亡后，刑事诉讼也就失去了追究的对象，诉讼再进行下去就没有意义了。在这种情况下，应当及时终止诉讼。

刑事诉讼终止的意义在于：一是维护了法制的严肃性，避免任何一起刑事案件处于长期的待定状态，使我国法治以及司法机关的威信受到影响；二是可以避免办案人员的无效劳动，节省人力、物力，节省司法资源；三是可以使有关当事人及时从诉讼中解脱出来，减少讼累，从而维护其合法权益。

二、刑事诉讼终止的条件与程序

（一）刑事诉讼终止的条件

关于诉讼终止的条件，许多国家在刑事诉讼立法中都有规定。《德国刑事诉讼法》规定：处理轻罪的时候，行为人责任轻微，不存在需要追究责任的公共利益的，经负责开始审判程序的法院同意，检察院可以不追诉；已经提起诉讼的，经检察院、被告人同意，法院可以在程序的任何一个阶段停止诉讼。《法国刑事诉讼法》规定：请求科刑的公诉因被告人死亡、时效、大赦、刑事法律的废除和既决案件等原因而消失，当告诉是起诉的一个必要条件时，公诉可因告诉的撤回而消失。

我国《刑事诉讼法》中没有诉讼终止的概念，但是明确规定了诉讼终止中的终止审理的情况。诉讼终止在其他诉讼阶段中以其他的概念出现，即在侦查阶段为撤销案件，在审查起诉阶段为不起诉。按照我国《刑事诉讼法》的规定，在不同的诉讼阶段刑事诉讼终止的条件基本上是相同的，根据《刑事诉讼法》第 16 条的规定，刑事诉讼终止的基本条件是：①发生在刑事诉讼过程中；②具备不追究刑事责任的法定情形之一，才能终止刑事诉讼。

（二）刑事诉讼终止的程序

《刑事诉讼法》第 163 条是关于侦查阶段撤销案件的规定，"在侦查过程中，发现不应对犯罪嫌疑人追究刑事责任的，应当撤销案件；犯罪嫌疑人已被逮捕的，应当立即释放，发给释放证明，并且通知原批准逮捕的人民检察院"。

依照我国《刑事诉讼法》的规定，人民检察院终止刑事诉讼有两种情况，一种是撤销案件，另一种是不起诉。严格来说，我国检察机关对某些刑事案件享有侦查权，因此，此时的撤销案件应当属于侦查阶段的终止诉讼。《刑事诉讼法》第 168 条规定的是检察机关对自侦案件侦查终结的处理：人民检察院侦查终结的案件，应当作出提起公诉、不起诉或者撤销案件的决定。

《刑事诉讼法》关于审查起诉阶段不起诉的规定有多个条文。第 177 条规定的是法定不起诉的条件：犯罪嫌疑人没有犯罪事实，或者有本法第 16 条规定的情形之一的，人民检察院应当作出不起诉决定。对于犯罪情节轻微，依照刑法规定不需要判处刑罚或者免除刑罚的，人民检察院可以作出不起诉决定。人民检察院决定不起诉的案件，应当同时对侦查中查封、扣押、冻结的财物解除查封、扣押、冻结。对被不起诉人需要给予行政处罚、处分或者需要没收其违法所得的，人民检察院应当提出检察意见，移送有关主管机关处理。有关主管机关应当将处理结果及时通知人民检察院。第 178 条规定的是对不起诉决定的宣布：不起诉的决定，应当公开宣布，并且将不起诉决定书送达被不起诉人和他的所在单位。如果被不起诉人在押，应当立即释放。第 179 条规定：对于公安机关移送起诉的案件，人民检察院决定不起诉的，应当将不起诉决定书送达公安机关。公安机关认为不起诉的决定有错误的时候，可以要求复议，如果意见不被接受，可以向上一级人民检察院提请复核。第 180 条规定：对于有被害人的案件，决定不起诉的，人民检察院应当将不起诉决定书送达被害人。被害人如果不服，可以自收到决定书后 7 日以内向上一级人民检察院申诉，请求提起公诉。人民检察院应当将复查决定告知被害人。对人民检察院维持不起诉决定的，被害人可以向人民法院起诉。被害人也可以不经申诉，直接向人民法院起诉。人民法院受理案件后，人民检察院应当将有关案件材料移送人民法院。

此外，第 182 条是对特殊案件的撤销、不起诉的规定：犯罪嫌疑人自愿如实供述涉嫌犯罪的事实，有重大立功或者案件涉及国家重大利益的，经最高人民检察院核准，公安机关可以撤销案件，人民检察院可以作出不起诉决定，也可以对涉嫌数罪中的一项或者多项不起诉。根据前款规定不起诉或者撤销案件的，人民检察院、公安机关应当及时对查封、扣押、冻结的财物及其孳息作出处理。

终止审理是指人民法院在审判案件过程中，遇有法律规定的情形致使审判不应当或者不需要继续进行时终结案件的诉讼活动。终止审理的法定情形是指《刑事诉讼法》第 16 条第 2~6 项所规定的内容。

终止审理与中止审理不同。二者的主要区别是：①原因不同。终止审理源于审理中出现了不应当或者不需要继续进行的情形，而中止审理则是因为出现了使得案件无法继续审理的不可抗拒的情况。②法律后果不同。终止审理后，诉讼即告终结，不再恢复，而中止审理只是暂停诉讼活动，一旦中止原因消失，即应恢复审理。

思考题：

1. 如何完善我国的刑事诉讼中止制度？
2. 在我国刑事诉讼中，终止审理的条件是什么？

第三编　刑事诉讼基本程序

第十七章　立　案

内容导读　我国刑事诉讼中的立案，是公安机关、人民检察院和人民法院专有的职权，是刑事诉讼活动的开始阶段和必然阶段。正确启动立案程序，对及时揭露、证实和打击犯罪，使无辜者免受刑事追究，具有十分重要的意义。本章概述了立案的概念和意义；立案材料的主要来源；立案的条件和程序；以及对不立案的监督。

本章重点：

1. 立案材料的来源
2. 立案与不立案的条件
3. 立案的程序

本章难点：

立案与不立案的条件

第一节　立案的概念和意义

一、立案的概念

刑事诉讼中的立案，是指公安机关、人民检察院发现犯罪事实或者犯罪嫌疑人，或者公安机关、人民检察院、人民法院对于报案、控告、举报和自首的材料以及自诉人起诉的材料，按照各自的管辖范围进行审查后，决定作为刑事案件进行侦查或者审判的一种诉讼活动。

立案作为刑事诉讼开始的标志，是每一个刑事案件都必须经过的法定阶段，同时，这一诉讼阶段具有相对独立性和特定的诉讼任务，简而言之就是决定是否开始刑事诉讼程序。立案作为一个独立的诉讼阶段，具有以下特征：

（一）立案是刑事诉讼的起始程序

立案、侦查、起诉、审判和执行，是刑事诉讼法所确立的五个普通诉讼程序。公安、司法机关进行刑事诉讼，必须严格按照法定程序进行，不能随意超越、颠倒任何一个诉讼阶段。只有在前一诉讼阶段的任务完成之后，才能进行下一阶段的诉讼活动，只有这样才能真正贯彻程序法治原则。立案程序是整个刑事诉讼活动的开始。

（二）立案是刑事诉讼的必经程序

按照程序法治原则，公安司法机关进行刑事诉讼，必须严格依照法定程序进行，不能随意超越、颠倒任何一个诉讼阶段，只有这样才能保证公安、司法机关准确、及时、有效地处理刑事案件，保证刑事诉讼任务和目的的实现。但是，由于刑事案件的具体情况不同，不是每一个刑事案件都必须经过五个诉讼阶段，例如，自诉案件不需要经过侦查阶段，由被害人直接向人民法院起诉；还有些案件，在人民检察院作出不起诉决定后，即告终结，不需要经过审判和执行程序；有些公诉案件，如果犯罪情节轻微，依法不需要判处刑罚或者免除刑罚的，在审查起诉阶段，人民检察院可以作出不起诉的决定，从而终结已经开始的诉讼程序。但是，任何刑事案件进入刑事诉讼程序都必须经过立案阶段。只有经过立案，其他诉讼阶段才能依次进行，公安司法机关进行侦查、起诉和审判活动才有法律依据，才能产生法律效力。因此，立案程序是刑事诉讼的必经程序。

（三）立案是法定机关的专门活动

刑事案件的立案，是法律赋予公安机关、国家安全机关、人民检察院和人民法院的一种职权，其他任何单位或个人都无权立案。而且公安机关、国家安全机关、人民检察院和人民法院必须按照法律规定的管辖范围行使立案权。

二、立案的意义

刑事诉讼法把立案规定为刑事诉讼的开始和必经程序，对于保证刑事诉讼的正确进行和《刑事诉讼法》任务的顺利完成，有着重要的意义。

（一）有利于准确、及时地揭露和惩罚犯罪

对于已经发生的犯罪行为，公安司法机关正确、及时地作出立案决定，并不失时机地开展侦查或调查活动，就可以及时揭露、证实和惩罚犯罪，有效地同犯罪分子作斗争。因此，正确地运用和执行立案程序，能够保证一切依法需要追究刑事责任的犯罪行为，及时地受到应有的刑事追究。

（二）有利于保护公民的合法权益不受侵犯

正确、及时地立案，是对犯罪行为的受害单位或公民控告犯罪的正义要求的支持，是对他们合法权益的有力保护。同时，正确执行立案程序，严格把握立案的法定条件，可以保证无辜的公民不受刑事追究，切实保障公民的合法权益。

（三）立案是准确评价社会治安形势和进行正确决策的重要依据

立案是司法统计的重要内容。正确地执行立案程序，就能够及时、准确地掌握各个时期和各个地区刑事案件的发案情况，分析研究某地某时犯罪的动向、特点和规律，总结工作经验，采取相应的措施，预防和减少犯罪的发生，更有效地同犯罪行为作斗争。

三、国外关于立案程序的规定

（一）英美国家的启动模式

美国的刑事诉讼制度中对于侦查的设置是随机型启动模式。刑事案件首先要引起侦查官员的注意才有可能开始被调查。多数案件是通过被害人或第三人的报案而引起侦查官员注意的。但也有一些犯罪是警察在执行公务时现场发现，或者是通过告密、电子窃听、监控甚至诱惑方法发现的。美国的警察、检察官在侦查权力配置方面，是警察拥有完全的侦查权，检察官并不主导侦查；在强制侦查措施方面，警察只有在紧急情况下可以采取紧急措施，否则需要中立的司法官批准。

英国的侦查权是警察机关专有的一项权利。对于已经发生的刑事案件，通常是由案件相关人员的举报或者被害人或其亲属对于发生在其或其亲属身上的犯罪行为的控告而发现的，当然，在英国，警察也是可以成为发现刑事案件的主体。此外，关于如何将发现的犯罪事实告知相关机关，则可以采取一切可以告知的方式，例如通过打电话或者当面向警察告知。英国的警察部门是独立于检察部门的，没有采取警检合一的侦查机构设置方式，在侦查启动模式上采用随机型启动侦查模式并配合强制侦查措施，采令状主义。

（二）大陆法系国家的启动模式

依据《德国刑事诉讼法》的规定，警察应在采取侦查活动后立即将案情报告检察官，这样做主要是为了确保检察机关在调查程序中的领导地位。检察官在侦查程序中拥有指挥权，绝大多数警察是检察官的"附属官员"，受其指示。只有在个别有限的委托侦查案件中，警察机关才有指挥权。

根据《意大利刑事诉讼法》的规定，初期侦查是由检察官和司法警察在获取犯罪消息后发动的。司法警察在发现犯罪发生或者接到犯罪发生的报告后，应当在 48 小时内进行初步侦查，包括勘验现场、讯问犯罪嫌疑人、询问证人及进行搜查、扣押和临时拘留等，在情况紧急时还可以对犯罪嫌疑人直接进行逮捕、搜查、扣押、查封、窃听等强制性侦查措施。经过这些侦查活动，司法警察发现案件具备继续侦查的条件的，就要在开始初步侦查的 48 小时内，向检察官提交一份报告，并将其收集的全部证据材料一并移送检察官。

根据《日本刑事诉讼法》第 189 条之规定，司法警察职员无论通过何种途径知道、了解可能存在犯罪事实，就可以从事刑事侦查活动，至此就开启了刑事诉讼程序。司法警察只要通过任何法律规定的途径了解、知悉存在犯罪事实，便不需要经过其他任何相关程序而可以直接开始侦查活动，这表明日本司法警察享有很大限度的自主侦查权。

两大法系关于立案程序存在共同之处，即二者均为随机启动模式。而不同之处在于英美法系的国家采用的是对人随机型模式，只要能对特定公民提出指控，不需要某一专门的手续和程序，就可以启动刑事诉讼程序。大陆法系的国家大多采用的是对事随机型模式，即不管是否确定犯罪嫌疑人，只要确定存在犯罪事实就可以启动诉讼程序，立案侦查。另外，在英美法系国家，是否启动侦查权，警察占据主导作用。而在大陆法系国家，检察官对于刑事案件的侦查启动占据主导地位。

四、我国立案程序存在的问题

从目前我国立案程序运作的实际情况来看，立案程序在司法实践中主要呈现出两种命运：

第一，异化。即违背立案程序本身设立的初衷，而服务于另外的目的（通常是立案权力行使者的非法目的）。在我国当前法治环境总体不甚理想的背景下，立案程序的异化，带来的是权力的失控，实践中有的侦查人员或机关利用立案的高标准，将应该按照刑事案件处理的案件当成一般治安案件来办理，大案化小、重罪化轻、以罚代刑，对重大刑事案件不及时侦查，久拖不结，使犯罪分子逃脱了法律的严惩，受害人的生命财产安全得不到有效的保护。同时，由于立法规定的立案程序的条件过高，导致了侦查机关"不破不立""破了才立"等规避法律现象的发生。

第二，虚置。由于法律规定的立案条件不具有可操作性，为了及时发现犯罪、打击犯罪，侦查机关在实践中必然脱离法律的规定而自行其是，自行降低程序启动的标准，这就导致立案程序事实上被虚置。在实践中，侦查机关往往通过制定司法解释或其他内部作业规范的方式自行降低侦查程序启动的标准，常见的形式是规定在立案阶段，侦查机关有权进行"初查"。2019 年最高人民检察院《规则》第 169 条规定，进行调查核实，可以采取询问、查询、勘验、检查、鉴定、调取证据材料等不限制被调查对象人身、财产权利的措施。不得对被调查对象采取强制措施，不得查封、扣押、冻结被调查对象的财产，不得采取技术侦查措施。在笔者看来，这种"调查核实"（包括询问、查询、勘验、检查、鉴定、调取证据材料等）与正式的侦查行为比较起来，很难有本质上的区别（从理论上讲，它其实就是任意性侦查），但是，由于初查可以仅仅根据举报线索而发动，具有较强的随机性特征，这就使侦查机关可以绕过立案程序，随机性地启动侦查程序，而立法所规定的正式程序——立案程序却被虚置了。其实，立案程序及其理论仍然在我国刑事诉讼机制中存留的根本原因还在于，程序理念和程序结构的僵化、保守。正是因为在程序架构上的司法审查机制缺位，才导致立案程序存在的问题一直得不到正视和纠正。

为此，我们主张根据侦查程序本身的特点来建构侦查启动程序，就当前而言，应当逐渐淡化立案程序的案件分流功能，取消其作为刑事诉讼程序的一个独立阶段的地位，将之改造为侦查程序的前期工序，即只作为一种犯罪消息登记程序，用以获悉和记载犯罪消息，作为侦查程序发动的信息来源，而侦查程序则应当在侦查机关获悉犯罪消息后直接发动。至于侦查程序启动之后，侦查机关自可实施询问、查询、勘验、检查、鉴定等各种侦查行为，但是，任意性侦查行为固可由侦查机关自行决定实施，但对逮捕、搜查、扣押等强制侦查行为的实施必须通过构建司法审查机制予以控制。因此，立案程序的改革，必定是一个系统工程，在废除立案程序的同时，还必须构建强制侦查的司法审查机制，使涉讼公民的基本人权得到尊重和保障。

第二节　立案的材料来源和条件

一、立案的材料来源

立案作为刑事诉讼的开始，必须有说明犯罪事实和犯罪嫌疑人存在的材料，这些材料是公安司法机关决定是否立案的根据。立案的材料来源，是指公安司法机关获取有关犯罪事实以及犯罪嫌疑人情况的材料的渠道或途径。根据法律规定和司法实践，立案的材料来源主要有：

（一）公安机关或者人民检察院自行发现的犯罪事实或者获得的犯罪线索

《刑事诉讼法》第 109 条规定：公安机关或者人民检察院发现犯罪事实或者犯罪嫌疑人，应当按照管辖范围，立案侦查。公安机关是国家的治安保卫机关，处在同犯罪作斗争的第一线，在日常的执勤和执行任务过程中有可能发现犯罪，在侦查、预审工作中也有可能发现犯罪事实、犯罪线索，这些都是公安机关立案的材料来源。人民检察院作为公诉机关，其本身也承担侦查职能，在审查批捕、审查起诉等活动中也有可能发现有犯罪事实发生并需要追究刑事责任，也应当按照管辖范围迅速立案侦查。国家安全机关、军队内部的保卫部门、监狱等执行职务过程中，发现犯罪事实或者犯罪线索，对于符合立案条件的，也应当立案。

（二）单位和个人的报案或者举报

《刑事诉讼法》第110条第1款规定：任何单位和个人发现有犯罪事实或者犯罪嫌疑人，有权利也有义务向公安机关、人民检察院或者人民法院报案或者举报。

单位和个人的报案或者举报，是公安司法机关决定是否立案的最主要、最普遍的材料来源。其中报案是指单位和个人以及被害人发现有犯罪事实发生，但尚不知犯罪嫌疑人为何人时，向公安机关、人民检察院、人民法院告发的行为；举报则是指单位和个人对其发现的犯罪事实或者犯罪嫌疑人向公安机关、人民检察院和人民法院进行告发、揭露的行为。较报案相比，举报的案件事实以及证据材料要更详细、具体。

向公安司法机关报案或者举报，既是任何单位和个人依法享有的权利，也是其依法应当履行的义务。

（三）被害人的报案或者控告

《刑事诉讼法》第110条第2款规定：被害人对侵犯其人身、财产权利的犯罪事实或者犯罪嫌疑人，有权向公安机关、人民检察院或者人民法院报案或者控告。

《刑事诉讼法》第114条规定：对于自诉案件，被害人有权向人民法院直接起诉。被害人死亡或者丧失行为能力的，被害人的法定代理人、近亲属有权向人民法院起诉。人民法院应当依法受理。根据这一规定，自诉案件的被害人及其法定代理人、近亲属向人民法院起诉，也是立案材料的来源之一。

被害人是犯罪行为的直接受害者，一方面具有揭露犯罪、惩罚犯罪的强烈愿望和积极主动性；另一方面，在许多案件中，因为被害人与犯罪嫌疑人有过接触，能够提供较为详细、具体的有关犯罪事实和犯罪嫌疑人的情况，所以其控告对于追究犯罪具有重要的价值。因此，被害人的报案或者控告也是重要的立案材料来源。

控告是指被害人（包括自诉人和被害单位）就其人身权利、财产权利遭受不法侵害的事实及犯罪嫌疑人的有关情况，向公安司法机关揭露和告发，要求依法追究犯罪嫌疑人的刑事责任的诉讼行为。

报案、控告和举报是公民的民主权利，受国家法律保护，任何单位或个人都不得以任何借口对报案人、控告人、举报人进行阻止、压制或者打击报复。对报案人、控告人、举报人进行报复、陷害构成犯罪的，依法追究刑事责任。

报案、举报与控告的区别在于：报案是指单位和个人（包括被害人）发现有犯罪事实发生，但尚不知犯罪嫌疑人为何人时，向公安司法机关报告的行为；举报是指当事人以外的其他知情人向公安司法机关报告发现有犯罪事实或者犯罪嫌疑人的行为。与报案相比，举报的案件事实以及证据材料要更详细、具体。控告是被害人就其遭受犯罪行为侵害的事实以及犯罪嫌疑人的情况向公安机关揭露和告发，要求依法追究犯罪嫌疑人的刑事责任的行为。

（四）犯罪人的自首

自首，是指犯罪人作案以后自动投案，如实供述自己罪行，并接受公安司法机关的审查和裁判的行为。犯罪人的自首也是立案的材料来源之一。

《刑事诉讼法》第110条第4款明确规定：犯罪人向公安机关、人民检察院和人民法院自首的，适用第3款规定。即公安机关、人民检察院或者人民法院对于犯罪人的自首，都应当接受。对于不属于自己管辖的，应当移送主管机关处理；对于不属于自己管辖而又必须采取紧急措施的，应当先采取紧急措施，然后移送主管机关。由于自首能得到依法从轻、减轻或者免除处罚，因此，有不少犯罪人实施犯罪后即投案自首。《刑事诉讼法》将自首作为立案材料的重要来源之一，含有鼓励犯罪分子主动投案自首，争取宽大处理的旨意。

（五）上级机关交办的案件；群众的扭送；行政执法机关和党的纪检部门查处后依法追究刑事责任的案件

根据《刑事诉讼法》第 84 条的规定，对于正在实行犯罪或者在犯罪后即时被发觉的、通缉在案的、越狱逃跑的、正在被追捕的人，任何公民都可以立即将其扭送公安机关、人民检察院或者人民法院处理。根据《公安部关于改革完善受案立案制度的意见》，上级机关交办案件或者其他机关移送的案件，属于公安机关管辖的，各办案警种、部门都必须接受并依照有关规定办理，不得推诿。根据《行政执法机关移送涉嫌犯罪案件的规定》的规定，行政执法机关在依法查处违法行为的过程中，发现公职人员有贪污贿赂、失职渎职或者利用职权侵犯公民人身权利和民主权利等违法行为，涉嫌构成职务犯罪的，应当依照刑法、刑事诉讼法、监察法等法律规定及时将案件线索移送监察机关或者人民检察院处理。

二、立案的条件

立案必须以一定的事实材料为依据，但这并不意味着有了一定的事实材料就能立案。只有当这些材料所反映的事实符合立案的条件时，才能做到正确、及时、合法立案。

立案的条件，是指立案必须具备的基本条件，也就是决定刑事案件成立，开始进行刑事追究所必须具备的法定条件。正确掌握立案的条件，是准确、及时地解决应否立案问题的关键。

《刑事诉讼法》第 112 条规定：人民法院、人民检察院或者公安机关对于报案、控告、举报和自首的材料，应当按照管辖范围，迅速进行审查，认为有犯罪事实需要追究刑事责任的时候，应当立案；认为没有犯罪事实，或者犯罪事实显著轻微，不需要追究刑事责任的时候，不予立案，并且将不立案的原因通知控告人。控告人如果不服，可以申请复议。

根据这一规定，立案必须同时具备两个条件：一是有犯罪事实，称为事实条件；二是需要追究刑事责任，称为法律条件。

（一）有犯罪事实

有犯罪事实，是指客观上存在着某种危害社会的犯罪行为。这是立案的首要条件。如果没有犯罪事实存在，也就谈不到立案的问题了。有犯罪事实，包含两个方面的内容。

1. 要立案追究的，必须是依照《刑法》的规定构成犯罪的行为。根据《刑法》的规定，犯罪行为是指触犯刑律的、应受刑罚处罚的危害社会的行为。立案应当而且只能对犯罪行为进行。如果不是犯罪的行为，就不能立案。没有犯罪事实，或者根据《刑事诉讼法》第 16 条第 1 项的规定，有危害社会的违法行为，但是情节显著轻微、危害不大，不认为是犯罪的，就不应立案。需要指出的是，由于立案是追究犯罪的开始，此时所说的有犯罪事实，仅是指发现有某种危害社会而又触犯刑律的犯罪行为发生。至于整个犯罪的过程、犯罪的具体情节、犯罪人是谁等，并不要求在立案时就全部弄清楚。这些问题应当通过立案后的侦查或审理活动来解决。

2. 要有一定的事实材料证明犯罪事实确已发生。所谓确已发生就是指犯罪事实确已存在，包括犯罪行为已经实施、正在实施和处于预备阶段。犯罪事实确已发生，必须有一定的事实材料予以证明，而不能是道听途说、凭空捏造或者捕风捉影。当然，立案仅仅是刑事诉讼的初始阶段，在这一阶段，尚不能要求证据达到能够证实犯罪嫌疑人为何人以及犯罪的目的、动机、手段、方法等一切案情的程度。但是，在这一阶段必须有一定的证据证明犯罪事实确已发生。

（二）需要追究刑事责任

需要追究刑事责任，是指依法应当追究犯罪行为人的刑事责任。这是立案必须具备的另一个条件。只有存在依法需要追究行为人刑事责任的犯罪事实，才具有立案的价值。只有当有犯罪事实发生，并且依法需要追究行为人的刑事责任时，才有必要而且应当立案。

根据《刑事诉讼法》第16条的规定，虽有犯罪事实发生，但犯罪已过追诉时效期限的；经特赦令免除刑罚的；依照《刑法》告诉才处理的犯罪，没有告诉或者撤回告诉的；犯罪嫌疑人、被告人死亡的；其他法律规定免予追究刑事责任的，均不追究刑事责任。因此，凡犯罪行为人具有上述法定不追究刑事责任的情形之一的，就不应当立案。

有犯罪事实，需要追究刑事责任，是刑事诉讼法规定的立案的两个条件，司法机关办理立案时必须严格遵守，才能保证立案的正确性。但是，刑事诉讼法规定的立案条件，只是从刑事案件的总体上作出的原则性规定，适用于所有的刑事案件，至于具体到某个刑事案件是否应当立案，还必须结合《刑法》分则规定的该种犯罪的构成要件来确定。由于犯罪行为多种多样，在实践中准确把握立案条件比较困难。

为了统一执行国家的刑事法律，正确把握立案的条件，公安部、最高人民检察院和最高人民法院根据《刑事诉讼法》的有关规定，对各自管辖的刑事案件，分别或者联合制定了一些具体的立案标准，如1999年9月16日发布的《最高人民检察院关于人民检察院直接受理立案侦查案件立案标准的规定（试行）》等。

由于自诉案件不经过侦查，自诉人向人民法院提起诉讼后，如果符合立案条件，人民法院就应当予以受理，并直接进入审判程序。因此，自诉案件的立案条件除了应当具备公诉案件的两个立案条件以外，根据最高人民法院《解释》第316条的规定，还应当具备下列条件：

（1）属于刑事自诉案件的范围；

（2）属于本院管辖；

（3）被害人告诉的；

（4）有明确的被告人、具体的诉讼请求和能证明被告人犯罪事实的证据。

三、立案标准

《刑事诉讼法》第109条仅为立案规定了一个原则性的条件，但在司法实践中，面对变化万千的具体的个别的案件，如何准确及时地立案？侦查部门往往针对具体的罪名制定立案标准，以细化量化立案条件，如《最高人民检察院关于人民检察院直接受理立案侦查案件立案标准的规定（试行）》，《最高人民检察院关于行贿罪立案标准的规定》（2000年12月22日发布）。立案标准作为立案的操作细则，提高了立案工作的操作性，便利了立案工作，使人为的因素得以排除；立案标准也使维护犯罪嫌疑人的权利有了明确性和针对性，便于发现侦查机关滥用权力的行为，及时提出申诉。

【**经典例题**】1. 某公安机关接到群众报案，称邻居何某坠楼而死，公安机关立即派人到现场进行了现场勘验。如果此事要作为一起刑事案件立案的话，那么在立案阶段应当查明的事项是（　　）。[1]

　　A. 何某死亡的准确时间

　　B. 何某是跳楼自杀还是他人谋杀

　　C. 如果是他人谋杀，犯罪嫌疑人是谁

　　D. 如果是他人谋杀，作案人的动机是什么

　　2. 公安机关接到报案，称某小区楼下发现一具尸体。若要立案，下列哪些情形不是公安机关应当查明的情况？（　　）[2]

　　A. 死者是自杀还是他杀

　　B. 死者是男人还是女人

　　C. 死亡的具体时间

　　D. 尸体的准确位置

　　3. 在公安车上乘客贾某向司机讲述自己诺基亚5200手机（价值800元）一部和钱包（内有人民币3000元）被盗，这时发现顾某在车上神色紧张、焦虑，并欲寻机下车，贾某立即将此种情况悄声告诉了司机，公交车司机唐某机智地将车直接拐弯进了检察院院内。针对本案，以下错误的是哪些？（　　）[3]

　　A. 检察院依据《刑事诉讼法》第83条，按照管辖范围、立案侦查的相关规定，其工作人员让司机将车开走，到公安局去报案，这时顾某伺机想逃跑，被几名乘客控制住

　　B. 唐某遂将车开到公安局院内，一名警察告诉司机快下车写一份书面报案材料才可受理

　　C. 由于顾某在车内扬言："你们要是再抓我，等老子出来宰了你们。"几位乘客和唐某均不愿意公开自己的姓名和身份，办案人员表示同意

　　D. 贾某在公安机关进行立案侦查后，下车准备离开时，发现自己的钱包掉进了自己的皮夹克内夹层，当时误以为被盗窃，实际只丢了手机一部（顾某确实偷了贾某的手机），遂告诉办案人员这种情况，办案人员认为他是诬告，要追究责任

第三节　立案程序和立案监督

一、立案程序

　　立案程序，是指立案阶段中各种诉讼活动的步骤和形式。根据《刑事诉讼法》的规定，立案程序包括对于立案材料的接受、审查和处理三个部分：

　　（一）对立案材料的接受

　　对立案材料的接受是指公安机关、人民检察院和人民法院对报案、控告、举报和自首材料的受理。它是立案程序的开始。接受立案材料应当注意以下几点：

　　1. 公安机关、人民检察院和人民法院对于报案、控告、举报和自首，都应当接受下来，

---

[1]　答案：B

[2]　答案：BCD

[3]　答案：ABD

然后依法处理,而不得以任何理由拒绝或推诿。《刑事诉讼法》第 110 条第 3 款规定:公安机关、人民检察院或者人民法院对于报案、控告、举报,都应当接受。对于不属于自己管辖的,应当移送主管机关处理,并且通知报案人、控告人、举报人;对于不属于自己管辖而又必须采取紧急措施的,应当先采取紧急措施,然后移送主管机关。这里"紧急措施"是指保护现场,先行拘留嫌疑人、扣押证据等措施。

2. 报案、控告和举报可以用书面或口头形式提出。《刑事诉讼法》第 111 条第 1 款规定:报案、控告、举报可以用书面或者口头提出。接受口头报案、控告、举报的工作人员,应当写成笔录,经宣读无误后,由报案人、控告人、举报人签名或者盖章。根据这一规定,报案、控告和举报可以采取书面形式,也可以口头提出,这是为了方便群众,有利于群众同犯罪行为作斗争。接受口头报案、控告、举报时,应当注意尽量问清犯罪的时间、地点、方法、后果、犯罪嫌疑人的特征等情况,做好笔录,并向报案人、控告人、举报人宣读,经确认无误后,由其签名或者盖章。

3. 接受控告、举报的工作人员应当向控告人、举报人说明诬告应负的法律责任。《刑事诉讼法》第 111 条第 2 款规定:接受控告、举报的工作人员,应当向控告人、举报人说明诬告应负的法律责任。但是,只要不是捏造事实,伪造证据,即使控告、举报的事实有出入,甚至是错告的,也要和诬告严格加以区别。为了保证控告、举报的真实性,接受控告、举报的工作人员应当向控告人、举报人说明控告、举报应当实事求是,不得诬告陷害他人,否则将依照《刑法》关于诬告陷害罪的规定追究刑事责任。同时,应当严格区分错告和诬告。二者的主要区别是:错告没有捏造事实、陷害他人的故意,而是由于个人认识片面或错误造成的控告、举报与事实不符,甚至错误;而诬告则是故意捏造事实,伪造证据,目的在于陷害他人。

4. 公安司法机关应当为报案人、控告人、举报人保密,并保障他们及其近亲属的安全。为了鼓励人民群众积极同犯罪行为作斗争,保障单位和个人行使控告、举报的权利,《刑事诉讼法》第 111 条第 3 款规定,公安机关、人民检察院或者人民法院应当保障报案人、控告人、举报人及其近亲属的安全。即当他们的安全受到威胁时,公安司法机关应当主动采取保护措施或者被要求而采取相应的保护措施。为了防止犯罪嫌疑人事后对报案人、控告人、举报人及其近亲属的打击报复,该款还规定报案人、控告人、举报人如果不愿公开自己的姓名和报案、控告、举报的行为,应当为他们保密。

(二)对立案材料的审查

对立案材料的审查是指公安机关、人民检察院、人民法院对自己发现的或者接受的立案材料进行核对、调查的活动。其任务是正确认定有无犯罪事实发生,依法应否追究行为人的刑事责任,为正确作出立案或者不立案的决定打下基础。对立案材料的审查,是立案程序的中心环节,是能否正确、及时地立案的关键。因为立案或者不立案,取决于公检法三机关对立案材料审查的结果,而审查材料的过程,也就是根据法律所规定的立案条件,确认有无犯罪事实和分析、评断这种犯罪事实是否需要追究刑事责任的过程。因此,对立案材料的审查,是一项十分重要的工作。

《刑事诉讼法》第 112 条规定:人民法院、人民检察院或者公安机关对于报案、控告、举报和自首的材料,应当按照管辖范围,迅速进行审查。通过审查,应当查明:材料所反映的事件是否属于犯罪行为;如果属于犯罪行为,有无确实可靠的证据材料证明;依法是否需要追究行为人的刑事责任;有无法定不追究刑事责任的情形。

在司法实践中，公安、检察或者审判机关对立案材料进行审查时，可以要求报案、控告、举报的单位和个人提供补充材料，或者要求他们作补充说明，也可以进行必要的调查。公安、司法机关对立案材料的审查，只要求所取得的证据足以证明有犯罪事实发生，并且依法需要追究刑事责任而应当立案，或者依法不需要追究刑事责任而不应当立案，立案前的审查工作就完成了。对于应当立案的，并不要求查清全部犯罪事实和查获犯罪嫌疑人。

对于自诉案件，由于法律要求自诉人在提起自诉时，应当同时提出证明犯罪事实发生的各种证据，因此，人民法院在审查过程中，如果认为自诉人提出的证据不充分，可以要求自诉人提出补充证实有关犯罪事实的材料，但在立案前法院不得进行调查。

（三）对立案材料的处理

对立案材料的处理，是指公安机关、人民检察院、人民法院通过对立案材料的审查，分别针对不同情况作出立案或者不立案的决定。这是立案程序的最后结果。

《刑事诉讼法》第 112 条规定，人民法院、人民检察院或者公安机关对于报案、控告、举报和自首的材料，应当按照管辖范围，迅速进行审查，认为有犯罪事实需要追究刑事责任的时候，应当立案；认为没有犯罪事实，或者犯罪事实显著轻微，不需要追究刑事责任的时候，不予立案，并且将不立案的原因通知控告人。控告人如果不服，可以申请复议。根据这一规定，对立案材料的处理，包括立案决定和不立案决定两种形式。

1. 决定立案及应办的法律手续。公安机关、人民检察院、人民法院经过对立案材料的审查，认为符合立案条件，即有犯罪事实发生，对行为人依法需要追究刑事责任时，应当作出立案的决定。

公安机关对立案材料进行审查后，认为需要立案的，由承办人填写《立案报告表》，公安机关主管负责人批准后，交由侦查部门开始侦查。人民检察院对立案材料审查后，认为需要立案的，先由承办人填写《立案请示报告》。经检察长批准或检察委员会决定后，制作《立案决定书》。还应及时将《立案请示报告》和《立案决定书》报上一级人民检察院备案。上级人民检察院认为不应当立案的，制作《纠正案件错误通知书》，通知下级人民检察院，撤销案件。下级人民检察院如有不同意见，可以申请复议。人民法院受理的自诉案件，一般先由控告申诉庭工作人员填写《立案审批表》，经主管负责人审查批准后，移交刑事审判庭审理。

2. 决定不立案及应办的法律手续。接受立案材料的公安、司法机关，经审查，如果认为不符合立案条件，即没有犯罪事实发生，或者不需要追究刑事责任时，应当作出不立案的决定。决定不予立案的，应当制作《不立案决定书》，写明案件的材料来源，决定不立案的理由和法律依据，决定不立案的机关，等等。根据《刑事诉讼法》以及相关规定，公安司法机关决定不立案的，应当将不立案的原因通知控告人。控告人如果不服，可以申请复议。对控告人的复议申请，公安司法机关应当及时审核并作出答复。对于那些虽然不具备立案条件，但有严重错误或一般的违法乱纪行为需要其他部门处理的情形，应当将报案、控告或者举报材料移送有关部门处理。

二、立案监督

（一）立案监督的概念

立案监督，是指有监督权的机关和公民依法对立案活动进行监视、督促或者审核的诉讼活动。

立案监督有广义和狭义之分。狭义的立案监督，是指检察机关对公安机关的立案活动进行的监督，它是人民检察院对刑事诉讼进行监督的一种体现。广义的立案监督还包括其他单位和个人对立案活动进行的监督。

《刑事诉讼法》第112条规定：人民法院、人民检察院或者公安机关决定不立案时，应将不立案的原因通知控告人。控告人如果不服，可以申请复议。第113条又规定：人民检察院认为公安机关对应当立案侦查的案件而不立案侦查的，或者被害人认为公安机关对应当立案侦查的案件而不立案侦查，向人民检察院提出的，人民检察院应当要求公安机关说明不立案的理由。人民检察院认为公安机关不立案理由不能成立的，应当通知公安机关立案，公安机关接到通知后应当立案。由此可见，法律规定的立案监督包括控告人的监督和检察机关的监督两种形式。

（二）立案监督的意义

《刑事诉讼法》就人民检察院对公安机关的立案活动的监督作了专门规定，从而使人民检察院对公安机关的立案监督有了明确的法律依据，加强和完善了人民检察院对侦查工作的监督职能，有利于打击和惩罚犯罪，防止罪犯逍遥法外、逃避法律制裁，维护国家和人民的利益，保证国家法律的统一、正确实施。

目前，在刑事司法实践中存在着"有案不立""不破不立""以罚代立""立而不究"等现象。这些问题的存在，不仅有碍法律的正确实施，损害法律的权威和尊严，而且造成了对犯罪打击不力的现象。由此，加强立案监督，防止和克服上述不良现象的存在就成了一个紧迫的问题。

（三）立案监督的程序

立案监督的程序，是指法律规定的控告人和人民检察院对立案活动实施监督的方法和步骤。由于控告人和检察机关的地位和性质不同，所以，二者对立案监督的程序也不相同。

1. 控告人的监督。控告人对立案活动的监督是通过申请复议来进行的。控告人对公安机关的不立案决定不服的，可以在收到《不予立案通知书》后7日内向原决定的公安机关申请复议。原决定的公安机关应当在收到复议申请后10日内作出决定，并书面通知控告人。控告人对人民检察院不立案的决定不服时，可以在收到不立案通知书后10日以内申请复议。对不立案的复议，由人民检察院控告申诉部门办理，并在收到复议申请的30日以内作出复议决定。

2. 人民检察院的监督。

（1）人民检察院对公安机关不立案的监督。《刑事诉讼法》第113条规定：人民检察院认为公安机关对应当立案侦查的案件而不立案侦查的，或者被害人认为公安机关对应当立案侦查的案件而不立案侦查，向人民检察院提出的，人民检察院应当要求公安机关说明不立案的理由。人民检察院认为公安机关不立案理由不能成立的，应当通知公安机关立案，公安机关接到通知后应当立案。具体而言，人民检察院对公安机关不立案的监督应注意以下几点：

第一，人民检察院对公安机关不立案的监督的材料来源有两方面：①通过人民检察院的各种业务活动发现公安机关有应当立案而不立案的情况；②通过被害人的申诉获得材料被害人认为公安机关应当立案而不立案的，有权向人民检察院提出申诉，人民检察院控告申诉部门应当受理，并根据事实和法律进行审查。审查中，可以要求被害人提供有关的材料，进行必要的调查，认为需要公安机关说明不立案的理由的，应当将案件移送审查逮捕部门处理。

第二，人民检察院对公安机关不立案的监督程序。根据《最高人民检察院、公安部关于刑事立案监督有关问题的规定（试行）》的规定，人民检察院要求公安机关说明不立案或者立案理由的，应当制作《要求说明不立案理由通知书》或者《要求说明立案理由通知书》，及时送达公安机关。公安机关应当在收到《要求说明不立案理由通知书》或者《要求说明立案理由通知书》后 7 日以内作出书面说明，客观反映不立案或者立案的情况、依据和理由，连同有关证据材料复印件回复人民检察院。公安机关主动立案或者撤销案件的，应当将《立案决定书》或者《撤销案件决定书》复印件及时送达人民检察院。

第三，人民检察院对公安机关不立案的监督处理。根据《最高人民检察院、公安部关于刑事立案监督有关问题的规定（试行）》的规定，人民检察院经调查核实，认为公安机关不立案或者立案理由不成立的，经检察长或者检察委员会决定，应当通知公安机关立案或者撤销案件。人民检察院通知公安机关立案或者撤销案件的，应当制作《通知立案书》或者《通知撤销案件书》，说明依据和理由，连同证据材料移送公安机关。

公安机关应当在收到《通知立案书》后 15 日以内决定立案，对《通知撤销案件书》没有异议的应当立即撤销案件，并将《立案决定书》或者《撤销案件决定书》复印件及时送达人民检察院。

第四，公安机关对检察院的监督不服申请复议复核。公安机关认为人民检察院撤销案件通知有错误的，应当在 5 日以内经县级以上公安机关负责人批准，要求同级人民检察院复议。人民检察院应当重新审查，在收到《要求复议意见书》和案卷材料后 7 日以内作出是否变更的决定，并通知公安机关。

公安机关不接受人民检察院的复议决定的，应当在 5 日以内经县级以上公安机关负责人批准，提请上一级人民检察院复核。上级人民检察院应当在收到《提请复核意见书》和案卷材料后 15 日以内作出是否变更的决定，通知下级人民检察院和公安机关执行。

上级人民检察院复核认为撤销案件通知有错误的，下级人民检察院应当立即纠正；上级人民检察院复核认为撤销案件通知正确的，下级公安机关应当立即撤销案件，并将《撤销案件决定书》复印件及时送达同级人民检察院。

（2）人民检察院对人民检察院不立案的监督。对于人民检察院直接受理的案件应否实行监督，如何实行监督，刑事诉讼法没有明确规定。但最高人民检察院《规则》第 566 条规定：人民检察院负责捕诉的部门发现本院负责侦查的部门对应当立案侦查的案件不立案侦查或者对不应当立案侦查的案件立案侦查的，应当建议负责侦查的部门立案侦查或者撤销案件。建议不被采纳的，应当报请检察长决定。

【经典例题】1. 辛某到县公安机关报案称其被陈某强奸，公安机关传讯了陈某，陈某称他与辛某是恋爱关系。公安机关遂作出不立案决定，并向辛某送达了不立案通知书。辛某对不立案决定不服而采取的哪一项措施不符合法律规定？（　　　）[1]

A. 向该公安机关申请复议

B. 要求县检察院撤销该不立案决定

C. 请求该县检察院进行立案监督

D. 向该县法院提起自诉

---

[1] 答案：B

2. 某县公安机关收到孙某控告何某对其强奸的材料，经审查后认为何某没有强奸的犯罪事实。县公安机关应当如何处理？（　　　）[1]

A. 不予立案

B. 要求孙某撤回控告

C. 撤销案件

D. 侦查终结后移送检察院作不起诉决定

3. 某伤害案，由于犯罪嫌疑人系当地公安局局长的儿子，当地公安机关对被害人的报案作出了不立案的处理决定。被害人不服，向检察院提出申诉，要求检察院对此进行监督。人民检察院应当如何处理？（　　　）[2]

A. 应该改变管辖，直接由检察院对此案进行立案侦查

B. 检察委员会可以作出决定，要求该局长回避

C. 可以直接书面通知公安机关立案

D. 可以要求公安机关说明不立案的理由，如果认为理由不能成立，可以书面通知公安机关立案

思考题：

1. 简述立案的概念及特征。

2. 立案的材料来源有哪些？

3. 立案的条件是什么？

4. 立案的程序有哪些？

5. 简述人民检察院对公安机关立案活动监督的程序及意义。

---

[1] 答案：A
[2] 答案：BD

第十八章 侦 查

内容导读 侦查是指公安机关、人民检察院在办理案件过程中，依照法律规定进行的专门调查工作和有关的强制性措施。本章主要介绍了侦查的概念、任务、意义及工作原则；侦查主体以及法律允许侦查主体所为的侦查行为和法律对侦查活动的基本要求。

本章重点：

1. 侦查的工作原则
2. 讯问和询问的程序和方法
3. 侦查终结的处理
4. 补充侦查程序及方式

本章难点：

讯问与询问的程序、方法

第一节 概 述

一、侦查、侦查权、侦查程序的概念

《刑事诉讼法》第 108 条第 1 项规定："侦查"是指公安机关、人民检察院对于刑事案件，依照法律进行的收集证据、查明案情的工作和有关的强制性措施。

侦查是刑事诉讼的一个基本的、独立的诉讼阶段，是公诉案件的必经程序。公诉案件只有经过侦查，才能决定是否进行起诉和审判。因此，《刑事诉讼法》第 115 条规定，公安机关对已经立案的刑事案件，应当进行侦查。侦查的目的是收集、调取犯罪嫌疑人有罪或者无罪、罪轻或者罪重的证据材料。

侦查也是一种调查，但它既不同于行政调查和一般的社会调查，也不同于其他诉讼的调查，如人民法院在办案过程中的调查等。它是刑事案件立案后，由法定的侦查机关进行的旨在查明案情、查获犯罪嫌疑人并收集各种证据，确定对犯罪嫌疑人是否起诉的准备活动。对侦查的概念，应从以下几个方面来理解：

1. 侦查是法律赋予公安机关、人民检察院以及其他具有侦查职能的机关或部门的专门职权。根据《刑事诉讼法》的规定，有权进行侦查的机关和部门包括：公安机关、人民检察院、国家安全机关、军队保卫部门和监狱。只有这些机关和部门才能进行侦查工作，其他任何机关、团体和个人都无权行使侦查权。

2. 侦查机关必须严格依法行使侦查权。侦查机关和侦查人员的侦查活动，必须依照法定程序和方式进行。只有这样，才能保证依法查明案件事实，准确及时地惩罚和制止犯罪，切实保障公民的合法权益不受侵犯。

3. 侦查活动具有法定的内容和方式，即专门的调查工作和有关的强制性措施。专门的调

查工作是指《刑事诉讼法》第二编第二章中所规定的讯问犯罪嫌疑人，询问证人、被害人，勘验，检查，搜查，扣押物证、书证，鉴定，通缉等活动；有关的强制性措施是指《刑事诉讼法》所规定的拘传、取保候审、监视居住、拘留和逮捕等限制或者剥夺人身自由的各种方法。

侦查权，简而言之，就是指公安机关、检察机关在刑事诉讼中享有的行使专门调查工作和有关强制措施的权力。按照我国现行法律的规定，公安机关和有关侦查机关是法定的侦查机关，享有侦查权。关于侦查权的性质一直是学术界一个争论不休的话题。有人认为侦查权是兼有行政权与司法权双重属性的权力，有人认为侦查权应当归结为行政权。最近越来越多的人主张侦查权的性质应当为行政权。"侦查"在我国《刑事诉讼法》中被作为专章予以规定，是刑事诉讼的一个重要程序。但是，提及侦查程序，传统观点往往将侦查与侦查程序混淆，认为侦查程序就是"侦查机关查找、抓获犯罪嫌疑人和收集证据的程序"。这一认识忽略了其他诉讼参与人在侦查程序中的活动，习惯性地将侦查程序视作单方诉讼行为，仅仅强调侦查机关的侦查活动，而忽视了其相对方——犯罪嫌疑人的防御活动。按照上述侦查权属于行政权的观点，并且参照现代法治国家的经验，刑事诉讼的侦查活动应当纳入司法审查的范围。在这种理念的支撑下，应当重新构建我国的侦查程序，进而整个审前程序也需要重新构建。

二、侦查的任务

侦查工作的任务，就是依照法定程序发现和收集有关案件的各种证据，查明犯罪事实，查获和确定犯罪嫌疑人，并采取必要的强制措施，防止现行犯和犯罪嫌疑人继续进行犯罪活动或者逃避侦查、起诉和审判，从而保证刑事追诉的有效进行。

具体而言，侦查工作的任务是指侦查机关依照法定程序对已经立案的刑事案件进行侦查，收集调取犯罪嫌疑人有罪或者无罪、罪轻或者罪重的各种证据材料，准确及时地查明犯罪事实，查获犯罪嫌疑人，并根据案件的具体情况采取必要的强制措施，防止犯罪分子逃避侦查或者毁灭、伪造证据、串供等，以便将犯罪嫌疑人顺利交付起诉和审判，保证诉讼活动的顺利进行，保护国家、集体和公民个人的合法权益不受侵犯。

三、侦查的意义

（一）侦查是同犯罪作斗争的重要手段

犯罪是一种极其复杂的社会现象，罪犯作案后又往往采用多种手段来掩盖真相，逃避制裁。如果没有强有力的侦查活动，就不可能准确、及时地揭露和打击犯罪。

（二）侦查是提起公诉和审判的基础

侦查作为刑事诉讼的一个重要阶段，是公安机关、检察机关和人民法院进行刑事诉讼的第一道"工序"。虽然刑事诉讼活动是从立案开始的，但是全面收集证据，揭露和证实犯罪等实质性活动却是从侦查阶段才开始的，所以它是以后各个诉讼阶段活动的基础。从侦查阶段在刑事诉讼中的作用来看，侦查是在为起诉和审判做准备。因此，侦查工作进行得如何，对案件能否得到正确、合法、及时的处理有直接的影响。如果侦查工作进行得好，收集的证据确实、充分，就会有利于起诉和审判工作的进行。如果侦查工作有疏漏或者偏差，往往会给起诉或者审判工作带来困难，有的不得不退回补充侦查，有的甚至可能给办案工作造成不可弥补的损失。

（三）侦查是预防犯罪的重要措施，有助于促进社会治安的综合治理

通过侦查活动，不仅能够查明已经发生的犯罪事实，还可以发现可能发生犯罪的隐患和漏洞，发现社会治安管理和社会上各机关、单位内部管理方面存在的问题，建议或者协同有关部门和单位采取有效措施，消除隐患，填补漏洞，加强安全防范工作，预防和减少犯罪的发生。并且通过侦查活动还可以教育群众，强化群众的法治观念，提高群众守法的自觉性和同犯罪作斗争的积极性。

四、侦查工作的原则

侦查工作的原则是指侦查机关在刑事诉讼活动中应当遵守的基本原则，它是一系列的基本行为准则，侦查人员在刑事诉讼活动中必须予以遵守。

（一）迅速及时原则

这一原则要求侦查机关接到报案后要立即组织侦查力量，制定侦查方案，及时采取侦查措施，收集案件的各种证据。侦查工作必须迅速及时，这是由侦查工作本身的特点所决定的。侦查工作迅速及时，是顺利完成侦查任务的一个极其重要的条件。侦查工作是一项时间性很强的诉讼活动。犯罪分子作案以后，为了掩盖罪行，逃避罪责，总是想方设法隐匿、毁灭、伪造证据，或者与同案人订立攻守同盟，有的还可能继续危害社会。另外，由于自然的或者其他一些原因，犯罪证据难以收集，由此，为了顺利完成侦查工作，侦查人员必须贯彻迅速及时原则。

（二）客观全面原则

所谓客观，就是指一切从实际情况出发，尊重客观事实，按照客观事实的本来面目去认识它并如实反映它。

所谓全面，就是要全面地调查了解和反映案件的情况，不能仅仅根据案件的某个情节或部分材料就下结论。

这一原则要求侦查人员一切从案件的实际情况出发，实事求是地收集证据。既要收集能够证明犯罪嫌疑人有罪、罪重的证据，又要收集能够证明犯罪嫌疑人无罪、罪轻的证据。

（三）深入细致原则

刑事案件千变万化，十分复杂。在侦查过程中，为了准确查明案件的真实情况，侦查人员还必须坚持深入细致的原则。这一原则要求侦查人员必须作深入细致的调查研究，对犯罪的具体情节要全部查清，并要求有相应的证据证明。

（四）依靠群众原则

这一原则要求在侦查工作中，不仅要充分发挥专门机关的作用，而且要善于依靠群众的力量。犯罪嫌疑人生活在广大人民群众之间，群众对于犯罪嫌疑人的经历、表现都比较了解，可以为侦查人员提供线索；并且由于人民群众对犯罪的深恶痛绝，人民群众也会主动同犯罪作斗争。所以在侦查工作中，侦查人员应当充分注意依靠人民群众的力量。

（五）遵守法制原则

程序法制原则是刑事诉讼的一项基本原则，旨在将刑事诉讼活动纳入法制的轨道，以防止国家专门机关滥用职权，恣意妄为，保证刑事诉讼的民主性、公开性，从而顺利实现刑事

诉讼的目的和任务。侦查是一项严肃的执法活动，侦查机关和侦查人员进行侦查活动，必须严格遵守法定的程序。侦查机关所适用的各种专门侦查手段和采取的强制性措施，稍有不慎，就会侵犯公民的人身权利、民主权利或者其他诉讼权利。因此，在侦查工作中，侦查人员必须增强法制观念，严格依照刑事诉讼法的规定收集证据，严禁刑讯逼供，严禁以威胁、引诱、欺骗、允诺以及其他非法方法收集证据。采取逮捕、拘留等强制措施，也必须依照法定的条件和程序进行。

（六）保守秘密原则

侦查是同各种刑事犯罪嫌疑人进行的尖锐而复杂的斗争。侦查与反侦查的矛盾，存在于整个侦查的过程。侦查工作的这种性质和特点，决定了在侦查工作中要注意保守侦查工作秘密，严格禁止将案情、证据、当事人及诉讼参与人的情况向无关人员泄露，以保证侦查活动的顺利进行。

（七）比例原则

比例原则，是指侦查权在侵犯公民权利时，必须在法律的规定范围内选择侵害公民权利最小的方式。侦查阶段是刑事诉讼中国家权力与公民基本权利对抗最严重的一个阶段。在这一阶段中，侦查权的行使可能涉及对公民个人权利和自由的限制或者剥夺，国家权力与公民个人权利之间的对抗比其他领域更为尖锐。基于侦查阶段的这一特性，现代法治国家普遍确立了比例原则，将侦查权对公民个人权利的侵犯设定在合理的范围之内。我国《刑事诉讼法》有的条文体现了比例原则，如《刑事诉讼法》第81条规定对有证据证明有犯罪事实，可能判处徒刑以上刑罚的犯罪嫌疑人、被告人，采取取保候审、监视居住等方法尚不足以防止发生社会危险性，而有逮捕必要的，应当予以逮捕。但是，我国《刑事诉讼法》对于比例原则的贯彻却远远不够，尤其是侦查阶段对于这一原则的贯彻存在严重缺陷，如在司法实践中侦查人员在诉讼手段的适用上非常随意，对于一些强制性诉讼手段的适用过于宽松等。为了避免对公民个人权利的过度侵犯，刑事诉讼法必须确立比例原则。

五、侦查的组织体系

我国的侦查组织体系具有双重性。一方面实行侦诉分离，即对于普通公诉案件，实行侦诉分离，侦查机关和起诉机关分立，侦查和起诉分别由侦查机关和检察机关进行。另一方面，又具有侦诉一体化的特征：其一，在普通公诉案件中，对于侦查机关的侦查活动是否合法，由人民检察院进行监督。其二，在自侦案件中，侦查机关和起诉机关都是检察机关。近年来有人提出警检一体化。对警检一体化问题，有肯定说、否定说和折衷说三种观点：肯定说认为，基于侦查与公诉共同的追诉职能，审前程序中应建立以公诉机关为核心和主导的机制。公诉机关有权参与指导侦查活动，即实行警检一体化。这样能够有效地追诉犯罪，节省司法资源，提高诉讼效率和保障犯罪嫌疑人的权利。否定说认为，从目前情况看，公检法三机关的职能分配基本上是合理的，警检合一后，二者为完成追诉职能，检察机关往往会放弃监督，对犯罪嫌疑人反而不利；从检察机关的人员素质、技术装备等条件上看，检察机关不能胜任指挥侦查的任务；从目前国外的情况看，实行检察机关指挥侦查的大陆法系国家，对检察官指挥侦查的做法有弱化的趋势。折衷说认为，实行侦检一体化从理论上看是可行的，但需要有一系列的配套措施，如在侦查阶段应确立司法审查机制；废除检察院对诉讼实行监督的原则等。在配套措施不完善的情况下，不能贸然实行。关于在审前程序中处理检察机关与侦查机关的关系问题，学界尽管对如何改革制度存在争议，但对一些理念问题已达成共识，如加强对审前程序的司法控制等。

六、侦查模式

侦查模式是侦查机关在刑事诉讼中行使哪些权力、采取何种侦查手段、受到哪些权力制约等制度的总称。侦查模式是侦查结构和侦查运行程序的表现形式，是对侦查系统特征和侦查运行程序特点的提炼和抽象。侦查模式按照不同的标准可分为多种类型。当今世界刑事侦查模式可以分为三类：一是英美法系国家的当事人主义侦查模式；二是大陆法系国家的职权主义侦查模式；三是以日本为代表的混合式侦查模式。

1. 大陆法系国家的职权主义侦查模式：注重发挥侦查机关的职权作用，侦查机关拥有较大的权力，且行使权力有较大的自由、较少的限制。不强调犯罪嫌疑人的积极性，不允许私人侦探、民间鉴定机构从事侦查活动。

2. 英美法系国家的当事人主义侦查模式：实行双轨制侦查，强调侦查机关与嫌疑人平等对抗，双方作为当事人的前身存在于侦查程序中，二者地位平等，关系对抗；不承认侦控机关单方面的强制处分权，法官作为第三者介入侦查，监督、制约侦查活动。犯罪嫌疑人享有广泛的诉讼权利，侦查权的行使受到法官的制约和监督，侦查机关一般无权自行作出决定，往往还在某些单行法规中赋予私人侦探、民间鉴定机构一定的侦查权限。如辛普森案件中的分血样。

3. 混合式侦查模式：也称诉讼式侦查模式，该结构具备下列特征：强调检察官具有作出起诉或不起诉决定的权威性，重视侦查机关（司法警察）与嫌疑人及其辩护人的关系；侦查是在检察官居于三角结构的顶端，司法警察与嫌疑人成为三角结构的两底角这样的侦查结构中进行的。此外，这种结构还强调侦查作为一个诉讼阶段的独立性。混合式侦查模式的典型代表是日本，这种模式结合了当事人主义侦查模式与国家职权主义侦查模式的优点。

我国实行超职权主义的侦查模式。除采取逮捕需经检察机关批准外，公安机关等侦查机关可以自行决定采取其他所有侦查措施和手段；人民检察院在自诉案件中，可以自行采取包括逮捕在内的所有侦查措施和手段；犯罪嫌疑人没有沉默权，不允许设立私人侦探和民间鉴定机构。

七、侦查的司法控制

一方面，由于侦查行为的实施大都涉及公民权益，对其进行合理制约显得尤为重要。另一方面，侦查是为了查清案件事实真相，为最终将犯罪嫌疑人交付法院审判做好准备工作，因此侦查权的运行应主动适应司法的要求，司法权也应介入侦查程序中，对侦查行为进行适当约束。

目前，侦查活动存在的主要问题有：一是侦查手段的滥用；二是违法行为的存在和缺乏制裁。而现行立法体制对侦查权缺乏有效的规制，法院、检察院无从对侦查程序实施实质性的控制。针对所出现的两种情形，应当分别采取不同的司法控制形式。针对前者，应当实施事前审查，在侦查机关作出影响公民基本权利的侦查行为之前，应由裁判主体也就是法官来进行司法审查，由其作出决定。这里要指出的是，并非对所有的侦查行为都进行事前审查，要接受事前审查的侦查行为主要应包括逮捕、羁押、搜查这样一些较严厉的措施，有的学者将其称之为强行性侦查措施，而与之相对应的任意性侦查措施的采用则可由侦查机关独立地作出决定。针对侦查过程中违法手段的存在和缺乏制裁，则应对侦查过程进行事后审查。具体而言，公民对于侦查机关在侦查过程中对其合法权益的侵害，可以寻求司法途径进行救济，也就是以提起行政诉讼的方式进行。这样，通过事前审查和事后审查的双管齐下，来保障侦查活动依法进行，既控制犯罪又保护公民的合法权益。

第二节　侦　查　行　为

侦查行为，是指侦查机关在办理案件过程中，依照法律进行的各种专门调查活动。刑事诉讼法规定的侦查行为有以下几种：

一、讯问犯罪嫌疑人

（一）讯问犯罪嫌疑人的概念和意义

1. 讯问犯罪嫌疑人的概念。讯问犯罪嫌疑人，是指侦查人员依照法定程序以言词方式向犯罪嫌疑人查问案件事实的一种侦查行为。

2. 讯问犯罪嫌疑人的意义。讯问犯罪嫌疑人，一方面有利于查明犯罪事实，扩大收集证据的线索，发现新的犯罪和其他应当追究刑事责任的犯罪分子；另一方面可以通过听取犯罪嫌疑人的申辩，保证无罪的人和其他依法不应追究的人不受刑事追究。

（二）讯问犯罪嫌疑人的程序和方法

讯问犯罪嫌疑人应当按照法定的程序和方法进行，遵守下列规则：

1. 讯问犯罪嫌疑人必须由公安机关或者人民检察院的侦查人员负责进行，侦查人员不得少于2人。

2. 犯罪嫌疑人被送交看守所羁押以后，侦查人员对其进行讯问，应当在看守所内进行。对不需要逮捕、拘留的犯罪嫌疑人，可以传唤到犯罪嫌疑人所在市、县内的指定地点或者到他的住处进行讯问，但是应当出示人民检察院或者公安机关的证明文件。对在现场发现的犯罪嫌疑人，经出示工作证件，可以口头传唤，但应当在讯问笔录中注明。传唤、拘传持续的时间不得超过12小时；案情特别重大、复杂，需要采取拘留、逮捕措施的，传唤、拘传持续的时间不得超过24小时。不得以连续传唤、拘传的形式变相拘禁嫌疑人。传唤、拘传嫌疑人，应当保证嫌疑人的饮食和必要的休息时间。对于已经被拘留或者逮捕的犯罪嫌疑人，应当在拘留或者逮捕后的24小时以内讯问，在发现不应当拘留或者逮捕的时候，必须立即释放。

3. 侦查人员在讯问犯罪嫌疑人的时候，应当首先讯问犯罪嫌疑人是否有犯罪行为。如果犯罪嫌疑人承认有犯罪行为，即让其陈述有罪的情节；如果犯罪嫌疑人否认有犯罪事实，则让其陈述无罪的辩解。然后根据其陈述，向犯罪嫌疑人提出问题。犯罪嫌疑人对侦查人员的提问，应当如实回答。但是对与本案无关的问题，有权拒绝回答。是否与本案无关，应以是否对查明本案的全部事实情节，即对查明犯罪的时间、地点、方法、手段、动机、目的、作案人的情况等有实际意义或证据价值为准。侦查人员在讯问犯罪嫌疑人的时候，应当告知犯罪嫌疑人如实供述自己罪行可以从宽处理的法律规定。

4. 讯问聋、哑犯罪嫌疑人，应当有通晓聋、哑手势的人参加，并且将这种情况记入笔录。讯问未成年的犯罪嫌疑人，可以通知其法定代理人到场。如果犯罪嫌疑人不通晓当地通用的语言文字，应当为其翻译。

5. 讯问犯罪嫌疑人应当制作讯问笔录。笔录应当如实记载提问、回答和其他在场人的情况。笔录应当交犯罪嫌疑人核对，对于没有阅读能力的犯罪嫌疑人，应当向他宣读。如果记载有遗漏或差错，犯罪嫌疑人可以提出补充或改正。犯罪嫌疑人承认笔录没有错误后，应当签名或者盖章。侦查人员也应当在笔录上签名。犯罪嫌疑人请求自行书写供述的，应当准许。必要时，侦查人员也可以要求犯罪嫌疑人亲笔书写供词。

6. 侦查人员在讯问嫌疑人时，可以对讯问过程录音或录像。对于可能判处无期徒刑、死刑的案件或者其他重大犯罪案件，应当对讯问过程录音或录像。录音或者录像应当全程进行，保持完整性。

7. 讯问犯罪嫌疑人，严禁刑讯逼供或者诱供、骗供、指名问供以及以其他非法方法进行讯问。对于实行刑讯逼供的人，犯罪嫌疑人有权提出控告；构成犯罪的，应当依法追究其刑事责任。

（三）犯罪嫌疑人聘请律师

根据《刑事诉讼法》第34条和六机关《规定》的规定，犯罪嫌疑人自被侦查机关第一次讯问或者采取强制措施之日起，有权委托辩护人；在侦查期间，只能委托律师作为辩护人。被告人有权随时委托辩护人。犯罪嫌疑人聘请律师的，可以自己聘请，也可以由其亲属代为聘请。在押的犯罪嫌疑人提出聘请律师的，看守机关应当及时将其请求转达办理案件的有关侦查机关，有关侦查机关应当及时向其所委托的人员或者所在的律师事务所转达该项请求。犯罪嫌疑人仅有聘请律师的要求，但提不出具体对象的，侦查机关应当及时通知当地律师协会或者司法行政机关为其推荐律师。犯罪嫌疑人被逮捕的，聘请的律师可以为其申请取保候审。对在押犯罪嫌疑人聘请的律师为其申请取保候审并符合法定条件的，应当准许。有权决定的机关应当在7日内作出是否同意的答复。同意取保候审的，依法办理取保候审手续；不同意取保候审的，应当通知申请人，并说明不同意的理由。受委托的律师有权向侦查机关了解犯罪嫌疑人涉嫌的罪名，可以会见在押的犯罪嫌疑人，向犯罪嫌疑人了解有关案件情况。

根据《刑事诉讼法》第34条第2款的规定，侦查机关在第一次讯问犯罪嫌疑人或者对犯罪嫌疑人采取强制措施的时候，应当告知犯罪嫌疑人有权委托辩护人。人民检察院自收到移送审查起诉的案件材料之日起3日以内，应当告知犯罪嫌疑人有权委托辩护人。人民法院自受理案件之日起3日以内，应当告知被告人有权委托辩护人。犯罪嫌疑人、被告人在押期间要求委托辩护人的，人民法院、人民检察院和公安机关应当及时转达其要求。犯罪嫌疑人、被告人在押的，也可以由其监护人、近亲属代为委托辩护人。辩护人接受犯罪嫌疑人、被告人委托后，应当及时告知办理案件的机关。《律师法》第33条规定，犯罪嫌疑人被侦查机关第一次讯问或者采取强制措施之日起，受委托的律师凭律师执业证书、律师事务所证明和委托书或者法律援助公函，有权会见犯罪嫌疑人、被告人并了解有关案件情况。律师会见犯罪嫌疑人、被告人，不被监听。由此可见，与《刑事诉讼法》的规定相比，律师会见在押犯罪嫌疑人的程序发生了很大的变化，而且律师与犯罪嫌疑人之间的秘密交流权得以确立，这是我国律师辩护制度发展和刑事法治化进程的一大进步，有助于强化侦查阶段的律师辩护。

【经典例题】1. 犯罪嫌疑人甲系不满18周岁的未成年人，在侦查阶段，依法享有下列哪

些诉讼权利？（　　　　）[1]

    A. 在讯问时，侦查机关应当通知其法定代理人到场

    B. 甲在讯问时，侦查机关可以通知其法定代理人到场

    C. 甲被第一次讯问后，甲可以聘请辩护律师为其提供法律帮助

    D. 被第一次讯问后，甲的亲属可以为其聘请律师

  2. 下列关于侦查阶段犯罪嫌疑人聘请律师的表述哪些是错误的？（　　　　）[2]

    A. 李某抢劫案，因在押的犯罪嫌疑人李某没有提出具体人选，侦查机关对其聘请律师的要求不予转交

    B. 高某伤害案，因案件事实尚未查清，侦查机关拒绝告诉受聘请的律师犯罪嫌疑人涉嫌的罪名

    C. 石某贪污案，因侦查过程需要保密，侦查机关拒绝批准律师会见在押的石某

    D. 陈某刑讯逼供案，为防止串供，会见时在场的侦查人员禁止陈某向律师讲述案件事实和情节

二、询问证人、被害人

（一）询问证人的概念和意义

询问证人，是指侦查人员依照法定程序以言词方式向证人调查了解案件情况的一种侦查行为。

询问证人的目的在于取得能够证明案件事实情况的证言，通过证言发现案件线索，查找犯罪嫌疑人，查明案情。询问证人对于发现和收集证据，侦破案件，证实犯罪具有重要意义。

（二）询问证人的程序和方式

1. 询问证人只能由侦查人员进行。在询问前，侦查人员应当熟悉案件的有关情况和材料，了解证人的身份及证人同案件和犯罪嫌疑人的关系，明确询问的目的，确定需要查清的问题，做好充分准备。

2. 侦查人员询问证人，可以在现场进行，也可到证人所在单位、住处或者证人提出的地点进行，必要时，可以通知证人到检察院或者公安机关提供证言。在现场询问证人，应当出示工作证件，到证人所在单位、住处或者证人提出的地点询问证人，应当出示检察院或公安机关的证明文件。侦查人员询问证人，不得另行指定其他地点。侦查人员询问证人地点的选择，应当从有利于获取证言、保证证人作证的积极性方面考虑。

3. 询问证人应当个别进行。这样做有利于避免证人之间互相影响，保证证言的真实性。

4. 为了保证证人如实提供证据，询问证人时，应当告知他应当如实地提供证据、证言和有意作伪证或者隐匿罪证要负的法律责任。同时，侦查人员也应当告知证人依法享有的各种诉讼权利，保障证人及其近亲属的安全。对证人及其近亲属进行威胁、侮辱、殴打或者打击报复，构成犯罪的，应当依法追究刑事责任；尚不够刑事处罚的，依法给予治安管理处罚。

5. 询问不满 18 岁的证人，应当通知其法定代理人到场。询问的地点也可以选择未成年

---

[1] 答案：BD

[2] 答案：ABCD

人所熟悉和习惯的场所。这样有利于保护未成年人的权益，减少其思想顾虑，消除其心理压力，达到询问的目的。询问聋、哑证人，应当有通晓聋、哑手势的人作翻译，并将这种情况记入笔录。询问不通晓当地语言文字的人、外国人，应当为其聘请翻译。

6. 询问证人，一般应先让证人就他所知道的情况作连续的详细叙述，并问明所叙述的事实的来源，然后根据其叙述结合案件中应当判明的事实和有关情节，向证人提出问题，让证人回答。询问证人必须保证其有客观、充分地提供证言的条件。

7. 应当制作笔录，交证人核对或者向他宣读。如果记载有遗漏或者差错，证人可以提出补充或者改正。证人承认笔录没有错误，应当签名或者盖章，侦查人员也应当在笔录上签名。证人请求自行书写证言的，应当允许。必要时，侦查人员也可以要求证人写出书面证言。

【经典例题】1. 在一起受贿案件的侦查过程中，侦查人员获悉，犯罪嫌疑人接受财物时，他家的保姆赵某曾经在场，遂决定对赵某进行调查。本案中，办案机关的下列哪种做法是错误的？（　　　　）[1]

A. 到赵某的住处进行询问

B. 到赵某所属的家政公司进行询问

C. 通知赵某到检察机关提供证言

D. 通知赵某到公安机关提供证言

2. 侦查人员询问证人时，正确的做法是（　　　）。[2]

A. 侦查人员甲，询问前向证人介绍了基本案情，告知证人应当如实地提供证言

B. 侦查人员乙，对拒绝作证的证人进行了拘留，保证了及时收集证据

C. 侦查人员丙，询问 17 岁的证人许某时，通知其父到场

D. 侦查人员丁，同时询问了共同目击证人李某、杨某

3. 黄某和刘某是夫妻，其中刘某是哑巴，他们日常生活中用哑语进行交流。一天晚上，他们夫妻二人目睹了犯罪嫌疑人抢劫邻居的全过程。公安机关对他们进行询问，下列有关询问方式的说法中哪些是错误的？（　　　　）[3]

A. 应当单独询问黄某

B. 应当单独询问刘某，但可以请黄某在现场对其哑语进行翻译

C. 应当单独询问刘某，但应当另请懂哑语的人在现场对其哑语进行翻译

D. 可以将黄某和刘某传唤到指定的某宾馆进行询问

（三）询问被害人

询问被害人，是指侦查人员依照法定程序向直接遭受犯罪行为侵害的人就其受害事实及犯罪嫌疑人的有关情况进行调查的侦查活动。询问被害人适用询问证人的程序。但是，被害人是刑事诉讼的当事人，与其他证人的诉讼地位不同，因此询问时，既要看到他是犯罪行为直接侵害的对象，对犯罪事实和犯罪分子的情况有更多的了解，又要考虑到他与案件有利害关系。对被害人的陈述，既要认真听取，又要注意分析是否合乎情理，有无夸大情节。对于

---

[1] 答案：D

[2] 答案：C

[3] 答案：BD

被害人的个人隐私，应当为其保守秘密。对被害人的人身安全，应采取切实措施予以保障。

三、勘验、检查

（一）勘验、检查的概念和意义

勘验、检查，是侦查人员对于与犯罪有关的场所、物品、尸体、人身进行勘查和检验的一种侦查行为。勘验和检查的性质是相同的，只是对象有所不同。勘验的对象是现场、物品和尸体，而检查的对象是活人的身体。

勘验、检查，是一种极其重要的侦查行为，是发现和获取证据、查明案情的重要手段，对侦查破案有着特别重要的作用。任何犯罪都是在一定时间和空间内进行的活动，所以，犯罪嫌疑人在实施犯罪行为时，必然会在犯罪现场留下一定的痕迹、物品，会对被害人人身造成一定的伤害，有时作案人自己也会遭到被害人的反抗而受伤，在作案人身上，也可能留下犯罪痕迹。在有些情况下，犯罪嫌疑人还可能对犯罪现场加以伪装或掩盖，可是就在伪装和掩盖的过程中，有可能留下伪装或者掩盖的痕迹。所以通过勘验、检查，可以发现和取得犯罪活动留下的种种痕迹和物品。面对这些证据材料加以分析研究，就可以了解犯罪人实施犯罪的情况，判断案件的性质以及犯罪嫌疑人的特征，发现侦破案件的各种线索，明确侦查方向和范围，从而为彻底查清犯罪事实、查获犯罪嫌疑人提供依据。

（二）勘验、检查的种类和程序

根据刑事诉讼法的规定，勘验、检查可以分为现场勘验、物证检验、尸体检验、人身检查和侦查实验五种。

1. 现场勘验。现场勘验，是侦查人员对刑事案件的犯罪现场进行勘查和检验的一种侦查活动。犯罪现场是指犯罪人实施犯罪的地点和其他遗留有与犯罪有关的痕迹和物证的场所。

（1）保护好现场。《刑事诉讼法》第129条规定，任何单位和个人，都有义务保护犯罪现场，并且立即通知公安机关派员勘验。接案后，侦查人员应当迅速赶到案发现场，并保护好现场。

（2）侦查人员勘验现场，必须持有公安机关或者人民检察院的证明文件。

（3）勘验现场在必要时可以指派或聘请具有专门知识的人在侦查人员的主持下进行。《刑事诉讼法》第128条规定，在必要的时候，可以指派或者聘请具有专门知识的人，在侦查人员的主持下进行勘验、检查。为了保护勘验的客观性，还应邀请2名与案件无关的见证人在场。

（4）在勘验现场时，侦查人员还应当及时向被害人、目睹人、报案人和其他群众调查访问，以便了解发案前和发案当时的状况，发现和收集同案件有关的各种情况，并及时采取紧急措施收集证据。

（5）勘验现场的情况应当写成笔录，由侦查人员、其他参加勘验的人员和见证人签名或者盖章。对于重大案件、特别重大案件的现场，应当录像。

2. 物证检验。物证检验是指对在侦查活动中收集到的物品或者痕迹进行检查、验证，以确定该物证与案件事实之间的关系的一种侦查活动。检验物证，必须认真、细致。需要经专门技术人员进行检验和鉴定的，应指派或聘请鉴定人进行。检验物证，应制作检验笔录，参加检验的人员和见证人均应签名或者盖章。

3. 尸体检验。尸体检验是指由侦查机关指派或聘请的法医或医师对非正常死亡的尸体进行尸表检验或者尸体解剖的一种侦查活动。尸体检验的目的在于确定死亡的时间和原因、致死的工具和手段、方法，为查明案情和犯罪人提供根据。根据《刑事诉讼法》第131条以及公安部《规定》第218条的规定，对于死因不明的尸体，为了确定死因，经县级以上公安机关负责人批准，可以解剖尸体，并通知死者家属到场。检验尸体，应当在侦查人员主持下，由法医或者医师进行。尸体检验的情况，应当详细写成笔录，并由侦查人员和法医或医师签名或者盖章。

4. 人身检查。人身检查是指为了确定被害人、犯罪嫌疑人的某些特征、伤害情况或者生理状态，依法对其身体进行检验、查看的侦查行为。人身检查是对活人身体进行的一种特殊检验。

根据《刑事诉讼法》第132条第1款规定，为了确定被害人、犯罪嫌疑人的某些特征、伤害情况或者生理状态，可以对人身进行检查，可以提取指纹信息，采集血液、尿液等生物样本。对被害人、犯罪嫌疑人进行人身检查，必须由侦查人员进行。必要时也可以在侦查人员主持下，聘请法医或医师严格依法进行，不得有侮辱被害人、犯罪嫌疑人的人格或其他合法权益的行为。对犯罪嫌疑人进行人身检查，如果有必要，可以强制进行。但对于被害人的人身检查，应征求本人的同意，不得强制进行。检查妇女的身体，应当由女工作人员或者医师进行。

人身检查应制作笔录，详细记载检查情况和结果，并由侦查人员和进行检查的法医或医师签名或者盖章。

5. 侦查实验。侦查实验是指侦查人员为了确定与案件有关的某一事实在某种情况下能否发生或者是怎样发生的，而按案发当时的情况和条件进行试验的一种侦查活动。

根据《刑事诉讼法》第135条以及公安部《规定》的有关规定，为了查明案情，在必要的时候，经公安机关负责人批准，可以进行侦查实验。侦查实验的情况应当写成笔录，由参加实验的人签名或者盖章。进行侦查实验时，禁止一切足以造成危险、侮辱人格或者有伤风化的行为。在侦查过程中，遇有下列情况，可以进行侦查实验：

（1）确定在一定条件下能否听到或者看见；

（2）确定在一定时间内能否完成某种行为；

（3）确定在什么条件下能够发生某种现象；

（4）确定在某种条件下，某种行为和某种痕迹是否吻合一致；

（5）确定在某种条件下，使用某种工具可能或者不可能留下来某种痕迹；

（6）确定某种痕迹在什么条件下会发生变异；

（7）确定某种事件是怎样发生的。

侦查实验，在必要的时候可以聘请有关人员参加，也可以要求犯罪嫌疑人、被害人、证人参加。侦查实验，应当制作笔录，记明侦查实验的条件、经过和结果，由参加侦查实验的人员签名或者盖章。

（三）复验、复查

《刑事诉讼法》第134条规定，人民检察院审查案件时，对公安机关的勘验、检查，认为需要复验、复查时，可以要求公安机关复验、复查，并且可以派检察人员参加。这一程序的规定，其目的在于保证和提高勘验、检查的质量，防止和纠正可能出现的差错，同时也是检察机关依法实施侦查监督的形式。

复验、复查可以退回公安机关进行，也可以由人民检察院自己进行。对于退回公安机关的复验、复查，人民检察院也可以派员参加。复验、复查的情况应制作笔录，并由参加复验、复查的人员签名或者盖章。

【经典例题】1. 关于勘验、检查，下列哪些说法是正确的？（　　　）[1]

A. 侦查人员执行勘验、检查，必须持有检察院或者公安机关的证明文件

B. 为了发现犯罪的证据，如果犯罪嫌疑人、被害人拒绝检查的，可以强制检查

C. 在必要的时候，可以指派或者聘请具有专门知识的人，在侦查人员的主持下进行勘验、检查

D. 勘验和检查的对象是相同的

2. 为确定强奸案被害人甲受到暴力伤害的情况，侦查人员拟对她进行人身检查。下列哪些选项是正确的？（　　　）[2]

A. 如果甲拒绝检查，可以对她进行强制检查

B. 如果甲拒绝检查，不得对她进行强制检查

C. 如果甲同意检查，可以由医师进行检查

D. 如果甲同意检查，可以由女工作人员进行检查

四、搜查

（一）搜查的概念

搜查，是指侦查人员对犯罪嫌疑人以及可能隐藏罪犯或者罪证的人的身体、物品、住处和其他有关的地方进行搜索、检查的一种侦查行为。

搜查是一种强制性的侦查措施，是侦查机关同犯罪作斗争的重要手段。它对于及时收集犯罪证据，揭露和证实犯罪，查获犯罪嫌疑人，打击和制止犯罪，保证侦查和审判的顺利进行，有着十分重要的意义。

（二）搜查的程序和要求

搜查直接关系到公民的人身自由和住宅不受侵犯的权利。我国宪法明确规定，禁止非法搜查公民的身体和住宅。因此，搜查必须严格依照法律规定的程序进行。

1. 搜查只能由公安机关或者人民检察院的侦查人员进行，其他任何机关、单位和个人都无权对公民人身和住宅进行搜查。搜查的对象，可以是犯罪嫌疑人，也可以是其他可能隐藏罪犯或者犯罪证据的人；可以对人身进行，也可以对被搜查人的住处、物品和其他有关场所进行。搜查的目的是发现和收集有关犯罪的证据，查获隐藏的犯罪嫌疑人。因此，不能为了其他目的而滥用搜查措施。

2. 根据《刑事诉讼法》第137条的规定，任何单位和个人，有义务按照人民检察院和公安机关的要求，交出可以证明犯罪嫌疑人有罪或者无罪的物证、书证、视听资料等证据。

3. 搜查时，必须向被搜查人出示搜查证，否则，被搜查人有权拒绝搜查。公安机关的搜查证，要由县级以上公安机关负责人签发。人民检察院的搜查证，要由检察长签发。但是侦查人员"在执行逮捕、拘留的时候，遇有紧急情况，不另用搜查证也可以进行搜查"。

这里所说的"紧急情况"，在侦查实践中是指：

（1）被搜查人身带行凶、自杀器具的。

---

[1] 答案：AC

[2] 答案：BCD

（2）被搜查人可能隐藏爆炸、剧毒等危险物品的。

（3）被搜查人可能毁弃、转移犯罪证据的。在这些紧急情况下，来不及办理搜查的审批手续，所以，允许以拘留证、逮捕证进行搜查。

4. 搜查的时候，应当有被搜查人或者他的家属、邻居或者其他见证人在场。

5. 搜查妇女的身体，应当由女工作人员进行。搜查时，不得无故损坏被搜查人的财物。对搜查中发现的与案件无关的个人私生活情况，不得泄露。

6. 搜查的情况应当写成笔录，由侦查人员和被搜查人或者他的家属、邻居或者其他见证人签名或者盖章。如果被搜查人或者他的家属在逃或者拒绝签名、盖章，应当在笔录上注明。

【经典例题】 某公安机关对涉嫌盗窃罪的钱某及其妻子范某执行拘留时搜查了他们的住处。在搜查时，因情况紧急未用搜查证，但钱某夫妇一直在场。由于没有女侦查人员在场，所以由男侦查人员对钱某、范某的身体进行了搜查。搜查结束时，侦查人员要求被搜查人在搜查笔录上签名时遭到拒绝，侦查人员就此结束搜查活动。该案搜查活动哪些违反法律规定？（　　）[1]

A. 在搜查时因情况紧急未用搜查证

B. 在搜查时钱某夫妇一直在场

C. 由男侦查人员对范某的身体进行了搜查

D. 侦查人员要求被搜查人在搜查笔录上签名遭拒绝后就此结束了搜查活动

五、查封、扣押物证、书证

（一）查封、扣押物证、书证的概念和意义

查封、扣押物证、书证，是指侦查机关依法对与案件有关的物品、文件、款项等强制扣留或者冻结的一种侦查行为。

查封、扣押物证、书证的目的，在于取得和保全证据，防止其损毁或者被隐匿。及时依法查封、扣押物证、书证，对核实证据、查明案情、查获犯罪嫌疑人或否定犯罪、保障无罪公民不受刑事追究都具有重要意义。

（二）查封、扣押物证、书证的程序和要求

查封、扣押物证、书证，直接关系到公民的财产及通信自由等权利，因此必须严格依照法定程序进行。

1. 查封、扣押物证、书证通常是在侦查时进行的。根据《刑事诉讼法》第141条的规定，在侦查活动中发现的可用以证明犯罪嫌疑人有罪或者无罪的各种财物、文件，应当查封、扣押；与案件无关的财物、文件，不得查封、扣押。对查封、扣押的财物、文件，要妥善保管或者封存，不得使用、调换或者损毁。

2. 对于查封、扣押的物品和文件，应当会同在场见证人和被扣押物品持有人查点清楚，当场开列清单一式两份，由侦查人员、见证人和持有人签名或者盖章，一份交给持有人，另一份附卷备查。

3. 对于扣押的物品、文件，要妥善保管或者封存，不得使用或者损毁。

---

[1] 答案：CD

4. 侦查人员认为需要扣押犯罪嫌疑人的邮件、电报的时候，经公安机关或者人民检察院批准，即可通知邮电机关将有关的邮件、电报检交扣押。不需要继续扣押的时候，应立即通知邮电机关。

5. 人民检察院、公安机关根据侦查犯罪的需要，可以依照规定查询、冻结犯罪嫌疑人的存款、汇款、债券、股票、基金份额等财产。有关单位和个人应当配合。犯罪嫌疑人的存款、汇款、债券、股票、基金份额等财产已被冻结的，不得重复冻结。

6. 对查封、扣押的财物、文件、邮件、电报或者冻结的存款、汇款、债券、股票、基金份额等财产，经查明确实与案件无关的，应当在 3 日以内解除查封、扣押、冻结，予以退还。

【经典例题】 1. 甲公司向公安机关报案，称高某利用职务便利侵占本公司公款 320 万元。侦查机关在侦查中发现，高某有存款 380 万元，利用侵占的公款购买的汽车 1 部和住房 1 套，还发现高某私藏军用子弹 120 发。公安机关对于上述财物、物品所做的下列哪种处理是错误的？（　　）[1]

A. 扣押汽车 1 部

B. 查封住房 1 套

C. 扣押子弹 1 发

D. 冻结存款 380 万元

2. 公安机关在侦查林某贩毒案时，对林某的住处进行了搜查，并对搜查过程中所获取的毒品及其他有关物品进行扣押。有关本案的扣押，下列说法哪些是正确的？（　　）[2]

A. 进行扣押时，应当出示扣押证

B. 进行扣押时，不必出示扣押证

C. 扣押物品时应当制作扣押物品清单

D. 公安机关在侦查过程中，如果发现其中被扣押的某些物品与本案无关时，应当在 5 日以内返还物品持有人

3. 关于刑事诉讼中被查封、扣押、冻结的在案财物的处理，下列哪些选项是正确的？（　　）[3]

A. 张三盗窃李四电视机一台，公安机关在侦查过程中将电视机返还李四

B. 王五被控贩卖毒品，作为证据使用的海洛因应当随案移送并当庭出示质证

C. 马六被控受贿金条若干，金条未随案移送，判决生效后，根据法院通知该金条由查封、扣押的检察机关上缴国库

D. 牛七涉嫌受贿罪，在侦查期间自杀身亡，检察机关应当通知金融机构将冻结的牛七的存款、汇款上缴国库

六、鉴定

（一）鉴定的概念和在侦查中的意义

鉴定是指侦查机关为了查明案情，指派或者聘请具有专门知识的人对案件中的某些专门

---

[1] 答案：D

[2] 答案：BC

[3] 答案：AC

性问题进行鉴别和判断的一种侦查活动。

在侦查实践中，鉴定适用的范围十分广泛。凡是与案件有关的物品、文件、痕迹、人身、尸体，都可以进行鉴定。侦查机关常用的鉴定有：法医鉴定，司法精神病鉴定，毒性鉴定，刑事科学技术鉴定，会计鉴定，一般技术鉴定，等等。鉴定以其结论的科学性，对揭示物证、书证的证明作用具有重要的意义，并且鉴定意见本身就是一种证据。因此，鉴定作为一种侦查手段，对于查明案件事实，查获犯罪嫌疑人，保障无辜者不受刑事追究，具有重要作用。

（二）鉴定的程序和要求

1. 选定鉴定人。鉴定人的选定有两种方式：

（1）指派，即由公安机关或者人民检察院，指派其内部的刑事技术鉴定部门中具有鉴定资格的专业人员进行鉴定。

（2）聘请，即由公安机关或者人民检察院聘请其他部门的专业人员进行鉴定。指派、聘请的鉴定人应当是具有某项专门知识，而且与本案和本案当事人没有利害关系，能够保证客观、公正地进行鉴定的人。

2. 侦查机关应当为鉴定人进行鉴定提供必要条件，比如及时向鉴定人送交有关检材和对比样本等原始材料，介绍与鉴定有关的情况，并且明确提出要求鉴定解决的问题，但是不得暗示或者强迫鉴定人作出某种鉴定意见。

3. 鉴定人进行鉴定时，应当遵守自己的职业道德，坚持实事求是的原则。鉴定人故意作虚假鉴定的，应当承担法律责任。

4. 鉴定人进行鉴定后，应当写出鉴定意见，并且签名。鉴定意见应当对侦查人员提出的问题作出明确的回答，并说明其科学或者技术上的根据。实践中，鉴定意见一般用鉴定书的形式制作。鉴定人进行鉴定后，应当写出鉴定意见，并且由鉴定人签名，医院加盖公章。

5. 侦查人员对鉴定人作出的鉴定意见，应当进行审查，如果有疑问，可以要求鉴定人作补充鉴定。必要时，也可以另行指派或者聘请鉴定人重新鉴定。根据《刑事诉讼法》第148条的规定，侦查机关应当将用作证据的鉴定意见告知犯罪嫌疑人、被害人。如果犯罪嫌疑人、被害人提出申请，可以补充鉴定或者重新鉴定，以保障犯罪嫌疑人、被害人的合法权益。

【经典例题】某伤害案，提取的血迹经 DNA 鉴定，系来自被害人身上的血。对于这一鉴定意见，侦查机关应当告知哪些诉讼参与人？（ ）[1]

A. 犯罪嫌疑人

B. 被害人

C. 犯罪嫌疑人聘请的律师

D. 被害人的近亲属

七、辨认

（一）辨认的概念与诉讼功能

辨认，是指为了查明案情，在必要的时候，侦查人员可以让被害人、证人和犯罪嫌疑人

---

[1] 答案：AB

对与犯罪有关的物品、文件、尸体或者场所进行辨别确认，或者让被害人、证人对犯罪嫌疑人进行辨别确认，或者让犯罪嫌疑人对其他犯罪嫌疑人进行辨别确认的一种侦查行为。

辨认，是查证犯罪嫌疑人、核实案件证据的一种有效的侦查方法。辨认不仅能为确定侦查方向和确定犯罪嫌疑人提供可靠的线索或证据，而且对查清犯罪事实具有非常重要的意义。

（二）辨认的程序

辨认作为一种侦查行为，尽管《刑事诉讼法》没有明确规定，但公安部《规定》和最高人民检察院《规则》却对此作了专门规定，根据这些规定，辨认应遵循以下程序：辨认应当在侦查人员主持下进行，并且主持辨认的侦查人员不得少于2人。

公安机关、人民检察院在侦查活动中，需要辨认犯罪嫌疑人时，应当分别经办案部门负责人或者检察长批准。在辨认前，应当向辨认人详细询问被辨认对象的具体特征，避免辨认人见到被辨认对象，并应当告知辨认人有意作虚假辨认应负的法律责任。

几名辨认人对同一辨认对象进行辨认时，应当由每名辨认人单独进行。辨认时，应当将辨认对象混杂在其他相似的人员或物品中，不得给辨认人任何暗示。侦查机关侦查的案件，辨认犯罪嫌疑人时，被辨认的人数不得少于7人；对犯罪嫌疑人的照片进行辨认的，被辨认的照片不得少于10张。辨认物品时，混杂的同类物品不得少于5件。对场所、尸体等特定辨认对象进行辨认，或者辨认人能够准确描述物品独有特征的，陪衬物不受数量的限制。

公安机关、检察机关侦查的案件，对犯罪嫌疑人的辨认，辨认人不愿意公开进行时，可以在不暴露辨认人的情况下进行，侦查人员应当为其保守秘密。辨认人作出辨认后应当要求其说明据以作出辨认的理由。侦查人员认为必要时，可以通知见证人在场。辨认的经过和结果等情况，应当制作辨认笔录，由侦查人员、辨认人、见证人签名。必要时，应当对辨认过程进行录音或者录像。人民检察院主持进行辨认，可以商请公安机关参加或者协助。

八、技术侦查措施

1. 技术侦查的概念和外延。关于技术侦查的概念，学界主要有两种理解。一种理解是认为技术侦查是秘密侦查的一种，认为在侦查中需要运用现代科学技术装备来查明案情、搜集证据。以侦查措施的技术含量为标准来划分，技术含量高的侦查措施为技术侦查措施，如监听、拍照和摄像，否则为非技术侦查措施。第二种理解是将技术侦查措施基本上等同于秘密侦查措施。持此种观点的学者认为，因为秘密侦查往往要使用一些专门的技术手段，因而又称"技术侦查"。

技术侦查措施，是指侦查机关为了侦破特定犯罪，根据国家有关规定并且经过严格审批程序所采取的一种特殊侦查手段。技术侦查措施可分为技术侦查和其他秘密侦查。技术侦查强调侦查手段的技术性，主要包括电子侦听、电信监控、秘密拍照或录像等电子监控、密搜密取等秘密获取某些证据、邮件检查、外线侦查、网络侦查七种。秘密侦查强调侦查手段的秘密性，主要是指技术侦查，但还包括许多不需要专门技术器材辅助就可以实施的侦查手段，如跟踪、刑事特情、诱惑侦查、控制下交付等。

2. 技术侦查的主体、适用范围。《刑事诉讼法》第150条规定，公安机关在立案后，对于危害国家安全犯罪、恐怖活动犯罪、黑社会性质的组织犯罪、重大毒品犯罪或者其他严重危害社会的犯罪案件，根据侦查犯罪的需要，经过严格的批准手续，可以采取技术侦查措施。人民检察院在立案后，对于利用职权实施的严重侵犯公民人身权利的重大犯罪案件，根据侦查犯罪的需要，经过严格的批准手续，可以采取技术侦查措施，按照规定交有关机关执行。

追捕被通缉或者批准、决定逮捕的在逃的犯罪嫌疑人、被告人，经过批准，可以采取追捕所必需的技术侦查措施。

3. 技术侦查的批准程序、期限。《刑事诉讼法》第 151 条规定，技术侦查措施的批准决定应当根据侦查犯罪的需要，确定采取技术侦查措施的种类和适用对象。批准决定自签发之日起 3 个月以内有效。对于不需要继续采取技术侦查措施的，应当及时解除；对于复杂、疑难案件，期限届满仍有必要继续采取技术侦查措施的，经过批准，有效期可以延长，每次不得超过 3 个月。由此可见，技术侦查措施需要经过严格的批准程序。技术侦查措施的有效期限为 3 个月，对于复杂、疑难案件，可以根据案情需要并经过批准延长，但每次不得超过 3 个月。根据公安部《规定》第 265 条规定，采取技术侦查措施，由设区的市一级以上公安机关负责人批准。

4. 技术侦查的执行程序。公安机关对于侦办的案件，经批准采用技术侦查措施的，由设区的市一级以上公安机关负责技术侦查的部门实施。检察机关自侦的案件，经批准采用技术侦查措施的，按照规定交由公安机关执行的，由设区的市一级以上公安机关按照规定办理相关手续后，交负责技术侦查的部门执行，并将执行情况通知人民检察院。

5. 技术侦查措施执行中的保密性规定。①侦查人员对采取技术侦查措施过程中知悉的国家秘密、商业秘密和个人隐私，应当保密；对采取技术侦查措施获取的与案件无关的材料，必须及时销毁。②采取技术侦查措施获取的材料，只能用于对犯罪的侦查、起诉和审判，不得用于其他用途。③公安机关依法采取技术侦查措施，有关单位和个人应当配合，并对有关情况予以保密。

6. 通过技术侦查措施收集证据的使用和保护。《刑事诉讼法》第 154 条规定，依照该法第二章第八节规定采取侦查措施收集的材料在刑事诉讼中可以作为证据使用。如果使用该证据可能危及有关人员的人身安全，或者可能产生其他严重后果的，应当采取不暴露有关人员身份、技术方法等保护措施，必要的时候，可以由审判人员在庭外对证据进行核实。另外，根据六机关《规定》第 20 条的规定，采取技术侦查措施收集的材料作为证据使用的，批准采取技术侦查措施的法律文书应当附卷，辩护律师可以依法查阅、摘抄、复制，在审判过程中可以向法庭出示。

7. 其他秘密侦查措施。在刑事侦查中，除了可以根据侦查需要，经过严格审批适用技术侦查措施外，还可以在必要的时候采取隐匿身份的秘密侦查和控制下的交付行为。《刑事诉讼法》第 153 条规定，为了查明案情，在必要的时候，经公安机关负责人决定，可以由有关人员隐匿其身份实施侦查，也即秘密侦查。为了保障公共安全与人身安全，该条也对秘密侦查作了一定的限制，即秘密侦查不得诱使他人犯罪，不得采用可能危害公共安全或者发生重大人身危险的方法。根据《刑事诉讼法》第 153 条第 2 款及公安部《规定》第 272 条、第 273 条的规定，对涉及给付毒品等违禁品或者财物的犯罪活动，为查明参与该项犯罪的人员和犯罪事实，根据侦查需要，经县级以上公安机关负责人决定，可以实施控制下交付。公安机关依照该规定第十节的规定，实施隐匿身份侦查和控制下交付收集的材料，在刑事诉讼中可以作为证据使用。使用隐匿身份侦查和控制下交付收集的材料作为证据时，可能危及隐匿身份人员的人身安全，或者可能产生其他严重后果的，应当采取不暴露有关人员身份等保护措施。

九、通缉

(一)通缉的概念和意义

通缉,是公安机关通令缉拿应当逮捕而在逃的犯罪嫌疑人的一种侦查行为。通缉对公安机关通力合作,动员和依靠广大群众捕获犯罪嫌疑人,打击和制止犯罪,保障侦查和审判的顺利进行,具有重要意义。

(二)通缉的程序和要求

1. 只有公安机关有权发布通缉令。其他任何机关、单位和个人都无权自行发布通缉令。人民检察院需要追捕在逃的犯罪嫌疑人时,应当由公安机关发布通缉令。公安机关在发布通缉令时,有发布范围的限制。根据《刑事诉讼法》第155条第2款规定,各级公安机关在自己管辖的地区以内,可以直接发布通缉令;超出自己管辖的地区,应当报请有权决定的上级机关发布。在实践中,县级以上的公安机关在自己管辖的范围内,可以直接发布通缉令。相邻的和有固定协作关系任务的省、地、县级公安机关,可以相互抄发通缉令,并报上级公安机关备案;需要在全国范围或跨协作区通缉重要逃犯的,由省、自治区、直辖市公安厅、局报请公安部,由公安部发布通缉令。

2. 通缉的对象只能是依法应当逮捕而在逃的犯罪嫌疑人,当然包括已被捕而在羁押期间逃跑的犯罪嫌疑人。

3. 通缉令中应当写明被通缉人的姓名、性别、年龄、籍贯、衣着和体貌特征,并应附上照片。除了必须保密的事项外,应当写明发案时间、地点、案情性质等简要情况。通缉令必须加盖发布机关的印章。

4. 通缉令发出后,如果发现新的重要情况,可以补发通报。通报应注明原通缉令的编号和日期。

5. 各级公安机关在接到通缉令后,必须及时布置,组织力量,采取有效措施,做好调查缉拿工作。

6. 被通缉的人已经归案、死亡或者通缉的原因已经消失而无通缉必要的,发布通缉令的公安机关应当在原发布范围内立即通知撤销通缉令。

【经典例题】1. 某检察院决定逮捕受贿案的犯罪嫌疑人田某,但田某已潜逃至甲省丙市。关于对田某的通缉,下列哪一选项是正确的?(　　)[1]

A. 甲省乙市检察院可以决定通缉

B. 甲省丙市检察院可以发布通缉令

C. 甲省检察院可以决定通缉

D. 甲省检察院可以发布通缉令

2. 某市人民检察院在办理一起重大贪污案件过程中,决定逮捕犯罪嫌疑人高某。负责执行的公安人员在执行逮捕时发现高某已经潜逃,该人民检察院决定通缉高某。该案中,有权发布通缉令的是哪个机关?(　　)[2]

A. 市人民检察院

---

[1] 答案:C
[2] 答案:D

B. 市人民法院

C. 市国家安全机关

D. 市公安机关

3. 下列哪一说法是正确的?( )[1]

A. 检察院侦查的案件,对犯罪嫌疑人的辨认由侦查部门负责人决定

B. 为了辨认需要,可以让辨认人在辨认前见到被辨认对象

C. 有多个辨认人时,根据需要可以集体进行辨认

D. 为了进行辨认,必要时证人可以在场

第三节 侦 查 终 结

一、侦查终结的概念和意义

侦查终结是侦查机关对于自己立案侦查的案件,经过一系列的侦查活动,根据已经查明的事实、证据,依照法律规定,足以对案件作出起诉、不起诉或者撤销案件的结论时,决定不再进行侦查,并对犯罪嫌疑人作出处理的一种诉讼活动。

侦查终结是侦查活动的结束程序,侦查机关要对整个案件作出事实和法律上的认定,并依法决定案件应当移送起诉还是不起诉,或者决定撤销案件。因此,正确及时的侦查终结,对于保证检察机关准确地提起公诉,使依法应当受到刑事追究的犯罪嫌疑人受到应得的惩罚,保障无罪的公民和依法不应当受到刑事追究的公民及时得到解脱,保护公民合法权益,具有重要意义。

二、侦查终结的条件和对案件的处理

(一) 侦查终结的条件

《刑事诉讼法》第 162 条第 1 款规定:公安机关侦查终结的案件,应当做到犯罪事实清楚,证据确实、充分,并且写出起诉意见书,连同案卷材料、证据一并移送同级人民检察院审查决定;同时将案件移送情况告知犯罪嫌疑人及其辩护律师。根据法律规定和实践中的做法,侦查终结的条件是:

1. 犯罪事实已经查清。犯罪事实已经查清,这是侦查终结的首要条件。犯罪事实已经查清是指对于犯罪人、犯罪时间和地点、犯罪动机和目的、犯罪手段、犯罪后果都已经查清,并且没有遗漏犯罪罪行,没有遗漏应当追究刑事责任的其他人。犯罪事实没有查清,侦查不能终结。

2. 案件的证据确实、充分。证据的确实、充分是侦查终结的一个重要条件,证据确实、充分,是指案件的证据材料来源可靠,经核对无误,证据与案件事实之间的联系,案内各种证据之间能够相互印证,足以确实证明犯罪嫌疑人的行为已经构成犯罪。

3. 法律手续完备。侦查终结时,各种法律手续必须齐全、完备。法律手续是侦查机关办案的依据,也是对侦查工作的一种监督,是侦查工作质量的保证,所以,只有法律手续完备才可侦查终结。

---

[1] 答案:D

以上三个条件必须同时具备,缺一不可。

此外,《刑事诉讼法》第163条规定:在侦查过程中,发现不应对犯罪嫌疑人追究刑事责任的,应当撤销案件;犯罪嫌疑人已被逮捕的,应当立即释放,发给释放证明,并且通知原批准逮捕的人民检察院。其中"不应对犯罪嫌疑人追究刑事责任的"是指查明案件不存在犯罪事实或者犯罪嫌疑人的行为符合《刑事诉讼法》第16条的规定。侦查机关经过侦查,发现不应对犯罪嫌疑人追究刑事责任时,应当及时终结侦查,并立即释放在押的犯罪嫌疑人,通知原批准逮捕的人民检察院。

(二) 对案件的处理

公安机关、安全机关侦查的案件,侦查终结后,对于犯罪事实、情节清楚,证据确实、充分,依法应当追究犯罪嫌疑人刑事责任的,即应制作《起诉意见书》,然后连同案卷材料、证据一并移送同一级人民检察院审查决定。对于不应当对犯罪嫌疑人追究刑事责任的,应当撤销案件;犯罪嫌疑人已经被逮捕的,应当立即释放,发给释放证明,并且通知原批准的人民检察院。

【经典例题】1. 黄某住甲市A区,因涉嫌诈骗罪被甲市检察院批准逮捕。由于案情复杂,期限届满侦查不能终结,侦查机关报请有关检察机关批准延长1个月。其后,由于该案重大复杂,涉及面广,取证困难,侦查机关报请有关检察机关批准后,又延长了2个月。但是,延长2个月后,仍不能侦查终结,且根据已查明的犯罪事实,对黄某可能判处无期徒刑,侦查机关第三次报请检察院批准再延长2个月。在报请延长手续问题上,下列哪一选项是错误的? (   )[1]

A. 第一次延长,须经甲市检察院批准

B. 第二次延长,须经甲市检察院的上一级检察院批准

C. 第二次延长,须经甲市所属的省检察院批准

D. 第三次延长,须经甲市所属的省检察院批准

2. 甲因抢劫被某县公安机关依法逮捕,在侦查期间,甲不讲真实姓名、住址,身份不明。对于该案件,公安机关应当如何处理? (   )[2]

A. 侦查羁押期间自查清甲真实身份之日起计算

B. 在查清甲真实身份以前,不允许其聘请律师为他提供法律帮助

C. 在查清甲真实身份以前,中止侦查活动

D. 如果犯罪事实清楚,证据确实、充分,可以按甲自报姓名移送县人民检察院审查起诉

3. 张某因涉嫌放火罪被批准逮捕。公安机关在侦查过程中,发现张某另有抢劫罪的重大嫌疑,决定依照《刑事诉讼法》的规定重新计算羁押期限。关于重新计算羁押期限,下列哪一选项是正确的? (   )[3]

A. 报同级检察院批准

B. 报同级检察院备案

C. 报上一级公安机关批准

---

[1] 答案:A

[2] 答案:AD

[3] 答案:B

D. 报上一级公安机关备案

三、侦查的羁押期限

侦查中的羁押期限，是指犯罪嫌疑人在侦查中被逮捕以后到侦查终结的期限。我国《刑事诉讼法》对侦查羁押期限明确加以规定，目的是切实保障犯罪嫌疑人的人身自由和合法权益，防止案件久拖不决，提高侦查工作效率，保证侦查工作顺利进行。

根据《刑事诉讼法》和六机关《规定》，侦查中的羁押期限可以分为一般羁押期限、特殊羁押期限和重新计算羁押期限三种：

（一）一般羁押期限

《刑事诉讼法》第156条规定：对犯罪嫌疑人逮捕后的侦查羁押期限不得超过2个月。这是对一般刑事案件侦查羁押期限的规定。如果犯罪嫌疑人在逮捕以前已被拘留的，拘留的期限不包括在侦查羁押期限内。一般情况下，侦查机关应当在法律规定的侦查羁押期间内侦查终结案件。

（二）特殊羁押期限

特殊羁押期限，是《刑事诉讼法》根据案件的特殊需要，规定在符合法定条件时履行相应的审批手续，便可延长侦查羁押期限。

1. 根据《刑事诉讼法》第156条的规定，案情复杂、期限届满不能终结的案件，可以经上一级人民检察院批准延长1个月。

2. 根据《刑事诉讼法》第157条的规定，因为特殊原因，在较长时间内不宜交付审判的特别重大复杂的案件，由最高人民检察院报请全国人大常委会批准延期审理。

3. 根据《刑事诉讼法》第158条的规定，下列案件在《刑事诉讼法》第156条规定的期限仍不能侦查终结的，经省、自治区、直辖市人民检察院批准或者决定，可以延长2个月：①交通十分不便的边远地区的重大复杂案件；②重大的犯罪集团案件；③流窜作案的重大复杂案件；④犯罪涉及面广，取证困难的重大复杂案件。

4. 根据《刑事诉讼法》第159条的规定，对犯罪嫌疑人可能判处十年有期徒刑以上刑罚，依照本法第158条规定延长期限届满，仍不能侦查终结的，经省、自治区、直辖市人民检察院批准或者决定，可以再延长2个月。

根据六机关《规定》第21条的规定，公安机关对案件提请延长羁押期限的，应当在羁押期限届满7日前提出，并书面呈报延长羁押期限案件的主要案情和延长羁押期限的具体理由，人民检察院应当在羁押期限届满前作出决定。最高人民检察院《规则》第308条规定，最高人民检察院办理直接受理侦查的案件，依照《刑事诉讼法》的规定需要延长侦查羁押期限的，直接决定延长侦查羁押期限。

根据最高人民检察院《规则》第309条规定，公安机关需要延长侦查羁押期限的，人民检察院应当要求其在侦查羁押期限届满7日前提请批准延长侦查羁押期限。人民检察院办理直接受理侦查的案件，负责侦查的部门认为需要延长侦查羁押期限的，应当按照前款规定向本院负责侦诉的部门移送延长侦查羁押期限意见书及有关材料。对于超过法定羁押期限提请延长侦查羁押期限的，不予受理。

（三）重新计算羁押期限

根据《刑事诉讼法》和六机关《规定》，遇有下列情况不计入原有侦查羁押期限，即重新计算侦查羁押期限：

1. 在侦查期间，发现犯罪嫌疑人另有重要罪行的，自发现之日起依照《刑事诉讼法》第156条的规定重新计算侦查羁押期限。但是公安机关在侦查羁押期间，发现犯罪嫌疑人另有重要罪行，重新计算侦查羁押期限的，由公安机关决定，不再经人民检察院批准，但须报人民检察院备案，并受人民检察院监督。

2. 犯罪嫌疑人不讲真实姓名、住址，身份不明的，侦查羁押期限自查清其身份之日起计算，但不得停止对犯罪行为的侦查取证。对于犯罪事实清楚，证据确实、充分，确实无法查明其身份的，也可以按其自报的姓名起诉、审判。

3. 对被羁押的犯罪嫌疑人作精神病鉴定的时间，不计入侦查羁押期限。其他鉴定时间则应当计入羁押期间。

第四节　人民检察院对直接受理案件的侦查

人民检察院对直接受理的案件的侦查，是指人民检察院对自己受理的案件，依法进行的专门调查工作和有关的强制性措施。

一、人民检察院的侦查权限

人民检察院对直接受理的案件的侦查，除法律明确规定的以外，适用《刑事诉讼法》有关公安机关侦查的规定。

人民检察院直接受理的案件中，符合《刑事诉讼法》第81条、第82条第4项和第5项规定情形，需要逮捕、拘留犯罪嫌疑人的，由人民检察院作出决定，由公安机关执行。人民检察院作出的拘留决定送达后，公安机关应当立即执行，人民检察院可以协助执行。对被拘留的人，应当在拘留后24小时以内进行讯问。在发现不应当拘留的时候，必须立即释放，发给释放证明。对需要逮捕而证据还不充足的，可以取保候审或者监视居住。根据《刑事诉讼法》第167条的规定，人民检察院对直接受理的案件中被拘留的人，认为需要逮捕的，应当在14日以内作出决定。在特殊情况下，决定逮捕的时间可以延长1日至3日。对不需要逮捕的，应当立即释放；对需要继续侦查，并且符合取保候审、监视居住条件的，依法取保候审或者监视居住。

二、人民检察院侦查终结后的处理

《刑事诉讼法》第168条规定：人民检察院侦查终结的案件，应当作出提起公诉、不起诉或者撤销案件的决定。据此，侦查终结后，人民检察院应当根据案件的不同情况，分别作出提起公诉、不起诉或者撤销案件的决定。

根据最高人民检察院《规则》第237条、第238条、第239条的规定，人民检察院侦查终结的案件，对于符合提起公诉或不起诉条件的案件，由侦查部门制作《起诉意见书》或《不起诉意见书》，连同其他案件一并移送审查起诉部门，由审查起诉部门进行审查，再根据审查起诉的程序，作出提起公诉或者不起诉的决定：如果侦查终结，应当撤销案件的，侦查部门应当制作《撤销案件意见书》。

在检察实践中，人民检察院侦查终结的案件，应当提起公诉或者不起诉的，要由侦查部门提出提起公诉或不起诉的意见，连同案卷材料、证据一并移送审查起诉部门审查，审查后根据案件的情况，作出提起公诉或不起诉的决定；如果侦查终结，应当撤销案件的，侦查部门应当制作《撤销案件意见书》，报经检察长或者检察委员会讨论决定后撤销案件。人民检察院撤销案件的决定，应当分别送达犯罪嫌疑人所在单位和犯罪嫌疑人。犯罪嫌疑人死亡的，应当送达犯罪嫌疑人原所在单位。如果犯罪嫌疑人在押，应当制作决定释放通知书，通知公安机关依法释放。公安机关应当立即释放，并发给释放证明。

第五节　补充侦查

一、补充侦查的概念和意义

补充侦查是指公安机关或者人民检察院依照法定程序，在原有侦查工作的基础上进行补充收集证据的一种侦查活动。补充侦查并不是每个案件都必须进行的活动，它只适用于事实不清、证据不足或者遗漏罪行、遗漏同案犯罪嫌疑人的案件。补充侦查由人民检察院决定，公安机关或者人民检察院实施。

补充侦查，并不是每一个刑事案件都必须经过的诉讼程序，它只适用于没有完成原有侦查任务，部分事实、情节尚未查明的某些刑事案件。因此，正确、及时进行补充侦查，对于公、检、法三机关查清犯罪，防止和纠正在诉讼过程中可能发生或已经发生的错误和疏漏，保证不枉不纵、不错不漏，准确适用国家法律，具有十分重要的意义。

二、补充侦查的种类

根据《刑事诉讼法》第90条、第175条和第204条的规定，补充侦查在程序上有三种，即审查批捕阶段的补充侦查、审查起诉阶段的补充侦查和法庭审理阶段的补充侦查。

（一）审查批捕阶段的补充侦查

根据《刑事诉讼法》第90条的规定，人民检察院对于公安机关提请批准逮捕的案件进行审查后，应当根据情况分别作出批准逮捕或者不批准逮捕的决定。对于批准逮捕的决定，公安机关应当立即执行，并且将执行情况及时通知人民检察院。对于不批准逮捕的，人民检察院应当说明理由，需要补充侦查的，应当同时通知公安机关。根据这一规定，在审查批捕阶段需要补充侦查的，只能通知公安机关补充侦查，检察院不能自行补充侦查。而且审查批捕阶段的补充侦查是附条件的，即以不批准逮捕为前提。

（二）审查起诉阶段的补充侦查

1. 补充侦查的形式。根据《刑事诉讼法》第175条第2款的规定，人民检察院审查案件，对于需要补充侦查的，可以退回公安机关补充侦查，也可以自行侦查。根据最高人民检察院《规则》第343条规定，人民检察院对于监察机关移送起诉的案件，认为需要补充调查的，应当退回监察机关补充调查。必要时，可以自行补充侦查。

2. 补充侦查的期限和次数。根据《刑事诉讼法》第175条第3款的规定，对于补充侦查的案件，应当在1个月以内补充侦查完毕，补充侦查以二次为限。这既指退回公安机关补充侦查的案件，也包括人民检察院自侦案件中决定退回补充侦查的案件。

3. 经过一次退回补充侦查的案件，人民检察院仍然认为证据不足，不符合起诉条件的，可以作出不起诉决定。如果案件经过两次补充侦查，仍然证据不足，不符合起诉条件的，人民检察院应当作出不起诉决定。

【经典例题】 检察院审查案件可以退回公安机关补充侦查。下列关于退回补充侦查的哪一表述是错误的?（　　）[1]

A. 退回补充侦查应在1个月以内侦查完成

B. 退回补充侦查以两次为限

C. 审查起诉期间改变管辖的,改变管辖后退回补充侦查的次数不得超过两次

D. 审查起诉期间改变管辖的,改变管辖前后退回补充侦查的次数总共不得超过两次

（三）法庭审理阶段的补充侦查

1. 补充侦查的形式。

（1）根据《刑事诉讼法》第204条的规定,在法庭审判过程中,检察人员发现提起公诉的案件需要补充侦查,提出延期审理建议的,合议庭应当同意。人民检察院应当自行侦查,必要时可以要求公安机关提供协助。根据最高人民法院《解释》第274条的规定,审判期间,公诉人发现案件需要补充侦查,建议延期审理的,合议庭可以同意,但建议延期审理不得超过两次。

（2）根据最高人民法院《解释》第277条的规定,审判期间,合议庭发现被告人可能有自首、坦白、立功等法定量刑情节,而人民检察院移送的案卷中没有相关证据材料的,应当通知人民检察院在指定时间内移送。审判期间,被告人提出新的立功线索的,人民法院可以建议人民检察院补充侦查。根据最高人民检察院《规则》第422条的规定,在审判过程中,对于需要补充提供法庭审判所必需的证据或者补充侦查的,人民检察院应当自行收集证据和进行侦查,必要时可以要求监察机关或者公安机关提供协助;也可以书面要求监察机关或者公安机关补充提供证据。

2. 补充侦查的期限。根据《刑事诉讼法》第205条的规定,依照《刑事诉讼法》第204条第2项的规定延期审理的案件,人民检察院应当在1个月以内补充侦查完毕。

第六节　侦查监督

一、侦查监督的概念和意义

侦查监督是指人民检察院依法对侦查机关的侦查活动是否合法进行的监督。根据《刑事诉讼法》的规定,除公安机关外,国家安全机关、监狱、军队保卫部门以及人民检察院的侦查部门也依法行使侦查权。因此,人民检察院对上述机关或部门的侦查活动是否合法同样行使侦查监督职权。

侦查监督是人民检察院刑事诉讼法律监督的重要组成部分,在刑事诉讼中具有十分重要的意义。

（一）侦查监督有利于保证国家刑事法律的统一正确实施,保证办案质量

人民检察院对侦查活动是否合法实行监督,可以使侦查机关在侦查活动中违反法律规定的行为,得以及时发现和有效纠正,从而保证侦查活动严格依照法定程序和要求进行,从诉

---

[1] 答案:C

讼程序上保障对犯罪分子的及时、准确、合法的追究，保证国家刑事法律的统一正确实施，防止和避免出现冤假错案．保证案件的质量。

（二）侦查监督有利于维护公民的合法权益

司法实践证明，在侦查活动中，不按法定程序和要求收集证据、采取有关的强制性措施，而通过刑讯逼供、诱供、骗供等非法方法取证，或进行非法拘禁等，都将严重损害公民的民主权利和其他合法权益。因此，人民检察院对侦查活动实行法律监督，就可以及时发现、制止和纠正上述违法行为，从而切实维护公民的合法权益。

（三）侦查监督有利于提高侦查人员的执法水平，督促其严格依法办事，更好地维护社会主义法制的权威性

人民检察院通过侦查监督，及时纠正侦查人员滥用职权的违法行为，从而促使侦查机关认真总结经验教训，提高对严格依法办案的认识和执法水平。同时通过侦查监督，及时纠正侦查活动中的违法乱纪行为，提高对公安司法机关办理案件公正性、合法性的认识，从而更好地维护社会主义法制的权威性。

二、侦查监督的范围

根据《刑事诉讼法》和最高人民检察院《规则》的有关规定，人民检察院对公安机关的侦查活动是否合法实行监督，主要是发现和纠正以下违法行为：

（1）对犯罪嫌疑人刑讯逼供、诱供的；

（2）对被害人、证人以体罚、威胁、诱骗等非法手段收集证据的；

（3）伪造、隐匿、销毁、调换或者私自涂改证据的；

（4）徇私舞弊，放纵、包庇犯罪分子的；

（5）有意制造冤、假、错案的；

（6）在侦查活动中利用职务之便谋取非法利益的；

（7）在侦查过程中不应当撤案而撤案的；

（8）贪污、挪用、调换所扣押、冻结的款物及其孳息的；

（9）违反刑事诉讼法关于决定、执行、变更、撤销强制措施规定的；

（10）违反办案期限规定的；

（11）有其他违反刑事诉讼法有关规定的行为的。

三、侦查监督的途径和措施

侦查监督的途径，是人民检察院发现侦查活动中违法行为的具体方式，而侦查监督措施则是人民检察院为实现侦查监督职能而使用的监督手段。一般而言，人民检察院主要通过和采取以下途径和措施，对公安机关的侦查活动实行法律监督：

1. 人民检察院通过审查逮捕、审查起诉来审查公安机关的侦查活动是否合法。发现违法情况应当通知公安机关纠正。

2. 人民检察院根据案件需要，通过派员参加公安机关对于重大案件的讨论和其他侦查活动，发现公安机关在侦查活动中的违法行为。人民检察院发现后，应当及时通知公安机关予以纠正。

3. 人民检察院通过接受诉讼参与人对侦查机关或侦查人员侵犯诉讼权利和人身侮辱的行

为提出的控告，行使侦查监督权。人民检察院对于诉讼参与人的这种控告，应当受理，并及时审查，依法处理。

4. 人民检察院通过审查公安机关执行人民检察院批准或不批准逮捕决定情况的通知、释放逮捕的犯罪嫌疑人或者变更逮捕措施的通知，发现侦查活动中的违法行为，履行侦查监督职能。人民检察院发现公安机关或者公安人员在侦查或者决定、执行、变更、撤销强制措施等活动中有违法行为的，应当及时提出纠正意见。对于情节较轻的违法行为，由检察人员以口头方式向侦查人员或者公安机关负责人提出纠正，并及时向本部门负责人汇报；必要的时候，由部门负责人提出。对于情节较重的违法行为，应当报请检察长批准后，向公安机关发出纠正违法通知书。人民检察院发出纠正违法通知书的，应当根据公安机关的回复，监督落实情况；没有回复的，应当督促公安机关回复。人民检察院提出的纠正意见不被接受的，应当向上一级人民检察院报告，并抄报上一级公安机关。上级人民检察院认为下级人民检察院意见正确的，应当通知同级公安机关督促下级公安机关纠正；上级人民检察院认为下级人民检察院纠正违法的意见错误的，应当通知下级人民检察院撤销发出的纠正违法通知书，并通知同级公安机关。

人民检察院发现侦查人员在采取侦查措施或者决定、执行、变更、撤销强制措施等活动中的违法行为情节严重，构成犯罪的，应当立案侦查，对于不属于人民检察院管辖的，应当移送有管辖权的机关处理。

人民检察院审查逮捕部门或者审查起诉部门对本院侦查部门侦查或者决定、执行、变更、撤销强制措施等活动中的违法行为，应当根据情节分别处理。情节较轻的，可以直接向侦查部门提出纠正意见；情节较重或者需要追究刑事责任的，应当报告检察长决定。

【经典例题】叶某涉嫌盗窃罪，甲市公安局侦查终结后移送该市检察院审查起诉。甲市检察院审查后，将该案交 A 区检察院审查起诉。A 区检察院审查后认为需要退回公安机关补充侦查。A 区检察院应当如何退回？（　　　）[1]

A. 应当退回甲市检察院

B. 应当退回甲市公安局

C. 可以退回甲市公安局

D. 应当通过甲市检察院退回甲市公安局

思考题：

1. 试评价中国侦查模式的特点。

2. 请评析我国在侦查阶段对犯罪嫌疑人权利的保障措施。

3. 试述侦查行为的种类和程序上的要求。

4. 试述侦查终结的概念、条件及处理方式。

5. 试述人民检察院自行侦查的特点。

---

[1] 答案：D

第十九章 起 诉

内容导读 本章介绍了起诉的基本原理，提起公诉、审查起诉、不起诉及出庭支持公诉等概念。还介绍了提起公诉的任务和审查起诉的内容和程序，提起公诉、不起诉的条件和程序，出庭支持公诉的任务和公诉人在法庭审判中的地位。起诉是指人民检察院或者被害人以及其他依法有权要求人民法院对犯罪事实进行确认并追究犯罪人刑事责任的行为。我国刑事起诉分为公诉和自诉两种。公诉是人民检察院代表国家向人民法院起诉；自诉则是公民个人向人民法院起诉，要求保护自己的合法权益，追究被告人的刑事责任。我国公诉机关在公诉程序前要对公诉案件进行实体和程序审查，对于构成犯罪、证据确实、充分、依法应当追究刑事责任的，提起公诉；对于不构成犯罪的，证据不足的，或虽构成犯罪但可以免予刑事责任的，依法作出不起诉决定。公民个人自诉应遵循《刑事诉讼法》的有关决定。

本章重点：

1. 审查起诉的内容、步骤与方法
2. 案件审查后的处理和期限
3. 提起公诉的条件和不起诉的条件

本章难点：

提起公诉的条件和不起诉的条件

第一节 起诉的概念和意义

一、起诉的概念

刑事起诉是指享有控诉权的国家机关和公民，依法向法院提起诉讼，请求法院对指控的内容进行审判，以确定被告人刑事责任并依法予以刑事制裁的诉讼活动。起诉是刑事诉讼程序的重要环节。

根据我国《刑事诉讼法》的有关规定，刑事起诉可分为两种，即自诉和公诉。自诉是指刑事被害人及其法定代理人、近亲属等，以个人的名义向法院起诉，要求保护被害人的合法权益，追究被告人刑事责任的诉讼活动。公诉则是指依法享有刑事起诉权的国家专门机关代表国家向法院提起诉讼，要求法院通过审判确定被告人犯有被指控的罪行并给予相应的刑事制裁的诉讼活动。

公诉与自诉在诸多方面存在差异：一是追诉主体不同。公诉由依法享有刑事追诉权的国家专门机关代表国家提出，自诉由被害人及其法定代理人、近亲属等提出。二是追诉客体不同。公诉适用于除自诉案件以外的所有刑事案件，自诉范围限制为法律有明确规定的少量情节轻微、性质为侵犯公民个人权益方面的犯罪。三是追诉原则不同，自诉的追诉原则是案件的追诉一般情况下取决于自诉人，如果自诉人不追诉犯罪，人民法院就不能审判，公诉活动则由国家专门的控诉机关依职权进行，不受被害人意志左右。四是追诉权性质不同。公诉是绝对权，其行使与否应依法律规定，自诉是相对权，起诉与否由被害人及其法定代理人、近亲属自己决定。五是追诉程序不同。公诉案件有专门的侦查程序和独立的审查起诉程序，自诉案件没有侦查和审查起诉程序，由被害人及其法定代理人、近亲属直接向法院起诉开始诉讼。

二、刑事公诉的一般理论

人类社会最早的起诉方式是自诉。犯罪发生后，一般由被害人及其近亲属等直接向有管辖权的司法机关控告犯罪人。随着社会的发展和进步，国家的统治者逐步意识到，犯罪行为并不仅仅是对被害人个人利益的侵犯，更重要的是，犯罪的泛滥也从根本上危害了国家和社会利益，对整个统治秩序都构成威胁。为了有效地维护统治阶级的利益和控制社会秩序，国家开始设立专门的机构和官员来承担起诉职能，这就促使刑事公诉制度逐步形成。现代各国的刑事公诉制度主要分两种类型：一种是刑事公诉独占主义，即刑事案件的起诉权被国家垄断排除被害人自诉；另一种是刑事公诉兼自诉制度，即较为严重犯罪案件的起诉权由检察机关代表国家行使，而少数轻微的刑事案件允许公民自诉。

对于符合起诉条件的刑事公诉案件是否必须向审判机关起诉的问题，也存在两种不同的原则。一是起诉法定主义或起诉合法主义，即只要被告人的行为符合法定起诉条件，公诉机关不享有自由裁量的权力，必须起诉，而不论具体情节；二是起诉便宜主义或起诉合理主义，即被告人的行为在具备起诉条件时，是否起诉，由检察官根据被告人及其行为的具体情况以及刑事政策等因素自由裁量。

现代刑事诉讼普遍强调起诉法定主义与起诉便宜主义的二元并存、相互补充的起诉原则。

我国刑事诉讼实行以公诉为主、自诉为辅的犯罪追诉机制，即在对刑事犯罪实行国家追诉的同时，兼采被害人追诉主义。绝大多数刑事案件由人民检察院代表国家向人民法院提起公诉，只有部分刑事案件由被害人及其法定代理人、近亲属直接向人民法院提起自诉，由人民法院直接受理。我国实行公诉为主、自诉为辅的起诉机制的目的是在保护国家利益、社会利益的同时，最大限度地保护被害人的个人合法权益。公诉和自诉两种控诉形式互相补充，构成了我国刑事起诉的完整体系。在起诉原则上，我国采用以起诉法定主义为主，兼采起诉便宜主义，检察官的起诉裁量权受到严格限制。

在我国，提起公诉是指行使国家公诉权的检察机关，对公安机关侦查终结移送起诉的案件或者对自行侦查终结的案件，经过全面审查，确认侦查阶段所收集的证据已经确实、充分。犯罪嫌疑人的行为已经构成犯罪，依法应当追究刑事责任而提请人民法院审判的一项诉讼活动。提起公诉是我国刑事诉讼程序中的重要阶段，是人民检察院的重要职权。提起公诉是侦查终结后的一个独立的诉讼阶段，是人民检察院单独行使检察权的范畴，与其他诉讼阶段相比，具有下列特定任务：

（1）代表国家对公安机关侦查终结移送起诉的案件和自行侦查终结的案件，进行全面审查。

（2）根据事实和法律，对案件分别决定起诉、不起诉或者撤销案件，并制作相应的法律文书。

（3）通过对公安机关移送案件的审查，实行侦查监督，纠正违法的侦查行为。

（4）对于决定提起公诉交付审判的案件，做好出庭支持公诉的准备工作；对于决定不起诉或者撤销的案件，从综合治理的目的出发做好善后工作。

三、起诉的意义

起诉是连接侦查与审判的唯一桥梁，是刑事诉讼的关键性程序之一，具有非常重要的意义。

（1）起诉是审判程序之前的必经程序。不告不理是现代刑事诉讼的一项基本原则。所以，起诉是刑事审判的前提，没有起诉，也就没有审判。

（2）当社会主体的权益受到犯罪行为侵害时，需要借助国家审判力量予以保护，惩罚犯罪，恢复权益的正常状态。而起诉正是向审判提供对象的活动。因此，起诉对于有效地惩罚犯罪和保障人权，都具有重要意义。

（3）起诉程序对于保证准确地惩罚犯罪、保障无辜的人及依法不受刑事追究的人免受刑事追究、实现程序公正都具有非常重要的意义。

在公诉案件中，人民检察院通过审查起诉和提起公诉活动，可由侦查机关侦查终结后移送起诉的案件从认定事实到适用法律进行全面审查，监督侦查工作依法进行；将符合起诉条件的人起诉到人民法院，保障准确惩罚犯罪，而使无辜的人和依法不受追诉的人尽早从刑事诉讼程序中解脱出来。

在自诉案件中，通过提起自诉和对自诉的审查，既能够解决人民群众告状难的问题，也可以保证案件处理的准确性，顺利实现诉讼公正与效率的双重价值。

第二节 审 查 起 诉

一、审查起诉概述

（一）审查起诉的概念

审查起诉是指人民检察院在提起公诉阶段，为了确定经侦查终结的刑事案件是否应当提起公诉，而对侦查机关确认的犯罪事实和证据、犯罪性质和罪名进行审查核实，并作出处理决定的一项诉讼活动。它是实现人民检察院公诉职能的一项最基本的准备工作，也是人民检察院对侦查活动实行法律监督的一项重要手段。因此，它对保证人民检察院正确地提起公诉，发现和纠正侦查活动中的违法行为，具有重要意义。

（二）移送审查起诉案件的受理

根据我国刑事诉讼法的规定，人民检察院对于公安机关移送审查起诉的案件，应当在 7 日内进行审查，审查的期限计入审查起诉的期限。人民检察院收到公安机关的起诉意见书后，应当指定检察人员审查：

（1）案件是否属于本院管辖；

（2）起诉意见书以及案卷材料是否齐备，案卷装订、移送是否符合有关规定和要求；

（3）诉讼文书、技术性鉴定材料是否单独装订成卷；

（4）作为证据使用的实物是否随案移送及移送的实物与物品清单是否相符；

（5）犯罪嫌疑人是否在案及采取强制措施的情况。

经过审查：①对具备受理条件的，填写受理审查起诉登记表。②对移送的起诉意见书及其他材料不符合有关规定和要求或者有遗漏的，应当要求公安机关按照要求制作后移送或者在 3 日内补送。③对于犯罪嫌疑人在逃的，应当要求公安机关采取措施保证在逃的犯罪嫌疑人到案后另案移送审查起诉，对在案的犯罪嫌疑人的审查起诉应当照常进行。人民检察院审查起诉部门受理本院侦查部门移送审查起诉的案件，应当按照上述程序办理。

各级人民检察院提起公诉，应当与人民法院审判管辖相适应。负责起诉的部门收到移送起诉的案件后，经审查认为不属于本院管辖的，应当在发现之日起 5 日以内经由负责案件管理的部门移送有管辖权的人民检察院。属于上级人民法院管辖的第一审案件，应当报送上级人民检察院，同时通知移送起诉的公安机关；属于同级其他人民法院管辖的第一审案件，应当移送有管辖权的人民检察院或者报送共同的上级人民检察院指定管辖，同时通知移送起诉的公安机关。

上级人民检察院受理同级公安机关移送起诉的案件，认为属于下级人民法院管辖的，可以交下级人民检察院审查，由下级人民检察院向同级人民法院提起公诉，同时通知移送起诉的公安机关。一人犯数罪、共同犯罪和其他需要并案审理的案件，只要其中一人或者一罪属于上级人民检察院管辖的，全案由上级人民检察院审查起诉。

公安机关移送起诉的案件，需要依照《刑事诉讼法》的规定指定审判管辖的，人民检察院应当在公安机关移送起诉前协商同级人民法院办理指定管辖有关事宜。

（三）审查起诉的内容

根据《刑事诉讼法》的规定，人民检察院审查案件的时候，必须查明以下内容：

1. 犯罪事实、情节是否清楚，证据是否确实、充分，犯罪性质和罪名的认定是否正确。查明犯罪事实、情节，是正确定罪量刑的前提，查明证据是否确实、充分，是正确定罪量刑的依据和基础。在查明犯罪事实和取得确实、充分证据的基础上，应当对犯罪的性质和罪名的认定是否恰当进行鉴别。犯罪的性质与罪名互相联系，密不可分，如果只认定了犯罪性质，而不认定具体的罪名，性质也难以定准。因为在同一性质的犯罪中，法律又规定了若干罪名。可见，审查犯罪性质与审查具体的罪名，应当同时进行。

2. 有无遗漏罪行和其他应当追究刑事责任的人。人民检察院追诉犯罪应当客观、全面。因此，在审查起诉时要注意审查有无遗漏犯罪嫌疑人的罪行和其他应当追究刑事责任的人。要查清案件的全部犯罪事实，就必须查清犯罪嫌疑人的全部罪行，对共同犯罪案件要查获所有实施犯罪的人。例如，在审查盗窃、诈骗、走私案件时，要注意追查销赃犯和包庇、窝藏犯，对于已构成窝赃、销赃罪的，也应对窝赃、销赃者一并提起公诉；在审查未成年人犯罪案件时，要注意审查有无教唆犯；审查个人犯罪案件时要注意发现团伙犯罪活动；审查团伙犯罪时更应注意审查有无漏诉其他犯罪成员。对此，最高人民法院、最高人民检察院、公安部在《关于当前办理集团犯罪案件中具体应用法律的若干问题的解答》中指出，办理共同犯罪案件特别是集团犯罪案件，除对其中已逃跑的成员可以另案处理外，一定要把全案的事实查清，然后对应当追究刑事责任的同案人，全案起诉，全案判处。切不要全案事实还没有查清，就急于杀掉首要分子或主犯，或者把案件拆散，分开处理。这样做不仅可能造成定罪不准，量刑失当，而且会造成死无对证，很容易漏掉同案成员的罪行，甚至漏掉罪犯，难以做到依法"从重从快、一网打尽"。在共同犯罪案件中，还应审查共同犯罪嫌疑人在共同犯罪活动中责任的认定是否恰当。

3. 是否属于不应追究刑事责任的情形。保障无罪的人不受刑事追究是人民检察院的职责之一，因此，人民检察院在审查案件时，必须查明犯罪嫌疑人有无不应追究刑事责任的情形，《刑事诉讼法》第16条对不应追究刑事责任的情形作了明确的规定。

4. 有无附带民事诉讼。《刑事诉讼法》第101条规定：被害人由于被告人的犯罪行为而遭受物质损失的，在刑事诉讼过程中，有权提起附带民事诉讼。刑事附带民事诉讼制度，对于全面追究被告人的刑事责任和民事责任，保护国家、集体利益和公民的合法权益，具有十分重要的意义。为此，人民检察院在审查起诉时，首先，要审查犯罪嫌疑人的犯罪行为是否给被害人造成了经济损失；被害人是否提起了附带民事诉讼。已提起的，要保护被害人的这项权利，没有提起的，应主动告知被害人有权提起。其次，还要查明国家、集体财产是否是犯罪而遭受损失，如果造成了损失，人民检察院可以在提起公诉时一并提起附带民事诉讼。

5. 侦查活动是否合法。人民检察院审查起诉的过程，也是对侦查工作进行法律监督的过程。因此，人民检察院对案件进行审查时，要注意审查侦查人员的侦查活动是否符合法定程序，法律手续是否完备，特别要查明在讯问犯罪嫌疑人和询问证人的过程中是否有刑讯逼供和以威胁、引诱、欺骗以及其他非法方法收集证据的情况。一旦发现侦查活动中有违反法律的行为时，应当及时提出纠正意见。构成犯罪的，应依法追究刑事责任。

6. 在司法实践中，人民检察院在审查起诉过程中，还应当注意审查以下内容：

（1）案件是否属于本院管辖。按照刑事诉讼法关于管辖的规定，对于不属于自己管辖的案件，就不能提起公诉，而应该将案件移送有管辖权的检察机关审查起诉。

（2）犯罪嫌疑人是否认罪认罚；证据是否确实、充分，是否依法收集，有无应当排除非法证据的情形；采取侦查措施包括技术侦查措施的法律手续和诉讼文书是否完备；采取的强制措施是否适当，对于已经逮捕的犯罪嫌疑人，有无继续羁押的必要。

（3）证据是否随案移送，不宜移送证据的清单、照片或者其他证明文件是否随案移送。人民检察院审查案件，决定是否起诉，需要确实充分的证据，因此，侦查机关或侦查部门移送案件时，应当将案件的所有证据一并移送，对不宜移送的证据，要附有不宜移送的证据的清单、照片或者其他证明文件。

（4）与犯罪有关的财物及其孳息是否扣押、冻结并妥善保管，以供核查。对被害人合法财产的返还和对违禁品或者不宜长期保存的物品的处理是否妥当，移送的证明文件是否完备，等等。

（四）审查起诉的步骤和方法

审查起诉是一项重要的诉讼活动，在整个刑事诉讼过程中，处于承前启后的中间环节。为保证审查起诉得以顺利进行，审查起诉的具体方法和步骤应当符合如下要求：

1. 人民检察院受理移送审查起诉案件，应当指定检察员或者经检察长批准代行检察员职务的助理检察员办理，也可以由检察长办理。

2. 审阅案卷材料。办案人员接到案件后，应当及时地审查公安机关或刑事侦查部门移送的案件材料是否齐备，有无《起诉意见书》、证据材料和其他法律文书。例如，如果犯罪嫌疑人被拘留、逮捕和被搜查过，审查有无搜查证、拘留证和逮捕证，然后仔细阅读起诉意见书，了解犯罪嫌疑人的犯罪事实、情节，犯罪性质和罪名以及要求起诉的理由，详细审阅案卷中的证据材料，按照法定审查起诉的五项内容，逐项进行审查。发现疑问，可以向侦查人员询问。审阅案卷要认真细致，并应制作阅卷笔录。

3. 讯问犯罪嫌疑人。讯问犯罪嫌疑人是人民检察院审查起诉的必经程序。这是人民检察院核实证据，正确认定案件事实，监督侦查活动是否合法所必需的。讯问犯罪嫌疑人还有助于直接了解犯罪嫌疑人的精神状态和悔罪态度，为其提供辩护的机会，倾听其辩解理由。因此，讯问犯罪嫌疑人意义重大，必须依法进行，根据《刑事诉讼法》的规定，讯问只能由检察人员进行，讯问犯罪嫌疑人时，应当告知其有申请回避的权利。检察人员在讯问时不得少于2人，并且首先应当讯问罪嫌疑人是否有犯罪行为，让其陈述有罪的情节或无罪的辩解，然后根据犯罪嫌疑人的陈述情况和阅卷确定复核证据的重点，向犯罪嫌疑人提出问题让其回答，除对质以外，讯问犯罪嫌疑人应当个别进行，并注意做好笔录。

4. 听取被害人和犯罪嫌疑人，被害人委托人的意见。人民检察院自收到移送审查起诉的案件材料之日起3日内，应当告知犯罪嫌疑人有权委托辩护人，并应当告知被害人及其法定代理人或者近亲属有权委托诉讼代理人。询问被害人和犯罪嫌疑人、被害人委托人，并听取他们的意见，这也是人民检察院审查起诉的必经程序。刑事案件中的被害人是犯罪行为的受害者，对案件情况比较了解，因而听取他的意见，既有助于查清案件事实，又有利于对被害人合法权益的保护。在司法实践中，有许多被害人、犯罪嫌疑人缺乏法律知识或受其文化水平限制，不能准确地陈述和回答检察人员的问题，需要委托他人代为诉讼。因此，《刑事诉讼法》规定人民检察院审查案件，应当听取被害人和犯罪嫌疑人、被害人委托人的意见，这样更有助于检察人员核实证据，查明案件事实。询问被害人和犯罪嫌疑人、被害人委托人时，应当由2个以上检察人员进行，并须向他们出示人民检察院的证明文件，询问前还要告知他们应当如实提供证据和陈述，询问时应个别进行，同时注意做好笔录。

5. 听取辩护人、诉讼代理人的意见。听取辩护人、诉讼代理人的意见有助于保障犯罪嫌疑人和被害人的合法权益，有利于保障审查起诉活动的依法进行和审查处理质量。根据《刑事诉讼法》第173条的规定，人民检察院审查案件，应当讯问犯罪嫌疑人，听取辩护人或者值班律师、被害人及其诉讼代理人的意见，并记录在案。辩护人或者值班律师、被害人及其诉讼代理人提出书面意见的，应当附卷。

犯罪嫌疑人认罪认罚的，人民检察院应当告知其享有的诉讼权利和认罪认罚的法律规定，听取犯罪嫌疑人、辩护人或者值班律师、被害人及其诉讼代理人对下列事项的意见，并记录在案：①涉嫌的犯罪事实、罪名及适用的法律规定；②从轻、减轻或者免除处罚等从宽处罚的建议；③认罪认罚后案件审理适用的程序；④其他需要听取意见的事项。

人民检察院依照前两款规定听取值班律师意见的，应当提前为值班律师了解案件有关情况提供必要的便利。

6. 调查核实其他证据。根据最高人民检察院《规则》的规定，人民检察院在审查起诉时，应对侦查机关移送的证据材料进行审查，并进行核实。①人民检察院认为需要对案件中某些专门性问题进行鉴定而侦查机关没有鉴定的，应当要求侦查机关进行鉴定；必要时也可以由人民检察院进行鉴定或者由人民检察院送交有鉴定资格的人进行。人民检察院自行进行鉴定的，可以商请侦查机关派员参加，必要时可以聘请有鉴定资格的人参加。②在审查起诉中，发现犯罪嫌疑人可能患有精神病的，人民检察院应当依照最高人民检察院《规则》的有关规定对犯罪嫌疑人进行鉴定。犯罪嫌疑人的辩护人或者近亲属以犯罪嫌疑人可能患有精神病而申请对犯罪嫌疑人进行鉴定的，人民检察院也可以依照最高人民检察院《规则》的有关规定对犯罪嫌疑人进行鉴定，鉴定费用由申请方承担。人民检察院对鉴定意见有疑问的，可以询问鉴定人并制作笔录附卷，也可以指派检察技术人员或者聘请有鉴定资格的人对案件中的某些专门性问题进行补充鉴定或者重新鉴定。公诉部门对审查起诉案件中涉及专门技术问题的证据材料需要进行审查的，可以送交检察技术人员或者其他有专门知识的人审查，审查后应当出具审查意见。③人民检察院审查案件的时候，对公安机关的勘验、检查，认为需要复验、复查的，应当要求公安机关复验、复查，人民检察院可以派员参加；也可以自行复验、复查，商请公安机关派员参加，必要时也可以聘请专门技术人员参加。④人民检察院对物证书证、视听资料、电子数据及勘验、检查、辨认、侦查实验等笔录存在疑问的，可以要求侦查人员提供获取、制作的有关情况。必要时也可以询问提供物证书证、视听资料、电子数据及勘验、检查、辨认、侦查实验等笔录的人员和见证人并制作笔录附卷，对物证、书证、视听资料、电子数据进行技术鉴定。⑤人民检察院对证人证言笔录存在疑问或者认为对证人的询问不具体或者有遗漏的，可以对证人进行询问并制作笔录附卷。⑥对于随案移送的讯问犯罪嫌疑人录音、录像或者人民检察院调取的录音、录像，人民检察院应当审查相关的录音、录像；对于重大、疑难、复杂的案件，必要时可以审查全部录音、录像。人民检察院在审查起诉中，发现可能存在《刑事诉讼法》规定的以非法方法收集证据情形的，可以要求侦查机关对证据收集的合法性作出书面说明或者提供相关证明材料。人民检察院公诉部门在审查中发现侦查人员以非法方法收集犯罪嫌疑人供述、被害人陈述、证人证言等证据材料的，应当依法排除非法证据并提出纠正意见，同时可以要求侦查机关另行指派侦查人员重新调查取证，必要时人民检察院也可以自行调查取证。

7. 补充侦查。补充侦查，在提起公诉阶段是指人民检察院对公安机关侦查终结移送起诉的案件，或者对自行侦查终结的案件，在审查起诉中，发现有事实不清、证据不足或者遗漏了罪行或同案人，需要补充进行有关专门调查等工作的一项诉讼活动。补充侦查的目的在于查清有关事实和证据，以决定是否将犯罪嫌疑人交付人民法院审判。根据《刑事诉讼法》第175条第2款的规定，补充侦查有两种形式：一种是由人民检察院退回公安机关进行。这种形式一般适用于主要犯罪事实不清、证据不足，或者遗漏了重要犯罪事实及应追究刑事责任的同案犯的案件。人民检察院对需要退回补充侦查的案件，应当制作《退回补充侦查决定书》，写明退查的理由和需要补充查明的具体事项及要求。另一种是由人民检察院自行侦查。这种方式一般适用于只有某些次要的犯罪事实、情节不清，证据不足，公安机关侦查活动中有违法情况，在认定事实和证据上与公安机关有较大分歧或者已经退查过但仍未查清的案件。自侦案件需要补充侦查的，人民检察院审查起诉部门应将案件退回本院侦查部门。

人民检察院在补充侦查中，对各种证据有疑问的都要进行重新收集或鉴定。比如人民检察院对鉴定意见有疑问或依照当事人的请求，应当自行对犯罪嫌疑人或被害人进行医学鉴定，必要时可以聘请医学机构或专门鉴定机构有鉴定资格的人员参加。人民检察院对物证、书证、视听资料、勘验、检查笔录存在疑问的，应当要求办案人员提供物证、书证、视听资料、勘验、检查笔录获取、制作的有关情况，必要时应当重新收集和制作，对物证、书证、视听资料可以进行鉴定。对证人证言有疑问的，也应当重新进行询问。

根据《刑事诉讼法》第175条第3款的规定，对于补充侦查的案件，应当在1个月以内补充侦查完毕。补充侦查以二次为限。这一规定是为了防止拖延结案时间，避免对犯罪嫌疑人超期羁押、久拖不决的情况，有利于保护犯罪嫌疑人的合法权益，督促侦查机关的侦查工作。退回补充侦查的案件，如果在主要事实或证据上发生了重大变化，侦查机关就应当重新制作《起诉意见书》；如果只是在个别情节上补充了有关材料，可以书面意见的形式移送人民检察院。如果认为应当撤销案件的，应将决定通知人民检察院。

8. 作出决定。一般来说，人民检察院的检察人员审查起诉，应当首先全面阅卷，找出疑点、矛盾后，再有的放矢地讯问犯罪嫌疑人，听取被害人和犯罪嫌疑人、被害人委托人的意见，以解决案件中存在的问题。如果发现新情况，根据需要作进一步的调查和补充侦查。检察人员对案件经过一系列审查活动，查清全部案件事实以后，应当拟写《案件审查意见书》，根据审查的具体情况，提出起诉或者不起诉以及是否需要提起附带民事诉讼的意见，报请审查起诉部门负责人审核，审查起诉部门负责人对案件进行审核后，应当提出审核意见，报请检察长或者检察委员会决定起诉或者不起诉。

【经典例题】 1. 关于检察院审查起诉，下列哪一选项是正确的？（　　　）[1]

A. 认为需要对公安机关的勘验、检查进行复验、复查的，可以自行复验、复查

B. 发现侦查人员以非法方法收集证据的，应当自行调查取证

C. 对已经退回公安机关二次补充侦查的案件，在审查起诉中又发现新的犯罪事实的，应当将已侦查的案件和新发现的犯罪一并移送公安机关立案侦查

D. 共同犯罪中部分犯罪嫌疑人潜逃的，应当中止对全案的审查，待潜逃犯罪嫌疑人归案后重新开始审查起诉

2. 某检察院对陈某、姚某共同诈骗一案审查起诉时，陈某潜逃。下列哪一选项是正确的？（　　　）[2]

A. 应当中止对陈某、姚某的审查起诉

B. 可以对陈某中止审查起诉，对姚某继续审查起诉

C. 应当将案件中陈某的部分退回公安机关处理，对姚某继续审查起诉

D. 应当将全案退回公安机关，待抓获陈某后再继续审查起诉

3. 检察院在审查起诉未成年人刑事案件时，应当进行下列哪些活动？（　　　）[3]

A. 应当听取辩护人的意见

B. 应当听取未成年被害人的意见

C. 应当听取未成年被害人的法定代理人的意见

D. 在押的未成年犯罪嫌疑人有认罪、悔罪表现的，检察人员可以安排其与法定代理人、近亲属等会见、通话

（五）审查起诉的期限

《刑事诉讼法》第172条规定，人民检察院对于监察机关、公安机关移送起诉的案件，应当在1个月以内作出决定，重大、复杂的案件，可以延长15日；犯罪嫌疑人认罪认罚，符合速裁程序适用条件的，应当在10日以内作出决定，对可能判处的有期徒刑超过1年的，可以延长至15日。人民检察院审查起诉的案件，改变管辖的，从改变后的人民检察院收到案件之日起计算审查起诉期限。该条对审查起诉的期限以及改变管辖后审查起诉期限的计算，都作出了明确的规定。这一规定是长期审查起诉经验的总结，是符合准确、及时办案要求的。根据《刑事诉讼法》第175条第3款的规定，对补充侦查的案件，补充侦查完毕移送人民检察院后，人民检察院也要重新计算审查起诉期限。以上规定的审查起诉的期限是针对犯罪嫌疑人被羁押的案件来说的，实践中对犯罪嫌疑人未被羁押的案件，人民检察院不受1个月~1个半月期限的限制，既可以在1个月~1个半月内完成，也可以超过这个期限，但

---

[1] 答案：A

[2] 答案：B

[3] 答案：ABCD

是，必须贯彻迅速、及时原则，不得中断对案件的审查。

此外，如果在审查起诉过程中犯罪嫌疑人在逃的，人民检察院应当中止审查，并按照《刑事诉讼法》的有关规定作出通缉的决定并通知公安机关执行，共同犯罪中的部分犯罪嫌疑人在逃的，对在逃犯罪嫌疑人应当中止审查，对其他犯罪嫌疑人的审查起诉应当照常进行。中止审查应当由审查起诉部门负责人提出意见报请检察长决定。中止审查的时间不计入审查起诉的期限。

人民检察院经过审查，应当根据案件的不同情况，依法作出提起公诉或不起诉的决定。

【经典例题】 1. 人民检察院审查起诉部门对于本院侦查部门移送审查起诉的案件，发现犯罪事实不是犯罪嫌疑人所为，应当如何处理？（　　　）[1]

A. 应当书面说明理由将案卷退回侦查部门，并建议侦查部门重新侦查

B. 应当退回侦查部门，建议撤销案件

C. 应当书面说明理由，将案件退回侦查部门处理

D. 应当退回侦查部门，建议补充侦查

2. 某市检察院在审查甲杀人案中，发现遗漏了依法应当移送审查起诉的同案犯罪嫌疑人乙。对此检察院应该如何处理？（　　　）[2]

A. 应当建议公安机关对乙提请批准逮捕

B. 应当建议公安机关对乙补充移送审查起诉

C. 如果符合逮捕条件，可以直接决定逮捕乙

D. 如果符合起诉条件，可以直接将甲与乙一并提起公诉

3. 检察院在审查起诉时，下列哪一处理方式是正确的？（　　　）[3]

A. 审查公安机关移送起诉的投毒案，发现犯罪嫌疑人周某根本没有作案时间，遂书面说明理由将案卷退回公安机关并建议公安机关重新侦查

B. 审查吴某、郑某共同抢劫案的过程中，吴某在押但郑某潜逃，遂全案中止审查起诉

C. 甲县公安局将蔡某抢劫案移送甲县检察院审查起诉，甲县检察院审查认为蔡某可能会被判处死刑，遂将案件退回

D. 甲县检察院受理移送起诉的谭某诈骗案，认为应当由谭某居住地的乙县检察院起诉，遂将案卷材料移送乙县检察院审查起诉，但未通知甲县公安局

4. 关于在审查起诉阶段，犯罪嫌疑人死亡，但对犯罪嫌疑人的存款、汇款应当依法没收的，下列哪一选项是正确的？（　　　）[4]

A. 由检察院依法作出不起诉的决定，并没收犯罪嫌疑人存款上缴国库，或返还被害人

B. 由检察院作出撤销案件的决定，并没收犯罪嫌疑人的存款上缴国库，或返还被害人

C. 由检察院作出不起诉的决定，并申请法院裁定通知冻结犯罪嫌疑人的存款、汇款的金融机构上缴国库或返还被害人

D. 由检察院作出撤销案件的决定，并申请法院裁定通知冻结犯罪嫌疑人的存款、汇款的金融机构上缴国库或者返还被害人

---

[1]　答案：B

[2]　答案：BCD

[3]　答案：A

[4]　答案：C

二、审查起诉后的处理

审查起诉的主要任务是通过审查最终决定是否提起公诉。《刑事诉讼法》第 176 条、第 177 条规定，人民检察院对案件进行审查后，应当根据事实、证据和法律的有关规定作出提起公诉或者不起诉决定。人民检察院在审查中发现遗漏犯罪嫌疑人或遗漏罪行的，在符合法定起诉条件或者经过补充侦查达到起诉条件后，有权一并起诉。人民检察院在审查起诉的过程中，认为公安机关提请起诉的犯罪嫌疑人和犯罪事实以外的其他人或者事实符合起诉条件，应当起诉，可以直接追加起诉，不必商请公安机关补充提请追加起诉。亦即人民检察院有独立作出追加起诉决定的权力，这是检察权具有积极主动性的重要表现。追缴的财物中，属于被害人的合法财产，不需要在法庭出示的，应当及时返还被害人，并由被害人在返还款物清单上签名或者盖章，注明返还的理由，并将清单照片附卷。追缴的财物中，属于违禁品或者不宜长期保存的物品，应当依照国家有关规定处理，并将清单、照片、处理结果附卷。

根据最高人民检察院《规则》第 365 条、第 349 条规定，在检察院不起诉或退回补充侦查后，新增了建议重新侦查与将新的犯罪事实移送相关机关的两种处理方法。

（一）建议重新侦查

最高人民检察院《规则》第 365 条规定，人民检察院对于监察机关或者公安机关移送起诉的案件，发现犯罪嫌疑人没有犯罪事实，或者符合《刑事诉讼法》第 16 条规定的情形之一的，经检察长批准，应当作出不起诉决定。

对于犯罪事实并非犯罪嫌疑人所为，需要重新调查或者侦查的，应当在作出不起诉决定后书面说明理由，将案卷材料退回监察机关或者公安机关并建议重新调查或者侦查。

（二）将新的犯罪事实移送相关机关

最高人民检察院《规则》第 349 条规定，人民检察院对已经退回监察机关二次补充调查或者退回公安机关二次补充侦查的案件，在审查起诉中又发现新的犯罪事实，应当将线索移送监察机关或者公安机关。对已经查清的犯罪事实，应当依法提起公诉。

另外，为了保障犯罪嫌疑人合法权益，推进刑事诉讼顺利进行，最高人民检察院《规则》第 351 条、第 346 条规定了检察院重新计算审查起诉期限的情形。第 351 条规定，人民检察院对于移送起诉的案件，应当在 1 个月以内作出决定；重大、复杂的案件，1 个月以内不能作出决定的，可以延长 15 日。人民检察院审查起诉的案件，改变管辖的，从改变后的人民检察院收到案件之日起计算审查起诉期限。第 346 条规定，退回监察机关补充调查、退回公安机关补充侦查的案件，均应当在 1 个月以内补充调查、补充侦查完毕。补充调查、补充侦查以二次为限。补充调查、补充侦查完毕移送起诉后，人民检察院重新计算审查起诉期限。

第三节　提　起　公　诉

一、提起公诉的概念

提起公诉，是指人民检察院对公安机关侦查终结、移送起诉的案件，进行全面审查，对应当追究刑事责任的犯罪嫌疑人提交人民法院进行审判的一项诉讼活动。提起公诉是人民检察院的一项专门权力，其他任何机关、团体和个人都不得行使。人民检察院作为国家的控诉机关，应当谨慎地行使控诉权，保证犯罪行为得到应受的惩罚，无罪的人不受刑事追究，以保护人权。《刑事诉讼法》第176条第1款规定，人民检察院认为犯罪嫌疑人的犯罪事实已经查清，证据确实、充分，依法应当追究刑事责任的，应当作出起诉决定，按照审判管辖的规定，向人民法院提起公诉，并将案卷材料、证据移送人民法院。

人民检察院决定起诉的时候，应当依法按照审判管辖的规定，向同级人民法院提出，不允许越级起诉。如果人民检察院受理不属于同级人民法院管辖的案件，应当分别情况报送相应的上级或者移送相应的下级人民检察院，由它向其同级人民法院提起公诉。例如，县（市、区）人民检察院受理的属于中级人民法院管辖的案件，应当报送地市级人民检察院审查决定后，由它向其同级的中级人民法院提起公诉。反之，地市级人民检察院受理的属于县级人民法院管辖的案件，应移送县（市、区）人民检察院，由它向其同级的县级人民法院提起公诉。

二、提起公诉的条件

根据《刑事诉讼法》第176条的规定，人民检察院提起公诉时，必须具备以下条件：

1. 犯罪嫌疑人的犯罪事实已经查清。犯罪事实是对犯罪嫌疑人正确定罪和处刑的基础，只有查清犯罪事实，才能正确定罪量刑。因此，人民检察院提起公诉，必须首先查清犯罪嫌疑人的犯罪事实。

（1）这里的"犯罪事实"，是指影响定罪量刑的犯罪事实，包括：

1）确定犯罪嫌疑人实施的行为是犯罪，而不是一般违法行为的事实。

2）确定犯罪嫌疑人是否负刑事责任或者免除刑事责任的事实。比如犯罪嫌疑人的主观状态（包括故意、过失、动机和目的）、犯罪嫌疑人的年龄、精神状态等。

3）确定对犯罪嫌疑人应当从轻、减轻或者从重处罚的事实。

查清上述各项事实就符合犯罪嫌疑人的犯罪事实已经查清的条件。

（2）实践中，就具体案件来说，具有下列情形之一的，就可以确认犯罪事实已经查清：

1）属于单一罪行的案件，与定罪量刑有关的事实已经查清，不影响定罪量刑的事实无法查清的。

2）属于数个罪行的案件，部分罪行已经查清并符合起诉条件，其他罪行无法查清的。

3）无法查清作案工具、赃物去向，但有其他证据足以对被告人定罪量刑的。

4）言词证据中主要情节一致，只有个别情节不一致且不影响定罪的。

对于符合上述第二种情况的，应当以已经查清的罪行起诉。因此，对那些并不影响定罪量刑的事实，则没有必要查清，司法实践中那种查清案件的一切事实后才提起公诉的做法是不可取的。

2. 证据确实、充分。证据是认定犯罪事实的客观依据。因此，人民检察院指控犯罪嫌疑人实施的犯罪行为，必须要有确实、充分的证据。证据确实，是对证据质的要求，是指用以证明犯罪事实的每一证据必须是客观真实存在的事实，同时又是与犯罪事实有内在的联系，能够证明案件的事实真相。证据充分，是对证据量的要求，只要一定数量的证据足够证明犯罪事实，就达到了证据充分性的要求。

证据确实与充分是相互联系、不可分割的两个方面，证据确实必须以证据充分为条件，如果证据不充分，证据确实也无法达到；反之，如果证据不确实，而证据再充分，也不能证明案件真实。因此,证据确实、充分是提起公诉的一个必要条件。

3. 依法应当追究刑事责任。依照法律规定,犯罪嫌疑人实施了某种犯罪,并非一定要负刑事责任。根据《刑法》《刑事诉讼法》的有关规定,有些犯罪行为法定为不予追究刑事责任的情形。因此,决定对犯罪嫌疑人提起公诉,还必须排除法定不予追究刑事责任的情形。依法应当追究犯罪嫌疑人的刑事责任,就成为对其提起公诉的又一必要条件。

总之,对犯罪嫌疑人决定提起公诉,必须同时具备上述三项条件,缺少上述三项条件中的任何一项,都不能对犯罪嫌疑人提起公诉。

三、起诉书的制作和移送

起诉书,是人民检察院依照法定的诉讼程序代表国家对被告人向人民法院提起诉讼的文书。这种文书是检察机关以国家公诉人的名义制作的,因而通常又称之为公诉书。起诉书是人民检察院重要的司法文书,它具有揭露犯罪、证实犯罪的功效,是将被告人交付人民法院审判的书面凭证,是人民法院对被告人得以行使审判权的法律依据,也是宣传法制,教育群众的生动教材。因此,它的制作无疑是一项十分严肃的工作。根据《刑事诉讼法》和最高人民检察院颁发的《刑事检察文书格式》样本的规定,起诉书由下列部分组成:

1. 首部。

(1)标题。主要写明"×××人民检察院起诉书"字样。其右下方注明案号:(年度)×检×字第××号。

(2)被告人的基本情况。主要写明被告人的姓名、性别、年龄、籍贯、身份证号码、民族、文化程度、职业、住址、主要简历(包括有无前科)、何时被拘留、逮捕、在押被告人的关押处所等。共同犯罪的案件,应当逐个写明被告人的上述情况。

(3)案由和案件来源。这部分是说明人民检察院对案件所认定的罪名和案件从何处来的。采用何种方式表述,可根据具体情况决定,但必须将"案由、案件来源和查明的犯罪事实"这三个项目交代清楚。

2. 主犯罪事实和证据。犯罪事实和证据是起诉书的主要部分。起诉书要写明被告人的罪名、罪状、罪证以及认罪态度。在记叙被告人的犯罪事实时,一定要写明犯罪的时间、地点、经过、手段、动机、目的、危害后果七大要素。起诉书所写的内容是经过人民检察院严格审查和核实后所认定的,而不是公安机关起诉意见书所写内容的复述、照搬,也不是它的缩写或改写。因此,起诉书的犯罪事实和证据部分与起诉意见书相比有自己的特点:

(1)在审核事实上,起诉书严于起诉意见书。起诉书产生于起诉意见书之后,是人民检察院代表国家作出的正式文书:起诉书所认定的事实是人民检察院严格审查、核实之后作出的结论。因此,起诉书不仅是人民法院审判被告人的依据,而且也是被告人及其辩护人在法庭审理中进行辩护的依据。

(2)在记叙事实上,起诉书简于起诉意见书。起诉意见书在记叙犯罪事实时,一般涉及面较宽,只要无碍于记叙主罪,就无可非议。因为它是提请审查是否起诉的意见,事实摆得详尽些,便于审查决定;而起诉书则要求突出主要犯罪事实,要求明晰而简略地列出犯罪事实。

(3)在排列事实上,起诉书要有严密的逻辑性和较强的说明力。一般有四种排列方法:

第一,按犯罪时间先后顺序交代犯罪事实。这样叙述较清楚,也便于说明其犯罪的连续性。

第二，按突出主罪的方法排列。这适用于一人犯数罪的起诉，先叙述主罪，突出重点，再叙述次罪，主次分明。

第三，按综合归纳方法排列。这适用于被告人作案次数较多，而罪名、情节又大致相同的案件。

第四，在记叙犯罪事实时，一般可采用罪、证分述，使罪、证分明，一目了然。但在一定条件下，也可以罪、证合并记叙。

3. 结论。这部分即起诉的理由和法律根据，是人民检察院对被告人犯罪事实的分析、认定，直接反映对被告人所犯罪行追究法律责任的具体意见，因而十分重要。

其具体内容主要包括：

（1）被告人触犯的刑法条款、犯罪的性质、对社会危害性大小。

（2）有无从重、从轻或减轻的情节，还应根据被告人认罪态度及其他原因，说明从宽或从严处罚的理由。

（3）共同犯罪各被告人应负的罪责。

（4）在公诉案件中，如果被告人的罪行给被害人造成了物质损失，有无附带民事诉讼情况的，也应写明。

这部分结束时，还应写明：此致，×××人民法院。并由检察长（或检察员）署名，注明具文的时间，加盖公章。

4. 附项。这部分应写明：被告人的住址或羁押处所；证据目录，主要证据复印件或者照片；证人名单及其住址或单位地址；鉴定人的住址或单位地址；随案移送案卷的册数、页数；随卷移送的赃物、证物。

人民检察院在制作起诉书时，如果被告人真实姓名、住址无法查清的，应当按其绰号或者自报的姓名、自报的年龄制作起诉书，并在起诉书中注明。如果被告人自报的姓名可能造成被害人、他人名誉、败坏道德风俗等不良影响的，可以对被告人编号并按编号制作起诉书，在起诉书中附具被告人的照片。

人民检察院提起公诉的案件，应当向人民法院移送起诉书、证据目录、证人名单和主要证据复印件或者照片。人民检察院应当按照审判管辖的规定向同级人民法院起诉。

四、适用简易程序案件的移送

简易程序是指基层人民法院审理某些事实清楚、情节简单、犯罪轻微的刑事案件所适用的比普通程序相对简化的第一审程序。

根据《刑事诉讼法》第214条的规定，对于案件事实清楚、证据充分的；被告人承认自己所犯罪行，对指控的犯罪事实没有异议的；被告人对适用简易程序没有异议的，人民检察院有权建议适用简易程序。

属于人民检察院建议适用简易程序的公诉案件，在人民检察院向人民法院提起公诉时，应当同时提出适用简易程序的书面建议，并随案移送全案卷宗和证据。

根据最高人民检察院《规则》第431条的规定，对下列案件，人民检察院不得建议人民法院适用简易程序：

（1）被告人是盲、聋、哑人，或者是尚未完全丧失辨认或者控制自己行为能力的精神病人的；

（2）有重大社会影响的；

（3）共同犯罪案件中部分被告人不认罪或者对适用简易程序有异议的；

（4）比较复杂的共同犯罪案件；

（5）辩护人作无罪辩护或者对主要犯罪事实有异议的；

（6）其他不宜适用简易程序的。

人民法院决定适用简易程序审理的案件，人民检察院认为具有《刑事诉讼法》第215条规定情形之一的，应当向人民法院提出纠正意见；具有其他不宜适用简易程序情形的，人民检察院可以建议人民法院不适用简易程序。

第四节　不　起　诉

一、不起诉的概念

不起诉，是指人民检察院对公安机关侦查终结移送起诉的案件或者对自行侦查终结的案件，经过审查后，认为犯罪嫌疑人具有《刑事诉讼法》第16条规定的不追究刑事责任的情形，或者犯罪嫌疑人犯罪情节轻微依法不需要判处刑罚或免除刑罚，或者经两次补充侦查尚未达到起诉条件，而作出的不将案件移送人民法院进行审判的决定。不起诉是人民检察院审查案件的结果之一，具有终止诉讼的法律效力。

1996年《刑事诉讼法》修正前，不起诉和免予起诉都是人民检察院在不追究被告人的刑事责任时所作出的决定。1996年《刑事诉讼法》修正后，免予起诉一词在《刑事诉讼法》修正后已不再使用。

二、不起诉的种类

根据《刑事诉讼法》第177条、第175条的规定，不起诉分为法定不起诉、酌定不起诉和存疑不起诉三类。

1. 法定不起诉。法定不起诉，又称绝对不起诉，是指犯罪嫌疑人具有《刑事诉讼法》第16条规定的不追究刑事责任情形之一的，人民检察院应当作出的不起诉决定。法定不起诉是法律规定的应当不起诉，《刑事诉讼法》第177条第1款规定：犯罪嫌疑人有本法第16条规定的情形之一的，人民检察院应当作出不起诉决定。这里规定的"应当作出不起诉决定"，是指人民检察院遇到《刑事诉讼法》第16条规定的情形之一时，只能依法作出不起诉决定，没有自由裁量的余地。

根据《刑事诉讼法》第16条的规定，法定不起诉有以下六种情形：

（1）犯罪嫌疑人实施的行为情节显著轻微，危害不大，不认为是犯罪的；

（2）犯罪嫌疑人的犯罪已过追诉时效期限的；

（3）犯罪嫌疑人的犯罪经特赦令免除刑罚的；

（4）依照刑法告诉才处理的犯罪，没有告诉或者撤回告诉的；

（5）犯罪嫌疑人、被告人死亡的；

（6）其他法律规定免予刑事责任的。

以上六种情形，有的不认为是犯罪，有的是不应追究刑事责任或无法追究刑事责任，总之都不具备起诉的法定条件。因此，人民检察院在审查起诉中，对于具有上述六种情形之一的都应当作出不起诉决定，而无须权衡作出这一决定是否适宜，这是法定不起诉不同于酌定不起诉的重要特征。

【经典例题】 1. 对于犯罪情节轻微，且具有规定情形，依照《刑法》不需要判处刑罚或者免除刑罚的未成年犯罪嫌疑人，一般应当依法作出不起诉决定。下列哪些情形适用该规定？（　　）〔1〕

A. 被胁迫参与犯罪的

B. 是又聋又哑的人的

C. 因紧急避险过当构成犯罪的

D. 有自首或者重大立功表现的

2. 某市检察院审理市公安局移送审查起诉的下列案件中，具有何种情形时应当作出不起诉决定？（　　）〔2〕

A. 犯罪嫌疑人甲，犯罪已过追诉时效期限

B. 犯罪嫌疑人乙，为犯罪准备工具、制造条件

C. 犯罪嫌疑人丙已死亡

D. 犯罪嫌疑人丁是聋哑人

2. 酌定不起诉。酌定不起诉，又称相对不起诉，是指人民检察院认为犯罪嫌疑人的犯罪情节轻微，依照《刑法》规定不需要判处刑罚或者免除刑罚的案件，可以作出不起诉决定。

（1）我国《刑事诉讼法》第 177 条第 2 款规定：对于犯罪情节轻微，依照刑法规定不需要判处刑罚或者免除刑罚的，人民检察院可以作出不起诉决定。

根据这一规定，酌定不起诉必须同时具备两个条件：

1）犯罪嫌疑人实施的行为触犯了《刑法》，符合犯罪构成的要件，已经构成犯罪。

2）犯罪行为情节轻微，依照《刑法》规定不需要判处刑罚或者免除刑罚。

（2）《刑法》第 37 条规定：对于犯罪情节轻微不需要判处刑罚的，可以免予刑事处罚，但是可以根据案件的不同情况，予以训诫或责令具结悔过、赔礼道歉、赔偿损失，或者由主管部门予以行政处罚或者行政处分。这是《刑法》规定的不需要判处刑罚的情形。

依照刑法规定免除刑罚的情形主要是指以下几种情况：

1）犯罪嫌疑人在中华人民共和国领域外犯罪，依照我国《刑法》规定应当负刑事责任，但在外国已经受过刑事处罚的。

2）犯罪嫌疑人又聋又哑，或者是盲人犯罪的。

3）犯罪嫌疑人因防卫过当或紧急避险超过必要限度，并造成不应有危害而犯罪的。

4）为犯罪准备工具，制造条件的。

5）在犯罪过程中自动中止或自动有效地防止犯罪结果发生的。

6）在共同犯罪中，起次要或辅助作用的。

7）被胁迫、被诱骗参加犯罪的。

8）犯罪嫌疑人自首或者在自首后有立功表现的。

在司法实践中，人民检察院在确认犯罪嫌疑人具有上述情形之一时，还必须在其犯罪情节轻微的前提条件下才可以作出不起诉决定。人民检察院要根据犯罪嫌疑人的年龄、犯罪动

---

〔1〕答案：ABCD

〔2〕答案：AC

机和目的、手段、危害后果等情节以及一贯表现进行综合考虑，在确实认为作出不起诉的决定更为有利时，才可以作出不起诉决定。

【经典例题】人民检察院对公安机关移送审查起诉的下列案件，哪些可以作出酌定不起诉决定？（　　）[1]

A. 犯罪嫌疑人甲，为犯罪准备工具、制造条件，犯罪情节轻微

B. 犯罪嫌疑人乙犯罪构成要件事实缺乏足够的证据予以证明

C. 犯罪嫌疑人丙又聋又哑，且犯罪情节轻微

D. 犯罪嫌疑人丁已死亡

3. 存疑不起诉。存疑不起诉，又称证据不足的不起诉，是指检察机关对于经过补充侦查的案件，仍然认为证据不足，不符合起诉条件的，可以作出不起诉决定。我国《刑事诉讼法》第175条第4款规定：对于二次补充侦查的案件，人民检察院仍然认为证据不足，不符合起诉条件的，应当作出不起诉的决定。

而根据我国《刑事诉讼法》第175条规定的精神，补充侦查的案件应在1个月内补充侦查完毕，补充侦查以两次为限。因此，经过两次补充侦查，对于事实仍未查清、证据不足的案件，人民检察院应当作出不起诉的决定。

案件经过二次补充侦查，具有下列情形之一，不能确定犯罪嫌疑人构成犯罪和需要追究刑事责任的，属于证据不足，不符合起诉条件。

（1）据以定案的证据存在疑问、无法查证属实的；

（2）犯罪构成要件事实缺乏必要的证据予以证明的；

（3）证据之间的矛盾不能合理排除的；

（4）根据证据得出的结论具有其他可能性而无法排除的。

人民检察院根据上述情形作出不起诉决定后，如果发现了新的证据，证明案件符合起诉条件时，可以撤销不起诉决定，提起公诉。对于存疑不起诉应当注意的是，只有案件经过两次补充侦查后，人民检察院仍然认为案件事实不清、证据不足时，才可以作出不起诉决定。因此，案件经过两次补充侦查和案件事实不清、证据不足，是刑事诉讼法规定的存疑不起诉的必要条件，人民检察院必须严格执行，只有这样，才能既可以防止放纵犯罪分子，又可以防止久侦不决、久押不放的现象，更好地保护公民的合法权益。

【经典例题】下列哪一案件，在作出不起诉决定时由检察长决定？（　　）[2]

A. 犯罪嫌疑人甲涉嫌故意伤害罪，经鉴定，被害人受到的伤害为轻微伤

B. 犯罪嫌疑人乙涉嫌故意伤害罪，经鉴定，被害人受到的伤害为轻伤，但情节轻微，且被害人希望不追究乙刑事责任

C. 犯罪嫌疑人丙涉嫌非法侵入住宅罪，经查明，丙是因为受到野猪追赶被迫闯入被害人住宅，属于紧急避险

D. 犯罪嫌疑人丁涉嫌偷税罪，案件经过一次退回补充侦查，仍事实不清，证据不足

---

[1] 答案：AC

[2] 答案：A

三、不起诉的程序

同起诉决定一样，人民检察院对犯罪嫌疑人作出的不起诉决定，也是对案件处理的一种结果，因而是一项十分严肃的工作。不起诉决定一经作出，即具有法律效力。因此，为了保证人民检察院不起诉决定的质量，及时发现和纠正可能发生的差错，《刑事诉讼法》第177条、第182条规定了不起诉的具体程序，其具体内容如下：

1. 制作《不起诉决定书》。凡是不起诉的案件，人民检察院都应当制作《不起诉决定书》，这是人民检察院代表国家依法确认不追究犯罪嫌疑人刑事责任的决定性法律文书，具有法律效力。不起诉决定书应当包括以下主要内容：

（1）不起诉决定书的名称、编号。

（2）犯罪嫌疑人的基本情况，包括犯罪嫌疑人的姓名、出生年月日、出生地、民族、文化程度、职业、住址、身份证号码，是否受过刑事处罚，拘留、逮捕的年月日等。

（3）案由和案件来源。

（4）案件事实，包括否定或者指控犯罪嫌疑人构成犯罪的事实以及其他作为不起诉决定根据的事实。

（5）不起诉的理由和法律根据，写明作出不起诉决定适用的《刑事诉讼法》条款。

（6）检察长署名，制作日期和加盖院印。

（7）附注事项。

2. 不起诉决定书的宣布和送达。依照《刑事诉讼法》的规定，不起诉的决定书应当公开宣布，同时应当将不起诉决定书分别送达下列机关和人员：

（1）被不起诉人和他的所在单位。如果被不起诉人在押的，应当立即释放。

（2）对于公安机关移送起诉的案件，应当将不起诉决定书送达公安机关。

（3）对于有被害人的案件，应当将不起诉决定书送达被害人。

3. 解除扣押、冻结。侦查中对犯罪嫌疑人的财物采取扣押、冻结，是一种强制侦查措施，其目的在于防止犯罪嫌疑人转移财物，保证判决的执行。人民检察院对案件作出不起诉决定后，就终止了刑事诉讼，应当同时对侦查中扣押、冻结的财物解除扣押、冻结。对于公安机关作出的扣押、冻结，人民检察院应当以口头或者书面形式通知公安机关或者执行公安机关扣押、冻结决定的机关解除扣押、冻结。

4. 移送有关主管机关处理。根据《刑事诉讼法》第177条第3款的规定，人民检察院决定不起诉的案件，对被不起诉人如要给予行政处罚、行政处分或者需要没收其违法所得的，人民检察院应当提出检察意见，连同不起诉决定书一并移送有关主管机关处理。有关主管机关应当将处理结果及时通知人民检察院。

5. 对公安机关的意见进行复议、复核。根据《刑事诉讼法》第179条和最高人民检察院《规则》第379条、第380条的规定，对于公安机关移送起诉的案件，人民检察院决定不起诉的，应当将不起诉决定书送达公安机关。公安机关认为不起诉决定有错误的时候，可以要求复议，人民检察院审查起诉部门应当另行指定检察官进行审查并提出审查意见，经审查起诉部门负责人审核后，报请检察长或检察委员会决定。人民检察院应当在收到要求复议意见书后的30日内作出复议决定，通知公安机关。如果公安机关认为复议决定有错误的，还可以向上一级人民检察院申请复核，上一级人民检察院收到公安机关提请复核的意见书后，应当交由审查起诉部门办理。审查起诉部门应当指定检察官进行审查并提出审查意见，经审查起诉部门负责人审核后,报请检察长或者检察委员会决定;上一级人民检察院应当在收到提请复核意见书后的 30 日内作出复核决定,通知下级人民检察院和公安机关。改变下级人民检察院的决定的,应当撤销下级人民检察院作出的不起诉决定,交由下级人民检察院执行。

6. 对被害人、被不起诉人的申诉进行复查。根据《刑事诉讼法》第 180 条、第 181 条的规定,对于有被害人的案件,决定不起诉的,人民检察院应当将不起诉决定书送达被害人。被害人如果不服,可以自收到决定书后 7 日以内向上一级人民检察院申诉,请求提起公诉。人民检察院应当将复查决定告知被害人。对于人民检察院依照本法第 177 条第 2 款规定作出的不起诉决定,被不起诉人如果不服,可以自收到决定书后 7 日以内向人民检察院申诉。人民检察院应当作出复查决定,通知被不起诉的人,同时抄送公安机关。被害人在申诉期限内提出申诉的,由上一级人民检察院审查起诉部门受理。上一级人民检察院作出的复查决定,应当送达被害人和作出不起诉决定的下级人民检察院。如果上一级人民检察院经复查作出起诉决定的,应当撤销下级人民检察院的不起诉决定,交由下级人民检察院提起公诉,并将复查决定抄送移送审查起诉的公安机关。被不起诉人在申诉期限内向人民检察院提出申诉的,由人民检察院的控告申诉部门受理,控告申诉部门复查后提出复查意见,认为应当维持不起诉决定的,报请检察长作出复查决定;认为应当撤销不起诉决定、提起公诉的,报请检察委员会作出复查决定。复查决定书应当送达被不起诉人,撤销不起诉决定的,应当同时抄送移送起诉的公安机关。人民检察院作出撤销不起诉决定、提出公诉的复查决定后,应当将案件交由刑事检察部门提起公诉。

此外,《刑事诉讼法》第 180 条还规定:对人民检察院维持不起诉决定的,被害人可以向人民法院起诉。被害人也可以不经申诉,直接向人民法院起诉。人民法院受理案件后,人民检察院应当将有关案件材料移送人民法院。根据这一规定,人民检察院接到人民法院受理被害人起诉的通知后,人民检察院应当终止复查,将诉讼文书和有关的证据材料移送人民法院。法律的这一规定既体现了对被害人合法权益的充分保护,同时也完善了对人民检察院不起诉决定的制约制度。不起诉决定同样是人民检察院对案件的处理结果,一旦作出就具有法律约束力,因此保证它的正确性至关重要。如果人民检察院的不起诉决定缺乏一种有效的制约方式,就难以保证错误的不起诉决定得到纠正,从而不利于保护被害人的合法权益。人民检察院的起诉决定能够受到人民法院的制约,不正确的决定就可以通过人民法院的判决予以纠正。

【经典例题】1. 某看守所干警甲,因涉嫌虐待被监管人乙被立案侦查。在审查起诉期间,A 地基层检察院认为甲情节显著轻微,不构成犯罪,遂作不起诉处理。关于该决定,下列哪一选项是正确的?(   )[1]

A. 公安机关有权申请复议复核

B. 某甲有权向原决定检察院申诉

C. 某乙有权向上一级检察院申诉

D. 申诉后,上级检察院维持不起诉决定的,某乙可以向该地的中级人民法院提起自诉

2. 张某故意伤害案由公安机关侦查终结后移送人民检察院审查起诉。人民检察院审查后认为张某犯罪情节轻微,可以免除刑罚,决定不起诉。公安机关如果认为人民检察院的决定

有错误，依法可以作出什么处理？（ ）[1]

    A. 请求人民法院审查人民检察院的决定

    B. 请求上一级公安机关移送人民检察院审查起诉

    C. 提请上一级人民检察院复议

    D. 要求作出决定的人民检察院复议，意见不被接受时向上一级人民检察院提请复核

3. 甲涉嫌过失致人重伤。在审查起诉阶段，检察院认为证据不足，遂作出不起诉决定。如果被害人对不起诉决定不服，依法可以采取下列哪些诉讼行为？（ ）[2]

    A. 可以向上一级检察院提起申诉

    B. 可以直接向法院起诉

    C. 向法院起诉后，可以与被告人自行和解

    D. 向法院起诉后，可以请求法院调解

四、不起诉适用中的问题

1. 不起诉率过低，仅占2%~3%。原因很多：为了防止不起诉权被滥用，各级检察机关规定不起诉的比例；片面追求起诉率、定罪率；避免将矛盾的焦点集中在检察院；不起诉决定程序繁琐，严格的内部审批，甚至上报上级机关审批；对不起诉的监督，检察机关每年组织专门力量进行不起诉质量复查，各级人大、党委、政法委在执法检查中也把不起诉作为检查的重点，因此除经历决策机制中的繁琐程序外，还要应付随后的复查检查，引起起诉了事；不愿承担打击不力的指责，不愿有法外徇情的嫌疑，怕被害人上访闹事；为了维护好同事之间的关系，不得罪批捕的同事。

2. 相应地，就有强行起诉的做法。一是本院批捕、本院自侦案件，规避矛盾起诉到法院，经审判一看不行，负责起诉的检察官就有理由对本院的领导汇报，我们认为构成犯罪，事实清楚证据充分，但是法院有不同看法，我们也没有办法，领导会同意撤诉，以避免判无罪，撤诉后再作不起诉决定。二是政府干预或者上访的，避免矛盾聚集在检察机关，起诉再说，让法官分担一下矛盾和压力。

3. 不同类型的不起诉混用。绝对不起诉和存疑不起诉，说明前期工作质量不高，甚至是错案，引发国家赔偿，而相对不起诉是罪行轻微不起诉，是被不起诉人构成犯罪的情况下不起诉，不存在案件质量问题，对承办人和检察机关影响不大。因为在应当绝对不起诉或者存疑不起诉时，为了掩饰错案或者避免引起国家赔偿，把本应存疑不起诉或者绝对不起诉的情况作相对不起诉处理。

4. 以建议撤销案件的方式代替不起诉。片面追求起诉率、定罪率，避免繁琐的审批复查和检查，把本来应该作不起诉处理的案子建议公安机关作撤销案件处理，以规避不起诉的适用。

五、辩诉交易

在美国，辩诉交易和罪状认否程序紧密相连。被告人之所以承认有罪，往往是因为在这之前他已经和检察官达成了协议，即以承认有罪为条件，要求检察官减少指控罪名、进行降

---

[1] 答案：D

[2] 答案：ABC

格指控或者向法官提出较低的量刑建议。交易内容包括指控交易和量刑交易。交易达成的方式包括个别化谈判和标准化宽恕。这一诉讼制度受到很多检察官、被告人、辩护律师、法官的欢迎，也存在很多争议。1970 年美国联邦最高法院正式确认了其合法性。

（一）辩诉交易存在的价值

1. 使案件得到迅速解决，节省了国家资源，节省了被告人的诉讼费，使其摆脱长期羁押所带来的心理压力和精神折磨。

2. 站在公众的角度上，半个面包比没有面包强，减少了诉讼风险。

3. 被告人答辩有罪表明主观危害性较小，同时节省了国家的资源，应该得到回报。

（二）辩诉交易存在的问题

1. 可能使无罪的人为了避免严厉惩罚而答辩有罪。违背了被告人承认有罪必须出于自愿的原则。

2. 使有罪者逃脱完全惩罚。违背罪刑相适应原则，违背法律面前人人平等原则，也不利于预防犯罪。

3. 检察官、法官、辩护律师、被告人在交易中可能考虑的更多是个人利益，而无视被害人和国家的利益。

4. 设立了审判惩罚，使行使正式审判权的被告人受到更重处罚。

（三）辩诉交易的制度基础

1. 检察官具有广泛自由裁量权。

2. 当事人主义的诉讼理念。

3. 过分的对抗性带来了审判的无效率和不可预测。

（四）我国不适宜引进辩诉交易的原因

1. 不实行泛犯罪化，没有过重的案件压力。

2. 对抗性差、没有太大诉讼风险。

3. 被告人没有沉默权。

4. 律师辩护受限。

5. 没有证据开示制度和量刑指南。

6. 有口供补强规则。

7. 强调惩罚犯罪，起诉法定主义。

（五）辩诉交易之内涵在我国有一定程度的体现

1. 坦白从宽、抗拒从严的刑事政策。

2. 实践中的认罪认罚从宽制度。

3. 相对不起诉制度。

4. 普通程序简易审，基层人民法院对于案件事实清楚、证据充分，被告人承认自己所犯罪行，对指控的犯罪事实没有异议，被告人适用简易程序没有异议的，可以适用简易程序审判。

第五节　提 起 自 诉

一、自诉案件的范围

根据我国《刑事诉讼法》第 210 条的规定和有关司法解释，自诉案件范围有以下几类：

（一）告诉才处理的案件

所谓告诉才处理的案件是指由被害人及其法定代理人、近亲属等提起诉讼，人民法院才予以受理的案件。告诉才处理的刑事案件具体包括以下几种：

1.《刑法》第 246 条规定的侮辱、诽谤案，但是严重危害社会秩序和国家利益的除外。

2.《刑法》第 257 条第 1 款规定的暴力干涉婚姻自由案。

3.《刑法》第 260 条第 1 款规定的虐待案。

4.《刑法》第 270 条规定的侵占案。

（二）被害人有证据证明的轻微刑事案件

所谓轻微刑事案件是指犯罪事实、情节较为轻微，可能判处三年以下有期徒刑以及拘役、管制等较轻刑罚的案件。

但应当注意的是，这类案件强调被害人的举证责任，自诉能否成立在一定程度上取决于被害人等有无证据或者证据是否充分，如果被害人等没有证据的，人民法院将不予受理。如果被害人等提出的证据不充分，不足以支持其起诉主张的，人民法院将裁定驳回自诉。

被害人有证据证明的轻微刑事案件具体包括以下：

1.《刑法》第 234 条第 1 款规定的故意伤害案。通常这类案件被称为轻伤案。

2.《刑法》第 245 条规定的非法侵入住宅案。

3.《刑法》第 252 条规定的侵犯通信自由案。

4.《刑法》第 258 条规定的重婚案。

5.《刑法》第 261 条规定的遗弃案。

6.《刑法》分则第三章第一节规定的生产、销售伪劣商品案，但是严重危害社会秩序和国家利益的除外。

7.《刑法》分则第三章第七节规定的侵犯知识产权案，但是严重危害社会秩序和国家利益除外。

8. 属于《刑法》分则第四章、第五章规定的，对被告人可能判处三年有期徒刑以下刑罚的案件。

以上八项案件，被害人直接向人民法院起诉的，人民法院应当依法受理。对于其中证据不足、可由公安机关受理的，或者认为对被告人可能判处三年有期徒刑以上刑事处罚的，应当移送公安机关立案侦查。被害人向公安机关控告的，公安机关应当受理。伪证罪、拒不执行判决裁定罪由公安机关立案侦查。

（三）被害人有证据证明对被告人侵犯自己人身、财产权利的行为应当依法追究刑事责任，而公安机关或者人民检察院不予追究被告人刑事责任的案件

依据有关司法解释，所谓公安机关或者人民检察院不予追究被告人刑事责任的案件，是指公安机关或人民检察院已作出不予追究的书面决定的案件，即公安机关、人民检察院已经

作出不立案，撤销案件、不起诉等书面决定。

与公诉案件相比，自诉案件有以下特点：

1. 从犯罪客体来看，主要是侵犯公民个人权益方面的犯罪，比如侵犯公民的人身权利、财产权利、名誉权、婚姻自主权等。

2. 从起诉对象看，自诉案件多数是性质不太严重，给社会造成的危害相对于公诉案件较小的案件。国家将追诉犯罪的权利交给被害人自己行使，不但不会危害国家利益、集体利益和社会利益，而且可以节省人力、物力、财力，可以使国家侦查机关和提起公诉的机关集中力量打击较为严重的刑事犯罪，将有限的司法资源进行更为合理的分配。

3. 从诉讼程序看，被害人及其法定代理人等有能力依靠自己的力量承担诉讼。自诉案件一般有明确的被告，案情比较清楚．情节相对简单，无须专门的取证手段和侦查措施，被害人及其法定代理人有能力自行提起诉讼和支持诉讼。如果案情复杂需要专门的侦查手段，被害人及其法定代理人没有能力查清案情或者收集证据、提供证据的，不宜作为刑事自诉案件。

二、自诉案件的提起条件

依据自诉案件的特征和法律有关规定，自诉案件提起诉讼的条件是：

（一）有适格的自诉人

在法律规定的自诉案件范围内，遭受犯罪行为直接侵害的被害人有权向人民法院提起自诉。被害人死亡、丧失行为能力或者因受强制威吓等原因无法告诉，或者是限制行为能力以及由于年老、患病、盲、聋、哑等原因不能亲自告诉的，被害人的法定代理人、近亲属有权向人民法院起诉。

（二）有明确的被告人和具体的诉讼请求

自诉案件的刑事诉讼程序因自诉人的起诉而引起，对于自诉案件，公安机关和人民检察院均不介入，因此没有公安机关的侦查和人民检察院的审查起诉；自诉人起诉时应明确提出控诉的对象，如果不能提出明确的被告人或者被告人下落不明的，自诉案件不能成立。自诉人起诉时还应提出具体的起诉请求，包括指明控诉的罪名和要求人民法院追究被告人何种刑事责任。如果提起刑事自诉附带民事诉讼，还应提出具体的赔偿请求。

（三）属于自诉案件范围

即属于《刑事诉讼法》第210条规定的告诉才处理的案件；被害人有证据证明的轻微刑事案件；被害人有证据证明对被告人侵犯自己人身权利、财产权利的行为应当依法追究刑事责任，而公安机关或者人民检察院不予追究被告人刑事责任的案件（共三类）以及最高人民法院《解释》确定的具体的自诉案件。

（四）被害人有证据证明

被害人提起刑事自诉必须有能够证明被告人犯有被指控的犯罪事实的证据。

（五）属于受诉人民法院管辖

自诉人应当依据刑事诉讼法关于级别管辖和地区管辖的规定，向有管辖权的人民法院提起自诉。根据有关司法解释的规定，刑事自诉案件的自诉人、被告人一方或者双方是在我国港、澳、台居住的中国公民或者其住所地是在我国港、澳、台的，由犯罪地的基层人民法院审判。港、澳、台同胞告诉的，应当出示港、澳、台居民身份证、回乡证或者其他能够证明本人身份的证明。

根据最高人民法院《解释》，人民法院受理《刑事诉讼法》第210条第3项规定的自诉案件，还应当符合《刑事诉讼法》第110条、第112条的规定。《刑事诉讼法》第112条规定：人民法院、人民检察院或者公安机关对于报案、控告、举报和自首的材料，应当按照管辖范围，迅速进行审查，认为有犯罪事实需要追究刑事责任的时候，应当立案；认为没有犯罪事实，或者犯罪事实显著轻微，不需要追究刑事责任的时候，不予立案，并应将不立案的原因通知控告人。控告人如果不服，可以申请复议。

《刑事诉讼法》第180条规定：对于有被害人的案件，决定不起诉的，人民检察院应当将不起诉决定书送达被害人。被害人如果不服，可以自收到决定书后七日以内向上一级人民检察院申诉，请求提起公诉。人民检察院应当将复查决定告知被害人。对人民检察院维持不起诉决定的，被害人可以向人民法院起诉。被害人也可以不经申诉，直接向人民法院起诉。人民法院受理案件后，人民检察院应当将有关案件材料移送人民法院。

三、提起自诉的程序

自诉人应当向人民法院提交刑事自诉状。提起附带民事诉讼的，还应当提交刑事附带民事自诉状。自诉人书写自诉状确有困难的，可以口头告诉，由人民法院工作人员作出告诉笔录，向自诉人宣读，自诉人确认无误后，应当签名或者盖章。

自诉状或者告诉笔录应当包括以下内容：

1. 自诉人、被告人、代为告诉人的姓名、性别、年龄、民族、出生地、文化程度、职业、工作单位、住址。

2. 被告人犯罪行为的时间、地点、手段、情节和危害后果等。

3. 具体的诉讼请求。

4. 致送人民法院的名称及具状时间。

5. 证人的姓名、住址及其他证据的名称、来源等。

如果被告人是2人以上的，自诉人在自诉时需按照被告人的人数提供自诉状副本。

思考题：

1. 如何理解刑事起诉在刑事诉讼活动中的作用？
2. 公诉人在法庭审判中与审判人员、辩护人、被害人的代理人之间是什么关系？
3. 出庭支持公诉的概念、任务和意义是什么？
4. 不起诉有哪几种？其性质与特点是什么？
5. 提起公诉与不起诉有何区别？
6. 试述刑事自诉案件审理程序的特点。

第二十章　第一审程序

内容导读　第一审程序是刑事诉讼的中心环节和主要阶段，是审判的法定必经程序。第一审程序包括对起诉的审查与受理、开庭准备和法庭审判三项基本诉讼活动，其中法庭审判是一审程序的核心活动，由开庭、法庭调查、法庭辩论、被告人最后陈述、评议与宣判五个阶段组成。简易程序作为一种特殊的诉讼程序，在适用范围、审判组织、审判程序、审理期限等方面都具有不同于普通程序的特点。速裁程序相比简易程序，更加简化。人民法院审理自诉案件具有不同于审理公诉案件的特点。人民法院经过审理，对于案件中的实体或程序问题的处理方式有判决、裁定和决定三种方式。

本章重点：

1. 庭前审查程序及审查后的处理
2. 一审法庭审判的特征、程序
3. 判决、裁定及决定的区别和法律效力

本章难点：

一审法庭审判的特征、程序

第一节　概　　述

一、审判的概念

法院受理检察院提起的公诉及自诉人提起的自诉并作出立案决定后，刑事诉讼的审判程序即告启动，诉讼进入审判阶段。在刑事诉讼各阶段的流程中，审判阶段是体现和实现诉讼核心任务的中心环节，因为审判且只有审判才能最终解决诉讼所指向的刑事责任问题，所以审判程序是刑事诉讼的归宿。

关于审判的界定古今中外学者各不相同，日本法学家棚濑孝雄认为：围绕对立的主张和论点进行争议的当事者中间存在着一个具有权威的第三者，通过这样的三者相互作用把当事者争论引导收敛到一个合理解决上的社会机制，就是审判。美国法学家富勒则认为：使审判区别于其他秩序形成原理的内在特征，在于承认审判所作决定将对之产生影响的人，能够通过一种特殊的形式参与审判，即承认他们为了得到对自己有利的决定而提出证据并进行理性的说服和辩论。在我国，审判就是原告、被告或控辩双方在法庭上各自提出自己的主张和证据并进行辩论，法官站在第三方的地位上，基于国家权力依法进行审理并作出裁判的一种诉讼活动。

刑事审判是主权国家实现其审判职能的一种特定表现形式及司法途径。由于诉讼一方通常系由代表国家的检察机关来充任，因此，较之于民事及行政审判程序，刑事审判在程序的运作模式、参与主体、应循原则、操作方法等方面都呈现出其自身特有的内在规律和外在形态。在我国诉讼法学界，对刑事审判的概念一般理解为法院在控、辩双方及其他诉讼参与人的参加下，依照法定程序和相应职权，对于依法向其提出诉讼请求的刑事案件进行审理和裁判的诉讼活动。审判活动由两部分构成，即"审理"和"裁判"。所谓审理是指法院在检察院、当事人及其他诉讼参与人的参加下，通过法庭听证、法庭辩论，在控、辩双方质证的基础上，查实各种证据，查明案件事实。所谓裁判是指法院在对案件审理的基础上，依法就案件的实体问题或某些程序问题作出公正的处理决定，并以人民法院的名义予以公开宣告的活动。审理和裁判是不可分割的组成部分：审理是裁判的前提和基础，裁判是审理的目的和结果，二者构成一个辩证统一的整体。

刑事审判内容广泛，程序多样，按照不同标准可作不同分类：按照审判的内容可划分为公诉案件的审判程序、自诉案件的审判程序以及附带民事诉讼的审判程序。按照诉讼的进程可分为第一审程序、第二审程序、死刑复核程序和审判监督程序。其中，死刑复核程序和审判监督程序是刑事案件在特殊情况下才可能经历的程序，因而也称之为特殊程序。在第一审程序内又可按程序的繁简分为普通程序和简易程序，速裁程序相比简易程序，更加简化。明确审判程序的分类有助于理解和把握不同程序的特点，便于司法操作。

二、刑事审判的任务

刑事审判是刑事诉讼过程的一个重要组成部分，明确刑事审判的任务是正确处理刑事诉讼过程中与人民检察院和公安机关的关系，保障刑事审判的独立性、中立性、公正性的关键。刑事审判的任务，包括两个基本的方面：

1. 对案件事实进行审查、判断。控方向人民法院提起诉讼，意味着向人民法院提出了诉讼请求，与其起诉权相联系，控诉方必然承担主张案件事实的举证责任、提供相应证据的证明责任。刑事审判的任务首先就是审查并判断控方主张的案件事实是否清楚、能否成立，证明这些事实的证据是否确实、充分。案件事实主要是实体事实系控方所主张的被告人的犯罪事实，但也包括程序事实。

2. 适用法律，对案件作出权威的处理。对案件进行审查、判断是刑事审判的第一道任务，完成这一任务旨在适用法律对案件作出权威的处理。具体地说，在认定指控的犯罪事实是否成立，证据是否确实、充分之后，刑事审判还必须依据刑法和刑事诉讼法的具体规定，对于被告人的行为是否构成犯罪、构成什么犯罪、是否需要判处刑罚、判处何种处罚、刑罚如何执行、判决生效的时间和条件等作出决定并予以公告宣告。

需要说明的是，尽管适用法律作出判决必须以对案件事实和证据的审查、判断为基础，但刑事审判的这两项任务并不是互相分离的，在审查、判断事实和证据的过程中已经蕴含着对法律的适用问题，而且对法律的适用本身也是一个对事实性质的判断过程，不能把这两者割裂开来。

三、第一审程序的概念和意义

第一审程序是指人民法院对案件的初次审判的程序。具体而言，是指人民法院对人民检察院提起公诉、自诉人提起自诉的案件进行初次审判时所必须遵循的步骤和方式。第一审刑事案件有公诉案件和自诉案件，这两种案件是依照不同控诉主体来划分的，公诉案件由人民检察院向人民法院提起公诉，自诉案件由被害人或者法定代理人向人民法院起诉。此外，我国《刑事诉讼法》还根据案件本身的特点，对那些事实清楚，证据充分，被告人认罪且对适用简易程序没有异议的公诉或自诉案件的审判规定了简易程序。速裁程序相比简易程序，更加简化。简易程序、速裁程序是在第一审普通程序基础上的简化，其目的在于提高诉讼效率，便于司法机关集中力量办理重大、疑难、复杂案件。

第一审程序是人民法院整个审判程序的第一个环节，是人民法院审判活动的基本程序。从第一审程序开始，人民法院对案件进行实体审理，对事实作出认定，并依法对被告人罪责作出裁判。第一审人民法院的判决、裁定，如果在法定期限内没有上诉、抗诉，或者虽有上诉、抗诉，但第二审人民法院维持原裁判的，裁判即发生法律效力，就必须依法执行。另外，第一审程序中人民法院作出的裁判是第二审程序、死刑复核程序或者审判监督程序的基础，而且第一审程序中的许多规定是其他审判程序参照执行的标准。可见，第一审程序是人民法院审判活动的基本程序，它在整个审判程序乃至整个刑事诉讼中居于十分重要的地位。

第二节 公诉案件的第一审程序

公诉案件的第一审程序主要包括庭前审查、庭前准备、法庭审判、评议和宣判等诉讼环节。

一、对公诉案件的审查

(一) 庭前审查的概念

庭前审查是指人民法院对人民检察院提起公诉的案件进行审查，以决定是否开庭审判的诉讼活动。公诉案件的庭前审查程序，从立法、理论研究到各国的司法实践，认识和做法都不尽一致，这也是当今世界各国改革和完善刑事诉讼程序的一个热点。大陆法系各国，发展趋势是取消或不断地弱化这一程序。其典型代表是第二次世界大战后的日本，通过立法废止了对公诉案件庭前审查程序，采用"起诉状一本主义"，即只有起诉书而不移送任何证据。意大利1988年9月22日颁行的《意大利刑事诉讼法》采用了弱化庭前审查程序的做法，对移送至法院的案卷材料作了很大的限制，绝大部分证据要求当事人在庭审时当庭提出（见《意大利刑事诉讼法》第431条）。英美法系比较重视庭前审查，其庭前审查也称预审或提审，主要审查证据是否符合起诉条件，而不是确定被告人是否有罪。如英国法律规定，凡是按正式起诉程序由刑事法院审理的案件，除法律另有明确规定的以外，先经过治安法院的预审。

我国刑事诉讼法对原刑事诉讼法规定的对公诉案件的审查程序，采取了改革和弱化的做法。1979年《刑事诉讼法》第108条规定："人民法院对提起公诉的案件进行审查后，对于犯罪事实清楚、证据充分的，应当决定开庭审判；对于主要事实不清、证据不足的，可以退回人民检察院补充侦查；对于不需要判刑的，可以要求人民检察院撤回起诉。"1996年的《刑事诉讼法》第150条把这一规定修改为："人民法院对提起公诉的案件进行审查后，对于起诉书中有明确的指控犯罪事实并且附有证据目录、证人名单和主要证据复印件或者照片的，应当决定开庭审判。"2012年的《刑事诉讼法》第181条、2018年《刑事诉讼法》第186条把这一规定进一步简化为："人民法院对提起公诉的案件进行审查后，对于起诉书中有明确的指控犯罪事实的，应当决定开庭审判。"其改革之处有三点：一是对移送案件的证明标准降低了，不用达到"犯罪事实清楚，证据充分"，只需有明确的指控犯罪事实；二是注重庭审，不再要求移送全卷或原卷，只移送有关证据目录、证人名单及主要证据材料的复印件和照片；三是审查后的处理，废除了可以退回补充侦查，可以要求人民检察院撤回起诉的规定。只要规定符合开庭条件的，应当决定开庭审判，这些改革的目的在于避免先入为主，保障公正审判。我国现行《刑事诉讼法》关于庭前审查的制度设计基本上符合庭前审查制度的世界发展趋势。

（二）庭前审查的内容和方法

根据《刑事诉讼法》第187条的规定，庭前审查的内容，主要是围绕着是否具备开庭条件进行，其具体内容包括：

1. 案件是否属于本院管辖。对于属于本院管辖的，可以进行进一步的内容审查；对于不符合管辖规定的，应当具函说明理由，连同案件材料一并送请人民检察院按照有关规定，向有管辖权的人民法院起诉。

2. 起诉书是否写明被告人身份、被告人实施犯罪的时间、地点、动机、目的、手段、后果以及其他影响定罪量刑的情节；如果被告为单位的，是否附有代表该单位出庭的代表人的姓名、职务。

3. 起诉书中是否写明被告人是否被采取强制措施、羁押地点、是否在案以及查封、冻结被告人的财物及存放地点等情况。

4. 是否附送证明指控犯罪事实的证据材料。

5. 是否附有起诉前提供了证言的证人名单。

6. 是否载明被害人的姓名、住址、联系方式。

7. 当事人已委托辩护人、诉讼代理人或已接受法律援助的，是否列明辩护人、诉讼代理人的姓名、住址、通讯处。

8. 侦查、审查起诉程序的各种法律手续和诉讼文书是否完备。

9. 是否提起附带民事诉讼，是否列有附带民事诉讼当事人的信息和有关证据材料。

10. 是否存在《刑事诉讼法》第16条第2~6项规定的不予追究刑事责任的情形。

由此可见，《刑事诉讼法》规定的庭前审查是一种程序性审查，并不对案件进行审理，因而人民法院在审查时也不应讯问被告人和询问证人、被害人和鉴定人，同时也不能调查核实证据。

（三）审查后的处理

人民法院对公诉案件进行审查后，应当根据案件的具体情况，作出如下处理：

1. 决定开庭审理。对于决定开庭审判的案件，人民法院应当适用决定书，载明经过审查，符合开庭条件，将被告人交付法庭审判。决定书一旦作出，案件即进入开庭前的准备阶段。

2. 要求补充材料。经审查，认为案件存在以下情况的，应要求人民检察院在限期内补充材料：

（1）起诉书对犯罪事实的指控不甚明确的。

（2）未附送证明指控犯罪事实的证据材料。

（3）未附有出庭作证的证人、鉴定人、勘验、检查笔录制作人名单，以及被害人、已受委托的辩护人、诉讼代理人的姓名、住址、通讯处不明确的。

（4）被告人被采取强制措施的种类、是否在案及羁押地点，扣押、冻结其财物情况说明不够清楚的。

（5）侦查、起诉程序的各种法律手续和诉讼文书复印件尚不完备，可能影响开庭审理的。

有上述情况之一的，应当通知人民检察院于3日内补送，经补充后符合开庭条件的，人民法院应当决定开庭审理。

3. 不予受理。案件经审查后，认为有下列情况之一的应当决定不予受理：

（1）对于不属于本院管辖或者报告人不在案的，应当退回人民检察院。

（2）对经检察机关补充后仍不符合开庭条件，或者逾期未予补充的，应当退回人民检察院。

4. 退回人民检察院。人民法院裁定准许人民检察院撤诉的案件，没有新的事实、证据，人民检察院重新起诉的，人民法院应当退回人民检察院。

5. 符合《刑事诉讼法》第16条第2~6项规定情形的，应当裁定终止审理或者退回人民检察院。

对公诉案件是否受理，应当在7日内审查完毕。

二、开庭审判前的准备

人民法院决定对案件开庭审判后，为了保证法庭审判的顺利进行，按照《刑事诉讼法》及其司法解释的有关规定，人民法院在庭审前，需要进行的准备工作包括：

1. 确定合议庭的审判人员或独任庭的审判员。适用普通程序审理的案件，由院长或者庭长指定审判长并确定合议庭组成人员；适用简易程序审理的案件，由庭长指定法官一人独任审理。

2. 将人民检察院的起诉书副本至迟在开庭10日以前送达被告人及其辩护人，对于被告人未委托辩护人的，告知被告人可以委托辩护人，对符合法律援助条件的，应当通知法律援助机构指派律师为其提供辩护。

3. 庭前会议。在开庭以前，审判人员可以召集公诉人、当事人和辩护人、诉讼代理人，对回避、出庭证人名单、非法证据排除等与审判相关的问题，了解情况，听取意见。召开庭前会议的目的在于防止庭审的拖延，提高庭审的效率。

4. 将开庭的时间、地点在开庭3日以前通知人民检察院，以便人民检察院按时派员出庭支持公诉。根据《刑事诉讼法》的规定，人民法院审判公诉案件，人民检察院应当派员，出席法庭支持公诉。

5. 《刑事诉讼法》第187条第3款规定，人民法院确定开庭日期后，应当将开庭的时间、地点通知人民检察院，传唤当事人，通知辩护人、诉讼代理人、证人、鉴定人和翻译人员，传票和通知书至迟在开庭3日以前送达。公开审判的案件，应当在开庭3日以前先期公布案由、被告人姓名、开庭时间和地点。

6. 通知被告人、辩护人于开庭5日以前提供申请出庭作证的证人、鉴定人名单、身份、住址、通讯处，以及不出庭作证的证人、鉴定人名单、理由和拟当庭宣读、出示的证据复印件、照片等材料。

7. 公开审判的案件，在开庭3日以前先期公布案由、被告人姓名、开庭时间和地点。

以上各项准备活动，均应写入笔录，由审判人员和书记员签名，附卷存查。

庭审前的各项准备工作，对于保证审判的顺利进行和保障当事人及其他诉讼参与人的诉讼权利是十分必要的，必须严格执行，不得省略减少。

三、法庭审判阶段

根据《刑事诉讼法》的规定，法庭审判程序大体可分为开庭、法庭调查、法庭辩论、被告人最后陈述、评议和宣判五个步骤。

（一）开庭

开庭是正式进行法庭审判前的准备阶段。开庭审理前，由书记员依次进行下列工作：①查明公诉人、当事人、证人及其他诉讼参与人是否到庭。②宣读法庭规则。③请公诉人及相关诉讼参与人入庭。④请审判长、审判员或陪审员入庭，审判人员入庭后，向审判长报告开庭前的准备工作已经就绪。

1. 审判长宣布开庭。根据《刑事诉讼法》第190条的规定，宣告开庭的内容与程序包括：审判长宣布开庭，传唤当事人到庭后，应当查明当事人的姓名、年龄、民族、籍贯、出生地、文化程度、职业及住址等，对刑事被告人还应查明：是否曾受到过法律处分及处分的时间、种类；是否被采取强制措施、种类及时间；收到人民检察院起诉书副本的日期；如果有刑事附带民事诉讼的，附带民事诉讼被告人收到附带民事诉状的日期。

2. 审判长公布案件的来源，起诉的案由，附带民事诉讼原告人和被告人的姓名（名称）及是否公开审理，对不公开审理的案件，当庭公布不公开审理的理由。

3. 审判长宣布合议庭组成人员、书记员、公诉人、辩护人、诉讼代理人、鉴定人和翻译人员名单。

4. 审判长应当告知当事人、法定代理人、辩护人、诉讼代理人在法庭审理过程中依法享有的各项诉讼权利。被告人认罪认罚的，审判长应当告知被告人享有的诉讼权利和认罪认罚的法律规定，审查认罪认罚的自愿性和认罪认罚具结书内容的真实性、合法性。

（二）法庭调查

法庭调查是法庭审判的一个中心环节，因为这是能否正确认定案件事实，能否正确定罪量刑的前提。凡是没有经过法庭调查核实的证据，都不能作为定案的根据。

法庭调查的范围，是起诉书所指控的被告人的犯罪事实及证明被告人有罪、无罪、罪重、罪轻的各种证据。根据《刑事诉讼法》第191条～第198条的规定，法庭调查的步骤和程序如下：

1. 公诉人宣读起诉书。法庭调查开始后，应当先由公诉人宣读起诉书。有附带民事诉讼的，再由附带民事诉讼的原告人或者诉讼代理人宣读附带民事起诉状。

2. 被告人、被害人陈述。根据《刑事诉讼法》第191条的规定，公诉人在法庭上宣读起诉书后，被告人、被害人可以就起诉书指控的犯罪进行陈述，公诉人可以讯问被告人。

3. 讯问、询问被告人、被害人、附带民事诉讼原告人、被告人。首先由公诉人讯问被告人，然后由被害人、附带民事诉讼的原告人及其诉讼代理人发问。被害人、附带民事诉讼的原告人和辩护人、诉讼代理人，经审判长许可，可以向被告人发问。审判人员可以讯问被告人。

4. 出示、核实各种证据。根据《刑事诉讼法》的规定，讯问被告人后，应当当庭核查各种证据。经审判长准许，控、辩双方都可以提请审判长传唤证人、鉴定人和勘验、检查笔录制作人出庭作证，或者出示证据，宣读未到庭的各种言词证据的书面陈述。核实各种证据的具体程序包括：

（1）询问证人、鉴定人。为了保证审判公正，辨别证人证言、鉴定意见之真伪，刑事诉讼法加强了对证人证言，鉴定意见的质证，《刑事诉讼法》第192条规定："公诉人、当事人或者辩护人、诉讼代理人对证人证言有异议，且该证人证言对案件定罪量刑有重大影响，人民法院认为证人有必要出庭作证的，证人应当出庭作证。人民警察就其执行职务时目击的犯罪情况作为证人出庭作证，适用前款规定。公诉人、当事人或者辩护人、诉讼代理人对鉴定意见有异议，人民法院认为鉴定人有必要出庭的，鉴定人应当出庭作证。经人民法院通知，鉴定人拒不出庭作证的，鉴定意见不得作为定案的根据。"第193条规定："经人民法院通知，证人没有正当理由不出庭作证的，人民法院可以强制其到庭，但是被告人的配偶、父母、子女除外。证人没有正当理由拒绝出庭或者出庭后拒绝作证的，予以训诫，情节严重的，经院长批准，处以十日以下的拘留。被处罚人对拘留决定不服的，可以向上一级人民法院申请复议。复议期间不停止执行。"

（2）出示物证、宣读和核实证言笔录、鉴定意见、勘验笔录和其他作为证据的文书。

5. 调取新的证据。《刑事诉讼法》第197条第1、2、3款规定："法庭审理过程中，当事人和辩护人、诉讼代理人有权申请通知新的证人到庭，调取新的物证，申请重新鉴定或者勘验。公诉人、当事人和辩护人、诉讼代理人可以申请法庭通知有专门知识的人出庭，就鉴定人作出的鉴定意见提出意见。法庭对于上述申请，应当作出是否同意的决定。"

6. 法庭调查核实证据。在法庭审理过程中，人民法院可以向人民检察院调取需要调查核实的证据材料，或者根据辩护人、被告人的申请向人民检察院调取在侦查、审查起诉中收集的有关被告人无罪和罪轻的证据材料。人民法院调查核实证据时，可以进行勘验、检查、查封、扣押、鉴定、查询、冻结。

附带民事诉讼部分的调查，一般在刑事诉讼部分调查结束后进行，具体程序以民事诉讼法的有关规定进行。

（三）法庭辩论

我国《刑事诉讼法》第198条第1、2款规定："法庭审理过程中，对与定罪、量刑有关的事实、证据都应当进行调查、辩论。经审判长许可，公诉人、当事人和辩护人、诉讼代理人可以对证据和案件情况发表意见并且可以互相辩论。"法庭辩论的目的在于使控、辩双方有充分机会表明己方观点，充分阐述理由和根据，从而从程序上保障当事人和诉讼参与人的合法权益，同时对于法庭查明案情，依法作出公正的裁决也具有重要意义。

法庭辩论顺序如下：公诉人发言；被害人及其诉讼代理人发言；被告人自行辩护；辩护人辩护；控辩双方进行辩论。第一轮辩论后还可以进行第二轮、第三轮等依次进行发言和辩论。合议庭认为经过反复辩论，案情已经查明，罪责已经分清或者控辩双方的意见已经充分表达，审判长应及时宣布辩论终结。

附带民事诉讼部分的辩论应当在刑事诉讼部分的辩论结束后进行。先由附带民事诉讼的原告人和他的诉讼代理人发言，然后由被告人和他的诉讼代理人答辩。附带民事诉讼部分可以在法庭辩论结束后当庭调解。不能达成协议的，可以同刑事部分一并判决。

（四）被告人最后陈述

《刑事诉讼法》第198条第3款规定："审判长在宣布辩论终结后，被告人有最后陈述的权利。"可见，被告人最后陈述是法庭审判的一个独立阶段，是我国法律赋予被告人的一项重要诉讼权利。审判人员应认真听取其陈述，在陈述的时间上一般不应加以限制，让被告人把话讲完。只有在陈述的内容重复或与本案无关的时候，应当予以引导与制止。如果被告人在最后陈述中提出新的事实、证据，合议庭认为可能影响正确裁判的，应当恢复法庭调查，待查清事实后，再行辩论和最后陈述；新的事实和证据一时查不清的，可延期审理。

（五）评议和宣判

被告人最后陈述后，审判长应当宣布休庭，法庭审判即进入评议和宣判阶段。

1. 评议。合议庭评议的任务是根据已经查明的事实、证据和有关法律的规定，对被告人有罪或无罪、犯的什么罪、适用什么刑罚以及执行方法、或者免除刑罚作出判决。对于有刑事附带民事诉讼的案件，有关经济赔偿问题，一般也同时作出处理。对于随案移送的赃款、赃物、作案工具等，也应该依照《刑事诉讼法》第245的规定，作出判决、裁定。

合议庭的评议由审判长主持进行，一律秘密进行。评议时如果意见分歧，应当按多数人的意见作出决定，但是少数人的意见应当写入笔录。评议笔录由合议庭组成人员签名。对于疑难、复杂、重大的案件，合议庭成员意见分歧较大，难以对案件作出决定的，由合议庭提请院长决定提交审判委员会讨论决定，审判员委员会的决定，合议庭应当执行。

2. 裁判。根据《刑事诉讼法》第200条和司法解释的有关规定，合议庭的评议结果有以下三种情形：

（1）对于案件事实清楚，证据确实、充分，依据法律认定被告人有罪的，应当作出有罪判决。

（2）依照法律认定被告人无罪的，应当作出无罪判决。

（3）证据不足，不能认定被告人有罪的，应当作出证据不足，指控的犯罪不能成立的无罪判决。

3. 宣判。宣判有当庭宣判和定期宣判两种。案件不论是否公开审理，宣告判决一律公开进行。地方各级人民法院在宣告第一审判决时，审判长应当明确告知被告人在法定期限内有权依法提出上诉，判决书应当写明上诉的期限和上诉的法院。

四、延期审理和中止审理

（一）延期审理

延期审理，是指在法庭审理过程中，遇到足以影响审判继续进行的情况，合议庭决定延期进行审理，待影响审理进行的原因消失后，再进行开庭审理。延期审理的时间，不计入审理期限。

根据《刑事诉讼法》第204条和最高人民法院司法解释的规定，延期审理一般有以下几种情况：

（1）需要通知新的证人到庭，调取新的物证，重新鉴定或者勘验的。

（2）检察人员发现提起公诉的案件需要补充侦查，提出建议的。

（3）由于申请回避而不能进行审判的。这主要有两种情况：一是对当事人的申请，在短时间内仍不能作出是否同意回避的决定，审判活动无法进行；二是被申请回避的人员应当回避，需要另行更换人员的，可以延期审理。

延期审理后再行开庭审判时，仍应按照法庭审判的顺序进行，但对于以前庭审已经查清的事实和证明，可以不逐一核查。

公诉人发现案件需要补充侦查，提出延期审理建议的，应当在1个月以内补充侦查完毕，建议延期审理的次数不得超过两次。

（二）中止审理

中止审理是指由于发生某种特定情况，人民法院认为可能影响案件正常审理而决定停止诉讼活动，待该项原因消失后，再行恢复审理的制度。我国《刑事诉讼法》第 206 条规定：在审判过程中，有下列情形之一，致使案件在较长时间内无法继续审理的，可以中止审理：①被告人患有严重疾病，无法出庭的；②被告人脱逃的；③自诉人患有严重疾病，无法出庭，未委托诉讼代理人出庭的；④由于不能抗拒的原因。中止审理的原因消失后，应当恢复审理。中止审理的期间不计入审理期限。

（三）公诉案件第一审程序的期限

我国《刑事诉讼法》第 208 条规定："人民法院审理公诉案件，应当在受理后二个月以内宣判，至迟不得超过三个月，对于可能判处死刑的案件或者附带民事诉讼的案件，以及有本法第一百五十八条规定情形之一的，经上一级人民法院批准，可以延长三个月；因特殊情况还需要延长的，报请最高人民法院批准。人民法院改变管辖的案件，从改变后的人民法院收到案件之日起计算审理期限。人民检察院补充侦查的案件，补充侦查完毕移送人民法院后，人民法院重新计算审理期限。"

第三节　自诉案件的第一审程序

一、自诉案件第一审程序的概念

自诉案件第一审程序是指《刑事诉讼法》规定的人民法院对自诉人起诉的案件进行第一次审判的程序。自诉案件的第一审程序，总体上与公诉案件第一审程序基本相同，但由于自诉案件本身性质上主要是侵害公民个人合法权益的轻微刑事案件，因而其第一审程序也有一些特殊的地方，我国《刑事诉讼法》第 210 条 ~ 第 213 条对自诉案件的处理作了专节规定。下面仅阐述自诉案件的范围、提起自诉的条件和程序及案件审理时的一些特点。

二、自诉案件的范围

根据《刑事诉讼法》和最高人民法院有关司法解释，自诉案件包括下列案件：

1. 告诉才处理的案件。即《刑法》第 246 条规定的侮辱、诽谤案，但是严重危害社会秩序和国家利益的除外；第 257 条第 1 款规定的暴力干涉婚姻自由案；第 260 条第 1 款规定的虐待案；第 270 条规定的侵占案。

2. 被害人有证据证明的轻微刑事案件。

3. 被害人有证据证明对被告人侵犯自己人身、财产权利的行为应当依法追究刑事责任，而公安机关或者人民检察院不予追究被告人刑事责任的案件。

三、自诉案件的受理和审判

（一）自诉案件的受理

自诉是相对于公诉而言的。在我国，自诉案件是指自诉人直接向人民法院起诉，由人民法院直接受理的轻微的刑事案件。

在我国，自诉案件的受理即自诉案件的立案。《刑事诉讼法》第 211 条第 1、2 款规定："人民法院对于自诉案件进行审查后，按照下列情形分别处理：（一）犯罪事实清楚，有足够证据的案件，应当开庭审判；（二）缺乏罪证的自诉案件，如果自诉人提不出补充证据，应当说服自诉人撤回自诉，或者裁定驳回。自诉人经两次依法传唤，无正当理由拒不到庭的，或者未经法庭许可中途退庭的，按撤诉处理。"

（二）自诉案件审判的特点

人民法院对于决定受理的自诉案件，应当开庭审判。除适用简易程序审理的外，审判程序参照公诉案件第一审普通程序进行。

如前所述，由于自诉案件本身具有特殊性，因而自诉案件的审理程序也有一些不同于公诉案件第一审普通程序的特点，根据我国《刑事诉讼法》第 212 条、第 213 条的规定，自诉案件第一审程序具有以下特征：

1. 人民法院对告诉才处理的案件和被害人有证据证明的轻微刑事案件，在查明事实、分清是非的基础上，根据自愿、合法的原则进行调解。调解达成协议的，人民法院应当制作刑事调解书，由审判员和书记员署名，并加盖人民法院印章。调解书经双方当事人签收后即发生法律效力。调解没有达成协议或者调解书签收前一方反悔的，人民法院应当进行判决。

2. 自诉案件在审理过程中，宣告判决前，自诉人可以同被告人自行和解，或者撤回自诉。人民法院裁定准许自诉人撤诉或者当事人自行和解的案件，被告人被采取强制措施的，应当立即予以解除。凡自诉人自愿撤回的自诉案件，除有正当理由外，不得就同一案件再行起诉。

3. 在自诉案件审理过程中，被告人下落不明的，可以中止审理。对于依法宣告无罪的案件，其附带民事诉讼部分应当依法进行调解或者一并作出判决。

4. 对告诉才处理的案件和被害人有证据证明的轻微刑事案件的被告人或者其法定代理人在诉讼过程中，可以对自诉人提起反诉，反诉适用自诉的规定。

关于自诉案件的审理期限，根据我国《刑事诉讼法》第 212 条的规定，被告人被羁押的，适用本法第 208 条第 1 款、第 2 款的规定，未被羁押的，应当在受理后 6 个月以内宣判。

第四节　简易程序

一、简易程序的概念和意义

简易程序是与普通程序相比较而言的程序，其是指在刑事诉讼第一审程序中，基层人民法院审理具备特定条件（事实清楚、证据充分，被告人认罪，同意适用）的案件，依照法律规定所适用的较普通程序相对简化的一种刑事审判程序。

从我国司法实践和外国立法情况来看，在我国的刑事诉讼中设置简易程序十分必要，具有重要意义。

第一，设置简易程序有利于提高诉讼效率，符合诉讼经济的原则。刑事案件错综复杂、性质各异、繁简不一。对于案情复杂、影响重大的案件，适用普遍程序审理是十分必要的，但对那些事实清楚、证据充分，被告人认罪，同意适用的案件，如果不加区别地也适用复杂的普通程序，不必要地拖长审理时间，势必造成当事人的诉累之苦和人民法院审判资源的浪费。因此，针对案件的不同情形，实行繁简分流，节省人力、物力、财力，有利于提高诉讼效率，符合诉讼经济原则。

第二，设置简易程序，便于人民法院科学、合理地使用审判资源，集中主要力量审理重大、复杂的刑事案件，以保证办案质量。

第三，设置简易程序符合现代刑事诉讼的发展趋势。简易程序首创于一个半世纪前的英国。第二次世界大战以后，面对复杂繁琐的诉讼程序与日益增长的刑事案件之间的矛盾，西方国家普遍采用简易程序，如英美法系国家的辩诉交易程序，大陆法系国家的预审程序。简易程序以其便捷迅速的优点，为当今世界各国普遍采用，并不断得到完善与发展，我国在刑事诉讼中设置简易程序，与当今世界刑事诉讼的发展趋势是一致的。

二、简易程序的适用范围

简易程序简化了庭审的相关程序和环节，而程序的简化常常伴随着人权保障水平的降低以及错案的风险，故对适用简易程序的案件的范围必须严加限制。根据我国《刑事诉讼法》第 214 条的规定，符合下列条件的案件可以适用简易程序：

1. 简易程序只适用于第一审程序。第二审程序、死刑复核程序和再审程序，均不适用简易程序。

2. 简易程序只适用于基层人民法院，其他各级人民法院都不得适用简易程序审判案件。

3. 简易程序只适用于那些事实清楚、证据充分，被告人认罪，同意适用的案件。重大疑难、复杂、涉外的案件均不得适用简易程序，只有这样才能保证案件审判质量，维护诉讼当事人的合法权益。

需要说明的是，对于适用简易程序审理的案件，上述几项条件缺一不可。不符合条件的，不能适用简易程序。根据我国《刑事诉讼法》第 215 条的规定，有下列情形之一的，不适用简易程序：①被告人是盲、聋、哑人，或者是尚未完全丧失辨认或者控制自己行为能力的精神病人的；②有重大社会影响的；③共同犯罪案件中部分被告人不认罪或者对适用简易程序有异议的；④其他不宜适用简易程序审理的。

简易程序是简易化的一审程序，在审判组织、公诉人出庭、法庭调查、法庭辩论、期间和送达等方面，都较普通程序相对简化；但简化程序提高诉讼效率的同时，仍注意保障被告人的权益。《刑事诉讼法》第 219 条规定，适用简易程序审理案件……但在判决宣告前应当听取被告人的最后陈述意见。也就是说，适用简易程序时，无论如何简化，被告人最后陈述这一庭审环节不能省略掉。

三、简易程序的变更

《刑事诉讼法》第 221 条规定，人民法院在审理过程中，发现不宜适用简易程序的，应当按照《刑事诉讼法》本章第一节或者第二节的规定重新审理。这一规定旨在随时防止审理过程中简易程序的错用或者滥用，以保证案件审判的质量。在法庭审理过程中，发现有以下不宜适用简易程序情形的，应当决定中止审理，并按照公诉案件或者自诉案件的第一审普通程序重新审理：①被告人的行为可能不构成犯罪的；②被告人可能不负刑事责任的；③被告人当庭对起诉指控的犯罪事实予以否认的；④案件事实不清，证据不足的；⑤不应当或者不宜适用简易程序的其他情形。

四、适用简易程序审判案件的审理期限

《刑事诉讼法》第220条规定，适用简易程序审理案件，人民法院应当在受理后20日以内审结。只有对可能判处的有期徒刑超过三年的，可以延长至一个半月。转为普通程序审理的案件，审理期限应当从决定转为普通程序之日起重新计算。

第五节 速裁程序

一、速裁程序概述

为进一步完善刑事诉讼程序，合理配置司法资源，提高审理刑事案件的质量与效率，维护当事人的合法权益，2014年6月27日，第十二届全国人民代表大会常务委员会第九次会议通过的《全国人民代表大会常务委员会关于授权最高人民法院、最高人民检察院在部分地区开展刑事案件速裁程序试点工作的决定》授权最高人民法院、最高人民检察院在北京等18个市开展刑事案件速裁程序试点工作。刑事案件速裁程序独立于简易程序和普通程序。我国刑事案件数裁程序，借鉴了大陆法系国家的处罚令程序和英美法系国家的辩诉交易制度，是在我国刑事简易程序基础上进一步简化而形成，它标志着我国刑事简易程序多元化。为了保障刑事案件速裁程序的顺利进行，《刑事诉讼法》（2018修正）对刑事案件速裁程序进行了规定。

二、刑事速裁程序的适用条件

《刑事诉讼法》第222条规定了刑事速裁程序的适用条件：

1. 只有基层人民法院审理案件时才可以适用速裁程序，排除了中级、高级和最高人民法院对速裁程序的适用。

2. 速裁程序适用于可能判处三年有期徒刑以下刑罚的案件，即速裁程序适用于罪刑较轻的案件。对可能判处三年以上有期徒刑、无期徒刑、死刑的案件，不适用速裁程序。

3. 适用速裁程序，必须案件事实清楚，证据确实、充分的，即案情简单明了，基本案件事实无争议，并有确实充分的证据予以证明。

4. 适用速裁程序，还必须被告人认罪认罚并且同意适用该程序。如果被告人对适用速裁程序有异议，法院不得强行适用。

5. 对速裁程序的适用是"可以"而非"应当"，即速裁程序的适用不是强制性的当然适用，即便满足适用条件，也并不必然要适用。适用速裁程序的，法院不再组成合议庭，而是由审判员一人独任审理。此时只能由审判员独任审理，不得由陪审员独任审理。

人民检察院在提起公诉的时候，可以建议人民法院适用速裁程序。

依据《刑事诉讼法》第223条的规定，有下列情形之一的，不适用速裁程序：①被告人是盲、聋、哑人，或者是尚未完全丧失辨认或者控制自己行为能力的精神病人的；②被告人是未成年人的；③案件有重大社会影响的；④共同犯罪案件中部分被告人对指控的犯罪事实、罪名、量刑建议或者适用速裁程序有异议的；⑤被告人与被害人或者其法定代理人没有就附带民事诉讼赔偿等事项达成调解或者和解协议的；⑥其他不宜适用速裁程序审理的。

三、与刑事简易程序的关系

刑事案件速裁程序旨在构建一种比刑事简易程序更为简洁和便捷、宽松和灵活的程序，因此，在适用范围和条件上自然也应当比刑事简易程序的门槛更低，限制的条件应该更宽松，这也是目前司法资源紧张、刑事案件严重积压的司法现状所决定的。两者的相同点在于：其一，在适用范围和对象上，两者都是基层人民法院审理的某些事实清楚、证据充分、情节简单、犯罪轻微的刑事案件；其二，在庭审程序上均比普通程序简化和省略；其三，被告人自愿认罪；其四，程序适用前需要征求被告人的意见。在判决宣告前应当听取辩护人的意见和被告人的最后陈述意见。

主要差别在于：刑事简易程序的受案范围显然要大于速裁程序，刑事案件速裁程序明确限定了案件依法可能判处三年以下有期徒刑以下刑罚的案件；在诉讼程序上，速裁程序也比简易程序更为简化，第224条第1款规定，"适用速裁程序审理案件，不受本章第一节规定的送达期限的限制，一般不进行法庭调查、法庭辩论"。裁判文书可以简化，并适当缩短办案期限。

四、刑事案件速裁程序审理期限

为了提高速裁案件的诉讼效率，人民法院适用速裁程序审理案件人民法院应当在受理后10日以内审结；对可能判处的有期徒刑超过1年的，可以延长至15日。人民法院适用速裁程序审理的案件，应当当庭宣判。

依据《刑事诉讼法》第226条的规定，人民法院在审理过程中，发现有被告人的行为不构成犯罪或者不应当追究其刑事责任、被告人违背意愿认罪认罚、被告人否认指控的犯罪事实或者其他不宜适用速裁程序审理的情形的，应当转为简易程序或者普通程序审理重新审理。

第六节　判决、裁定和决定

判决、裁定和决定是公安机关、人民检察院、人民法院在刑事诉讼过程中依据事实和法律对案件的实体问题或程序问题作出的三种对诉讼参与人以及其他机构或个人具有约束力的处理决定。

一、判决

（一）判决的概念和种类

判决是人民法院对案件的实体问题所作的处理决定。根据《刑事诉讼法》第200条的规定，人民法院的刑事判决可分为有罪判决和无罪判决。

有罪判决即案件事实清楚，证据确实、充分，依据法律认定被告人有罪的处理决定。有罪判决又可分为定罪处刑判决和有罪免刑判决。定罪处刑判决是指人民法院作出的在认定被告人的行为构成犯罪的基础上，给予适当刑事处罚的判决。有罪免刑判决是人民法院作出的确认被告人的行为构成犯罪，同时又基于被告人具有法定免除处罚情节而宣布对被告人免除刑事处罚的判决。无罪判决是人民法院作出的确认被告人的行为不构成犯罪或者因证据不足，不能认定被告人有罪的判决。无罪判决也分为两种：一是《刑事诉讼法》第200条第2

项规定的，即依据法律认定被告人无罪的；二是第 200 条第 3 项"证据不足，不能认定被告人有罪的，应当作出证据不足，指控的犯罪不能成立的无罪判决"的规定。这些判决立法肯定为"无罪"，而不能把这种判决理解为"存疑判决"，即认为尚待查清再作决定的判决。此类案件，应作出"无罪判决"。

（二）判决书的制作要求和内容

由于判决书是人民法院行使国家审判权处理案件的重要法律文书，所以，其制作有诸多要求：叙述事实清楚，结论明确，证据充分，引用法律条文正确，行文逻辑严谨，繁简得当，用词准确，忌讳模棱两可的词语，标点符号正确。判决书的内容应当包括：

（1）首部，包括判决书名称、公诉人、当事人、辩护人、诉讼代理人；

（2）起诉的案由和控告的罪名；

（3）法庭认定的案件事实和证据；

（4）法庭对控诉方和辩护方意见取舍的情况和理由；

（5）据以作出判决的法律条文；

（6）判决结论；

（7）赃款赃物的处理；

（8）上诉的期限和法院；

（9）合议庭的组成人员和书记员及判决日期，加盖人民法院印章。

二、裁定

（一）裁定的概念和分类

裁定是人民法院在审理案件过程中和判决执行过程中，对诉讼程序问题和部分案件的实体问题所作的处理决定。

裁定和判决的法律性质与特点基本相同。但二者也有不同之处，其具体表现：

1. 在适用的对象上，判决解决案件的实体问题，裁定主要解决程序问题，也解决部分实体问题。

2. 在适用范围上，裁定比判决要广泛得多，判决只限于审判终结，包括第一审、第二审和依审判监督程序再审终结时，可适用判决。而裁定则适用于整个审判或执行程序的全过程。

3. 在适用方式上，判决必须用书面形式，裁定既可采用书面形式，也可采用口头形式。

4. 在上诉、抗诉的期限上，不服判决的上诉、抗诉期限为 10 日，不服裁定的上诉、抗诉期限为 5 日。

（二）裁定的适用和制定

人民法院使用裁定解决的程序问题，主要包括：是否恢复诉讼期限、中止审理、维持原判、撤销原判发回重审、驳回公诉或自诉、核准死刑等。适用裁定解决部分实体问题，主要包括在执行期间，人民法院依法减刑、假释、撤销缓刑、减免罚金等。

裁定书是与判决书同等重要的法律文书，其格式、内容、写法和署名与判决书基本相同。但内容较判决书简单，因为裁定要解决的问题比较单一，要么是一个专门的程序问题，要么是一个较为简单的实体问题。

三、决定

决定是公安机关、人民检察院和人民法院在诉讼过程中，依法就有关诉讼程序问题所作的一种处理决定。决定一经作出，均立即生效，不允许上诉或者抗诉。

决定和裁定的共同点是都可以适用解决诉讼中的程序问题。但是什么情况下适用决定，什么情况下适用裁定，其区别就在于是否涉及上诉、抗诉问题。适用决定解决的程序问题，不准上诉、抗诉，适用裁定解决的程序问题可以上诉、抗诉。为此，在适用时，为保证诉讼的及时，人民法院对决定的适用，可以遵循上述原则，即凡是不涉及上诉、抗诉的程序问题，最好采用决定解决。

根据《刑事诉讼法》的规定，适用决定的情形主要有：是否回避的决定；采取各种强制措施或变更强制措施的决定；延长侦查中羁押犯罪嫌疑人的期间的决定；起诉或不起诉的决定；撤销案件的决定；开庭审判的决定；庭审中，解决当事人和辩护人、诉讼代理人申请通知新的证人到庭，调取新的物证，申请重新鉴定或勘验等问题所适用的决定；延期审理的决定；等等。

适用决定一般是用口头宣布，记入笔录。但也可以采用书面形式。书面决定，应当在决定中写明对该程序问题的处理结论及其理由。书面决定和口头决定具有同等的法律效力。

思考题：

1. 第一审程序的任务和意义是什么？
2. 简述公诉案件第一审程序的庭前审查程序。
3. 我国公诉案件法庭审理具有哪些特征？
4. 简述公诉案件法庭审理的程序。
5. 刑事自诉案件审判程序有何特点？
6. 试述简易程序的特征及其意义。
7. 简答判决、裁定和决定的适用范围和区别。

第二十一章　第二审程序

　　内容导读　我国刑事诉讼活动实行二审终审制，第二审程序是我国刑事诉讼中普通救济程序。本章对我国刑事诉讼第二审程序的概念、特点、任务、意义，提起第二审程序的主体、上诉、抗诉的概念、理由、期限、方式、程序，第二审程序的审理原则、方式、程序、期限、裁判，上诉不加刑原则的概念、意义、适用，以及对扣押、冻结财物的处理等问题进行了详细阐述。

本章重点：

1. 提起第二审程序主体和上诉、抗诉理由、期限、程序及方式
2. 两审终审制、全面审查的原则及上诉不加刑原则的概念、涵义
3. 第二审案件的审判方式、审判程序及对第二审案件的处理

本章难点：

第二审案件的审判方式、审判程序及对第二审案件的处理

第一节　第二审程序概述

一、两审终审制

　　我国《人民法院组织法》规定，人民法院是我国的审判机关。除专门人民法院外，人民法院分为四级，即最高人民法院、高级人民法院、中级人民法院和基层人民法院。《刑事诉讼法》第10条规定："人民法院审判案件，实行两审终审制。"

　　两审终审制，是指一个案件最多经过相邻的两级人民法院的审判即告终结的一种审级制度。其基本内容是，地方各级人民法院审理第一审刑事案件作出的判决或裁定，如果享有上诉权的人不服，或者同级人民检察院认为判决或裁定确有错误，可以在法定期限内，向上一级人民法院提出上诉或者抗诉。上一级人民法院就上诉或抗诉案件审理后所作的第二审判决或裁定，是终审的判决或裁定，立即发生法律效力，任何人无权再对其提出上诉，同级人民检察院也无权再对其提出抗诉。

　　正确理解和实行两审终审制，需要注意以下几种情况：①并非所有的刑事案件都必须经过第二审程序，只有对第一审的判决和裁定在法定期限内提出上诉和抗诉，才会引起第二审程序。如果上诉、抗诉期限届满，第一审的判决和裁定即发生法律效力，交付执行，就不会引起第二审程序。②最高人民法院是国家最高审判机关，由它审理的第一审刑事案件所作的判决和裁定是终审的判决和裁定，立即发生法律效力，不能通过上诉或抗诉引起第二审程序。③判处死刑的刑事案件，虽然经过了第二审程序，但仍未发生法律效力，必须经过严格的死刑复核程序，其判决或裁定才能发生法律效力，交付执行。

　　审级制度是世界各国刑事诉讼法都确认和实行的一种制度。但是由于具体国情、诉讼理

论等存在的差异，各国具体所设立的审级也不一样，有的实行四级三审制，有的实行三级三审制。在我国人民法院分为四级，刑事诉讼实行两审终审制，其原因在于：

1. 两审终审制符合我国具体国情。我国地域辽阔、交通不发达，特别是刑事司法的人力、物力资源相对不足，导致办案效率不高。如果审级过多，不仅需要投入更多的人力、物力，而且会延长诉讼时间，拖延诉讼，不利于及时发挥审判活动惩罚犯罪、保护当事人的合法权益的作用。实行两审终审制，刑事案件原则上由案发地的基层人民法院进行第一审，由其上一级人民法院进行第二审，既便于群众参与诉讼活动，也便于人民法院迅速审判，及时惩罚犯罪，维护当事人合法权益。同时，没有过多的审级，也能够使上级法院集中精力搞好对下级法院审判业务的指导，特别是能够使最高人民法院减轻审判具体案件的负担，集中精力搞好司法解释和对重大案件的审判。

2. 两审终审制能够保证绝大多数刑事案件的正确审理。①第二审人民法院对绝大多数上诉和抗诉案件开庭审理，并且进行全面审查，既审查原判认定事实有无错误，也审查适用法律是否正确。因此，即使一审判决或裁定出现了错误，经过二审法院全面审理以后，基本上能够纠正一审法院错误的判决或裁定。②《刑事诉讼法》在级别管辖中，对第一审案件根据其性质、情节、刑罚处罚的轻重，规定了不同级别的法院进行审判。危害国家安全、恐怖活动的案件、可能判处无期徒刑、死刑的案件，均由中级以上人民法院进行第一审，从而保证这些案件在一审程序中基本能够得到正确处理。③经过两审终审后，即使极少数刑事案件的判决或裁定还可能存在错误，但是通过对死刑案件严格的复核程序、对已生效判决和裁定的审判监督程序，错误的判决和裁定还是可以得到纠正的。

二、第二审程序的概念和特点

第二审程序又称上诉审程序，是第二审人民法院根据上诉人的上诉或者人民检察院的抗诉，就第一审人民法院尚未发生法律效力的判决或裁定认定的事实和适用的法律进行审理时所应当遵循的步骤和方式、方法，它是刑事诉讼中一个独立的诉讼阶段。正确理解上述概念，要注意以下三点：

（1）不能简单地认为第二审程序就是对同一案件进行第二次审理的程序，因为对同一案件的第二次审理，可能是第二审程序，也可能是第一审程序，甚至可能是审判监督程序。比如，上一级法院认为，下一级法院审理、裁判了应该由它作为第一审审理的案件，有权依法撤销原裁判、变更管辖，将该案收归自己作一审审判。变更管辖后的审理，从审理次数说是第二次，但从审判程序上说仍是第一审程序。

（2）第二审程序并不是审理刑事案件的必经程序，一个案件是否经过第二审程序，关键在于上诉人或检察机关是否依法提起上诉或者抗诉。提起上诉或抗诉的，该案就应由上一级人民法院依第二审程序再次审理，否则就不产生第二审程序。

（3）除基层人民法院以外的各级人民法院，都可以成为上级人民法院，都可能是第二审人民法院，对于不服下一级法院第一审判决或裁定提出上诉或抗诉的，都要适用第二审程序审理、裁判。

三、第二审程序的任务和意义

第二审程序的任务是：第二审人民法院对第一审人民法院作出的判决或裁定所认定的事实是否清楚，证据是否确实、充分，适用法律是否正确，诉讼程序是否合法，进行全面审查和审理，重点解决事实法律争议，并依法作出判决或裁定，以维持正确的一审判决和裁定，纠正错误的一审判决和裁定。

第二审程序的意义是多方面的，主要在于：

（1）通过第二审程序，维护第一审法院的正确裁判。有的被告人存在侥幸心理，对第一审法院正确的裁判提出上诉。第二审人民法院通过第二次审理，进一步揭露和证实犯罪，依法驳回被告人的无理上诉，从而维护第一审正确的判决或裁定。

（2）通过第二审程序，纠正一审法院的错误裁判，准确地惩罚犯罪分子，保护被告人的合法权益。由于各种主客观原因，第一审判决、裁定可能发生错误。通过第二审可以及时纠正第一审法院错误裁判，保证生效判决的正确性，这样做既有利于准确地惩罚犯罪分子，保护被害人的人身权利和其他权益，又能使无罪的人免受刑事处罚，有效地保护被告人的合法权益。

（3）有利于上级人民法院监督和指导下级人民法院的审判工作，保证办案的质量。第二审程序是上级人民法院对下级人民法院审判工作实行监督的有效方式。上级人民法院通过撤销、变更下级法院所作的错误裁判，指出下级法院审判工作中存在的问题和缺点。通过维护下级法院的正确判决，肯定下级人民法院审判工作中的正确方面，这样做有利于下级人民法院总结经验教训，发扬成绩，改进审判工作，提高办案质量，保证人民法院审判权的正确行使。

第二节　第二审程序的提起

一、提起第二审程序的主体

（一）有权提起第二审程序的上诉人

上诉，是指依法享有上诉权的人不服第一审法院未生效的判决或裁定，在法定期限内依照法定程序，提请上一级人民法院对案件进行重新审理的诉讼活动。根据《刑事诉讼法》第227条的规定，有权提起第二审程序的上诉人包括：被告人及其法定代理人，自诉人及其法定代理人，经被告人同意的被告人的辩护人和近亲属；附带民事诉讼的当事人及其法定代理人。由于他们在刑事诉讼中所处的地位不同，因此其上诉权限也不同。

1. 被告人及其法定代理人。被告人是刑事诉讼的核心，是刑事责任的承担者。因此，法律赋予被告人独立的上诉权，即如果对第一审人民法院的判决或裁定不服，被告人及其法定代理人就有权向上一级人民法院提出上诉，不受任何限制。为了保障被告人的上诉权，《刑事诉讼法》第227条第3款规定："对被告人的上诉权，不得以任何借口加以剥夺。"

2. 自诉人及其法定代理人。自诉人在刑事诉讼中处于原告的地位，与案件判决结果有直接的利害关系。因此，法律也赋予自诉人独立的上诉权，即如果不服一审人民法院的判决或裁定，自诉人及其法定代理人就有权向上一级人民法院提出上诉，不受任何限制。

3. 经被告人同意的被告人的辩护人和近亲属。被告人的辩护人和近亲属的上诉权是不独立的，要受到被告人是否同意的限制，他们只有在得到被告人的同意和授权后才能代替被告人提出上诉。被告人的辩护人了解案情，熟悉法律，又与案件没有直接的利害关系，对案件的认识比较客观、全面；被告人的近亲属对被告人及所涉及的案件也比较了解，而且顾虑较少，因此在被告人没有提起上诉的情况下，其辩护人和近亲属认为应当上诉，可以在得到被告人同意后提出上诉，以便使被告人充分行使上诉权。但是，他们的上诉是为被告人服务的，上诉结果直接关系到被告人的利益，因此必须征得被告人的同意。这样，可以防止在被告人已经认罪的情况下，其辩护人和近亲属进行无理纠缠，妨碍刑事诉讼的顺利进行。

4. 附带民事诉讼的当事人及其法定代理人。在刑事附带民事诉讼中，附带民事诉讼的当事人及其法定代理人，只能对第一审人民法院判决或裁定中附带民事诉讼部分提出上诉，对刑事诉讼部分，无权上诉，因为他们只与附带民事诉讼部分有直接利害关系。由于刑事附带民事诉讼参与人的地位比较复杂，附带民事诉讼的当事人有时同时也是刑事诉讼的当事人，如被告人和自诉人。这种情况下，他们既有权对附带民事诉讼部分提起上诉，也有权对刑事诉讼部分提起上诉。但需要注意的是，凡是以附带民事诉讼当事人及其法定代理人的身份提出上诉的，其诉讼效力只限于一审判决和裁定中附带民事诉讼的部分，对刑事诉讼部分不具有上诉效力，不影响刑事诉讼部分判决或裁定的生效执行。

（二）有权提起第二审程序的抗诉机关

抗诉，是指人民检察院认为人民法院的判决或裁定确有错误时，提请人民法院依法进行重新审理并予以纠正的监督行为。刑事诉讼中的抗诉通常分为两种：对一审未生效裁判的抗诉，也叫第二审程序的抗诉；对生效裁判的抗诉，也叫再审程序的抗诉。《刑事诉讼法》第228条规定："地方各级人民检察院认为本级人民法院第一审的判决、裁定确有错误的时候，应当向上一级人民法院提出抗诉。"本条所指的就是对一审未生效判决、裁定的抗诉，下面提到的抗诉指这一种。

有权对一审未生效判决、裁定抗诉，提起第二审程序的抗诉机关，只能是一审人民法院的同级人民检察院。因为人民检察院是国家的法律监督机关，在刑事诉讼中进行法律监督。对确有错误的判决或裁定行使抗诉权，既是检察机关的权力也是其应尽的职责。因此，只要一审未生效的判决、裁定确有错误，同级人民检察院就有权提出抗诉，要求上一级人民法院重新审理。

正确理解检察机关对一审未生效判决、裁定的抗诉权，需要注意以下两个问题。

（1）检察机关对一审未生效判决、裁定的抗诉，需要得到上级检察机关的支持。我国检察系统实行上级领导下级的原则，这一原则要求下级检察机关对一审未生效判决、裁定抗诉时，必须得到上级检察机关的支持。为此，《刑事诉讼法》第232条规定，地方各级人民检察院对同级人民法院第一审判决、裁定的抗诉，应当通过原审人民法院提出抗诉书，并且将抗诉书抄送上一级人民检察院。原审人民法院应当将抗诉书连同案卷、证据移送上一级人民法院，并且将抗诉书副本送交当事人。上级人民检察院如果认为抗诉不当，可以向同级人民法院撤回抗诉，并且通知下级人民检察院。如果上级人民检察院认为抗诉有理就予以支持，并在开庭时派员出庭支持抗诉，这有利于提高抗诉的准确性。

（2）被害人及其法定代理人的请求抗诉权，只有经过人民检察院审查同意，才能引起第二审程序。《刑事诉讼法》第229条规定："被害人及其法定代理人不服地方各级人民法院第一审的判决的，自收到判决书后五日以内，有权请求人民检察院提出抗诉。人民检察院自收到被害人及其法定代理人的请求后五日以内，应当作出是否抗诉的决定并且答复请求人。"这一规定有两方面含义，一方面，被害人及其法定代理人不服一审判决时，具有请求抗诉权，这是法律赋予被害人的诉讼权利。因为在公诉案件中，虽然有公诉机关代表被害人的利益，但有时难免出现公诉人与被害人意见分歧的情况，如公诉机关不准备抗诉，而被害人又不服一审判决。赋予被害人及其法定代理人请求抗诉权，对抗诉是一种补充，对不抗诉是一种监督，有利于维护被害人的合法权益。另一方面，被害人及其法定代理人请求抗诉后，人民检察院是否抗诉，由人民检察院决定。也就是说，被害人及其法定代理人的请求抗诉权，不等于上诉权，不一定引起二审程序，只有经过人民检察院审查同意，决定抗诉，才能引起第二审程序。如果人民检察院决定不提出抗诉，应当在法定期限内向请求人说明理由。另外，被害人及其法定代理人的请求抗诉权，只限于一审判决，对于一审裁定没有请求抗诉权。

二、提起上诉、抗诉的理由和方式

一般来讲，不论提起第二审上诉还是抗诉，都需要有一定的理由，并采取一定的方式。上诉人上诉、抗诉机关抗诉的理由和方式各有不同。

（一）提起上诉的理由和方式

《刑事诉讼法》关于上诉的理由没有作任何限制性规定。只要有上诉权的人"不服"地方各级人民法院第一审未生效的判决或裁定，就可以依法提出上诉。不论其上诉理由是否合理合法，是否充分正确，都丝毫不影响上诉的法律效力，都必然引起第二审程序。

《刑事诉讼法》对上诉的方式也没有限制，根据《刑事诉讼法》第227条的规定，上诉既可以用书状的方式提出，也可以用口头的方式提出。无论以哪种方式提出，人民法院均应受理。同时，根据《刑事诉讼法》第231条的规定，上诉人既可以通过原审人民法院提出上诉，也可以直接向上一级人民法院提出上诉。这样方便上诉权人行使上诉权，有利于上诉权的充分实现。

（二）提起抗诉的理由和方式

与上诉不同的是，抗诉是检察机关的法律监督行为，是严肃的执法活动，必须有明确的理由。根据《刑事诉讼法》第228条的规定，只有在地方各级人民检察院认为本级人民法院第一审判决、裁定确有错误的时候，才能提出抗诉。即人民检察院的抗诉必须以一审裁判"确有错误"为理由。根据《刑事诉讼法》及有关司法解释的规定，人民检察院认为"确有错误"的抗诉理由通常是指以下情形：①原判决认定的事实不够清楚，证据不够确实充分。②原判决适用法律错误，量刑不当。③诉讼程序错误。使当事人依法享有的诉讼权利受到侵犯，可能影响判决、裁定的正确性。

刑事诉讼法对抗诉的方式也作了明确规定。《刑事诉讼法》第232条规定，地方各级人民检察院对同级人民法院第一审判决或裁定的抗诉，只能以抗诉书的形式提出，不能采用口头形式。而且，抗诉只能向原审人民法院提出，不能向第二审人民法院提出，并且将抗诉书抄送上一级人民检察院。原审人民法院应当在抗诉期满后的3日以内将抗诉书连同案卷、证据移送上一级法院，并将抗诉书副本送交所有当事人。

三、提起上诉、抗诉的期限

《刑事诉讼法》第230条规定："不服判决的上诉和抗诉的期限为十日，不服裁定的上诉和抗诉的期限为五日，从接到判决书、裁定书的第二日起算。"

法律之所以明确规定上诉、抗诉的期限，是为了促使上诉权人、抗诉机关及时行使上诉权和抗诉权，避免拖延诉讼。从法律规定的上诉、抗诉的时间长短来看，既能够保证上诉权人、抗诉机关有充分的考虑和准备时间，又能够保证人民法院及时纠正错误的裁判，执行正确的裁判。需要注意的是，由于各个上诉权人和抗诉机关接到判决书和裁定书的日期可能不一样，因而上诉、抗诉的截止日期也可能不统一。

第三节　第二审案件的审理与裁判

一、全面审查的原则

《刑事诉讼法》第 233 条规定："第二审人民法院应当就第一审判决认定的事实和适用法律进行全面审查，不受上诉或者抗诉范围的限制。共同犯罪的案件只有部分被告人上诉的，应当对全案进行审查，一并处理。"根据这一规定，第二审程序对第一审未生效的判决要实行全面审查的原则。全面审查原则的基本含义是：对第一审判决的上诉或抗诉只是引起对案件进行二审的必要程序，二审法院在审理案件时，应当就一审判决所认定的事实、适用的法律以及诉讼程序进行全面审查。具体来讲，既要审查一审判决认定事实是否正确，证据是否确实、充分，也要审查适用法律有无错误，量刑是否得当；既要审查已上诉、抗诉部分，也要审查未上诉、抗诉部分；共同犯罪案件既要审查已上诉的被告人部分，也要审查案件中涉及的未上诉的被告人部分；既要从实体上审查一审判决是否正确，也要从程序上审查审判活动是否合法。通过全面审查，了解上诉、抗诉的理由是否充分、一审裁判是否正确，使上诉或抗诉中已指出和未指出的情节、涉及已上诉和未上诉的对被告人的错误判决都得到纠正，确保二审裁判的准确性和公正性，从而完成二审程序监督、纠错的任务。

司法实践中，第二审程序对上诉、抗诉案件进行全面审查，主要审查以下内容：①第一审判决认定的事实是否清楚，证据是否确实、充分，证据之间有无矛盾；疑罪作无罪判决的，是否符合法律规定。②第一审判决适用法律是否正确，量刑是否适当。③侦查、起诉、第一审程序，有无违反法律规定的诉讼程序的情形。④上诉、抗诉是否提出了新的事实和证据；被告人供述、辩解的情况；辩护人的意见以及被采纳的情况。⑤附带民事判决、裁定是否适当。⑥一审法院的合议庭、审判委员会讨论的意见。

二、第二审案件的审判方式

《刑事诉讼法》第 234 条规定："第二审人民法院对于下列案件，应当组成合议庭，开庭审理：（一）被告人、自诉人及其法定代理人对第一审认定的事实、证据提出异议，可能影响定罪量刑的上诉案件；（二）被告人被判处死刑的上诉案件；（三）人民检察院抗诉的案件；（四）其他应当开庭审理的案件。第二审人民法院决定不开庭审理的，应当讯问被告人，听取其他当事人、辩护人、诉讼代理人的意见。第二审人民法院开庭审理上诉、抗诉案件，可以到案件发生地或者原审人民法院所在地进行。"根据这一规定，第二审案件的审判方式分为两种：开庭审理和不开庭审理。

（一）开庭审理

开庭审理的审判方式，根据上述规定，开庭审理的案件包括三种，一是被告人、自诉人及其法定代理人对第一审认定的事实、证据提出异议，可能影响定罪量刑的上诉案件；二是被告人被判处死刑的上诉案件；三是人民检察院抗诉的案件。另外，开庭审理的地点也很灵活，可以在第二审法院所在地开庭审理，也可以在案件发生地或者第一审法院所在地开庭审理。

（二）不开庭审理

不开庭审理的审判方式，就是第二审人民法院以上诉内容和一审的全部案卷为基础，通过合议庭审阅案卷材料，讯问被告人，听取其他当事人、辩护人、诉讼代理人的意见等调查讯问的方式进行审理，在此基础上合议庭进行评议，作出裁判。因为不开庭审理以调查询问的方式审理案件，因此，也称调查询问式审理。根据上述规定，不开庭审理的案件有三个限制条件：①只限于上诉案件；②一审裁判认定案件事实清楚，证据确实、充分，当事人上诉的理由主要是适用法律或诉讼程序问题；③只限于被告人被判处死刑以下刑罚的上诉案件。

三、第二审案件的审判程序

（一）开庭审理的程序

根据《刑事诉讼法》第242条的规定，第二审人民法院开庭审理上诉或者抗诉案件，参照第一审程序的规定进行。此外，还应当遵守下列规定：①法庭调查阶段，审判长或者审判员宣读第一审判决书、裁定书后，由上诉人陈述上诉理由或者由检察人员宣读抗诉书；如果是既有上诉又有抗诉的案件，先由检察人员宣读抗诉书，再由上诉人陈述上诉理由；法庭调查的重点要针对上诉或者抗诉的理由，全面查清事实，核实证据。②法庭调查阶段，如果检察人员或者辩护人申请出示、宣读、播放第一审审理期间已经移交给人民法院的证据的，法庭应当指令值庭法警出示、播放有关证据；需要宣读的证据，由法警交由申请人宣读。③法庭辩论阶段，上诉案件，应当先由上诉人、辩护人发言，再由检察人员发言；抗诉案件，应当先由检察人员发言，再由被告人、辩护人发言；既有上诉又有抗诉的案件，应当先由检察人员发言，再由上诉人、辩护人发言，并进行相互辩论。

（二）不开庭审理的程序

根据《刑事诉讼法》第234条的规定，不开庭审理的程序包括：①合议庭阅卷。合议庭的全体组成人员都应当阅读案卷，审查案件的主要材料和证据，搞清案件的重点、难点和疑点，不能只听汇报而不阅卷。②讯问一审被告人。无论一审被告人是否是上诉人，都必须讯问，听取其供述和辩解以及对一审裁判的意见。③分别询问其他当事人、辩护人、诉讼代理人，核实证据，听取他们对一审裁判的意见。④合议庭评议和宣判。在上述阅卷和调查询问的基础上，合议庭集中评议，对事实清楚的经过评议后作出宣判。

四、对第二审案件的处理

根据《刑事诉讼法》第236、238条的规定，第二审人民法院对不服一审判决、裁定的上诉、抗诉案件，经过审理后，应当根据案件的具体情况分别作出如下处理：

1. 原判决认定事实和适用法律正确、量刑适当的，应当裁定驳回上诉或者抗诉，维持原判。

2. 原判决认定事实没有错误，但适用法律有错误，或者量刑不当的，应当改判。

3. 原判决认定事实不清或者证据不足，可以在查清事实后改判；也可以裁定撤销原判，发回原审人民法院重新审判。

4. 第二审人民法院发现第一审人民法院的审理有下列违反法律规定的诉讼程序的情形之一的，应当裁定撤销原判，发回原审人民法院重新审判。①违反《刑事诉讼法》有关公开审判的规定的；②违反回避制度的；③剥夺或者限制了当事人的法定诉讼权利，可能影响公正审判的；④审判组织的组成不合法的；⑤其他违反法律规定的诉讼程序，可能影响公正审判的。

司法实践中，对第二审自诉案件，可以进行调解。调解达成协议结案的，应当制作调解书，这也是第二审案件的处理方式之一。第二审调解结案的，第一审判决、裁定自动撤销。如果自诉案件的当事人在第二审程序中提出反诉的，第二审人民法院应当告知其另行起诉。

根据《刑事诉讼法》第 239 条的规定，原审人民法院对于发回重新审判的案件，应当另行组成合议庭，依照第一审程序进行审判。重新审判后所作的判决，仍属于一审判决，当事人可以上诉，同级人民检察院可以抗诉。

第二审的判决、裁定和最高人民法院的判决、裁定，都是终审的判决、裁定，一经宣布，立即发生法律效力。

五、第二审案件的审理期限

《刑事诉讼法》第 243 条规定了二审案件的审理期限。第二审人民法院受理上诉、抗诉案件，应当在 2 个月以内审结。对于可能判处死刑的案件或者附带民事诉讼的案件，以及有本法第 158 条规定情形之一的，经省、自治区、直辖市高级人民法院批准或者决定，可以延长 2 个月；因特殊情况还需要延长的，报请最高人民法院批准。最高人民法院受理上诉、抗诉案件的审理期限，由最高人民法院决定。

第二审人民法院发回原审人民法院重新审判的案件，原审人民法院从收到发回的案件之日起，重新计算审理期限。

第四节　上诉不加刑原则

一、上诉不加刑的概念

上诉不加刑是第二审程序的重要原则，是指第二审人民法院审理只有被告人一方提出上诉的案件，不得以任何理由加重被告人的刑罚。世界上许多国家和地区的刑事诉讼法都采用这一原则，只是具体含义略有差异。我国《刑事诉讼法》第 237 条的规定："第二审人民法院审理被告人或者他的法定代理人、辩护人、近亲属上诉的案件，不得加重被告人的刑罚。第二审人民法院发回原审人民法院重新审判的案件，除有新的犯罪事实，人民检察院补充起诉的以外，原审人民法院也不得加重被告人的刑罚。人民检察院提出抗诉或者自诉人提出上诉的，不受前款规定的限制。"这就是我国关于上诉不加刑原则的法律规定，包括两方面含义。一方面，被告人或者他的法定代理人、辩护人、近亲属提出上诉的案件，第二审人民法院不得加重被告人的刑罚。因为被告人一方上诉的目的，就是想通过二审法院改变一审判决，宣告无罪或者减轻刑罚。如果上诉后二审法院加重了被告人刑罚，势必增加被告一方上诉的顾虑，甚至在一审判决不正确的情况下，也不敢提出上诉。这在客观上使上级法院失去了及时纠正下级法院错误判决的机会，不利于提高审判质量。另一方面，并不是任何情况下二审法院都不能加重被告人的刑罚。如果是人民检察院提出抗诉或者自诉人提出上诉的案件，或者在被告人一方提出上诉的同时，人民检察院和自诉人也提出抗诉、上诉的，则不受上诉不加刑原则的限制。

二、上诉不加刑原则的意义

在刑事诉讼中坚持上诉不加刑原则具有重要意义：

1. 上诉不加刑有利于保障被告人的上诉权，保证两审终审制的贯彻执行。司法实践中，绝大多数二审案件是通过被告人一方上诉引起的，只有少数二审案件是由检察机关抗诉引起的。因此，被告人一方的上诉权能否充分行使，影响着两审终审制度能否真正贯彻执行。如果没有上诉不加刑原则，被告一方上诉后不但没有减轻或免除其刑罚，反而加重了刑罚，就可能使被告人及其法定代理人、辩护人及其近亲属对上诉产生顾虑，即使认为第一审判决不正确，也不敢上诉，这在客观上限制了被告人一方上诉权的行使，导致两审终审制度流于形式。只有实行上诉不加刑原则，才能排除被告人一方上诉的思想顾虑，充分行使上诉权，进而保证两审终审制度的贯彻执行。

2. 上诉不加刑有利于促使一审法院提高办案质量，同时有利于加强二审法院对一审法院审判工作的监督。根据上诉不加刑原则，对于被告人一方上诉的案件，一审法院如果量刑偏轻，二审法院也不能改判加重刑罚，这在客观上容易造成重罪轻罚、罪刑不相称的结果。为避免这种结果的出现，一审法院必须加强责任心，提高办案质量，准确定罪量刑。另外，实行上诉不加刑原则，使想上诉的被告人充分行使上诉权，进而使大多数案件通过二审结案，有利于二审法院对一审法院审判工作的监督，及时纠正一审法院审判工作中的错误，提高其审判水平。

3. 上诉不加刑有利于加强检察机关的法律监督职能。上诉不加刑是指被告人一方提出上诉的案件，二审法院不得加重被告人刑罚。但人民检察院提出抗诉的案件，不受上诉不加刑的限制。因此，检察机关对一审判决确有错误，量刑过轻的案件提起抗诉，二审法院经过审理就可以改判加重被告人的刑罚。反之，检察机关对一审判决量刑过轻的案件没有提起抗诉，二审法院就不能改判加重被告人的刑罚，客观上使犯罪分子没有受到相应的惩罚。为了避免这种结果的出现，检察机关必须加强责任感，认真履行法律监督职能，及时审查一审判决是否存在错误，对量刑过轻案件及时抗诉，提高抗诉水平。

三、上诉不加刑的具体适用

关于上诉不加刑的具体适用问题，最高人民法院《解释》作出了明确规定：

（1）共同犯罪案件，只有部分被告人提出上诉的，既不能加重提出上诉的被告人的刑罚，也不能加重其他同案被告人的刑罚。

（2）对原判认定事实清楚、证据充分，只是认定的罪名不当的，在不加重原判刑罚的情况下，可以改变罪名。

（3）对被告人实行数罪并罚的，不得加重决定执行的刑罚，也不能在维持原判决决定执行的刑罚不变的情况下，加重数罪中某罪的刑罚。

（4）对被告人判处拘役或者有期徒刑宣告缓刑的，不得撤销原判决宣告的缓刑或者延长缓刑考验期。

（5）对事实清楚、证据充分，但判处的刑罚畸轻，或者应当适用附加刑而没有适用的案件，不得撤销第一审判决，直接加重被告人的刑罚或者适用附加刑，也不得以事实不清或者证据不足发回第一审人民法院重新审理。必须依法改判的，应当在第二审判决、裁定生效后，按照审判监督程序重新审判。

（6）根据《刑事诉讼法》第 236 条的规定，一审判决认定事实不清或者证据不足的，二审法院可以裁定撤销原判，发回重审。发回重审的案件不适用上诉不加刑原则。但是，对于原判事实清楚，证据确凿充分，只是量刑偏轻的案件，二审法院不能发回重审。司法实践中，二审法院为了加重上诉被告人的刑罚而发回重审并指令改判加刑，是违背上诉不加刑原则的。

第五节　对查封、扣押、冻结财物的处理

根据《刑事诉讼法》245 条的规定，公安机关、人民检察院和人民法院对查封、扣押、冻结的犯罪嫌疑人、被告人的财物及其孳息，应当妥善保管，以供核查，并制作清单，随案移送。任何单位和个人不得挪用或者自行处理。对被害人的合法财产，应当及时返还。对违禁品或者不宜长期保存的物品，应当依照国家有关规定处理。对作为证据使用的实物应当随案移送，对不宜移送的，应当将其清单、照片或者其他证明文件随案移送。人民法院作出的判决，应当对查封、扣押、冻结的财物及其孳息作出处理。人民法院作出的判决生效以后，有关机关应当根据判决对查封、扣押、冻结的财物及其孳息进行处理。对查封、扣押、冻结的赃款赃物及其孳息，除依法返还被害人的以外，一律上缴国库。司法工作人员贪污、挪用或者私自处理查封、扣押、冻结的财物及其孳息的，依法追究刑事责任；不构成犯罪的，给予处分。

查封，扣押，冻结涉案财物，应当为犯罪嫌疑人，被告人及其所扶养的亲属保留必需的生活费用和物品，减少对涉案单位正常办公，生产经营等活动的影响，对权属明确的被害人的合法财产，返还不损害其他被害人或者利害关系人的利益，不影响诉讼正常进行的，查封、扣押、冻结机关及时返还，但须经拍照、鉴定、作价，并在案卷中注明返还的理由，将原物照片，清单和被害人的领取手续入卷备查。这些规定有利于公检法机关公正执法，准确、及时地打击犯罪，保护被害人的合法权益。

思考题：

1. 简述两审终审制的基本含义。
2. 简述第二审程序的概念及其特点。
3. 提起上诉和抗诉必须符合哪些法定条件？
4. 第二审法院对上诉和抗诉案件应当如何进行审理？
5. 简述上诉不加刑原则的概念及其意义。

第二十二章　死刑复核程序

内容导读　本章主要把握死刑立即执行案件的核准程序及复核后的处理、死缓案件复核后的处理等知识点。

本章重点：

1. 死刑复核程序的特点
2. 判处死刑立即执行案件的复核程序
3. 判处死刑缓期二年执行案件的复核程序

本章难点：

判处死刑立即执行案件复核后的处理

第一节　概　　述

一、死刑复核程序的概念和特点

死刑复核程序是指法院对判处死刑（包括死刑缓期二年执行）的案件进行审核的特别审判程序。

死刑复核程序具有如下特点：

第一，死刑复核程序只适用于判处死刑的案件，包括判处死刑立即执行和判处死刑缓期二年执行的案件。

第二，死刑复核程序是强制程序，即对于死刑案件来说是必经程序。凡死刑案件，除最高人民法院判决的以外，都必须经过死刑复核程序，只有经过核准的死刑判决才能生效并交付执行。

第三，死刑复核程序是自动启动的。第一审程序非经公诉或自诉不得启动，第二审程序非经上诉或抗诉不得启动，而死刑复核程序是下级法院作出死刑判决后依法主动上报复核，无须控辩双方申请即应展开死刑核准活动。

第四，死刑复核权由特定的法院行使。各地在执法方面存在一定差异，为了统一死刑的适用，死刑复核程序将判处死刑的案件集中到高级人民法院和最高人民法院审核，有利于在掌握判处死刑的标准方面实现统一，防止出现冤错案件。按照《刑事诉讼法》的规定，对于死刑立即执行案件，须经最高人民法院核准；对于死刑缓期二年执行的案件，要由高级人民法院核准，即只有最高人民法院和高级人民法院才有死刑案件包括死刑缓期二年执行的案件核准权，其他法院无核准死刑的权力。死刑复核程序具有严格控制死刑适用的功能，它的良性运作有利于遏制滥杀，严防错杀。

死刑核准权，为特定的法院对于死刑判决、裁定进行审核、批准的权限。死刑核准权直接关系对生命的剥夺，行使这一权力的结果，要么是不核准死刑，挽救被判刑者的生命，消除其被执行死刑的危险；要么是核准死刑，使被判刑者的生命随之被依法剥夺或者确定其被执行死刑的危险。这样的权力，在行使时不能不格外慎重。为了使这一权力不至于被滥用，当然要求权力的归属明确，即行使这一权力的机关要特定化；行使这一权力的机关规格要高，不能将该权力随意下放，杜绝死刑适用的标准不统一，避免实体上或者程序上的不公正。

二、死刑复核程序与少杀、慎杀死刑政策

死刑复核程序是我国少杀、慎杀死刑政策在刑事诉讼程序中的集中反映。少杀、慎杀死刑政策的基本内涵包括：

1. 对于有必要判处死刑的应当依法判处死刑。少杀、慎杀不等于不杀，对于罪大恶极需要判处死刑的，还是要判处死刑，但是必须掌握"准确"这一基本要求。在事实清楚、证据确实充分的前提下，确定是否适用死刑，既不能将不该判处死刑的草率处死，也不能对应该判处死刑的不判处死刑，这才是对少杀、慎杀刑事政策的正确理解。

2. 可杀可不杀的不杀。杀人容易出现偏差，走向少杀、慎杀的反面。在这个方面，我国历史教训十分深刻。自古及今，由于过于倚重死刑的威慑力量，死刑便有扩大适用的现象，与慎刑思想发生背离，使得有些不该处死的被处死，造成难以挽回的损失。重刑也许能够收到一时之效，但是这种遏制犯罪的效果难以长久，重刑（特别是死刑）在发挥威吓功效的同时，也对民众心理产生负面影响，造成轻贱人命和贬低人格尊严的社会后果。我国刑事司法改革应当顺应国际上刑事法律轻刑化的趋势，在立法中减少死刑，在司法中减少死刑的具体适用。

3. 实行缓期执行的制度。死刑缓期执行是为死罪案件减少执行死刑而设立的一项替代性措施，这一措施是我国独创的死刑执行制度。某些罪犯，尽管所犯罪行十分严重，依法应当判处死刑，但是根据案件具体情况以及犯罪人的个体情况，没有必要立即执行死刑，犯罪人仍然有改过自新的可能的，可以"强迫劳动，以观后效"。死刑缓期执行制度，体现了刑罚个别化原则，实现了通过死刑执行方法的多样性实际达到减少死刑适用的效果。

由于死刑复核程序具有严格控制死刑适用的功能，它的良性运作有利于遏止滥杀、严防错杀，因此，死刑复核程序在我国刑事司法制度中深受重视，在我国，类似当今实施的死刑复核制度由来已久。唐代实行在执行死刑前几日内向皇帝复奏的制度，唐太宗将三复奏改为五复奏，提高了复核死刑的谨慎度。明代确立朝审制度，每年霜降后三法司（刑部、大理寺、都察院）同公、侯、伯等会审死刑案件。清代则有秋审与朝审两种外复审形式。整个秋审、朝审，被免除死刑的比例是相当高的。[1]西方学者评价说：中国古代有关死刑案件的制度，"可以说是人类智慧的杰出成果"，"值得中国人引以为骄傲和自豪的"。[2]这些死刑核准制度，是人命关天、慎重适用死刑的观念的反映，与当今的死刑复核制度具有精神上的连续性和一致性。

---

〔1〕 沈家本 1907 年给皇帝上的一份奏折中说，每年被勾决执行死刑的人犯，不足死刑总数的 1/10。引自 ［美］ D. 布迪、C. 莫里斯：《中华帝国的法律》，朱勇译，江苏人民出版社 1995 年版，第 137 页。

〔2〕 ［美］D. 布迪、C. 莫里斯：《中华帝国的法律》，朱勇译，江苏人民出版社 1995 年版，第 138 页。

三、关于死刑存废度的讨论

死刑无疑是最受瞩目的刑罚。孔多塞曾经指出："死刑是唯一一种使不公正绝对无法挽回的刑罚；从这一点可以推定，死刑的存在暗含着使人们暴露于犯一种无法挽回的不公正的错误。"[1]从刑事司法的国际标准和各国司法的总体趋势看，限制死刑的适用期至废除死刑为一些国家所实行，[2]死刑问题已成为国际问题。联合国《公民权利和政治权利国际公约》第6条宣告："人人有固有的生命权，生命权受法律保护，不得任意剥夺任何人的生命。"按照刑事司法的国际标准，人所固有的生命权利应受法律保护，不得任意剥夺。在未废除死刑的国家，判处死刑只能是作为对最严重的罪行的惩罚。

死刑存废是刑法学界热议的话题。早在20世纪20年代，我国就曾经围绕死刑存废问题展开讨论。当时支持保留死刑的理由如下：一是刑罚各有其功能，死刑也有其不可取代的作用。二是我国实行死刑的历史悠久，遽然废除必然有不适反应。三是我国死刑适用相沿已久，如果废除，其影响必及于社会心理，凶恶之徒会变得肆无忌惮，普良民众会产生恐惧心理。因此，死刑存废，需要考虑社会心理是否认同以及民众的承受能力。无论如何，废除死刑的观念一定与社会文明发展阶段有关，是否应当废除死刑和什么时候废除死刑，要根据社会发展条件作出回答。

当前，我国主流意见对于死刑仍然持有肯定态度，对于死刑惩罚和遏制犯罪的功能也予以肯定。无疑，在社会治安整体恶化或者某些类型的犯罪变得严重的情况下，死刑仍然是遏制犯罪的重要工具。适用死刑的目的，是震慑犯罪分子，维护社会秩序，为人民提供良好的生活和工作环境。在确保能够达到这一目的的前提下，应该考虑减少死刑的适用，这体现了对人的生命权的尊重。

在我国，对于死刑，认为尚不能废除的观点既是社会主流观点，也是政府的基本立场，这一立场表现为如下宣示："中国正着手进行司法制度的改革，包括将死刑的核准权收回到最高人民法院。出于我们的国情，我们不能够取消死刑。世界上一半以上的国家也还都有死刑制度。但是，我们将用制度来保证死刑判决的慎重和公正。"[3]在这一宣示之后，我国死刑立即执行案件的核准权上收到最高人民法院。

在我国，可杀可不杀一律不杀的刑事政策是正确的，这种政策的宣导对于在司法实践中有效地减少死刑的适用发挥了重要作用。近年来减少死刑适用的呼声很高，废除死刑之议也时有所闻。立法机关认真研究和吸收了这些意见，适时进行了《刑法》修正，以《刑法》修正案形式减少死刑适用的罪名，在限缩死刑方面取得了明显进步：1979年我国《刑法》死刑罪名有27个，经过1982年到199年多个单行刑法修改，增加33种死刑罪名，1997年修正《刑法》时死刑罪名多达71个，1997年《刑法》修正后刑法死刑罪名减至68个，2011年《刑法修正案（八）》取消13项经济性非暴力犯罪的死刑罪名后，刑法死刑罪名总计55个，2015年《刑法修正案（九）》将死刑罪名进一步减至46个。迄今为止，减少死刑罪名仍然是我国《刑法》进一步修正的重要议题。

最高人民法院在2007年1月1日将死刑立即执行案件核准权上收之后，贯彻宽严相济刑

---

〔1〕 转引自［加］伊恩·哈金：《驯服偶然》，刘钢译，中央编译出版社2000年版，第157页。

〔2〕 不过，一些已经废除了死刑的国家和地区，也有很强的呼声要求恢复死刑。

〔3〕 "温家宝：中国不能够取消死刑"，载新华网：http://news.xinhuanet.com/newscenter/2005-03/14/content_2695390.htm，最后访问时间：2022年4月16日。

事政策，在死刑适用方面加以限制：一是对死刑在司法实践中适用的范围加以限制；二是对核准程序加以重新规范；三是对死刑案件证据的审查判断和排除非法证据加以规定，目的是实现少杀、慎杀的目标。

第二节　死刑复核的具体程序

一、死刑立即执行案件的报请核准

根据我国《刑事诉讼法》第 247 条的规定，中级人民法院判处死刑的第一审案件，被告人不上诉的，应当由高级人民法院复核后，报请最高人民法院核准。高级人民法院不同意判处死刑的，可以提审或者发回重新审判。高级人民法院判处死刑的第一审案件被告人不上诉的，和判处死刑的第二审案件，都应当报请最高人民法院核准。即死刑立即执行案件报请核准依一审法院不同而有所不同，中级人民法院判处死刑的第一审案件与高级人民法院判处死刑的第一审案件，报请复核的步骤有所不同；死刑判决为一审判决还是二审判决，报请复核的步骤同样有所不同。分述如下：

第一，中级人民法院判处死刑的第一审案件，被告人不上诉、人民检察院不抗诉的，在上诉、抗诉期满后 10 日以内报请高级人民法院复核。高级人民法院同意判处死刑的，依法作出裁定，并应当在作出裁定后 10 日内报请最高人民法院核准；高级人民法院不同意判处死刑的，应当依照第二审程序提审或者发回重新审判。

第二，中级人民法院判处死刑的第一审案件，被告人上诉或者人民检察院抗诉，高级人民法院终审裁定维持死刑判决的，应当在作出裁定 10 日内报请最高人民法院核准。

第三，高级人民法院判处死刑的第一审案件，被告人未上诉、人民检察院未抗诉的。应当在上诉、抗诉期满后 10 日内报请最高人民法院核准。

第四，依法应当由最高人民法院核准的死刑案件，判处死刑缓期二年执行的罪犯，在死刑缓期执行期间，如果故意犯罪，查证属实，应当执行死刑的，由高级人民法院报请最高人民法院核准。

二、死刑缓期二年执行案件的报请核准

根据我国《刑事诉讼法》第 248 条的规定，中级人民法院判处死刑缓期二年执行的案件，由高级人民法院核准。亦即死刑缓期二年执行案件的核准权归属于高级人民法院。这类案件报请核准，包括如下情形：

第一，中级人民法院判处死刑缓期二年执行的案件，被告人未上诉，人民检察院未抗诉的，应当报请高级人民法院核准。高级人民法院同意判处死刑缓期二年执行的，应当裁定予以核准；如果认为事实不清、证据不足的，应当裁定发回原审法院重新审判，重新审判所作的判决、裁定，被告人可以提出上诉，人民检察院可以提出抗诉；如果认为原判量刑过重的，高级人民法院应当依法改判。

第二，中级人民法院判处死刑缓期二年执行的案件，被告人提出上诉或者人民检察院提出抗诉的，高级人民法院经过第二审程序、同意判处死刑缓期二年执行的，作出维持原判并核准死刑缓期二年执行的裁定；不同意判处死刑缓期二年执行的，应当作出不核准的裁定。如果认为原判量刑过重，应当依法改判；如果认为事实不清、证据不足的，应当裁定发回重

新审判。

第三，高级人民法院核准死刑缓期二年执行的案件，应当作出核准或者不核准的裁定，不得加重被告人的刑罚，也不得以提高审级等方式变相加重被告人的刑罚。

第四，高级人民法院判处死刑缓期二年执行的一审案件，被告人不上诉、人民检察院不抗诉的，即应作出核准死刑缓期二年执行的裁定。

无论是中级人民法院报请核准，还是高级人民法院判决并核准的死刑缓期二年执行的案件，以及直接改判的案件，均是发生法律效力的案件，这些裁判应当立即交付执行。

三、复核程序和复核后的处理

高级人民法院和最高人民法院进行复核程序以及复核、核准案件后的处理：

（一）组成复核死刑案件的审判组织

最高人民法院复核死刑案件，高级人民法院复核死刑缓期执行的案件，应当由审判员3人组成合议庭进行。

（二）复核的程序过程

报请复核的死刑、死刑缓期执行案件，应当一案一报。

最高人民法院和高级人民法院复核或者核准死刑（死刑缓期执行）案件，主要依照以下程序进行：

1. 提审被告人。被判处死刑的被告人是死刑的直接承受者，法院应当倾听他对裁判的意见，并核实有关案件的情况。这一过程，可以给被告人以申辩的机会，对查明案件真实情况，正确作出是否核准死刑的裁定具有无可取代的重要意义。

2. 审查核实案卷材料。全面审查案卷，在此基础上判断原判认定犯罪事实是否清楚，证据是否确实、充分，定性是否准确，法律手续是否完备，对被告人判处死刑（死刑缓期执行）是否正确，从而为作出正确的决定提供条件。审查中要注意以下内容：①被告人的年龄，被告人有无刑事责任能力，是否系怀孕的妇女；②原判认定的事实是否清楚，证据是否确实、充分；③犯罪情节、后果及危害程度；④原判适用法律是否正确，是否必须判处死刑，是否必须立即执行；⑤有无法定、酌定从重、从轻或者减轻处罚情节；⑥诉讼程序是否合法；⑦应当审查的其他情况。

3. 听取辩护律师的意见。死刑复核期间，辩护律师要求当面反映意见的，最高人民法院有关合议庭应当在办公场所听取其意见，并制作笔录；辩护律师提出书面意见的，应当附卷。

4. 认真对待人民检察院的建议。为确保死刑复核的质量，死刑复核期间，最高人民检察院提出意见的，最高人民法院应当审查，并将采纳情况及理由反馈最高人民检察院。人民检察院不但是刑事公诉案件的控诉方，还是国家的法律监督机关，承担对整个刑事诉讼过程监督的责任。对于死刑复核活动，人民检察院应当基于自身职能并本着客观义务承担好监督之责。

5. 制作复核审理报告。最高人民法院、高级人民法院对报请复核的死刑（死刑缓期执行）案件进行全面审查后，合议庭应当进行评议并写出复核审理报告。复核审理报告主要包括下列内容：①案件由来和审理经过；②被告人和被害人简况；③案件的侦破情况；④原判决要点和控辩双方意见；⑤对事实和证据复核后的分析和认定；⑥合议庭评议意见和审判委员会讨论决定意见；⑦其他需要说明的问题。

（三）最高人民法院复核后的处理

最高人民法院复核死刑案件，应当根据不同情况作出不予核准的裁定或者核准的裁定、判决。

1. 不予核准。原判认定事实不清、证据不足的，裁定不予核准，并撤销原判，发回重新审判。原判认定事实正确，但依法不应当到处死刑的，裁定不予核准，并撤销原判，发回重新审判。最高人民法院复核后认为原审人民法院违反法定诉讼程序，可能影响公正审判的，裁定不予核准，并撤销原判，发回重新审判。数罪并罚案件，一人有两罪以上被判处死刑，最高人民法院复核后，认为其中部分犯罪的死刑裁定认定事实不清、证据不足的，对全案裁定不予核准，并撤销原判，发回重新审判。一案中两名以上被告人被判处死刑，最高人民法院复核后，认为其中部分被告人的死刑裁判认定事实不清、证据不足的，对全案裁定不予核准，并撤销原判，发回重新审判。对不予核准死刑的案件，均应使用裁定。

2. 核准。原判认定事实和适用法律正确、量刑适当、诉讼程序合法的，裁定予以核准。原判判处被告人死刑并无不当，但具体认定的某一事实或者引用的法律条款等不完全准确、规范的，可以在纠正后作出核准死刑的判决或者裁定。数罪并罚案件，一人有两罪以上被判处死刑，最高人民法院复核后，认为其中部分犯罪的死刑裁判认定事实正确，但依法不应当判处死刑的，可以改判并对其他应当判处死刑的犯罪作出核准死刑的判决。一案中两名以上被告人被判处死刑，最高人民法院复核后，认为其中部分被告人的死刑被判认定事实正确，但依法不应当判处死刑的，可以改判并对其他应判处死刑的被告人作出核准死刑的判决，要区别情形使用判决或者裁定。

最高人民法院裁定不予核准死刑的，根据案件具体情形可以发回第二审人民法院或者第一审人民法院重新审判。高级人民法院依照复核程序审理后报请最高人民法院核准死刑的案件，最高人民法院裁定不予核准死刑，发回高级人民法院重新审判的，高级人民法院可以提审或者发回第一审人民法院重新审判。发回第二审人民法院重新审判的案件，第二审人民法院可以直接改判；必须通过开庭审理查清事实、核实证据的，或者必须通过开庭审理纠正原审程序违法的，应当开庭审理。发回第一审人民法院重新审判的案件，第一审人民法院应当开庭审理。发回重新审判的案件，原审人民法院应当另行组成合议庭进行审理，最高人民法院复核后认为原判认定事实正确，但依法不应当判处死刑而裁定不予核准并撤销原判、发回重审的除外。

以上核准死刑的裁定和改判的判决均为终审裁判，立即生效，而对于发回重新审判的案件，重新审判后所作的判决、裁定，被告人可以提出上诉，人民检察院可以提出抗诉。[1]

（四）高级人民法院对判处死刑缓期执行案件复核后的处理

高级人民法院对判处死刑缓期执行的案件，进行复核以后，根据案件情形分别作出裁判：①原判认定事实和适用法律正确、量刑适当、诉讼程序合法的，应当裁定核准；②原判认定的某一具体事实或者引用的法律条款等存在瑕疵，但判处被告人死刑缓期执行并无不当的，可以在纠正后作出核准的判决、裁定；③原判认定事实正确，但适用法律有错误，或者

---

[1] 共同犯罪案件中，部分被告人不被判处死刑的，高级人民法院或者最高人民法院复核、核准时，应该当对全案进行审理，但不影响对其他被告人已经发生法律效力的判决、裁定的执行；发现对其他被告人已生效的裁判确有错误的，可以指令原审法院再审。

量刑过重的，应当改判；④原判事实不清、证据不足的，可以裁定不予核准，并撤销原判，发回重新审判，或者依法改判；⑤复核期间出现新的影响定罪量刑的事实、证据的，可以裁定不予核准，并撤销原判，发回重新审判，或者依法改判；[1]⑥原审违反法定诉讼程序，可能影响公正审判的，应当裁定不予核准，并撤销原判，发回重新审判。高级人民法院复核死刑缓期执行案件，不得加重被告人的刑罚。

（五）死刑复核程序的审限

《刑事诉讼法》对侦查、起诉、审判（一审、二审和再审）等程序，均明确规定了诉讼期限，但对死刑复核程序未规定期限。对此有学者主张对死刑复核规定审限，不规定审限容易导致案件久拖不决，增加关押被判决人的成本，也不利于被害人一方权利和愿望的实现。但另有学者反对这一意见，认为杀人不贵神速，应当给辩护方充分的时间收集有利于己方的证据和事实材料、寻求司法救济，让人民法院也有充分时间进行事实和证据的核实，即使有一线生机和疑问，也应充分重视和展开调查，一些国家判决死刑到实际执行相隔时间很长，有利于防止错杀，体现慎刑思想。我们认为，为保障办案质量，体现我国慎杀政策，《刑事诉讼法》对于复核程序以不规定审限为宜。

思考题：

1. 死刑复核程序的特点有哪些？
2. 判处死刑立即执行案件的复核后的处理程序是怎样规定的？

---

[1] 依法改判应当根据最高人民法院《解释》第220条规定审理。根据该条规定，法庭对证据有疑问的，可以告知公诉人、当事人及其法定代理人、辩护人、诉讼代理人补充证据或者作出说明；必要时，可以宣布休庭，对证据进行调查核实。对公诉人、当事人及其法定代理人、辩护人、诉讼代理人补充的和法庭庭外调查核实取得的证据，应当经过当庭质证才能作为定案的根据。但是，经庭外征求意见，控辩双方没有异议的除外。有关情况，应当记录在案。

第二十三章　审判监督程序

　　内容导读　审判监督程序的目的是对已经发生法律效力的判决和裁定进行监督，通过再次审理纠正错误的判决和裁定。我国诉讼法规定，对于已经生效的裁判，当事人认为有错误的，有权向有关机关进行申诉，但是申诉期间不停止生效判决的执行。审判监督程序有利于保证国家法律的正确实施，充分体现了实事求是、有错必纠的政策执行决心。同时，也有利于加强上级法院对下级法院的监督，更有利于发挥检察院的监督职能。但是审判监督程序也不能随意启动，浪费国家资源，只有在必要的条件下，才可以启动此程序。审判监督程序在维护生效判决的既判力、保障被告人的人权方面起着重要作用。

本章重点：

　　1. 提起审判监督程序的主体
　　2. 提起审判监督程序的理由

本章难点：

　　1. 提起审判监督程序的方式
　　2. 审判监督程序与第二审程序的区别

第一节　概　　述

一、审判监督程序的概念和特征

　　审判监督程序是指人民法院、人民检察院对已经发生法律效力的判决和裁定，发现认定事实或适用法律确有错误，依法提起或者决定重新审判，以及进行重新审判所应遵循的特别程序。

　　审判监督程序又被称为"再审程序"。其实，我国刑事诉讼中的"再审"一词有另外的含义，指的是最高人民法院或者上级人民法院对下级人民法院发生法律效力的判决和裁定，如果发现确有错误，有权指令下级人民法院进行重新审判，这里的"重新审判"往往被称为"再审"。一些国家刑事诉讼中的"再审程序"，专指原裁判在认定事实上存在错误时加以纠正的审判程序。[1]我国的审判监督程序所要纠正的，不仅包括认定事实方面的错误，也包括适用法律方面的错误。

　　我国刑事诉讼中的审判监督程序是从苏联刑事诉讼法借鉴来的。苏联法学家 M. M. 格罗津斯基指出："在苏维埃刑事诉讼中，每案件通常只由两个审级进行审理：第一审——实体

---

〔1〕　例如，法国、德国、日本等国家，将纠正原裁判中的事实错误的程序称作"再审程序"，将纠正原裁判适用法律错误的程序称作"监督程序"或者"非常上告程序"。前者须对案件进行开庭审理，后者不需要开庭审理，可以直接纠正错误裁判。

审理和上诉审——审查就案件所作判决的准确性。因此，依审判监督程序对判决和裁定进行重新审查乃是上述一般规则的例外，并且是苏维埃刑事诉讼中的一个特殊阶段。这一点也就决定了依审判监督程序进行审理的特点，这就是：依上诉审程序进行重新审查的应当是尚未生效的判决而依审判监督程序进行重新审查的，则是已生效的判决和裁定。"在其他特征上，苏联的审判监督程序也与我国相同，例如不受期间的限制、审判监督程序的提起只限于法定的检察机关和审判机关。[1]不仅如此，在审判监督的目的上，我国与苏联的审判监督程序也有一致性，苏联法学家切里佐夫指出："注意一切法院判决的合法性与公平性的苏维埃立法者，在未发现已发生法律效力的判决不符合案件的事实情况和苏维埃刑事政策的要求以前，始终是维护判决的稳固性的。对法院的裁判依审判监督程序实行重新审查，也保证在第一审或第二审法院制作判决犯有错误时，可以加以到正而使它符合于客观真实。"[2]M. M.格罗津斯基指出："依审判监督程序的重新审查，其任务是审查判决是否合法和有无根据以及就该案所作的裁定是否准确，因而也就是审查侦查机关、检察署和法院在此以前各诉讼阶段中的活动。"[3]苏联法学家就审判监督程序的诠释，有助于我们理解我国的审判监督程序。

要充分认识审判监督程序，还需要进一步理解生效裁判的确定力。裁判一旦作出并且生效，应当保持稳定，不容许随意改变。这种生效判决的稳定性，就是判决的确定力（也称"既判力"）。判决的确定力意味着，刑事案件一经判决确定，侦查和控诉机关不得在其他案件中重新对已经判决确定的刑事案件进行侦查、起诉，自诉人也不得再行起诉，否则法院将不予受理，这就是一事不再理原则。该原则要求：对于同一罪行，法院不得多次作出处罚；控诉方也不得对同一案件（无论作出有罪判决还是无罪判决）再次起诉，即使提出起诉，法院也不得受理。另外，一事不再理的既判力原则还禁止对同一行为按几种不同的条款起诉。这就要求对于诉讼程序的自治性保持足够的尊重，防止在纠正已生效判决时的随意性（它足以使司法独立所带来的公正性、权威性毁于一旦）。

但是，对于某些错误的裁判，为了维护法律的公平正义，应该纠正的需要及时纠正。我国刑事诉讼采取"实事求是，有错必纠"方针，发现事实真相，从而让有罪之人受到追究。同时也不能任意启动审判程序，维护正当程序，维护生效判决的既判力，保障被告人的人权。审判监督程序有如下特征：

第一，审理对象。审理对象是已经发生法律效力的判决、裁定，包括正在执行和已经执行完毕的判决、裁定。这与二审的审理对象不同，二审审理的是尚未发生法律效力的判决裁定。

第二，启动主体。由各级法院院长提交本院审判委员会决定，最高人民法院和上级人民法院决定以及最高人民检察院和上级人民检察院抗诉而启动审判监督程序。

第三，启动原因。对于已经生效的判决、裁定在认定事实或者适用法律上确实存在错误的，必须经过有权的人民法院或者检察院审查才可以提起。

第四，审判法院。按照审判监督程序审判案件的法院，可以是原审人民法院，也可以是

---

〔1〕［苏］M. M. 格罗津斯基：《苏维埃刑事诉讼中的上诉审和监督审程序》，王更生、卢佑先译，中国人民大学出版社1956年版，第19页。

〔2〕［苏］M. A. 切里佐夫：《苏维埃刑事诉讼》，中国人民大学刑法教研室译，法律出版社1955年版，第531页。

〔3〕［苏］M. M. 格罗津斯基：《苏维埃刑事诉讼中的上诉审和监督审程序》，王更生、卢佑先译，中国人民大学出版社1956年版，第18~19页。

任何上级人民法院，这与二审程序不同，二审程序只能是一审法院的上一级法院。

第五，程序级别。按照审判监督程序审判案件根据的是原来是第一审案件或者第二审案件，分别依照第一审程序或者第二审程序进行。

第六，不受上诉不加刑原则的限制。依审判监督程序重新审理案件，在定罪量刑时，既可以减轻被告人的刑罚，也可以加重被告人的刑罚，不受上诉不加刑原则的限制。

二、一罪不二罚原则和禁止双重危险原则

不能对一个犯罪行为进行两次惩罚。需要指出的是，按照国际司法人权标准，刑事裁判存在错误，并非一定要予以纠正。在刑事诉讼中，生效判决的既判力因保障被告人权利的需要而得到强化，刑事诉讼中称之为"一罪不二罚"或者"禁止双重危险"原则（double jeopardy）。一罪不二罚是指不能因同一罪行对犯罪人施以重复惩罚。禁止双重危险不仅包含一罪不二罚的内容，而且包含被裁判无罪之人不得就同一被指控的罪再次被起诉或者审判乃至定罪处罚。禁止双重危险原则体现为联合国《公民权利和政治权利国际公约》第14条规定的"任何人依照一国的法律及刑事程序被最后定罪或宣告无罪者，不得就同罪名再次审判或惩罚"。这原则旨在维护判决的权威性和稳定性，保持判决的权威性，有利于提升法律的严肃性，避免当事人和法院陷入讼累和司法资源的浪费，但其根本意义还在于通过使法院对生效判决保持克制，保障刑事被追诉人的权利。

我国刑事诉讼法没有确立禁止双重危险的原则。我国《刑事诉讼法》第254条规定了对已生效裁判重新审判的条件，即"在认定事实上或者在适用法律上确有错误"。按照这一规定，审判监督程序可以基于有利于被判决人，也可以基于不利于被判决人而提起。但是，最高人民法院《解释》第469条对加重原审被告人的刑罚加以限制，规定："除人民检察院抗诉的以外，再审一般不得加重原审被告人的刑罚。再审决定书或者抗诉书只针对部分原审被告人的，不得加重其他同案原审被告人的刑罚。"

我国当前所实行的法律监督程序，需要根据国际司法标准予以完善，即对于确有错误的生效裁判要加以纠正时，应当与联合国确立的"禁止双重危险"的刑事司法标准统一起来，亦即在我国刑事诉讼法中确立禁止不利再审的原则。只有对判决生效后发现有利于被定罪、判刑人的事实、证据，或者发现原判决存在误认事实、证据和错用法律，而需要改判无罪、轻罪或者轻刑的，才允许依审判监督程序加以改判。

第二节　提起审判监督程序的材料来源

一、提起审判监督程序的主要材料来源

提起审判监督程序的材料来源，是指发现已经发生法律效力的判决、裁定有错误的信息渠道、途径。提起审判监督程序的材料来源主要有：

（一）当事人及其法定代理人、近亲属的申诉

当事人及其法定代理人、近亲属是相关判决、裁定的直接或者间接的利害关系人，对于裁判是否公正，他们基于自己了解的事实有着明确的判断。若他们不服法院的裁判，理应有权提出申诉。

（二）人民法院、人民检察院在办案过程中和检查工作时发现的错误裁判

裁判须经得起检验。有些案件已经作出处理，被告人被判决有罪，刑罚已经执行完毕或者正在执行，司法机关在办理案件过程中发现了真正的犯罪人并提起审判监督程序。我国人民法院和人民检察院在工作中，为检验办案质量，往往定期或者不定期地对案件进行复查，复查中有时会发现错误的裁判并提起审判监督程序。此外，公安司法机关办案或者人民法院和人民检察院复查案件中的发现，能够成为提起审判监督程序的材料来源。

（三）各级人民代表大会代表提出的纠正错误裁判的议案

人大代表在履行职责中，可能了解到群众对法院判决、裁定正确与否的意见。在人民代表大会召开期间，人大代表有权提出议案，对法院的生效裁判提出质疑。

（四）人民群众对生效判决、裁定的质疑、意见和情况反映

人民群众对已生效的裁判认为有错误而提出的材料和意见，它不同于当事人等提出的申诉，也不是人民群众对司法活动的一般性意见，而是直接针对某一错误裁判而提出的，与其他意见或者建议一样，有关机关和部门不能置若罔闻。

（五）机关、团体、企事业单位、新闻媒体等单位对生效裁判的意见

监察机关和海关、各级纪检、税务、工商等行政管理机关在履行职责中，发现生效裁判可能有错误，向有关司法机关提出意见以及提供有关文件和材料。律师协会、律师事务所等在履行职务中发现有错误的生效裁判，以法律意见书等形式向司法机关提出意见，这些都是提起审判监督程序的材料来源。

二、申诉的效力和申诉的理由

（一）申诉的效力

申诉的效力与启动审程序的上诉不同：上诉是针对一审法院尚未发生法律效力的判决、裁定提出的，在法定的上诉期限内提出的上诉，不论有无理由，也无论理由是否充分，必然引起第二审程序，并具有使一审裁判不能生效和执行的效力。当事人等的申诉只是审判监督程序的材料来源，不具有直接提起再审的法律效力，自然也就不能停止对生效判决、裁定的执行。因此《刑事诉讼法》第252条规定，当事人等提出申诉，不能停止对原判决、裁定的执行。

（二）申诉的理由

有关申诉理由《刑事诉讼法》第253条作出了相关规定，包括如下几项：

第一，有新的证据证明原判决、裁定认定事实确有错误，可能影响定罪量刑的。这里所谓"新的证据"，是指原判决、裁定生效后新发现的证据：①原判决、裁定生效后发现新的证据；②原判决、裁定生效前已发现，但没有收集的证据；③原判决、裁定生效前已经收集，但没有质证的证据；④原判决、裁定所依据的鉴定意见、勘验、检查等笔录或者其他证据被改变或者否定的。但是有新的证据证明原判决、裁定认定事实确有错误，不影响定罪量刑的，也不必启动审判监督程序。

第二，据以定罪量刑的证据不确实、不充分、依法应当予以排除，或者证明案件事实的主要证据之间存在矛盾的。即原审用以定罪量刑的证据未达到法定的定罪标准，或者因被排除而不能达到法定的定罪标准，不应作出有罪判决却作出了有罪判决，或者量刑不当。

第三，原判决、裁定适用法律确有错误的。适用法律错误，既包括适用实体法错误，也包括适用程序法错误。

第四，违反法律规定的诉讼程序，可能影响公正审判的。

第五，审判人员在审理该案时有贪污受贿，徇私舞弊，枉法裁判行为的。这里的"审判人员"包括原审合议庭成员及参与本案讨论的庭长、副庭长及所有审判委员会成员。

申诉不具有上述情形的，应当说服申诉人撤回申诉；对依然坚持申诉的，应当书面通知驳回。

三、对申诉的受理和审查处理

申诉可以向作出生效判决、裁定的人民法院或其上级人民法院、人民检察院提出，无论向哪一个人民法院、人民检察院提出，均应得到受理。

（一）向人民法院提出的申诉

1. 原则上申诉向终审法院提起，由终审法院处理。第二审法院裁定准许撤回上诉的案件，申诉人对第一审判决提出申诉的，可以由第一审法院审查处理。

2. 越级申诉。上一级法院对越级的申诉，可以告知申诉人向终审法院提出申诉，也可以直接交终审法院审查处理，并告知申诉人；对于重大、疑难、复杂的案件也可以直接审查处理。最高人民法院《解释》第454条规定：最高人民法院或者上级人民法院可以指定终审人民法院以外的人民法院对申诉进行审查。被指定的人民法院审查后，应当制作审查报告，提出处理意见，层报最高人民法院或者上级人民法院审查处理。指令异地审查制度有利于保证客观公正。

3. 死刑案件的申诉。对死刑案件的申诉，可由原审法院审查，也可以由原核准法院直接审查处理。原审法院应当制作审查报告，提出处理意见，层报原核准的人民法院审查处理。

4. 两级申诉。对驳回的申诉，申诉人不服的，可以向上一级人民法院申诉。上一级人民法院经审查认为申诉不符合再审理由的，应当说服申诉人撤回申诉；仍然坚持申诉的，应当驳回或通知不予重新审判。

最高人民法院《解释》第457条规定，法院受理申诉后，应当在3个月内作出决定，至迟不得超过6个月。

（二）向人民检察院提出的申诉

当事人等就法院的生效裁判向人民检察院提出申诉的，首先由控告申诉部门、监所检察部门分别受理，进行审查，并将审查结果告知申诉人。人民检察院对受理的申诉审查后，认为法院已生效的判决、裁定确有错误需要提出抗诉的，由控告申诉部门报请检察长提交检察委员会讨论决定。如果决定提出抗诉的，由审查起诉部门出庭支持抗诉。

最高人民检察院发现省级人民检察院管辖的刑事申诉案件原处理决定、判决、裁定有错误可能且有下列情形之一的，可以指令由其他省级人民检察院进行异地审查：①应当受理而不予受理或者受理后经督促仍拖延办理的；②办案中遇到较大阻力，可能影响案件公正处理的；③因存在回避等法定事由，当事人认为管辖地省级人民检察院不能依法公正办理的；④申诉人长期申诉上访，可能影响案件公正处理的；⑤其他不宜由管辖地省级人民检察院处理的情形。省级人民检察院认为需要异地审查的，可以提请最高人民检察院指定异地审查。申诉人可以向省级人民检察院或者最高人民检察院申请异地审查。

第三节 审判监督程序的提起

一、提起审判监督程序的主体

有权提起审判监督程序的主体，限于下列机关、人员和组织。

（一）各级法院院长和审判委员会

我国《刑事诉讼法》第254条第1款规定，各级人民法院院长对本院已经发生法律效力的判决和裁定，如果发现在认定事实上或者在适用法律上确有错误，必须提交审判委员会处理。

第一，各级法院院长和审判委员会提起再审的对象，只能是本院的生效裁判。包括本院的一审生效裁判、二审终审裁判和核准的裁判。如原一审属于本院，后来又经过二审终审的案件，一审法院发现确有错误，则一审法院只能向二审法院提出意见，由二审法院决定是否提起再审，决定提起再审的，既可以由二审法院重新审判，也可以发回原审法院重新审判。

第二，各级法院院长有权将案件提交审判委员会讨论，重新审判的决定权归属于审判委员会。

（二）最高人民法院和上级人民法院

我国《刑事诉讼法》第254条第2款规定："最高人民法院对各级人民法院已经发生法律效力的判决和裁定，上级人民法院对下级人民法院已经发生法律效力的判决和裁定，如果发现确有错误，有权提审或者指令下级人民法院再审。"

第一，最高人民法院和其他上级人民法院有权提起审判监督程序。

第二，最高人民法院和其他上级人民法院对下级法院生效裁判提起审判监督程序的两种方式是提审和指令下级人民法院再审。

提审，是指最高人民法院或上级人民法院将案件提至本院进行审判的方式。原判决、裁定认定事实正确但适用法律错误，或者案件疑难、复杂、重大，或者有不宜由原审人民法院审理（如已经下级人民法院重新审判后仍有错误）情形的，也可以提审。

指令再审，是指最高人民法院或上级法院指令原审或者本级法院的其他下级法院重新审判的方式。上级人民法院发现下级人民法院已经发生法律效力的判决、裁定确有错误的，可以指令下级人民法院再审。根据《刑事诉讼法》第254条第4款的规定，法院对人民检察院依照审判监督程序提出抗诉的案件，应当组成合议庭重新审理，只有对原判决事实不清楚或者证据不足的案件，才可以指令下级法院再审。上级人民法院指令下级人民法院再审的，一般应当指令原审人民法院以外的下级人民法院审理；由原审人民法院审理更有利于查明案件事实、纠正裁判错误的，可以指令原审人民法院审理。

（三）最高人民检察院和上级人民检察院

我国《刑事诉讼法》第254条第3款规定："最高人民检察院对各级人民法院已经发生法律效力的判决和裁定，上级人民检察院对下级人民法院已经发生法律效力的判决和裁定，如果发现确有错误，有权按照审判监督程序向同级人民法院提出抗诉。"

第一，有权提起审判监督程序的，只能是最高人民检察院或者原审人民法院之上的其他上级人民检察院。

第二，最高人民检察院仅对最高人民法院和地方各级人民法院的生效错判案件依照审判监督程序提出抗诉。

第三，地方各级人民检察院发现同级人民法院或下级人民检察院发现上级人民法院的判决、裁定确有错误，无权提出抗诉，只能提出《提请抗诉报告书》，请求上级人民检察院向同级人民法院提出抗诉，是否提出抗诉，由接到请求的人民检察院决定。

对人民检察院依照审判监督程序提出抗诉的案件，人民法院应当在收到抗诉书后 1 个月内立案。但是，有下列情形之一的，应当区别情况予以处理：①对不属于本院管辖的，应当将案件退回人民检察院。②按照抗诉书提供的住址无法向被抗诉的原审被告人送达抗诉书的，应当通知人民检察院在 3 日内重新提供原审被告人的住址；逾期未提供的，将案件退回人民检察院。③以有新的证据为由提出抗诉，但未附相关证据材料或者有关证据不是指向原起诉事实的，应当通知人民检察院在 3 日内补送相关材料；逾期未补送的，将案件退回人民检察院。决定退回的抗诉案件，人民检察院经补充相关材料后再次抗诉，经审查符合受理件的，人民法院应当受理。

对人民检察院依照审判监督程序提出抗诉的案件，人民法院应当组成合议庭审理。对原判事实不清、证据不足，包括有新的证据证明原判可能有错误，需要指令下级人民法院再审的，应当在立案之日起 1 个月内作出决定，并将指令再审决定书送达抗诉的人民检察院。

二、提起审判监督程序的条件

提起审判监督程序的条件，也称提起审判监督程序的理由，概括地说，是"在认定事实上或者在适用法律上确有错误"。具体包括：

（一）认定事实上的错误

认定事实上的错误，包括以下情形：①对人认定的错误，如将某人错误认定为另一个人，将未成年人错误认定为成年人或者将成年人错误认定为未成年人等；②对事实认定错误，包括将不存在的事实认定为存在，将存在的事实认定为不存在，或者主要犯罪事实不清，影响定罪量刑的重大情节不清。事实不清，在证据方面表现为：据以认定案件事实的证据不真实却被错误认定为真实；证据与案件事实之间无关联性却被错误认定为有关联性；证据之间有矛盾且矛盾不能得以合理排除，或者所得的结论不唯一，不能排除其他可能等，却据以作出了有罪判决等。

（二）适用法律上的错误

适用法律上的错误，包括以下情形：①适用实体法有误。如：定性错误，混淆了罪与非罪、此罪与彼罪的界限；量刑错误，将轻罪定为重罪，或者将重罪定为轻罪，造成量刑畸轻畸重。②适用程序法有误。诸如：违反公开审判、回避制度，审判方法不合法，剥夺或限制当事人的法定权利可能影响公正审判等。③适用证据法有误。应当排除非法证据却没有排除，或者具有其他采纳了没有证据能力的证据的情形等。

第四节　依照审判监督程序对案件的重新审判

一、重新审判的程序

我国《刑事诉讼法》第256条第1款规定："人民法院按照审判监督程序重新审判的案件，由原审人民法院审理的，应当另行组成合议庭进行。如果原来是第一审案件，应当依照第一审程序进行审判，所作的判决、裁定，可以上诉、抗诉；如果原来是第二审案件，或者是上级人民法院提审的案件，应当依照第二审程序进行审判，所作的判决、裁定，是终审的判决、裁定。"

第一，合议庭组成。再审法院必须组成合议庭。原来审判该案件的审判人员应当回避。

第二，再审级别。①如果重新审判的案件，原来是第一审案件，应当按照第一审程序进行审判，作出的判决、裁定可以上诉、抗诉；②原来是第二审案件或者经过提审的案件，应当按照二审程序进行审判，所作出的判决、裁定是终审的判决、裁定。

第三，再审审理方式。有应当开庭和可以不开庭两种方式。①应当开庭的有以下几种情况：依照一审程序审理的；依照二审程序需要对事实或者证据进行审理的；检察院按照审判监督程序抗诉的；可能对原审被告人加重刑罚的；有其他应当开庭的情形的。需要注意的是人民法院开庭的再审案件，同级检察院应当派员出席。②可以不开庭的情况：原裁定认定事实清楚，证据确实、充分，但适用法律错误，量刑畸重的；1979年《刑事诉讼法》实施以前裁判的；原审被告人（原审上诉人）、原审自诉人已经死亡或者丧失刑事责任能力的；原审被告人（原审上诉人）在交通不便的边缘地区监狱服刑，提押到庭确实有困难的；但检察院提出抗诉的，法院需征得检察院的同意。人民法院按照审判监督程序决定再审，经2次通知，检察院不派员出庭的。

第四，重点审查原则。依照审判监督程序重新审判的案件，人民法院应当重点针对申诉、抗诉和决定再审的理由进行审理。必要时，应当对原判决、裁定认定的事实、证据和适用法律进行全面审查。

第五，针对部分原审被告人的。开庭审理的再审案件，再审决定书或者抗诉书只针对部分原审被告人，其他同案原审被告人不出庭不影响审理的，可以不出庭参加诉讼。

第六，再审申诉和抗诉的撤回。人民法院审理人民检察院抗诉的再审案件，人民检察院在开庭审理前撤回抗诉的，应当裁定准许；人民检察院接到出庭通知后不派员出庭，且未说明原因的，可以裁定按撤回抗诉处理，并通知诉讼参与人。人民法院审理申诉人申诉的再审案件，申诉人在再审期间撤回申诉的，应当裁定准许；但是判决确实有错误的，应当不予准许，继续按照再审程序审理。申诉人经依法通知无正当理由拒不到庭，或者未经法庭许可中途退庭的，应当裁定按撤回申诉处理，但申诉人不是原审当事人的除外。

二、判决、裁定

法院按照审理监督程序重新审判案件以后，应当根据案件的不同情况分别作出如下处理：

第一，原判决、裁定认定事实和适用法律正确、量刑适当的，应当裁定驳回申诉或者抗诉，维持原判决、裁定。

第二，原判决、裁定定罪准确、量刑适当，但在认定事实、适用法律等方面有瑕疵的，应当裁定纠正并维持原判决。

第三，原判决、裁定认定事实没有错误，但适用法律错误，或者量刑不当的，应当撤销原判决、裁定，依法改判。

第四，依照第二审程序审理的案件，原判决、裁定事实不清或者证据不足的，可以在查清事实后改判，也可以裁定撤销原判，发回原审人民法院重新审判。

第五，原判决、裁定事实不清或者证据不足，经审理事实已经查清的，应当根据查清的事实依法裁判；事实仍无法查清，证据不足，不能认定被告人有罪的，应当撤销原判决、裁定，判决宣告被告人无罪。此外，原判决、裁定认定被告人姓名等身份信息有误，但认定事实和适用法律正确、量刑适当的，作出生效判决、裁定的人民法院可以通过裁定对有关信息予以更正。

对再审改判宣告无罪并依法享有申请国家赔偿权利的当事人，人民法院宣判时，应当告知其在判决发生法律效力后可以依法申请国家赔偿。

三、上诉、抗诉

对于按照第一审程序进行重新审判作出的判决、裁定，自诉人、被告人或者他们的法定代理人，以及经被告人同意的辩护人、近亲属、附带民事诉讼的当事人及其法定代理人，有权提出上诉。

人民检察院对于按照审判监督程序审判的案件，认为法院作出的判决、裁定仍然有错误的，如果案件是依照第一审程序审判的，同级人民检察院应当通过一审法院向上级法院提出抗诉；如果案件是依照第二审程序审判的，上一级人民检察院应当向同级法院提出抗诉。

四、审理期限

法院按照审判监督程序重新审判的案件，应当在作出提审、再审决定之日起3个月以内审结，需要延长期限的，不得超过6个月。接受抗诉的法院按照审判监督程序审判抗诉的案件，审理期限适用这一规定。需要指令下级法院再审的，应当自接受抗诉之日起1个月以内作出决定，下级法院审理案件的期限也适用这一规定。

思考题：

1. 简述依照审判监督程序对案件的重新审判应当开庭审理和可以不开庭审理的情形。
2. 简述审判监督程序申诉主体、对象、效力、审判程序、处理方式、引起再审的情形。
3. 简述二审抗诉与再审抗诉的区别。

第二十四章　执　行

内容导读　判决和裁定发生法律效力后，即进入执行程序。执行是刑事诉讼中侦查、起诉、审判、执行四个阶段的最后一个阶段，将判决和裁定的内容付诸实现，完成刑事诉讼的任务，实现刑罚的目的。执行具有强制力，如抗拒执行将依法追究相关责任，生效判决裁定的强制执行，是由国家法律的权威性、严肃性决定的。2012 年、2018 年的《刑事诉讼法修正案》及其司法解释、2021 年的最高人民法院《解释》都对执行程序进行了不同程度的修订，如对死刑的执行程序进行完善，如根据《社区矫正法》的相关规定对条文作出修改，这些都需要在学习本章内容时结合学习。

本章重点：

1. 死刑立即执行和死刑缓期二年执行的相关问题
2. 死刑停止执行的程序
3. 减刑、假释相关问题

本章难点：

1. 执行的变更程序
2. 执行中对新罪、漏罪的处理
3. 暂予监外执行的适用范围、决定主体和程序、法律后果、监督

第一节　执　行　概　述

一、执行的概念和特点

刑事诉讼中的执行，是指人民法院将已经发生法律效力的判决和裁定交付执行机关，以实施其确定的内容，以及处理执行中的诉讼问题而进行的各种活动。

判决和裁定发生法律效力后，应当立即交付执行。这是由刑事诉讼的任务和生效判决和裁定的特点决定的。判决和裁定发生法律效力后，一般具有四个特点：

1. 稳定性。生效判决和裁定的稳定性，是由法律的严肃性所决定的。凡是已经生效的刑事判决和裁定，任何其他机关、团体和个人，都无权随意变更或撤销。如果发现它在认定事实上或适用法律上确有错误，只能按照审判监督程序，由人民法院加以变更或撤销。

2. 及时性。判决和裁定一经生效就必须立即执行，任何单位和个人不得以任何借口阻止或拖延执行。拖延执行会使罪犯不能及时得到惩罚和教育，有损于法律的尊严，也可能在阻止和拖延中使执行丧失条件，使公民合法权益遭受更大的损害。

3. 排他性。所谓排他性，就是对于一起案件，只能作出一个有效判决。在这个有效判决没有被依法定程序撤销以前，不能作出其他的判决。不仅如此，由于判决和裁定是人民法院代表国家对诉讼案件所作的评判，是最高权威的处理决定，与它相矛盾的其他处理决定不允

许与它并存。

4. 强制性。所谓强制性，是指已经生效的判决和裁定，必须按照判决和裁定所确定的内容严格加以执行。对当事人来说，无论其是否同意，都必须执行。如果抗拒执行，将被依法追究法律责任。

执行是刑事诉讼的最后一个诉讼程序，但是并非判决、裁定的整个执行过程和一切活动都属于刑事诉讼的范围。刑事执行中，属于刑事诉讼范畴的，仅指两个方面：一是把人民法院已经发生法律效力的判决和裁定交付执行；二是解决执行过程中所发生的诉讼问题。简言之，就是交付执行和变更执行。交付执行是指人民法院将已发生法律效力的判决和裁定，交付有关刑罚执行机关的活动，如将徒刑的判决交付监狱等国家刑罚执行机关，或者是人民法院自己实现生效判决、裁定的内容的活动，如自己实现判处罚金、没收财产的判决。变更执行是指判决、裁定在执行过程中，由于出现了法定情形，人民法院将原判决、裁定依法予以变更的活动，如对罪犯实施减刑、假释、监外执行等。其他执行活动则属于司法行政活动，如狱政管理、对罪犯的教育改造等。

二、执行依据和机关

（一）执行的依据

人民法院发生法律效力的刑事判决和裁定，是执行机关对罪犯实施惩罚和改造的法律依据。根据我国《刑事诉讼法》第 259 条和有关法律的规定，人民法院发生法律效力的刑事判决和裁定，主要有以下几种：

第一，已过法定期限没有上诉、抗诉的判决和裁定，即地方各级人民法院作出的上诉期满而没有上诉或抗诉的第一审判决和裁定。

第二，终审的判决和裁定，即中级、高级人民法院第二审案件的判决和裁定，最高人民法院第一审和第二审案件的判决和裁定。

第三，最高人民法院核准的死刑判决和高级人民法院核准的死刑缓期二年执行的判决、裁定。

第四，最高人民法院核准的在法定刑以下处刑的判决和裁定。

（二）执行的机关

生效判决和裁定因内容不同，执行机关也不相同。根据《刑事诉讼法》第 260 条、第 271 条、第 272 条的规定，属于人民法院执行范围的有：死刑、罚金和没收财产的判决和裁定，以及无罪或免除刑罚的判决的执行。人民法院在执行没收财产的判决时，必要的时候，可以会同公安机关执行；属于监狱执行的范围的是：死刑缓期二年执行、无期徒刑、有期徒刑的罪犯（余刑在 3 个月以上）的执行；由公安机关执行的范围有：余刑不足 3 个月的有期徒刑和拘役、剥夺政治权利的执行；社区矫正机构负责管制、宣告缓刑、假释或者暂予监外执行的执行。对未成年犯应当在未成年犯管教所执行刑罚。

第二节　各种判决、裁定的执行程序

一、死刑立即执行判决的执行

死刑是依法剥夺犯罪分子生命的刑罚，是刑罚中最严厉的刑种。为了防止无法挽回的错杀，我国《刑事诉讼法》及最高人民法院《解释》在死刑执行程序上作了严格而周密的规定。

1. 死刑立即执行命令的签发。由最高人民法院院长签发执行死刑的命令。核准死刑的主体是最高人民法院，执行死刑的主体是一审法院。

2. 执行死刑的机关。负责执行死刑的主体是人民法院，根据最高人民法院《解释》的相关规定，最高人民法院和高级人民法院的执行死刑命令，均由高级人民法院交付原审人民法院执行。在死刑缓期执行期间犯罪，最高人民法院核准执行死刑的，由犯罪地中级人民法院执行死刑。

3. 执行死刑的期限。死刑立即执行的期限是 7 日。根据《刑事诉讼法》第 262 条第 1 款的规定，"下级人民法院接到最高人民法院执行死刑的命令后，应当在七日内交付执行"。以 7 日为限是出于人道主义，避免罪犯知道将被执行死刑后要经历长时间的精神折磨，同时也防止死刑犯利用较长的时间段进行报复、逃跑、自杀等行为。

4. 死刑的执行方法和执行死刑的场所。《刑事诉讼法》第 263 条第 2 款规定：死刑采用枪决或者注射等方式执行。采用注射方法执行死刑的，应当在指定的刑场或者羁押场所内执行。采用枪决、注射以外的其他方法执行死刑的，应当事先层报最高人民法院批准。由此可见我国执行死刑的方法是枪决或者注射。执行死刑的刑场，不得设在繁华区域、交通要道和旅游区附近。执行死刑不得游街示众。同时还要严格控制执行死刑的现场，除依法执行死刑的司法工作人员外，其他任何人不准进入现场，不允许拍摄执行死刑的现场。

5. 死刑犯的会见权。最高人民法院《解释》第 505 条规定：第一审人民法院在执行死刑前，应当告知罪犯有权会见其近亲属。罪犯申请会见并提供具体联系方式的，人民法院应当通知其近亲属。确实无法与罪犯近亲属取得联系，或者其近亲属拒绝会见的，应当告知罪犯。罪犯申请通过录音录像等方式留下遗言的，人民法院可以准许。罪犯近亲属申请会见的，人民法院应当准许并及时安排，但罪犯拒绝会见的除外。罪犯拒绝会见的，应当记录在案并及时告知其近亲属；必要时，应当录音录像。罪犯申请会见近亲属以外的亲友，经人民法院审查，确有正当理由的，在确保安全的情况下可以准许。罪犯申请会见未成年子女的，应当经未成年子女的监护人同意；会见可能影响未成年人身心健康的，人民法院可以通过视频方式安排会见，会见时监护人应当在场。会见一般在罪犯羁押场所进行。会见情况应当记录在案，附卷存档。

6. 检查监督。人民法院将罪犯交付执行死刑，应当在交付执行 3 日前通知同级人民检察院派员到场监督，死刑执行前，应当经审判人员验明正身，询问罪犯有无遗言、信件并制作笔录后交付执行人员执行。死刑执行完毕后由法医验明罪犯确实死亡，在场书记员制作笔录。交付执行的法院应当将执行死刑的情况及时逐级上报最高人民法院。执行死刑后，交付执行的人民法院应当通知罪犯家属，做好罪犯遗物、遗款清点移交工作。罪犯执行死刑后的尸体或火化后的骨灰，通知其家属认领。罪犯家属不予认领的，由人民法院通知有关单位处理。

二、死刑缓期二年执行、无期徒刑、有期徒刑和拘役判决的执行

1. 执行机关。被判处死刑缓期二年执行、无期徒刑、有期徒刑的罪犯，由公安机关依法将罪犯交送监狱执行刑罚。对被判处有期徒刑的罪犯，在被交付执行前，剩余刑期在 3 个月以下的，由看守所代为执行。判处拘役的罪犯，由公安机关执行。

2. 执行程序。修订后的最高人民法院《解释》第511条规定，被判处死刑缓期执行、无期徒刑、有期徒刑、拘役的罪犯，第一审人民法院应当在判决、裁定生效后 10 日以内，将判决书、裁定书、起诉书副本、自诉状复印件、执行通知书、结案登记表送达公安机关、监狱或者其他执行机关。共同犯罪的案件，部分被告人被判处死刑，未被判处死刑的同案被告人需要羁押执行刑罚的，应当在其判决、裁定生效后 10 日内交付执行。但同案被告人实施了可能被判处死刑之罪的，应当在最高人民法院复核讯问被判处死刑的被告人后交付执行。执行期满，执行机关发放释放证明书。关于交付执行的期限，根据《监狱法》第 15 条及最高人民法院《解释》的规定，对于被判处死刑缓期二年执行、无期徒刑、有期徒刑的罪犯，交付执行的人民法院应当将执行通知书等有关的必备法律文书及时送达羁押该罪犯的公安机关，公安机关应当自收到执行通知书等有关法律文书之日起 1 个月内将该罪犯送交监狱或其他执行机关执行；对于被判处拘役的罪犯，公安机关在收到交付执行的人民法院送达的执行通知书等有关法律文书后，应当立即交付执行。执行通知书的回执，经看守所盖章后附入人民法院诉讼案卷内。此外，对未成年犯应在未成年犯管教所执行，监狱、看守所等执行机关应当将罪犯分管分押，按照惩罚和改造相结合、教育和劳动相结合的原则对罪犯进行改造。有劳动能力的罪犯必须参加劳动。罪犯的劳动时间及报酬，应按照国家的有关规定执行。对于被判处拘役的服刑罪犯，每月可允许其回家 1~2 天，路费自理。对于未成年犯的改造，应按照"教育改造为主，轻微劳动为辅"的原则进行。《监狱法》第 75 条规定，对未成年犯执行刑罚应当以教育改造为主。未成年犯的劳动，应当符合未成年人的特点，以学习文化和生产技能为主。监狱应当配合国家、社会、学校等教育机构，为未成年犯接受义务教育提供必要的条件。

根据《刑事诉讼法》第 264 条第 4 款的规定，执行机关应当将罪犯及时收押，并且通知罪犯家属。根据《监狱法》第 20 条的规定，罪犯收监后，监狱应当通知罪犯家属，通知书应当自收监之日起 5 日内发出，告知罪犯姓名、刑期及执行的地址等。刑罚执行机关对于罪犯死亡、脱逃已满 2 个月尚未捕回及捕回的变动情况，应当书面通知交付执行的人民法院和担负监所检察的人民检察院。对于在死刑缓期执行期间故意犯罪的，按照《刑事诉讼法》第 261 条第 2 款的规定处理。

三、管制、有期徒刑缓刑、拘役缓刑的执行

管制是一种适用于罪行较轻的犯罪分子的刑罚。对罪犯不予关押，但是限制一定自由，依法实行社区矫正的刑罚方法。缓刑是暂缓执行的简称，指对已经构成犯罪，应当受到刑罚处罚的人，先行定罪，暂不执行所判处的刑罚。在一定的考验期限内，由特定的考察机构对罪犯进行考察，如果罪犯在暂缓执行期间未犯新罪，则原判刑罚就不再执行。根据《刑法》第 72 条的规定，人民法院对于被判处拘役、三年以下有期徒刑的罪犯，根据其情节和悔罪表现，认为适用缓刑确实不致再危害社会的，可以宣告缓刑。

根据《刑事诉讼法》第 269 条和最高人民法院《解释》的有关规定，被判处管制、宣告

缓刑的判决发生法律效力后，应当将法律文书和罪犯交当地社区矫正机构负责执行。对被判处管制、宣告缓刑的罪犯，人民法院应当核定其居住地。宣判时，应当书面告知罪犯到居住地县级司法行政机关报到的期限和不按期报到的后果。判决、裁定生效后 10 日内，应当将判决书、裁定书、执行通知书等法律文书送达罪犯居住地的县级司法行政机关，同时抄送罪犯居住地的县级人民检察院。

根据《刑法》第 39 条的规定，被判处管制的罪犯，在管制期间，必须遵守法律、法令，服从群众监督，积极参加生产劳动或工作，定期向执行机关报告自己的活动情况，迁居或外出必须报经执行机关批准。对被判处管制的罪犯，在劳动中实行同工同酬。

管制的刑期从判决之日起计算。判决执行前先行羁押的，羁押 1 日折抵刑期 2 日。管制期满，执行机关应及时解除对犯罪分子的管制，同时，向罪犯本人和有关群众公开宣布。

对被判处有期徒刑、拘役、宣告缓刑的罪犯，在缓刑考验期内，必须遵守法律、法令，接受监督考察。迁移户口应经人民法院或公安机关批准。没有附加剥夺政治权利的，缓刑期间不应限制其政治权利的行使。缓刑罪犯参加劳动，应同工同酬。如果被同时判处附加刑的，附加刑仍应执行。

被宣告缓刑的罪犯，在缓刑考验期限内没有再犯新罪，考验期满，原判刑罚就不再执行，矫正机构应当公开向罪犯、有关群众和组织宣布终止考察，不必再另办法律手续；在缓刑考验期限内再犯新罪或者有漏罪没有判决，需要撤销缓刑的，应当由审判新罪的人民法院，在审判新罪、漏罪时，对原判宣告的缓刑予以撤销，并书面通知原审人民法院和执行机关。

缓刑考验期从判决确定之日起计算。判决确定前先行羁押的日期，不能折抵缓刑考验期。罪犯在缓刑考验期限内，有下列情形之一的，原作出缓刑判决、裁定的法院应当在收到执行机关的撤销缓刑建议书后 1 个月内，作出撤销缓刑的裁定：①违反禁止令，情节严重的；②无正当理由不按规定时间报到或者接受社区矫正期间脱离监管，超过 1 个月的；③因违反监督管理规定受到治安管理处罚，仍不改正的；④受到执行机关三次警告仍不改正的；⑤违反有关法律、行政法规和监督管理规定，情节严重的其他情形。有关撤销缓刑的裁定，作出即生效。

四、剥夺政治权利的执行

《刑事诉讼法》第 270 条规定："对被判处剥夺政治权利的罪犯，由公安机关执行。执行期满，应当由执行机关书面通知本人及其所在单位、居住地基层组织。"对单处剥夺政治权利的罪犯，法院应当在判决、裁定生效后 10 日内，将判决书、裁定书、执行通知书等文书送达犯罪居住地的公安机关，并抄送犯罪居住地的区县级检察院。判处徒刑、拘役刑附加剥夺政治权利的，剥夺政治权利的刑期，从徒刑、拘役执行完毕之日或从假释之日起计算。判处管制附加剥夺政治权利的，剥夺政治权利的期限与管制的期限相等，同时执行。

对剥夺政治权利的，要严格按照《刑法》第 54 条规定的政治权利的范围执行，对于不属于政治权利范围的其他权利不能予以剥夺。

五、罚金、没收财产的执行

罚金，是人民法院依法判决犯罪公民或犯罪单位，向国家缴纳一定数额金钱的刑罚方法。不得以其他刑罚代替罚金。

1. 执行主体。根据《刑事诉讼法》第 271 条的规定，罚金判决由人民法院负责执行。具体来说，由第一审人民法院负责裁判执行的机构执行，如被执行的财产在异地，第一审法院可以委托财产所在地的同级法院代为执行。

2. 执行对象。最高人民法院《解释》第 521 条规定：刑事裁判涉财产部分的执行，是指发生法律效力的刑事裁判中下列判项的执行：①罚金、没收财产；②追缴、责令退赔违法所得；③处置随案移送的赃款赃物；④没收随案移送的供犯罪所用本人财物；⑤其他应当由人民法院执行的相关涉财产的判项。

3. 执行时间。判决规定的期限内一次或者分期缴纳。强制缴纳仍不能全部缴纳的，任何时候，即使是主刑执行完毕以后，被发现有可以执行的财产的，应当追缴。判处没收的财产，判决生效后立即执行。

4. 罚金的减免。一般情况下，罚金按照判决的数额执行，但是因遭遇到不可抗力或者罪犯及其家属重病、伤残等，以及其他一些原因导致缴纳罚金确实有困难的，被执行人可以根据自身情况申请延期缴纳、减少、免除罚金，同时应当提交证明材料。人民法院在收到被执行人的申请后 1 个月内作出裁定。视具体情况准许或者驳回。

5. 没收范围。判处没收财产的，应当执行的是裁判生效时被执行人的所有财产。但应当参照被扶养人住所地公布的上年度当地居民最低生活费，保留被执行人及其抚养人的生活必需费用。

6. 赃款赃物的追缴。被告人将涉案财物用于投资或者置业的，对因此形成的财产及收益，应当追缴。如将涉案财物和合法财产共同用于投资或者置业的，应当按照涉案财物所占份额和对应的收益进行追缴。

7. 财产转让的处理。被执行人将裁判认定的赃款赃物等涉案财物清偿债务、转让或者设置抵押等权利负担的，具有以下情形的，法院予以追缴：第三人明知是涉案财物而接受的；第三人无偿或者以明显低于市场的价格取得的；第三人通过非法债务清偿或者违法犯罪活动取得涉案财物的；第三人通过恶意方式取得涉案财物的。

8. 清偿顺序。被执行人在执行中同时承担刑事责任、民事责任，其财产不足以支付的，按照下列顺序执行：①人身损害赔偿中的医疗费用；②退赔被害人的损失；③其他民事债务；④罚金；⑤没收财产

9. 终结执行。执行财产刑过程中，具有下列情形之一的，法院应当裁定终结执行：①据以执行的刑事判决、裁定被撤销的；②被执行人死亡或者被执行死刑，且无财产可供执行的；③被判处罚金的单位终止，且无财产可供执行的；④依照《刑法》第 53 条的规定免除罚金的；⑤其他应当终结执行的情形。

10. 涉案财产认定错误的处理。执行过程中，案外人或者被害人认为刑事裁判中对涉案财物是否属于赃款赃物认定错误或者部分没有被认定的，应当向执行机关提出书面异议，可以通过裁定补正的，执行机构应当将异议材料送刑事审判部门处理；无法裁定补正的，应当告知异议人通过审判监督程序处理。

对于没收的财产及罚金，应按有关规定及时上缴国库或财政部门，任何机关、个人都不得私自挪用、调换、压价私分或变相私分。对于财产刑附带民事裁判的执行，可以参照适用民事执行的有关规定。

六、无罪判决和免除刑罚判决的执行

无罪判决和免除刑罚判决由人民法院执行。第一审人民法院判决宣告被告人无罪、免除刑事处罚的，如果被告人在押，宣判后应当立即释放。看守所在接到上述法律文书后应当立即释放被关押的被告人。即使当事人及其法定代理人提出上诉或人民检察院提出抗诉，一审判决尚未生效，也不影响释放被告人的立即执行，不得等待判决生效后才予以执行。这是针对无罪判决和免除刑事处罚判决的执行问题所作出的特殊法律规定。

七、社区矫正

社区矫正，是指将符合条件的罪犯放置于社区内，由专门国家机关在相关社会团体和民间组织以及社会志愿者的协助下，在判决、裁定或决定确定的期限内，矫正其犯罪心理和行为恶习，并促进其顺利回归社会的非监禁刑罚执行活动。它是与监禁矫正相对的一种行刑方式，也是人类为克服监狱行刑罪犯易交叉感染、重报应惩罚的局限性而作出的理性选择。

八、社区矫正制度

社区矫正制度是通过对社区内服刑的非监禁对象，实施系列保护观察措施，实现其矫正恶习、达到预防再犯罪的刑罚目的。我国的社区矫正从 2003 年开始试点，2009 年在全国全面推行。

2011 年 2 月 25 日，第十一届全国人大常委会第十九次会议审议通过的《刑法修正案（八）》首次以法律形式规定对判处管制、缓刑以及假释的罪犯依法实行社区矫正。2012 年 3 月 14 日，第十一届全国人大第五次会议表决通过的《关于修改〈中华人民共和国刑事诉讼法〉的决定》对社区矫正制度又从程序法上作了进一步的规定："对被判处管制、宣告缓刑、假释或者暂予监外执行的罪犯，依法实行社区矫正，由社区矫正机构负责执行。"《刑法》《刑事诉讼法》的明确规定，标志着我国社区矫正法律制度的正式确立。这一制度的确立，有利于克服监禁刑的弊端，符合刑罚人道化发展趋势，彰显我国社会的文明进步。有利于合理配置行刑资源，降低行刑成本、提高教育改造效果。

关于社区矫正的适用范围，根据《刑事诉讼法》第 269 条的规定，社区矫正主要适用于以下四种罪犯：①被判处管制的。②被宣告缓刑的。③被暂予监外执行的。具体包括：有严重疾病需要保外就医的，怀孕或者正在哺乳自己婴儿的妇女，生活不能自理，适用暂予监外执行不致危害社会的。④被裁定假释的。

第三节 执行的变更程序

执行的变更，是指对已经发生法律效力的判决或者裁定在交付执行时，或者在执行过程中，出现了法定的需要变更执行的内容和方法的新情况，人民法院依照法律规定对已经生效的判决和裁定予以改变的活动。

一、死刑执行的变更

《刑事诉讼法》第 262 条、第 263 条在执行死刑的程序中规定了停止执行死刑和暂停执行死刑两种变更执行的情况。这些规定，体现了我国在适用死刑上的慎重态度。第一审人民法院在接到最高人民法院执行死刑的命令后，发现有下列情形之一的，应当停止执行，并且将请求停止执行死刑的报告和相关材料提交最高人民法院，由最高人民法院作出裁定。死刑停止执行的情形有下列几点：①在执行前发现判决可能有错误的；②在执行前罪犯揭发重大犯罪事实或者有其他重大立功表现，可能需要改判的；③罪犯正在怀孕；④共同犯罪的其他罪犯被暂停或者停止执行死刑，可能影响量刑的；⑤共同犯罪的其他嫌疑人到案，可能影响罪犯量刑的；⑥判决、裁定可能有影响定罪量刑的其他错误的。

最高人民法院在签发死刑命令后，执行前发现有停止执行死刑的法定情形的，应当立即裁定停止执行死刑，并将有关材料移交下级人民法院。下级法院应当联合有关部门调查核实停止执行死刑的事由，并将结果和意见层报最高人民法院审核。经审查核实，如果认为原判决是正确的，必须报请最高人民法院院长再签发执行死刑的命令，才能执行死刑。如果认为原判决确有错误，或者罪犯检举、揭发重大犯罪事实或者有其他重大立功表现，依法可以减轻处罚的，应当报请最高人民法院裁定撤销原判决，将案件发回第一审人民法院或者第二审人民法院重审，或者由相关人民法院提审，依法改判。如果查实罪犯确系正在怀孕的妇女，应当报请最高人民法院依法改判。

二、死缓执行的变更

死刑缓期二年执行的变更。死缓是我国刑罚中死刑的一种特殊执行制度，是指对于罪该判处死刑的犯罪分子，如果不是必须立即执行，在判处死刑的同时宣告缓期二年执行，实行监管改造，以观后效的一种制度。死刑缓期二年的执行必然产生减刑或执行死刑两种结果，均涉及执行变更的问题。

根据《刑事诉讼法》第261条第2款的规定，死缓变更有三种情况：①故意犯罪情节恶劣，查证属实，应当执行死刑的，由高级人民法院报请最高人民法院核准，变更为死刑立即执行。②对于故意犯罪未执行死刑的，死刑缓期执行的期间重新计算，并报最高人民法院备案。③没有故意犯罪的，两年期满后减为无期徒刑。犯贪污、受贿罪，数额特别巨大，致使国家利益，人民利益严重受损的，两年期满后减为无期徒刑，终身监禁，不得减刑、不得假释。被判处死缓的罪犯，在缓刑期间重大立功的，期满后减为二十五年有期徒刑。死缓期满后尚未裁定减刑前又犯罪的，应当依法减刑后对其新罪另行审判。期满减为无期徒刑、有期徒刑的，刑期自死缓执行期满之日起计算。应该注意的是：高级人民法院审理或者复核判处死缓执行没有限制减刑的上诉案件，认为应当限制减刑的，不得直接改判，也不能发回重审。应当在第二审判决、裁定生效后，按照审判监督程序重新审判。

三、暂予监外执行

监外执行，是指被判处拘役、有期徒刑、无期徒刑的罪犯，本应在监狱或其他执行场所服刑，出现了法律规定的某种特殊情形，不适宜在监狱或其他执行场所执行刑罚时，暂时采取不予关押的变通执行方法。

1. 监外执行的适用条件。①罪犯有严重疾病，需要保外就医。需省级人民政府指定的医院开具证明文件，对于自伤自残的不得保外就医。②怀孕或者正在哺乳自己婴儿的妇女。即使被判处的是无期徒刑的罪犯，也可以暂予监外执行。③生活不能自理，暂予监外执行不致产生社会危害的。

2. 决定主体。交付执行前由交付执行的人民法院决定，但是法院作出暂予监外执行决定前，应当征求人民检察院的意见。交付执行后，监狱或者看守所提出书面意见书，报省级以上监狱管理部门或者设区的市一级以上公安机关批准。交付执行后，暂予监外执行的审批程序不是司法程序，不需要法院裁定。

最高人民法院《解释》第516条规定，人民法院收到社区矫正机构的收监执行建议书后，经审查，确认暂予监外执行的罪犯具有下列情形之一的，应当作出收监执行的决定：①不符合暂予监外执行条件的；②未经批准离开所居住的市、县，经警告拒不改正，或者拒不报告行踪，脱离监管的；③因违反监督管理规定受到治安管理处罚，仍不改正的；④受到执行机关两次警告，仍不改正的；⑤保外就医期间不按规定提交病情复查情况，经警告拒不改正的；⑥暂予监外执行的情形消失后，刑期未满的；⑦保证人丧失保证条件或者因不履行义务被取消保证人资格，不能在规定期限内提出新的保证人的；⑧违反法律、行政法规和监督管理规定，情节严重的其他情形。人民法院依照以上几种情况作出收监决定书，一经作出，立即生效。不符合暂予监外执行的罪犯通过非法手段被监外执行的，监外执行的期间不计入执行刑期的期间。罪犯在暂予监外执行期间脱逃的，脱逃的期间不计入执行刑期。罪犯在监外执行期间死亡的，应当及时通知监狱或者看守所。

四、减刑和假释程序

（一）减刑假释的概念、对象和条件

减刑是指被判处管制、拘役、有期徒刑、无期徒刑的罪犯，在执行期间，确有悔改表现的或者有立功表现的，由人民法院依法对其减轻原判的刑罚。假释是指对于被判处有期徒刑、无期徒刑的犯罪分子经过一定的期限的服刑改造，确有悔改表现，释放后，不致再次危害社会的，附条件地将其提前释放的一种制度。假释针对的是：有期徒刑、无期徒刑。对累犯以及故意杀人、强奸、抢劫、绑架、放火、爆炸、投放危险物质或者有组织的暴力性犯罪被判处十年以上有期徒刑、无期徒刑的罪犯，不得假释。假释的条件有两个：①已经实际执行一定的刑期，即被判处有期徒刑的犯罪分子，实际执行原判刑期1/2以上，被判处无期徒刑的罪犯，实际执行13年以上；②认真遵守监狱规定，积极接受教育改造，确有悔改表现，释放后不致再次危害社会。需同时具备以上两个条件才可以假释，例外情况是涉及政治性、外交性的情况可以不受以上两个条件限制。

（二）减刑、假释的适用程序

1. 减刑的适用程序。根据《刑事诉讼法》第273条第2款和《监狱法》等有关法律的规定，对于被判处管制、拘役、有期徒刑或者无期徒刑的罪犯，在执行期间确有悔改或者立功表现，应当依法予以减刑时，由各刑罚执行机关提出建议书，根据原判处刑罚的不同，分别报请不同的人民法院审核裁定：

第一，对被判处死刑缓期执行的罪犯的减刑，由罪犯服刑地的高级人民法院根据同级监狱管理机关审核同意的减刑建议书裁定，自收到建议书1个月内作出裁定。

第二，对被判处无期徒刑的罪犯的减刑，由罪犯服刑地的高级人民法院，在收到同级监狱管理机关审核同意的减刑建议书后1个月内作出裁定，案情复杂或者情况特殊的，可以延长1个月。

第三，对被判处有期徒刑和被减为有期徒刑的罪犯的减刑，由罪犯服刑地的中级人民法院，在收到执行机关提出的减刑建议书后1个月内作出裁定，案情复杂或者情况特殊的，可

以延长 1 个月。

第四，对被判处拘役、管制的罪犯的减刑，由罪犯服刑地中级人民法院，在收到同级执行机关审核同意的减刑建议书后 1 个月内作出裁定。

第五，对社区矫正对象的减刑，由社区矫正执行地中级人民法院，在收到社区矫正机构减刑建议书后 30 日以内作出裁定。

对暂予监外执行罪犯的减刑，应当根据情况，分别适用有关规定。

2. 假释的适用程序。假释的程序与减刑程序基本相同。监狱等刑罚执行机关在报请人民法院审核裁定减刑、假释时，必须做到材料完备、手续齐全，以保证人民法院审理活动的顺利进行。应申报的材料包括提请减刑意见书或提请假释意见书、罪犯评审鉴定表、奖惩审批表、终审法院判决书或裁定书的复制件、历次减刑裁定书的复制件以及罪犯悔改或者有立功表现的具体事实的证明材料。

人民法院审理减刑、假释案件，应当一律予以公示。公示地点为罪犯服刑场所的公共区域。有条件的地方，应面向社会公示，接受社会监督。公示应当写明公示期限和提出意见的方式。公示期限为 5 日。公示内容包括：罪犯的个人情况；原判认定的罪名和刑期；罪犯历次减刑情况；执行机关的建议及依据。人民法院审理减刑、假释案件，应当组成合议庭进行，可以采用书面审理的方式，但下列案件，应当开庭审理：①因罪犯有重大立功表现提请减刑的；②提请减刑的起始时间、间隔时间或者减刑幅度不符合一般规定的；③在社会上有重大影响或社会关注度高的；④被提请减刑、假释罪犯系职务犯罪罪犯，组织、领导、参加、包庇、纵容黑社会性质组织犯罪，破坏金融管理秩序犯罪或者金融诈骗犯罪的；⑤公示期间收到投诉意见的；⑥人民检察院有异议的；⑦人民法院认为有开庭审理必要的。

书面审理减刑案件，可以提讯被报请减刑的罪犯。书面审理假释的案件，应当提讯被报请假释的罪犯。对于减刑、假释案件的审理，不需要辩护人。减刑假释的裁定书应当通过互联网依法向社会公布。

五、对新罪、漏罪和申诉的处理

新罪，是指罪犯在服刑期间又犯的新罪行。漏罪，是指判决生效后在执行过程中发现的罪犯在判决宣告以前所犯的尚未判决的罪行。《刑事诉讼法》第 273 条第 1 款规定："罪犯在服刑期间又犯罪的，或者发现了判决的时候所没有发现的罪行，由执行机关移送人民检察院处理。"在刑罚执行期间，如果发现了罪犯在判决宣告以前所犯的尚未判决的漏罪，或者罪犯实施了脱逃、组织越狱、伤害等新罪，由监狱进行侦查。侦查终结后，处理。在看守所、拘役所服刑的罪犯，如又犯新罪或者被发现有漏罪，由公安机关侦查，侦查终结后，移送检察院。对罪犯脱逃后又犯罪的，要区分情况处理，如新罪是监狱等执行机关将罪犯抓捕回来后发现的，应当由监狱等执行机关侦查终结后送检察院处理；如新罪是犯罪地公安机关破获的，应当由犯罪地司法机关依照管辖规定进行诉讼。将罪犯的新罪或漏罪所判处的刑罚与原判决尚未执行完毕的刑期，按数罪并罚的原则，决定应当执行的刑罚。

六、人民检察院对执行的监督

《刑事诉讼法》第 8 条规定："人民检察院依法对刑事诉讼实行法律监督。"对刑事诉讼执行的监督是人民检察院行使监督权的一个重要方面，对人民法院已经发生法律效力的判决、裁定的执行是否合法实行法律监督的活动，有利于保证判决、裁定的正确执行，实现刑事诉讼任务。

（一）人民检察院对执行死刑的监督

《刑事诉讼法》第 263 条第 1 款规定："人民法院在交付执行死刑前，应当通知同级人民检察院派员临场监督。"司法实践中，人民法院通常在交付执行死刑 3 日以前，通知同级人民检察院派员监督。在执行死刑前，发现有下列情形之一的，应当建议人民法院立即停止执行：①被执行人并非应执行死刑的罪犯的；②罪犯犯罪时不满 18 周岁，或者审判时已经满 75 周岁的；③判决可能有错误的；④在执行前罪犯检举揭发重大犯罪事实或者有其他重大立功表现，可能需要改判的；⑤罪犯正在怀孕的。

在执行死刑中发现其他重要违法情况的，也应及时提出纠正意见。

（二）人民检察院对暂予监外执行的监督

1. 监狱、看守所提出暂予监外执行的书面意见的，应当将书面意见的副本抄送人民检察院。人民检察院可以向决定或者批准机关提出书面意见。

2. 决定或者批准暂予监外执行的机关应当将暂予监外执行决定抄送人民检察院。人民检察院认为暂予监外执行不当的，应当自接到通知之日起 1 个月以内将书面意见送交决定或者批准暂予监外执行的机关，决定或者批准暂予监外执行的机关接到人民检察院的书面意见后，应当立即对该决定进行重新核查。

（三）人民检察院对减刑、假释的监督

人民检察院办理减刑、假释案件，应当按照不同情形分别处理。人民检察院认为人民法院减刑、假释的裁定不当，应当在收到裁定书副本后 20 日以内，向人民法院提出书面纠正意见。人民法院应当在收到纠正意见后 1 个月以内重新组成合议庭进行审理，作出最终裁定。

人民检察院在接到人民法院减刑、假释的裁定书副本后，应当立即进行审查。经审查，人民检察院认为人民法院减刑、假释的裁定不当，应当在收到裁定书副本后 20 日以内，向作出减刑、假释裁定的人民法院提出书面纠正意见。

对人民法院减刑、假释的纠正意见，由作出减刑、假释裁定的人民法院的同级人民检察院向该人民法院书面提出。人民检察院对人民法院减刑、假释的裁定提出纠正意见后，应当监督人民法院是否在收到纠正意见后 1 个月内重新组成合议庭进行审理，并监督其重新作出的最终裁定是否符合法律规定。对最终裁定不符合法律规定的，应当向同级人民法院再次提出纠正意见。

除此之外，人民检察院对减刑、假释的监督还包括：监狱是否依法提出对罪犯的减刑、假释意见；减刑、假释的尺度是否符合条件；对人民法院的减刑、假释裁定是否及时执行；有无违法违规操作情况等。

（四）对执行刑罚活动的监督

人民检察院在对执行机关活动进行监督的过程中，发现有违法情况的，应当通知执行机关纠正。对于情节较轻的违法行为，检察人员可以以口头方式向违法人员或者执行机关负责人提出纠正，并及时向监所检察部门的负责人汇报。必要时，由部门负责人提出。对于比较严重的违法行为，应报请检察长批准后，向监狱或公安机关发出《纠正违法通知书》。对于造成严重后果、构成犯罪的，应当依法追究责任人的刑事责任。

思考题：

1. 简述对执行死刑如何监督。
2. 简述管制、缓刑、剥夺政治权利的执行。
3. 简述无罪和免除刑罚判决的执行。

第二十五章 未成年人刑事案件诉讼程序

> **内容导读** 未成年人刑事案件诉讼程序是 2012 年《刑事诉讼法修正案》增设的特别程序。相对普通程序，未成年人刑事案件的诉讼程序有其自身特点，有特殊的原则、方针和制度。2021 年最高人民法院《解释》根据《未成年人保护法》及《预防未成年人犯罪法》的相关规定，对有关条文作出了修改和进一步的完善，在学习中应参照学习。

本章重点：

1. 审理不公开原则和保密
2. 审查起诉程序尤其是附条件不起诉问题
3. 对未成年人刑事诉讼程序中的分案处理原则

本章难点：

1. 未成年人刑事案件诉讼的审查起诉程序，尤其是附条件不起诉相关问题
2. 未成年人刑事案件适用认罪认罚从宽制度
3. 未成年人刑事案件的审判程序

第一节 概 述

一、未成年人刑事案件诉讼程序的概念和范围

未成年人刑事案件诉讼程序，是指专门适用于未成年人刑事案件的侦查、起诉、审判、执行等程序的一种特别刑事诉讼程序。未成年人刑事案件诉讼有其特殊的方式和步骤。

《刑法修正案（十一）》将未成年人的刑事责任年龄下调到 12 周岁，其中规定已满 12 周岁不满 14 周岁的人，犯故意杀人、故意伤害罪，致人死亡或者以特别残忍手段致人重伤造成严重残疾，情节恶劣，经最高人民检察院核准追诉的，应当负刑事责任。因此根据我国《刑法》的有关刑事责任年龄的规定，未成年人犯罪，是指被告人实施犯罪行为时已满 12 周岁、未满 18 周岁的刑事案件。最高人民法院《解释》《刑事诉讼法》中的未成年人一般是指诉讼过程中未满 18 周岁的人，同时规定了少年法庭的受案范围：其一，被告人实施被指控的犯罪时不满 18 周岁，人民法院立案时不满 20 周岁的案件；其二，被告人实施被指控的犯罪时不满 18 周岁，人民法院立案时不满 20 周岁，并被指控为首要分子或者主犯的共同犯罪案件。其他共同犯罪案件有未成年被告人，或者其他涉及未成年的刑事案件是否由少年法庭审理，由院长根据少年法庭的工作实际情况决定。《人民检察院办理未成年人刑事案件的规定》第 79 条规定，在有关未成年人诉讼权利和体现对未成年人程序上特殊保护的条文中所称的未成年人，是指在诉讼中未满 18 周岁的人。犯罪嫌疑人实施犯罪行为时未满 18 周岁，诉讼中已满 18 周岁的，检察院可以根据具体情况适用此规定。由此可以推定：实施犯罪行为及诉讼中均不满 18 周岁的，适用未成年人刑事案件诉讼程序，实施犯罪时不满 18 周岁，

处理案件时已满 18 周岁的是否适用未成年人犯罪案件的诉讼程序则有一定的弹性。此外,《刑事诉讼法》及其相关司法中未成年被害人、证人参与刑事诉讼的特殊规定,也属于未成年人刑事案件诉讼程序的适用范围。未成年人案件界定年龄要按照"周岁"计算,按照公历的年月日计算,并且从周岁生日的第二天起算。

二、未成年刑事案件的功能

未成年人司法关注行为人而不是行为本身,关注未成年人回归社会、恢复正常生活状态,目的是对未成年人的教育,而不是对未成年人犯罪行为本身的惩罚和制裁,教育和保护贯穿于未成年人司法保护的始终,也是基本立场。

设立未成年人刑事案件诉讼程序,目的在于为涉嫌犯罪的未成年人提供着眼于未来发展的处理、分流和矫正机制,避免简单惩罚且干预方式不得当,对未成年人人格形成带来消极影响。此外,未成年人刑事案件诉讼程序注重未成年被害人及证人的保护,避免诉讼活动给他们带来伤害。

第二节　未成年人刑事案件诉讼程序的方针和原则

《刑事诉讼法》第 277 条第 1 款规定了对实施了犯罪行为的未成年人实行"教育、感化、挽救"的方针,在办理未成年人案件时必须立足于教育挽救,使其认识到错误、改过自新重新回归社会,增强未成年人的法制观念。这一方针体现了立法宗旨,具有重要的指导意义和统领价值。

未成年人刑事案件诉讼的基本原则是指人民法院、人民检察院和公安机关在办理未成年人刑事案件中应当遵循的基本准则。具体体现在以下几点:

一、教育、感化、挽救与教育为主、惩罚为辅

寓教于情,寓教于行,促使未成年人认识其行为危害性,积极悔罪重新回归社会。"教育、感化、挽救"方针引申出的一个重要原则就是"教育为主、惩罚为辅"被《刑事诉讼法》及相关司法解释明确规定。最高人民法院《解释》576 条规定:法庭辩论结束后,法庭可以根据未成年的生理、心理特点和案件情况,对未成年人进行法治教育;判决未成年人有罪的,宣判后,应当对未成年被告人进行法治教育。对未成年被告人进行教育,其法定代理人以外的成年亲属或者教师、辅导员等参与有利于感化、挽救未成年人的,人民法院应当邀请其参加相关活动。这些条款都是这一原则的具体体现。

二、保障未成年犯罪嫌疑人、被告人诉讼权利原则

人民法院、人民检察院和公安机关办理未成年人刑事案件,应当保障未成年行使其诉讼权利,保障未成年人得到法律帮助。并由熟悉未成年人身心特点的审判人员、检查人员、侦查人员承办。《人民检察院办理未成年人刑事案件的规定》第 2 条指出,在严格遵守法律规定的前提下,按照最有利于未成年人和适合未成年人身心特点的方式进行,充分保障未成年人合法权益。最高人民法院《解释》第 555 条规定,人民法院审理未成年人刑事案件,在讯问和开庭时,应当通知未成年被告人的法定代理人到场。法定代理人无法通知、不能到场或者是共犯的,也可以通知合适成年人到场,并将有关情况记录在案。到场的法定代理人或

者其他人员，除依法行使《刑事诉讼法》第281条第2款规定的权利外，经法庭同意，可以参与对未成年被告人的法庭教育等工作。最高人民检察院《规则》第466条规定，讯问未成年犯罪嫌疑人应当保护其人格尊严。讯问未成年犯罪嫌疑人一般不得使用戒具。对于确有人身危险性必须使用戒具的，在现实危险消除后应当立即停止使用。

三、分案处理原则

分案处理原则，是指将未成年人刑事案件与成年人刑事案件在诉讼程序上相分离，对未成年人和成年人分别关押、分案处理、分别执行。《刑事诉讼法》第280条第2款规定："对被拘留、逮捕和执行刑罚的未成年人与成年人应当分别关押、分别管理、分别教育。"坚持分案处理原则，主要是由于涉案未成年人思想不成熟，将其与成年人并案处理、同监一处，很容易受到成年犯罪嫌疑人、被告人的不良影响，不利于对涉案未成年人进行教育和改造。该原则的内容主要包括三个方面：①在刑事诉讼中采用拘留、逮捕等强制措施关押未成年犯罪嫌疑人时，必须与成年犯罪嫌疑人分开看管。②在处理未成年人与成年人共同犯罪或者有牵连的案件时，尽量适用不同的诉讼程序，在不妨碍审理的前提下，坚持分案侦查、分案起诉、分案审理。③在未成年人刑事案件审理完毕交付执行阶段，不得与成年人同住一个监所。但是根据相关规定有的情况下也可以不分案起诉：①未成年人系犯罪集团的组织者或者其他共同犯罪主犯的。②案件重大、疑难、复杂，分案起诉可能妨碍案件审理的。③涉及刑事附带民事诉讼，分案起诉妨碍附带民事诉讼部分审理的。④具有其他不宜分案起诉情形的。另外需要注意的是，共同犯罪中涉及分案起诉的未成年人与成年人由不同机构分别办理的，应当相互了解案件情况，提出量刑建议时，注意全案的量刑平衡。

四、审理不公开原则与保密原则

审理不公开原则，是指人民法院在审理未成年人刑事案件时，不对社会公开，不允许旁听和记者采访。《刑事诉讼法》第285条规定："审判的时候被告人不满十八周岁的案件，不公开审理。但是，经未成年被告人及其法定代理人同意，未成年被告人所在学校和未成年人保护组织可以派代表到场。"这一规定使所有未成年人犯罪的案件都纳入了不公开审理原则的保护之中。但是不公开审理的案件宣判应当一律公开，但不得采取召集大会的形式。根据最高人民法院《解释》第559条规定，审理未成年人的刑事案件，不得向外界披露该未成年人的姓名、住所、照片以及可能推断出该未成年人身份的其他资料。查阅、摘抄、复制的案卷材料，涉及未成年人的，不得公开和传播。被害人是未成年人的刑事案件，适用上述规定。

五、全面调查原则

全面调查原则，是指公安司法机关在办理未成年人刑事案件时，不仅要查明案件本身的情况，还应对未成年犯罪嫌疑人、被告人的家庭背景、生活环境、教育经历、个人性格、心理特征等与犯罪和案件处理有关的信息做全面、细致的调查，必要时还要对其进行心理测评和鉴定。全面调查原则将未成年人刑事诉讼的关注视角从未成年犯罪嫌疑人、被告人的行为，拓展到关注未成年犯罪嫌疑人、被告人本人，这是刑法的刑罚个别化理念、教育刑理念以及再社会化理念在未成年人刑事诉讼中的反映。

在我国未成年人刑事诉讼中，全面调查原则体现在两个方面：首先，全面调查原则既包括对与未成年犯罪嫌疑人、被告人实施的犯罪行为相关的事实的调查，又包括与犯罪事实不相关，但却反映了未成年犯罪嫌疑人、被告人性格特点、成长经历、犯罪原因、监护教育等情况的调查，既要关注犯罪行为，更要关注"行为人"。其次，全面调查原则贯穿于整个未成年人刑事诉讼程序。从立案侦查阶段开始，包括审查起诉阶段、审判阶段甚至执行阶段，都需要对未成年人进行全面调查。全面调查原则主要是通过制作社会调查报告予以落实。调查报告既可以由公检法机关自行开展并制作，也可以委托司法行政机关、共青团组织以及其他社会团体进行，辩护人也可以提交反映未成年人全面情况的书面材料。调查报告可以作为批准逮捕、审查起诉和量刑的依据。

六、社会参与原则

社会参与原则，是指在未成年人刑事案件诉讼程序中融入的社会因素，由民众和社会力量在刑事诉讼各个诉讼环节对未成年人提供辅助和支持，包括讯问未成年人时在场、参与社会调查和附条件不起诉的监督考察等。基于未成年人犯罪的特殊性，社会参与在未成年人刑事案件诉讼程序中具有更为重要的作用，有利于维护未成年人的诉讼权利和合法权益，有助于重新回归社会。最高人民法院《解释》第548条规定：人民法院应当加强同政府有关部门、人民团体、社会组织等的配合，对遭受性侵害或者暴力伤害的未成年被害人及其家庭实施必要的心理干预、经济救助、法律援助、转学安置等保护措施。这些都体现了社会参与原则。

第三节　未成年人刑事案件诉讼程序的基本制度

未成年人刑事案件诉讼程序的基本制度是指公安机关、人民检察院及人民法院在处理未成年人刑事案件过程中，应予以特别遵守的具体准则。它为切实保障未成年人合法权益提供了有效的制度保障。主要包括：

一、合适成年人到场制度

《刑事诉讼法》第281条第1款规定："对于未成年人刑事案件，在讯问和审判的时候，应当通知未成年犯罪嫌疑人、被告人的法定代理人到场。无法通知、法定代理人不能到场或者法定代理人是共犯的，也可以通知未成年犯罪嫌疑人、被告人的其他成年亲属，所在学校、单位、居住地基层组织或者未成年人保护组织的代表到场，并将有关情况记录在案……"合适成年人到场制度主要包括以下内容：

（1）讯问和审判未成年犯罪嫌疑人、被告人时应当通知其法定代理人或其他合适成年人到场。

（2）合适成年人的范围，具体包括：法定代理人；未成年犯罪嫌疑人、被告人、被害人、证人的其他成年亲属；其他合适成年人，即所在学校、单位、居住地基层组织或者未成年人保护组织的代表。通知法定代理人以外的其他人员到场的，应当将法定代理人不能到场的原因、相关人员到场的具体情况等信息在讯问笔录、询问笔录、法庭审理笔录等文件中予以记载、说明。

（3）关于合适成年人的诉讼权利。根据《刑事诉讼法》第281条第1、2款的规定，到场的法定代理人可以代为行使未成年犯罪嫌疑人、被告人的诉讼权利；到场的法定代理人或者其他人员认为办案人员在讯问、审判中侵犯未成年人合法权益的，可以提出意见；讯问笔录、法庭笔录应当交给到场的法定代理人或者其他人员阅读或者向他宣读。此外，审判未成年人刑事案件，在未成年被告人最后陈述后，其法定代理人可以进行补充陈述。

（4）该项制度通过合适成年人到场对讯问和审判过程进行监督，防止侵犯未成年人合法权益情况的发生，切实保障未成年人的合法权益。合适成年人到场制度也适用于询问未成年被害人、证人的情形。

二、法律援助制度贯穿整个刑事诉讼程序

《刑事诉讼法》第 278 条规定："未成年犯罪嫌疑人、被告人没有委托辩护人的，人民法院、人民检察院、公安机关应当通知法律援助机构指派律师为其提供辩护。"由此可见，在未成年人刑事诉讼程序中贯穿着全程法律援助制度。

（1）立法将对未成年人的法律援助由审判阶段向前延伸至侦查阶段，在刑事诉讼的全过程加强了对未成年犯罪嫌疑人、被告人辩护权的保护。

（2）在未成年人刑事诉讼程序中实行无条件的法律援助。在刑事诉讼中，只要未成年犯罪嫌疑人、被告人没有委托辩护人，办案机关就应当通知法律援助机构指派律师为其提供辩护，而不论其经济是否困难，也不论其涉嫌犯罪是否严重，也不以其本人及其近亲属是否提出法律援助的申请为前提，从而最大程度保障未成年犯罪嫌疑人、被告人的合法权益。

（3）公检法三机关应当通知法律援助机构负责指派律师为其提供辩护。全程法律援助制度使得辩护律师能够有充分的时间与未成年犯罪嫌疑人、被告人接触，能够对其犯罪情况以及心理状况、家庭背景、成长经历等情况有比较充分的了解，同时还可以通过社会调查，走访学校、社区等方式全面了解未成年犯罪嫌疑人、被告人的情况，从而保障辩护权的有效行使。

《刑事诉讼法》第 11 条规定被告人有权获得辩护，但是在司法实践中，一些未成年被告人对于法院为其指定的辩护律师予以拒绝，根据最高人民法院《解释》第 572 条、第 311 条的规定，未成年被告人或者其法定代理人当庭拒绝辩护人辩护的，如要求另行委托辩护人或者指派律师的，合议庭应当准许。被告人拒绝辩护人辩护后，没有辩护人的，应当宣布休庭；仍有辩护人的，庭审可以继续进行。重新开庭后，未成年被告人或者其法定代理人再次当庭拒绝辩护人辩护的，不予准许。重新开庭时被告人已满 18 周岁的，可以准许，但不得再另行委托辩护人或者要求另行指派律师，由其自行辩护。

三、社会调查制度

社会调查制度是指公安司法机关在办理未成年人刑事案件时，由法定的社会调查主体对未成年犯罪嫌疑人、被告人的成长经历、犯罪原因、监护教育等情况进行全面调查并形成社会调查报告。作为办案和教育的参考依据的未成年人特别保护制度，社会调查制度是实现全面调查原则的制度依托和现实途径。我国《刑事诉讼法》、最高人民法院《解释》、最高人民检察院《规则》等相关法律法规对社会调查制度的主体、内容以及作用等作出了明确的规定，形成了较为完整的制度体系。

（1）社会调查主体。在我国，未成年人刑事案件的社会调查既可以由公安机关、人民检察院、人民法院自行调查，也可以由三机关委托县级司法行政机关社区矫正机构、共青团组织以及其他社会团体组织等有关组织和机构进行，社会调查的主体呈现出多样性的特点。

《刑事诉讼法》第279条规定："公安机关、人民检察院、人民法院办理未成年人刑事案件，根据情况可以对未成年犯罪嫌疑人、被告人的成长经历、犯罪原因、监护教育等情况进行调查。"最高人民法院《解释》第568条第2款规定："必要时，人民法院可以委托社区矫正机构、共青团、社会组织等对未成年被告人的上述情况进行调查，或者自行调查。"最高人民检察院《规则》第461条第2款规定："人民检察院开展社会调查，可以委托有关组织和机构进行。开展社会调查应当尊重和保护未成年人隐私，不得向不知情人员泄露未成年犯罪嫌疑人的涉案信息。"公安部《规定》第322条规定："公安机关办理未成年人刑事案件，根据情况可以对未成年犯罪嫌疑人的成长经历、犯罪原因、监护教育等情况进行调查并制作调查报告。"另外，《中央综治委预防青少年违法犯罪工作领导小组、最高人民法院、最高人民检察院、公安部、司法部、共青团中央关于进一步建立和完善办理未成年人刑事案件配套工作体系的若干意见》规定：社会调查由未成年犯罪嫌疑人、被告人户籍所在地或居住地的司法行政机关社区矫正工作部门负责。司法行政机关社区矫正工作部门可联合相关部门开展社会调查，或委托共青团组织以及其他社会组织协助调查。

（2）社会调查的内容。我国未成年人社会调查制度的相关立法对社会调查报告书的内容作了较为明确的规定，如最高人民法院《解释》第568条、第569条，《最高人民检察院关于进一步加强未成年人刑事检察工作的决定》第13条，公安部《规定》第322条，以及《中央综治委预防青少年违法犯罪工作领导小组、最高人民法院、最高人民检察院、公安部、司法部、共青团中央关于进一步建立和完善办理未成年人刑事案件配套工作体系的若干意见》等都对社会调查报告内容进行了细化。综合以上法律法规的相关规定，社会调查的内容主要包括未成年犯罪嫌疑人、被告人的性格特点、家庭情况、社会交往、成长经历、犯罪原因、犯罪后态度、是否具备有效监护条件或者社会帮教措施等。

（3）社会调查报告的作用。全面调查原则贯穿于未成年人刑事诉讼程序的始终，由社会调查形成的调查报告在刑事诉讼的各个阶段都发挥着重要的作用。社会调查报告的作用体现在以下方面：在侦查阶段，社会调查报告是公安机关决定是否提请批捕和移送审查起诉，以及人民检察院审查批捕时衡量涉罪未成年犯罪嫌疑人是否具有社会危险性及逮捕必要性的重要参考依据；在审查起诉阶段，社会调查报告是人民检察院决定是否提起公诉、酌定不起诉、附条件不起诉以及在附条件不起诉决定作出后对未成年犯罪嫌疑人进行帮教的重要参考依据；在审判阶段，社会调查报告是人民法院对未成年人被告人量刑，尤其是是否判处未成年被告人管制、缓刑等非监禁刑以及免除刑罚的重要参考依据，也是对未成年被告人进行法庭教育的重要参考内容；在刑罚执行阶段，社会调查报告为宣判后对未成年人进行回访、跟踪帮教提供有效参考，同时也为刑罚执行机关尤其是社区矫正机构对未成年罪犯进行有针对性的个别化矫治及履行监督职责提供了基本方向。应当注意的是，社会调查报告仅限于本案使用，不能用于其他用途。

四、附条件不起诉制度

附条件不起诉制度，是指检察机关对于罪行较轻的未成年犯罪嫌疑人，由于没有立即追诉的必要而作出暂时不予提起公诉的决定，并要求其在一定的期限内履行一定的义务。在法律规定的期限内，如果犯罪嫌疑人没有违反法律的相关规定，并且履行了所要求的义务，检察机关就应作出不起诉的决定。否则，检察机关将依法对其提起公诉。其具体内容包括：

1. 附条件不起诉的适用范围。《刑事诉讼法》第282条第1款限定了对未成年犯罪嫌疑人适用附条件不起诉制度的案件范围："对于未成年人涉嫌刑法分则第四章、第五章、第六章规定的犯罪，可能判处一年有期徒刑以下刑罚，符合起诉条件，但有悔罪表现的，人民检察院可以作出附条件不起诉的决定。人民检察院在作出附条件不起诉的决定以前，应当听取公安机关、被害人的意见。"如前所述，未成年人适用附条件不起诉制度的案件范围，必须同时满足以下六个条件：①属于未成年人刑事案件；②只适用于涉嫌《刑法》分则第四章、第五章、第六章规定的犯罪；③只适用于可能判处一年有期徒刑以下刑罚的案件；④要符合犯罪事实已经查清，证据确实充分，依法应当追究刑事责任的起诉条件；⑤未成年犯罪嫌疑人必须有悔罪表现，即能够认识到自己的错误并积极向被害人赔礼道歉、求得被害人谅解和赔偿被害人损失；⑥未成年犯罪嫌疑人及其法定代理人对人民检察院决定附条件不起诉没有异议。

2. 附条件不起诉的决定程序。对于符合附条件不起诉的适用范围的，人民检察院在作出附条件不起诉决定之前，应当听取公安机关、被害人的意见，并制作笔录。被害人是未成年人的，还应当听取被害人的法定代理人、诉讼代理人的意见。听取意见是法定必经程序。公安机关或者被害人对附条件不起诉有异议，或者争议较大的案件，检察院可以召集侦查人员、被害人及其法定代理人、诉讼代理人、未成年犯罪嫌疑人及其法定代理人、辩护人举行不公开听证会，听取多方意见。一方面保障了公安机关和被害人对人民检察院作出附条件不起诉决定的监督权，另一方面保障了未成年犯罪嫌疑人享有经依法审判被认定无罪的权利。

3. 附条件不起诉的考察机关、考察期限及具体事项。《刑事诉讼法》第283条和最高人民检察院《规则》第474条、第475条、第476条对附条件不起诉的考察机关、考察期限以及具体事项作出了明确的规定：①考察机关。《刑事诉讼法》第283条第1款、最高人民检察院《规则》第474条规定，在附条件不起诉的考验期内，由人民检察院对被附条件不起诉的未成年犯罪嫌疑人进行监督考察。人民检察院应当要求未成年犯罪嫌疑人的监护人对未成年犯罪嫌疑人加强管教，配合人民检察院做好监督考察工作。人民检察院可以会同未成年犯罪嫌疑人的监护人、所在学校、单位、居住地的村民委员会、居民委员会、未成年人保护组织等的有关人员，定期对未成年犯罪嫌疑人进行考察、教育，实施跟踪帮教。由此可见，附条件不起诉的监督考察机关为人民检察院，同时未成年犯罪嫌疑人的监护人应给予配合。未成年犯罪嫌疑人所在学校、单位、居住地的村民委员会、居民委员会、未成年人保护组织等的有关人员对未成年犯罪嫌疑人的监督考察工作予以协助。②考察期限。《刑事诉讼法》第283条第2款规定："附条件不起诉的考验期为六个月以上一年以下，从人民检察院作出附条件不起诉的决定之日起计算。"考虑到未成年人的心理承受能力有限，过长的考验期限可能会产生负面的影响，因此将考验期限定在6个月以上1年以下是较为合适的。③考察的具体事项。《刑事诉讼法》第283条第3款对考察的具体事项作出了明确的规定，即被附条件不起诉的未成年犯罪嫌疑人，应当遵守下列规定：其一，遵守法律法规，服从监督；其二，按照考察机关的规定报告自己的活动情况；其三，离开所居住的市、县或者迁居，应当报经考察机关批准；其四，按照考察机关的要求接受矫治和教育。最高人民检察院《规则》第476条还规定，人民检察院可以要求被附条件不起诉的未成年犯罪嫌疑人接受下列矫治和教育：其一，完成戒瘾治疗、心理辅导或者其他适当的处遇措施；其二，向社区或者公益团体提供公益劳动；其三，不得进入特定场所，与特定的人员会见或者通信，从事特定的活动；其四，向被害人赔偿损失、赔礼道歉等；其五，接受相关教育；其六，遵守其他保护被害人安全以及预防再犯的禁止性规定。

4. 附条件不起诉的法律后果。被附条件不起诉的未成年犯罪嫌疑人，在考验期内有下列情形之一的，人民检察院应当撤销附条件不起诉的决定，提起公诉：①实施新的犯罪；②发现决定附条件不起诉以前还有其他犯罪需要追诉的；③违反治安管理规定造成严重后果，或者多次违反治安管理规定的；④违反考察机关附条件不起诉的监督管理规定，造成严重后果，或者多次违法考察机关有关附条件不起诉的监督管理规定的。在考验期内没有上述情形，考验期满的，人民检察院应当对未成年犯罪嫌疑人作出不起诉的决定。

五、犯罪记录封存制度

《刑事诉讼法》第 286 条规定："犯罪的时候不满十八周岁，被判处五年有期徒刑以下刑罚的，应当对相关犯罪记录予以封存。犯罪记录被封存的，不得向任何单位和个人提供，但司法机关为办案需要或者有关单位根据国家规定进行查询的除外。依法进行查询的单位，应当对被封存的犯罪记录的情况予以保密。"

犯罪记录封存制度并不是对所有未成年人刑事案件一概适用，还需要满足特定的条件，即"被判处五年有期徒刑以下刑罚"的罪刑要求。这是考虑到对于未成年人不同的犯罪行为也不能一概而论，还是应当根据其主观恶性和社会危害性的不同而加以区别对待。对被封存的犯罪记录，符合下列条件之一的，应当对其犯罪记录解除封存：①实施新的犯罪，且新罪与封存记录之罪数罪并罚后被决定执行五年有期徒刑以上刑罚的；②发现漏罪，且漏罪与封存记录之罪数罪并罚后被决定执行五年有期徒刑以上刑罚的。人民检察院对未成年犯罪嫌疑人作出不起诉决定后，也同样应当对相关记录进行封存。这样既实现了对未成年人的特殊保护，也不至于造成司法不公，导致未成年人犯罪的泛滥。

犯罪记录封存制度具有明确的法律效力，即"不得向任何单位和个人提供"，办案机关对于记载有未成年人犯罪信息的各种材料应予保密，不得向任何单位及个人披露。对此，最高人民检察院《规则》第 483 条规定："人民检察院应当将拟封存的未成年人犯罪记录、案卷等相关材料装订成册，加密保存，不予公开，并建立专门的未成年人犯罪档案库，执行严格的保管制度。"

犯罪记录封存不等于犯罪记录消灭，在法定例外情况下，有关部门仍可进行查询。法定例外是指存在着司法机关为办案需要或者有关单位根据国家规定进行查询的情形。司法机关为办案需要，通常是指司法机关在办案过程中，为更加准确认定案件事实及行为人的人身危险性，需要查询未成年人前科的情况。有关单位根据国家规定进行查询，是指有关单位根据国家法律、法规、规章等有必要对犯罪记录进行查询。如根据《公务员法》《律师法》的规定，曾受过刑事处罚的人不得或在一定期限内不得从事公务员、律师等特定职业。司法机关或者有关单位申请查询封存的犯罪记录的，应当向封存犯罪记录的公安机关、人民检察院、人民法院提出申请，并提供查询的理由和依据。对查询申请，办案机关应当及时作出是否同意的决定。依法进行查询的单位，应当对被封存的犯罪记录的情况予以保密。经查询获取的信息只能用于特定事项、特定范围。

第四节　未成年人刑事案件的具体诉讼程序

一、立案程序

未成年人立案程序的审查内容有其自身的特点，在立案审查时，应重点把握以下方面：

1. 审查未成年犯罪嫌疑人的年龄。年龄作为犯罪主体要件，既决定了未成年人是否构成犯罪以及应否承担刑事责任，又决定了在诉讼程序上能否启动未成年人刑事诉讼程序，故需对未成年犯罪嫌疑人出生的年月日进行重点审查。公安部《规定》第321条规定，公安机关办理未成年人刑事案件时，应当重点查清未成年犯罪嫌疑人实施犯罪行为时是否已满14周岁、16周岁、18周岁的临界年龄。

2. 审查未成年人是否被教唆。由于未成年人自身生理、心理的特点，使其极可能成为被教唆的对象。在立案时，要查证未成年是否系被教唆犯罪，这样既可以正确处理未成年人的刑事责任，又可以发现其他犯罪事实，对教唆犯进行刑事追诉。

3. 扩大立案审查的范围。为贯彻教育、感化、挽救的方针，除应查明立案的事实条件和法律条件外，对于认定案情有意义的事实材料，都要予以查证。

案件材料审查后，对符合立案条件的，予以立案。对不符合立案条件，情节轻微，危害不大，不构成犯罪或者不需要刑事处罚的，则不予立案，并将案件材料转交有关部门审查处理。

二、侦查程序

未成年人刑事案件的侦查，除了贯彻全面调查原则、保密原则外，尤其应当采取与未成年人身心特点相适应的传唤和讯问方法。未成年人刑事案件的侦查具有以下特殊性：

（一）侦查内容的全面性

根据《刑事诉讼法》第279条的规定，公安机关、人民检察院、人民法院办理未成年人刑事案件，根据情况可以对未成年犯罪嫌疑人、被告人的成长经历、犯罪原因、监护教育等情况进行调查。公安部《规定》第322条规定，公安机关办理未成年人刑事案件，根据情况可以对未成年犯罪嫌疑人的成长经历、犯罪原因、监护教育等情况进行调查并制作调查报告。对未成年犯罪嫌疑人、被告人进行社会调查，不仅要查明未成年犯罪嫌疑人、被告人涉嫌案件的事实情况，还要了解犯罪嫌疑人的成长经历、涉嫌犯罪原因、作案动机和目的、犯罪心理演变过程，以及与案件处理、监护教育等相关的信息。

（二）侦查方式的和缓性

在未成年人刑事案件的侦查中，当需要传唤未成年犯罪嫌疑人时，要注意其心理特点，避免引起其过度的紧张。因此，对未成年犯罪嫌疑人一般可通过其父母或监护人等间接传唤而不宜直接传唤。在讯问未成年犯罪嫌疑人时，尽量选择其熟悉的场所和地点。到场的法定代理人可以代为行使未成年犯罪嫌疑人的诉讼权利。到场的法定代理人或者其他人员提出办案人员在讯问中侵犯未成年合法权益的，公安机关应当认真核查，依法处理。讯问未成年犯罪嫌疑人应当采取适合未成年人的方式，耐心细致地听取其供述或者辩解，认真审核、查证与案件有关的证据和线索，并针对其思想顾虑、恐惧心理、抵触情绪进行疏导和教育。讯问女性未成年犯罪嫌疑人，应当有女工作人员在场。

（三）强制措施适用的慎重性

《刑事诉讼法》第280条第1款规定："对未成年犯罪嫌疑人、被告人应当严格限制适用逮捕措施。人民检察院审查批准逮捕和人民法院决定逮捕，应当讯问未成年犯罪嫌疑人、被告人，听取辩护律师的意见。"听取辩护律师的意见，成为审查批捕未成年犯罪嫌疑人、被告人的必经程序。

最高人民检察院《规则》第462条、第463条和《人民检察院办理未成年人刑事案件的规定》对未成年犯罪嫌疑人适用逮捕措施的原则和条件作了细化。审查逮捕案件，应当根据未成年犯罪嫌疑人涉嫌犯罪的事实、主观恶性、有无监护与社会帮教条件等，综合衡量其社会危险性，严格限制适用逮捕措施。对于罪行较轻，具备有效监护条件或者社会帮教措施，没有社会危险性或者社会危险性较小，不逮捕不致妨碍诉讼正常进行的未成年犯罪嫌疑人，应当不批准逮捕。对于罪行比较严重，但主观恶性不大，有悔罪表现，具备有效监护条件或者社会帮教措施，具有下列情形之一，不逮捕不致妨碍诉讼正常进行的未成年犯罪嫌疑人，可以不批准逮捕：①初次犯罪、过失犯罪的；②犯罪预备、中止、未遂；③防卫过当、避险过当的；④有自首或者立功表现的；⑤犯罪后认罪认罚或者积极退赃，尽力减少和赔偿损失，被害人谅解的；⑥不属于共同犯罪的主犯或者集团犯罪中的首要分子的；⑦属于已满14周岁不满16周岁的未成年人或者系在校学生的；⑧其他可以不批准逮捕的情形。

公安部《规定》第327条规定，对未成年犯罪嫌疑人应当严格限制和尽量减少使用逮捕措施。未成年犯罪嫌疑人被拘留、逮捕后服从管理，依法变更强制措施不致发生社会危险性，能够保证诉讼正常进行的，公安机关应当依法及时变更强制措施；人民检察院批准逮捕的案件，公安机关应当将变更强制措施情况及时通知人民检察院。上述规定旨在慎用逮捕措施，以将强制措施对未成年犯罪嫌疑人可能造成的消极影响降低到最低程度。

三、审查起诉程序

根据《人民检察院办理未成年人刑事案件的规定》《未成年人刑事检察工作指引（试行）》等规范性文件，未成年人刑事案件在起诉阶段应贯彻落实以下制度：

（一）案件进展情况告知制度

根据《人民检察院办理未成年人刑事案件的规定》第10条规定，人民检察院办理未成年人刑事案件，可以应犯罪嫌疑人家属、被害人及其家属的要求，告知其审查逮捕、审查起诉的进展情况，并对有关情况予以说明和解释。这一规定有利于犯罪嫌疑人的权利保障，同时也有助于防止诉讼的拖延。

（二）审查起诉中的"亲情会见"制度

根据《未成年人刑事检察工作指引（试行）》第54条的规定，人民检察院对于具备下列条件之一，且未成年犯罪嫌疑人的法定代理人、近亲属等与本案无牵连的，经公安机关同意，可以安排在押的未成年犯罪嫌疑人与其法定代理人、近亲属等进行会见：①案件事实已基本查清，主要证据确实、充分，安排会见、通话不会影响诉讼活动正常进行的；②未成年犯罪嫌疑人有认罪、悔罪表现，或者虽尚未认罪、悔罪，但通过会见有可能促使其转化，或者通过会见有利于社会、家庭稳定的；③未成年犯罪嫌疑人的法定代理人、近亲属对其犯罪原因、社会危害性以及后果有一定的认识，并能配合司法机关进行教育的；④其他可以安排会见的情形。"亲情会见"制度旨在通过未成年人的法定代理人、近亲属协助办案机关做好未成年犯罪嫌疑人的感化和挽救工作。

（三）不起诉制度

检察机关在未成年人刑事案件中应根据不同情况准确适用法定不起诉、酌定不起诉、证据不足不起诉。根据《未成年人刑事检察工作指引（试行）》中的相关规定，在具体适用不起诉时应注意以下问题：

第一，对附条件不起诉的具体把握。根据《未成年人刑事检察工作指引（试行）》第184条的规定，人民检察院对于既可以附条件不起诉也可以起诉的未成年犯罪嫌疑人，应当优先适用附条件不起诉。对于既可以相对不起诉也可以附条件不起诉的未成年犯罪嫌疑人，应当优先适用相对不起诉。如果未成年犯罪嫌疑人存在一定的认知偏差等需要矫正，确有必要接受一定时期监督考察的，可以适用附条件不起诉。

第二，不起诉宣布教育仪式。根据《未成年人刑事检察工作指引（试行）》第179条、第201条的规定，对于决定不起诉的案件，人民检察院应当举行不起诉宣布教育仪式，向被不起诉的未成年人及其法定代理人宣布不起诉决定书，阐明不起诉的理由和法律依据，并结合社会调查等情况，围绕犯罪行为对被害人、被不起诉的未成年人及其家庭、社会等造成的危害，导致犯罪行为发生的原因及应当吸取的教训等，对被不起诉的未成年人开展必要的教育。如果侦查人员、合适成年人、辩护人、帮教人员等参加有利于教育被不起诉的未成年人的，可以邀请他们参加，但要严格控制参与人员范围并告知其负有保密义务。未成年犯罪嫌疑人没有犯罪事实，或者证据不足以证实其存在犯罪事实而作出不起诉决定的，不举行上述宣布教育仪式。

（四）量刑建议制度

人民检察院在提起公诉时，应根据未成年被告人被指控的犯罪事实及社会调查报告等材料，依据最高人民法院《关于常见犯罪的量刑指导意见》，向人民法院提出量刑建议。对于符合相关规定的，应当向人民法院提出适用缓刑的量刑建议。《人民检察院办理未成年人刑事案件的规定》第59条规定，对于具有下列情形之一，依法可能判处拘役、三年以下有期徒刑，有悔罪表现，宣告缓刑对所居住社区没有重大不良影响，具备有效监护条件或者社会帮教措施、适用缓刑确实不致再危害社会的未成年被告人，人民检察院应当建议人民法院适用缓刑：①犯罪情节较轻，未造成严重后果的；②主观恶性不大的初犯或者胁从犯、从犯；③被害人同意和解或者被害人有明显过错的；④其他可以适用缓刑的情节。

四、审判程序

未成年人刑事案件，其审判程序又有自己的特点：

（一）开庭前的准备工作

根据《刑事诉讼法》及最高人民法院《解释》第二十章第二节的规定，开庭前主要应做好以下准备工作：

1. 权利告知。人民法院向未成年被告人送达起诉书副本时，应当向其讲明被指控的罪行和有关法律规定，并告知其审判程序和诉讼权利、义务。

2. 做好未成年人法律援助工作。审判时不满18周岁的未成年被告人没有委托辩护人的，人民法院应当通知法律援助机构指派律师为其提供辩护；未成年被害人及其法定代理人因经济困难或者其他原因没有委托诉讼代理人的，人民法院应当帮助其申请法律援助。

3. 征询是否适用简易程序的意见。对未成年人刑事案件，人民法院决定适用简易程序审理的，应当征求未成年被告人及其法定代理人、辩护人的意见。上述人员提出异议的，不适用简易程序。

4. 通知法定代理人及近亲属等合适成年人到庭。根据《刑事诉讼法》第 281 条的规定，应当通知未成年被告人的法定代理人出庭。法定代理人无法出庭或者确实不适宜出庭的，也可以通知未成年被告人的其他成年亲属，所在学校、单位、居住地基层组织、未成年人保护组织的代表到场。被告人实施被指控的犯罪时不满 18 周岁，开庭时已满 18 周岁、不满 20 周岁的，人民法院开庭时，一般应当通知其近亲属到庭。经法庭同意，近亲属可以发表意见。近亲属无法通知、不能到场或者是共犯的，应当记录在案。

5. 接受社会调查报告，必要时进行进一步调查。对人民检察院移送的关于未成年被告人性格特点、家庭情况、社会交往、成长经历、犯罪原因、犯罪前后的表现、监护教育等情况的调查报告，以及辩护人提交的反映未成年被告人上述情况的书面材料，法庭应当接受。必要时，人民法院可以委托未成年被告人居住地的县级司法行政机关、共青团组织以及其他社会团体组织对未成年被告人的上述情况进行调查，或者自行调查。

6. 进行心理疏导及测评。对未成年人刑事案件，人民法院根据情况，可以对未成年被告人进行心理疏导；经未成年被告人及其法定代理人同意，也可以对未成年被告人进行心理测评。

7. 安排亲情会见。开庭前和休庭时，法庭根据情况，可以安排未成年被告人与其法定代理人或者《刑事诉讼法》第 281 条第 1 款规定的其他成年亲属、代表会见。

（二）庭审程序

根据《刑事诉讼法》及最高人民法院《解释》第二十章的规定，审理未成年人刑事案件应注意以下几点：

1. 专设席位及禁用戒具。人民法院应当在辩护台靠近旁听区一侧为未成年被告人的法定代理人或者《刑事诉讼法》第 281 条第 1 款规定的其他成年亲属、代表设置席位。在法庭上不得对未成年被告人使用戒具，但被告人人身危险性大，可能妨碍庭审活动的除外。必须使用戒具的，在现实危险消除后，应当立即停止使用。

2. 贯彻不公开审理原则。开庭审理时被告人不满 18 周岁的案件，一律不公开审理。经未成年被告人及其法定代理人同意，未成年被告人所在学校和未成年人保护组织可以派代表到场。到场代表的人数和范围，由法庭决定。到场代表经法庭同意，可以参与对未成年被告人的法庭教育工作。对依法公开审理，但可能需要封存犯罪记录的案件，不得组织人员旁听。

3. 注重证人保护及特殊质证方法。确有必要通知未成年被害人、证人出庭作证的，人民法院应当根据案件情况采取相应的保护措施。有条件的，可以采取视频等方式对其陈述、证言进行质证。

4. 选择适当的审理方式。未成年被告人在法庭上可以坐着接受法庭调查、讯问，但在回答审判人员的提问、宣判时应当起立。法庭审理时，审判人员应当注意未成年被告人的智力发育程度和心理状态，要态度严肃、和蔼，用语准确、通俗易懂。发现有对未成年被告人诱供、训斥、讽刺或者威胁的情形时，应当及时制止。休庭时，可以允许法定代理人或者其他成年近亲属、教师等人员会见被告人。

5. 调查报告及量刑相关材料的出示及调查。控辩双方提出对未成年被告人判处管制、宣告缓刑等量刑建议和量刑意见的，应当向法庭提供有关未成年被告人能够获得监护、帮教以及对所居住社区无重大不良影响的书面材料。对未成年被告人情况的调查报告，以及辩护人提交的有关未成年被告人情况的书面材料，法庭应当审查并听取控辩双方意见。上述报告和材料可以作为法庭教育和量刑的参考。

（三）宣判程序

宣判程序的重点如下：

第一，公开宣判。最高人民法院《解释》第578条规定，对未成年人刑事案件，宣告判决应当公开进行。对依法应当封存犯罪记录的案件，宣判时，不得组织人员旁听；有旁听人员的，应当告知其不得传播案件信息。

第二，对被告人进行法庭教育。最高人民法院《解释》第576条规定，法庭辩论结束后，法庭可以根据未成年人的生理、心理特点和案件情况，对未成年被告人进行法治教育；判决未成年被告人有罪的，宣判后，应当对未成年被告人进行法治教育。对未成年被告人进行教育，其法定代理人以外的成年亲属或者教师、辅导员等参与有利于感化、挽救未成年人的，人民法院应当邀请其参加有关活动。适用简易程序审理的案件，对未成年被告人进行法庭教育，适用上述规定。对未成年被告人进行教育这一独有的审判环节突出体现了少年法庭"教育为主，惩罚为辅"的审判特点。对未成年被告人的教育可以围绕下列内容进行：①犯罪行为对社会的危害和应当受刑罚处罚的必要性；②导致犯罪行为发生的主观、客观原因及应当吸取的教训；③正确对待人民法院的裁判。

五、执行程序

根据最高人民法院《解释》第580条的规定，将未成年罪犯送监执行刑罚或者送交社区矫正时，人民法院应当将有关未成年罪犯的调查报告及其在案件审理中的表现材料，连同有关法律文书，一并送达执行机关。少年法庭可以通过多种形式与未成年犯管教所等未成年罪犯服刑场所建立联系，了解未成年罪犯的改造情况，定期回访，做好帮教、改造工作。

对未成年人的判决生效后，执行刑罚时，要注意以下方面：①应与成年犯分开关押，以免受成年犯的不良影响。②封存相关犯罪记录。对于被判处五年有期徒刑以下刑罚的案件应当对相关犯罪记录予以封存。除司法机关办案需要或者有关单位根据国家规定进行查询外，不得向任何单位和个人提供。③应重视未成年罪犯的思想改造、知识教育和劳动技能训练，使其更好地回归社会。通过刑罚的执行，不但使未成年罪犯在思想上弃恶从善，还使其掌握一定的谋生技能，立足于社会。根据我国《预防未成年人犯罪法》第53条、第54条的规定，未成年犯在被执行刑罚期间，执行机关应当加强对未成年犯的法制教育，对未成年犯进行职业技术教育，对没有完成义务教育的未成年犯，执行机关应当保证其继续接受义务教育。④对未成年罪犯的改造，应动员社会各界的力量。在注意发挥执行机关主导作用的同时，应努力发挥社会组织及未成年罪犯家庭的作用，使未成年罪犯感受到社会的关怀和家庭的温暖，促进其思想的转变，使其早日回归社会。

思考题：

1. 简述附条件不起诉的意义、适用范围和条件、决定程序、对附条件不起诉决定的监督程序、监督考察、适用结果。

2. 简述有关未成年人犯罪记录的封存。

第二十六章　当事人和解的公诉案件诉讼程序

> **内容导读**　当事人和解的公诉案件诉讼程序指的是公诉案件在刑事诉讼程序进行中，犯罪嫌疑人、被告人真诚悔罪，并通过对被害人赔偿损失、赔礼道歉等方式获得被害人谅解，被害人自愿与犯罪嫌疑人、被告人和解的，国家检察机关提出的对犯罪嫌疑人提出从宽处罚的一种特别程序。当事人和解的公诉案件诉讼程序打破了将刑事处罚作为单一方法的传统模式，将惩罚犯罪与恢复社会关系并重，且体现了对刑事案件被害人人权的尊重，有效地运用当事人和解的公诉案件诉讼程序，对于节约司法资源，提高诉讼效率，保障被害人合法权益及促进犯罪嫌疑人及被告人矫正，解决社会纠纷、构建和谐社会等各方面都有重大意义。

本章重点：

    1. 当事人和解的公诉案件程序的适用条件

    2. 和解的主体、和解的对象

    3. 和解协议的审查程序

本章难点：

    1. 当事人和解的公诉案件诉讼程序的适用条件

    2. 当刑事和解程序与附带民事诉讼程序、自诉案件的调解、和解的区别及联系

第一节　概　　述

一、增设当事人和解的公诉案件诉讼程序的背景

（一）背景

当事人和解的公诉案件诉讼程序是在我国构建社会主义和谐社会和恢复司法性原则背景下，在国际上普遍适用的前提下，在总结多年刑事和解试点工作宝贵经验的基础上，于 2012 年 3 月 14 日在全国人民代表大会常务委员会通过的《刑事诉讼法修正案》里新增加的特别程序中正式确立的一项新的诉讼制度。该诉讼程序是对域外刑事和解制度的借鉴和吸收，也是对各地试点工作的成功经验的总结和法律化。我国从 2003 年开始，全国部分省、市、基层的司法实务部门开始出台了关于刑事和解和调解的政策性文件，2010 年出台的《最高人民法院关于进一步贯彻"调解优先、调判结合"工作原则的若干意见》指出，在法律允许的情况下公安司法机关可以做一些促进和解的工作。在刑事案件办理中，逐步探索对轻微公诉案件尝试和解，甚至鼓励当事人进行和解。2012 年修正的《刑事诉讼法》在法律上正式确立和解程序，并通过专章进行明确规定，随后，最高人民法院、最高人民检察院和公安部也相继发布了最高人民法院《解释》、《人民检察院刑事诉讼规则（试行）》、公安部《规定》，细化补充了和解程序案件的适用范围、达成和解协议的具体方式、公安机关和司法机关制作

和解协议书的相关内容和加害人与被害人达成和解协议之后的处理方式等。

（二）意义

当事人和解的公诉案件诉讼程序有助于促进社会秩序的和谐安宁。刑事案件虽然了结，但是受害人与加害人的矛盾仍然存在，通过和解诉讼程序，可让受害人与加害人化干戈为玉帛，消除矛盾，促进社会秩序的和谐安宁；有助于提高诉讼效率和解决纠纷。

第二节　当事人和解的公诉案件诉讼程序

当事人和解的公诉案件诉讼程序指的是公诉案件在刑事诉讼程序进行中，犯罪嫌疑人、被告人真诚悔罪，并通过对被害人赔偿损失、赔礼道歉等方式获得被害人谅解，被害人自愿与犯罪嫌疑人、被告人和解的，国家检察机关提出的对犯罪嫌疑人提出从宽处罚的一种特别程序。公诉案件的和解不同于自诉案件的和解，首先，和解主体在诉讼中的地位不同。公诉案件的和解是在被诉方与作为诉讼参与人的被害人之间进行的，不是追诉主体与犯罪嫌疑人、被告人之间的协商。自诉案件的和解是在起诉方与被诉方之间进行的，是诉讼的双方主体之间的协商。其次，和解协议的内容不同。公诉案件的和解协议针对赔偿损失、赔礼道歉等内容，不能涉及公权力的处置，无权决定诉讼的进程。自诉案件的和解协议不仅包括赔偿损失、赔礼道歉等内容，还可以涉及诉讼的进程，起诉方可以处置诉讼权利。最后，和解协议的法律效果不同。在公诉案件中，和解协议只能作为在诉讼各个阶段从宽处理的依据，人民检察院也可以作出不起诉的决定，但前提是符合刑事诉讼法有关不起诉的规定，不能单独据此决定诉讼的进程。在自诉案件中，起诉方与被诉方达成和解后，起诉方可以据此决定撤回起诉，从而终止诉讼。

一、适用当事人和解程序的前提条件

1. 犯罪嫌疑人、被告人必须真诚悔罪。这里的"真诚悔罪"是指犯罪嫌疑人、被告人出于自己的意愿，发自内心地意识到自己的行为给被害人带来的伤害，对自己的犯罪行为真诚悔过，诚恳地希望得到被害人的谅解。

2. 获得被害人的谅解。犯罪嫌疑人、被告人通过赔偿损失、赔礼道歉等方式弥补被害人因犯罪行为遭受的物质损失和精神伤害，从而获得被害人的谅解。这里规定的"谅解"是指被告人通过各种方式真诚悔罪，使被害人体察并同情其处境，原谅其错误。

3. 被害人自愿和解。将被害人自愿和解作为公诉案件当事人和解的条件之一，是为防止被害人在受到暴力、胁迫等情况下违背自己的意志同意和解，影响和解的公正性。这里的"自愿和解"是指被害人不受外力的干扰，在谅解犯罪嫌疑人、被告人的基础上，出于自己的意愿，与犯罪嫌疑人、被告人和解。

4. 案件事实清楚、证据确凿充分。

二、当事人和解的公诉案件的适用范围

根据《刑事诉讼法》第 288 条的规定，下列公诉案件，犯罪嫌疑人、被告人真诚悔罪，通过向被害人赔偿损失、赔礼道歉等方式获得被害人谅解，被害人自愿和解的，双方当事人可以和解：

1. 因民间纠纷引起，涉嫌《刑法》分则第四章、第五章规定的犯罪案件，可能判处三

年有期徒刑以下刑罚的。因民间纠纷引起是指犯罪的起因，是公民之间因财产、人身等问题引发的纠纷，既包括因婚姻家庭、邻里纠纷等民间矛盾激化引发的案件，也包括因口角、泄愤等偶发性矛盾引发的案件。因民间纠纷引起的，涉嫌《刑法》分则第四章规定的侵犯公民人身权利、民主权利罪和第五章规定的侵犯财产罪，无论是故意犯罪还是过失犯罪，可能判处三年有期徒刑以下刑罚的，双方当事人可以和解。这样规定是考虑到这类犯罪比较轻微，且其侵犯的客体是公民的人身权利、民主权利、财产权利，并不涉及国家利益、公共利益，允许公民有一定的处分权以有利于修复社会关系。

2. 除渎职犯罪以外的可能判处七年有期徒刑以下刑罚的过失犯罪案件，但是犯罪嫌疑人、被告人在五年以内曾经故意犯罪的除外。这里的"过失犯罪案件"是指《刑法》分则中规定的除第九章渎职罪以外可能判处七年有期徒刑以下刑罚的过失犯罪案件。这样规定是考虑到过失犯罪的行为人主观恶性比较小，可以给予其悔过自新、从宽处理的机会。而渎职罪中的过失表现为国家机关工作人员滥用职权、玩忽职守、严重不负责任等行为，是构成犯罪的要件之一，且对国家机关工作人员履行职责应有更高要求，因而规定渎职犯罪案件不在和解案件范围之内。但是犯罪嫌疑人、被告人在五年以内曾经故意犯罪的，不适用当事人和解的公诉案件诉讼程序。这里的"五年以内"指的是犯前罪的时间距离犯后罪的时间不超过五年。前罪是故意犯罪的，无论后罪是故意犯罪还是过失犯罪，都不能适用本章关于当事人和解的规定。前罪是过失犯罪的，满足本条规定的其他条件的，当事人之间仍然可以和解。

三、当事人和解的主体

当事人和解的诉讼程序的主体是犯罪嫌疑人、被告人、被害人，我国刑事诉讼中的其他当事人如自诉人与被告人之间、刑事附带民事案件中的原告人与被告人不属于当事人和解的主体。最高人民检察院《规则》第493条、第494条规定，被害人死亡，其法定代理人及近亲属可以代为和解，被害人为无行为能力人及限制行为能力人，其法定代理人可以代为和解。犯罪嫌疑人为限制行为能力人，其法定代理人可以代为和解，犯罪嫌疑人如在押的，经犯罪嫌疑人同意，其法定代理人或近亲属可以代为和解。

四、当事人和解协议的形成

刑事诉讼法对和解协议形成的程序进行了规定：首先，双方当事人达成和解。公安机关、人民检察院、人民法院可以向犯罪嫌疑人、被告人或者被害人告知对方的和解意向、和解的相关规定以及双方当事人各自的权利、义务，由双方当事人自行协商，公安机关、人民检察院、人民法院也可以在各自的诉讼阶段作为中立的第三方积极促成当事人之间的沟通、会面、交谈，组织和主持双方当事人协商以达成和解。在和解的过程中，主持者应保持客观、中立，不得偏袒或欺瞒任何一方，犯罪嫌疑人、被告人应承认自己的罪行并真诚悔罪，认识到自己的行为给被害人带来的伤害，通过赔偿损失、赔礼道歉等方式获得被害人的谅解，双方最终就上述问题形成一致的意见，被害人自愿和解的，即达成和解。其次，双方当事人自行和解的，可以以书面形式交公安机关、人民检察院、人民法院审查，也可以以口头形式向公安机关、人民检察院、人民法院陈述。公安机关、人民检察院、人民法院应当听取双方当事人的意见，发现任何一方采取暴力、胁迫、欺骗等方式使另一方在违背真实意愿的基础上和解的，应当认定和解无效，和解过程有其他人参加的，还应当听取其他有关人员的意见，这里规定的"其他有关人员"是指与该案有利害关系人的当事人以外的其他人员，如被害人的法定代理人、被告人的辩护律师等，也应当听取他们的意见。双方当事人如果是在公安机关、人民检察院、人民法院的主持下达成和解的，公安机关、人民检察院、人民法院应当对双方当事人的自愿性进行确认，并审查和解的内容是否违反法律的强制性规定，是否损害国家、社会利益和他人的合法权益。最后，经审查，认为和解是在双方自愿的前提下达成且内容合法，符合《刑事诉讼法》第288条规定的条件的，应当由公安机关、人民检察院或者人民法院主持制作和解协议书，由双方签字，作为履行和解协议和依法从宽处理的依据。在理解和执行本条时应当注意：公诉案件双方当事人和解的，和解协议中应有被害人谅解的内容，但不应涉及刑事责任的处理。和解协议中包含被害人表示不追究犯罪嫌疑人、被告人刑事责任意愿的内容的，对司法机关没有任何约束力，刑事责任最终取决于公安机关、人民检察院、人民法院根据刑法和刑事诉讼法对犯罪嫌疑人、被告人作出的处理，犯罪嫌疑人、被告人不得以此作为不履行和解协议的理由。

五、当事人和解协议的审查

双方当事人在侦查阶段达成和解协议的，公安机关应当对和解协议的自愿性和合法性进行审查，将和解协议的内容及履行情况记录在案，并根据情况写出从宽处理的建议，同时仍应当查清案件事实，对于犯罪事实清楚，证据确实、充分的，应当写出起诉意见书，连同案卷材料、证据、和解协议书、从宽处理的建议一并移送人民检察院审查起诉。人民检察院收到公安机关移送审查起诉的相关材料后，认为犯罪嫌疑人的犯罪事实已经查清，证据确实、充分，依法应当追究刑事责任的，应当提起公诉，并根据案件情况写出从宽处罚的建议，连同案卷材料、证据、和解协议书一并移送人民法院；对于犯罪情节轻微，不需要判处刑罚的，可以作出不起诉的决定。人民法院收到人民检察院提起公诉的相关材料后，对于案件事实清楚，证据确实、充分，依据法律认定被告人有罪的，应当作出有罪判决，但是可以根据案件情况在量刑上对被告人从轻或者减轻处罚；对于犯罪情节轻微不需要判处刑罚的，可以依法免予刑事处罚。双方当事人在审查起诉阶段达成和解协议的，人民检察院应当对和解协议的自愿性和合法性进行审查，将和解协议的内容及履行情况记录在案，认为犯罪嫌疑人的犯罪事实已经查清，证据确实、充分，依法应当追究刑事责任的，应当提起公诉，并根据案件情况写出从宽处罚的建议，连同案卷材料、证据、和解协议书一并移送人民法院；对于犯罪情节轻微，不需要判处刑罚的，可以依法作出不起诉的决定。双方当事人在审判阶段达成和解协议的，人民法院应当对和解协议的自愿性和合法性进行审查，将和解协议的内容及履行情况记录在案，对于案件事实清楚，证据确实、充分，依据法律认定被告人有罪的，应当作出有罪判决，但是可以根据案件情况在量刑上对被告人从轻或者减轻处罚；对于犯罪情节轻微不需要判处刑罚的，可以免予刑事处罚。特别注意的是，公安机关可以根据双方达成和解协议的情况和案件情况向人民检察院提出从宽处理的建议，但是不得在侦查阶段因双方当事人达成和解协议而作出撤销案件的决定。根据最高人民法院《解释》第219条的规定，"人民法院对提起公诉的案件审查后，应当按照下列情形分别处理：（一）不属于本院管辖的，应当退回人民检察院；（二）属于刑事诉讼法第十六条第二项至第六项规定情形的，应当退回人民检察院；属于告诉才处理的案件，应当同时告知被害人有权提起自诉；（三）被告人不在案的，应当退回人民检察院；但是，对人民检察院按照缺席审判程序提起公诉的，应当依照本解释第二十四章的规定作出处理；（四）不符合前条第二项至第九项规定之一，需要补充材料的，应当通知人民检察院在三日以内补送；（五）依照刑事诉讼法第二百条第三项规定宣告被告人无罪后，人民检察院根据新的事实、证据重新起诉的，应当依法受理；（六）依照本解释第二百九十六条规定裁定准许撤诉的案件，没有新的影响定罪量刑的事实、证据，重新起诉的，应当退回人民检察院；（七）被告人真实身份不明，但符合刑事诉讼法第一百六十条第二款规定的，应当依法受理。对公诉案件是否受理，应当在七日以内审查完毕"。

六、和解协议书的效力

《刑事诉讼法》第 290 条规定：对于达成和解协议的案件，公安机关可以向人民检察院提出从宽处理的建议。人民检察院可以向人民法院提出从宽处罚的建议；对于犯罪情节轻微，不需要判处刑罚的，可以作出不起诉的决定。人民法院可以依法对被告人从宽处罚。

思考题：

1. 根据《刑事诉讼法》的规定，当事人和解的主体有哪些？
2. 简述当事人和解协议的审查。

第二十七章 犯罪嫌疑人、被告人逃匿、死亡案件 违法所得的没收程序

内容导读 在我国司法实务中，犯罪嫌疑人、被告人如果在实施违法犯罪行为后，出现潜逃或死亡的情形，由于犯罪嫌疑人、被告人不在案，将会出现该案在普通的刑事诉讼程序中无法侦查终结，而对犯罪嫌疑人、被告人退缴的涉案款物也无法处理的情况。近十几年来，我国社会转型，各种腐败、恐怖活动等犯罪增多，而这类型案件犯罪嫌疑人、被告人犯罪后，多有潜逃行为发生，基于此，2012 年修正的《刑事诉讼法》规定了犯罪嫌疑人、被告人逃匿、死亡案件违法所得的没收程序，有效针对特定案件的犯罪嫌疑人、被告人进行经济方面的制裁。该程序是我国《刑事诉讼法》的一大突破，并体现了国内法与国际公约的衔接。

本章重点：

1. 犯罪嫌疑人、被告人逃匿、死亡案件违法所得没收程序的适用条件
2. 检察院对没收意见的审查程序
3. 法院对没收违法所得申请的审查和审查程序、对违法所得没收裁决的救济程序
4. 犯罪嫌疑人、被告人到案并对没收裁决提出异议的处理

本章难点：

没收违法所得是一种未经定罪的没收程序，是对物的诉讼，而不是对人的诉讼。要灵活把握违法所得没收程序与追究刑事责任的普通程序之间的切换与衔接。

第一节 概 述

一、违法所得没收程序的概念、特征

违法所得没收程序是指侦查机关在查办法律规定的重大案件中，被追诉人已死亡或因逃匿经通缉 1 年仍不到案的，对其在犯罪中谋取的非法获利，由检察机关提请没收，法院经过审理依法裁定是否追缴的诉讼活动。违法所得没收程序以追缴犯罪分子的违法财产作为其主要目标之一，在理解该项程序制度时，需要与刑法上的没收财产刑相区分。前者是对因犯罪而获利的违法财产进行没收，后者是刑法规定的对合法财产处以没收的刑罚。

违法所得没收程序具有如下特征：

第一，是纯"对物"追缴的程序，不以被追诉人是否在案及是否定罪作为前提。

第二，案件适用范围和条件具有限定性。为了防止司法权恣意滥用及对公民权利的保护，从程序的正当性原则出发，立法及司法都从案件的适用范围及条件进行了严格限定。首先，从启动程序上，要求犯罪嫌疑人或被告人采取逃匿或死亡的方式使得其不接受司法审判作为前提；其次，要求逃匿要经过通缉满 1 年仍不能到案；最后，逃匿案件还必须要符合法

律规定犯罪案件类型及重大案件的标准。

第三，程序参与主体的具有特殊多样性。由于该程序是在犯罪嫌疑人、被告人缺席的情况下进行，存在侵害犯罪嫌疑人、被告人合法权益的可能，从我国法律程序设计来看，程序参与主体不仅包括有管辖权的法院，还有法定的指控机关、还增加了利害关系人参与诉讼，体现了"四维"模式。

第四，前置了特殊的庭前公告程序。基于违法所得没收程序涉及犯罪嫌疑人、被告人的合法权益，我国《刑事诉讼法》明确规定法院在受理没收申请之日起内必须要发出 6 个月的公告，《最高人民法院、最高人民检察院关于适用犯罪嫌疑人、被告人逃匿、死亡案件违法所得的若干问题的规定》也对公告的形式、内容作出了明确的规定。

第五，审理程序的可终止回转性。根据《刑事诉讼法》的相关规定，以下两种情形可以终止没收程序案件的审理：一是在逃的犯罪嫌疑人、被告人主动投案或者被抓捕归案，司法机关应立即终止违法所得没收程序，并将违法所得没收案件回转到普通刑事诉讼程序中进行裁定。二是申请没收的涉案财物全部灭失且无其他可替代没收的财物。

值得注意的是，违法所得没收程序有别于普通诉讼程序中的缺席审判制度。普通刑事诉讼程序对违法所得的没收前提是犯罪嫌疑人或者被告人在案并接受审判，如果犯罪嫌疑人、被告人不在案，则普通诉讼程序只能中止或者终止，而没收程序无法进行。没收所得程序属于对"物"的诉讼程序，只会影响到犯罪嫌疑人、被告人的财产权利，而不涉及犯罪嫌疑人、被告人的定罪量刑。

二、违法所得没收程序的性质

（一）违法所得没收程序的形式性质上是刑事诉讼程序

1. 该程序以行为人存在违法行为作为前提。原因在于，首先，没收违法所得程序如前文所述，不涉及犯罪嫌疑人、被告人的定罪量刑，但是该程序设立的初衷在于解决在特类的案件中对犯罪嫌疑人、被告人的追诉遇到阻碍而无法进行的前提下，为了制裁犯罪嫌疑人、被告人，避免其获得非法利益；其次，在判明涉案财物是否是违法所得的性质上，需要依据《刑事诉讼法》的规定，以刑事案件对该案件展开侦查，因而，具有刑事诉讼的特征。

2. 违法所得没收程序是司法机关行使公权力的结果，该结果体现了国家的刑罚权，具有惩罚性与震慑性。

3. 根据《刑事诉讼法》的规定，违法所得没收案件的管辖由犯罪地及犯罪嫌疑人、被告人居住所在地人民法院管辖。该案件标的虽然是财产，但是不能忽视，案件审理的焦点在于犯罪嫌疑人、被告人与涉案财产的关系，具有刑事诉讼的属性。

4. 违法所得没收程序是在于普通刑事诉讼遇到阻碍，无法进行的情况下，为了使刑事追诉活动稳固、持续而创设的一种特别刑事诉讼程序。但该程序同样适用《刑事诉讼法》的基本原则，且体现刑事诉讼法预防犯罪、惩罚犯罪的功能。同时，在犯罪嫌疑人、被告人到案后，进行的没收程序便立刻终止并回转为普通程序，这也体现了该程序对人追究的"重要性"优先于对涉案财物追缴，因而具有刑事诉讼的特征。

（二）违法所得没收程序的内容性质是保安处分

保安处分措施是以李斯特的特殊预防理论为基础设立的，其设置的基本目的是通过矫正、防治等手段，对于具有社会危险性的特定行为人，防止其再犯罪。我国刑法虽然没有明文规定保安处分，但刑法学界的主流观点认为，《刑法》第 64 条关于"犯罪分子违法所得的一切财物，应当予以追缴或者责令退赔"，"违禁品和供犯罪所用的本人财物，应当予以没收"的规定，虽然被规定在"刑罚的具体运用"这一章的"量刑"这一节内，但它不属于刑罚，而是保安处分。根据保安处分对象的性质，可分为对人的保安处分和对物的保安处分。对人的保安处分是指对具有一定犯罪危险性、可能危害社会的人实施的具有刑法强制力的预防措施。对物的保安处分是指以预防犯罪为目的而对与犯罪有关的特定物采取的保安处分，这些特定物包括被用于犯罪的物、犯罪所得的财产等。在外国，对物的保安处分的措施一般包括没收、关闭事务所、法人解散、禁止或停止营业、禁止贩卖等。

因此，违法所得没收程序是属于以适用保安处分措施为目的的特别刑事诉讼程序。保安处分也是违法所得没收程序的自身属性，该程序的设置目的就是利用刑诉的没收手段禁止行为人从犯罪中谋取利益，防止其利用谋取的非法利益再次犯罪，以及警示准备犯罪的人不要妄想从犯罪中获利，具有预防功能。有学者提出，对于违法所得的没收并无明显的预防性，只是令犯罪人从犯罪中所获利益"归零"。但根据预防目的的不同，预防具有一般和特殊之分，一般预防主要预防普通公众实施违法行为，并没有明显的针对性；特殊预防是具有明显针对性，其主要是预防有前科的人再次违法。从一般预防的角度来看，通过追缴、没收违法所得，能形成强大的震慑力，在一定程度上遏制那些幻想从犯罪中获利然后逃之夭夭的人的念头，打消其潜在犯罪意图，具有较强的示范效应，防止公众会选择以犯罪的手段来谋取非法利益，从而达到预防犯罪的目的。从特殊预防的角度来看，追缴、没收违法所得、犯罪工具，彻底摧毁犯罪嫌疑人的经济基础、斩断其经济来源，才能致使其无法再利用未处理的违法所得再次从事犯罪或资助他人犯罪，让其不从犯罪中占到任何便宜，从而彻底打消犯罪的念头，同时失去经济支持，客观上也没有再犯的可能。显然，违法所得没收程序从其内容性质上看，其保安处分的意味更为浓烈，该程序作为一项保安处分性质的措施，其程序的合理性是建立在其预防作用的发挥上。

第二节　违法所得没收程序的启动条件和案件审理程序

一、违法所得没收程序的启动条件

根据刑事诉讼法的规定，程序启动必须要具备以下几个条件：

（1）属于贪贿、恐怖活动等重大犯罪案件，且被追诉人因逃匿被缉捕 1 年仍不到案。

（2）被追诉人死亡案件。

（3）属于依法应当追缴的涉案财产

《最高人民法院、最高人民检察院关于适用犯罪嫌疑人、被告人逃匿、死亡案件违法所得没收程序若干问题的规定》（以下简称两高《规定》）第 1 条、第 2 条、第 3 条对这几个条件进行了明确解释，根据司法解释，首先，针对违法犯罪没收程序所涉及的犯罪类型。两高《规定》对罪名范围作出了解释和补充，将此等案件确定为五类犯罪案件，除了贪贿、恐怖活动类犯罪外，还增加了有关洗钱罪以及上游犯罪和网络、电信诈骗类犯罪。其次，明确了"重大"的认定标准。两高《规定》从案件在一定地区影响程度和逃匿境外的这两种情形明确了"重大"的认定标准。即"在省级以上范围内有较大影响的"确定为"重大"。同时，将逃匿境外的行为也作为确定"重大"的一项标准。最后，被追诉人因逃匿被通缉 1 年不到案的。对"逃匿"的界定主要从主观和客观两个方面来进行考量。主观方面为"逃避侦查和刑事追究",客观方面为"潜逃、隐匿",即无论被追诉人是离开所在地、居住地、工作地,还是逃匿境外或就地隐匿起来,只要其不到案接受侦查审理的,均视为"逃匿"情形。对于逃匿时间的限定,必须 1 年以上,而且是从公安机关的通缉令发出的第二天起算,而不应该是以侦查机关接到线索或者立案侦查之日起算。对于"通缉"也有明确的规定,其并不包括侦查机关采取协查通报、挂网追逃、边控、技侦网侦等措施。另外被追诉人因发生意外,经有关机关证明其不可能生存或者下落不明满 2 年的,也应视为"逃匿"情形。根据六机关《规定》第 37 条的规定,死亡案件不受没收程序案件范围的限定。其一,在罪名方面,只要属于我国《刑法》规定的罪名即可。其二,对案件处在哪个诉讼阶段并没有要求,无论是在立案前或立案后死亡的,只要终止普通刑事程序后,另行提出没收违法所得申请即可。其三,没有"重大"犯罪标准的限定。这里不管是认定犯罪的数额还是需要追缴的犯罪数额,都不需要达到省级以上范围,当然,这个追缴的最低起点数额必须是要达到刑事立案的标准。另外,针对已被撤销、注销的单位先前实施违法行为谋取利益的,原单位负责人员和其他责任人员逃匿、死亡的,也按照嫌疑人、被告人死亡案件处理。

两高《规定》还扩大了之前我国相关司法解释发布违法财产认定范围,将对于混合财产、替代财产、违法所得用于投资所获财产等都纳入没收范围并作出明确规定。

二、违法所得案件审理程序

(一)违法所得没收案件的庭前程序

1. 在管辖及分工方面。申请违法所得没收的主体为人民检察院。根据《刑事诉讼法》的规定,人民检察院可以向人民法院提出没收违法所得的申请。公安机关认为有前款规定情形的,应当写出没收违法所得意见书,移送人民检察院。管辖法院为中级人民法院。根据《刑事诉讼法》规定,违法所得没收由犯罪地或者犯罪嫌疑人、被告人居住地的中级人民法院组成合议庭进行审理。

2. 案件的立案受理程序。为避免合法财产因没收案件滥入审判程序而遭受不必要的损害,两高《规定》提出法院应当将在案件受理阶段的 30 日内对检察院提起没收申请的犯罪事实以及提交的证据进行审查,即将案件的审查环节设置在立案前,并以"逮捕"的证明标准作为人民法院受理案件的必要条件,且须有证据证明有犯罪事实才受理,以确保程序不"滥入"。

3. 审理前的公告程序。公告程序是必经程序,且公告不适用中止、中断、延长的规定。公告的发布载体应当符合法律的规定,另外对于境内外已经掌握相关人员的联系方式的,还增加了公告的补充送达、多方式送达,并记录在案。对于境外受送达人未作出同意意思表示或未掌握联系方式的,还可以请求其所在地国(区)主管机关协助送达,同时对公告的形式也作了明确具体的要求。根据刑事诉讼法规定,人民法院受理没收违法所得的申请发出公告。公告期间为 6 个月。

(二)违法所得没收案件的庭审程序

1. 开庭审理的方式。依照《刑事诉讼法》规定,人民法院在公告期满后对没收违法所得的申请进行审理,利害关系人参加诉讼的,人民法院应当开庭审理。即无论是对申请的财产主张所有权还是主张部分物权的自然人和单位,只要其或其代理人申请参加诉讼的,即使是为了跟踪了解诉讼情况而参加的，人民法院都要开庭审理，而且检察人员应当出席。对于因合理事由未能在公告期间内参加诉讼的利害关系人，还可以在公告期满后申请参加诉讼。另外，《刑事诉讼法》规定，犯罪嫌疑人、被告人的近亲属和其他利害关系人有权申请参加诉讼，也可以委托诉讼代理人参加诉讼。两高《规定》还明确了有条件准许犯罪嫌疑人、被告人委托诉讼代理人申请参加诉讼，并准许诉讼代理人依照利害关系人的诉讼代理人的规定行使诉讼权利。

2. 须合议庭审理。违法所得没收程序，首先须认定犯罪嫌疑人、被告人存在犯罪事实及逃匿、死亡，为了避免独任审判的随意性，保证审理的效果，两高《规定》第14条明确，法院应当组成合议庭进行审理。

3. 庭审的焦点在于涉案财产的性质认定。在庭审中，双方仅需围绕着被申请没收的财产是否属于违法所得进行举证、质证并提出意见。

（三）违法所得没收案件的二审程序

1. 上诉、抗诉程序。在违法所得没收案件的诉讼中，对原审没收裁定不服的一方当事人、检察机关均有权提出上诉、抗诉。我国《刑事诉讼法》未对违法所得没收程序的上诉、抗诉期限作出规定，但是两高《规定》按照一般规定"不服裁定的上诉和抗诉期限为五日"的原则，规定了提请违法所得没收程序二审的期限。

2. 二审人民法院对于上诉、抗诉案件处理，有四种情形，并且两高《规定》在第21条已经作出了明确。但如果在审理过程中，因客观的原因导致被没收的标的不复存在的，则应当裁定终止审理，结束程序。因为没收程序最终的目的是要解决对涉案的财产处理问题，如果讼争的标的不复存在并且没有可替代的其他财产，为不浪费司法资源和从解决实际问题出发，针对财产的审理当然应当终止。

（四）违法所得没收案件的境外执行程序

两高《规定》明确由负责立案侦查的机关层报至其最高上级机关，按照我国签订的相关公约或互惠对等原则请求国外主管机关协助执行。如果有些国家要求发文机关是法院的，可以向同级法院提出并层报最高法，由最高法依据我国签订的相关司法条约、公约或依照互惠对等原则请求协助执行。

（五）违法所得没收程序的回转适用情形

为了保障犯罪嫌疑人、被告人有直接辩护权及对被没收的财产进行抗辩、提出异议的权利，我国《刑事诉讼法》规定了违法所得没收程序的回转。

（1）被追诉人在程序进行中到案的。根据《刑事诉讼法》的规定，应当回转没收程序。人民法院应当终止违法所得没收程序并将该案退回人民检察院，由人民检察院退回承办单位，承办单位可以补充相关证据后将该案回转为普通刑事案件，后通过普通刑诉程序实现是否对涉案财产的没收。

（2）没收裁定生效后，归案的被追诉人提出异议的。根据法律规定，没收裁定已经生效，但归案后的犯罪嫌疑人、被告人对没收裁定有异议并提出回转申请的，法院应将生效的裁定纳入普通程序一并重新审理。

（3）违法所得没收程序回转的处理结果。根据《刑事诉讼法》的规定，原裁定没有错误的，予以维持；错误的，予以撤销，而且应当返还犯罪嫌疑人被没收的财产，赔偿其因此造成的损失。在此分两种方式处理，其一，对裁定错误尚未执行的，依照审监程序进行纠正；其二，对于裁定错误并且已经执行的，按照执行回转程序进行纠正，并及时将错误的没收财产返还、退赔给犯罪嫌疑人，如果还造成他人损失的，依法给予国家赔偿。

思考题：

1. 请思考违法所得没收程序与普通刑事诉讼法程序的区别。
2. 请思考违法所得没收程序的适用条件。
3. 请思考为什么要设置违法所得回转程序？

第二十八章　强制医疗程序

> **内容导读**　强制医疗程序是指公安、司法机关对不负刑事责任且有社会危险性的精神病人采取强制治疗措施的特别诉讼程序。《刑事诉讼法》明确规定了强制医疗程序的适用范围，明确强制医疗案件原则上应当开庭审理，并应当会见被申请人。明确了强制医疗的复议、监督程序，明确了强制医疗的解除程序。

本章重点：

强制医疗程序的性质与特征

本章难点：

强制医疗程序的要件

第一节　概　　述

一、强制医疗程序的概念、特点

强制医疗程序，是指公安、司法机关对不负刑事责任且有社会危险性的精神病人采取强制治疗措施的特别诉讼程序。

强制医疗程序是我国 2012 年修正的《刑事诉讼法》中新增的特别程序，其目的不是解决犯罪嫌疑人、被告人的刑事责任问题，而是审查决定是否对精神病人采取强制医疗措施。在此之前，我国《刑法》和《人民警察法》对强制医疗作了一些规定。《刑法》第 18 条第 1 款规定："精神病人在不能辨认或者不能控制自己行为的时候造成危害结果，经法定程序鉴定确认的，不负刑事责任，但是应当责令他的家属或者监护人严加看管和医疗；在必要的时候，由政府强制医疗。"《人民警察法》第 14 条规定："公安机关的人民警察对严重危害公共安全或者他人人身安全的精神病人，可以采取保护性约束措施。需要送往指定的单位、场所加以监护的，应当报请县级以上人民政府公安机关批准，并及时通知其监护人。"但是总的来说，这些规定过于原则化，适用条件也不明确。2012 年修正的《刑事诉讼法》设专章规定了强制医疗程序，规定了该程序的适用对象、审理程序、法律援助、救济程序以及法律监督等内容。可以说，这是立法上的一大进步。

强制医疗程序的特征包括：①强制医疗程序的适用对象必须是具有一定人身危险性且无刑事责任能力的精神病人；②强制医疗程序着眼于特殊预防，强制医疗不是对已发生的行为的惩罚，而是对精神病人可能再次危害社会的预防；③强制医疗程序的启动以专门的医疗机构或者鉴定机构进行精神病鉴定作为前提。

二、强制医疗程序的意义

第一，有利于防止精神病人继续实施危害社会的行为，维护公共安全。根据我国《刑法》的规定，精神病人犯罪后被判不负刑事责任后，一般应由其家属或者监护人对其进行看管和医疗，防止其再危害社会；在必要的时候，可以由政府进行强制医疗。但在实践中，由于相关立法的不健全，一些精神病人处于政府、社会、家庭三不管的状态。刑事强制医疗程序通过强制医疗程序防止精神病人继续实施危害社会的行为，以维护公共安全。

第二，有利于保障精神病人的合法权益。尽管精神病人实施了危害社会的犯罪行为，但精神病人的合法权益仍应得到保障。在现实生活中，对于有暴力倾向的精神病人很难监管和救治，许多精神病人的监护人最后无奈选择或剥夺精神病人的人身自由或放弃监管；这样不仅导致精神病人得不到有效的救治，还有可能使得精神病人流入社会，其自身的人身安全得不到保障。《刑事诉讼法》设立刑事强制医疗程序，既能对其进行医治又能对其保护，这样能有力地保障精神病人的合法权益。

第三，有利于保障无辜者的合法权益。刑事强制医疗程序制度具体规定了刑事强制医疗适用的条件、启动程序以及监督制约措施，这不仅使那些符合刑事强制医疗条件的人能得到必要的强制医疗，更重要的是能在一定程度上使那些不宜或不具备刑事强制医疗适用的条件的人，避免因为某些过错或非法因素而被实施强制医疗，从而使无辜者的合法权益得到保护。

第二节　强制医疗程序的适用对象

按照我国《刑法》第18条规定，精神病人在不能辨认或者不能控制自己行为的时候造成危害结果，经法定程序鉴定确认的，不负刑事责任，但是应当责令他的家属或者监护人严加看管和医疗；在必要的时候，由政府强制医疗。《刑事诉讼法》也相应地规定了依法不负刑事责任的精神病人的强制医疗程序。从《刑法》和《刑事诉讼法》的上述规定中可以看出，我国针对精神病的强制医疗程序，是建立在精神病人不负刑事责任的基础之上的。既然不负刑事责任，也就不存在刑罚适用问题，更谈不上罪与非罪问题。

既然是非刑事处分的诉讼方式，适用的主体就是无罪者，受到处罚的人并没有构成刑法上的犯罪，而是基于他对社会的危害性和本身固有的人身危险性才展开必要的诉讼。按照新《刑事诉讼法》第302条的规定，这一程序适用的对象，是指实施了暴力行为，危害公共安全或者严重危害公民人身安全，经法定程序鉴定依法不负刑事责任的精神病人。从客观上讲，这些人确实实施了危害社会的行为，或者具有危害社会的严重危险性，应当承担法律责任。但由于其身份排除了承担刑事责任的可能，《刑法》明确规定不追究他们的刑事责任。把这些案件一并纳入刑事诉讼程序统筹解决，目的在于保障正常的社会秩序，保护公民的人身、财产权利不受损害。

从新《刑事诉讼法》规定的精神病人强制医疗程序中可以看出，符合精神病强制医疗的对象至少应当具备以下条件：

（一）行为人必须实施暴力行为，并且行为已经危害公共安全或者严重危害公民人身安全

这里的"暴力行为"一般是指以人身、财产等为侵害目标，采取损害性的暴力加害手段，对被害人的身心健康和生命财产安全造成严重损害，已经危及公共安全秩序稳定的行为。所谓"危害公共安全"一般是指以不特定的社会公众的生命健康和财产安全为加害对象的危害行为，通常这种危害行为的社会危害性更加凸显。条文中所指的"严重危害公民人身

安全",一般是指杀人、伤害、绑架等严重侵害公民生命健康安全的行为。

(二) 行为人经法定程序鉴定,确定为完全无刑事责任能力人

即明确实施暴力行为的人因精神疾患而丧失了刑法所要求的承担刑事责任所必需的辨认或控制自己行为的能力。由此,我们可以确定,并不是所有的精神病人都可以适用强制医疗。间歇性的精神病人在其精神状况正常时实施的行为,或者是限制责任能力的精神病人实施的行为,则不能适用强制医疗程序,而是追究其相应的刑事责任,并适用刑事处罚。

(三) 行为人有继续危害社会的可能

如果某精神病人在实施了危害公共安全或严重危害公民人身安全的暴力行为时,其本人已经丧失行为能力,没有继续危害社会可能的,则不能适用强制医疗程序。

第三节 强制医疗程序的运行

一、启动方式

根据《刑事诉讼法》第 303 条第 2 款的规定,公安机关发现精神病人符合强制医疗条件的,应当写出强制医疗意见书,移送人民检察院。对于公安机关移送的或者在审查起诉过程中发现的精神病人符合强制医疗条件的,人民检察院应当向人民法院提出强制医疗的申请。人民法院在审理案件过程中发现被告人符合强制医疗条件的,可以作出强制医疗的决定。可见,公安机关、人民检察院和人民法院在各自的诉讼阶段,在发现犯罪嫌疑人、被告人是依法不负刑事责任的精神病人时,均有权启动强制医疗程序。

(1)公安机关发现精神病人符合强制医疗条件的,应当写出强制医疗意见书,移送人民检察院。对于公安机关移送的或者在审查起诉过程中发现的精神病人符合强制医疗条件的,人民检察院应当向人民法院提出强制医疗的申请。

(2)法院在审理案件过程中发现被告人符合强制医疗条件的,可以作出强制医疗的决定。对实施暴力行为的精神病人,在人民法院决定强制医疗前,公安可采取临时的保护性约束措施。

二、强制医疗的审理与处理

1. 依法不负刑事责任的精神病人强制医疗的案件,由被申请人实施暴力行为所在地的基层人民法院管辖;由被申请人居住地的人民法院审判更为适宜的,可以由被申请人居住地的基层人民法院管辖。

2. 审理强制医疗案件,应当组成合议庭,开庭审理。但是,被申请人、被告人的法定代理人请求不开庭审理,并经人民法院审查同意的除外。

3. 人民法院审理强制医疗案件,应当通知被申请人或者被告人的法定代理人到场。

4. 被申请人或者被告人没诉讼代理人的,法院应当通知法援机构指派律师为其提供法律帮助。

5. 法院经审理,对于被申请人或者被告人符合强制医疗条件的,应当在 1 个月以内作出决定。

6. 被决定强制医疗的人、被害人及其法定代理人、近亲属对强制医疗决定不服的,可以

向上一级人民法院申请复议。

《刑事诉讼法》第 303 条第 1 款规定，根据本章规定对精神病人强制医疗的，由人民法院决定。人民法院受理强制医疗申请后，应当组成合议庭进行审理，并且对于被申请人或者被告人符合强制医疗条件的，应当在 1 个月内作出强制医疗的决定。最高人民法院《解释》第 637 条规定：对申请强制医疗的案件，人民法院审理后，应当按照下列情形分别处理：其一，符合《刑事诉讼法》第 302 条规定的强制医疗条件的，应当作出对被申请人强制医疗的决定。其二，被申请人属于依法不负刑事责任的精神病人，但不符合强制医疗条件的，应当作出驳回强制医疗申请的决定；被申请人已经造成危害结果的，应当同时责令其家属或者监护人严加看管和医疗。其三，被申请人具有完全或者部分刑事责任能力，依法应当追究刑事责任的，应当作出驳回强制医疗申请的决定，并退回人民检察院依法处理。

三、强制医疗的救济与监督

《刑事诉讼法》第 305 条第 2 款规定："被决定强制医疗的人、被害人及其法定代理人、近亲属对强制医疗决定不服的，可以向上一级人民法院申请复议。"最高人民法院《解释》第 642 条也规定："被决定强制医疗的人、被害人及其法定代理人、近亲属对强制医疗决定不服的，可以自收到决定书第二日起五日以内向上一级人民法院申请复议。复议期间不停止执行强制医疗的决定。"据此，被申请人、被害人及他们的法定代理人或者近亲属均有权向作出决定的人民法院的上一级法院提起重新审查的申请。这里的法定代理人及近亲属的范围执行《刑事诉讼法》第 108 条第 3 项和第 6 项的规定，而被害人一般是指其人身权利、财产权利或其他合法权益受到被强制医疗的人实施的暴力行为直接侵害的人。

对不服强制医疗决定的复议申请，原审理法院的上一级人民法院应当组成合议庭审理，并在 1 个月内，按照下列情形分别作出复议决定：

（1）被决定强制医疗的人符合强制医疗条件的，应当驳回复议申请，维持原决定。

（2）被决定强制医疗的人不符合强制医疗条件的，应当撤销原决定。

（3）原审违反法定诉讼程序，可能影响公正审判的，应当撤销原决定，发回原审人民法院重新审判。

此外，依据最高人民法院《解释》第 644 条的规定，从第一审程序转化为强制医疗程序的案件，法院判决被告人不负刑事责任并作出对被告人强制医疗的决定后，人民检察院提出抗诉，同时被决定强制医疗的人、被害人及其法定代理人、近亲属申请复议的，上一级人民法院应当依照第二审程序一并处理。

复议是一种重新审查程序，其不应该影响决定的生效。但是，通过设置该项具有救济功能的复议程序，使相关决定能够有机会经历再审查机会，这既是尊重程序主体权利的表现，也是强制医疗案件能够得以正确处理的有效保障。

新《刑事诉讼法》规定：人民检察院对强制医疗的决定和执行实行监督。这是人民检察院加强法律监督的一项重要内容。人民检察院对强制医疗措施的监督应当是全面的，既包括对公安机关移送强制医疗是否合法、对法院决定强制医疗是否适当进行监督，还包括强制医疗的执行是否存在违法情形进行监督。但是，新《刑事诉讼法》对于人民检察院如何介入强制医疗程序的决定与执行程序展开监督没有具体规定，需要通过司法解释予以具体化。

四、强制医疗机构的医疗与解除强制

医疗机构应当定期对被强制医疗的人进行诊断评估。对于已不具有人身危险性，不需要继续强制医疗的，应当及时提出解除意见，报决定强制医疗的人民法院批准。被强制医疗的人及其近亲属有权申请解除强制医疗。

第二十九章　涉外刑事诉讼程序与司法协助制度

内容导读　涉外刑事诉讼程序是我国刑事诉讼法的一个重要组成部分，它规范和指导我国涉外刑事诉讼案件的流程。涉外刑事诉讼程序的特殊性在于刑事案件的涉外因素。与普通刑事诉讼比，有其独有的特点、法律依据、原则及具体操作规范。

本章重点：

1. 刑事司法协助
2. 涉外刑事诉讼的原则
3. 涉外刑事案件的诉讼程序

本章难点：

1. 引渡的原则
2. 区际司法协助问题

第一节　涉外刑事诉讼程序概述

一、涉外刑事诉讼程序的概念

涉外刑事诉讼程序，是指诉讼活动涉及外国人（包括无国籍人）或需要在国外进行的刑事诉讼所特有的方式、方法和步骤。简言之，涉外刑事诉讼程序，就是涉外刑事诉讼所特有的方式、方法和步骤。

涉外刑事诉讼与涉外案件的刑事诉讼（又称涉外刑事案件的诉讼）不同。根据有关规定，涉外案件是指以下两类案件：

（1）在中华人民共和国领域内，外国人犯罪的或者中国公民侵犯外国人合法权利的刑事案件。

（2）在中华人民共和国领域外，符合《刑法》第7条~第10条规定情形的中国公民犯罪或者外国人对中华人民共和国国家和公民犯罪的案件。

涉外案件的刑事诉讼，是指中国司法机关处理涉外刑事案件的方式、方法和步骤。涉外刑事诉讼是指刑事诉讼活动涉及外国人（包括无国籍人，下同）或者某些诉讼活动需要在国外进行这两种情况。

涉外刑事诉讼包括涉外案件的刑事诉讼，但又不仅指涉外案件的刑事诉讼。在司法实践中，有些案件不是涉外案件，但由于案发时或案发后的一些特殊情况，使得这些案件的诉讼活动涉及外国人或者需要在国外进行。例如，目击案件发生的证人是外国人或虽是中国人，但诉讼时已身在国外；案件发生后，犯罪嫌疑人、被告人潜逃国外等。随着中国对外开放的深入，这类案件数量会逐年增多。这些案件，在诉讼时所采取的方式、方法和步骤不同于其他非涉外案件，可能要请求外国司法机关协助调查，或者需要向外国申请引渡犯罪分子等。

从这方面讲，这些案件的刑事诉讼与涉外案件的刑事诉讼有共同的地方，故应一并予以研究。把涉外刑事诉讼程序等同于涉外刑事案件的诉讼程序，是不全面的。

涉外刑事诉讼在程序上有涉外因素，因而在处理案件时需要采取特殊的方式、方法和步骤。例如，在调查取证，羁押犯罪嫌疑人、被告人，送达等方面，都要采取与非涉外刑事诉讼所不同的方式、方法和步骤。

二、涉外刑事诉讼程序所适用的案件范围

由于涉外刑事诉讼是诉讼活动涉及外国人或者某些诉讼活动需要在国外进行的刑事诉讼，所以，只有以下几种案件才可能适用涉外刑事诉讼程序：

1. 中国公民在中华人民共和国领域内对外国公民、无国籍人及外国法人犯罪的案件。在这种案件中，外国人、无国籍人或者外国法人是被害人，诉讼活动涉及外国人（包括无国籍人，下同），故应适用涉外刑事诉讼程序。

2. 外国公民、无国籍人或外国法人在中华人民共和国领域内对中国国家、组织或者公民实施犯罪的案件。这种案件的犯罪嫌疑人、被告人是外国公民或法人，诉讼活动涉及外国人，也应适用涉外刑事诉讼程序。

3. 外国公民、无国籍人或者外国法人在中华人民共和国领域内侵犯外国公民、无国籍人或者外国法人的合法权利、触犯中国刑法，构成犯罪的案件。这种案件，犯罪行为没有危害中国国家、组织和公民的利益，但犯罪地点在中国境内，中国司法机关具有管辖权。这种案件的被害人、犯罪嫌疑人、被告人都是外国人，其侵害行为也可能是多种多样的，但只有那些根据中国刑法规定构成犯罪的行为，才适用涉外刑事诉讼程序予以追究。

4. 中华人民共和国缔结或者参加的国际条约所规定的，中国有义务管辖的国际犯罪行为。改革开放以来，中国缔结和参加了不少国际条约。例如，1980年10月加入了《关于制止非法劫持航空器的公约》（《海牙公约》）和《关于制止危害民用航空安全的非法行为的公约》（《蒙特利尔公约》）；1982年12月签署了《联合国海洋公约》；1989年10月批准加入了《联合国禁止非法贩运麻醉药品和精神药物公约》等，这些条约规定了一些国际犯罪行为。根据这些公约和中国国内法的有关规定，凡中国有义务管辖的国际犯罪案件，均适用涉外刑事诉讼程序。

5. 外国人、无国籍人、外国法人在中华人民共和国领域外对中国国家或公民实施按照中国刑法规定最低刑为三年以上有期徒刑的犯罪案件，但按照犯罪地法律不受处罚的除外。这类案件的犯罪嫌疑人、被告人是外国人，犯罪地也不在中国境内，但因为犯罪行为是针对中国国家或中国公民实施的，按照保护管辖原则，我国有权依照涉外刑事诉讼程序追究其刑事责任。

6. 某些刑事诉讼活动需要在国外进行的非涉外刑事案件。包括中国《刑法》第7条、第8条规定的中国公民在中国领域之外犯罪的案件；中国公民在中国领域内犯罪、犯罪后潜逃出境的案件；犯罪嫌疑人、被告人、被害人均为中国公民，但证人是外国人且诉讼时已出境的案件。在上述案件的诉讼过程中，某些诉讼活动如查缉犯罪嫌疑人、被告人或者收集证据等活动需要在国外进行，而中国的司法机关又不能直接到国外去行使职权，故需要按照国际条约或者互惠原则等规定，请求外国司法机关予以协助。

7. 外国司法机关管辖的，根据国际条约或者互惠原则，外国司法机关请求中国司法机关为其提供刑事司法协助的案件。承办这类案件的主体是外国司法机关，中国的司法机关只是

在为其查缉罪犯或调查取证方面给予协助。提供协助的方式、步骤也要按照涉外刑事诉讼程序进行。

三、涉外刑事诉讼所适用的法律

涉外刑事诉讼是中国刑事诉讼活动的一个组成部分，因而它所适用的实体法和程序法都应是中国的法律以及中国参加或者缔结的国际条约或国际公约，不存在适用外国实体法和程序法的问题。即使中国司法机关接受外国司法机关的请求，协助他们调查取证、查缉罪犯，也应按照中国刑事诉讼法规定的方法、步骤进行。中国关于涉外刑事诉讼的法律规定是不完备的。

中国 1979 年发布、1997 年修正并实施的《刑法》和 1979 年发布、1996 年、2012 年、2018 年修正的《刑事诉讼法》，只有 7 个条文涉及涉外刑事诉讼问题。这些条文只是对涉外刑事诉讼的原则性规定，并未明确规定涉外刑事诉讼的具体方式、方法和步骤。这种状况与中国不断深入进行的改革开放形势和涉外刑事诉讼日益增多的实际情况极不适应，国家很有必要加强涉外刑事诉讼方面的立法工作。

在司法实践中，中国司法机关进行涉外刑事诉讼，主要依照最高人民法院、最高人民检察院颁布的司法解释以及公安部、国家安全部和司法部颁发的部门行政规章。这些司法解释和部门行政规章目前约有十多种，其中除最高人民法院、最高人民检察院发布的关于《刑事诉讼法》的司法解释等文件系统规定了涉外刑事案件程序外，其他均是对个别问题的规定。

四、涉外刑事诉讼的特有原则

涉外刑事诉讼的特有原则，是指司法机关及诉讼参与人进行涉外刑事诉讼时所应遵守的行为准则。本节所称的"刑事诉讼基本原则"，是指我国《刑事诉讼法》第一编第一章规定的，适用于各种刑事诉讼的基本行为准则。

我国目前尚没有系统的涉外刑事诉讼立法，现行《刑事诉讼法》对涉外刑事诉讼的规定也不完善，所以至今并未有法定的涉外刑事诉讼原则。但是，作为一种与非涉外刑事诉讼不完全相同的涉外刑事诉讼，它本身应当具有一些特有原则。涉外刑事诉讼的特有原则，有的是对刑事诉讼基本原则的补充，如"适用中国刑事法律与信守国际条约相结合的原则""外籍当事人委托中国律师辩护和代理的原则"。有的是对某项刑事诉讼基本原则的具体化，如"外籍被告人依法享有中国法律规定的诉讼权利并承担诉讼义务原则"，就是"保障诉讼参与人享有诉讼权利"这一基本原则的具体化。

（一）适用中国刑事法律和信守国际条约相结合的原则

适用中国刑事法律和信守国际条约相结合原则，是指司法机关及诉讼参与人在进行涉外刑事诉讼时，除了要遵守中国刑法和刑事诉讼法外，还应当遵守中国缔结或者参加的国际条约中有关刑事诉讼程序的具体规定，除非中国对该条款有保留。如果中国的刑事法律与中国缔结或者参加的国际条约有冲突，应当适用国际条约的有关规定。

涉外刑事诉讼适用中国刑事法律，是我国《刑法》和《刑事诉讼法》明确规定的。我国《刑法》第 6 条~第 16 条规定，在中华人民共和国领域内犯罪及在中华人民共和国领域外犯罪，需要依照中国刑法追究刑事责任的，都适用中国刑法对其定罪量刑。我国《刑事诉讼法》第 17 条规定，对于外国人犯罪应当追究刑事责任的，除非该外国人享有外交特权或者豁免权，均适用中国刑事诉讼法的规定。涉外刑事诉讼适用中国法律，是我国独立行使刑事司法管辖权的标志，也是国际公认的国家主权原则的基本要求。因此，我国司法机关不论是立案、侦查、起诉、审判涉外案件，还是协助外国司法机关调查取证、查获犯罪人，都必须适用中国法律，绝不允许任何外国国家、组织或者公民以任何形式进行干涉。国际条约是主权国家之间订立的多边或双边协议。我国对于自己参加或者缔结的国际条约，历来是认真信守的。

我国《刑事诉讼法》虽然没有明确规定司法机关及诉讼参与人在涉外刑事诉讼中，在遵守中国刑事诉讼法律的同时遵守中国参加或缔结的国际条约，但是，司法机关在刑事诉讼实践中一贯坚持了这一原则。最高人民法院、最高人民检察院、公安部、国家安全部、司法部和外交部在发布的《关于处理涉外案件若干问题的规定》中指出：涉外案件依照我国法律规定办理，以维护我国主权。同时亦应恪守我国参加和签订的多边或双边条约的有关规定。当国内法及某些内部规定同我国所承担的条约义务发生冲突时，应适用国际条约的有关规定。

最高人民法院在 2021 年发布的最高人民法院《解释》第 480 条规定："需要向有关国家驻华使领馆通知有关事项的，应当层报高级人民法院，由高级人民法院按照下列规定通知：（一）外国籍当事人国籍国与我国签订有双边领事条约的，根据条约规定办理；未与我国签订双边领事条约，但参加《维也纳领事关系公约》的，根据公约规定办理；未与我国签订领事条约，也未参加《维也纳领事关系公约》，但与我国有外交关系的，可以根据外事主管部门的意见，按照互惠原则，根据有关规定和国际惯例办理；（二）在外国驻华领馆领区内发生的涉外刑事案件，通知有关外国驻该地区的领馆；在外国领馆领区外发生的涉外刑事案件，通知有关外国驻华使馆；与我国有外交关系，但未设使领馆的国家，可以通知其代管国家驻华使领馆；无代管国家、代管国家不明的，可以不通知；（三）双边领事条约规定通知时限的，应当在规定的期限内通知；没有规定的，应当根据或者参照《维也纳领事关系公约》和国际惯例尽快通知，至迟不得超过七日；（四）双边领事条约没有规定必须通知，外国籍当事人要求不通知其国籍国驻华使领馆的，可以不通知，但应当由其本人出具书面声明。高级人民法院向外国驻华使领馆通知有关事项，必要时，可以请人民政府外事主管部门协助。"

（二）外国籍犯罪嫌疑人、被告人享有中国法律规定的诉讼权利并承担诉讼义务的原则

外籍犯罪嫌疑人、被告人享有中国法律规定的诉讼权利并承担诉讼义务原则，是指具有外国国籍的犯罪嫌疑人、被告人（包括无国籍人及外国籍法人）在涉外刑事诉讼中，依照中国刑事诉讼法和其他法律的有关规定，享有诉讼权利，承担诉讼义务，他既不能享有本国法规定的诉讼权利，也不必遵循本国法所规定的诉讼义务，中国刑事诉讼法虽然没有明确规定这项原则，但根据《刑事诉讼法》第 17 条的规定，是认可这项原则的。最高人民法院对这项原则已经予以认可，在其发布的有关司法解释中明确规定：外国籍被告人在刑事诉讼中，享有我国法律规定的诉讼权利并承担义务。司法实践中，司法机关既不能迁就外国籍犯罪嫌疑人、被告人，也不应对其加以歧视，应当依法保障他们行使诉讼权利，强制他们履行刑事诉讼义务。

（三）使用中国通用的语言文字进行诉讼的原则

使用本国通用的语言文字进行涉外刑事诉讼，是国家司法主权独立和尊严的象征，是各国涉外刑事诉讼立法普遍采用的一项原则。

最高人民法院在其发布的有关司法解释中，对人民法院审判涉外刑事案件时如何适用这项原则作了明确规定。根据这个规定的内容及司法实践经验，使用中国通用语言文字进行诉讼原则包括以下内容：

（1）司法机关在进行涉外刑事诉讼时，使用中国通用的语言进行预审、法庭审判和调查讯问。

（2）司法机关在涉外刑事诉讼中制作的诉讼文书为中文本。

（3）司法机关在涉外刑事诉讼中，应当为外国籍犯罪嫌疑人、被告人提供翻译，如果外国籍犯罪嫌疑人、被告人通晓中国语言文字，拒绝为其提供翻译的，应当由本人出具书面声明，拒绝出具声明的，应当记录在案；必要时，应当录音录像。

（4）为便于诉讼的顺利进行，司法机关在送达外国籍犯罪嫌疑人、被告人及其他当事人的中文本诉讼文书时，应当附有犯罪嫌疑人、被告人通晓的外文译本。但外文译本不加盖司法机关印章，送达的文书内容以中文本为准。

司法机关在遵守这项原则时，要注意以下两个问题：

第一，不能以使用中国通用的语言文字进行诉讼为理由，强迫外国籍当事人尤其是懂中国通用的语言文字的外国籍当事人使用中国通用的语言文字来回答司法人员的审（讯）问、询问和书写诉讼文书、发表辩护意见等；应当允许他们使用国籍国通用的或他们通晓的语言文字。

第二，不能在使用中国通用的语言文字方面无原则地迁就外国籍犯罪嫌疑人、被告人，如果外国籍当事人以不懂中国通用的语言文字为由拒收诉讼文书，送达人应当在有见证人在场的情况下，把文件留在他的住处或者羁押场所，并记录在卷。该诉讼文书即认为已经送达。

（四）外国籍当事人委托中国律师辩护或代理的原则

根据中国《刑事诉讼法》的规定，犯罪嫌疑人、被告人和其他当事人可以委托律师担任其辩护人或诉讼代理人。律师担任辩护人或诉讼代理人，有利于充分保护刑事案件当事人的合法权益，律师制度是国家司法制度的重要组成部分。一国的司法制度只能在本国领域内适用，不能延伸至他国，这是公认的准则。因此，任何主权国家都禁止外国律师在本国法院以律师名义从事诉讼业务。中国历来不允许外国律师在中国法院以律师名义执行职务，一贯坚持外国籍当事人如欲委托律师必须委托中国律师辩护或代理的原则。中华人民共和国全国人民代表大会常务委员会于1956年4月25日颁布的《关于处理在押日本侵略中国战争中战争犯罪分子的决定》明确指出：被告人可以自行辩护，或者聘请中华人民共和国司法机关登记的律师为他辩护。司法部、外交部、外国专家局发布的《关于外国律师不得在我国开业的联合通知》中指出：外国律师……不得以律师名义在我国代理诉讼和出庭……最高人民法院发布的有关司法解释规定：外国籍被告人委托律师辩护的，以及附带民事诉讼的原告人、自诉人委托律师代理诉讼的，必须委托具有中华人民共和国律师资格并依法取得执业证的律师。

根据上述规定及司法实际情况，外国籍当事人委托中国律师辩护或代理原则的含义是：外国籍当事人如欲委托律师辩护或代理，必须委托在中国注册的律师，不允许委托外国律师。外国律师接受委托担任辩护人或诉讼代理人参加诉讼，不以律师的名义或身份出庭，不享有中国法律赋予律师的权利，人民法院只将其视为一般的辩护人或诉讼代理人；人民法院为没有委托辩护人的外国籍被告人指定辩护人，应当指定中国律师。

在司法实践中，为了保证外国籍当事人委托中国律师辩护或代理合法有效，最高人民法院在发布的有关司法解释中规定：在中华人民共和国领域外居住的外国人寄给中国律师的授权委托书，必须经所在国公证机关证明，所在国外交部或者其授权机关认证，并经中国驻该国使领馆认证，才具有法律效力。但中国与该国之间有互免认证协定的除外。

第二节　刑事司法协助

一、刑事司法协助的概念和意义

刑事司法协助是指一国的法院或者其他的司法机关，根据另一国的法院或者其他司法机关的请求，代为或者协助实行与刑事诉讼有关的司法行为。刑事司法协助是司法协助的一种。司法协助除了刑事司法协助外，还有民事司法协助。

国际社会对刑事司法协助有狭义的和广义的两种理解。狭义上的刑事司法协助是指与审判有关的刑事司法协助，它包括送达刑事司法文书、询问证人和鉴定人、搜查、扣押、有关物品的移交以及提供有关法律资料等。广义的刑事司法协助除了狭义上的刑事司法协助外，还包括引渡等内容。所谓引渡，是指一国把在其境内而被他国指控为犯罪或已被定罪判刑的人，根据有管辖权的国家的请求，在条约或互惠的基础上，移交给请求国，以便追究其刑事责任或执行刑罚的一项制度。

我国对司法的理解是广义上的，司法不仅包括审判，而且包括对案件的侦查、审查起诉甚至判决的执行。因此，在理论上，我国学者主张的刑事司法协助也是广义的。"刑事司法协助包括各国为最终实现对罪犯的制裁而开展的各种类型的国际刑事合作。"

刑事司法协助是国家间交往频繁、人员流动增多、跨国犯罪不断出现的产物。国家间开展刑事司法协助，有以下几点意义：

第一，有利于有效地打击犯罪。人类社会的进步，交通和通信事业突飞猛进的发展，为人类社会的交往带来了便利，也为一些不法之徒进行跨国犯罪或犯罪后潜逃国外开了方便之门。按照国际法准则，每一个国家不论大小，都拥有主权，一个国家的司法机关不能进入他国逮捕犯罪嫌疑人或者进行搜查、扣押等刑事诉讼行为，为了不使潜逃国外的犯罪嫌疑人逃避法律的制裁，国家间开展刑事司法协助就有了必要。因此，刑事司法协助是有效打击有涉外因素犯罪的重要手段。

第二，有利于尊重他国的司法主权。刑事司法协助的实质是两个有司法主权的国家的司法机关在打击刑事犯罪方面互相配合。刑事司法协助活动的依据是双方共同参加的国际公约、双方签订的司法协助条约，或者互惠原则。开展刑事司法协助，需要两个主权国家的司法机关在互相尊重他国司法主权的前提下进行。如果不尊重他国的司法主权，刑事司法协助就不能进行。

二、刑事司法协助的法律依据

国家间开展刑事司法协助的法律依据，大体上有四种：

第一，国家间共同参加的国际公约，如1959年欧洲一些国家签订的《欧洲刑事司法协助公约》。

第二，国家间签订的刑事司法协助条约，如1987年我国与波兰人民共和国（现名波兰共和国）签订的《关于民事和刑事司法协助的协定》。

第三，国家间临时达成的关于刑事司法协助的互惠协议，如1990年2月我国向日本提出引渡劫机到日本的犯罪分子张振海，因两个国家间没有刑事司法协助协定，我国在提出引渡的同时，承诺在今后类似案件中，将向日方提供类似的协助，这就是一次两个国家达成的关于刑事司法协助的互惠协议。

第四，国内的法律规定。如《刑事诉讼法》第18条规定："根据中华人民共和国缔结或者参加的国际条约，或者按照互惠原则，我国司法机关和外国司法机关可以相互请求刑事司法协助。"

在我国，司法机关对外提供刑事司法协助或者请求外国司法机关提供刑事司法协助，除了遵守上述中华人民共和国缔结或者参加的国际条约及《刑事诉讼法》第18条的规定外，还需要遵守有关的司法解释、行政法规。最高人民法院《解释》第二十章"涉外刑事案件的审理和刑事司法协助"、最高人民检察院《规则》第十六章"刑事司法协助"、公安部《规定》第十三章"刑事司法协助和警务合作"都是有关司法机关进行刑事司法协助时应当遵守的规定。

三、刑事司法协助的主体

刑事司法协助的主体，是指请求提供刑事司法协助和接受请求提供刑事司法协助的司法机关。它包括请求国的司法机关和接受请求国的司法机关。在主张刑事司法协助狭义说的国家，刑事司法协助的主体一般仅指法院；在主张刑事司法协助广义说的国家，刑事司法协助的主体，除了法院外，还有检察机关、警察机关。我国主张刑事司法协助广义说，因此，我国的公安机关、检察机关和人民法院，都是刑事司法协助的主体。

参考文献

1. 樊崇义主编：《刑事诉讼法学》，中国政法大学出版社 2013 年版。

2. 叶青主编：《刑事诉讼法学》，上海人民出版社 2013 年版。

3. 胡锡庆主编：《新编中国刑事诉讼法学》，华东理工大学出版社 1998 年版。

4. 《新刑事诉讼法问答》编写组编：《新刑事诉讼法问答》，中国法制出版社 2013 年版。

5. 陈光中：《读懂刑事诉讼法》，江苏人民出版社 2015 年版。

6. 陈永革、万毅、李志平主编：《刑事诉讼法教程》，四川大学出版社 2014 年版。

7. 洪浩主编：《刑事诉讼法——制度·学说·案例》，武汉大学出版社 2013 年版。

8. 马丽丽、傅君佳主编：《刑事诉讼法案例教程》，中国民主法制出版社 2016 年版。

9. 覃祖文主编：《刑事诉讼法原理与实务》，广西人民出版社 2015 年版。

10. 陈卫东主编：《刑事诉讼法》，武汉大学出版社 2009 年版。

11. 曹文安：《刑事诉讼法备考与拓展》，厦门大学出版社 2009 年版。

12. 周登谅编著：《刑事诉讼法》，华东理工大学出版社 2014 年版。

13. 陈卫东主编：《刑事诉讼法学》，高等教育出版社 2019 年版。

14. 樊崇义：《刑事诉讼法实施问题与对策研究》，中国人民公安大学出版社 2020 年版。

15. 陈光中、徐静村主编：《刑事诉讼法学》，中国政法大学出版社 2010 年版。

16. 童建明主编：《新刑事诉讼法理解与适用》，中国检察出版社 2012 年版。

17. 龙宗智、杨建广主编：《刑事诉讼法》，高等教育出版社 2016 年版。

18. 宋英辉、甄贞主编：《刑事诉讼法学》，中国人民大学出版社 2019 年版。

19. 郑旭：《刑事诉讼法学》，中国人民大学出版社 2018 年版。

20. 刘玫：《刑事诉讼法》，中国人民大学出版社 2011 年版。

21. 程荣斌、王新清主编：《刑事诉讼法》，中国人民大学出版社 2021 年版。

22. 李心鉴：《刑事诉讼构造论》，中国政法大学出版社 1992 年版。

23. 汪海燕：《刑事诉讼模式的演进》，中国人民公安大学出版社 2004 年版。

24. 陈瑞华：《刑事审判原理论》，北京大学出版社 1997 年版。

25. 谢佑平主编：《刑事诉讼国际准则研究》，法律出版社 2002 年版。

26. 张建伟：《刑事司法：多元价值与制度配置》，人民法院出版社 2003 年版。

27. ［日］棚濑孝雄：《纠纷的解决与审判制度》，王亚新译，中国政法大学出版社 2004 年版。

28. 陈瑞华：《刑事诉讼的前沿问题》，中国人民大学出版社 2016 年版。

29. 陈瑞华：《程序性制裁理论》，中国法制出版社 2017 年版。

30. 易延友：《刑事诉讼法：规则、原理、应用》，法律出版社 2019 年版。

31. 陈光中主编：《刑事诉讼法》，北京大学出版社、高等教育出版社 2016 年版。

32. 谢佑平、万毅：《刑事诉讼法原则——程序正义的基石》，法律出版社 2002 年版。

33. 邓子滨：《刑事诉讼原理》，北京大学出版社 2019 年版。

34. 锁正杰：《刑事程序的法哲学原理》，中国人民公安大学出版社 2002 年版。

35. 李奋飞：《程序合法性研究——以刑事诉讼法为范例》，法律出版社 2011 年版。

36. 宋英辉：《刑事诉讼目的论》，中国人民公安大学出版社 1995 年版。

37. 郭云忠：《刑事诉讼谦抑论》，北京大学出版社 2008 年版。

38. 龙宗智：《相对合理主义》，中国政法大学出版社 1999 年版。

39. 卞建林：《刑事诉讼的现代化》，中国法制出版社 2003 年版。

40. 陈卫东：《中国刑事诉讼权能的变革与发展》，中国人民大学出版社 2018 年版。

41. 左卫民：《价值与结构：刑事程序的双重分析》，法律出版社 2003 年版。

42. 左卫民：《现实与理想：关于中国刑事诉讼的思考》，北京大学出版社 2013 年版。

43. 叶青：《刑事审前程序诉讼化问题研究》，法律出版社 2017 年版。

44. 黄士元：《刑事再审制度的价值与构造》，中国政法大学出版社 2009 年版。

45. 陈光中主编：《刑事再审程序与人权保障》，北京大学出版社 2005 年版。

46. 陈实：《我国刑事审判制度实效问题研究》，北京大学出版社 2015 年版。

47. 国家统一法律职业资格考试辅导用书编辑委员会组编：《2021 年国家统一法律职业资格考试辅导用书》，法律出版社 2021 年版。

后　记

刑事诉讼法涉及国家权力与公民个人权利，是我国的基本法律。刑事诉讼法是首个规定尊重与保障人权的部门法。现行《刑事诉讼法》是 1979 年制定的，经过了 1996 年、2012 年、2018 年三次修正。《刑事诉讼法学》是法学主干课程之一，是我校重点建设课程，也是精品在线资源开放共享课程，本书既是法学本科教学的教材，也是法学双学位教学教材。本教材编写过程中力求做到：其一，理论性。我们力求以马列主义、毛泽东思想、邓小平理论、"三个代表"重要思想、科学发展观、习近平新时代中国特色社会主义思想为指导，以我国现行法律法规为依据，阐述刑事诉讼法学的基本原理，对刑事诉讼的基本原则、基本模式、诉讼结构等结合刑事诉讼法律进行阐释。其二，应用性。本教材的编写人员均为"双师型教师"，多数教师既是一线教学人员，也是律师事务所兼职律师，具有丰富的实践经验。教材编写紧扣地方应用型本科教学的要求，突出实用性。教材编写过程中，侧重与法律职业资格考试相结合，内容与法律职业资格考试相衔接。在体例设计上，要求每章都有内容导读、重点难点、相关案例、考试真题。其三，体系性与简明性。注重在整体上对我国刑事诉讼制度内容进行概括与归纳，体现刑事诉讼法学科的完整性。同时，力求对基本理论、概念与制度的阐述做到简明扼要，易于学生理解与掌握。

本教材编撰分工如下（按章节编写顺序）：罗许生负责第一~六章、第十七~十九章的编写，宋莉娜负责第七~十一章、第二十三~二十五章的编写，刘斌负责第十二、十六章的编写，李立负责第十三~十五章的编写，洪秀丽负责第二十~二十二章的编写，丁小琼负责第二十六~二十七章的编写，易瑜负责第二十八章的编写，涂大钊负责第二十九章的编写。

全书由罗许生负责拟定编写提纲与统稿。

本书编写过程中参考了大量的刑事诉讼法学教材与著作，在此向各位前辈表示感谢。由于时间、能力有限，书中肯定存在诸多纰漏，恳请读者谅解并不吝赐教。

编者

2022 年 7 月